全国经济运行与区域发展报告

甄小燕　马军旺　徐品章
彭万平　籍　正　武伟吉　著

图书在版编目（CIP）数据

全国经济运行与区域发展报告 / 甄小燕等著．
北京：企业管理出版社，2025.4．
ISBN 978-7-5164-2796-5

Ⅰ．F124

中国国家版本馆 CIP 数据核字第 2025U9L656 号

书　　名：	全国经济运行与区域发展报告
作　　者：	甄小燕　等著
责任编辑：	杨向辉
书　　号：	ISBN 978-7-5164-2796-5
出版发行：	企业管理出版社
地　　址：	北京市海淀区紫竹院南路17号　　邮编：100048
网　　址：	http://www.emph.cn
电　　话：	总编室（010）68701719　发行部（010）68417763
	编辑部（010）68414643
电子信箱：	qiguan1961@163.com
印　　刷：	北京明恒达印务有限公司
经　　销：	新华书店
规　　格：	185毫米×260毫米　16开本　27.25印张　380千字
版　　次：	2025年4月第1版　2025年4月第1次印刷
定　　价：	108.00元

版权所有　翻印必究·印装错误　负责调换

从建筑企业视角刻画经济

时代变革之于主体发展，可谓"兵者，国之大事，死生之地，存亡之道，不可不察也"。习近平总书记要求，"谋划和推进党和国家各项工作，必须深入分析国际国内大势，科学把握我们面临的战略机遇和风险挑战"。纵观历史，赢得时代者引领发展。18世纪60年代开始，引领工业革命的欧洲和美洲大陆先后崛起，英国、美国先后成为全球大国。进入21世纪，新一轮科技革命和产业变革深入演进，重塑我国产业综合实力，全球进入百年未有之大变局。一些企业立于时代风口，不到20年成长为全球500强，一些企业未跟随时代浪潮，从行业龙头到宣告破产只需5年。洞察规律、把握趋势，提升识变、应变能力，是开展该研究的出发点和落脚点。

洞察可用规律，把握可用趋势，形成有利于建筑企业经济运行的研究成果，我们对研究的范围和时间跨度进行了特别安排。基于局部和全局的关系，将宏观经济一般框架与建筑企业所需重点进行了有机结合，形成了非典型的研究框架和范式。选取经典宏观最核心指标经济增长（产业发展），以及最核心调控手段财政收支和货币供应，研究宏观经济运行状态和特征，同时选取中观的城市建设、固定资产投资、基础设施建设、区域发展等与企业运行紧密相关的主题，研究行业、区域运行状态和特征，宏观与中观结合，互为印证，以抽象又具体地把握经济、行业运行的趋势和规律。基于长期趋势和短期变化的关系，将研究时长回溯10年，既考察当前的状态（"当前"以2022年为主），又研究10年长周期趋势和特征，更好理解企业发展所面临的新问题新挑战，更好识别现象的趋势性、周期性、必然性和偶然性。

总体来看，当前我国经济运行需求不足特点突出。2022年，传统的货币政策逆周期调节边际效应正在减弱，市场对货币政策反映冷淡，流动性过剩。2023年的货币政策进行了调整，央行货币发行减速，流动性过剩的现象好转，但同时出现了CPI低迷。货币政策对金融周期下行阻滞作用有限也是需求不足的重要体现。这种调节作用减弱从2019年开始逐步显现，是宏观调控面临的新形势新挑战，由于货币政策直接作用于市场需求，一定程度可以认为我国整体供需关系出现重大调整。2022年人口负增长与城镇化降速并存，年度城镇化率增加百分点降至1以内，向城市转移人口出现绝对规模和比重双降，也是需求不足的直接体现。在新动能新需求未大规模爆发的情况下，这可能是我国经济运行的阶段性背景。

我国经济运行还呈现资产负债率趋高、资产趋重、回收周期趋长等特点。我国社会融资快速增长且债务融资占比提升。2006年以来社融增速长期运行在名义GDP上方，GDP的融资强度不断提升，2023年步入3时代。社融中债务融资占比提升，这直接体现在股票融资占比从高点3.7%下降至当前的3%左右。叠加2010年以来，固定资本形成增速多运行在名义GDP下方，负债和资产两端挤压推升全社会资产负债率。从产业表现来看，2003年以来除制造业以外的大多数行业资产负债率在不断攀升，以建筑业为例，从2003年的63.7%攀升至2022年的72.2%。在技术进步资本深化趋势与杠杆提升共同作用下，全社会资产规模快速增长，增速高于产出，资产回收周期明显变长。从产业表现来看，2022年制造业、建筑业、公用事业等行业资产收益率均较前期高点下滑2个左右百分点，回收期延长5~10年不等。从全球负债增速与GDP增速的关系来看，这不仅仅是中国经济运行的特点，也是全球经济运行的特点。

市场在资源配置中的基础性作用更加突出。社会融资、财政投资、固定资产资金来源结构特征等从不同侧面指向这一共性特点。社会融资向发达的东部地区加快集聚，2022年区域社融份额提升8个百分点达到60%，尤其是债券和股票这种市场化程度更高的直接融资更加突出，提升至70%左右。财政支出也正在发生一些微妙的变化，我国财政长期发挥统筹平衡作用，但从2015年以来的数据看，政府债明显向东中部倾斜，占地方债比重持续上升，西部和东北地区则持续下降，转移支付东部地区占比也略有提升，这些影响到了区域可支配财力上，2015—2022年，东部地区与西部地区的可支配财力份额差距扩大了2个百分点。固定资产投资资金来源也具有类似特征，银行对准公益性的基础设施贷款支持强度下降，与其强化实体经济支持走出了相反走势。

极化发展与格局重塑并存，勇于创新实现产业升级是区域保持优势的动力之源。区域、城市、产业发展共同呈现这一特点。当前我国城区人口分布格局由过去10年的Ⅱ型大城市（100万~300万人口）和Ⅰ型小城市（20万~50万人口）为主演变为以超大城市（1000万人口以上）和Ⅱ型大城市为主，尤其是超大城市占据我国城区人口的26.07%，成为城区人口占比最高的城市类型，极化发展现象突出。产业发展亦如此，东北地区产业大规模转移，东部地区是最大的赢家，而非想象中的中西部。极化现象是规模经济的必然产物，但极化作用并非永恒，它不能带来高枕无忧，省域间、区域间的此消彼长、格局重塑是最好的注解，比如东北经济的全面塌陷，山东与广东江苏差距的逐年拉大，河北、天津动力不足，安徽、福建等地的快速发展等。保持优势以及重塑格局的省市和区域共同指向产业升级这一要素，安徽、福建以及保持优势的广东、江苏等均以新一代信息技术为支柱产业，东北、河北、天津等区域、省市维持了传统的产业结构，未完成产业更新迭代。后疫情时代，东部地区表现出强于其他区域的韧性，也从另一个角度证明产业优势的基础性作用。

以上只是众多研究发现中抽离出来的宏观共性部分，从独立分散主题到规律性概述，回归大众语境，希冀抛砖引玉，引起共鸣或讨论。还有更多有关行业、区域运行特征和走势的发现，无法通过共性的描述给予统一和总结，有待读者按需去发现。我们的研究还不尽完善，观点也具有个性特征，正如"一千个人眼中有一千个哈姆雷特"，经济学历经数百年发展至今，也演化出观点相斥相融的不同学派。同时受限于研究范围的广泛性，更加重视经济运行的状态而对状态成因探究不足，有待更多专题研究进一步深入探讨。部分数据比如固定资产投资受限于统计数据前后口径数次调整等影响，在精准性、可比性上先天不足，需要思辨地看待。

最后要特别说明，本书基于研究项目成果，由研究团队集体完成，由于经验不足等主观因素，所列作者未能完全覆盖研究团队成员。特别是中国海外工程有限责任公司陈平副总经理、中国中铁规划发展部唐鲁滨，他们是事实上的作者成员。

目 录

第一篇 全国经济运行篇

一、产业发展 ··· 003
  （一）产业规模和结构 ··· 003
  （二）支柱产业情况 ··· 005
  （三）产业转移特征 ··· 009
  （四）产业运行特征 ··· 010
  （五）产业区域发展特征 ··· 013

二、固定资产投资 ··· 017
  （一）固定资产投资规模及结构 ··· 017
  （二）固定资产资金来源及投融资特点 ··· 028
  （三）区域固定资产投资特点 ··· 038

三、城市建设 ··· 046
  （一）城镇化水平及发展动力 ··· 046
  （二）城市建设情况 ··· 048
  （三）城市区域发展特征 ··· 051

四、财政收支 ··· 056
  （一）财政收入及特征 ··· 056
  （二）财政支出及特征 ··· 060

（三）政府负债及风险 ··· 066
　　（四）区域财政收支特征 ······································· 070

五、金融运行 ·· 078
　　（一）货币供应特点及效果 ····································· 078
　　（二）对实体经济的融资支持 ··································· 083
　　（三）金融周期与货币政策 ····································· 089
　　（四）区域社会融资特征 ······································· 090

第二篇　东部经济运行篇

一、北京市 ·· 095

二、天津市 ·· 104

三、河北省 ·· 113

四、上海市 ·· 123

五、江苏省 ·· 132

六、浙江省 ·· 143

七、福建省 ·· 155

八、山东省 ·· 167

九、广东省 ·· 179

十、海南省 ·· 191

第三篇　中部经济运行篇

一、安徽省 …………………………………………………………… 203

二、江西省 …………………………………………………………… 214

三、河南省 …………………………………………………………… 224

四、湖北省 …………………………………………………………… 234

五、湖南省 …………………………………………………………… 244

六、山西省 …………………………………………………………… 255

第四篇　西部经济运行篇

一、内蒙古自治区 …………………………………………………… 267

二、广西壮族自治区 ………………………………………………… 277

三、重庆市 …………………………………………………………… 288

四、四川省 …………………………………………………………… 298

五、新疆维吾尔自治区 ……………………………………………… 308

六、贵州省 …………………………………………………………… 319

七、云南省 …………………………………………………………… 329

八、西藏自治区 ……………………………………………………… 340

九、陕西省 …………………………………………………………… 351

十、甘肃省 …………………………………………………………… 362

十一、青海省……………………………………………………………………372

十二、宁夏回族自治区…………………………………………………………382

第五篇　东北经济运行篇

一、辽宁省………………………………………………………………………395

二、吉林省………………………………………………………………………406

三、黑龙江省……………………………………………………………………417

第一篇

全国经济运行篇

一、产业发展

产业是经济发展的本体,是决定我国经济发展质量的决定性因素。与国际比较,我国产业的显著优势在于工业制造业比重高,实体经济发展基础扎实,内需较其他经济体更为旺盛。2012年以来,我国6+7①支柱产业得到稳定发展,内部结构调整,向新一代信息技术、生产性服务业升级,带动我国产业结构全面升级。从区域生产力布局来看,东部产业优势显著,中西部仅在采矿等资源型产业和建筑业、有色金属等个别传统产业上具有优势。长周期来看,数据显示我国纺织有关产业向国外转移,其余产业在我国较好实现了梯次转移,新兴产业则以溢出性区域扩张为主。同时也要看到,虽然我国产业结构趋于服务化,增加值率也不断提升,但资产趋重、回收周期趋长等全球共性问题也正在显现。

(一)产业规模和结构

产业规模不断扩大,增速趋降,产业结构向三二一发展。2022年我国名义GDP120.47万亿元,同比增长3%,产业规模再上新台阶,其中一、二、三产增加值(现价)分别为8.82、47.38、64.27万亿元,分别增长4.1%、4.7%、5.8%,占比分别为7.3%、39.3%、53.35%。2012—2022年,我国GDP增速从7.7%持续缓慢下降,10年平均增速为6.15%,呈逐年下降态势。从产业结构来看,当前为二三一的产业结构,受重塑制造业产业政策和需求影响,2020年二产比重下滑至阶段低点37.84%后开始提升,至2022年提升至39.33%,走出U型走势,三产比重降低0.12个百分点至53.35%;回溯历史,2012年开始,我国产业结构从二三一向三二一发展,走出与大多数发达国家相同趋势。

产业向高端化升级,增加值率和效率提升。依据2020年全国投入产出表,2020年全社会产业增加值率为37.66%,较2012年提升4.14个百分点。三次产业行业特性不同,增加值率走出分化走势,2022年一、二、三产增加值率分别为61.7%、25.11%、

---

① 国民经济门类划分的六大支柱产业和工业行业中的七大支柱工业行业。

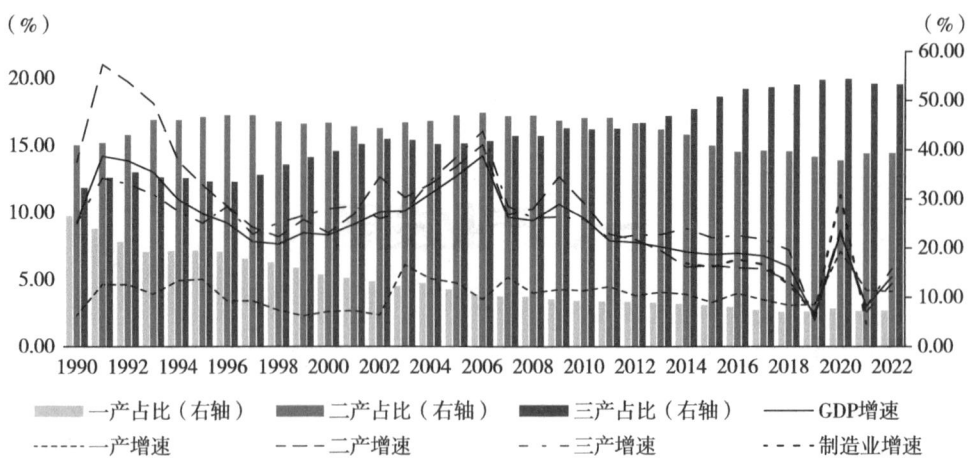

图1-1-1 1990—2022年三次产业增速和比重情况

数据来源：wind，中铁研究院。

52.73%，较2012年分别提升3.15、2.18、-1.03个百分点[1]。与美国相比，我国产业增加值率有待进一步提升，2022年美国全部产业的增加值率53.1%，高出我国15个百分点左右。这种差异有美国三产占比高的原因，也有产业效率等因素，2022年美国二产增加值率达到43.6%[2]，高出我国18.49个百分点。产业劳动效率提升，2022年我国一、二、三产人均增加值分别为4.99、22.45、18.59万元，10年复合增速分别为10.02%、7.86%、7.63%，均高于期间产业增长平均增速。

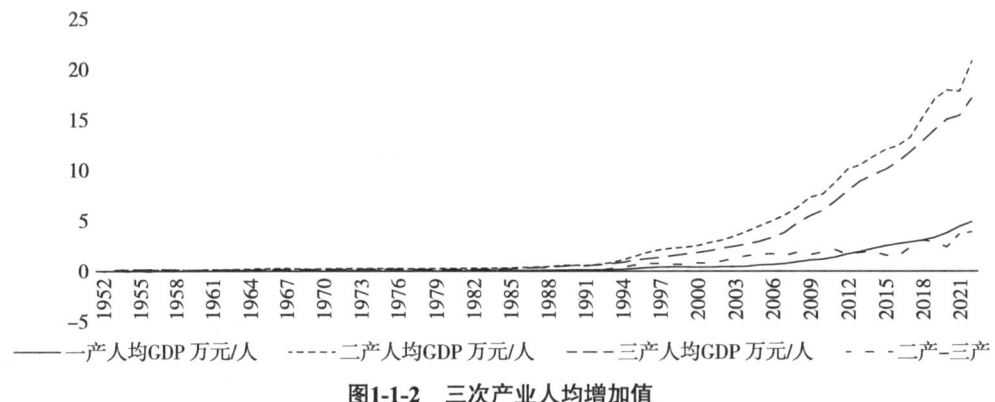

图1-1-2 三次产业人均增加值

数据来源：wind，中铁研究院。

三产（服务业）发展势头好，二产总产值高。2012—2022年，我国一、二、三产平均增速分别为4.01%、5.64%、6.93%，显示出三产不仅规模大，且增速最快，发

---

[1] 此处全社会增加值率提升与一二三产数据不能适应，应为其间个别数据存在出入。
[2] 根据美国经济分析局网站数据，2022年美国GDP26.41万亿美元，总产出49.65万亿美元。美国工业增加值3.6万亿美元，总产出10.9万亿美元。

展势头好。从产业增加值率来看,第三产业增加值率趋降,体现出三产产业影响力系数[1]在提升,生产性服务业规模在不断扩大,产业结构升级。从总产出来看,二产(工业+建筑业)因为中间投入需求大,是我国总产出最大的产业,平移2020年三次产业增加值率,2022年我国经济总产出估算324.88万亿元,超过M2总和,估算2022年我国三次产业总产出分别为14.29、188.69、121.89万亿元,二产贡献了主要的产值,对于我国经济保持旺盛的需求发挥重要作用。

(二)支柱产业情况

国民经济六大支柱产业类型基本稳定,受产业结构调整影响产业集中度降低。按照国民经济19个门类,2022年我国国民经济支柱产业(占GDP比大于等于5%)为制造业、批发和零售业、金融业、农林牧渔业、建筑业、房地产业六大产业,与2012年保持一致。行业地位有所调整,2022年六大产业占全部产业增加值的比重分别为27.07%、9.65%、7.74%、7.68%、6.7%、6.12%,相比2012年分别提升-4.46、0.4、1.19、-1.71、-0.15、0.41个百分点,显示出金融业支柱地位提升显著,房地产和批发零售地位有所上升,制造业、农林牧渔业较大幅度下降。产业结构处于调整期特征明显,2022年六大产业合计占比64.97%,较2012年降低4.31个百分点,显示出行业集中度降低,非支柱产业显示出较强发展势头,孕育着产业结构调整趋势。同比口径下,美国有六大支柱产业[2],分别为:房地产(13.2%),批发和零售(12.3%),制造业(10.3%),金融(7.5%),专业、科学和技术服务(7.8%),信息传输、计算机和软件业(5.4%),相较2012年,批发和零售、信息传输、计算机和软件业、金融、房地产占比略有提升,信息传输、计算机和软件业从非支柱产业步入支柱产业,整体趋势与我国基本一致,显示出全球产业发展的阶段特征。

表 1-1-1　　　　　按照门类排列的支柱产业及占GDP比重和变化

产业门类	2012(%)	2022(%)	2022—2012(%)
制造业	31.53	27.07	-4.46
批发和零售业	9.25	9.65	0.40
金融业	6.55	7.74	1.19
农林牧渔业	9.39	7.68	-1.71
建筑业	6.85	6.70	-0.15
房地产业	5.71	6.12	0.41

数据来源:wind,中铁研究院。

---

[1] 产业影响力系数是里昂惕夫逆矩阵得出某行业对各行业的平均消耗系数与全部行业的平均消耗系数之比。
[2] 教育、医疗等公共服务行业不纳入排名。

工业七大支柱产业较大调整，向以新一代信息产业为代表的新兴产业显著升级，集中度提升，带动产业结构整体升级。基于工业大类划分，按照营业收入，2022年41个工业大类中有支柱工业行业7个，分别为：计算机通信等设备制造，电气机械及器材制造，电力热力生产供应，化学原料及化学制品制造、汽车制造，黑色金属冶炼和压延加工，有色金属冶炼和压延加工，数量与2012年保持一致，七大支柱工业行业占工业营收比重分别为11.22%、7.53%、6.74%、6.65%、6.52%、6.33%、5.55%，内部结构调整，通信计算机等设备制造取代黑色金属冶炼成为我国第一大行业，电气机械和器材制造跃升2位成为第二大行业，有色金属冶炼取代农副食品加工晋级支柱工业行业，汽车行业排名提升2位至第五，产业结构显著从传统行业向新兴产业升级[1]。2012—2022年，支柱工业行业带动能力显著提升，七大行业占工业的比重达到50.53%，相比2012年提升5.2个百分点，其中第一大行业通信计算机等设备制造业比重提升最多，达到3.66个百分点，电气机械和设备制造提升1.57个百分点，居第二位，显示出加快发展特征。支柱产业结构调整，带动了工业整体结构调整，从41个细分行业走势和地位变化可以清晰看出之一趋势。基于行业增速及占GDP比重两个因素，可将41个行业划分上升期、发展期、成熟期、衰退期行业[2]，上升级期行业中基本与新的支柱产业重叠，发展期行业总体具有精深加工特征，成熟期行业囊括了主要的初级加工行业，衰退期行业以传统行业为主。一高一低、一升一降生动反映了我国工业产业结构升级。

表 1-1-2　按照工业大类营业收入排列的支柱工业行业及占工业比重和变化　　单位：亿元

行业	2022 营业收入	占比（%）	2012 主营业务收入	占比（%）
计算机、通信和其他电子设备制造业	154486.90	11.22	69167.71	7.56
电气机械和器材制造业	103650.10	7.53	54522.61	5.96
电力、热力生产和供应业	92776.80	6.74	51768.16	5.66
化学原料和化学制品制造业	91483.70	6.65	66673.09	7.29
汽车制造业	89753.40	6.52	50531.55	5.52
黑色金属冶炼和压延加工业	87147.00	6.33	70904.15	7.75
有色金属冶炼和压延加工业	76343.60	5.55		
农副食品加工业			51341.89	5.61

数据来源：国家统计局，中铁研究院。

[1] 按照增加值排名支柱工业有五个行业，分别为：通信计算机等设备制造（10.8%）、电气机械及器材制造（8.38%）、化学原料及化学制品（7.1%）、黑色金属冶炼（5.95%）、通用设备制造（5.11%），基本与2012年保持一致，其中非金属矿物制品跌出支柱工业范围，支柱工业数量减少一个。五大行业占规上工业增加值的比重较2012年分别提升3.7、2.41、0.24、−1.23、−0.03个百分点，通信计算机等设备制造也是39个行业中份额提升最大的行业，与之对应，行业排名发生变化，2012—2022年，排名第一的支柱工业从黑色金属冶炼向通信计算机等设备升级，电气机械及设备制造步入前三，成为排名第二的支柱工业。

[2] 上升期行业：增速快，行业占GDP比重上升；发展期行业：增速快于工业平均水平，占GDP比重下降；成熟期行业：增速低于工业平均水平，占GDP比重下降；衰退期或转移型行业：增速为负，规模缩小。

表 1-1-3　　工业细分行业发展分化情况

上升期行业	份额变化	发展期行业	份额变化	衰退及转移型产业	份额变化
通信设备、计算机及其他电子设备制造业	0.72	汽车工业	−0.03	纺织业	−0.57
电气机械及器材制造业	0.39	专用设备制造业	−0.08	纺织服装、鞋、帽制造业	−0.30
医药制造业	0.14	金属制品业	−0.09	黑色金属矿采选	−0.16
燃气生产和供应业	0.05	有色金属冶炼及压延加工业	−0.14	皮革、毛皮、羽毛（绒）及其制品业	−0.20
废弃资源和废旧材料回收加工业	0.04	化学纤维制造业	−0.03	有色金属矿采选业	−0.15
仪器仪表及文化、办公用机械制造业	0.00	化学原料及化学制品制造业	−0.34	木材加工和木竹藤加工	−0.12
开采辅助活动	0.00	酒、饮料和精制茶制造业	−0.10	非金属矿采选	−0.39
金属制品、机械和设备修理业	0.00	食品制造业	−0.10		
其他采矿业	0.00	水的生产和供应业	−0.01		

资料来源：wind，中铁研究院。

制造业、建筑业规模居全球第一，行业全球占比高于我国经济全球占比，具有全球比较优势。根据世行数据，2021 年我国制造业增加值 4.98 万亿美元[1]，占全球制造业比重 34.78%，两项指标分别高出美国 2.62 万亿美元、18 个百分点，同比提升 5.14 个百分点，较 2012 年提升 11.49 个百分点。与制造业直接相关的工业也具有全球比较优势，2022 年我国工业增加值 39.88 万亿元，折合 2015 年美元 6.5 万亿美元（世行数据），高出美国 2.1 万亿美元，占全球比重 26.81%，高于美国 12 个百分点。自 2011 年以来持续保持全球第一，且 10 年提升 6.8 个百分点，对全球工业的贡献率不断提升。2022 年我国建筑业增加值 8.04 万亿元，折合美元 1.16 万亿，高出美国约 250 亿美元，占全球比重 22.69%，维持了 2012 年以来的全球第一位置，总产值 31.2 万亿，折合美元 4.49 万亿，产值高出美国 2.12 万亿，从产值来看，我国是当之无愧的建筑业大国。三大产业都在全球具有比较优势，不仅产业规模位于全球行业第一，在过去 10 年中也均高于我国占全球经济的比重。

制造业在全球前四大经济体中优势突出，建筑业稍弱，增加值率均有待提升。从全球前四大经济体来看，制造业优势明显，工业和建筑业相对优势不明显。与美国比较，2012—2022 年我国制造业占比高出美国的比重从 5.9 个百分点扩大到 18.07 个百分点，工业从 2.88 个百分点扩大到 11.93 个百分点，建筑业差别不大，从 0.74 个百分点

[1] 因为暂无全球制造业数据，此处使用2021年数据。

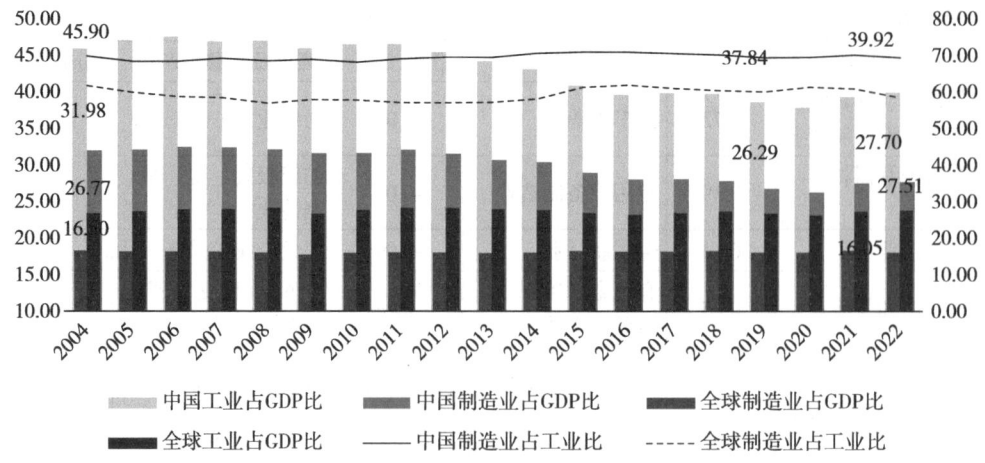

图1-1-3 我国及全球工业和制造业占GDP比重（%）

资料来源：世界银行，中铁研究院。

小幅扩大至1.31个百分点。但与美国相比，我国三大产业的增加值率有待提升，根据美国投入产出表，2022年，美国工业增加值率41.23%，制造业增加值率38.1%，建筑业增加值率53.33%，我国三项指标分别为（仅公布2020投入产出表，为2020年数据）25.09%、23.14%、25.18%，分别低于美国16.14、14.96、28.15个百分点，其中工业和制造业增加值率过去10年上升，建筑业不增反降，体现出发展健康水平亟待提升。增加值率与劳动力价格水平、税收水平、折旧系数、中间投入品价格水平等有巨大关系，但总体而言处于行业价值链高端会具有更高的增加值率。

表1-1-4 2012—2022年前四经济体制造业、工业、建筑业占全球行业比重情况（%）

行业	国别	2012	2013	2014	2015	2016	2017	2018	2019	2020	2021	2022
制造业	中国	23.29	25.01	26.38	25.87	25.08	26.50	28.68	28.15	29.65	34.78	
	美国	17.39	17.59	17.41	17.15	16.84	16.75	16.91	17.05	16.96	16.72	
	日本	7.53	7.36	7.32	7.35	7.24	7.26	7.27	7.09	6.97	7.07	
	德国	5.58	5.48	5.60	5.52	5.65	5.63	5.50	5.40	5.19	5.24	
	中国－美国	5.90	7.41	8.97	8.72	8.24	9.74	11.78	11.10	12.68	18.07	
工业	中国	20.03	21.04	21.78	22.34	23.03	23.51	24.06	24.79	25.99	26.55	26.81
	美国	17.16	17.09	16.88	16.73	16.37	16.29	16.25	16.32	16.11	15.64	14.89
	德国	4.71	4.55	4.59	4.50	4.55	4.54	4.43	4.30	4.15	4.11	3.96
	日本	6.47	6.39	6.33	6.28	6.16	6.19	6.14	5.93	5.80	5.82	5.59
	中国－美国	2.88	3.95	4.90	5.61	6.66	7.23	7.82	8.47	9.88	10.91	11.93
建筑业	中国	15.02	16.51	17.25	17.34	18.37	21.58	21.38	21.27	22.71	24.48	22.69
	美国	14.28	14.82	15.53	16.84	19.11	19.88	20.28	20.30	19.98	21.94	21.38
	日本	1.93	1.72	1.46	1.55	1.74	1.80	1.67	1.61	1.70	1.51	1.16
	德国	3.69	3.77	3.41	3.20	3.46	4.02	3.81	3.64	4.21	4.12	4.04
	中国－美国	0.74	1.69	1.73	0.50	-0.74	1.70	1.10	0.96	2.72	2.54	1.31

数据来源：世界银行，wind，中铁研究院。

（三）产业转移特征

产业跨国转移以纺织服装、皮革皮毛有关行业为主。不同行业的特性决定了产业的跨地域空间流动集中在制造业，服务业具有较强的内生特征，除了科学技术、专业服务等生产性服务业外，大多数服务业内生于当地生活需求，缺乏产业转移的区域落差基础和市场条件，电力热力燃气和水的供应业同理，同时采矿业和电力还属于典型的资源型产业，各地的资源禀赋是生产力布局的关键要素。2022年，我国制造业31个细分行业有4个行业营收较2012年降低，分别是纺织业，纺织服装、服饰业，皮革毛皮羽毛及其制品和鞋制造业，木材加工和木竹藤棕草制品业，分别降低9081.54、4347.39、2803.02、1494.28亿元，其中纺织业、纺织服装服饰、皮革皮毛羽毛和制鞋在东、中、西、东北四个区域基本全面规模收缩，可以判断为产业向海外转移，其中转出地区以东部为主，分别占三项产业缩减规模的80%、98%、92%。

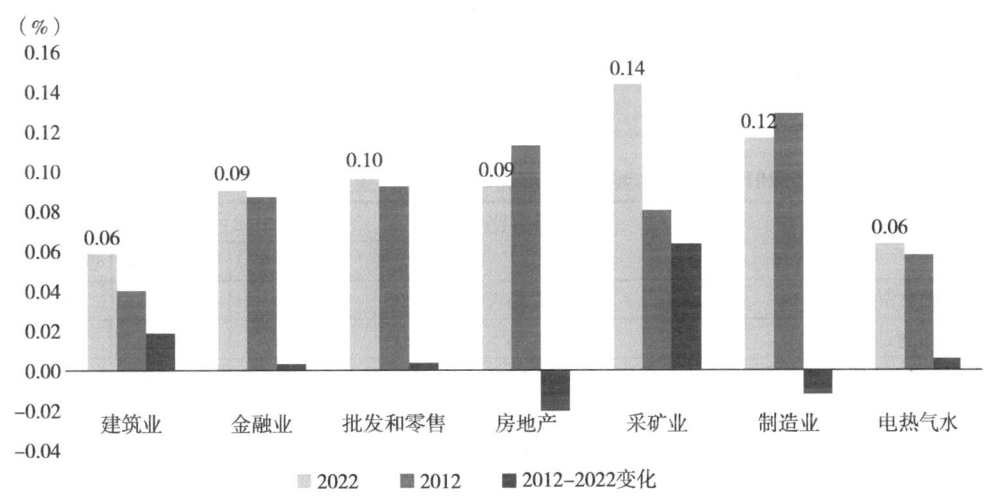

图1-1-4　重要服务业和工业建筑业生产力省分布方差

数据来源：国家统计局，中铁研究院，方差的基础值为各省营收或产值占全国的比重。

表1-1-5　　　　2012—2022年我国4个制造细分行业营收减少情况　　　　单位：亿元

行业	东北	东部	中部	西部	总计减少
纺织业	-489.15	-7263.03	-2074.83	-409.90	-9081.54
纺织服装、服饰业	-698.62	-4179.62	-723.94	136.98	-4347.39
皮革、毛皮、羽毛及其制品和制鞋业	-208.12	-2596.09	201.38	-68.58	-2803.02
木材加工和木竹藤棕草制品业	-1653.38	-937.73	-168.03	1126.60	-1494.28

数据来源：国家统计局，中铁研究院。

传统制造业国内呈多向转移特征，东北地区制造业塌陷明显，向东、西部转移。

木材等传统加工业向西部和海外转移并重，其中东北和东部地区为主要转出区，西部地区进行了较好的承接。从东向西梯次转移的传统行业约有7个，为食品制造、农副食品加工、酒饮料等制造、石油加工和核燃料加工、非金属矿物制品、有色金融冶炼和加工、金属制品和机械设备修理。判断的基本标准为：占行业比重超过西部地区制造业占比均值，且在2012—2022年实现了比重提升，其他地区尤其是东部地区出现了份额下降。专用设备、通用设备、家具制造、橡胶和塑料制品等部分产业从东北向东部地区转移显著，2022年东部地区三项产业占比分别为72.86%、71.97%、68.77%、73.88%，较2012年分别提升了7.45、6.88、12.53、4.35个百分点，东北分别降低了8.10、9.19、7.69、8.97个百分点。

新兴产业产能溢出，从东向中西部的区域性扩张。通信计算机等电子设备、汽车、医药等新兴行业，以及化学原料和制品制造、电气机械和器材制造等支柱产业实现产能溢出式跨区域扩张，判断标准是东部地区占有绝对优势，出现份额下降，中西部地区出现份额提升，2022年东部地区在上述五项产业占比分别为：64.85%、55.11%、63.06%、59%、66.92%，较2012年分别下降18.67、4.55、-8.9、4.2、3.68个百分点，中西部地区基本实现份额提升。

表1-1-6　　2012—2022年我国向西部转移的7个传统制造业区域份额变化情况

行业	西部占比（%）	2012—2022年份额变化			
		东北（%）	东部（%）	中部（%）	西部（%）
农副食品加工业	17.86	-8.05	2.01	-3.05	5.02
食品制造业	19.36	-4.03	-4.59	-4.32	6.11
酒、饮料和精制茶制造业	48.14	-5.11	-5.49	-4.87	22.93
石油加工、炼焦和核燃料加工业	16.78	-8.97	0.62	-5.06	9.00
非金属矿物制品业	21.64	-8.97	0.62	-5.06	9.00
有色金属冶炼和压延加工业	27.61	-1.05	-1.15	-2.58	7.32
金属制品、机械和设备修理业	24.94	-16.03	1.86	3.21	14.24

数据来源：国家统计局，中铁研究院。出现东中西东北区域份额变化和不能趋于零的情况，受国家统计数据和省统计数据差异的影响，以及个别省年度数据前移，河北、上海、江苏、海南、四川、宁夏六省（市、区）采用2021年数据，新疆采用2020年数据。

（四）产业运行特征

资产快速增长。从工业和建筑业（二产）来看，2012—2022年，我国工业和建筑业资产10年复合增速8.35%，负债10年复合增速8.4%，营收10年复合增速4.65%，存货10年复合增速6.63%，营收增速低于资产、负债、存货增速，产业整体效率有所减弱，回收周期显著拉长。分指标看，2022年，我国工业和建筑业资产总计约191万亿，同比增长 10.74%，快于 GDP 增速，10 年复合增速 8.35%（基本与 GDP 持平），两大产业的资产快速增长主要是受建筑业资产快速扩张影响，2022 年工业、建筑业资产分别为 156、34.8 万亿元，10 年复合增速分别为 7.68%[①]、12.04%，工业资产增速低于 GDP，建筑业高于 GDP。从服务业（三产）来看，根据我国投入产出表，2012—2020 年服务业增加值率下降 1.03 个百分点，细分导致下降的因素，2012—2022 年，服务业税负成本整体下降，盈余下降，固定资产折旧比重提升，中间投入比重提升，无论是固定资产还是中间投入的提升，都意味着服务业资产加重。

产出弱于资产增速，营收弱于产出增速。一方面产值弱于资产增速。2022 年两大产业实际总产值约 188.69 万亿元，10 年复合增速 5.9%，低于资产增速约 2.45 个百分点，其中工业、建筑业分别实现 157.49、31.2 万亿元，10 年复合增速分别为 5.4%、8.56%，分别低于资产增速 2.28、3.5 个百分点。另一方面营收弱于产出等增速。2022 年两大产业实现营业收入 165.3 万亿元，同比名义增长 6.78%，10 年复合增速 4.65%，分别低于资产、产出增速 3.7、1.25 个百分点，其中工业、建筑业营收分别为 137.67、27.31 万亿，10 年复合增速 4.17%、7.69%，均低于其产出增速和资产增速，可以推断行业现金流能力减弱。从两大产业营收/产出之比来衡量，2022 年分别为 87.41% 和 87.53%（2012 年建筑业该指标为 94.87%），意味着每年需要在正常成本之外增加 13% 左右的资金用于垫付，就建筑业而言为 2012 年的 2 倍多。

表 1-1-7　　　　　　　2022 年工业和建筑业资产、营收和产出情况　　　　　单位：万亿元

行业	资产			营收		产出	
	总资产	10 年复合增速（%）	资产收益率（%）	规模	10 年复合增速（%）	规模	10 年复合增速（%）
工业	156	7.68	5.38	137.67	4.17	157.49	5.4
建筑业	34.8	12.04	2.41	27.31	7.69	31.2	8.56
工业+建筑业	191	8.35	4.84	165.3	4.65	188.69	5.9

数据来源：wind，中铁研究院。

行业库存周转率降低。库存周转率降低，2022 年工业和建筑业存货从 2012 年的 10 万亿攀升至 2022 年的 19 万亿，10 年几乎翻倍，占营收的比重从 10.3% 上升至 18.04%，10 年复合增速 6.63%，快于营收和产出，显示出存货的增多不仅仅因为产出快于营收，还有原材料库存增加等因素。两大行业存货/营收比达到 18.11%，意味着整体存货周转率低于 5.5 次/年[②]，较 2012 年慢了一倍左右，其中建筑业存货/营收比

---

① 工业中电力、热力、燃气和水的供应业增速最快达到 9.85%，与行业重资产特征相匹配。
② 存货周转率=营业成本/平均存货，此处用营收实际大于营业成本，所得周转率略高。采矿业和电力、热力、燃气和水的供应业流动速度较好，存货比重较低，基本在 6% 以内，制造业存货从 10.5% 提升至 12.59%。估算存货周转率，当前建筑业在 4 次以内（2000 年，建筑业存货占营收的比重也曾经位于 2.52% 的低位，存货周转率 40 次以内），制造业在 8 次以内，电热气水在 20 次以内，采矿业在 24 次以内。

最高，达到 25.05%，周转率从 6.5 次以内降低至 4 次以内。

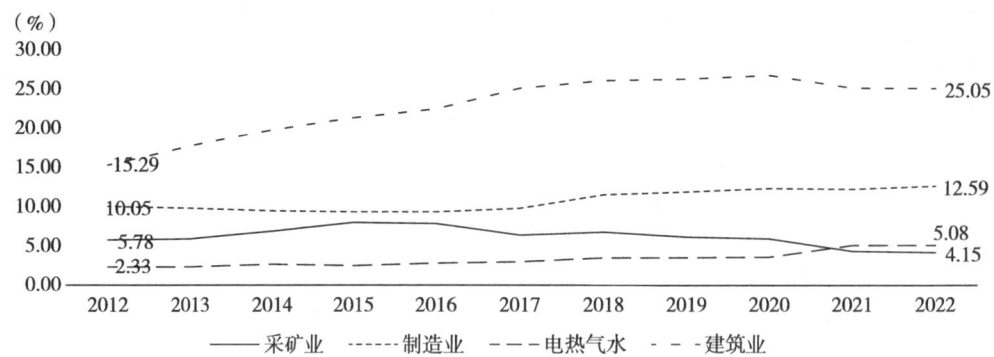

图1-1-5 采矿业、制造业、电热气水生产、建筑业行业存货/营收比率

资料来源：wind，中铁研究院。

利润水平降低，资产收益减弱，回收期趋长。2022年工业和建筑业总利润9.24万亿元，同比降低3.29%，10年复合增速4.35%，分别低于营收、产值、资产增速0.3、1.55、4个百分点。在资产快速扩张，营收低于资产增速，同时叠加存货周转率降低等因素，重资产经营特征明显，2022年两大产业资产收益率[①]4.84%，较2012年下降2.21个百分点，其中工业、建筑业资产收益率分别为5.38%、2.41%，较10年前分别下降2.08、1.87个百分点[②]，回收期趋长。

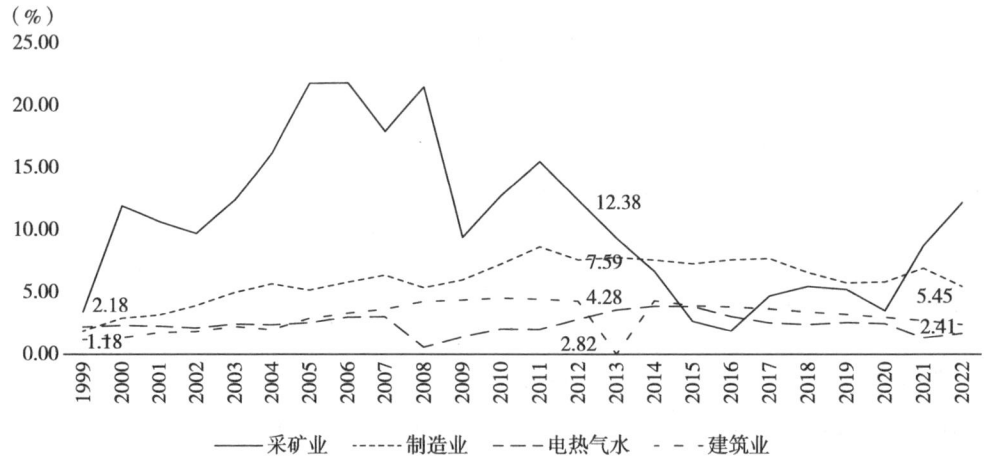

图1-1-6 采矿业、制造业、电热气水生产、建筑业行业资产收益率

资料来源：wind，中铁研究院。

---

① 按照国家统计局公布的行业总利润与总资产计算。
② 工业中采矿业走出相反走势，经过10年波谷，随着2020年大宗商品进入涨价周期，整体资产收益率折返向上重回10%以上。

（五）产业区域发展特征

东部地区支柱产业生产力布局优势突出，其他产业也具有全面优势。2022年东部地区在支柱产业发展上整体最具优势，细分行业上除了建筑业、有色金属冶炼和压延加工、农林牧渔业以外，在两项分类总计13个支柱产业中，10个产业具有全国比较优势。从国民经济六大支柱产业来看[①]，除了建筑业和农林牧渔业以外，2022年东部地区其他四大支柱产业均超过GDP占比，贡献了全国57.71%的制造业、61.67%的金融业、59.13%的批发和零售业、55.21%的房地产业。从工业七大支柱产业来看，除了有色金属冶炼之外，其余六大产业占比也均超过GDP占比，尤其是计算机通信等电子设备制造、电器机械和器材制造占比均达到65%左右。相比金融、房地产、批零等服务业，东部地区在制造业上优势更为突出，七大产业平均占比56.16%，在金融、房地产、批零等服务业的平均占比为54.68%。从全部行业来看，东部地区优势产业集群主要还有汽车、医药等新兴产业，传统的纺织有关、家具制造、造纸、印刷和记录媒介复制业、文教工美体育用品制造业、化学纤维、橡胶和塑料制品、通用专用设备等均以东部为优势。

表1-1-8　　　　　　　　　2022年支柱行业区域分布

指标	东部（%）	中部（%）	西部（%）	东北（%）
GDP	51.7	22.1	21.4	4.8
制造业	57.71	17.33	15.65	4.62
建筑业	41.90	26.79	27.73	3.58
金融业	61.67	16.32	17.61	4.41
批发和零售	59.13	19.06	18.01	3.80
房地产	55.21	22.50	18.36	3.94
工业	55.59	17.77	16.64	4.75
采矿业	15.79	26.08	35.26	7.27
电热气水供应	52.95	16.07	20.38	4.74
服务业平均值	58.67	19.29	17.99	4.05
服务业均值偏离度	6.98	-2.85	-3.36	0.77
服务业均值偏离度（2012）	10.88	-5.44	-3.74	-1.70

数据来源：国家统计局，中铁研究院。其中服务业均值偏离度指偏离区域GDP占比的程度。

---

① 此处不统计农林牧渔业。

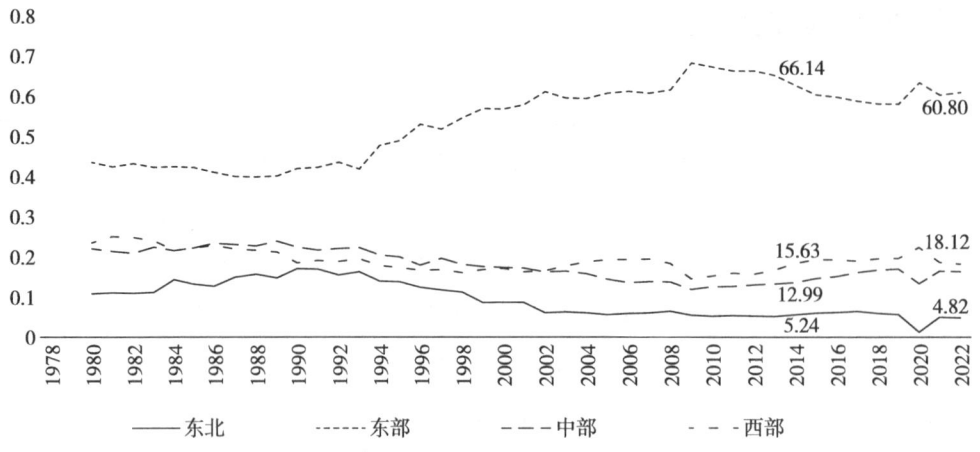

图1-1-7 四大区域金融业增加值全国占比

数据来源：国家统计局，中铁研究院。

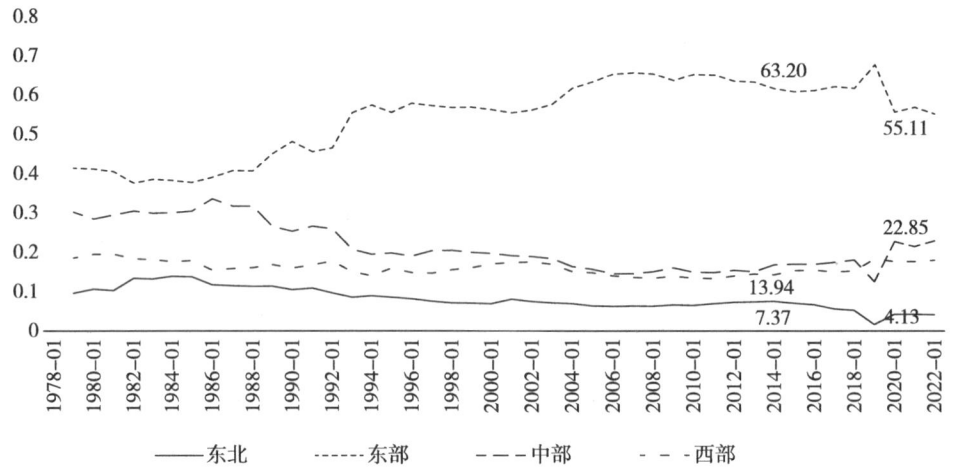

图1-1-8 四大区域房地产业增加值占全国比

数据来源：国家统计局，中铁研究院。

表1-1-9　　　　　　　　2022年七大工业支柱行业区域分布

行业	东部（%）	中部（%）	西部（%）	东北（%）
计算机、通信和其他电子设备制造业	64.85	17.28	13.98	0.64
电气机械和器材制造业	66.92	17.44	8.25	1.16
电力、热力生产和供应业	52.01	16.51	20.95	5.23
化学原料和化学制品制造业	59.00	15.78	14.67	4.12
汽车制造业	55.11	15.28	13.26	10.83
黑色金属冶炼和压延加工业	59.14	18.02	16.29	8.34
有色金属冶炼和压延加工业	36.08	28.42	27.61	2.25
支柱工业均值	56.16	18.39	16.43	4.65
支柱工业均值偏离度	4.47	−3.75	−4.92	−0.16
支柱工业均值偏离度（2012）	7.65	−2.26	−6.88	−1.87

数据来源：国家统计局，中铁研究院。其中支柱工业均值偏离度指偏离区域GDP占比的程度。

中西部在建筑业、有色金属冶炼业加工业上具有全国比较优势。2022年，中西部地区建筑业占比分别为26.79%、27.73%，有色金属冶炼加工占比分别为28.42%、27.61%，各超区域GDP占比4.69、6.33、6.32、6.21个百分点，中部除江西外均在建筑业上均具有优势，中西部地区建筑业占区域GDP的比重达到8.4%以上，高于东部和东北地区3个百分点以上，有色金属冶炼优势集中在江西（全国第一）、河南。中部地区工业支柱产业发展势头弱于服务业，从数量来看，2022年六大国民经济支柱产业中，中部地区有建筑业、房地产业两大产业超过区域GDP占比，七大工业支柱产业中只有有色金属冶炼和加工占一项；从偏离GDP的平均程度来看，金融、房地产、批零的平均占比偏离GDP-2.85个百分点，七大工业支柱行业偏离-3.75个百分点。西部地区与中部地区支柱产业竞争优势特点一致，服务业强于工业，西部地区服务业和七大工业支柱产业与区域GDP的偏离值分别为-3.36%、-4.92%，显示出较中部地区在全国支柱产业上竞争力更弱[①]。非支柱产业上，西部优势产业集群主要是采矿、烟酒饮料制造、木材加工、设备修理，中部地区有废弃资源综合利用等。

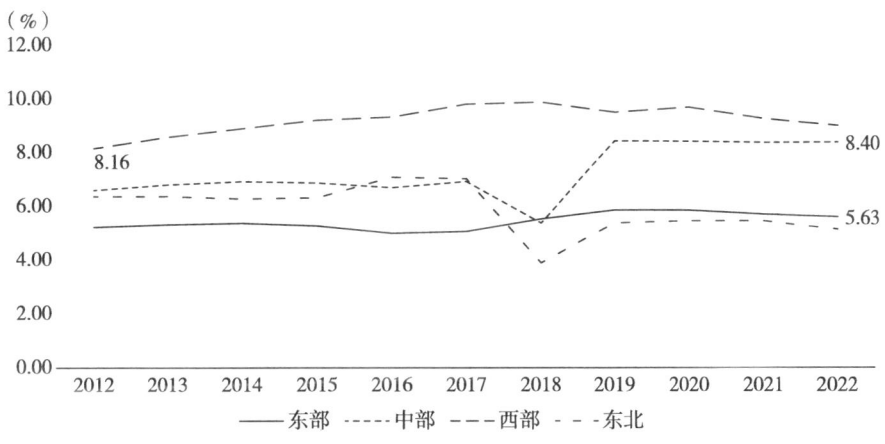

图1-1-9　四大区域建筑业增加值占区域GDP占比

数据来源：国家统计局，中铁研究院。

表1-1-10　　　　　2022年七大工业支柱行业产出/营收第一的省

行业	省份	占全国比（%）
计算机、通信和其他电子设备制造业	广东	30.20
电气机械和器材制造业	广东	20.80
电力、热力生产和供应业	广东	9.83
化学原料和化学制品制造业	山东	14.73
汽车制造业	广东	12.92
黑色金属冶炼和压延加工业	河北	20.94
有色金属冶炼和压延加工业	江西	10.68

数据来源：国家统计局，中铁研究院。

---

① 东北从2012—2022年经济整体衰退，支柱产业竞争力也减弱，不予分析。

长周期来看，西部地区支柱工业竞争力得到最大程度提升，中部地区服务业竞争力得到最大程度提升。2012年，西部地区支柱工业均值偏离度为 –6.88%，2022年缩小为 –4.92%，提升1.96个百分点，同期东、中部地区降低3.18和1.5个百分点；2012年，中部地区金融、批零、房地产均值偏离度 –5.44%，2022年缩小为 –2.85%，提升2.6个百分点，同期东部地区降低3.9个百分点，西部地区提升0.4个百分点。

二、固定资产投资

固定资产投资是我国经济增长的重要动力，也是映射我国经济发展阶段、运行质量等的重要宏观指标。整体来看，我国固定资产投资增速整体趋缓，资本形成率趋降，固定资产投资对经济的贡献有所减弱。但我国固定资产投资仍处于新建投资为主的增量扩张阶段，建安投资持续上升，显示我国经济发展仍处在增量扩张为主的发展阶段。从国际比较来看，我国基础设施、制造业固定资产投资强度弱于美国，在一定强度增长空间的支持下，预计未来维持一定增速。固定资产投资行业结构有所调整，房地产开发投资近10年首次出现负增长，城乡类基础设施需求显著提升，映射出我国经济发展以及基础设施布局从全面拉开框架为主步入充实内容并重的发展阶段。从固定资产投融资特点来看，全社会固定资产投资风险向股东、个人和政府转移，银行风险显著下降；投资越来越具有市场化特征，东部地区受到各类外部资金青睐，银行贷款资金、其他资金、外资在东部地区强度高，财政资金也呈加大支持东部建设态势。固定资产投资区域特征分化，东部强度较低，东北、西部基础设施投资有比较优势，东部和中部地区房地产、制造业有相对优势，西部地区新建强度最高。

（一）固定资产投资规模及结构

固定资产投资增速趋缓，资本形成率[①]整体趋降。2022年，国家统计局公布我国固定资产投资总额57.21万亿元，同比增长4.9%，10年平均增速7.6%，低于同期名义GDP增速0.8个百分点，从具体年份来看，2016年开始，固定资产投资增速开始低于名义GDP增速。与之对应，资本形成率整体趋降，2022年我国资本形成52.39万亿元，资本形成率43.48%，低于2012年2.71个百分点，从资本形成率增速来看，2022年同比增长5.67%，10年平均增速7.8%，低于同期名义GDP增速0.6个百分点，意味着固定资产投资对GDP的贡献逐步减弱。从更长周期来看，改革开放以来，我国资本形成率从最低31%的水平一路攀升至2011年的47.03%，此后步入下行阶段。从全球来看，我国资本形成率较高，2022年全球资本形成率27.52%，高收入国家、中等收入国家、中低

---

① 资本形成率是指资本形成与GDP的比率，支出法GDP核算数。

收入国家、重债穷国资本形成率分别为 23.72%、34.08%、33.95%、23.22%，资本形成率在不同收入国家呈纺锤形结构分布。从趋势来看，2012—2022 年，全球资本形成率呈上升态势，由 25.53% 上升至 27.52%，除了重债穷国以外，其他国家资本形成率均呈上升态势。

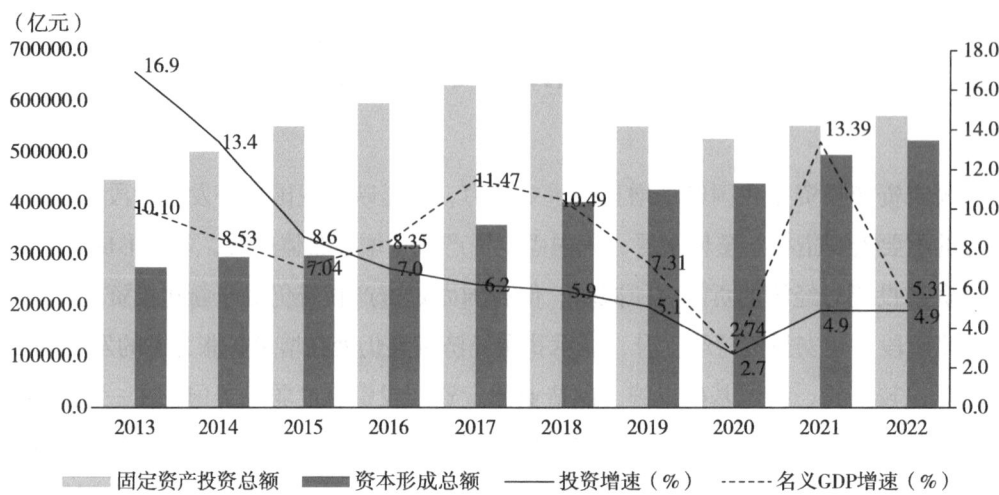

图 1-2-1　2013—2022 年我国固定资产投资情况

资料来源：国家统计局，wind，中铁研究院。

图 1-2-2　2013—2022 年中国及全球资本形成率

资料来源：世界银行，wind，中铁研究院。

固定资产投资行业结构有所调整，制造业维持最大投资板块，基础设施份额扩张最多，房地产冲高回落。2022 年，基础设施、制造业、房地产开发投资占全社会固定资产投资①的比重分别约为 28.24%、35.57%、23.23%，同比提升约 1.24、1.83、-3.47

---
① 国家统计局从 2018 年开始不再公布基础设施、制造业的固定资产投资绝对数量，有关数据按照增速测算，并根据 2019 年国家统计局对固定资产投资总额的调整所得系数进行调整追溯至 2014 年。其中基础设施包含电热气水供应业投资、交通运输和仓储邮政业投资、水利生态和公共设施管理业投资、信息基础设施投资四类，其中信息基础设施仅包含通信基础设施。

个百分点，10年周期内分别上升6.47、2.47、3.96个百分点，制造业维持投资最大板块，基础设施维持第二，房地产维持第三，与其他板块差距拉大。总体来看，长期数据具有一定代表性[①]，2012—2022年，三大板块10年平均增速分别为10.97%、8.21%、6.6%，同期全社会固定资产投资平均增速7.6%[②]，与10年内基础设施投资份额扩大最多，制造业投资份额温和扩张相适应，也与期间我国制造业实施多年"三去一降一补"政策投资萎缩相适应。从20年更长周期来看，我国投资结构较大调整，2003年基础设施为第一大投资板块，制造业和房地产居后，投资份额分别为29.3%、26.44%、18.19%。国际比较来看，2022年美国基础设施、制造业、房地产开发投资占比分别为28.17%、14.77%、30.42%，房地产开发长期占据最大比重（2007年金融危机后一段时期除外），制造业长期居第三位（期间1950年代制造业占GDP的比重与我国目前相当）。美国三大板块的投资强度[③]经验，对研判未来投资走势具有一定的启示作用，房地产投资强度绝对值高于制造业和基础设施，但基础设施和制造业的投资强度更具有韧性，投资强度呈不断攀升态势，其中基础设施又强于制造业，房地产投资强度则呈下降趋势。我国当前基础设施投资强度略低于美国，制造业投资强度低于美国，房地产投资强度高于美国（扣除统计口径差异后应该更加接近），结合房地产当前整体以新建为主的发展阶段，同时加快发展制造业的政策，预期房地产投资占比温和下降，基础设施、制造业有望长期保持较高比重。

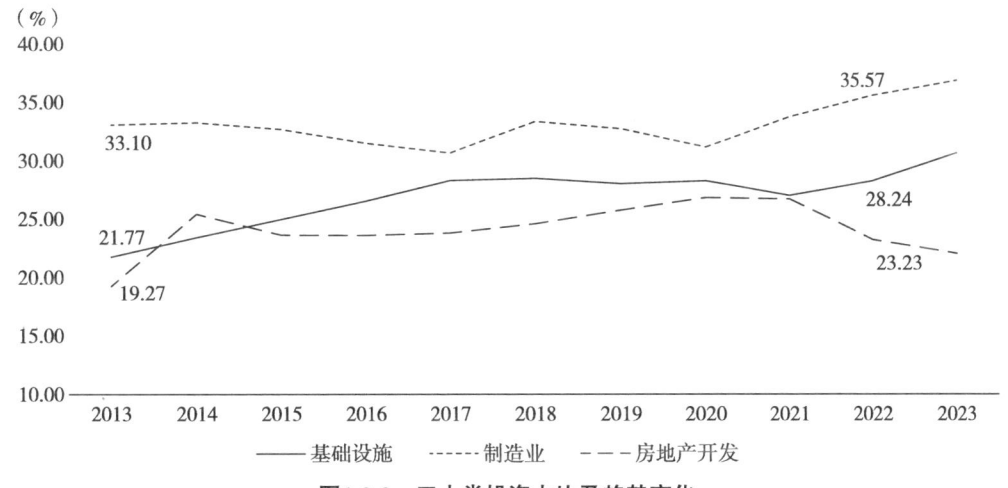

图1-2-3　三大类投资占比及趋势变化

资料来源：国家统计局，wind，中铁研究院。

---

① 短期数据出现了背离，2022年，基础设施、制造业投资增速分别为11.52%、9.1%，份额分别提升1.24、1.83个百分点，显示出以增速直接计算简单按照规模系数调整的制造业份额被高估。
② 房地产开发投资平均增速低于全社会固投增速，份额仍有所扩大，受期间全国固投总额两次修正干扰。
③ 投资强度：投资占比/GDP占比。

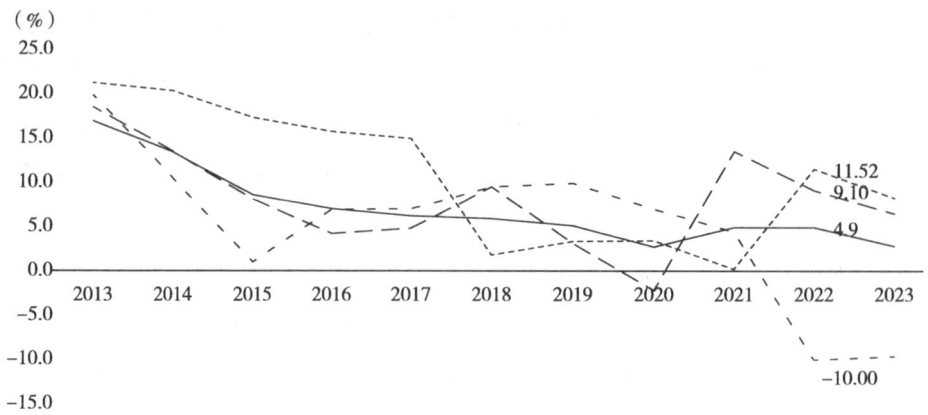

图1-2-4　2013—2022年三大类投资增速情况

资料来源：国家统计局，中铁研究院。

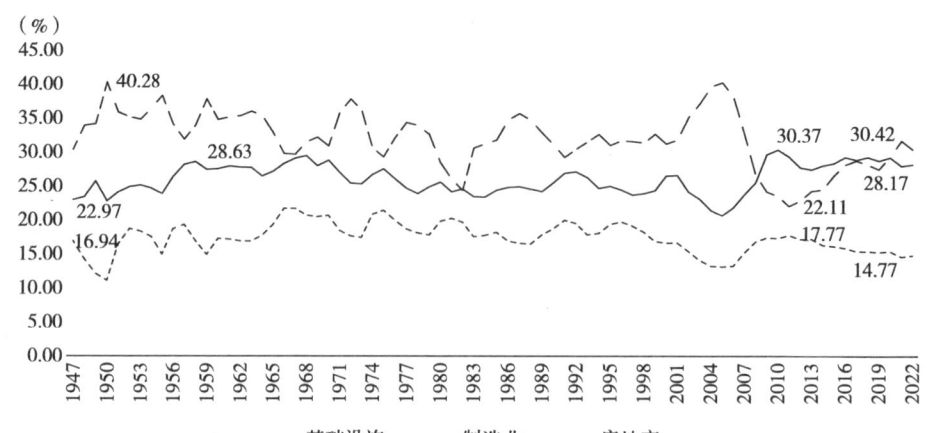

图1-2-5　美国房地产、基础设施、制造业投资走势

资料来源：美国经济运行局，中铁研究院。其中基础设施投资由公用事业（水电气热）、交通运输和仓储、信息、公共事务和环境等构成。

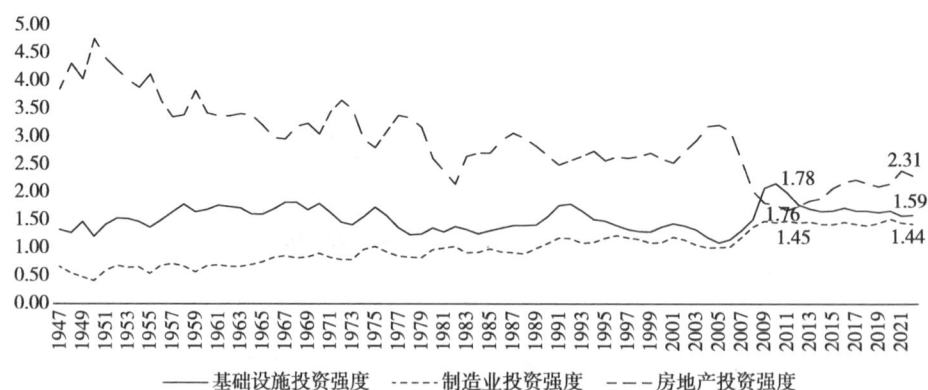

图1-2-6　美国制造业、房地产、基础设施投资强度

资料来源：美国经济运行局，中铁研究院。其中基础设施属于公共物品，缺乏直接数据估算其投资强度，视全社会经济社会发展为其产出。

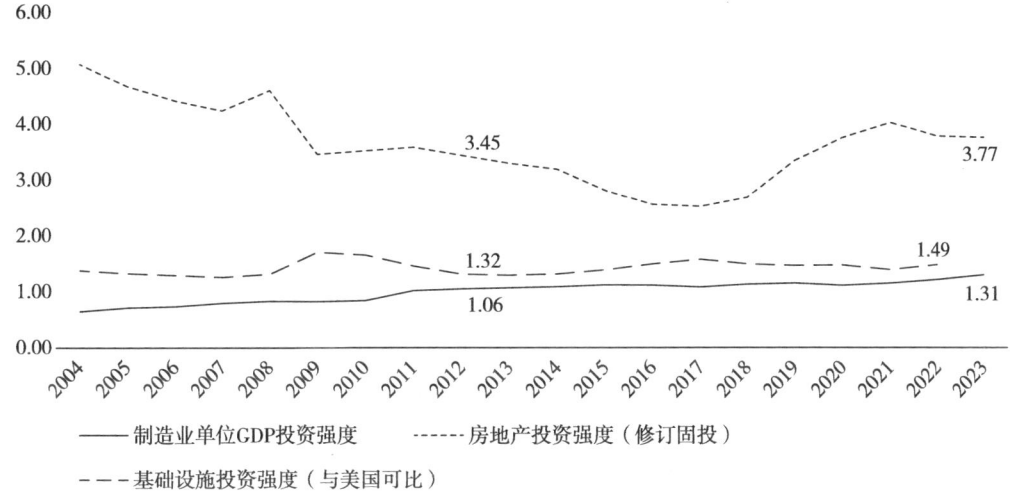

图1-2-7 我国制造业、基础设施、房地产投资强度

资料来源：国家统计局，中铁研究院。其中基础设施属于公共物品，缺乏直接数据估算其投资强度，视全社会经济社会发展为其产出。为了与美国可比，将全社会资本形成率调整为与美国一样。

基础设施投资大类结构变化，城乡建设类基础设施投资显著提升，新经济促进传统投资焕发新活力。从统计局分类的基础设施四大板块来看，2022年水利生态和公共设施管理业占比最高，达到45.34%，交通运输和仓储邮政投资、电热气水供应业投资、信息基础设施投资分别占比35.3%、16.77%、2.6%[①]。长周期来看，2012—2022年，交通运输和仓储邮政投资退出基础设施第一大板块，份额下降3.8个百分点，水利生态和公共设施管理业投资成为基础设施第一大投资板块，份额上升8.51个百分点，电热气水供应投资下降约4个百分点。几大板块投资的此消彼长，体现出随着全国性骨干基础设施的率先加快建设和经济社会发展水平的提升，以满足城乡生产生活为主的点状基础设施投资在不断增加，突出体现在不包含水利的生态和公共设施管理业投资占比，2012—2022年从31.9%上升至39.4%，也呈后来居上超越交通运输和仓储邮政业投资的态势，且期间水利投资只在2015年、2020年、2022年超越大类投资增速。同时也要看到，在10年长周期的整体趋势中，又有新周期的产生，电热气水供应于2018年15.36%的低点开始有所抬升，交通运输和仓储业投资也在2016年达到34.06%的低点后开始抬升，这种变化与新经济的产生紧密相关，电热气水的投资抬升主要得益于能源体系重构，新能源投资的大幅攀升，交通运输仓储和邮政的抬升，则与平台经济发展使快递和仓储业加快发展有关。

---

① 除了信息基础设施外，2018年开始其余三大板块总投资按照国家统计局公布的增速计算，并以固定资产投资总额调整所得系数进行调整，调整与总额调整一致，回溯至2014年，因此三大板块的总量数据不一定完全精确，由此推算的比重也不一定完全精确，但在整体情况和趋势性变化上具有较好的代表能力。

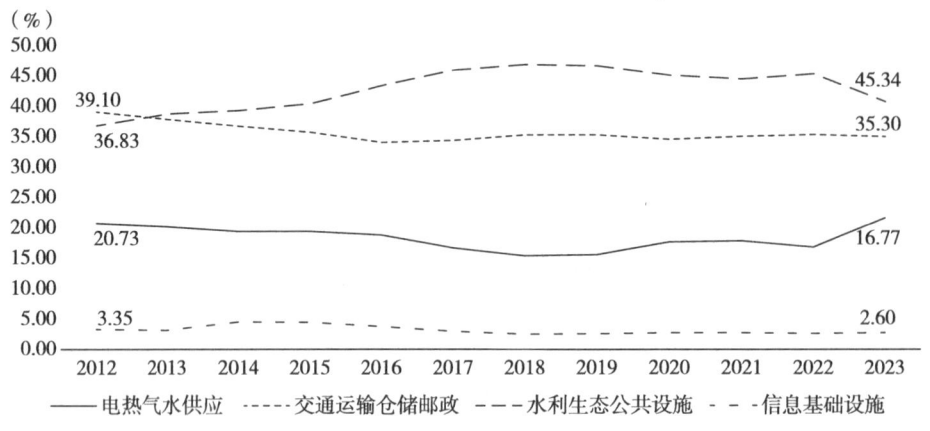

图1-2-8 四大类基础设施投资占比

资料来源：国家统计局，中铁研究院。其中投资占比为占基础设施投资的比重。

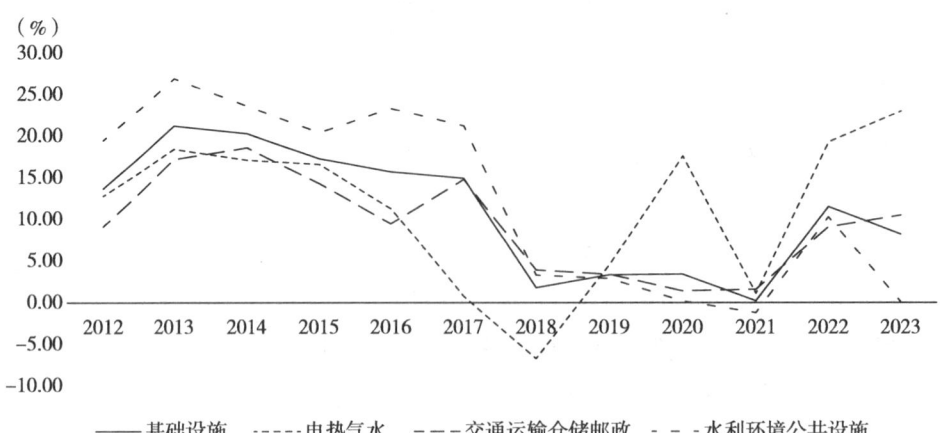

图1-2-9 三大类基础设施投资增速对比

资料来源：国家统计局，中铁研究院。由于信息基础设施投资占比过小，不进行增速对比。

基础设施投资小类结构相对稳定，公路建设稳居最大投资领域，电力、水利投资快速增长，铁路退出前五。2022年，全国基础设施投资前五细分领域为公路、电力、水利、环境污染治理、城市道路桥梁，分别完成投资 2.6、1.22、1.08、0.9、0.87 万亿元，同比分别增长 0.67%、16.59%、43.78%、0.73%、-5.04%。2012 年，全国基础设施投资前五细分领域为公路、环境污染治理、电力、城市道路桥梁、铁路。前后 10 年比较，前五投资领域只有 1 项发生变化，2022 年水利取代铁路成为前五，整体较为稳定。其中，公路长期占据基础设施投资最大领域，且份额略有增加，电力从第三跃居第二，水利从第六跃居第三，环境污染治理和城市道路桥梁分别退后 1 位，铁路从第五退居第六，显示出电力、水利投资快速增长，公路投资持续保持较快增速，铁路建设投资增速下行。细分领域的投资走势是基础设施长期需求和阶段需求的交织形成的，按照国家公路网规划、水利补短板等安排，以及能源体系重构的行业趋势，预期大类结构还将在未来一段时期保持稳定。

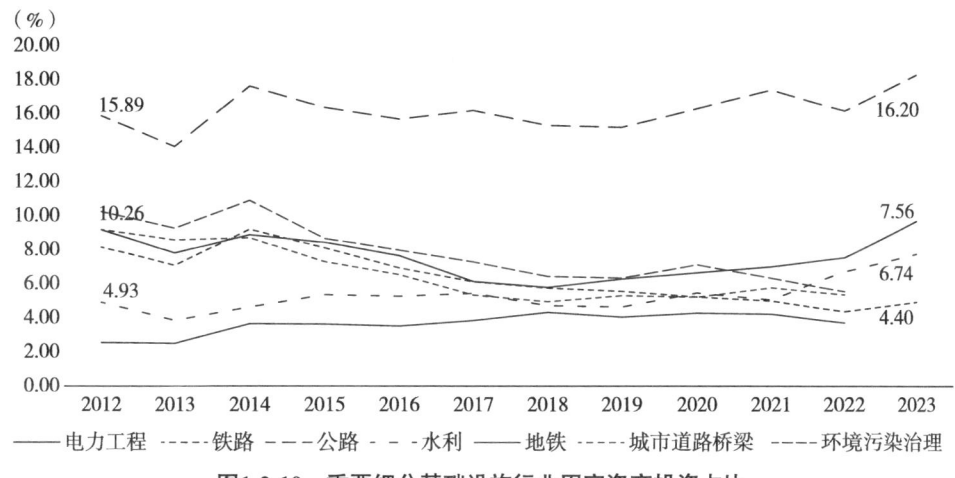

图1-2-10 重要细分基础设施行业固定资产投资占比

资料来源：国家统计局，城乡统计年鉴，水利、电力行业统计年鉴，中铁研究院。投资占比为占基础设施投资的比重。

固定资产投资以新建为主，增量扩张特征明显，增量扩张主导型投资已持续28年。2022年，我国新建、改建、扩建投资占比分别为76.76%[①]、15.64%、7.6%，分别较2012年提升7.95、1.17、-5.55个百分点。从更长周期来看，1995年之前，我国固定资产投资以扩建为主，新建次之，技改改建第三，1994年三者份额分别为41.16%、39.77%、19.07%。从增速来看，2012年开始新建工程投资增速高位降速，但10年平均增速仍居三类投资最高，值得注意的是改建投资增速与新建日趋逼近，代表了一定的投资和经济发展趋势。固定资产投资性质结构由扩建为主转向新建为主，显示出1995年之后，经济发展呈规模加快扩张的发展特征，进入增量扩张为主的发展阶段。从基础设施、制造业、房地产三大板块来看，三大板块遵循新建占比最高、技改第二的特点，具体又有所差异，房地产、基础设施新建占比高，2022年，均在80%以上，超过平均水平，制造业新建占比51.75%，远低于全国平均水平。制造业技改投资占比高，2022年达到34.66%，高于全国平均水平1倍，较2012年提升11.46个百分点，基础设施和房地产技改投资不及全国平均水平，房地产尤其低，不到2%，且呈下降走势。扩建投资上，三大板块均呈下降态势。经过长达30年左右的新建投资扩张，结合城镇化率放缓和人口增速下滑的特点，以及固定资产更新的一般周期，未来一段时期，我国三大板块投资都将步入增量建设和存量更新改造并存的阶段，制造业新建投资占比最低，新建扩张潜力最大。

---

① 新建、扩建、改建的结构，不考虑固定资产投资总额的调整，直接按照国家统计局公布的各项增速，以2017年为基数，计算而得。

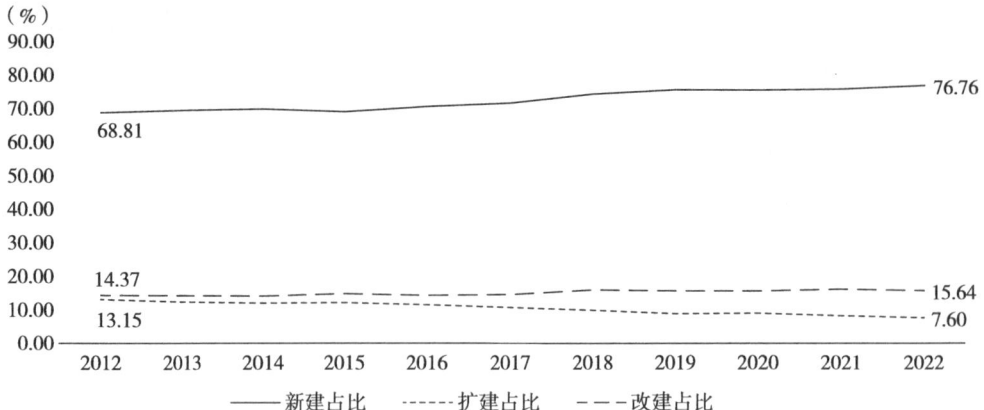

图1-2-11　2012—2022年新建、扩建、改建走势图

资料来源：国家统计局，中铁研究院。

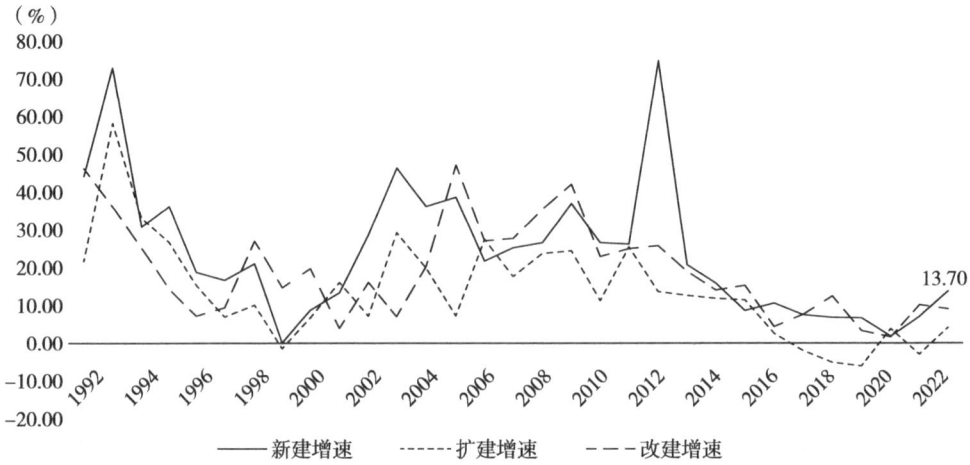

图1-2-12　我国固定资产投资新建、扩建、改建增速

资料来源：国家统计局，中铁研究院。

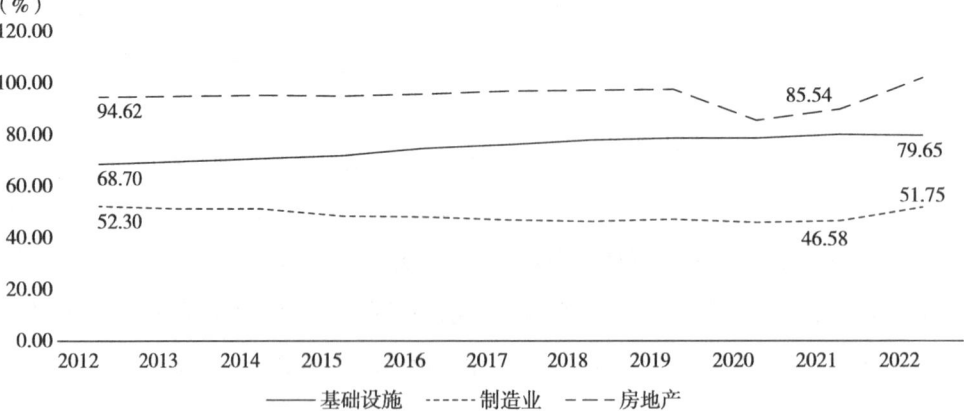

图1-2-13　2012—2022年基础设施、制造业、房地产新建投资占比

资料来源：国家统计局，中铁研究院。

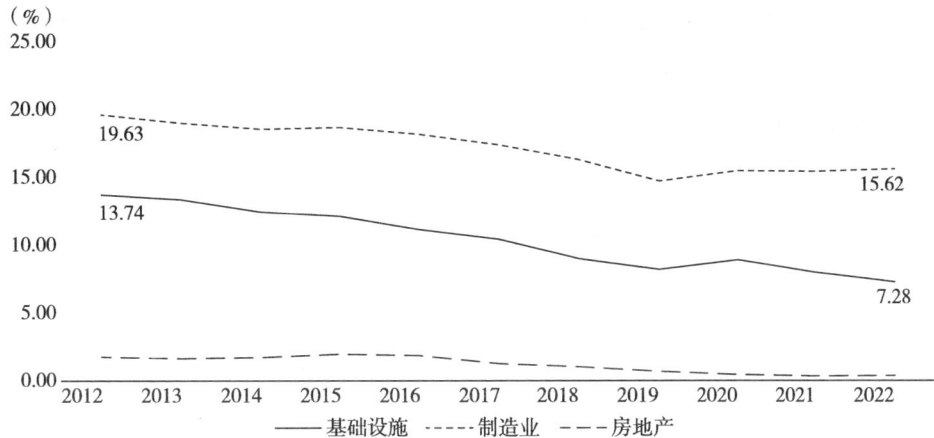

图1-2-14 2012—2022年扩建投资占比

资料来源：国家统计局，中铁研究院。

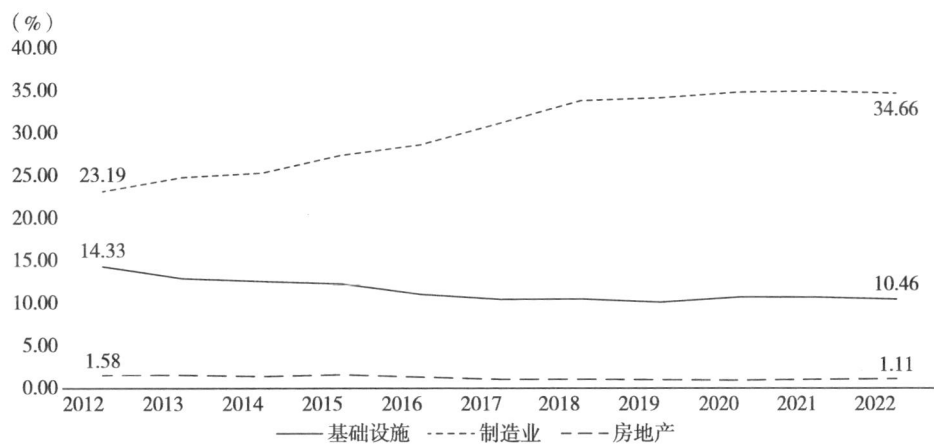

图1-2-15 2012—2022三大板块技改投资占比

资料来源：国家统计局，中铁研究院。

固定资产投资以建安工程为主，份额持续提升，设备工器具投资占比下降，其他费用整体趋降，随房地产市场波动。2022年，我国固定资产投资中建安工程、设备工器具、其他费用占比分别为72.23%、13.66%、14.11%，其中设备工器具投资份额出现明显下滑，较2012年的20.81%下降7.15个百分点，其他费用整体呈下滑走势，由2012年的14.34%微降至2022年的14.11%，期间随着地产两次周期呈波浪形走势。这种变化与我国产业结构调整相关，2012年开始，我国三次产业结构从二三一向三二一转变，一、三产建安投资占比高的一般特点，决定了设备工器具投资下滑，也与我国固定资产投资处于新建扩张为主发展阶段直接相关。从国际比较来看，2022年美国固定资产投资建安、设备、无形资产（知识产权，包括软件、研发、娱乐和文学原创）占比分别为40.68%、27.51%、31.03%，从演变趋势来看，建安、设备投资整体呈下滑态势，无形资产投资占比持续攀升，2020年超越设备投资居第二。剔除不可比的无形资产，整体建安投资规模大于设备投资，近几年基本维持在60%左右，设备投资整体高于我国水平，结合美国三产占比高达80%的产业结构，美国整体固定资产投资设备含量水平显著高于我国。从基础设施、制造业、房地产三大板块来看，三类投资构成走出不同走势。建安投资类别中，基础设施、制造业占比抬升，房地产占比下降，2022年三大板块建安占比分别为79.12%、70.67%、66.24%，分别较2012年上升10.5、19.3、–8.17个百分点，房地产从建安占比最高的板块转变为占比最低的板块。设备工器具投资中，三大板块占比均呈下降态势，其中制造业占比最高，基础设施第二，房地产最低，制造业设备投资占比下降11个百分点，一定程度上显示出10年内产业整体迭代升级速度慢于产业规模扩张速度。其他费则房地产、基础设施占比上升，制造业占比持续下降，与我国土地财政快速发展相适应，房地产其他费占比达到30.24%，10年上涨接近10个百分点，制造业占比持续下降，显示制造业用地等成本得到较好的控制。

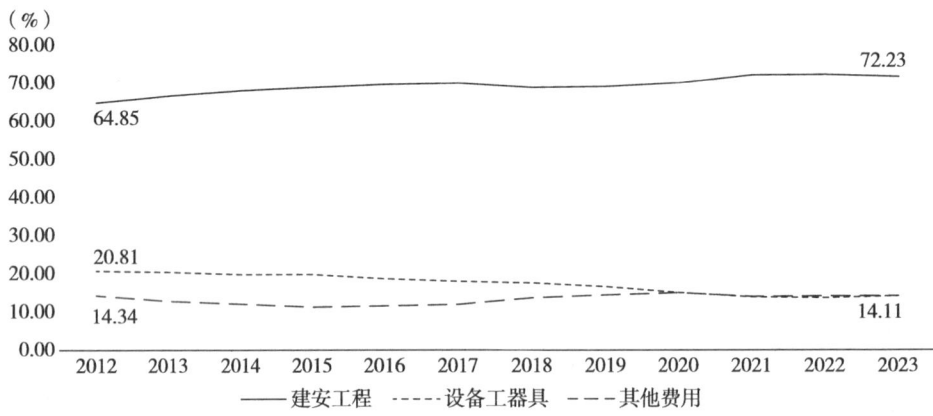

图1-2-16 我国固定资产投资构成及变化

资料来源：国家统计局，中铁研究院。

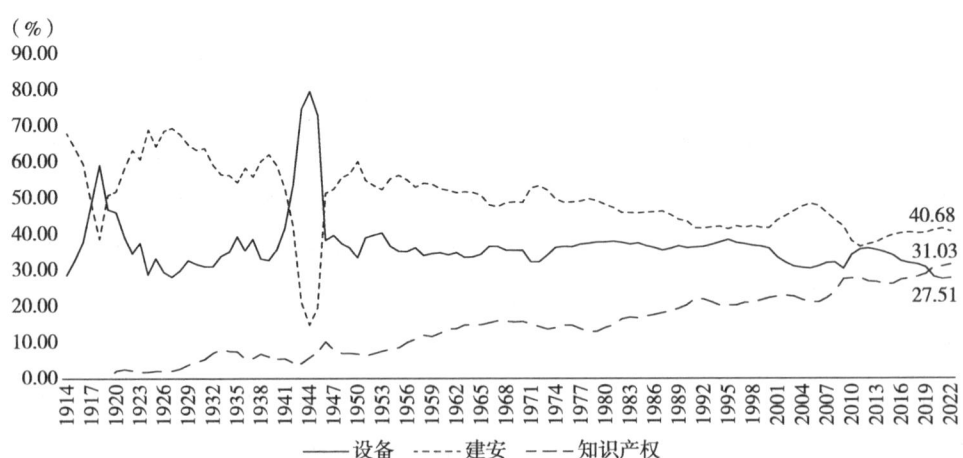

图1-2-17 美国固定资产投资构成及变化图

资料来源：美国经济运行局，中铁研究院。

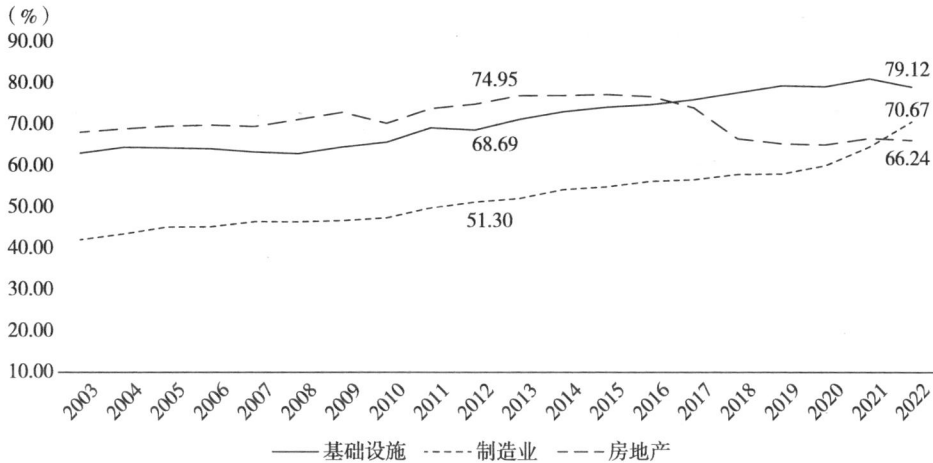

图1-2-18 基础设施、制造业、房地产投资建安投资占比

资料来源：国家统计局，中铁研究院。

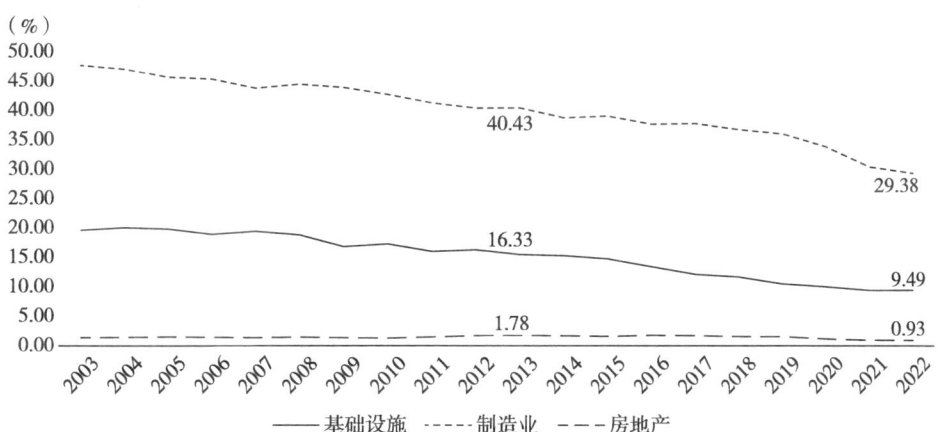

图1-2-19 基础设施、制造业、房地产设备工器具投资占比

资料来源：国家统计局，中铁研究院。

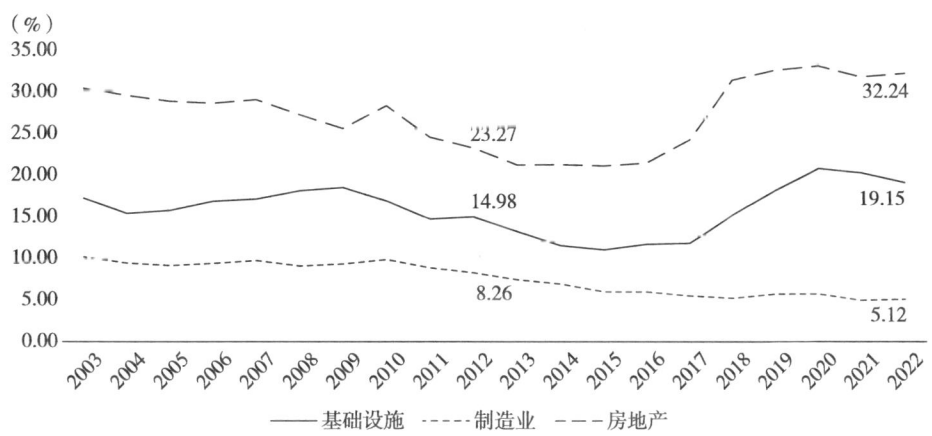

图1-2-20 基础设施、制造业、房地产其他费占比

资料来源：国家统计局，中铁研究院。

(二)固定资产资金来源及投融资特点

投资主体承担固定资产投资最大出资责任,10年来出资责任主要向股东、政府、个人转移。国家统计的固定资产投资资金来源有预算内资金[①]、国内贷款、利用外资[②]、自筹资金[③]、其他资金[④]五类。2022年,五类资金占比分别为8.84%、8.22%、0.25%、69.75%、15.67%[⑤]。从绝对规模来看,股东自筹占绝对份额,其他资金占第二,预算内资金取代国内贷款排名第三,总体来看投资主体承担固定资产投资最大出资责任,个人(其他资金)等承担了第二大出资责任,政府承担第三大出资责任;从变化来看,五类资金分别同比提升2.46、–0.57、–0.06、5.44、–3.97个百分点,预算内和自筹资金强度提升,政府和股东出资责任增强。10年周期来看,与2012年相比,五类资金占比分别提升4.21、–4.37、–0.84、1.95、1.79个百分点,预算内、自筹、其他资金强度提升,政府、股东、个人承担更强出资责任,固定资产投资的风险也向政府、机构投资者、个人转移;国内贷款占比下降4.37个百分点,银行在固定资产投资中的责任和风险整体减弱,与金融机构固定资产贷款占比下降一致,2012—2022年,金融机构固定资产贷款占贷款比重从33.29%下降至27.28%。从更长周期来看,我国固定资产投资经历了从依赖财政资金、银行贷款、外资到主要依赖自筹、其他资金、贷款的历程,2022年再次调整为依赖自筹、其他资金、财政资金[⑥]。长周期来看,虽然经历了三次主要变化,但自筹、其他资金上升,财政、贷款、外资下降的总趋势明显,与我国经济体制改革、强化市场主体作用相适应,也与我国经济实力不断增强相适应。

---

① 国家预算资金包括一般预算、政府性基金预算、国有资本经营预算和社保基金预算。各类预算中用于固定资产投资的资金全部作为国家预算资金填报,其中一般预算中用于固定资产投资的部分包括基建投资、车购税、灾后恢复重建基金和其他财政投资。自筹资金,指在报告期内筹集的用于项目建设和购置的资金。

② 外资指收到的境外外金(包括外国及港澳台地区,资金包括设备、材料、技术在内)。具体含有对外借款、外商直接投资、外商其他投资。

③ 自筹资金包括自有资金、股东投入资金和借入资金,但不包括各类财政性资金、从各类金融机构借入资金和国外资金。

④ 其他资金指除预算内、国内贷款、外资、自筹资金以外其他资金,包括社会集资、个人资金、无偿捐赠的资金及其他单位拨入的资金等,其中个人资金包括住房按揭贷款,为其他资金的最大来源。

⑤ 国家统计局在2017年后不再公布五类资金来源绝对数,2018—2022年资金来源规模以2017年规模为基数,通过增长率计算所得,下同,其他预算内资金、贷款、其他资金均通过增长率计算所得。未考虑全国固定资产投资规模在2021年、2023年连续调整两次。计算结果与国家统计局公布的固定资产投资总规模不一致,五类资金占到位资金比重之和不能等于1,以及后续19个行业的各类资金强度总和也一定能加总为1,但仍在社会投资、融资趋势变化上具有参考价值。

⑥ 具体来看,改革初期,固定资产投资第一大主体为政府,财政资金占比达到63%,银行贷款为第二来源,外资为第三大来源;1985—1991年演变为自筹、贷款、其他、预算内、外资,受"拨改贷"政策影响预算内占比下降;1991—1999年,演变为自筹、贷款、其他、外资、预算内;1999—2009年演变为自筹、其他、贷款、预算内、外资;2009—2021年,自筹、其他、贷款、预算内、外资;2022年,预算内超越国内贷款。

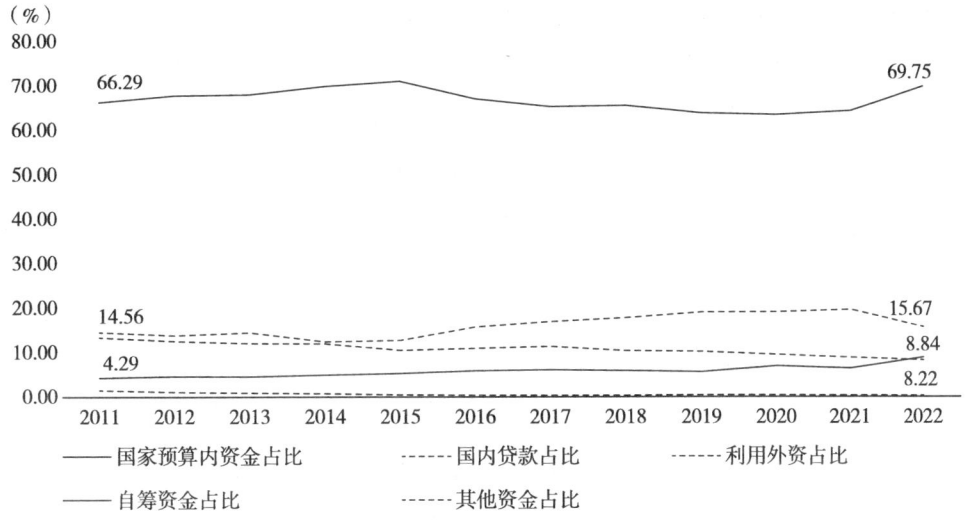

图1-2-21　我国固定资产投资到位资金来源结构

资料来源：国家统计局，中铁研究院。

图1-2-22　金融机构固定资产贷款占贷款余额比重

资料来源：中国人民银行，中铁研究院。

政府财政资金重点投向基础设施、公共服务，新增财政资金向产业投资倾斜，基础设施财政支持强度提升驱动基础设施投融资回归本义。从财政资金支持绝对规模来看，规模排名为基础设施、公共服务、产业、房地产、创新，2022年分别占预算内资金的60.57%、19.73%、14.36%、5.63%、1.47%，基础设施和公共服务总计占用预算内投资80%，是政府承担出资责任的主要领域，其中基础设施又占绝对比重。2015年开始明确地方政府发行专项债，将2022年专项债支持方向与预算内资金支持方向合并[①]，基础

---

① 市政和产业园基础设施按照市政基础设施和产业园基础设施各50%纳入公共设施管理业和制造业，按照城乡统计年鉴的债券到位资金，市政和产业园基础设施专项债应该大部分用于支持产业园。农林水利按照农业50%、水利50%分别纳入农林牧渔和水利。棚户区改造、城镇老旧小区改造、土储计入房地产投资。

设施比重下降 5 个百分点，公共服务比重下降 4 个百分点，房地产上升约 3 个百分点，产业发展上升 6 个百分点，显示出随着专项债的发行，新型财政来源向产业和房地产倾斜力度大，是当前财政支持的新发展方向。从基础设施细分行业来看，预算内资金到位前三行业为道路、水利管理、水的生产和供应[①]，占预算内投资比重分别为 16.01%、5.3%、3.72%，前一、二行业 10 年保持稳定，2012 年基础设施预算内资金第三为铁路，增加专项债资金后，道路、水利、铁路为前三支持领域，分别占比约 11%、4.4%、3.34%，与 2012 年排名一致。从行业的预算内财政支持强度[②]来看，公共服务是财政支持强度最高的领域，基础设施居第二，创新第三，房地产最弱。从趋势来看，2012—2022 基础设施财政资金强度提升最大，达到 8.78 个百分点，公共服务、房地产、产业、创新分别提升约 2.83、0.52、1.25、0.98 个百分点，总体来看，随着我国财力扩大，财政资金对基础设施的投入规模提升速度超过了其他资金，财政资金强度不断提升，基础设施投融资模式日趋回归公共产品应有之义。预算内资金未含政府债资金，若计入政府债资金，总体财政资金支持强度还将提升。

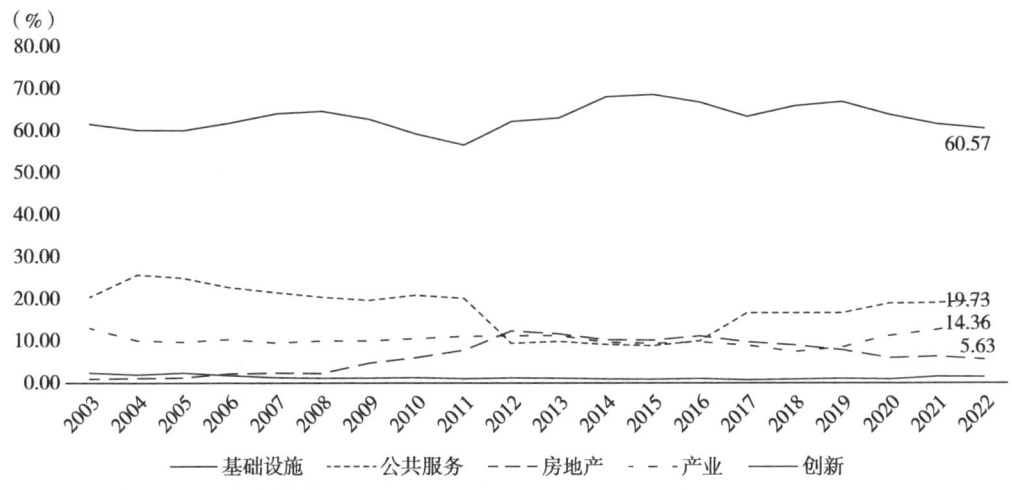

图1-2-23　固定资产投资预算内资金在五个领域分布情况

资料来源：国家统计局，wind，中铁研究院。公共服务 2012—2017 年间大幅下跌是因为缺失公共管理和医疗卫生预算内资金到位数据。

---

① 因为公共设施管理业中市政基础设施为包含众多小类的城市基础设施集合，不纳入与铁路、道路等细分行业排名。2022年，市政基础设施预算内投资占比8.5%，叠加债券（应包含企业债、信用债）的财政投资占比7%。

② 财政支持强度=预算内资金/行业到位资金。

第一篇　全国经济运行篇　031

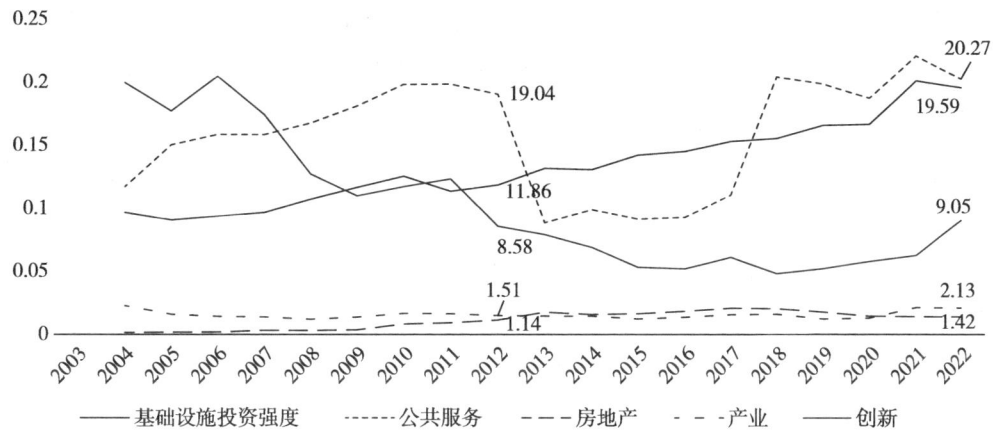

图1-2-24　五个领域预算内投资强度

资料来源：国家统计局，wind，中铁研究院。公共服务2012—2017年间大幅下跌是因为缺失公共管理和医疗卫生预算内资金到位数据。

表1-2-1　19个大类行业占预算内资金比重及行业预算内投资强度情况

指标名称	占预算内资金比（%）	占财政资金比（%）	10年占预算变化（%）	预算内投资强度（%）	财政投资强度（%）	10年强度变化（%）
水利、环境和公共设施管理业	34.35	32.85	2.55	29.76	44.4	11.6
交通运输、仓储和邮政业	20.44	17.13	−2.79	23.12	30.26	10.17
农、林、牧、渔业	8.86	5.7	3.68	16.65	16.83	6.85
教育	8.47	5.8	1.7	32.87	35	8.24
卫生、社会保障和社会福利业	7.57	7.45	7.57	34.93	53.68	19.1
房地产业	5.63	8.3	−0.18	2.29	5.28	0.52
电力燃气水的生产供应业	5.30	3.5	−1.28	9.66	10.23	3.17
制造业	2.52	11.76	−0.88	0.61	4.4	0.17
租赁和商务服务业	2.15	−	1.28	7.10	−	4.24
文化、体育和娱乐业	2.10	−	−0.57	7.25	−	−2.76
公共管理和社会组织	1.59	1	1.59	11.47	−	−15.6
科学研究、技术服务和地质勘查业	1.47	−	0.26	8.89	−	0.98
信息传输、计算机服务和软件业	0.49	0.3	−0.11	2.84	2.9	−0.86
采矿业	0.30	−	−0.33	1.56	−	0.77
居民服务和其他服务业	0.29	−	−0.54	9.47	−	1.5
住宿和餐饮业	0.25	−	−0.04	3.01	−	2.1
批发零售	0.24	−	−0.38	2.16	−	1.13
建筑业	0.07	−	−3.53	7.35	−	−8.62
金融业	0.05	−	−0.18	3.38	−	−0.74

资料来源：国家统计局，wind，中铁研究院。此处所指财政资金仅包含预算内与专项债，未含一般债资金。

银行以支持房地产和基础设施为主，支持行业分布趋向合理，在基础设施行业风险减弱。2022 年，固定资产贷款支持前三领域为基础设施、产业、房地产，占固定资产贷款的比重分别为 35.6%、31.94%、29.5%，分别同比提升 1.52、6.17、–8.52 个百分点，10 年周期来看，分别提升 –0.05、1.07、–3.21 个百分点，长周期来看银行支持产业发展的力度提升，对基础设施和房地产的支持力度下降，其中对产业支持力度的提升使银行贷款发放更符合商业逻辑。从行业贷款强度来看，银行贷款对固定资产支持的强度整体偏弱，五个领域银行贷款强度排名为基础设施、房地产、创新、产业、公共服务，贷款强度分别为 11.77%、11.12%、6.93%、5.48%、2.74%，2012—2022 年，在固定资产到位资金贷款资金占比趋降的大背景下，固定资产投资行业贷款平均强度下降约 4.2 个百分点，五个领域呈全面下降趋势。虽然五个领域整体趋降，其中基础设施强度下降最多，整体下降 10.29 个百分点。基础设施领域中，交通仓储和邮政业下降 10.85 个百分点，电热气水供应下降 9.82 个百分点，水利环境和公共设施管理业下降 7.89 个百分点，也是 19 个行业中贷款强度下降前三。基础设施投资贷款强度下降与行业技术经济特征相适应，银行在基础设施行业的风险得到削弱，随着预算内强度提升、自筹资金来自社会的投资人、财政主体等正在承担更多的基础设施投资风险。

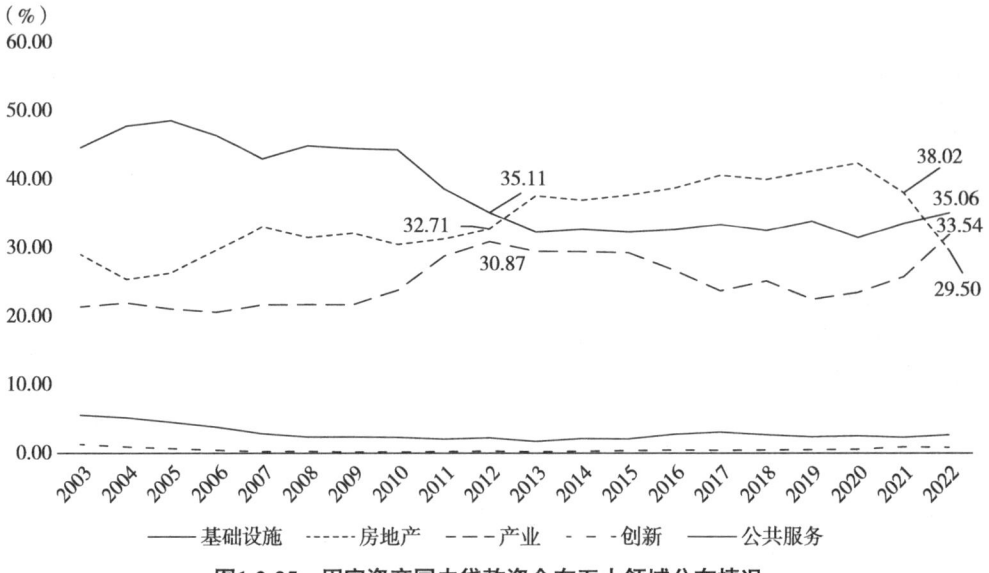

图 1-2-25　固定资产国内贷款资金在五大领域分布情况

资料来源：国家统计局，wind，中铁研究院。

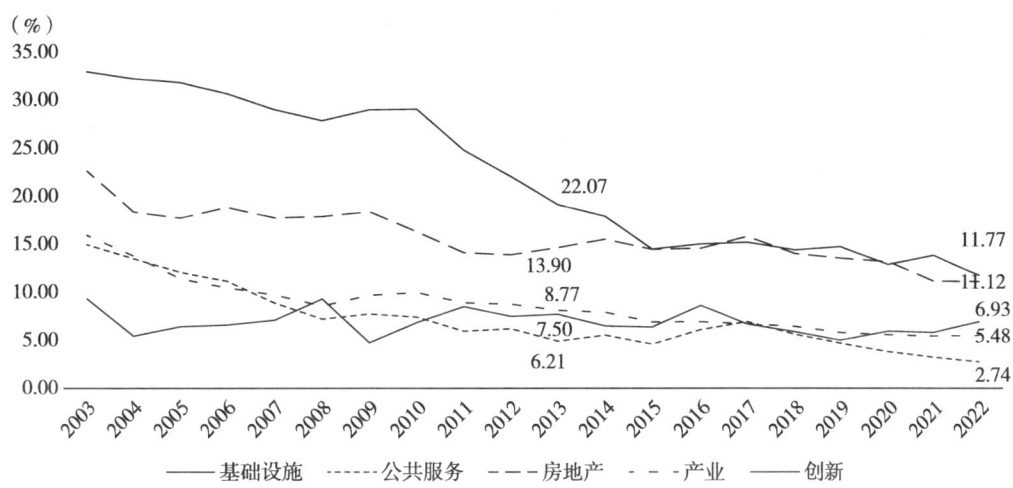

图1-2-26 五大板块国内贷款强度变化

资料来源：国家统计局，wind，中铁研究院。

表1-2-2　　　　　　　　2022年19个大类行业国内贷款强度情况

指标名称	占贷款比重（%）	贷款强度（%）	10年强度变化（%）
交通运输、仓储和邮政业	18.53	19.42	−10.85
电力燃气水的生产供应业	10.36	17.48	−9.82
房地产业	29.50	11.12	−2.78
租赁和商务服务业	2.7	8.41	−2.61
科学研究、技术服务和地质勘查业	1.24	6.93	−0.57
制造业	25.12	5.63	−3.46
采矿业	1.09	5.20	−4.91
建筑业	0.05	4.98	−3.14
信息传输、计算机服务和软件业	0.85	4.60	−0.94
水利、环境和公共设施管理业	5.32	4.27	−7.89
农、林、牧、渔业	2.14	3.72	−1.05
教育	0.97	3.47	−3.22
批发和零售业	0.41	3.43	−2.99
卫生和社会工作	0.78	3.33	−6.64
住宿和餐饮业	0.29	3.27	−4.51%
金融业	0.05	3.25	0.30
居民服务和其他服务业	0.09	2.74	−7.51
文化、体育和娱乐业	0.79	2.52	−4.37
公共管理、社会保障和福利	0.13	0.90	−2.72

资料来源：国家统计局，wind，中铁研究院。

企业（股东）重点投向产业，产业投资热点转换，基础设施和房地产自筹资金规模扩张强度下降。2022年，产业占自筹资金份额达到62.07%，基础设施居第二位18.85%，房地产居第三为13.34%，这种规模排序与行业投资规模一致；从19个大类行业来看，制造业、房地产是占自筹资金比重最高的两个行业，2022年占比分别达到42.76%、20.97%，遥遥领先，其他行业占自筹资金的比重均在7%以内，水利环境和公共设施管理、交通运输业占比5%以上，长期居第3、4位，其余均在5%以下，也与行业投资规模一致。更好判断股东投资偏好，从三个领域的到位资金规模与自筹资金到位规模进行对比，产业的自筹强度最高达到86.36%，基础设施高于房地产，二者分别为51.46%、40.89%，自筹资金的轻度一定程度上显示企业主体资金更加偏好产业，也与产业具有营利性的特点相适应，也反映了其他社会资金的偏好。从趋势来看，企业主体投向产业的资金强度在提升，2012—2022年，自筹资金在产业领域份额、强度双升，分别提升3.6、1.21个百分点，在基础设施、房地产领域则强度下降，尤其是房地产下降了5.72个百分点，2021—2022年投向房地产的资金更是规模和份额双降。从19个大类行业细分企业主体投资偏好，2022年，自筹资金强度前三位为采矿业、住宿和餐饮业、制造业，2012年为金融、批零、住宿和餐饮，前三行业的变化一定程度上代表了社会产业投资热点从服务业向采矿、制造业转移，与我国加快制造业投资等相适应，也与制造业、采矿业具有更高投资强度有关。2012—2022年，自筹资金强度提升的还有建筑、电热气水生产。值得注意的是，房地产自筹资金强度较低，居倒数第四，与房地产高负债发展模式相适应。

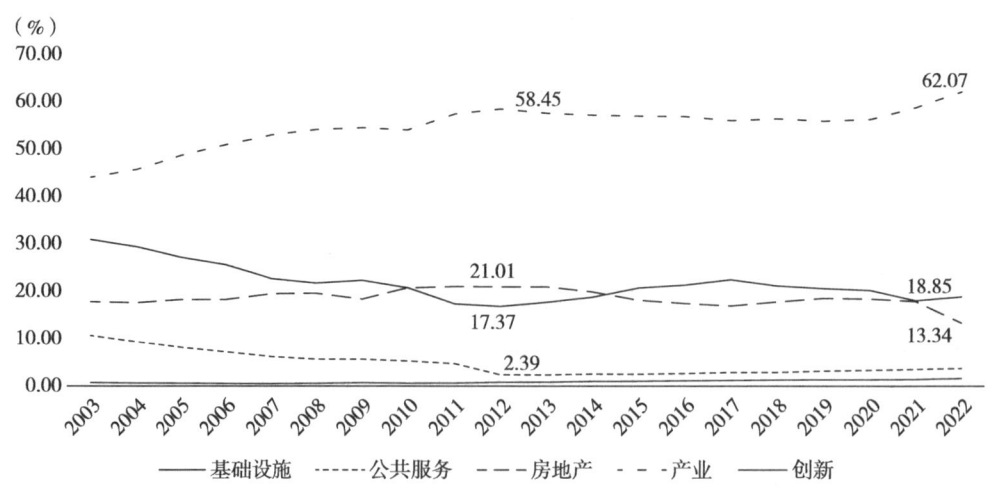

图1-2-27 固定资产自筹资金在五个领域分布

资料来源：国家统计局，wind，中铁研究院。

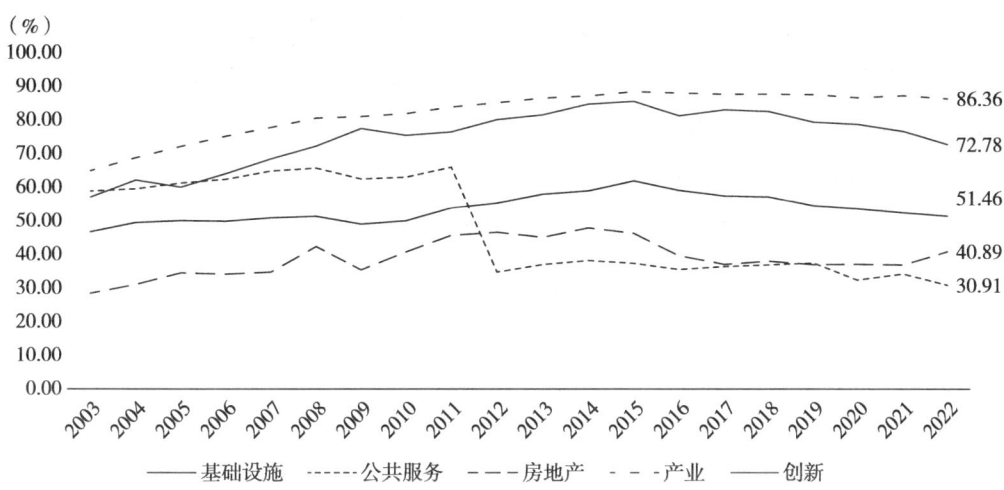

图1-2-28 五个领域自筹资金强度

资料来源：国家统计局，wind，中铁研究院。

表1-2-3　　2022年19个大类行业自筹资金强度情况（参考）

指标名称	占自筹资金比重（%）	自筹资金强度（%）	10年强度变化（%）
采矿业	2.43	94.13	9.02
住宿和餐饮业	0.98	90.08	3.75
制造业	48.82	88.91	2.83
金融业	0.18	88.66	-1.89
批发和零售业	1.30	87.80	-0.62
租赁和商务服务业	3.09	76.76	-4.44
居民服务和其他服务业	0.31	75.57	-0.49
建筑业	0.09	73.47	3.98
科学研究、技术服务和地质勘查业	1.60	72.78	-7.38
农、林、牧、渔业	4.88	69.09	-8.36
电力燃气水的生产供应业	4.72	64.73	3.35
教育	1.80	52.59	-8.28
水利、环境和公共设施管理业	7.98	52.03	-7.84
文化、体育和娱乐业	1.90	49.57	-26.77
交通运输、仓储和邮政业	5.47	46.56	-1.12
房地产业	13.34	40.89	-5.72
电信和其他信息传输服务业	0.69	30.41	-23.89
卫生、社会保障和社会福利业	0.00	0.00	0.00
公共管理和社会组织	0.00	0.00	0.00

资料来源：国家统计局，wind，中铁研究院。

个人和集体集资向房地产集中，房地产风险向个人转移。个人和集体集资纳入其他资金统计,其中以个人住房按揭贷款为主,为其他资金的最大来源。2022年,其他资金主要投向房地产业,房地产其他资金占比达到64.01%,高于其他三类资金对最大领域的支持力度,资金投向最为集中。长周期来看,10年来其他资金对房地产的支持强度下降14.33个百分点,集中在2021—2022年下降13.6个百分点,到位资金规模下降同比出现大幅下降29%,显示出房地产市场的重大调整。从行业其他资金强度来看,2022年房地产其他资金投资强度达到46.07%,也远高于其他行业,且强度不断提升,相比10年前提升8.73个百分点,并在2016年超越自筹资金成为房地产投资最大资金来源。报告前文提到房地产领域银行贷款强度下降,两降(国内贷款、自筹)一升,意味着10年来,个人在房地产市场的风险在不断扩大。

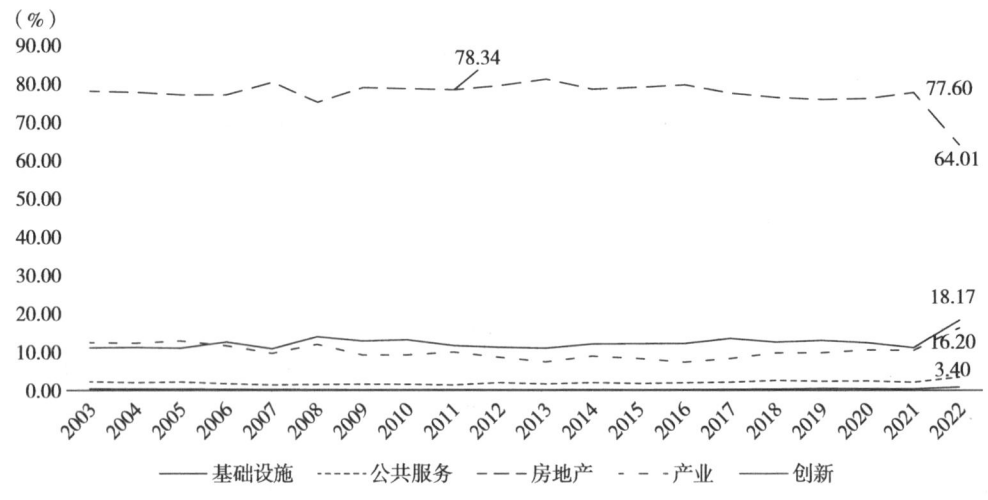

图1-2-29　固定资产其他资金在五个领域分布情况

资料来源:国家统计局,wind,中铁研究院。

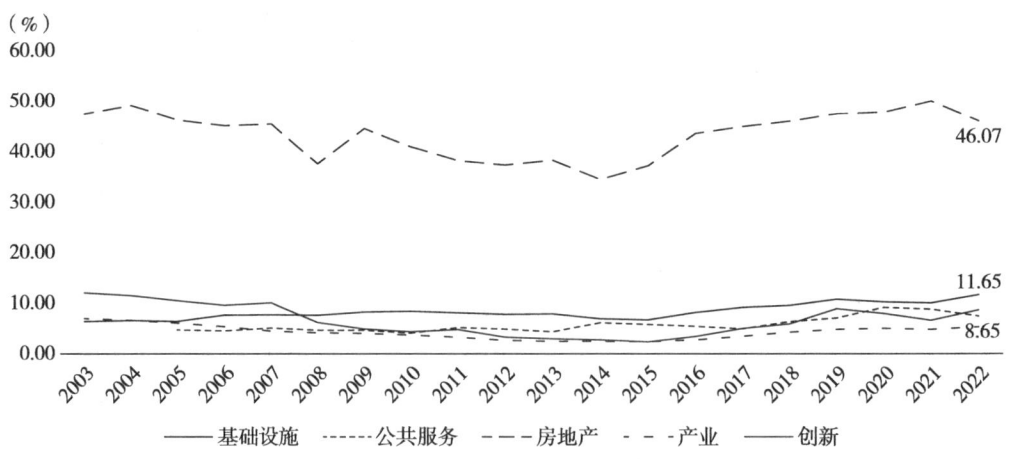

图1-2-30　五个领域其他资金强度

资料来源:国家统计局,wind,中铁研究院。

表 1-2-4　　　　　　　　　2022 年 19 个行业其他资金强度情况

指标名称	占其他资金比重（%）	其他资金强度（%）	10 年强度变化（%）
房地产业	64.01	46.07	8.73
建筑业	0.10	18.40	12.33
水利、环境和公共设施管理业	9.33	14.30	4.75
居民服务和其他服务业	0.23	12.98	7.60
教育	1.86	12.75	5.95
交通运输、仓储和邮政业	5.83	11.66	3.03
农、林、牧、渔业	3.29	10.95	3.51
公共管理、社会保障和社会组织	0.70	8.87	0.16
科学研究、技术服务和地质勘查业	0.81	8.65	5.36
电力燃气水的生产供应业	2.60	8.36	4.11
租赁和商务服务业	1.31	7.68	3.66
住宿和餐饮业	0.31	6.64	3.05
批发和零售业	0.40	6.36	3.06
文化、体育和娱乐业	0.85	5.18	−0.46
金融业	0.04	4.57	2.70
制造业	10.19	4.36	2.38
信息传输、计算机服务和软件业	0.41	4.26	3.08
采矿业	0.33	3.00	−0.20
卫生、社会保障和社会福利业	0.00	0.00	0.00

资料来源：国家统计局，wind，中铁研究院。

民间投资[①]占比超过 50%，增速趋降，份额下滑。2022 年，我国民间固定资产投资完成 31 万亿，同比增长 0.9%，占全社会固定资产投资总额（统计年鉴调整前）的 54.21%，同比下降 2.3 个百分点。相比 2012 年，民间投资占比下降 2.32 个百分点，增速整体趋降，2012 年民间投资增速高达 24.84%，至 2015 年均高于全社会固投增速，2016 年后增速明显下滑，2016—2022 年平均增速 4.3%，低于全社会平均增速 5.24% 约 1 个百分点。民间投资是制造业的主要投资主体，从有公开规模数据的 2012—2017 年来看，民间制造业投资占全国制造业投资由 82% 上升到 87%（制造业投资数据存在过高统计的可能，按照增速计算的民间制造业投资规

---

① 民间投资口径为扣除国有及国有控股企业、三资企业中外商独资及控股企业后的数据。具体包括集体、私营、个人性质的内资企事业单位以及其控股的企业单位在中国境内建造或购置固定资产的投资，以及三资企业中外商独资及控股企业在中国境内建造或购置固定资产的投资。

模在 2021 年开始超过了全社会制造业投资规模），占基础设施和房地产投资的比重小，其中基础设施 20% 左右，房地产投资比重最低。这种结果与 2023 年国家统计局公布的民间投资增速 –0.4%、民间制造业投资增长 9.4% 的结果相背离，也与有关部门公布的民间投资下滑主要受房地产影响相背离，应是统计口径进行了相应调整。

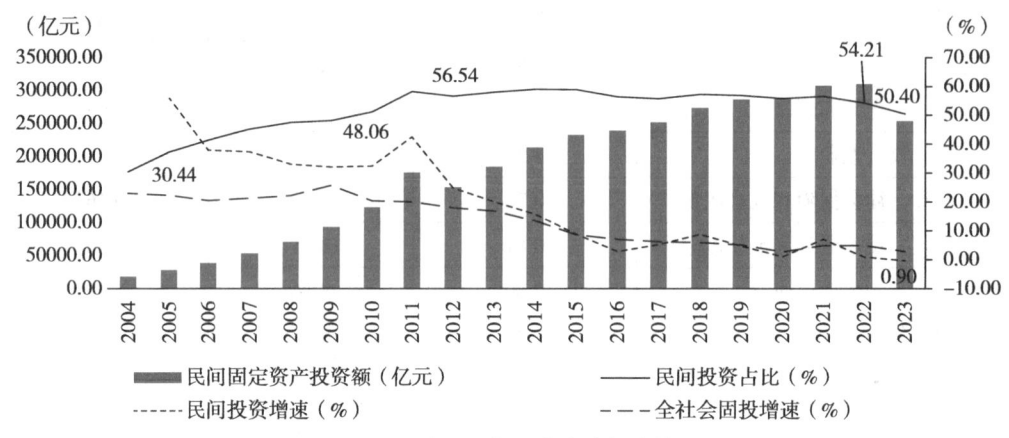

图1-2-31 我国民间固定资产投资情况

资料来源：国家统计局，中铁研究院。

（三）区域固定资产投资特点

中部地区投资增速最快，东部地区固定资产投资韧性较强。2022 年，东、中、西、东北四个区域固定资产投资增速分别为 3.6%、8.9%、4.7%、1.2%，2020—2022 年三年平均增速为 4.6%、6.6%、4.33%、3.73%，中部地区均保持最快增速，从 2012—2022 年 10 年平均来看，以及再前追溯至有公布数据的 2004 年，中部地区都是增速最快的区域。将 2020—2022 年三年平均增速与 2019 年比较，东部、东北地区超越了 2019 年增速，其中东部地区超出 0.5 个百分点，东北地区超出 6.73 个百分点（东北地区受前期大幅下跌影响，不具有可比性），显示出较强的投资韧性。中、西部地区三年平均增速分别低于 2019 年 2.7、1.27 个百分点，分别恢复至 2019 年的 71%、77%。分主要投资大类来看，基础设施、制造业是稳定区域固投的主要依靠力量，2020—2022 年，东、中、西、东北四个区域房地产开发投资平均增速分别为 1.7%、1.8%、–2.4%、–6.7%，均低于同期区域固投增速，成为拖累。从影响深度来看，四个区域三年房地产平均增速分别较 2019 年下滑 6、7.8、18.5、14.9 个百分点，西部地区降幅最深，拖累程度最深。

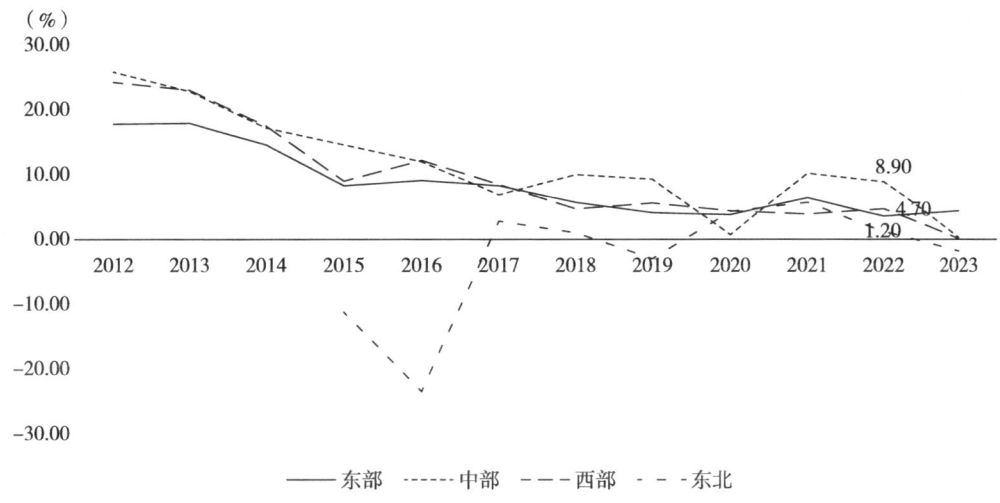

图1-2-32 四个区域固投增速

资料来源：国家统计局，wind，中铁研究院。

东部地区投资强度最低，区域间投资规模[①]差距小于GDP差距，东北地区投资规模份额双降，西部地区投资强度走弱。将投资占全国比重与GDP占全国比重进行对比，得出各区域投资强度，2022年东、中、西、东北地区投资强度分别为0.8、1.32、1.21、0.86，东部地区投资强度较低，显示出口、消费等对经济支撑作用较大，中部地区投资强度最高，与中部地区投资增速持续最高一致。2022年，东部地区固定资产投资占全国约41.23%，中、西、东北分别约占全国29.24%、25.76%、3.77%，同期四大区域GDP占全国比重分别为51.4%、22.02%、21.23%、4.79%，显示出区域间投资差距小于GDP差距。从趋势来看，东部地区占固投比重趋降，中西部提升，东北地区大幅下滑，2012—2022年，东、中、西、东北固定资产投资占比分别提升-1.41、3.21、4.13、-5.93个百分点。期间，东北地区经历2015—2016年的断崖式下滑，2022年投资规模较2012年收缩，占全国份额从9.75%下降至3.97%；西部地区固投占比在2017年一度超越中部0.51个百分点，后一路下滑，与中部差距再度扩大，投资强度同步呈下降趋势。疫情对区域经济和投资产生双重影响，但投资的恢复均快于经济，东部地区最为显著。

[①] 由于2017年后国家统计局及各省仅公布固投增速，且进行了数次总规模调整，缺乏统一的口径来计算各省固投，2017年后固投规模数据为增速计算数据，所得规模合计超过全国规模，但期间的形成的结构数据具有参考意义，也是各个机构研究固定资产投资的主要方法。

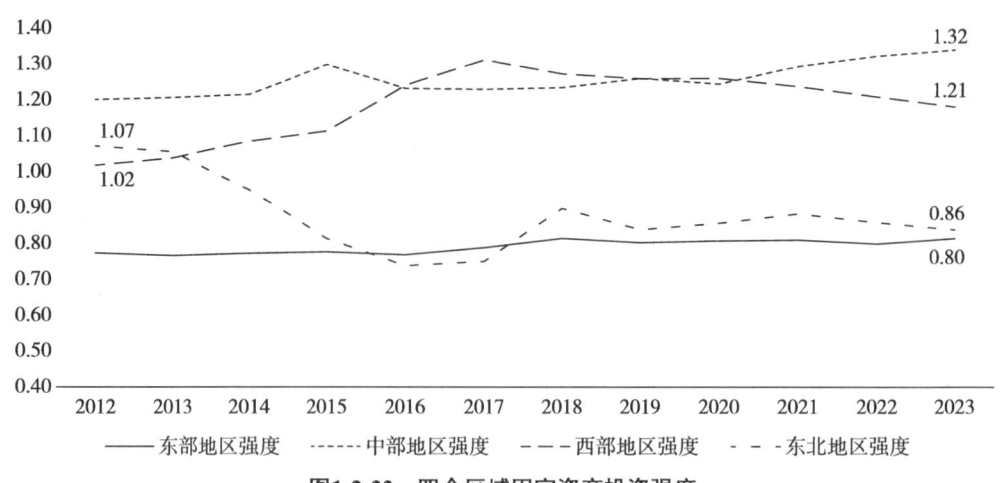

图1-2-33 四个区域固定资产投资强度

资料来源：国家统计局，wind，中铁研究院。其中2012—2022年显示三个区域投资强度均呈整体上升态势，与我国投资率在2011年达到阶段峰值不一致，主要是固定资产投资口径统计数据的调整未公开因素导致。

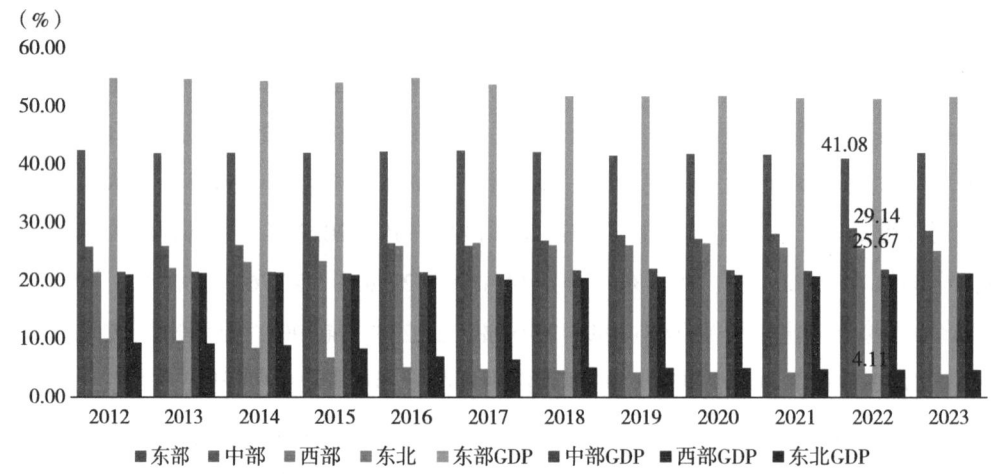

图1-2-34 四个区域固定资产投资及GDP占全国比重

资料来源：国家统计局，wind，中铁研究院。

区域投资结构和趋势性变化略有差异，东北与其他区域走势差别大。2022年，受房地产供需格局变化影响，四个区域的房地产均走出负值，其中东北地区跌幅最深，制造业、基础设施成为区域稳投资的基本盘，其中东、中、西部地区制造业投资增速快，东北地区基础设施投资增速快。从投资结构来看，东北、西部以基础设施为主，东部和中部地区以房地产、制造业为主，2022年，东北和西部地区基础设施投资占比分别达到31%、36%[①]，高于东部和中部，在区域三类（基础设施、制造业、房地产）投资占比也最高。东部地区房地产开发投资占比最高，2022年占区域固投的34%，高

---

① 按照2017年基数及2018—2022年增速计算，所形成的数据不尽准确，但结构具有一定代表性。

于其他区域,根据课题组掌握的东部部分省市的房地产投资占比情况,该数据较为贴合实际还存在一定低估的可能性,比如北京市房地产开发投资占比达到50%左右,安徽2022年之前房地产投资占比长期在35%~40%之间。制造业投资占比中部地区最高,估算在35%左右,东部地区30%左右。从长期趋势来看,2012—2022年,东北的固定资产投资主角经历了从制造业向基础设施转变的过程,2018年前制造业投资增速最高,2018年后基础设施投资平均增速最高;东中西部投资增速最高板块则不约而同从基础设施向制造业演进。

表 1-2-5　　　　　　　　四个区域分阶段三类投资平均增速情况(%)

区域	投资类型	2012—2017	2018—2022	2022
东部	基础设施	17.31	7.65	5.11
	制造业	9.56	10.43	12.27
	房地产	10.74	4.56	−5.88
中部	基础设施	20.50	8.35	14.4
	制造业	12.96	9.91	16.78
	房地产	12.63	8.07	−7.43
西部	基础设施	20.73	−0.44	3.73
	制造业	11.60	9.57	20.48
	房地产	15.59	9.02	−20.94
东北	基础设施	5.50	5.72	27.03
	制造业	8.89	2.06	7.13
	房地产	−6.91	3.19	−25.23

资料来源:wind,中铁研究院。

四个区域固定资产投资均处在增量扩张阶段,西部增量扩张强度最高,东北略弱。与全国情况保持一致,东、中、西、东北地区固定资产投资以新建为主,2022年,四个区域固定资产投资新建占比分别为76.28%、75.62%、90.52%、73.97%,扩建占比分别为9.65%、8.09%、4.61%、7.86%,改建占比分别为16.85%、21.29%、10.31%、19.24%。西部地区新建占比最高,超出东、中、东北14个百分点左右,与西部地区后发特征相适应。从趋势来看,2012—2022年,四个区域新建占比总体提高,东、中、西、东北分别提升10.74、6.7、17、7.68个百分点。从期间走势来看,疫情这一突发因素可能影响了东北和中部地区趋势性走势,东北地区新建占比从2013年开始持续下降,疫情后逐年攀升,直至2022年超过前期高点,中部地区新建占比从2017年开始持续下降,2022年抬升走出V型反转。从扩建和改建来看,与全国保持一致,扩建占比低于改建。从区域特征来看,东部地区扩建占比最高,中部地区改建占比最高。从趋势来看,四个区域扩占比建持续下降,除西部地区外其余三个区域改建占比持续提升。

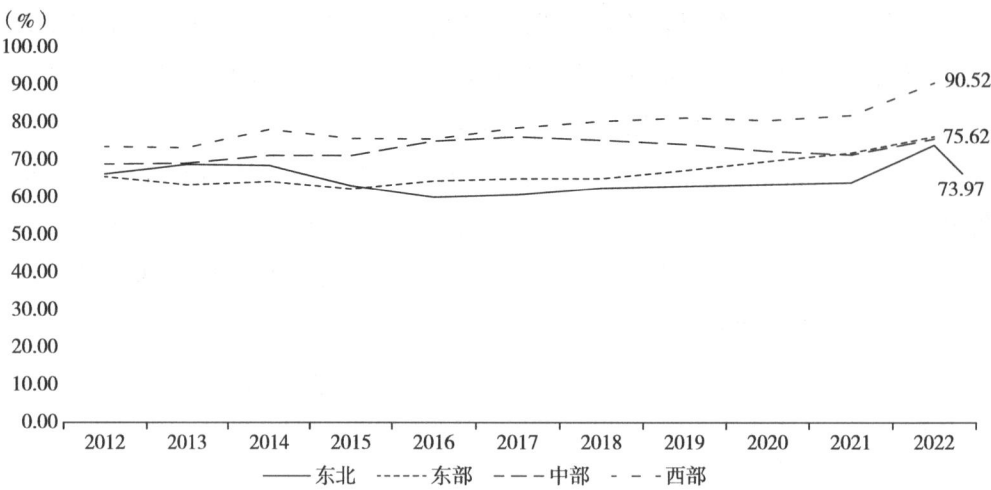

图1-2-35 四个区域固定资产投资新建占区域比情况

资料来源：wind，中铁研究院。

四个区域建安工程强度均呈上升态势，中西部建安强度高，东北地区设备投资强度最高，东部地区其他费用强度最高。2022年，东、中、西、东北区域建安投资占比分别为63%、78%、78%、65%，中西部高于东部和东北地区13~15个百分点，建安投资强度高。从趋势来看，四个区域分别较2012年提升2、13、6、1个百分点，中西部地区建安投资强度上升也最快。设备和工器具投资占比分别为15.15%、13.03%、11.33%、21.26%，其他费用投资占比分别为19.49%、7.46%、9.68%、10.04%，东北地区设备工器具投资强度四个区域最高，东部地区其他费用投资四个区域最高。东部地区其他费用投资强度最高，与东部地区房地产投资占比高且地价贵直接关联。从各区域与固定资产行业投资结构，新建改建扩建结构等关联来看，既有数据在三个要素之间缺乏明显对应关系。但建安强度高的特点，与各区域新建为主的特征正相关。

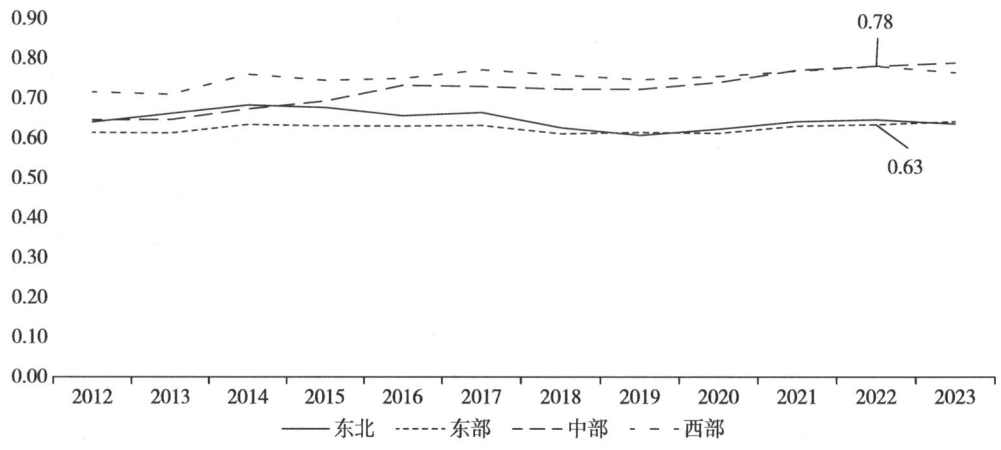

图1-2-36 四个区域建安投资占比情况

资料来源：wind，中铁研究院。

固定资产投资预算内资金呈从西部转向东部倾斜态势,西部、东北财政资金保持高强度。2022年,东、中、西、东北区域占预算内投资的比重分别为37%、35%、22%、5%,东部地区占比最高,高出西部地区2个百分点,一改长期以来西部地区占最高的特点。叠加政府债资金后,东、西部差距拉大,2022年,叠加政府债资金和预算内资金的固定资产投资资金中,东部地区占比达到40.19%,较西部地区高出9个百分点。预算内资金支持东部规模超过西部发生在疫情后,叠加政府债资金的转折点则发生在2018年。从区域财政资金(预算内+政府债)的强度来看,东北地区于2022年取代西部成为财政资金强度最高的区域。

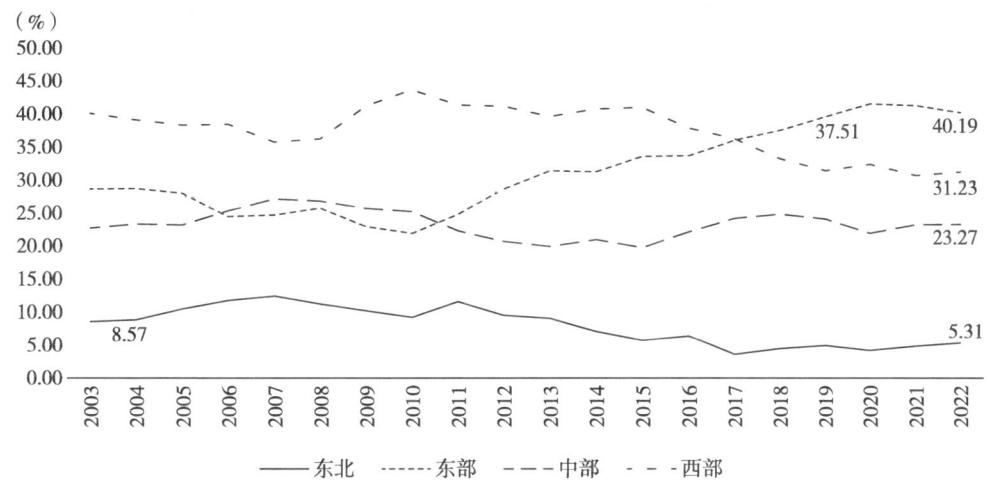

图1-2-37 预算内+专项债资金区域分布

资料来源:wind,中铁研究院。

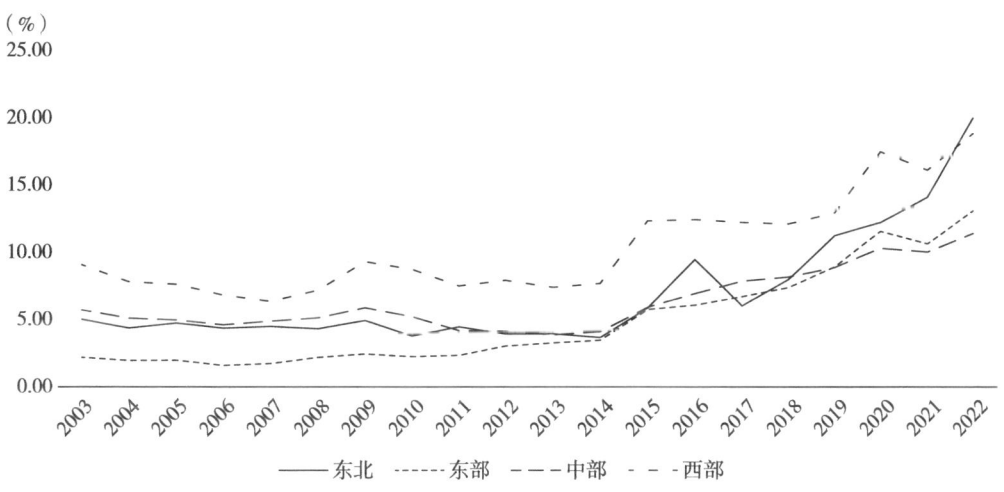

图1-2-38 四大区域财政资金强度

资料来源:wind,中铁研究院。

国内贷款资金、其他资金、外资东部强度最高，中部地区自筹资金强度走高。2022年，东中西东北地区占国内贷款资金的比重分别为51.44%、28.19%、18.44、1.92%。与四个区域占全国固定资产投资比重进行对比，只有东部地区贷款比重超过其固定资产投资比重，贷款利用强度高，且东部地区国内贷款份额不断上升，与其占国内固定资产投资份额呈下降趋势走出相反走势，强度不断提升。其他资金、外资的强度与国内贷款资金态势一致，东部地区强度最高，但趋势不同，整体强度在下降，尤其是外资利用强度下滑更快，与此同时，中部地区外资利用强度上升。2022年，中部地区自筹资金占全国比重达到32.87%，成为四个区域中自筹资金强度最高的区域，与其他三个区域相比，也走出自筹资金占全国份额持续走高的不同态势。

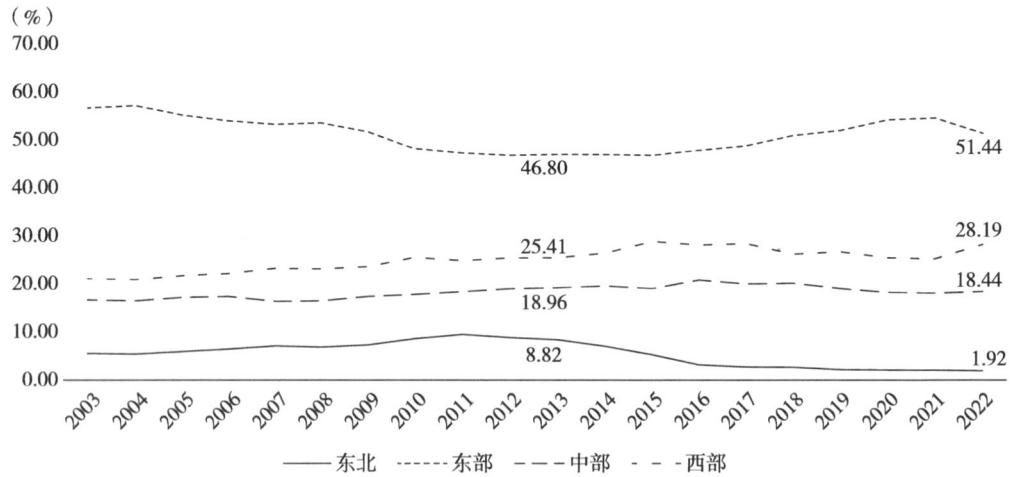

图1-2-39　四大区域占国内贷款资金比

资料来源：wind，中铁研究院。

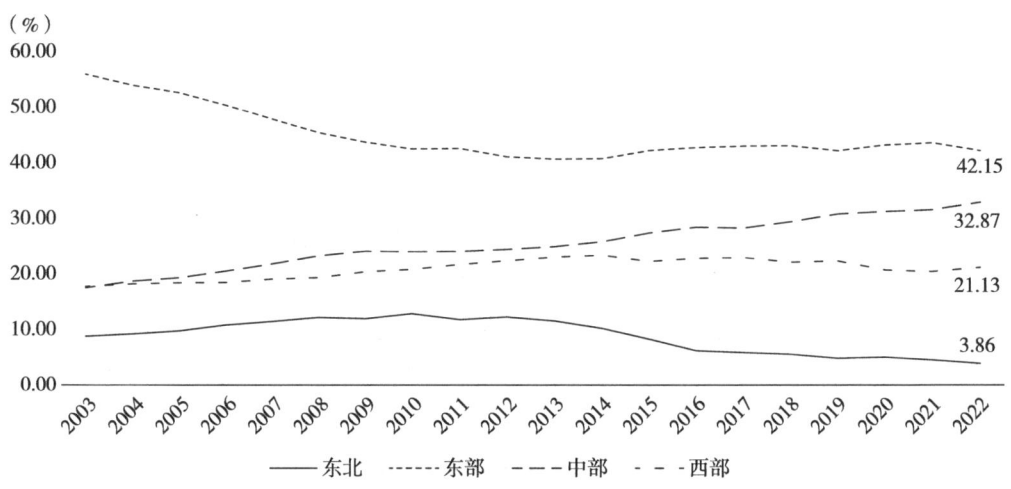

图1-2-40　四大区域占自筹资金比

资料来源：wind，中铁研究院。

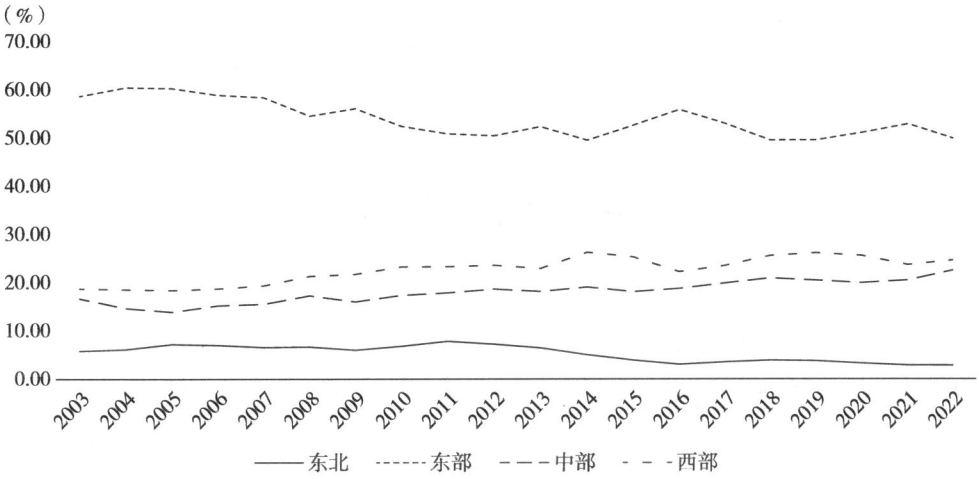

图1-2-41 四大区域其他资金比重

资料来源：wind，中铁研究院。

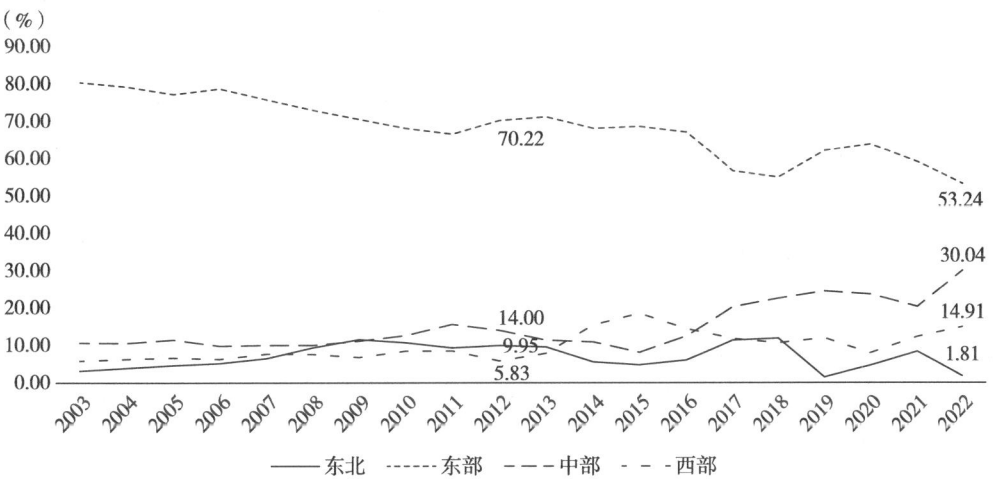

图1-2-42 四大区域占外资比重

资料来源：wind，中铁研究院。

三、城市建设

城市发展及城镇化是我国内需的重要载体，是推动我国经济持续快速发展的重要因素。2022 年我国城镇化率达到 65.22%，正在经历形成增长极带动发展的必经增长阶段，向城镇化后期迈进。与之匹配的集约发展理念见成效，但土地城镇化快于人口城镇化关系问题尚待解决，从全球看我国城市整体人口密度和建成区处于较为合理的范围，同时土地城镇化也有待向连片发展的更优路径靠拢。我国幅员辽阔、地大物博，城市发展区域不平衡，也带来了区域城市发展模式的差异，东部地区城市率先步入存量发展阶段。

（一）城镇化水平及发展动力

城镇化持续快速发展，与全球相比运行在健康快速发展轨道。2022 年，全国常住人口城镇化率 65.22%，较 2012 年提升 12.12 个百分点，城镇化率高于全球 9.62 个百分点，低于世行标准的中高等收入国家平均水平 2.75 个百分点。中国是全球城镇人口贡献最大的国家，2022 年，我国城镇人口占全球比重 19.84%，全球第一，其次为印度、美国，分别占比 11.24%、6.12%。区域进程与发展状况上，高能级区域发挥应有带动作用。2022 年，全国常住人口城镇化率 65.22%，31 省市的中位数 64%，低于平均数，中位数正偏态分布，说明城镇化率较高的省市也汇聚了更多城镇人口，拉高了城镇化平均水平，同步说明高城镇化率地区与吸引力形成正相关关系，并拥有较好的承载能力，城镇化运行在健康快速发展轨道。2022 年全球城镇化率 56.9%，中位数 62.17%，中位数负偏态分布，说明低城镇化率国家人口众多，全球城镇化率整体水平有待提升，区域发展不平衡，全球发展极对其他区域带动有限，我国城镇化区域发展态势较全球更加健康。建成区人口密度处于较好水平，城市承载能力和人均设施水平处于较为健康状态。根据国际调查机构 DEMOGRAPHIA《世界城市人口统计（2003 年 8 月）》，全球 50 万人口以上的城市建成区人口平均密度为 4231 人/平方公里，我国该指标为 4756 人，其他典型国家和区域为：欧盟 3114 人，美国 1220 人，大洋洲 1614 人，非洲 6154 人、东南亚 6871 人，南亚 11765 人，南美洲 5407 人。可以看出，全球城市人均建成区规模、人均设施水平与区域发展水平呈正比，同时较低的人口密度也意味着更强的承载潜力。

城市是城镇化主要动力，大城市又是城市发展的主要动力，300万人口以上的大城市是大城市发展的主动力。2022年，全国695座城市城区、1481个县城城区、其余1.9万多个镇积聚人口比重分别为39.99%、11.07%、14.16%，相比2012年分别提升9.31、0.23、3.1个百分点。三类区域对城镇人口的贡献率分别为61.31%、16.97%、21.72%[①]，相比2012年分别提升2.81、-3.69、0.88个百分点。两组数据对比，城市是我国城镇化的主承载区，以39.99%的总人口贡献了61.31%的城镇人口，且对城镇人口的贡献提升最快，10年提升2.81个百分点，是城镇化发展的主动力。从城市内部来看，2022年，我国超大、特大、Ⅰ型大城市、Ⅱ型大城市、中等城市、Ⅰ型小城市、Ⅱ型小城市(7档城市)[②]占城区人口的比重分别为26.07%、10.19%、9.24%、20.53%、15.05%、13.93%、3.96%，大城市（Ⅱ型大城市以上，城区人口100万以上）总计占比达到66.02%，较2012年提高9.58个百分点，中小城市占城区人口比重33.95%，较2012年降低9.23个百分点。从大城市进一步细分，300万人口以上的Ⅰ型大城市吸引力增强，超大城市发展势头尤其强劲。2022年，全国超大、特大、Ⅰ型大城市、Ⅱ型大城市4档大城市汇聚城区人口较2012年分别提升8.66、1.64、0.58、-1.3个百分点，除了Ⅱ型小城市外，其余大城市人口占比均正增长，显示300万人口（大城市Ⅰ型）以上城市虹吸作用强，其中超大城市占比提升8.66个百分点，超过其余城市总和，占比达到26.07%，居四档大城市第一，体现出发展势头最强。这种向头部城市极化发展的趋势，推动我国城市人口分布结构演

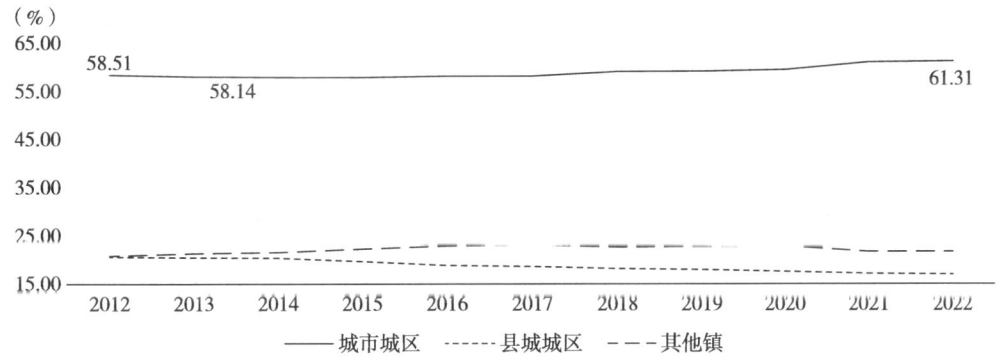

图1-3-1　2012—2022年全国城镇人口分布

资料来源：住建部城乡统计年鉴、中铁研究院。

① 按照住建部的城区人口等数据得出，最终对应的总城镇化率与国家统计局的总城镇化率略有出入，下同。本书中所有城市、县城城区有关人口数据，均来自住建部城乡统计年鉴。

② 超大城市、特大城市、大城市Ⅰ型、大城市Ⅱ型、中等城市、小城市Ⅰ型、小城市Ⅱ型，分别指城区人口超过1000万、500万~1000万、300万~500万、100万~300万、50万~100万、20万~50万、20万以内的城市。为了便于可比，本报告城市城区人口采用数据为住建部城乡统计年鉴数据，与七人普提供数据稍有出入。二者大城市均为105个，但七人普显示7个超大城市，14个特大城市，14个Ⅰ型大城市以及70个Ⅱ型大城市。住建部数据显示超大城市10个，特大城市9个，13个Ⅰ型大城市以及73个Ⅱ型大城市。

变，从2012年的大城市Ⅱ型和小城市Ⅰ型为主，演变为以超大、大城市Ⅱ型为主。

表1-3-1　　　　　　　　　2012—2022年我国七档城市人口及数量情况

指标	年份	超大	特大	大Ⅰ	大Ⅱ	中	小Ⅰ	小Ⅱ
七档城市城区人口占比（%）	2022	26.07	10.19	9.24	20.53	15.05	13.93	4.96
	2012	17.41	8.55	8.66	21.82	16.36	20.17	6.65
七档城市数量	2022	10	9	13	73	122	244	224
	2012	5	6	10	55	101	271	207

资料来源：住建部城乡统计年鉴、中铁研究院。

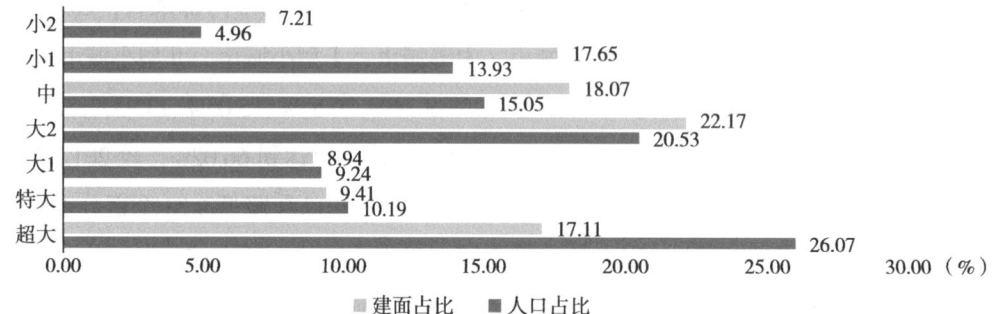

图1-3-2　2022年全国城市人口和建成区面积结构分布

资料来源：住建部城乡统计年鉴、中铁研究院。

（二）城市建设情况

土地城镇化仍快于人口城镇化，集约发展理念增强人均城市建设用地[①]趋减，但连片发展水平有待提升。2022年，全国城镇[②]建成区84767.96平方公里，十年复合增速2.8%，同期城区人口[③]增速2.35%，增速差0.45个百分点。1991年以来，我国土地城镇化一直快于人口城镇化，其中城市建成区人口密度从2.5万人/平方公里不断下降至0.87万人/平方公里[④]，2020年反转回升至0.9万人左右，减量发展等新城市发展理念初见成效[⑤]，土地城镇化快于人口城镇化的走势趋弱。土地城镇化快于人口城镇化的原因是县城土地城镇化快于人口城镇化，2012—2022年，全国县城土地城镇化复合增速1.19%，人口复合增速仅0.45%，全国城市城区土地城镇化复合3.4%，人口复合增

---

① 包含城市和县城的城市建设用地。
② 镇仅包括县城及城市所在地镇，不含其他建制镇，下同。2022年，安徽全省规划城镇建设用地面积12085.83平方公里，占全省面积的7.53%，数据来源于住建部城乡建设统计年鉴（2022）。
③ 为便于比较城市发育趋势，本报告城区人口全部采用住建部城乡统计年鉴统计数据，未采用七人普城区人口数据（无可比数据）。
④ 与上文人口密度不同，上文人口密度来自《世界城市人口统计（2003年8月）》，本部分人口密度根据住建部城乡统计年鉴。
⑤ 县城人口密度尚未出现反转态势。

速 4.97%。2022 年，我国人均城市建设用地 105.25 平方米[①]，较 2012 年减少 5.33 平方米，虽未达到 2014 年全国新型城镇化规划提出控制在人均 100 平方米以内的目标，但仍实现了更加集约的发展。基于减量发展精明增长的理念，全国城镇规划建设用地呈收缩态势，占国土面积之比为 2.74%，较 2012 年下降 0.07 个百分点。虽然我国城市建成区不断扩张，并快于人口城镇化，但建成区连片发展水平处于全球中等偏下水平，根据《世界城市人口统计（2003 年 8 月）》，当前我国 50 万人口以上城市区域（城市区域的定义为晚间卫星拍摄到的连片清晰灯光区域）平均建成区 466.79 平方公里[②]（按照住建部城乡统计年鉴为 212.35 平方公里），全球平均为 370.4 平方公里，我国主要高于南亚、中亚、西亚、南美洲，欧洲空间有限均值也达到 523 平方公里，美国达到 1949 平方公里。总体来看，我国城镇化和城市发展的规模效应尚有较大空间。

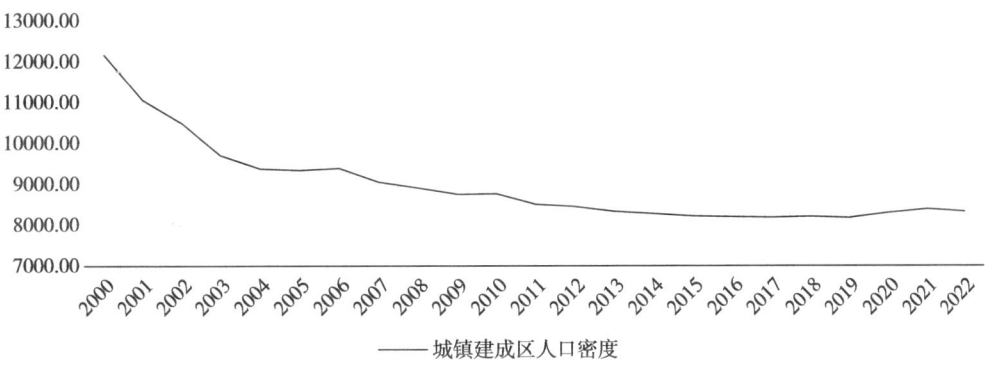

图1-3-3 2000—2022年城镇建成区人口密度（人/平方公里）

资料来源：住建部城乡统计年鉴，中铁研究院。

城市设施水平较大幅度改善，城市建设投资高位趋缓。2022 年，经过长期加快建设，我国城镇市政基础设施服务达到较好水平，城市的供水、燃气普及率、污水处理率均接近 100%，较 10 年前提升 2.23、4.91、10.81 个百分点，供排水管网密度、绿化水平提升 15%~30%，县城各项基础设施水平提升更显著，供水普及率、污水处理率、生活垃圾无害化处理率、燃气普及率、绿化指标提升 10~50 个百分点，其中前三项指标基本达到城市水平。城市居住水平提升，城镇人均住房面积 2020 年达到 36.52 平方米，10 年提升 5.3 平方米左右，根据世行数据，处于全球较好水平。城市建设投资伴随和见证了城市设施水平的改善过程，城市市政基础设施投资在 2002—2010 年快速增长期，投资复合增速 20.7%，房地产投资在 1998—2013 年间基本双位数增长，是城市设施水平快速提升时期；2012—2022 年，基础设施投资复合增速 3.27%，房地产开发投

[①] 2022年，全国供应城市建设用地79290.77平方公里，较2012年增加1.6万平方公里，供地规模前三为山东、广东、江苏，基本与GDP和人口保持一致。

[②] 数据均来源于Demographia《世界城市人口统计（2003年8月）》，城市区域跨越了行政辖区概念。

资 2014 年后步入个位数增长阶段，均呈高位趋缓态势。高位趋缓为事物发展一般规律，既有规模上升导致高基数因素，也有需求减弱因素，有待进一步深入分析彼此权重。2022 年，受供需关系变化、政策等影响，城市投资进一步下探走出降速走势，市政基础设施完成投资 2.66 万亿元，同比降低 3.13%，为 2016 年以来最低值，房地产市场完成投资 13.29 万亿元，同比下降 10%，其中住宅投资下降 9.47%，城市建设投资面临严峻挑战。

城市建设重点此消彼长。从房地产与基础设施两个大类来看，住宅投资需求不断增强，与市政基础设施投资的鸿沟越来越大，占二者的比重从 59% 提升至 78%，市政基础设施则相应的从 41% 下降至 22%，呈现了住宅建设重点更加突出的特点。市政基础设施内部结构也呈现这一特征，虽然道路桥梁、轨道交通、排水长期位居前三，近 10 年（2012—2022 年），城市轨道交通、供水、污水处理及再利用、综合管廊则是投资占比提升领域，分别提升 11.99、0.88、2.92、1.05 个百分点，2021—2022 年，投资正增长的则为供水、燃气、道路桥梁、综合管廊，不同时期建设重点轮换，复合建设的一般规律。从更广的视角，基于城市全部投资，则认为房地产、工业投资、城市交通基础设施是城市投资前三领域，从土地供应来看，三者在过去 10 年内长期居城市建设用地前三，2022 年三者占城市建设用地比重分别为 32.1%、17.6%、16.73%，较 2012 年分别增加 –0.24、0.13、5.24 个百分点，占总建设用地的 66.5%，提供了最广阔的投资承载空间。从现实投资来看，以北京市为例，2022 年住宅、工业、城市交通（道路桥梁＋轨道交通）投资占比分别约 33%、30%、11% 左右。未来，城市这一用地结构预计短期难以调整，工业用地占比可能还将略有提升，结合工业投资强度相对高（以 17.6% 的用地贡献了 30% 左右的投资，住宅以 32% 的用地贡献 33% 左右的投资，道路和桥梁以 16.7% 的用地贡献 11% 左右的投资），城市工业产业投资可能还将进一步提升。

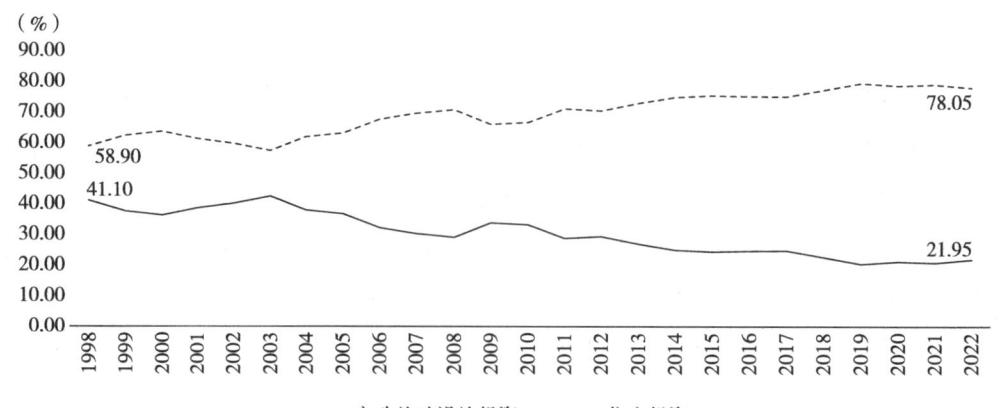

图 1-3-4　城市住宅投资和市政基础设施投资走势

资料来源：住建部城乡统计年鉴、wind、中铁研究院。

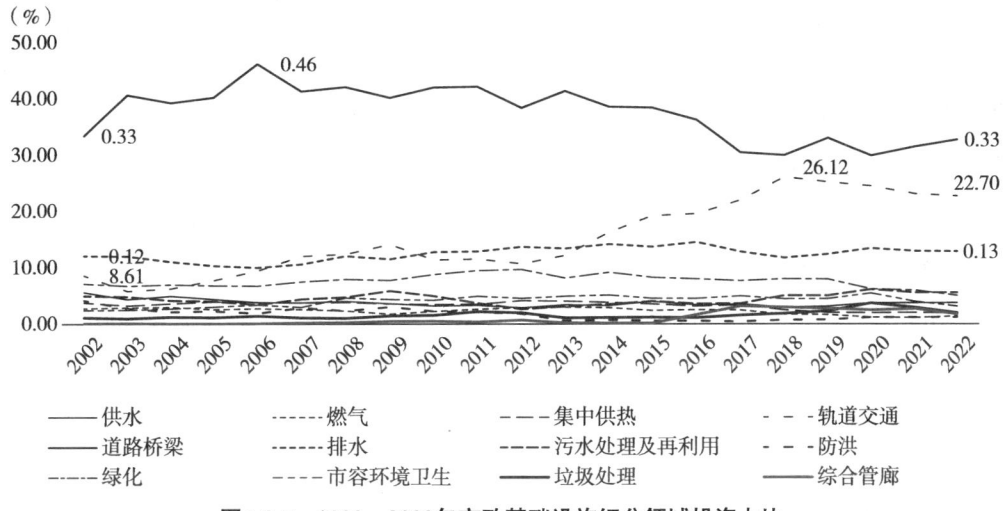

图1-3-5 2002—2022年市政基础设施细分领域投资占比

资料来源：住建部城乡统计年鉴、wind、中铁研究院。

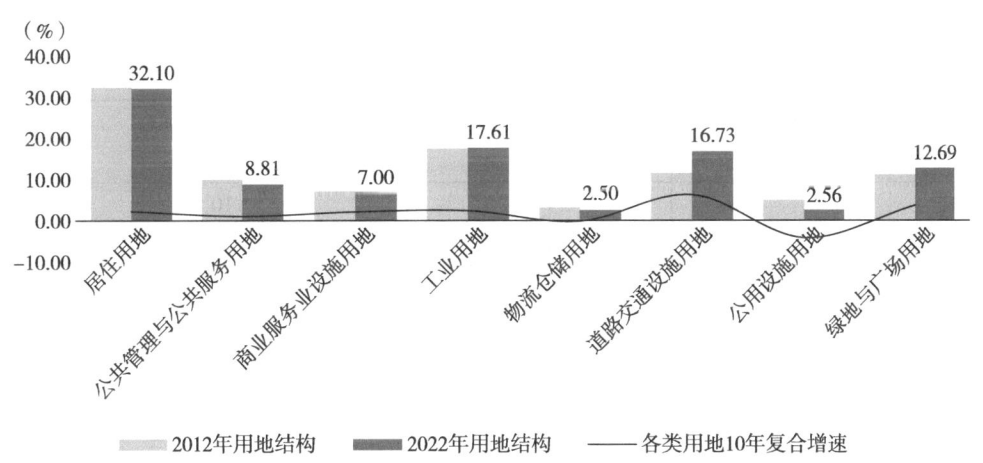

图1-3-6 2012—2022年城市用地结构及供地增速

资料来源：住建部城乡统计年鉴、中铁研究院。

（三）城市区域发展特征

区域发展不平衡，东部城市整体能级高，在大城市发展上优势突出。东部地区城镇化进程快、城镇化水平最高。2022年，东、中、西、东北城镇化率分别为72%、61%、59%、69%，东部地区超过中西部10个左右百分点，东北城镇化率也处于较高水平，纵向来看，分别较2012年提升11.6、14、14.7、7.64个百分点，显示出东北地区高位降速。从城市特有的规模效应来看，东部地区平均城区人口、建成区规模大，规模效应基础好，2022年我国东、中、西、东北城市数量各有211、179、

212、93座，平均城区人口分别为128.52、65.17、60.22、52.89万人，平均建成区为133.21、78.36、74.06、66.64平方公里，东部地区城市人口和建成区分别高出其他区域100%、80%左右。从城市吸引力来看，东部地区大城市占比高，整体吸引力更强。2012—2022年，300万人口以上城市加快发展，是吸引力最强的城市类型，2022年全国有32座该类城市，四大区域分别有15、6、7、4座，占比分别46.9%、19%、22%、12.5%；从更广口径的大城市（100万城区人口以上）来看，2022年全国有105座大城市，四大区域分别有52、20、23、10座，占比分别为50%、19%、22%、9.5%，东部地区依然具有明显优势；超、特大头部城市东部地区优势更加明显，2022年东部地区有超、特大城市11座，分别占超特大城市的70%、44.44%，尤其是超大城市超过其他区域总和。东部地区整体城市能级高，可以认为在大城市上发展上一骑绝尘。

表1-3-2　　　　　　　　　　2022年四个区域大城市数量分布

区域	城市数量	超大城市	特大城市	Ⅰ型大城市	Ⅱ型大城市	100万人口以上城市	300万人口以上城市
东部	211	7	4	4	37	52	15
中部	179	1	3	2	14	20	6
西部	212	2	1	4	16	23	7
东北	93	0	1	3	6	10	4
总计	695	10	9	13	73	105	32

资料来源：根据住建部2022年城乡统计年鉴统计。

表1-3-3　　　　　　　　　　2022年四个区域大中小城市结构

城市类型	东部	中部	西部	东北
100万人口以上大城市占比（%）	77.99	48.51	60.85	55.25
300万以上大城市占比（%）	54.39	32.19	40.89	40.13
中小城市占比（%）	22.01	51.49	39.15	44.75

资料来源：住建部城乡统计年鉴、中铁研究院。

表1-3-4　　　2022年四个区域大城市城区人口和建成区平均数　　　单位：万人，平方公里

区域	超大城市 城区平均人口	超大城市 建成区面积	特大城市 城区平均人口	特大城市 建成区面积	Ⅰ型大城市 城区平均人口	Ⅰ型大城市 建成区面积	Ⅱ型大城市 城区平均人口	Ⅱ型大城市 建成区面积
东部	1538.45	1037.58	611.53	733.60	383.31	401.68	172.98	212.21
中部	1080.64	925.97	645.89	559.13	368.69	368.37	135.93	171.22
西部	1437.37	1352.24	770.00	807.57	393.95	463.69	159.20	181.73
东北	0	0	600.00	573.00	457.96	498.62	123.96	160.36
总计	1472.46	1089.35	639.31	665.82	401.56	438.01	158.83	193.40

资料来源：根据住建部2022年城乡统计年鉴统计。

表 1-3-5　　　　　　　2022 年四个区域大城市占全国城区人口和建成区的比重

区域	超大城市 城区人口（%）	超大城市 建成区面积（%）	特大城市 城区人口（%）	特大城市 建成区面积（%）	Ⅰ型大城市 城区人口（%）	Ⅰ型大城市 建成区面积（%）	Ⅱ型大城市 城区人口（%）	Ⅱ型大城市 建成区面积（%）
东部	73.14	66.67	42.51	48.97	29.37	28.22	55.20	55.61
中部	7.34	8.50	33.68	27.99	14.13	12.94	16.41	16.98
西部	19.52	24.83	13.38	13.48	30.19	32.57	21.97	20.59
东北	0	0	10.43	9.56	26.32	26.27	6.41	6.81
总计	100	100	100	100	100	100	100	100

资料来源：根据住建部 2022 年城乡统计年鉴统计。

中部、西部分别在特大和Ⅰ型大城市上具有相对比较优势，西部得益于区位优势相对势头较好。中部地区在特大城市上具有比较优势，拥有特大城市 3 座，占特大城市数量的 33%，城区人口的 33.68%，建成区面积的 28%，仅次于东部，且单体城市平均城区人口超过东部和平均水平，具有人力资源优势。西部在Ⅰ型大城市上具有比较优势，拥有Ⅰ型大城市 4 座，占城市数量的 30.77%，与东部一致，占城区人口的 30.19%、建成区的 32.57%，均超过东部，且单体城市平均城区人口和建成区面积均高于东、中部，也显示出较好的基础资源优势。从近 10 年发展势头来看，西部地区城市发展势头超过中部和东北，实现了城市结构的跨越式升级。2022 年，东部地区城市结构以超大和Ⅱ型大城市为主，中部地区以中等和小城市Ⅰ型为主，西部地区以超大和大Ⅱ为主，东北以大城市Ⅰ型和中等城市为主，其中东部和中部地区维持了 2012 年的城市结构，西部地区的两类主流城市类型均跨越了三级（2012 年西部地区以Ⅱ型大城市和Ⅰ型小城市为主），东北地区跨越一级（2012 年以Ⅱ型大城市和中等城市为主）。西部地区发展势头好主要得益于城市增量人口大幅增加，2012—2022 年，中、西部常住人口规模相当，分别为 3.6、3.8 亿，大城市数量不相上下，分别为 20、23 个，均晋级 1 个超大城市，中部地区在特大城市数量上还较西部多 2 座，大城市人口增量均占区域全部城区人口增量的 80% 以上，但西部城区人口总增量 4011.52 万，中部 2576.12 万，初步认为与区位紧密相关，中部毗邻东部，人口优先前往东部。

区域发展不平衡带来发展模式差异，东部率先步入存量城市扩容阶段。当前我国城市发展增量扩张与存量扩容并存，增量扩张主要体现在新设城市，存量扩容主要体现在既有城市扩张。2022 年，全国城市较 2012 年增加 38 座，其中县级市增加 26 座，地级市增加 8 座，城市增量贡献主要来自中、西、东北，分别增加 8、43、4 座，人口和建成区分别增加 2576.12、4011.52、195.61 万人，4154.53、5875.29、910.4 平方公里，

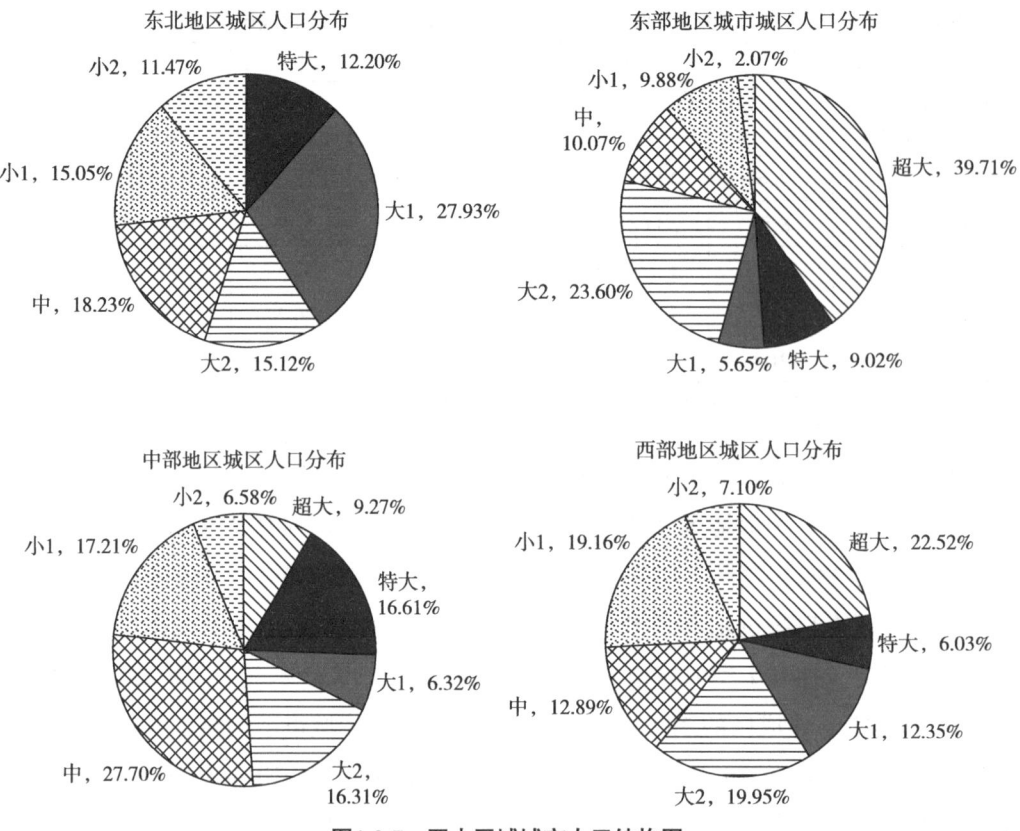

图1-3-7 四大区域城市人口结构图

资料来源：住建部城乡统计年鉴，中铁研究院。

体现出中、西、东北增量扩张与存量扩容并存。与全国趋势不同，东部地区城市累计减少14座，同期城区人口不减反而增加7212.33万人、建成区增加6626.09平方公里，体现出东部地区城市减少并非城市衰退，率先走向城市存量扩容的路径。具体分析县级行政区划（包括市辖区、县级市、县、自治县）调整情况，能更加清晰呈现过去10年我国不同区域城市存量、增量发展特征。根据国家统计局数据，2022年我国县级行政区划2843个，相比2012年减少9个，内部结构发生较大变化，其中市辖区增加117个，县级市增加26个，县减少152个，整体为撤县改市（区）的发展大趋势，其中又以撤县改区为主。从四大区域来看，东部地区县和县级市各减少46、16个[①]，增加52个市辖区，是存量县、市改区的单一方向，城市发展走存量扩容唯一路径；中、西部均出现县级市和市辖区同步增加，显示有存量县改市辖区和县级市两个方向，城市发展为新增县级市的增量扩张、和新增市辖区的存量扩容两条路径；东北地区县级市增加、市辖区和县减少，城市衰退特征明显。

---

① 国家统计局数据，与住建部统计口径有出入，本段后续县级区划建制均采用国家统计局数据。

表1-3-6　　　　　　　2012—2022年我国县级行政区划增减情况

区域	县级行政区划增减	市辖区增减	县级市增减	县增减	特征
东部	−10	52	−16	−46	县、市改区
中部	−5	19	9	−33	县改市、区
西部	13	52	31	−70	县改市、区
东北	−7	−6	2	−3	县区改市

资料来源：国家统计局统计年鉴，与住建部城乡统计年鉴数据略有差异。

以存量扩张为主的东部城市具有更强发展韧性。由于新设立市辖区需要现有城市城区人口密度达到1500人/平方公里以上，且地方出于发展考虑有扩张城市的冲动，判断以撤县设区为主的区域城市化连片发展水平更高①，从设区市平均增加市辖区数量来看，东、中、西设区市10年平均增加区市辖区为0.63、0.12、0.55个②，体现出东、西部城市连片水平和势头更强的特点。连片发展水平高的城市意味着更大的人口和建成区基数、更好的规模效应基础，更强的城市吸引力，带来更好的城市发展韧性。东部相比其他区域，城市发展韧性更强，2022年，以房地产为代表的全国城市建设出现负增长，东部地区市场规模大抗跌能力强，2022年东、中、西、东北房地产投资占全国比重分别为55.56%、20.81%、20.50%、3.13%，降幅分别为8.41%、14.47%、21.31%、25.52%，浙江省和北京市则是仅有的两个增速为正的省市。城市市政基础设施也体现类似特征，2022年全国城市市政基础设施也出现负增长，东、中、西、东北分别降低7.68、11.1、18.14、20.41个百分点，东部地区降幅最低。

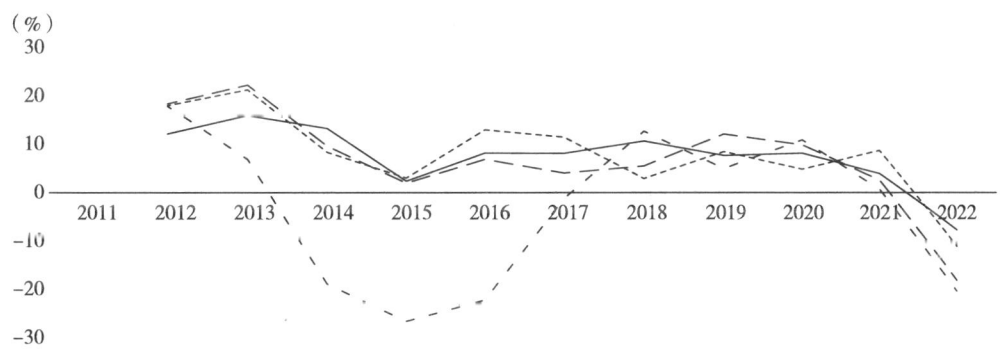

图1-3-8　四个区域城市市政基础设施投资增速

资料来源：wind，中铁研究院。

---

① 同时认为，我国撤县改（区、市）的发展手段并未拉低我国城镇化成色，按照我国撤县设市的标准，估算减少的152个县改区人口存量总计1500万左右，同期我国城区人口增加1.44亿，估算撤县改市（区）存量人口部分占全部城区人口增量的10%左右。

② 东部地区设区市总计82个（剔除3个不设区地级市、2个单区地级市），平均每个市增加区0.63个，中部设区市73个（剔除8个单区地级市），平均每个市增加区0.12个，西部地区总计设区市95个（剔除1个不设区地级市、1个单区地级市），平均每个市增加区0.55个区。

四、财政收支

财政是国家治理的基础和重要支柱,也是引导社会投资的重要风向标,是我国宏观调控的重要手段。总体来看,在减税降费与房地产市场供需深刻调整的双重背景下,2022年我国财政收入10年来首现下滑,另一方面财政支出保持正增长,两项指标走势与广义赤字率不断攀升构成我国财力结构变化这一硬币的两面。从国际比较来看,我国宏观税负较低,政府负债率不高,政府负债还具有较大空间。财政支持建设规模2022年也出现负增长,但低于同期收入降幅,体现积极财政特点。财政支持建设领域略有调整,其中对市政和产业园基础设施支持的大幅提升,集中体现了对城市高质量发展的政策取向。从区域来看,东部地区自有财力高,但在中央转移支付和政府债的支持下,区域间财政支出更趋平衡,促进区域协调发展作用突出,同时发挥财政提质增效作用,债务资金向东部和中部倾斜的特征正在显现,中央对地方的两大财政手段——一般转移支付和政府债日趋实现差异化定位。

(一)财政收入及特征

收入出现负增长,一般公共预算收入长期占70%以上。2022年,我国财政收入(综合财力)28.16万亿元[①],同比降低6.32%,为2012年来首次负增长。负增长主要受政府性基金收入下降影响,2022年全国政府性基金收入7.79万亿元,同比降低20.55%,一般公共预算收入20.37万亿元,同比增长0.57%。2012—2022年,我国财政收入复合增速6.17%,整体慢于同期GDP名义平均增速,体现了2012年以来实施的结构性减税以及2018年以来大规模减税降费的成效,期间政府性基金较快增长,10年复合增速7.58%,同期一般公共预算收入复合增速5.68%。从结构来看,一般公共预算收入为财政收入主体,2012—2022年,除个别年份外(201—2021),长期占70%以上,但整体趋降,2012—2022年,一般公共预算收入占下降3.41个百分点。在整体趋降的趋势下,期间又随着我国房地产市场的行情发生了两轮此消彼长的波动,2014—2015年房地产市

---

① 报告中财政收入(综合财力)仅包括一般公共预算和政府性基金两本账收入,此处所指收入不包括预算稳定调节基金、上年结转资金国有资本经营预算等调入的资金,也不含债务收入。

场不景气，土地财政下降，一般公共预算收入占比应声从 75.5% 升至 78.24%，后续随着去库存等政策房地产市场向好，一般公共预算收入占比波动下滑至 66.17%，2021 年中央提出房地产新发展模式，2022 年政府性基金负增长，一般公共预算收入占比再次上升至 72.34%。随着房地产加快构建新发展模式，土地财政增速持续下滑，在未出现新的政府性基金收入来源的背景下，未来预计一般公共预算收入仍将占比 70% 以上。

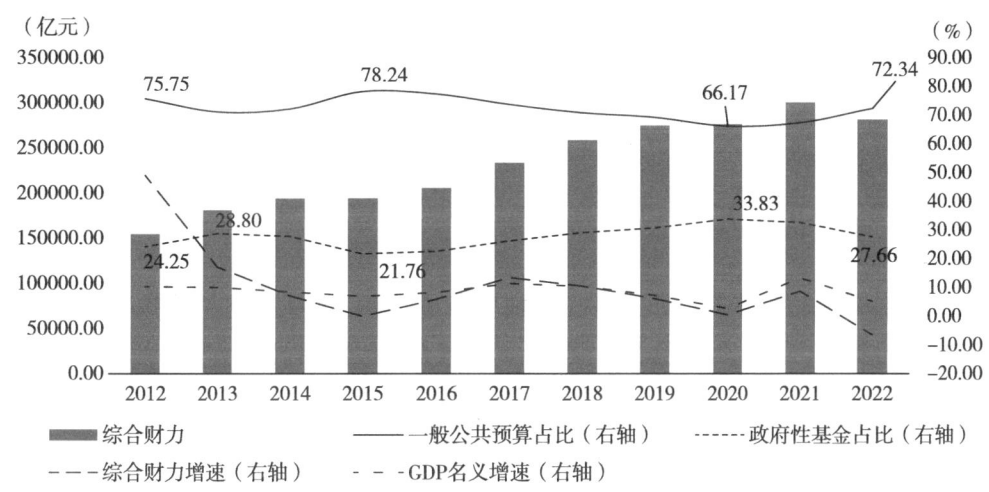

图1-4-1　2012—2022年我国财政收入及两本账占比情况

资料来源：wind，中铁研究院。

从中央和地方来看，地方财政收入占比总体趋增，2022 年地方财政收入全面下滑。2022 年地方占比 65.12%，中央占比 35.16%（二者之和不等于 1 属于公布的统计数据问题），分别较 2012 年提升 2.79 和 -3.28 个百分点。一般公共预算收入和政府性基金收入共同驱动这一趋势性变化。2012—2022 年，中央政府性基金收入从 3313 亿元提升至 4124 亿元，占比从 8.83% 下降至 5.3%，地方政府性基金收入从 3.54 万亿元提升至 7.46 万亿元，占比从 94.35% 提升至 95.74%，提升 1.3 个百分点。2012—2022 年，中央一般公共预算收入从 5.6 万亿元提升至 9.5 万亿元，占比从 47.91% 下降至 46.58%，地方一般公共预算收入从 6.11 万亿元提升至 10.9 万亿元，占比从 52.09% 提升至 53.42%，提升 1.47 个百分点。一般公共预算收入随着分税制等改革出现了几次波动，分税制改革之前，地方收入占比最高曾接近 80%，分税制改革后中央收入在一段时期高于地方，2011 年开始地方收入超过中央占比。从 2022 年收入规模来看，地方财政 2022 年全面下滑，为多年来首次，其中一般公共预算收入 10.9 万亿元，同比下降 1.38%，政府性基金收入 7.37 万亿元，同比下降 21.45%，叠加中央转移支付（不含本地区上年结转）的综合财力约 27.9 万亿元，同比下降 2.7%，叠加新增债券收入的可支配财力约 32.7 万亿元，同比下降 1.2%。

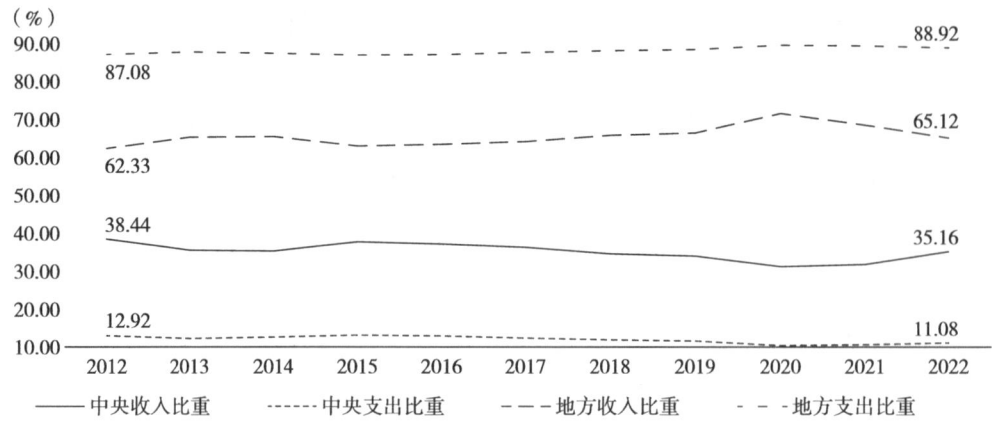

图1-4-2 2012—2022年中央和地方财政收支结构（两本账）

资料来源：wind，中铁研究院。

从收入细项结构来看，形成4+1的前五收入结构。4即国内增值税、企业所得税、国内消费税、个人所得税四项税收，1为国有土地使用权出让收入一项政府性基金专项，2022年，五项收入占综合财力的67.24%，较2012年提升11.37个百分点。其中国有土地使用权出让收入、国内增值税、企业所得税又为超过10%的前三重点收入项，2022年占比56.01%，较2012年提升8.99个百分点，前三收入项占比均较大幅度提升，其中国有土地使用权出让收入和企业所得税分别较2012年提升5.95和2.81个百分点，增值税2022年情况较为特殊，在大规模留抵退税安排下，占比下降到17.3%，通常保持在20%以上，按照2021年的比重，较2012年提升4.06个百分点。整体来看，国内税收收入较快，占比趋增，与一般公共预算收入占综合财力比重趋降走出不同走势，推测出口退税等不断增长，在自贸区等各种安排下关税税率不断降低，侵蚀了国内各类税收增长。

表1-4-1 我国综合财力主要来源细项占比对比

税费和政府性基金细项	2022	2012	变化
国有土地使用权出让收入占比（%）	23.20	17.25	5.95
国内增值税占比（%）	17.30	17.07	0.23
企业所得税占比（%）	15.51	12.70	2.81
非税收入占比（%）	13.17	10.73	2.44
国内消费税占比（%）	5.93	5.09	0.84
个人所得税占比（%）	5.30	3.76	1.54
其他（%）	19.59	33.40	-13.81

资料来源：wind，中铁研究院。

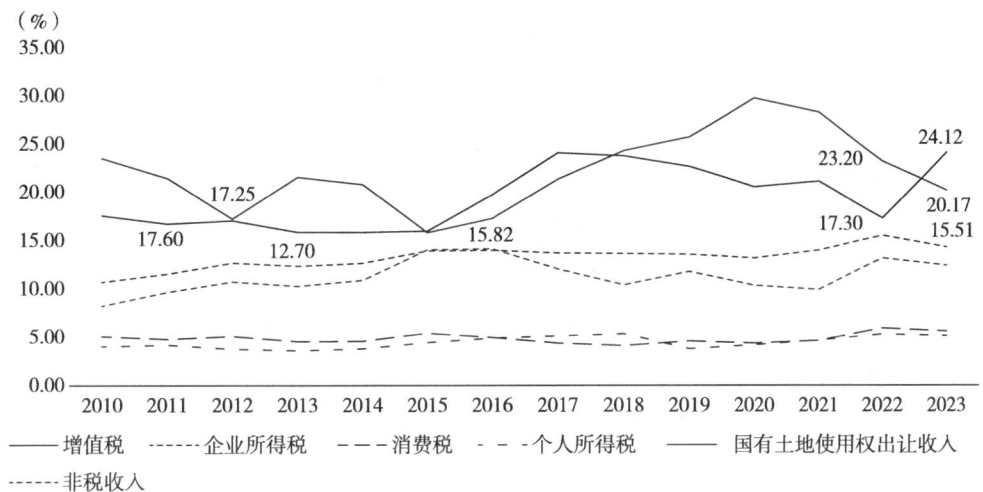

图1-4-3 我国综合财力重要收入项及占比情况

资料来源：wind，中铁研究院。

宏观税负较发达经济体低，减税降费背景下整体趋降。按照IMF数据，2022年我国宏观税负（综合财力占GDP的比重）为25.97%[①]，高于印度6.18个百分点，分别低于美国、日本、德国、法国6.75、11.63、21.01、27.55个百分点。2022年新兴市场和发展中经济体宏观税负26.26%，亚洲发展中经济体23.74%，我国略低于新兴市场和发展中经济体，高于亚洲发展中经济体。从趋势来看，从1995年以来，我国经历了宏观税负较快抬升的过程，2012—2022年，在结构性减税和大规模减税降费的基础上，宏观税负整体下降了1.89个百分点，走出了与大多数发达国家不同走势，发达经济体在此期间维持了宏观税负上涨态势，印度则基本持平。

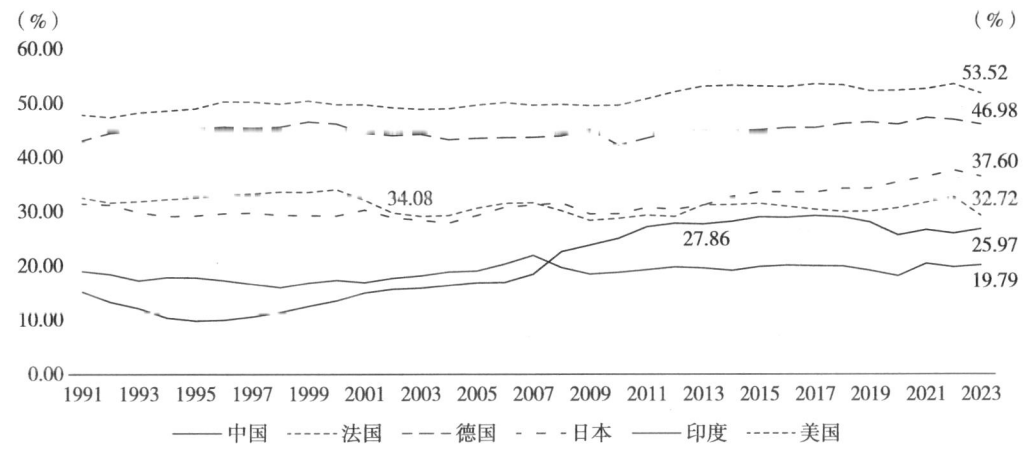

图1-4-4 重要经济体财政收入占GDP比重（宏观税负）

资料来源：IMF，中铁研究院。

---

① 采用IMF数据是为了与全球各国可比。从IMF提供的公共财政数据来看，IMF的财政收入指标，包含了一般公共预算和政府性基金收入，与本报告综合财力指标相当。

从可支配财力[①]来看，政府债务占比快速提升。2022年，我国财政可支配财力36.62万亿，同比降低3.09%，主要受政府性基金下降影响。其中一般公共预算、政府性基金、政府债、国有资本经营预算收入分别占56.39%、21.56%、20.47%、1.58%。政府债务规模快速上升，新增债务从2012年的8000亿快速提升到2022年的7.79万亿元，规模扩张了近9倍，期间政府性基金规模从3.75万亿元增长至7.79万亿元，规模扩张1倍多，一般公共预算从11.7万亿元增长至20.37万亿元，规模扩张74%。与之对应，四项收入占可支配财力的比重发生较大变化，一般公共预算较2012年下降14.98个百分点，政府性2022年受土地出让收入大幅下滑的影响占比下滑至21.56%，10年内占比基本维持在19%~26%之间，债务收入占比大幅攀升，从2012年的4.87%提升至2022年的20.47%，距离政府性基金收入仅余1.1个百分点。

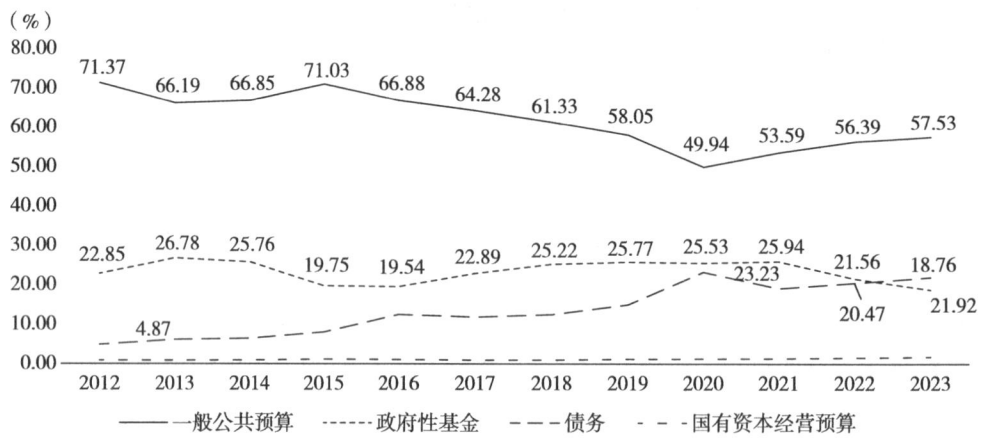

图1-4-5　2012—2022年我国政府可支配财力结构

资料来源：wind，中铁研究院。

（二）财政支出及特征

支出规模[②]不断扩大，支出强度先升后降。2022年，我国财政支出37.59万亿元，同比增长1.2%，10年复合增速8.64%，略快于同期GDP平均增速，也快于财政收入增速，与2008年开始我国长期实施积极的财政政策相适应。从增速来看，随着支出规模的扩大，增速趋缓，从2012年我国财政支出增速从2012年的10.10%下降至2022年的3%。从占GDP的比重来看，2022年财政支出占GDP比重31%，较2012年提升1个百分点，期间经历了2017—2020年小幅提升过程，2020年达到36%，后续持续降低到31%，总体保持在较为稳定的水平，显示出财政支出强度较为稳定。与国际比

---

① 可用财力为综合财力+负债+国有资本经营收益。
② 此处财政支出特指一般公共预算和政府性基金支出，与收入口径不同的是，支出口径中含有债务资金，若含有其他支出项，将予以说明。

较，我国财政支出强度低于发达国家水平，根据IMF数据，2022年美国、日本、德国财政支出强度分别为36.79%、41.95%、49.48%。从中央与地方看，财事权匹配度略有改善。2022年，地方支出占比88.92%，较2012年提升1.84个百分点。从收入来看，2012—2022年，地方收入比重从62.33%提升到65.12%，提升接近3个百分点，地方收支缺口（收入占比与支出占比缺口）从2012年的25.75%缩小至23.8%，虽然仍有较大鸿沟，但略有缩小，财事权匹配程度得到提升。

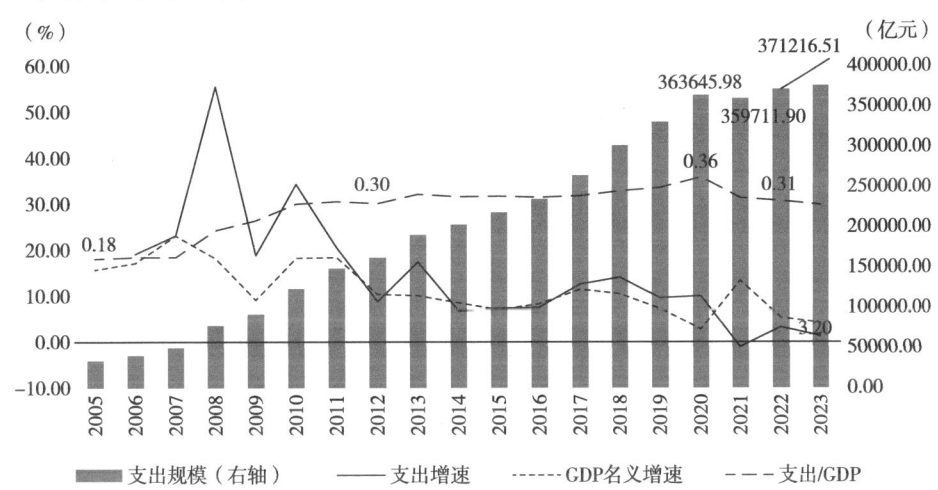

图1-4-6 我国财政支出增速与GDP增速对比

资料来源：wind，中铁研究院。

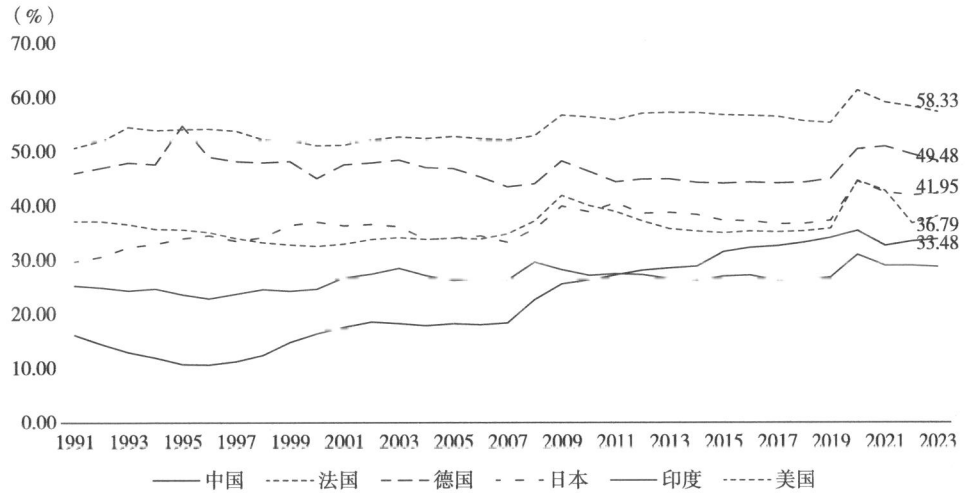

图1-4-7 重要经济体财政支出占GDP比重

资料来源：IMF。

建设支出规模2020年以来负增长，10年周期内强度提升，资金来源主要为政府性基金收入和地方政府债。2022年，我国政府性基金支出11.06万亿元，较2021年、2020年分别减少3782.39、10050.47亿元，占财政支出的比重从2020年的32.74%下降至 2022 年的 29.8%，财政建设支持强度不断下降，叠加一般公共预算（含一般债）的支出强度也在下降。从 2012—2022 年的 10 年周期看，建设支出强度提升，2012—2022 年政府性基金支出 10 年复合增速 11.78%，同期财政支出（一般公共预算与政府性基金）复合增速 8.64%，政府性基金支出占总支出比重提升 7.38 个百分点，财政支持建设的力度在增强，叠加一般公共预算用于建设的估算资金[①]，财政支持建设的力度达到 39.3%，较 2012 年提升 6.14 个百分点。将政府性基金支出拆分成政府性基金收入和专项债收入，则财政用于建设的资金可分为三大来源：政府性基金收入、地方政府专项债收入、一般公共预算收入，2022 年三项来源分别占比 53.38%、27.6%、19.02%，分别较 2012 年提升 –16.43、27.6、–11.17 个百分点，专项债日益成为支撑建设的重要主体。

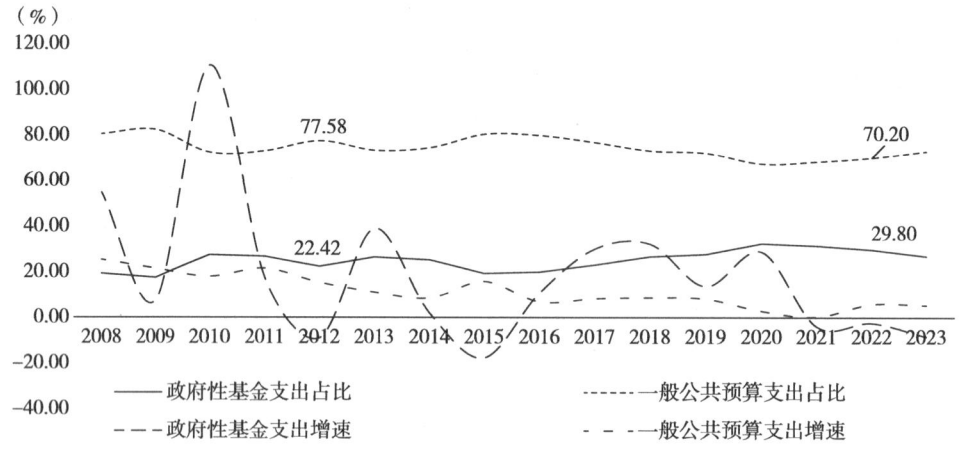

图1-4-8　2012—2022年一般公共预算与政府性基金支出情况

资料来源：wind，中铁研究院。

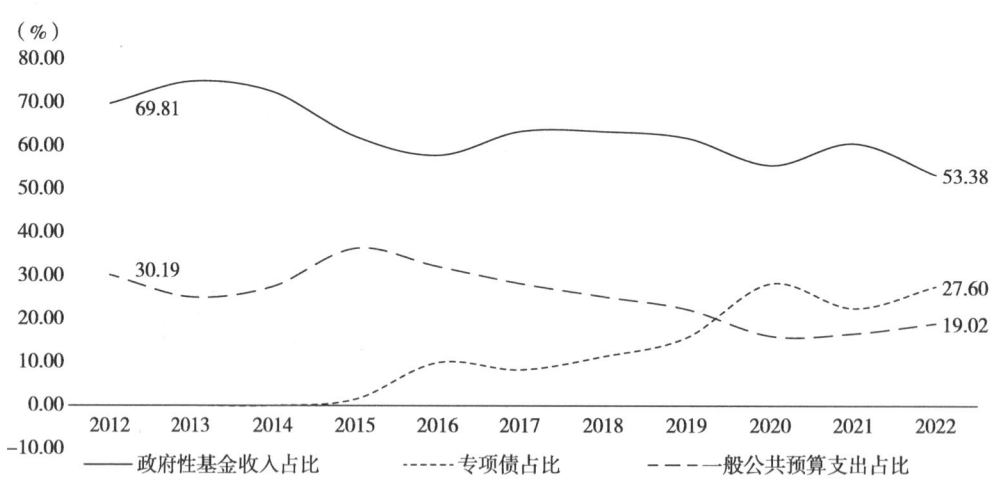

图1-4-9　财政用于建设资金来源占比情况

资料来源：wind，中铁研究院。

---

① 从支出类型看，一般公共预算支出包括民生、政府运行、机关事业单位人员工资、建设支出等，经研究详细统计，在25项大类支出下接近1000项支出细项中，直接指向建设支出的细项约有38项，2022年支出总额约2.8万亿元。

财政支持建设的重点领域为土地储备整治、市政和产业园基础设施、城乡基础设施，市政和产业园基础设施、能源、铁路支持力度显著提升。对三类资金来源支持细项进行归类整合为22项[①]，2022年财政支持的前三建设领域为土地储备（国有土地使用权出让收入支出[②]）、市政和产业园区基础设施、城乡社区基础设施，与2012年相比，市政和产业园区基础设施在专项债的支持下，取代保障性住房跃居前三。2012—2022年，财政支持建设强度得到增强，也有港口、机场两个领域出现支出规模降低，同时随着专项债步入视野以及2020高基数扰动后整体支出规模下降，不同领域支持程度发生几次调整，在不同时期均处于正增长的领域主要是公路、铁路、口岸、棚改、市政和产业园基础设施、医疗、能源7项，其中增速最快的三项为市政和产业园、能源、铁路，分别得益于专项债、政府性基金、专项债支持力度提升。三类资金设立的历史时期决定了历史需求不同，支持重点不同，实现了较好的错位补位。2022年，专项债支持前三领域为市政和产业园基础设施、棚户区改造、医疗，分别占比56.45%、11.69%、7.24%，2018—2022年增加支持力度的有14个领域，其中前三领域为是市政和产业园基础设施、医疗、铁路，支持强度降幅最大的前三领域则是土地储备、棚户区改造、新型基础设施，较好体现了当前需求。2022年，政府性基金前三支持领域为土地出让收入支出（包括土地储备和城乡基础设施）、可再生能源电价附加安排支出（新能源）、车辆通行费支出（公路建设），对新能源的支持明显增加，从

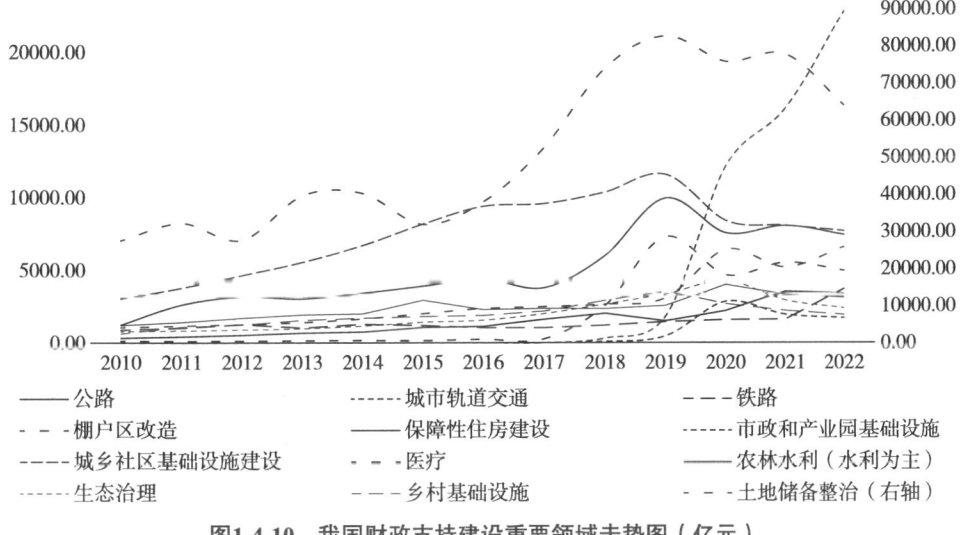

图1-4-10　我国财政支持建设重要领域走势图（亿元）

资料来源：财政部，wind，中铁研究院。

---

①　一般公共预算项下38项，政府性基金项下22项，专项债项下23项。
②　包含土地征收整理有关成本和城乡基础设施支出，按照土地收储支出占收入50%来估算，土地开发也是最大支出项，若再扣除征地补偿、拆迁补偿等费用性支出，按照50%的基本建设成本估算，土地开发居市政和产业园基础设施之后。

0 跃居为第二大支出项，但未来随着新能源电力平价上网，预计对新能源的支出走低，退出前三，总体来看政府性基金专款专用基数较为稳定，各项支出强度也较为稳定。2022年，一般公共预算用于建设的资金支持前三项为城乡社区公共设施、公立医院、保障性安居工程，其中城乡社区公共设施又有占主导地位，虽较2012年有大幅下降，占比仍高达20%以上，体现了一般公共预算保民生公平的特点。

表 1-4-2　　　　　　　　　财政支持建设三项资金来源支持前三领域

资金来源	专项债	政府性基金	一般公共预算
第一支持领域	市政和产业园区基础设施	国有土地出让收入支出（土地储备、城乡基础设施）	城乡社区事务：城乡社区公共设施
第二支持领域	棚户区改造	可再生能源电价附加收入支出	医疗卫生与计划生育：公立医院
第三支持领域	医疗	车辆通行费安排支出	住房保障支出：保障性安居工程支出

资料来源：中铁研究院。

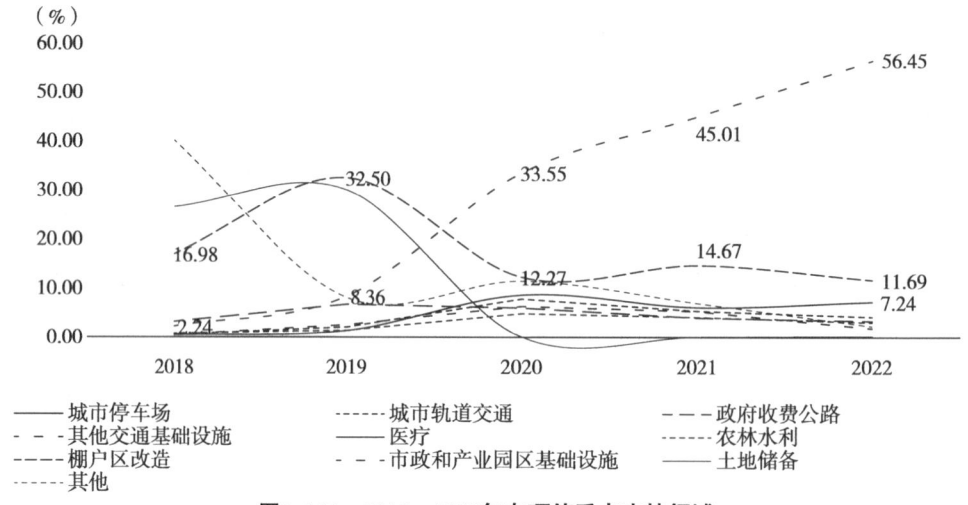

图1-4-11　2018—2022年专项债重点支持领域

资料来源：wind，中铁研究院。

表 1-4-3　　　　　　　　　专项债支持前 10 领域对比

投向领域	2018	2019	2020	2021	2022	2018—2022
市政和产业园区基础设施（%）	2.24	8.36	33.55	45.01	56.45	54.21
棚户区改造（%）	16.98	32.50	12.27	14.67	11.69	-5.28
医疗（%）	0.46	1.35	8.64	6.12	7.24	6.78
铁路（%）	0.15	0.00	0.98	1.87	5.49	5.35
城市轨道交通（%）	0.56	2.10	7.82	5.39	4.20	3.64
政府收费公路（%）	3.24	6.74	6.01	4.00	3.36	0.13
农林水利（%）	0.79	1.40	4.85	4.12	3.07	2.28
其他（%）	40.10	8.10	11.47	6.98	2.29	-37.81
其他交通基础设施（%）	0.52	2.58	6.33	5.31	1.86	1.34
城镇老旧小区改造（%）	0.15	0.00	0.29	0.62	1.36	1.22

资料来源：wind，中铁研究院。

表1-4-4　　　　　　　　一般公共预算中建设支出前10对比

排名	2022年 支出项	占比	排名	2012年 支出项	占比
1	城乡社区事务：城乡社区公共设施	22.82%	1	城乡社区事务：城乡社区公共设施	31.97%
2	医疗卫生与计划生育：公立医院	8.17%	2	住房保障支出：保障性安居工程支出	11.48%
3	住房保障支出：保障性安居工程支出	8.15%	3	节能环保：污染防治	7.58%
4	交通运输：车辆购置税支出：车辆购置税用于公路等基础设施建设支出	8.00%	4	医疗卫生与计划生育：公立医院	7.13%
5	节能环保：污染防治	6.02%	5	交通运输：车辆购置税支出：车辆购置税用于公路等基础设施建设支出	6.55%
6	交通运输：公路水路运输：公路新建	5.80%	6	农林水事务：水利：水利工程建设	5.62%
7	农林水事务：水利：水利工程建设	5.10%	7	农林水事务：扶贫：农村基础设施建设	5.24%
8	资源勘探电力信息等事务：制造业	3.59%	8	交通运输：公路水路运输：公路新建	4.76%
9	农林水事务：扶贫：农村基础设施建设	3.45%	9	资源勘探电力信息等事务：制造业	2.27%
10	医疗卫生与计划生育：公共卫生：重大公共卫生专项	2.82%	10	交通运输：车辆购置税支出：车辆购置税用于农村公路建设支出	2.13%

资料来源：wind，中铁研究院。

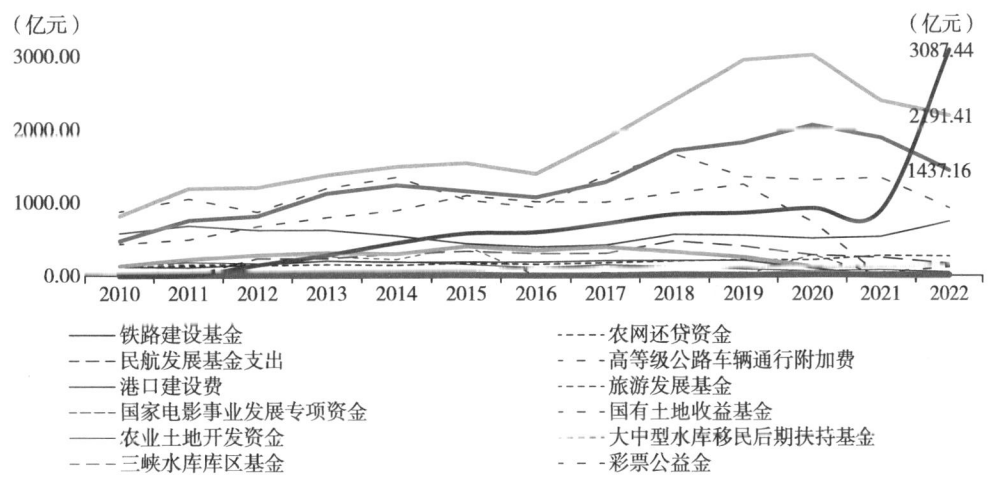

图1-4-12　政府性基金支出情况（不含国有土地使用权出让收入支出）

资料来源：wind，中铁研究院。

一般公共预算支出以社会公共服务为主，教育、社会保障就业等为重点，支出重点稳中有调。2022年，在一般公共预算总计25项大类支出中，教育、社会保障和就业、医疗卫生是当前排名前三的支出，相比2012年，医疗卫生取代一般公共服务

（主要是政府有关服务）成为前三支出项。从趋势来看，前三支出项较为稳定，教育和社会保障就业长期居前三（从更长周期来看，2009年之前，一般公共服务是最大支出项），另一支出重点随经济社会发展需求有所调整，但也基本稳定在农林水事务和城乡社区事务范畴，2013—2016年为农林水事务，2017—2019年为城乡社区事务，2020、2021回归为农林水事务，2022年受新冠疫情影响医疗卫生支出首次进入前三。支出强度提升前三项为社会保障和就业、医疗卫生、国债还本付息支出，支出强度降低前三项为农林水事务、住房保障、资源勘探电信等事务。随着债务规模攀升，未来国债还本付息支出强度预计还将提升。

表1-4-5　　　　　　　2012—2022年我国一般公共预算支出大项前10对比

2022年		2012年		
排名	支出项	排名	支出项	占比（%）
1	教育	1	教育	16.87
2	社会保障和就业	2	一般公共服务	10.08
3	医疗卫生与计划生育	3	社会保障和就业	9.99
4	农林水事务	4	农林水事务	9.51
5	一般公共服务	5	城乡社区事务	7.21
6	城乡社区事务	6	交通运输	6.51
7	国防	7	医疗卫生与计划生育	5.75
8	交通运输	8	国防	5.31
9	国债还本付息支出	9	住房保障支出	3.56
10	科学技术	10	科学技术	3.54

资料来源：wind，中铁研究院。

表1-4-6　　　　　　　2012—2022年我国一般公共预算主要支出项变化

支出项	2012—2022	支出项	2012—2022	支出项	2012—2022
社会保障和就业	4.06%	城乡社区事务	0.25%	粮油物资储备事务	-0.37%
医疗卫生与计划生育	2.90%	金融支出	0.20%	国土资源气象等事务	-0.38%
国债还本付息支出	2.26%	援助其他地区支出	0.06%	商业服务业等事务	-0.39%
国防	0.35%	外交	-0.08%	资源勘探电力信息等事务	-0.66%
补充中央预算稳定调节基金	0.34%	节能环保	-0.28%	住房保障支出	-0.68%
科学技术	0.32%	文化体育与传媒	-0.30%	农林水事务	-0.87%

资料来源：wind，中铁研究院。

（三）政府负债及风险

年度新增债务规模持续扩大，广义赤字率[①]上升较快，政府负债水平较快提升。

---
① 广义赤字率是指当年新增所有政府债务与GDP之比。

2022年，我国新增债务7.39万亿元，同比增加1700亿元，广义赤字率6.11%，同比下降0.17个百分点，与可比的2017年相比，年度新增债务规模扩大了1.32倍，广义赤字率上升了2.28个百分点。新增债务规模的快速增长，推动我国政府债务余额快速增长，2022年我国政府债务余额60.93万亿元，较2017年扩大1.03倍。债务规模的快速扩张主要来自地方政府专项债快速发行，2022年中中央政府债务余额25.87万亿元，地方债务余额35.06万亿元，其中地方政府一般债余额14.39万亿元，专项债余额20.67万亿元，从增速来看，2017—2022年，中央、地方政府一般债、地方政府专项债余额的复合增速分别为13.93%、6.85%、27.49%。随着地方专项债的快速发行，地方政府债务结构调整，从一般债为主转变为以专项债为主。债务余额快速增长，推升了我国负债强度，2022年我国政府负债率216.39%，债务率50.35%，分别较2012年增长166.26、35.95个百分点。

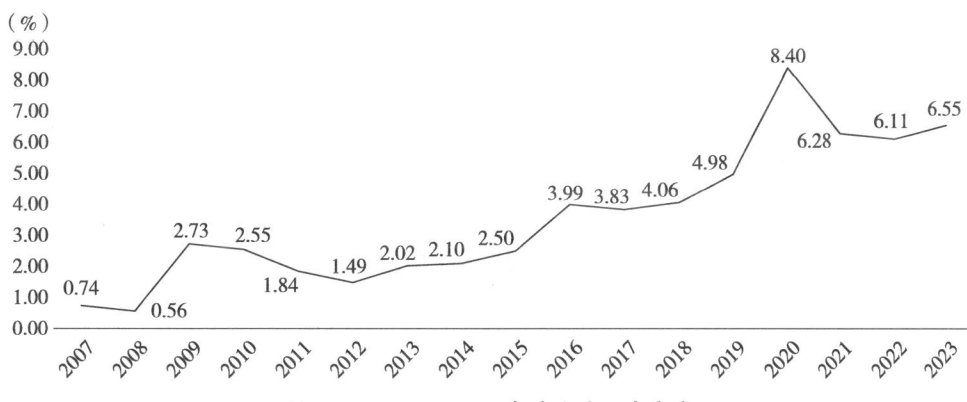

图1-4-13　2007—2023年广义实际赤字率

资料来源：wind，中铁研究院，实际赤字为当年新增政府债与GDP比例。

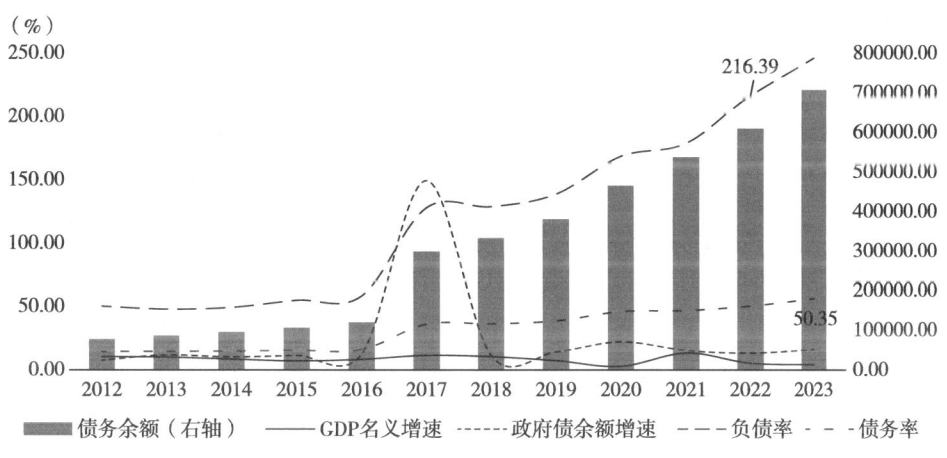

图1-4-14　我国债务余额及负债情况

资料来源：wind，中铁研究院。

城投债规模快速增长，占政府债比重下降。2022年，wind统计的我国城投债存量10.73万亿元，同比增长8.23%，2017—2022年复合增速16.36%，较同期政府快0.9个百分点。2022年城投债占政府债比重17.61%，较2015年下降12.8个百分点，整体对政府融资的贡献降低，政府负债更加显性化。政府债+城投债计算的政府负债率达到59.21%，债务率达到254.49%。按照wind统计的城投公司有息负债口径，2022年城投公司总负债36.27万亿元，与地方政府债务余额相当，2017—2022年复合增速21.95%，快于政府债和城投债。

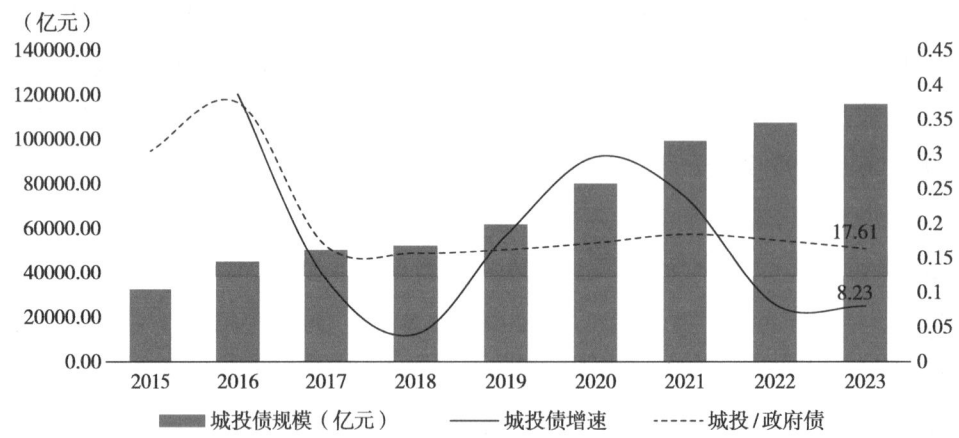

图1-4-15　城投债规模及与政府债关系

资料来源：wind，中铁研究院。

政府负债强度提升，债务安全水平降低，从宏观杠杆率的角度看尚有空间。从广义赤字率来看，2022年，我国政府广义赤字率达到6.11%，从2017年我国开始发行统计地方政府债开始，我国的广义赤字率虽然低于印度等新兴经济体，但超过了日本、法国等发达国家，新增负债强度较大，赤字率较难综合评判一国负债水平，因为广义赤字率与综合税负水平息息相关，而新兴经济体综合税负通常低于发达国家，推升了赤字率。随着地方债发行加速，我国债务规模不断提升，政府负债率和债务率持续攀升，利息保障倍数持续下降。按照一定的利息进行模拟估算，2017—2022年，仅包含政府债务在内的利息保障倍数从26.05倍下滑至15.4倍，债务安全水平降低。从宏观杠杆率来看，2022年我国仅含政府债的宏观杠杆率（债务率）50.35%，叠加城投债在内的宏观杠杆率59.21%，在全球国家中处于较低水平，发达经济体平均水平在107%，新兴经济体平均水平为64.6%。

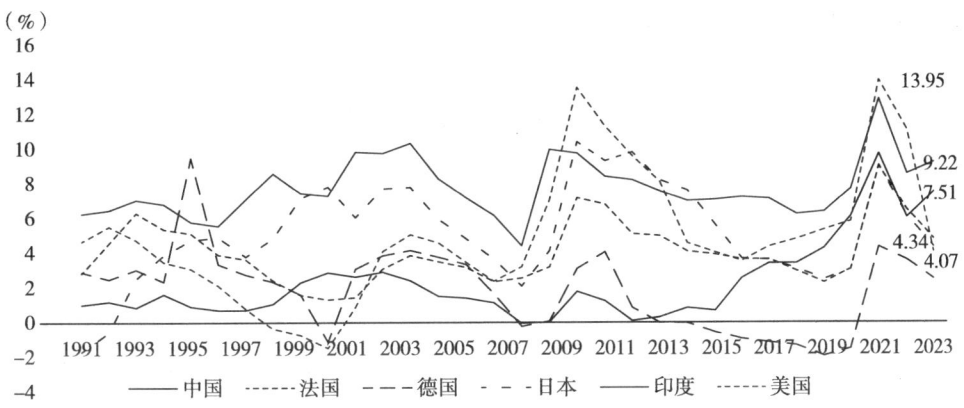

图1-4-16　主要经济体广义财政赤字率

资料来源：IMF。

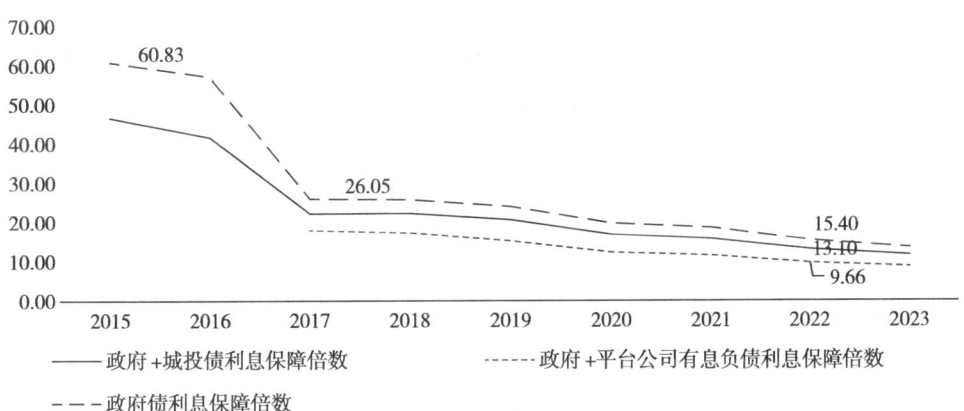

图1-4-17　政府债利息保障倍数模拟

资料来源：wind，中铁研究院。

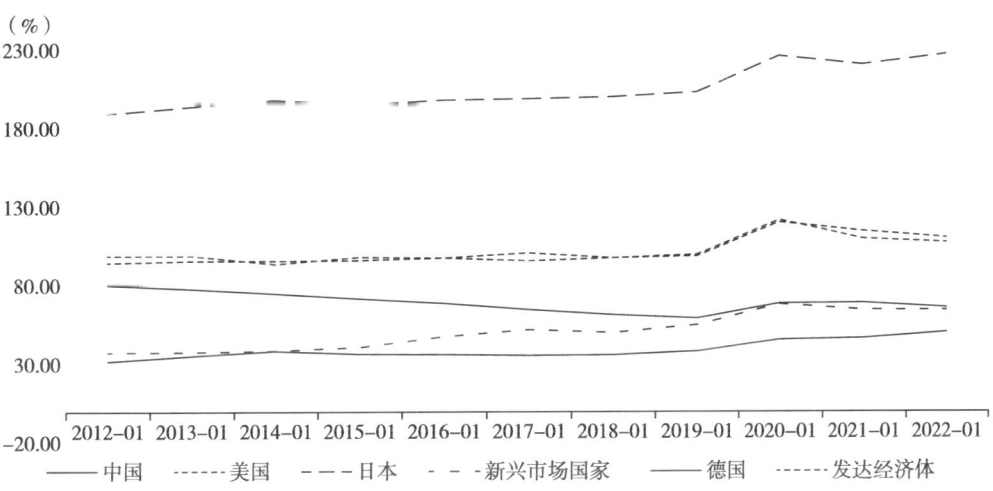

图1-4-18　重要经济体政府部门宏观杠杆率

资料来源：wind，中铁研究院。

（四）区域财政收支特征

东部地区收入规模大，在中央转移支付和政府债支持下，区域财政收入趋于平衡。2022年，东、中、西、东北自有财力分别为10.69、3.45、3.61、0.57万亿元，占比分别为58.33%、18.83%、19.72%、3.12%，基本与GDP规模相适应，叠加中央转移支付和政府债的可支配财力分别约为14.9、7.08、8.81、1.87万亿元，占比分别为45.64%、21.67%、26.97%、5.71%，东部地区与中西部的财政收入差距缩小20余个百分点。从中央转移支付和政府债两大手段来看，中央转移支付发挥了更重要的平衡作用，2022年，中央对四大区域转移支付分别为2.11、2.47、3.98、1.05万亿元，占比分别为21.95%、25.71%、41.41%、10.93%。2022年，四个区域新增政府债分别约为2.03、0.97、1.12、0.23万亿元，占比分别为46.63%、22.36%、25.81%、5.21%。从历史趋势来看，东部与其他区域自有财力差距日趋扩大，2012—2022年，东部与中、西部自有财力差距分别上升2.1、5.5个百分点。在追求区域协调发展目标下，2012—2022年，东部与中部可支配财力的差距下降0.5个百分点，与西部差距上升2个百分点，意味着随着自有财力差距的日趋扩大，中央转移支付和政府债的平衡力度要求更大。从财力增长来看，增速整体趋降，东、中部在2015—2022年的周期中增长更快，超过区域GDP增速，但2022年表现较为突出，无论自有收入还是综合收入，均保持较好增速，成为在可支配和综合财力上唯一保持正增长的地区。2022年，可支配财力前三省区市为广东、江苏、浙江，后三省区市为宁夏、青海、西藏。

表1-4-7　　　　　　　　不同口径下东中西、东北区域财政收入占比

区域	一般公共预算收入（%）	自有收入（本区域一般公共预算+政府性基金）（%）	综合财力（自有收入+转移支付）（%）	可支配财力（综合财力+负债收入）（%）
东北	4.26	3.12	5.80	5.71
东部	56.80	58.33	45.82	45.64
中部	18.51	18.83	21.20	21.67
西部	20.43	19.72	27.18	26.97

资料来源：财政部，wind，中铁研究院。

表1-4-8　　　　　　　2015—2022年不同口径政府财力四大区域增速

区域	一般公共预算收入（%）	自有收入（%）	综合财力（%）	可支配财力（%）	GDP名义增速（%）
东北	-2.81%	-0.95%	4.25%	5.46%	0.03%
东部	6.21%	6.61%	7.10%	8.43%	7.58%
中部	6.00%	7.17%	7.39%	9.1%	8.88%
西部	5.03%	5.88%	6.85%	7.52%	8.52%

资料来源：财政部，wind，中铁研究院。

表1-4-9　　　　　　　　东部地区可支配财力与中西部可支配财力差值

指标	2015	2016	2017	2018	2019	2020	2021	2022
东西部差值（%）	16.70	19.24	20.33	19.75	19.23	19.76	21.46	18.68
东中部差值（%）	24.41	24.26	24.64	23.92	23.81	24.50	25.70	23.97

资料来源：财政部，wind，中铁研究院。差值为东部地区可支配财力比重与中部、西部指标之差。

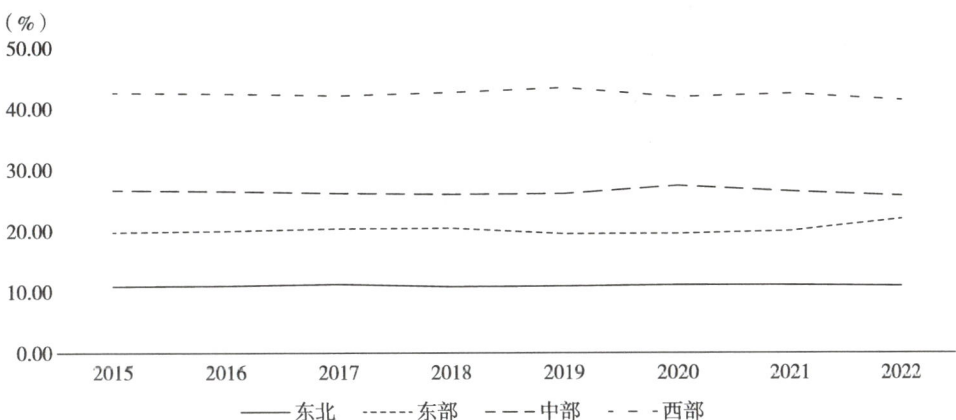

图1-4-19　东中西东北部中央转移支付占比

资料来源：财政部，wind，中铁研究院。

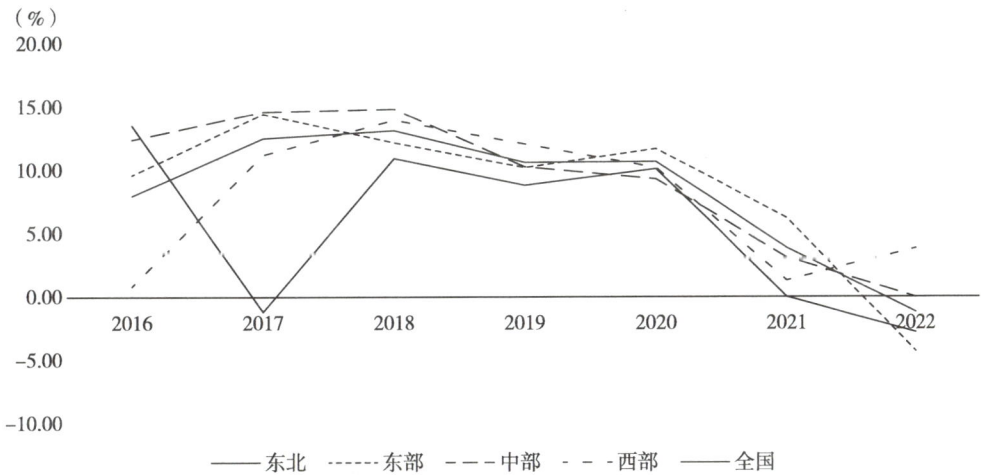

图1-4-20　东中西东北可用财力增速

资料来源：财政部，wind，中铁研究院，其中全国为全国地方政府收入，不含中央收入。

东部地区宏观税负[①]最高，房地产市场等影响宏观税负阶段性下滑。2022年，东、中、西、东北宏观税负分别为17.18%、14.06%、12.94%、9.85%，分别同比下降3.06、2.48、2.08、3.98个百分点，长周期来看，2012—2022年，东、中部走出了与全国不同

---

① 此处宏观税负为(地方政府一般公共预算收入+政府性基金收入)/GDP，两项收入均不含转移支付收入。

走势宏观税负整体上行，分别提升1.24、0.58个百分点，东北、西部地区宏观税负下行，分别较2012年降低1.13、0.09个百分点，其中东北地区下行超过了全国宏观税负下行水平。打开宏观税负结构来看，2012年和2018年减税降费政策对地方宏观税负影响不明显，2013—2020年综合宏观税负不降反升，当时房地产市场处于景气周期，从仅包含一般公共预算收入的宏观税负来看，2013—2020年宏观税负出现了明显的下降；相反在2015年和2022年房地产市场下跌政府性基金收入下滑的态势下，区域的宏观税负不同程度降低。未来，随着房地产市场步入新发展模式，预计在不进行财税制度改革的条件下，宏观税负还将进一步降低。从省市来看，宏观税负前三为上海、浙江、贵州，后三为云南、黑龙江、吉林。2012年前三为上海、重庆、北京，后三为湖北、湖南、河南。

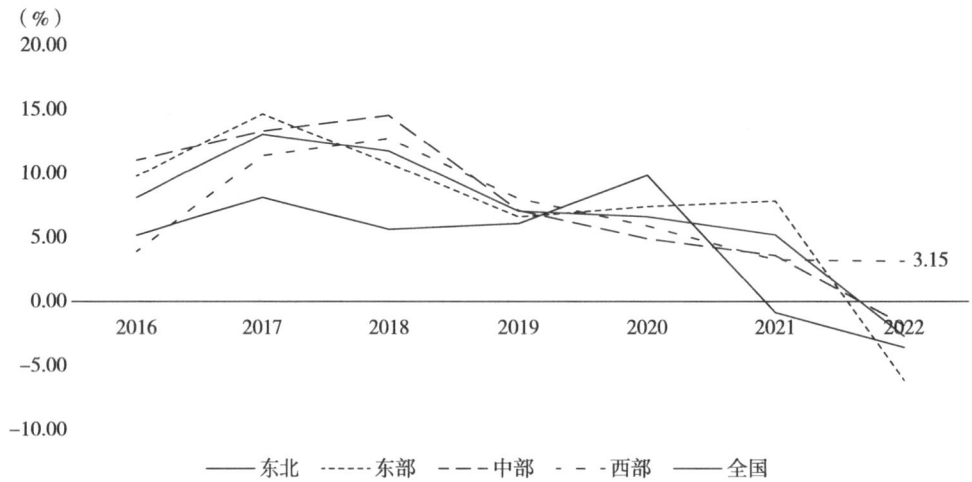

图1-4-21 东中西东北综合财力增速

资料来源：财政部，wind，中铁研究院，其中"全国"为所有地方政府收入，不含中央收入。

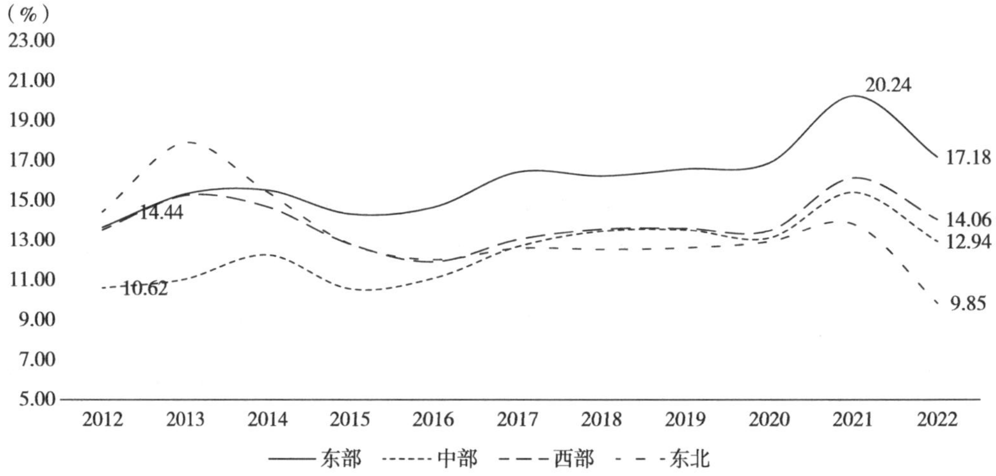

图1-4-22 东中西东北宏观税负情况（一般预算+地方政府基金）

资料来源：财政部，wind，中铁研究院。

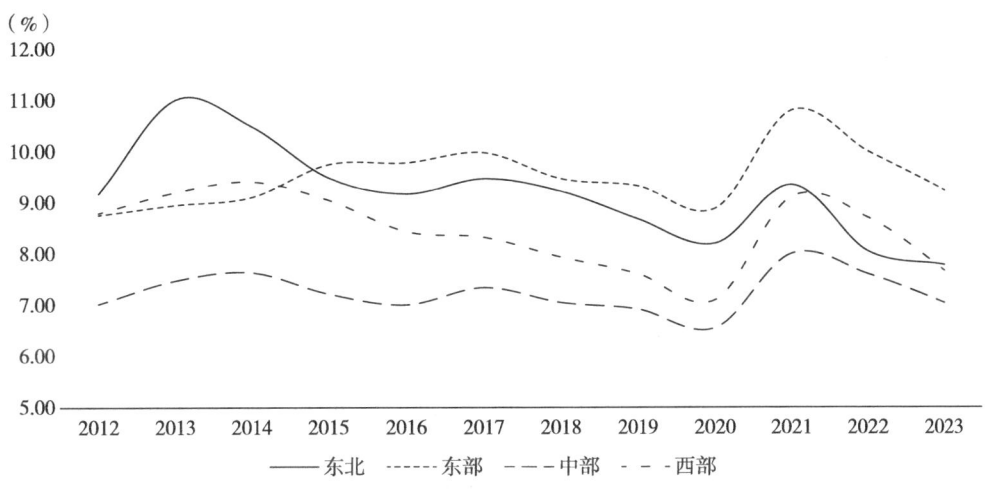

图1-4-23　一般公共预算收入区域宏观税负

资料来源：财政部，wind，中铁研究院。

地方政府财政自给率下降，收支缺口扩大，中部地区总收支缺口最大。2022年，我国地方政府一般公共预算[1]财政自给率48.69%，较2015年下降6.27个百分点，从综合支出和综合收入[2]口径，2022年综合财政自给率84.61%，较2015年下降7.69个百分点，综合来看全口径收支差距更大。一般公共预算收支缺口最大的是东北，2022年财政自给率仅29.61%，东、中、西部分别为66.01%、40.71%、34.35%。综合收支缺口最大的是中部地区，2022年综合财政自给率81.89%，东、西、东北分别为84.48%、86.61%、86.82%，分别较2015年下降8.44、8.55、6.78、2.55个百分点。总体来看，地方政府收支缺口不断扩大，与地方政府债新增债务规模不断扩大相适应，随着政府性基金收入的持续走低，对债务资金的依赖还将提升。2022年，财政综合收支缺口前三省市为天津、新疆、广东，一般公共预算收支缺口前三省份为西藏、青海、吉林。

东北地区政府宏观杠杆率最高，东部最低，政府债发行向发达地区倾斜。2022年，东、中、西、东北地区地方政府债余额分比为14.84、7.49、10.07、2.54万亿元，宏观杠杆率分别为23.86%、28.1%、39.2%、43.89%，分别较2015年上升7.58、6.28、4.7、18.9个百分点。2022年，wind口径的四大区域城投债分别为5.97、2.58、2.07、0.1万亿元，叠加城投债的广义宏观杠杆率（广义负债率）分别为33.46%、37.79%、47.27%、45.65%，

---

[1]　一般公共预算财政自给率为地方一般公共预算收入（不含结转和中央转支付）/一般公共预算支出（不含债券还本和上解结转支出）。

[2]　综合收入为省内一般公共预算收入和政府性基金收入+中央转移支付，不含政府债券、结转等收入，综合支出为一般公共预算和政府性基金支出，不含债务还本、上解和结转支出。

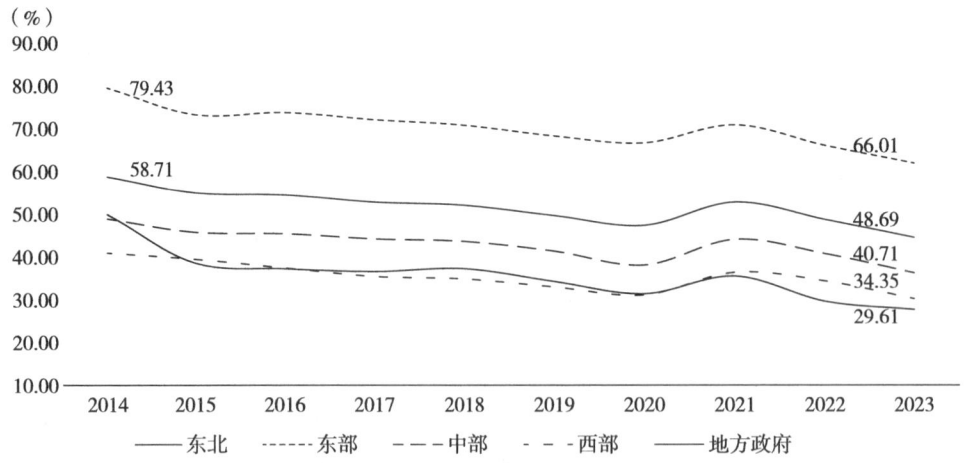

图1-4-24 东中西部东北一般公共预算财政自给率

资料来源：财政部，wind，中铁研究院。

分别较 2015 年上升 13.01、11.66、7.27、16.25 个百分点。无论是广义还是狭义宏观杠杆率，东北地区都是政府部门宏观杠杆率最高的区域，债务风险最高，东部都是政府部门宏观杠杆率最低的区域，最具有负债空间，同时值得关注的是，东北地区城投债负债强度大幅降低，政府债务显性化。综合政府部门杠杆率和 7 年杠杆率增长变化来看，东部地区杠杆率上升快，宏观杠杆率低，西部地区杠杆率上升慢，宏观杠杆率高，显示西部长期以来对负债依赖程度高，近期有所下降，东北地区杠杆率上升快，宏观杠杆率高，从过去到现在都对负债高度依赖，反映了一定的政策取向。直接从发行状况看政策取向，政府负债更加考虑效率，向东部和中部地区倾斜，2015—2022 年，两个区域占政府债新发比重均抬升，东部地区抬升近 8 个百分点，西部和东北地区债务发行占比下降，尤其是西部地区下降了 12.1 个百分点，债务余额呈同样走势，东、中部地区占比上升，西部和东北下降，受存量影响，幅度均小于新发债。但从总体政府债发行情况来看，我国政府债发行遵从效率的取向还有待进一步落实，财政自给率越高的省市，负债率越低，这是一个两难的选择，从地方政府的角度欠发达省市发展需求迫切需要负债，从防风险的角度需要控债，需要中央和地方政府动用更多力量平衡好这一需求矛盾。从负债结构来看，专项债更加体现效率，向东部地区倾斜，一般债更加支持区域协调发展向中西部倾斜。

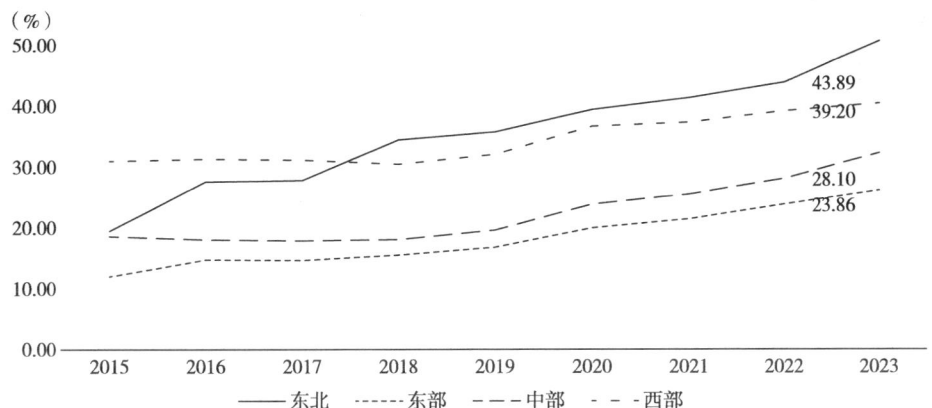

图1-4-25 东中西东北区域政府负债率情况

资料来源：财政部、wind，中铁研究院。

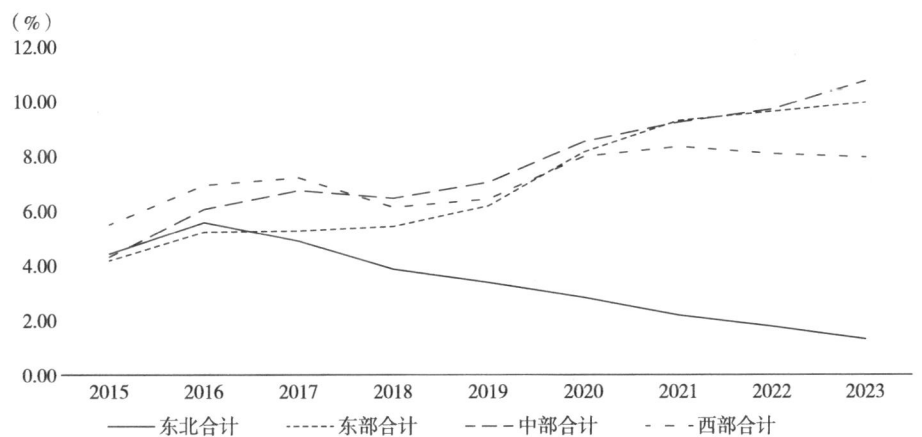

图1-4-26 东中西东北城投债负债率

资料来源：财政部、wind，中铁研究院。

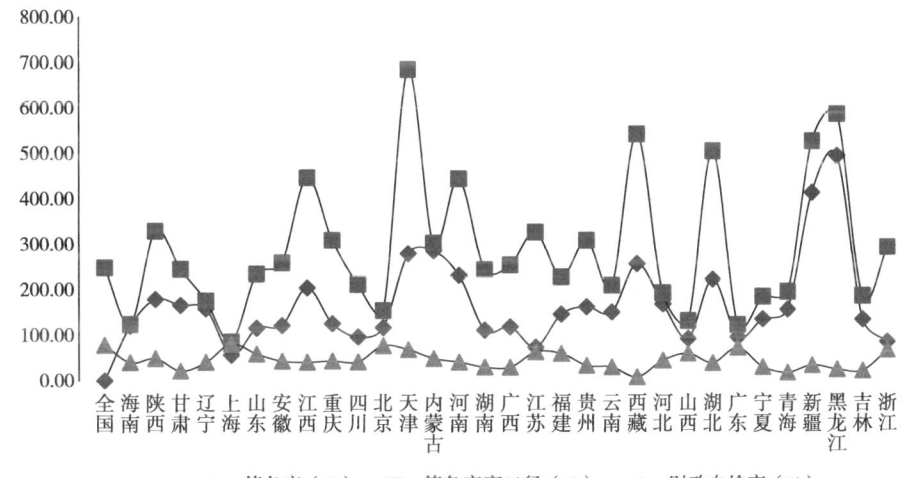

图1-4-27 2022年各省财政自给率与债务率散点图

资料来源：财政部、wind，中铁研究院。

表 1-4-10　　　　　　　2015—2022 年东中西东北地区新发政府债占比（%）

区域	类型	2015	2016	2017	2018	2019	2020	2021	2022	2023
东北	整体	5.38	12.54	4.21	7.06	6.32	4.94	5.48	5.18	5.21
	一般债	5.41	18.27	7.49	12.78	12.12	9.54	9.43	8.97	6.69
	专项债	5.26	1.95	1.08	3.52	3.47	3.73	4.63	4.50	4.94
东部	整体	38.74	39.12	41.33	41.83	43.01	44.53	44.64	44.62	46.63
	一般债	37.8	30.38	28.90	30.91	26.42	32.54	32.34	33.52	34.24
	专项债	41.62	55.31	53.20	48.62	51.16	47.68	47.31	46.58	48.84
中部	整体	18.04	22.38	27.66	24.74	23.19	23.04	24.10	24.49	22.36
	一般债	20.49	22.08	24.60	23.82	22.93	23.66	24.03	23.20	22.96
	专项债	10.48	22.95	30.59	25.30	23.32	22.87	24.11	24.72	22.25
西部	整体	37.84	25.95	26.80	26.37	27.48	27.50	25.78	25.71	25.81
	一般债	36.30	29.28	39.01	32.49	38.53	34.27	34.21	34.31	36.11
	专项债	42.64	19.80	15.14	22.56	22.05	25.72	23.95	24.19	23.97

资料来源：财政部，wind，中铁研究院。

当期地方政府建设支出负增长，东部地区财力用于建设的比重高。以政府性基金支出（不含结转支出和专项债还本支出）和新增一般债收入为口径，估算地方政府建设支出，2022 年，地方政府用于建设的财政支出 9.67 万亿元[①]，较 2021 年减少 0.86 万亿元同比下降 8.2%，较发行特别国债的 2020 年减少 1.36 万亿元下降 12.3%，建设支出占财政总支出的比重 32.24%，分别较 2020、2021 年下降 3.8、1.12 个百分点，但仍高于新冠疫情前水平。从 2022 年地方政府性基金负增长 21.5% 对比看，虽然支出负增长，依然属于积极的财政政策。从区域来看，2022 年，东、中、西、东北建设支出占比分别为 38.51%、32.08%、25.8%、16.81%，均从 2021 年开始下滑，分别较 2020 年下滑 4.26、2.01、4.09、5.84 个百分点，中部下滑程度最小，东北地区下滑程度最深。从省市来看，财力用于建设的规模基本与 GDP 相适应前三名为江苏、浙江、山东，后三名为西藏、宁夏、青海，财力支出强度安排前三为浙江、江苏、福建，后三为西藏、黑龙江、内蒙古。

区域财政（专项债）[②] 集中支持领域一致，其他建设重点略有分化。2022 年，东中西东北专项债支持的首要领域均为市政和产业园基础设施，占区域专项债额度比重分别 61.16%、51.74%、51%、61.57%，高度重合且集中度高。排名第 2~4 的支持领域有所分化，中西部地区保持一致，均为棚改、医疗、政府收费公路，其中西部地区对收费公路的支持力度超过中部，中部地区对棚改和医疗的支持力度超过西部。东北地区基本与中西部一致，其他支持项取代医疗进入前四，与中西部相比棚改支持力度也较中西部弱。东部

---

① 财政部公布的地方政府性基金支出为 10.5 万亿元，数据差额应为 wind 的债券发行等数据略有差异，另外有中央的政府性基金转移支付数据未加入，2022 年为 786.69 亿元，此外是地方数据和中央统计数据的差异，叠加一般债支出为 11.2 万亿元。

② 地方用于建设的最大来源国有土地使用权收入缺乏全面的详细支出数据，对于财政支持建设的重点较难进行细项判断，仅分析专项债建设重点走势。

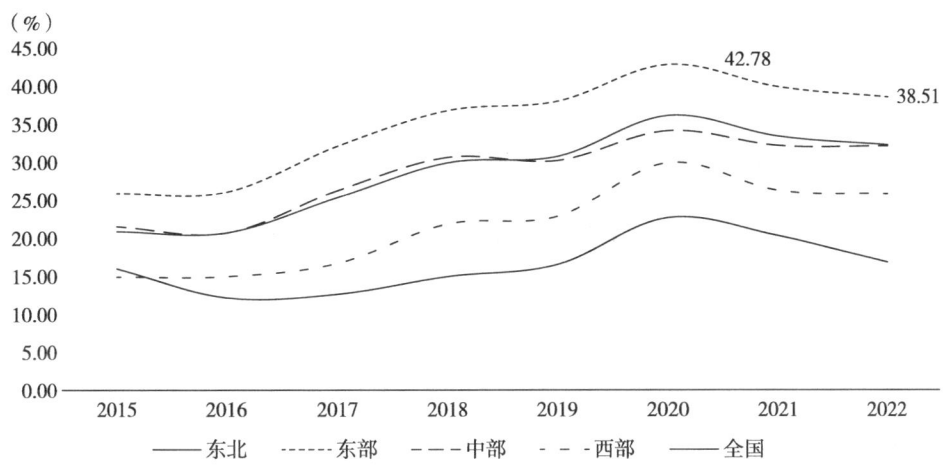

图1-4-28 四大区域地方政府财力用于建设支出比重

资料来源：财政部、wind，中铁研究院。

地区第2~4支持领域为棚改、铁路、城市轨道交通，出现了与中西部地区较大差异，体现了区域基础设施发展水平的差异，东部地区对大运量、集约化、绿色化的铁路、城市轨道交通的重点支持，体现了东部地区交通运输结构升级。从趋势来看，2018—2022年，专项债支持的建设重点从土地开发向城市设施建设转型，从主流基础设施向公共服务类基础设施拓展，体现在2018—2022年，前四支持领域发生变化，2022年专项债前四支持领域为产业园基础设施、棚户区改造、医疗、铁路，2018年为其他、土地储备、棚户区改造、新型基础设施，尤其是第一支持领域从土储调整为市政和产业园基础设施，体现了政策对城市发展质量、城市精明增长的更高要求，由于专项债相比其他财政支出更加注重效率而非保基础民生，也可以看出政府促进经济发展的重要手段在转型。

表1-4-11　　　　　　　2022年四大区域专项债支持前五领域统计

	前五支持领域	占比（%）		前五支持领域	占比（%）
东北	市政和产业园区基础设施	61.57	东部	市政和产业园区基础设施	61.16
	其他	13.80		棚户区改造	8.65
	棚户区改造	4.86		铁路	8.24
	政府收费公路	4.80		城市轨道交通	5.07
	城市轨道交通	4.65		农林水利	4.83
	前五合计	89.69		前五合计	87.95
中部	市政和产业园区基础设施	51.74	西部	市政和产业园区基础设施	51.00
	棚户区改造	17.57		棚户区改造	8.41
	医疗	14.14		医疗	7.83
	政府收费公路	2.77		政府收费公路	7.68
	城市轨道交通	2.63		农林水利	5.59
	前五合计	88.85		前五合计	80.51

资料来源：财政部，wind，中铁研究院。

五、金融运行

金融是支撑经济运行的血脉，也是经济运行的镜像，同时是经济的重要组成。在降息、降准、人民银行扩表等共同作用下，2022年我国货币供应更趋宽松，从需求来看，市场利率大部分时间运行在政策利率之下，流动性十分充裕。政策工具的效应发生变化，市场对降准的反应程度降低，乘数效应疲态显现，人民银行扩表正在发挥主要作用。上述市场反应充分映射了经济运行需求不足的特点。从金融与实体经济的关系来看，2022年实体经济融资强度再提升，金融对实体经济的支撑作用再增强，但也存在资金周期趋短与产业资产趋重回收周期趋长的矛盾；从微观角度，银行贷款加快流向实体经济，金融"脱实向虚"得到较好矫正，对制造业支持提升，对基础设施的支持相对减弱。从金融周期的角度，宽松的货币政策尚未对金融周期形成阻滞作用，金融周期下行程度加重，与经济下行同向而行。从区域来看，融资向东部地区加快集中，金融市场化机制加深，全国城投债信用下降也一定程度反映了这一市场情绪。

（一）货币供应特点及效果

货币供应增速趋降，与GDP差值扩大，流动性充分，实际更趋宽松。2022年我国M2供应量266.43万亿元，同比增长11.8%，高于名义GDP增速高5.98个百分点（2022年我国名义GDP增速5.82%，实际GDP3%），同期CPI增长1.8%。从趋势来看，2022年M2增速较2021年提升2.8个百分点，较2012年下降2个百分点，在整体下降趋势中出现阶段回升，从更长周期来看，较2009年的高点下降18个百分点左右，较1993年的高点下跌25.5个百分点。虽然货币供应增速趋降，但实际货币供应更加宽松。以M2供应增速与名义GDP增速之差为评判指标，短期看，2022年该指标较2021年提升9.39个百分点；长期看，2020年以来，该指标趋势性转正，且均值高于前期。我国M2与GDP增速之差从2017年开始转负，持续至2019年，与呈现正值的2013—2017年比较，2013—2017年增速差均值为3.17，2020—2022年增速差均值为3.3，体现出货币供应增速实际高位运行，形成更加宽松的货币环境。从政策利率与市场利率的关系评判，2022年市场利率大多位于政策利率之下，流动性充裕，2022年绝大多数时期，政策利率（7天逆回购利率）基本在市场利率Shibor（银行间拆借利率，一周）之上，显示出银行流动性过剩，在前10年，尤其是2015—2019年期间，政策利率基本低于市场利率，流动性偏紧。

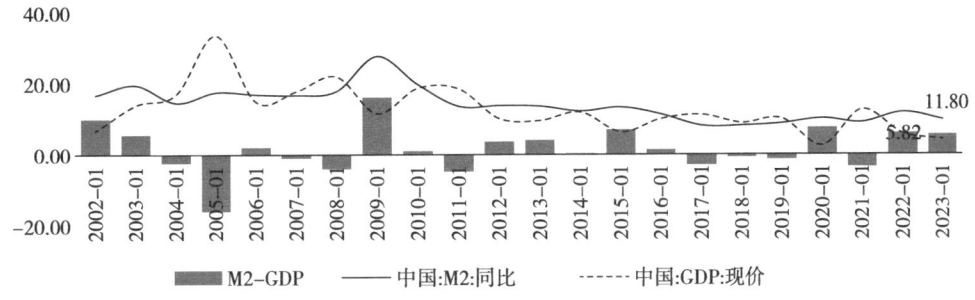

图1-5-1　我国M2增速与GDP增速走势图

数据来源：中国人民银行，wind，中铁研究院。

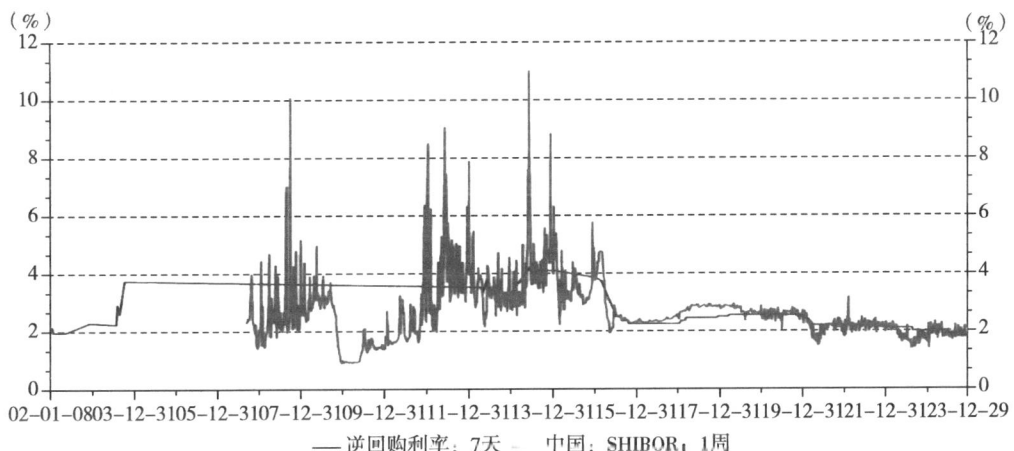

图1-5-2　7天逆回购利率与银行间拆借利率对比

数据来源：中国人民银行，wind，中铁研究院。

政策和市场利率趋降，与CPI差值极大收窄，资金实际成本大幅度下降。2022年，7天逆回购利率从年初的2.2%下调至年末的2%，下降幅度10%，从更长期来看，7天逆回购利率较2012年的3.53下调1.53个百分点，降幅43.34%。市场利率来看，2022年SHIBOR一周和DR007平均利率分布为1.81、1.95，较2021年平均下降10.5%、19.97%，高于政策利率。从中长期利率来看，中期借贷便利利率从2.95%下调至2.75%，下降幅度7%，一年期LPR从3.8%下调至3.65%，下降幅度4%，五年期LPR从4.65%下调至4.3%，下降幅度7.5%，与短期利率形成更好的利差。与同期CPI对比，2022年实际资金成本较大幅度下降，2022年期间，CPI大多运行在7天逆回购利率之上，抵消了大量利率成本，最终7天逆回购利率与CPI之差的年度均值收敛为0.1，2021年该均值为1.28，实际资金成本大幅下跌。从长周期来看，2012年以来，仅在2012年1-2月、2019年6月~2020年10月出现过CPI运行在7天逆回购利率之上的情形。

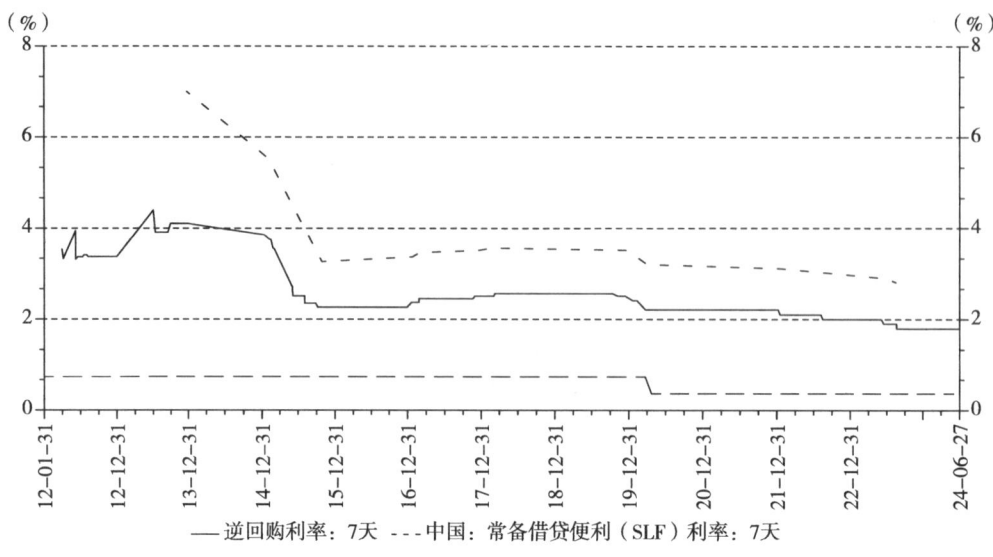

图1-5-3 短期政策利率走势

数据来源：wind，中铁研究院。

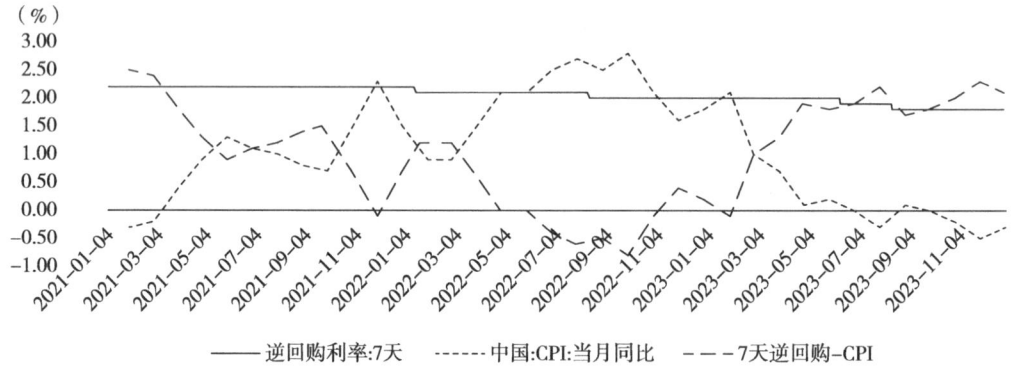

图1-5-4 短期利率与CPI走势对比

数据来源：wind，中铁研究院。

货币政策工具效应分化，降准效应显疲态。2022年，人民银行实施了降准、降息、扩表等多种政策工具。4月15日、11月25日两次下调存款准备金率，金融机构加权平均存款准备金率约为7.8%，相比2021年下降0.6个百分点，相比2012年下降约12个百分点。2022年央行货币发行显著加快，12个月平均同比增速12.23%，几乎接近2007—2011年金融危机后货币发行增速，较2020、2021年分别加快3、8.25个百分点，央行轻度扩表，货币发行总量提升12%左右。从降准、降息、扩表的货币供给效应来看，2022年降准效应[①]疲软，央行扩表效应增强。从降准带来的货币理论乘数实现率（实际乘数/理论乘数）来看，2022年第二次降准的实际乘数效应有所减弱，货币理论乘数实现率从1~11月的62.9%左右下降至12月的57.57%（至2023年底为59.47%，且期间再经历两次降准），延续了2021年7月15日人民银行大幅降准、乘数效应断崖式下跌的疲态。2021年7月15日，我国加权平均存款准备金率从14.9降至8.9，货币理论乘数实现率从超过100%断崖式下跌至55%~65%的区间。从降准与央行扩表[②]对M2的贡献来看，2022年货币乘数平均贡献率37.13%，央行扩表带动的基础货币增量平均贡献率达到62.87%，货币乘数贡献率明显较2019—2021年下降。乘数效应疲软，在宏观审慎框架下，说明社会资金对短期资金需求疲软，可能出现货币供应与需求的期限错配，货币政策工具应予调整。

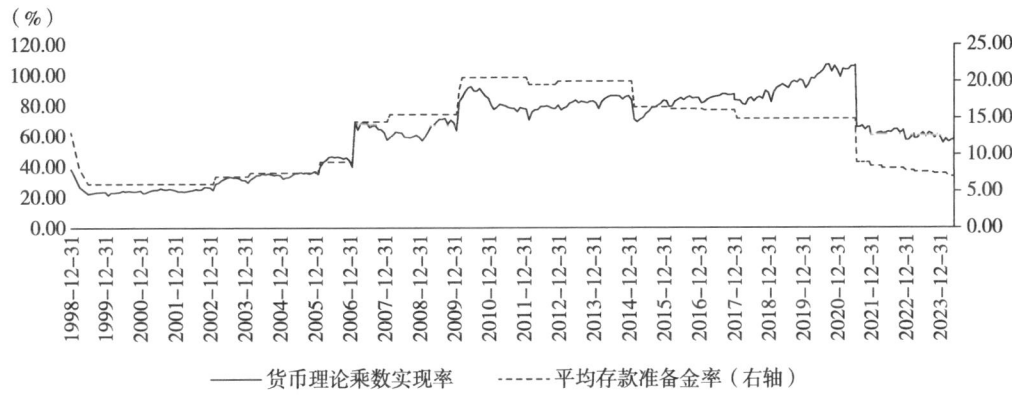

图1-5-5 理论货币乘数达到率与平均存款准备金率

数据来源：wind，中铁研究院。其中2008—2017年存款准备金采用wind计算的国有商业银行平均存款准备金，货币乘数实现率存在一定高估的可能。

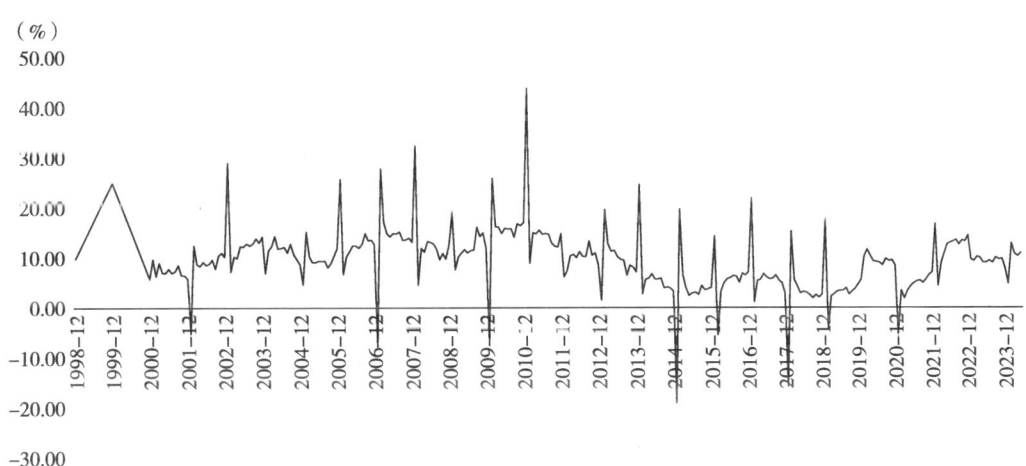

图1-5-6 央行货币发行增速走势

数据来源：wind，中铁研究院。

---

① 降准势必带动降息，故将降息效应与降准效应合并。
② 将基础货币增量与货币乘数的积作为央行扩表对M2增量的贡献。

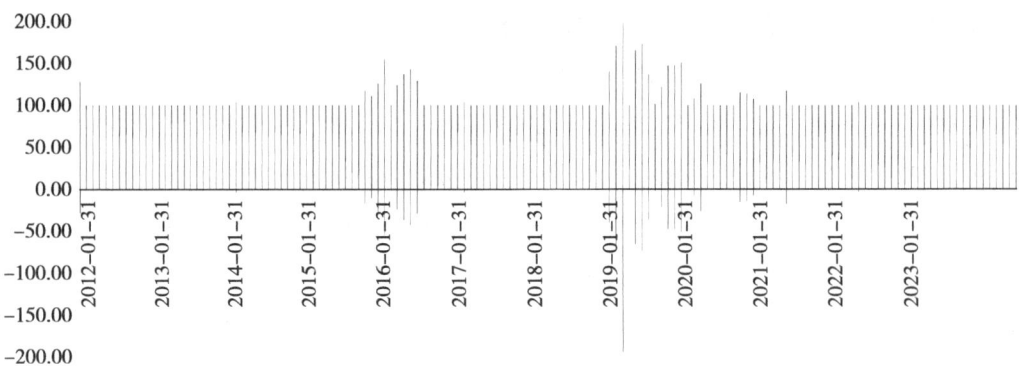

图1-5-7 基础货币和货币乘数对M2增量的贡献（2012—2023）

数据来源：wind，中铁研究院。

全社会资金周期趋短，有待更好与经济发展资产趋重、周转趋长相适应。随着2022年两次降准，我国银行加权存款准备金率降至7.8%，年均货币乘数7.71倍，较2021年的7.2倍提升0.51。从长周期来看，我国存款准备金率从2010年开始持续下行，货币乘数相应持续走高，从2010的年平均4.31倍一路攀升至2022年的7.71倍，意味着从2010年以来资金周转加快了3.4倍。与之适应，2012年以来，货币乘数对M2增长的贡献率逐步提升。资金周转加快意味着银行面向社会供应的资金周期变短，在提升货币效率的同时也一定程度上能协同提升经济运行效率。前文产业研究部分提到，我国产业发展呈现资产趋重、投资回收期趋长的特征，这种趋势与全社会生产率提升、资本深化，后文还将提到，全社会企业中长期贷款占比达到65%左右，是银行资金运用的主体。无论是从产业运行的趋势性规律还是现实需求来看，货币资金周期

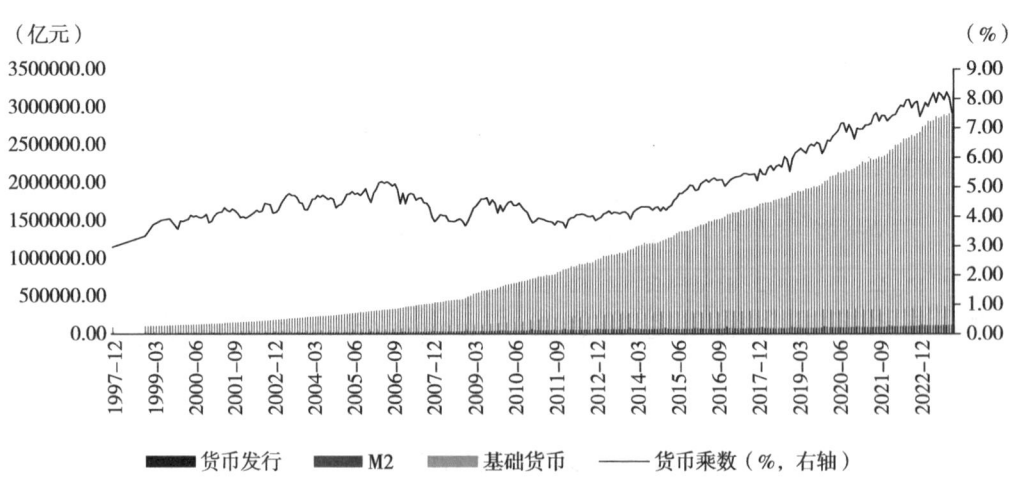

图1-5-8 我国M2与基础货币及货币乘数走势

数据来源：wind，中铁研究院。

不断缩短将加深资金链紧张程度。寻找与经济社会发展需求相宜的资金周期，同时避免资金沉淀提升效率，需要进一步深入研究。从全球经验来看，日本和美国的货币乘数分别从2000年、2008年呈下降趋势，与之对应的货币政策是，两国均在相应时期实施了量化宽松，不断为货币市场注入长期主权信用（央行购买长期国债等资产）。在政府加快购买长期国债这一过程中，货币乘数不断下降，显示出流动性减弱，可以认为货币政策的效应减弱，也可以认为是经济发展的一种规律性趋势。

图1-5-9　中美日三国货币乘数对比

数据来源：wind，中铁研究院。

（二）对实体经济的融资支持

全社会融资规模较快增长，GDP的融资强度不断提升，银行贷款保持社会融资主体地位。截至2022年12月，全社会融资规模存量[①]344.2万亿元，同比增长9.6%，同期我国名义GDP增长5.82%，社融与GDP增速差3.78，2020—2022年三年平均4.09，较2013—2019年平均有所抬升，经济增长对社融的依赖有所增长。具体看GDP的社融强度指标，2022年GDP的社融强度（社融规模/GDP）为2.86，同比提升0.13，较2012年提升1.16，我国社融强度曲线不断向上倾斜。从GDP对社融的边际需求（每增量GDP对增量社融需求）来看，2022年达到5.42，处于较高水平。从融资结构来看，银行贷款提供了主要的社会融资资金，2022年银行人民币贷款、企业债券、政府

---

① 社会融资规模存量是指一定时期内（每月、每季或每年）实体经济从金融体系获得的资金额。这里的金融体系为整体金融的概念：从机构角度看，包括银行、证券、保险等金融机构；从市场角度看，包括信贷市场、债券市场、股票市场、保险市场及中间业务市场等。社会融资规模的统计口径包含两个维度：一方面是金融机构的资产，主要体现为新增贷款对实体经济的资金支持；另一方面是通过金融市场的发行方，实体经济以直接融资方式获得资金，主要表现为股票、债券等。从2018年9月起，人民银行将"地方政府专项债券"纳入社会融资规模统计。2019年12月人民银行将"国债"和"地方政府一般债券"纳入社会融资规模统计，与原有"地方政府专项债券"合并为"政府债券"指标。社融规模与货币供应统计口径不同，社融规模含了银行体系及非银行体系融资支持，货币供应M2以存款类（银行）金融机构为统计对象。

债券、委托贷款、信托贷款、股票融资占比分别为61.72%、9.01%、17.49%、1.09%、3.27%、3.09%。从趋势来看,政府债券占比提升,银行等传统渠道占比下降,2012—2022年,银行融资占比下降7.2个百分点,政府债券(2017—2022)上升5.2个百分点,企业债券、委托、信托、未贴现银行承兑汇票、股票(2015—2022)融资分别下降0.45,3.1、4.31、4.68、0个百分点。从直接融资和间接融资的角度,政府债券带动直接融资占比提升。从债权和股权的角度,债权融资占主流。

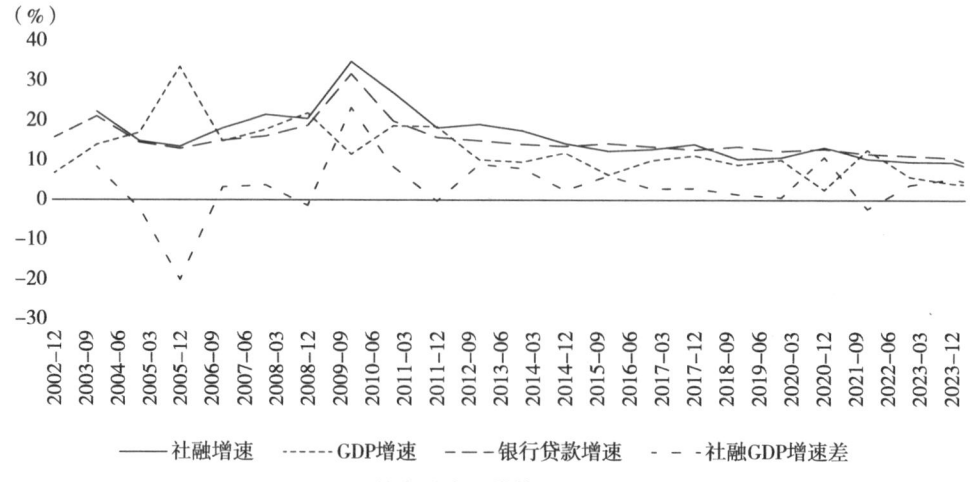

图1-5-10 社会融资规模等与GDP增速走势

数据来源:wind,中铁研究院。

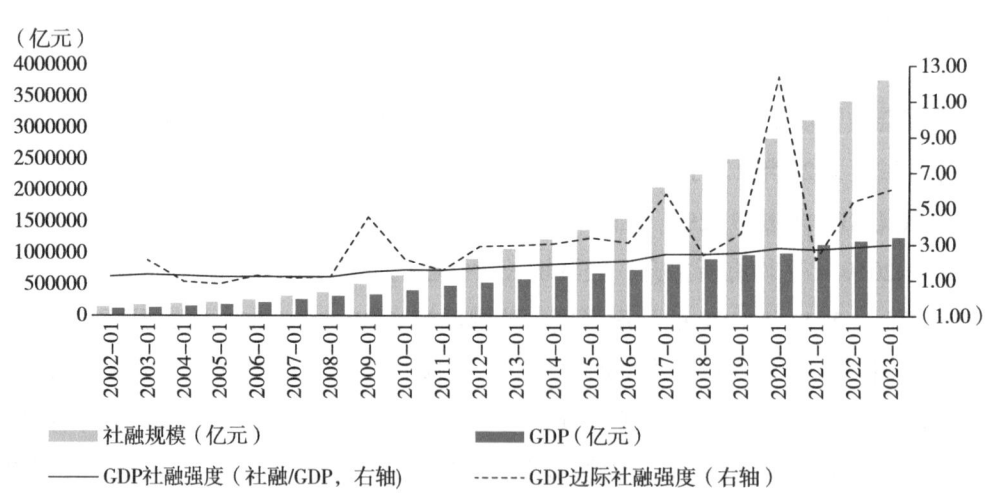

图1-5-11 我国社会融资规模与GDP的关系

数据来源:wind,中铁研究院。

银行资金加快流向实体经济,以中长期贷款为主。2022年,人民币贷款余额213.98万亿元,同比增长11.1%,高于社融增速,占M2的比重80.32%,是银行资金运用的主要方式。从趋势来看,从拨改贷有统计数据的1985年开始,M2用于贷款的比重持续下降,直到2013年3月达到63.48%的最低点,2013年12月中央经济工作会

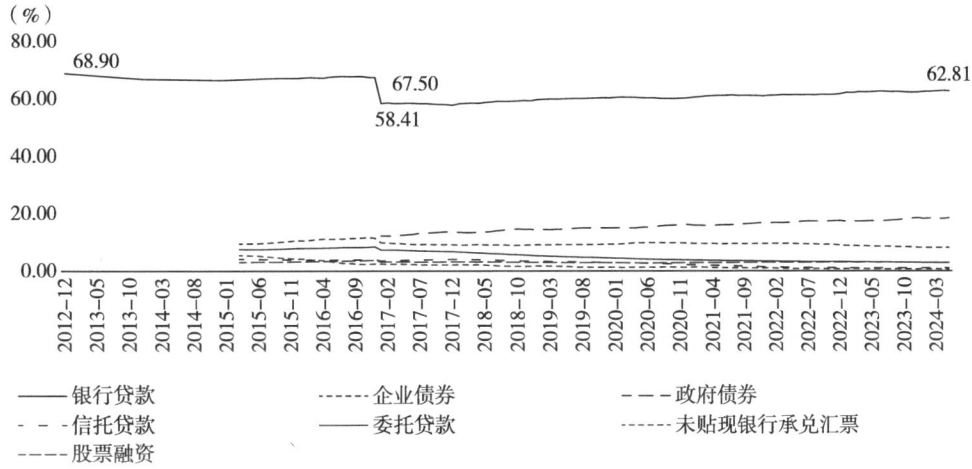

图1-5-12 七类主要融资来源及其占比

数据来源：wind，中铁研究院。

议提出提升金融服务实体经济能力，正式开始遏制金融"脱实向虚"，银行资金加快流向实体经济，2022年M2用于贷款的比重较历史低点提升17个左右百分点，与同期人民币贷款余额增速高于M2增速相适应。从银行贷款期限结构来看，中长期贷款占比持续提升，2022年末，中长期贷款占贷款余额的66.41%，短期贷款占25.67%，分别较2012提升约9.1、-12.4个百分点，再往前追溯，在2005年前，我国贷款以短期为主。企事业单位是中长期贷款的主体，占全部贷款比重达到39.99%，占中长期贷款的60.21%。个人中长期贷款以住房贷款为主，占个人中长期贷款的60%以上。在政策利率、市场利率、LPR等同步下调的背景下，贷款资金成本趋降，2022年企业贷款加权平均利率为4.17%，同比下降0.34个百分点，降幅7.5%，与LPR5年降幅一致。12月新发放个人住房贷款利率平均为4.26%，同比下降1.37个百分点，降幅24.3%。

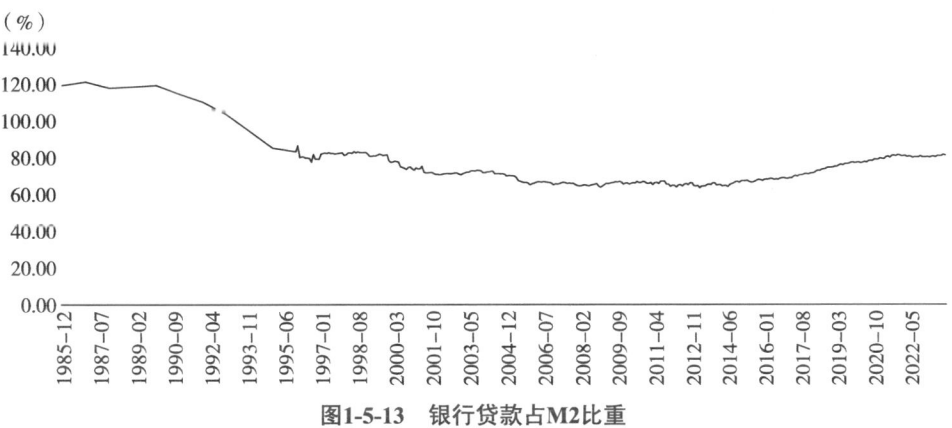

图1-5-13 银行贷款占M2比重

数据来源：wind，中铁研究院。

图1-5-14　M2、人民币贷款增速走势

数据来源：wind，中铁研究院。

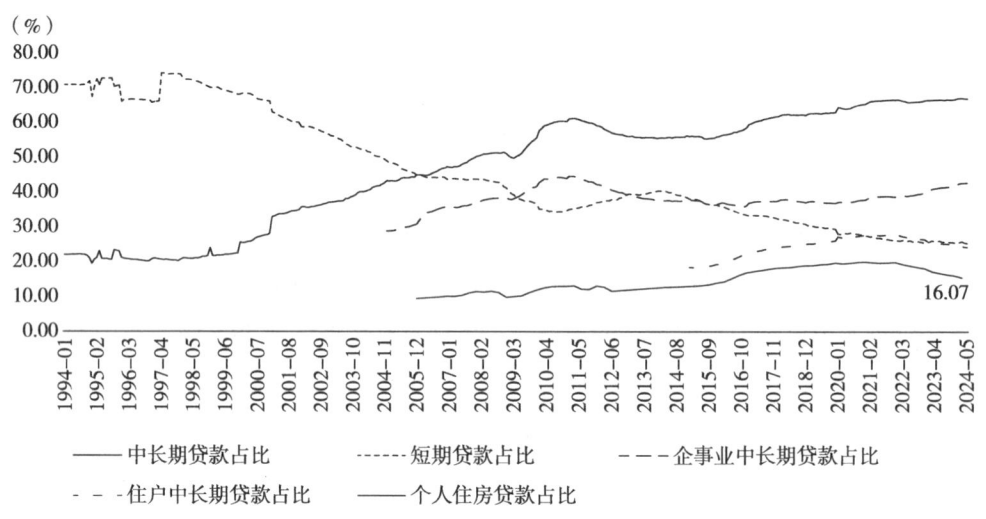

图1-5-15　银行人民币贷款期限结构

数据来源：wind，中铁研究院。

银行贷款主要投向企事业单位，投向个人规模快速上升。2022年，银行发放人民币贷款213.98万亿元，其中对个人发放75.05万亿元，占比35.07%，对企事业发放138.95万亿元，占比64.93%。受房地产市场影响对个人发放贷款较2021年下降1.9个百分点，但长周期来看，较2012年上升9.74个百分点，与前文固定资产投资资金来源趋势一致，即其他资金占比上升。对企事业发放贷款中，基础设施、制造业、房地产为前三，2022年分别占全部发放贷款比重19.86%、10.03%、4.98%，短期看，对制造业贷款占比提升，基础设施较为平稳，房地产下降。长期来看基础设施和制造业贷款较大幅度下降，房地产较为平稳，也与前文固定资产投资银行贷款强度下降趋势一致。从基础设施内部结构来看，交通运输所获得银行贷款规模最大，占比最高，其次

为水利环境和公共设施管理业，电热气水生产供应居第三，信息基础设施所获贷款规模最少，占比仅0.61%。从短期趋势来看，电热气水生产供应从2019年开始所获贷款提速，占比微弱提升0.05个百分点，信息基础设施从2010年来持续呈比重提升趋势，交通运输和水利环保公共管理占比短期略有下降，贷款流向基本与行业发展相适应。

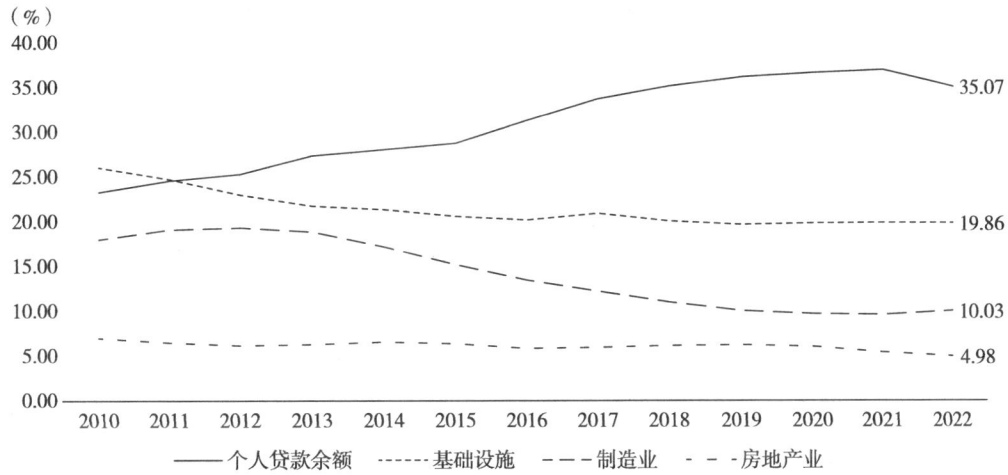

图1-5-16　主要行业（对象）占银行贷款比重走势

数据来源：wind，中铁研究院。

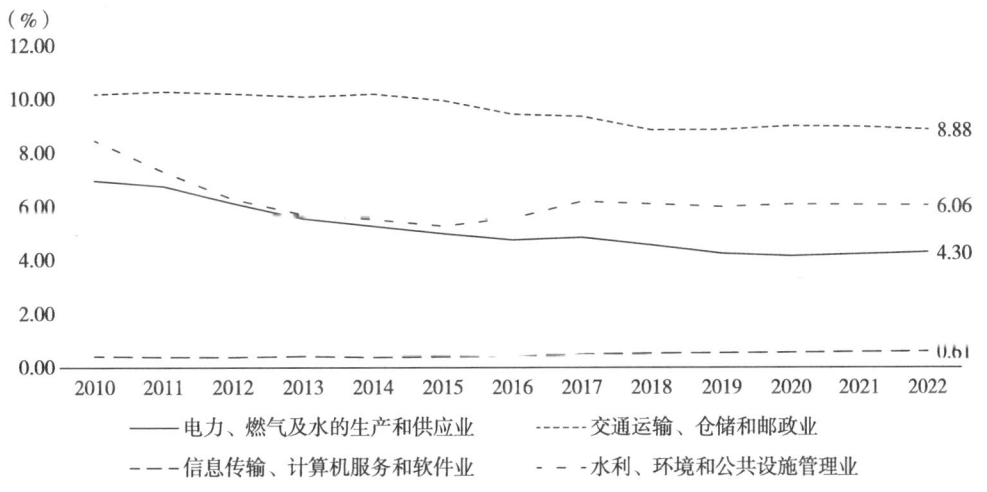

图1-5-17　主要基础设施行业占银行贷款比

数据来源：wind，中铁研究院。

加大结构性货币政策工具使用力度，对实体经济效果有待显现。2022年12月，央行结构性货币工具15项，其中长期性工具3项，阶段性工具12项。当年新增5项阶段性工具，包括设备更新专项再贷款、普惠小微贷款减息支持工具、收费公路贷款支持工具、民企债券融资支持工具、保交楼贷款支持计划。2022年底结构性工具余额

6.45万亿元,占央行存款性金融机构债权的47.88%,占人民银行资产负债表规模的16%。但政策效果具有滞后性,2022年6.45万亿元的余额中,新增5项工具余额总计809亿元,占结构性工具余额的1.25%,到2023年,也仅设备更新再贷款规模有较大幅度提升。从再贷款余额的总体结构来看,余额中占比最大的是抵押补充贷款,达到3.15万亿元,占全部余额比重49%,重点支持领域是棚户区改造、地下管廊、重点水利工程等,依然是传统基建领域,结构性工具对支持创新、绿色、中小企业发展等作用也较为有限。

政府债持续主导非银债券,债券融资成本趋降,利差收窄。2022年12月,企业债券和政府债存量总计91.2万亿元,同比增长9.58%,慢于人民币贷款增速约1.5个百分点,从2016年以来,除了政府债纳入统计的前两年,以及发行特别国债的2020年债券融资增速,债券融资基本低于人民币贷款融资增速。主要受企业债发行减速影响,2016—2022年,企业债存量规模平均增速10%,低于人民币贷款,更低于政府债16.88%的平均增速。由于政府债的加速发行,非银行债券市场的结构进一步向政府债集中,2022年底占比达到65.47%,相比初始统计的2017年2月提升10个百分点。企业债券发行结构也出现较大调整,2022年其中公司债、中期票据定向工具、企业债占比分别为43.69%、22.13%、15.79%、12.92%,较2019年发生显著变化,2019年之前,企业债占比最高。从发行成本来看,债权融资利率低于同期银行贷款利率。地方政府债以及企业信用债利差收窄,2022年城投债和产业债平均利差分别70.94、54.32个BP,同比分别降低24.93、8.56个BP。市场对城投债的预期降低,利差从低于产业债演变为高于产业债。

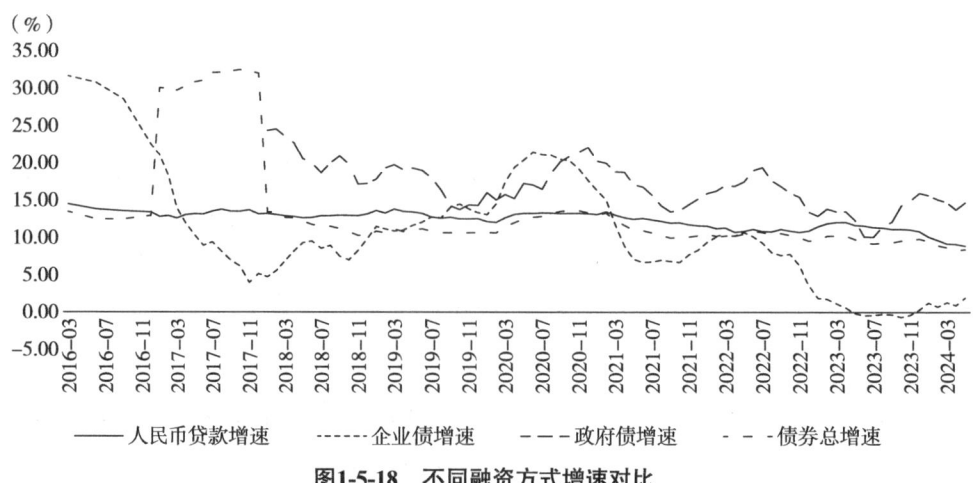

图1-5-18 不同融资方式增速对比

数据来源:wind,中铁研究院。

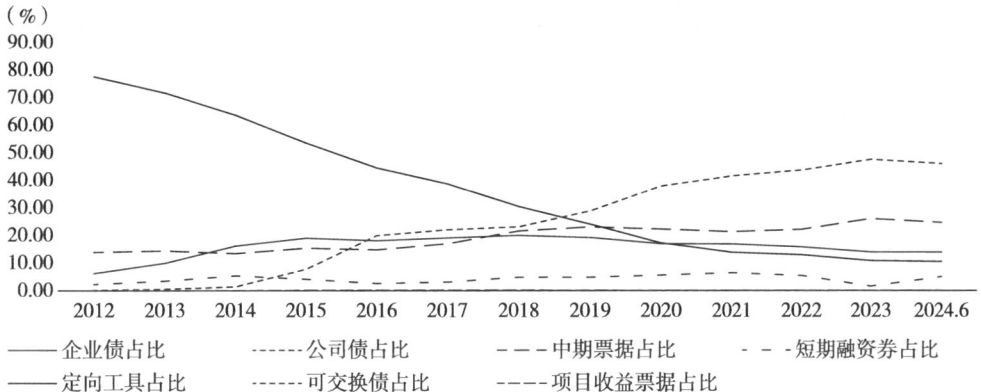

图1-5-19　企业债券融资结构比变化情况

数据来源：wind，中铁研究院。

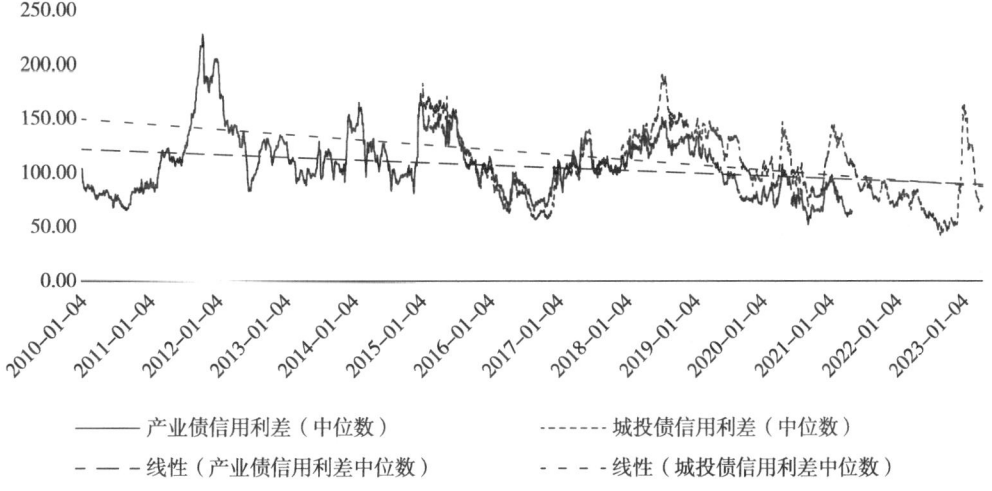

图1-5-20　企业发行债券信用利差走势情况

资料来源：兴业研究，wind，中铁研究院。

（三）金融周期与货币政策

金融周期下行趋势加重。金融周期是指在金融加速器作用机制下，房地产和信贷[①]价格的中长期变动趋势、金融资产规模变动趋势形成的金融顺周期性，如同经济运行中价格波动与供需的同向波动关系。2022年12月，我国房地产价格、大盘指数增速、信贷价格均不约而同负增长，分别同比下跌2.3、0.21、10个百分点，增强了2017年以来金融周期下行态势[②]。2014—2018年，房地产与股市走出此消彼长的互补

---

① 理论界以房地产价格和信贷为主要因素来衡量金融周期，主要是考虑到房地产通常扮演信贷抵押品角色，房地产价格和信贷两者之间相辅相成，相互促进，形成金融的自我增强机制。

② 引用中金公司拟合结果。

走势，房地产价格持续加速上涨至2018年，2019年后开启同步增速下行态势，2022年则同步步入负增长。金融资产出现同步缩水，金融资产增速与全社会资产增速差必然扩大，下行趋势加重。

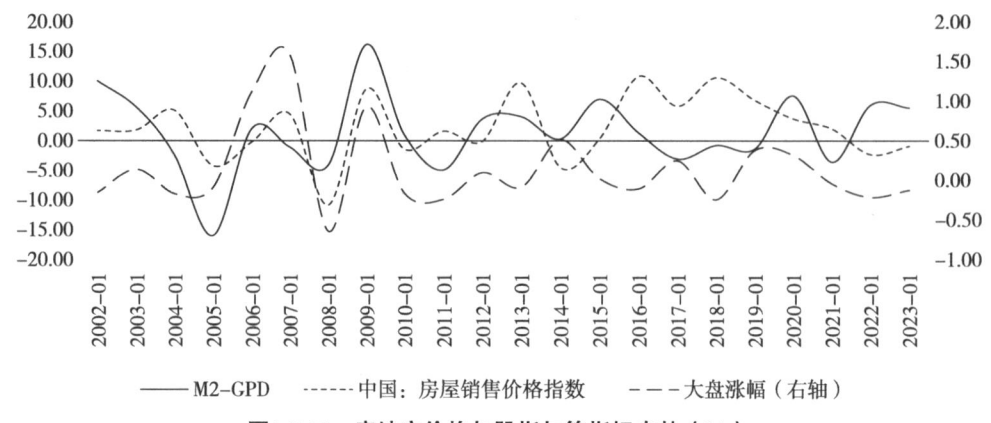

图1-5-21 房地产价格与股指与等指标走势（%）

资料来源：兴业研究，wind，中铁研究院。

现行货币政策应对金融周期作用有限。新冠疫情以来，我国明显实施更加宽松的货币政策。M2增速与GDP增速差走阔，房地产和股票市场价格持续低位运行，走出了从2002年以来房价和股票市场价格与货币政策同频波动的不同态势。推断在货币政策与宏观审慎双支柱政策框架、金融加速器作用，以及房地产市场供需深度调整等背景下，逆周期调节金融资产作用有限。

（四）区域社会融资特征

东部地区社会融资规模大、占比高，社会融资的市场化机制凸显。2022年，东、中、西、东北区域社融规模占比分别为2%、60%、19%、19%，分别高于区域GDP占比 -2.79、8.6、-3.02、-2.23个百分点。从趋势来看，东部地区社融规模占比相比2013年提升8个百分点，西部地区降低3个百分点，中部地区提升1个百分点，东北下降5个百分点。从与GDP占比来看，2013年四大地区社融占比分别高于当年GDP占比 -1.63、0.8、-2.16、1.99个百分点。从社融占比与区域经济的差值来看，社会融资向东部加快集聚，融资的市场化机制作用日益凸显。

中西部银行贷款占比提升，东部地区直接融资比重抬升。2022年，东、中、西、东北地区本外币贷款余额占比分别为57.42%、18.13%、19.26%、5.19%，较GDP占比高6、-3.99、-2、0.4个百分点。从趋势来看，2012—2022年，东部地区银行贷款占比趋降，中西部占比趋升，东北趋降。结合总体社融规模的走势，可以推断东部地区

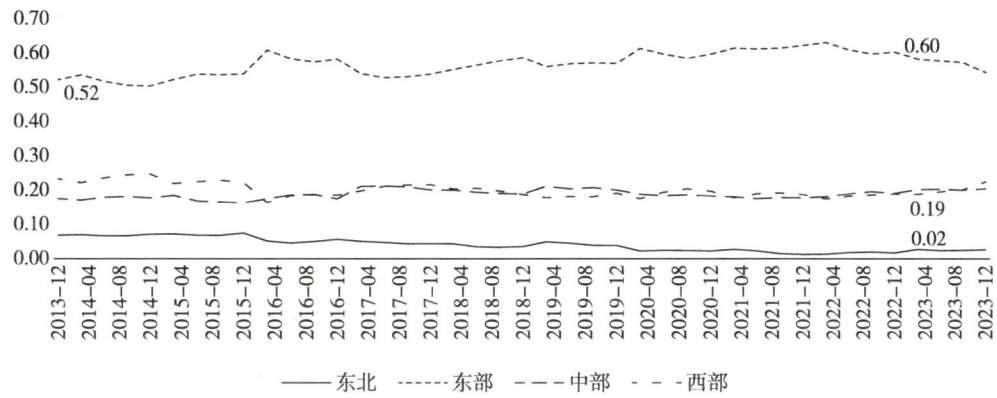

图1-5-22 四个区域社融规模占比

资料来源：wind，中铁研究院。

直接融资以及其他融资加快发展，抵消银行贷款占比下降作用，并带动东部地区社会融资占比不断提升。东部地区企业债券融资占全国比重从59.54%提升至67.1%，提升了7.6个百分点左右，西部地区下降了7个比分点左右。从股票融资规模来看，东部地区占比更高，提升规模更大，2022年东部地区占新增股票融资的79%，较2013年提升42个百分点，其他三个区域占比均下降。

除东北外区域存贷比上升，中西部地区存贷比最高，银行资金用于贷款比重高。2022年全社会存贷比（贷款额/存款额）80.47%，较2013年提升约12个百分点，全社会贷款活动更加活跃，与报告前文人民币贷款占M2比重不断提升相呼应。其中东、中、西、东北地区存贷比分别为77.15%、87.17%、88.14%、77.15%，分别较2013年提升4、5.17、12.82、-7.8个百分点，仅东北地区经济下行，融资活动不活跃。

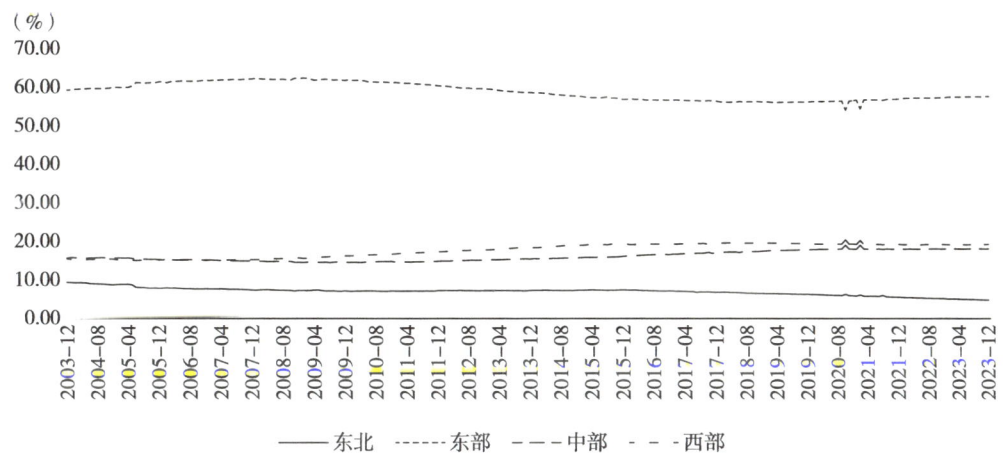

图1-5-23 四个区域本外币贷款余额占比

资料来源：wind，中铁研究院。

092　全国经济运行与区域发展报告

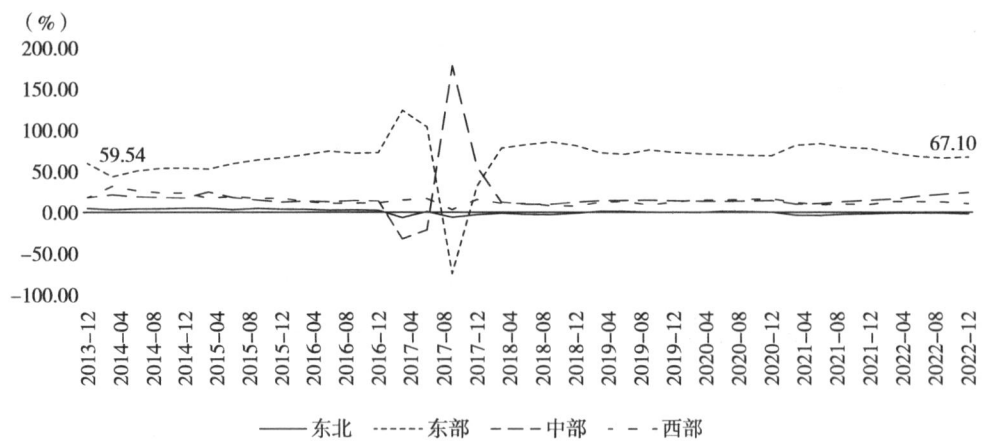

图1-5-24　四个区域新增企业债券占比

资料来源：wind，中铁研究院。

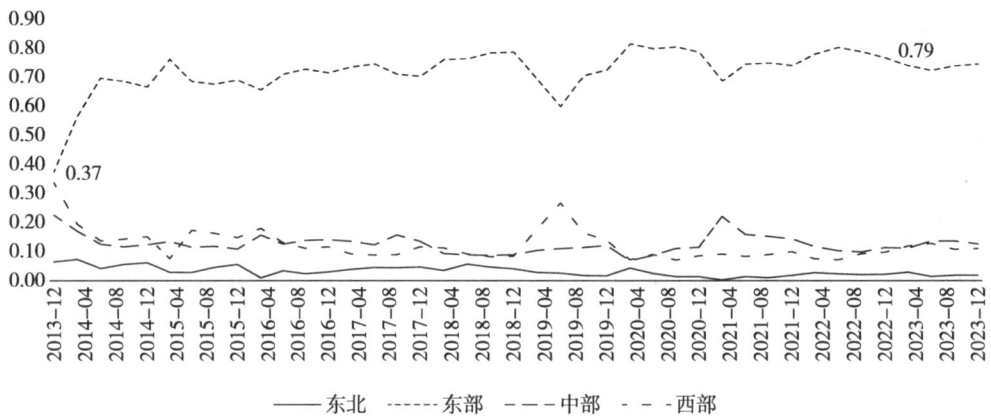

图1-5-25　四个区域新增股票融资占比

资料来源：wind，中铁研究院。

图1-5-26　四个区域存贷比

资料来源：wind，中铁研究院。

第二篇

东部经济运行篇

一、北京市

（一）经济情况

北京市GDP总量连续多年居全国中上游，人均GDP全国第1。2022年北京市GDP41610.9亿元，是2012年的2.33倍，全国排名第13，与2012年排名持平。2012—2022年11年间复合增长率7.98%，略高于全国平均水平，2022年人均GDP19万元，居全国第1位，较2012年提升1名。

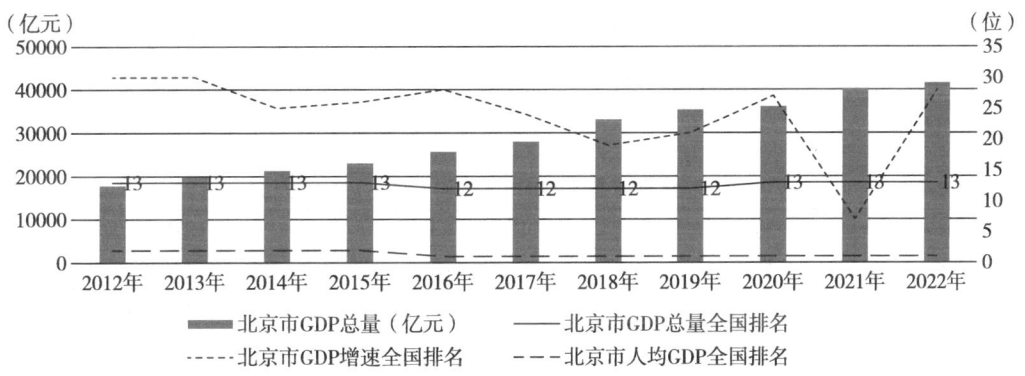

图2-1-1 北京市GDP总量及相关经济指标全国排名情况

数据来源：国家统计局，中铁研究院。

三次产业结构一产占比始终不足1%，三产占比超过80%，工业占比远低于全国水平。2022年，北京市一二三产比重为0.3:15.9:83.9，分别高于全国-7、-24、31.1个百分点。从演变趋势来看，一产比重由2012年的0.8%逐年下降至2022年的0.3%，二产比重由2012年22.7%逐步下降至2022年15.9%左右，三产比重由2012年76.5%逐步递增至2022年83.9%。二产中工业占比低于全国平均水平，2022年，北京市工业增加值占GDP比重为12.1%，较上年提高-2.44个百分点，远低于全国39.92%的平均水平。

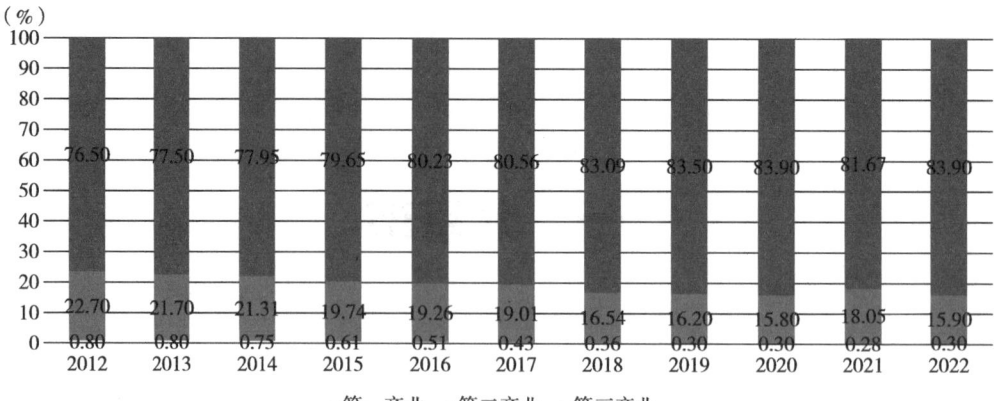

图2-1-2　北京市一二三产业结构比重变化（%）

数据来源：国家统计局，中铁研究院。

全市各区经济发展水平极不均衡，GDP首末比超过48.5。2022年，全市16个区GDP首末比达48.5，较2012年上升3.9，显示出发展不平衡状况加剧。海淀区GDP总量自2013年超过朝阳区后，一直稳居全市第一。从人均GDP来看，全市各区首末比最大达8.76倍，其中西城区人均GDP超过50万元/人，远远高出全国水平，房山、通州、昌平、门头沟、密云、延庆等区人均GDP低于全国水平，协调发展均衡性有待进一步改善。

表2-1-1　　　　　　　　北京市各区GDP总量和人均GDP（2022年）

序号	行政区	GDP总量（亿元）	人均GDP（元/人）
1	西城区	5700.10	518191
2	东城区	3437.10	488224
3	朝阳区	7911.20	229843
4	丰台区	2061.80	102475
5	海淀区	10206.90	326725
6	石景山区	1000.20	177655
7	房山区	860.90	65667
8	通州区	1253.40	68009
9	顺义区	2073.20	156468
10	大兴区	1091.90	178217
11	昌平区	1340.80	59144
12	门头沟区	272.20	68737
13	怀柔区	451.50	102847
14	密云区	361.90	68802
15	平谷区	408.60	89605
16	延庆区	210.30	61134

数据来源：北京市统计局，中铁研究院。

（二）支柱产业

北京市四大支柱产业工业总产值占全市GDP38%。2022年，北京市工业增加值占GDP比重为12.10%，较上年下降2.44个百分点，低于全国39.92%的平均水平。全市工业总产值前四名为电力、热力生产和供应业，计算机、通信和其他电子设备制造业，汽车制造业，石油加工、医药制造业，产值分别为7317.41、3517.04、3398.59、1748.78亿元，总计占GDP比重38.41%。相比2012年，北京市支柱产业前4名中，汽车制造业，计算机、通信和其他电子设备制造业排名发生调换，医药制造业取代了石油加工、炼焦和核燃料加工业第4名的位置，显示北京市产业结构持续向高端化发展。

园区数量少，发展水平高。2022年，北京共有国家级园区2个，国家级经开区和国家级高新区各1个。其中北京经济技术开发区位于亦庄板块，2022年国家级经济技术开发区综合排名第5；中关村科技园区位于海淀区中关村，是中国第一个国家级高新技术产业开发区、第一个国家自主创新示范区、第一个国家级人才特区。

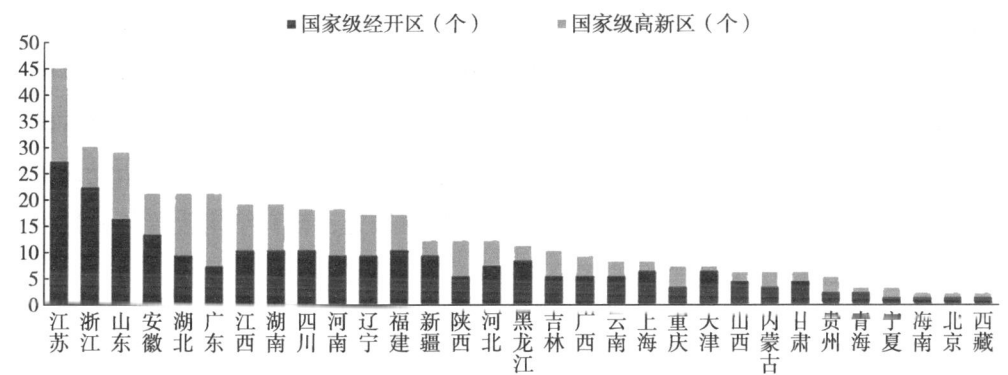

图2-1-3 全国各省国家级园区数量排名

数据来源：企业预警通，中铁研究院。

（三）人口

北京市户籍人口常年低于常住人口，人口老龄化程度略高于全国水平。2022年末，全市常住人口2184万人，同比增长-0.21%，居全国第26位，与2012年持平。全市户籍人口常年低于常住人口，且差距先升后降，在2015年达到最高的843万人，2012—2022年，常住人口与户籍人口之差从743万波动至759万，变化不大，显示常住人口增长先快后慢，人口吸引力强，但近年来减量发展已有成效。2022年，全市65岁以上人口占比15.1%，较2012年提升6.5个百分点，略高于14.9%的全国水平，在全国老龄化程度中排名第 14 位，较 2012 年下降 5 位。

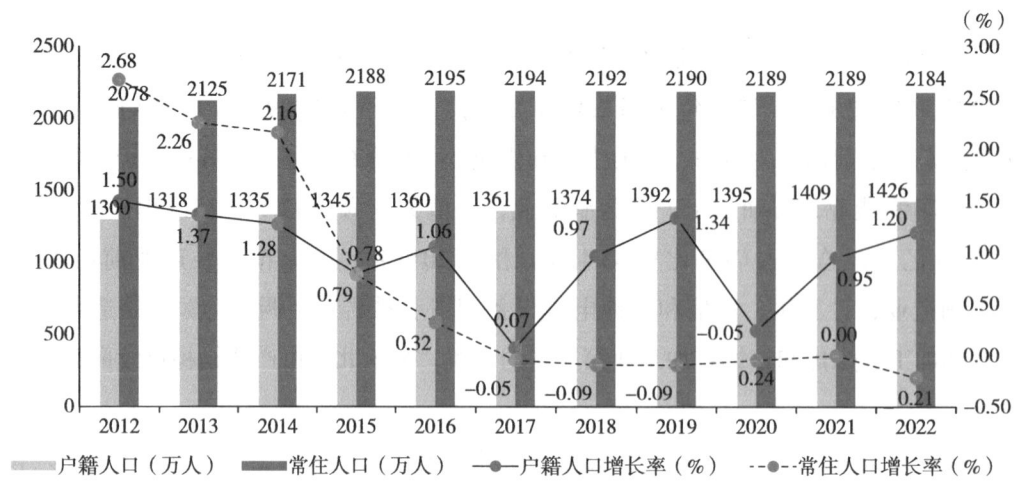

图 2-1-4　北京市户籍人口与常住人口情况

数据来源：wind，中铁研究院。

人口教育结构改善，高等教育人口占比全国领先。2022 年，全市专科、本科、研究生学历人口占比分别为 14.8%、24.6%、8.6%，受高等教育（专科、本科、研究生）人口合计占比 47.5%，较 2015 年的 39.9% 上升 7.6 个百分点。高中学历占比为 16.1%，较 2012 年下降 5.1 个百分点。小学学历占比 10.3%，初中学历占比为 19.6%，二者占比下降 7 个百分点，全市教育结构改善。从全国来看，全市受高等教育人口占比居全国第 1 位，高等教育人口占比全国领先，教育结构改善与良好的经济发展水平相匹配。

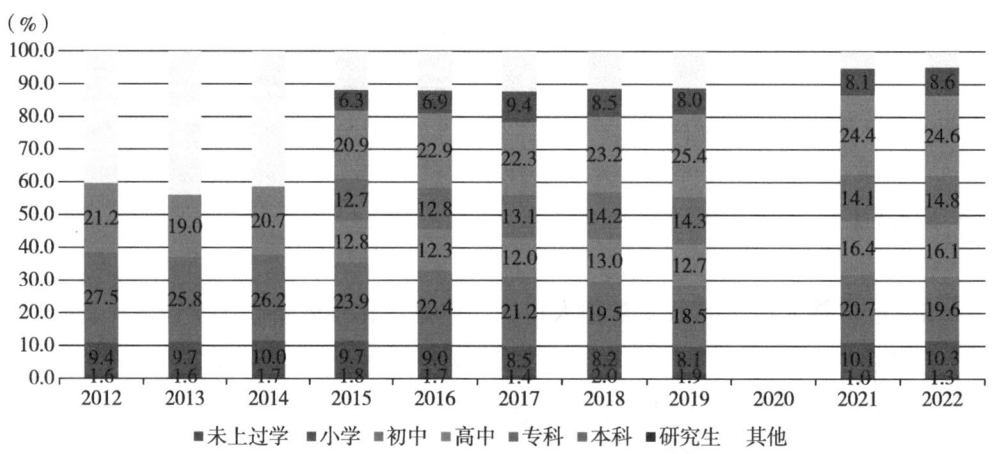

图 2-1-5　北京市人口受教育情况

数据来源：wind，中铁研究院。其中缺少 2020 年数据。

（四）基础设施和公共服务

北京市立体综合交通网络不断完善，铁路密度居全国第2，机场吞吐量居全国前列。2022年，北京市铁路营业里程1515.43公里，铁路网密度达9.23公里/百平方公里，为全国的5.7倍，总里程居全国第27位，与2012年排名持平，铁路网密度居全国第2。到2025年，市郊铁路运营里程力争达到600公里，城市轨道交通达到1000公里。2022年全市公路2.24万公里，公路网密度136.49公里/百平方公里，是全国的2.44倍，总里程居全国第29位，公路密度居全国第8，高速公路1200公里，密度7.31公里/百平方公里，总里程居全国第29位。规划至2025年高速公路总里程达到1300公里，初步构建京津冀城市群2小时交通圈和北京都市区1小时通勤圈。全市共2个运输机场，2022年全市机场旅客吞吐量共计2298.1万人次，占全国4.42%，全国排名第8，货邮吞吐量共计111.6万吨，全国排名第3。北京首都机场旅客吞吐量合计占全市55.28%，货物吞吐量占全市88.59%，到2025年，国际航线质量力争达到亚洲领先水平，实现北京大兴国际机场与中心城区"1小时通达、一站式服务"、与周边城市2小时通达。结合丽泽商务区站、城市副中心站综合交通枢纽建设，同步推进城市航站楼建设，实现机场航站楼服务向城市端延伸。

表2-1-2　　　　　　　　　　2022年北京市基础设施统计

类型	指标	北京	全国	东部地区
铁路	里程（公里）	1515.43	154906.5	37594.371
	密度（公里/百平方公里）	9.23	1.62	4.05
公路	里程（公里）	22400	5355000	1210200
	密度（公里/百平方公里）	136.49	55.93	130.35
机场	机场数量	2	254	56
	旅客吞吐量（万人次）	2298.1	51952.8	24836.4
	货邮吞吐量（万吨）	111.6	1452.7	1069.8
港口航道	港口吞吐量（亿吨）	——	55.54	
	内河通航里程（公里）	——	127968	53091.52

数据来源：wind，国家统计局，中铁研究院。

公共服务设施有待进一步提升，义务教育生均校舍面积和千人医疗床位数均低于全国水平。2021年，北京市义务教育生均校舍建筑面积9.17平方米，低于全国10.3人/平方米的平均水平，全国排名第27，较2013年排名第8下滑19位。2022年北京市每千人医疗卫生机构床位数6.13张/千人，低于全国6.91的平均水平，全国排名第

22，较 2012 年下滑 15 名。

表 2-1-3　　　　　　　　　　北京市公共服务设施统计

	2021 年义务教育生均校舍建筑面积（m²）	2022 年每千人口医疗卫生机构床位数（张）
北京	9.17	6.13
全国	10.30	6.91
东部地区	10.31	6.0

数据来源：《中国教育统计年鉴 2021》《中国卫生健康统计年鉴 2022》，中铁研究院。

（五）城市建设

步入城镇化后期，区域城镇化进程较为均衡，市辖区能级较高。2022 年，北京市常住人口城镇化率 87.57%，高于全国平均水平 22.38 个百分点，居全国第 2 位。2012—2022 年城镇化率提升 1.31 个百分点，显示出步入城镇化后期，空间缩小，城镇化降速。从城镇化进程来看，城六区、平原新城、生态涵养区城镇化率分别为 99.16%、77.28%、70.48%，整体较为均衡。2022 年，北京市有 16 个区，建制与 2012 年一致。区域发展两极分化，2022 年全市 16 个区城镇常住人口总计 1912.8 万人，城镇常住人口 100 万以上的区 8 个[1]，占全市城镇人口比重 80%。按照城市等级，北京市 8 个 100 万城镇人口的市辖区相当于大城市能级，排名第一的海淀区人口达到 305.7 万，相当于 Ⅰ 型大城能级。

城市设施投入保持较大力度，设施水平高，投资韧性强。2022 年，北京完成市政基础设施投资 1290.15 亿元，同比增长 -1.53%，10 年复合增速 0.59%，人均投资 6744.82 元，四项指标分别居全国第 8、14、20、2。从长期来看，投资规模较 2012 年下降 6 位，显示阶段投资力度整体较强。北京市政基础设施水平全国领先，2022 年与全国的偏离度均值为 3.10，持续保持全国第一，指标不及全国平均水平的 3 项，主要是公共供水普及率、污水处理率、污水处理厂集中处理率。北京房地产投资韧性强，2022 年完成投资 4178.46 亿元，居全国第 13，高于同期人口规模排名，同比增长 0.95%，与浙江一起是全国仅有的两个正增长的省市。10 年复合增速 2.85%，低于全国平均水平，居全国第 23，投资规模排名较 2012 年下降 6 位。2022 年，北京市人均住房面积[2]约 35.98 平方米，居全国第 22 位。北京市有城市轨道交通（仅含地铁、轻轨）831.73 公里。

中心城区经济主体作用突出，中心城区和非中心城区分化严重。2022 年，北京市中心城区、平原新城、生态涵养区人口贡献率分别为 57%、35%、8%，GDP 贡献

---

[1] 4 个位于城六区，4 个位于平原新城。
[2] 由于缺乏统计数据，报告人均住房面积含城乡居民住房。

率分别为78.46%、17.13%、4.41%,中心城贡献作用突出。长周期来看,2012—2022年,北京市中心城区、平新城、生态涵养区GDP贡献率分别提升1、-1、0个百分点,显示期间中心城经济加快发展,人口贡献呈不同趋势,2012—2022年,三大区域贡献率分别提升-10、10、0个百分点。城市建设依托区域功能定位,分化较大,2022年,中心城区、平原新城(含通州副中心)、生态涵养区固定资产投资完成占比为45%:49%:6%。平原新城区域建设加快,2012年,三大区域固定资产投资占比分别为52%:36.58%:8.73%,2022年,投资超千亿元的区总计4个,平原新城两个,分别是通州区、大兴区。投资差异导致了设施水平的差异,2022年污水处理率指标来看,中心城区、平原新城、生态涵养区分别为99.5%、91.53、91.86%。

(六)固定资产投资情况

增速低于全国水平,制造业比重低,基础设施稳定,房地产维持正增长。2022年,北京市固定资产投资总额达8931.3亿元,同比增加3.6%,固投增速在31个省级行政区中(不含港澳台地区,全书同)排名第20位,低于全国增速1.5个百分点,除2021年与全国相等外,且近十年间固投增速均低于全国水平。从领域来看,2022年制造业增长18.4%、房地产增长1.0%、基础设施[①]增长3.4%。从结构来看,制造业比重较低,但2020—2022年平均增速超50%;房地产投资占比稳定,近年来占固定投资比重在50%左右;基础设施2012—2022年平均增速6.4%,总体占比较为稳定。2012—2022年北京市固定资产投资中的建筑安装工程占比从46%左右略下降至42%。

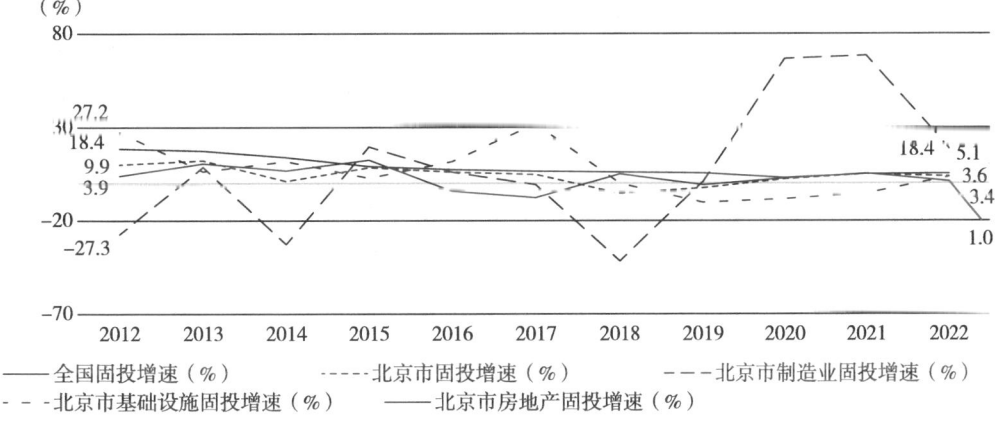

图2-1-6 北京市固定资产投资增速情况

数据来源:wind,北京市统计年鉴,国家统计局,中铁研究院。

---

① 基础设施:取电力、热力、燃气及水生产和供应业,交通运输和邮政业,信息传输和信息技术服务业,水利、生态环境和公共设施管理业四项投资之和。

基础设施投资结构变化，信息技术基础设施投资加速。2012—2022 年，水利生态环境和公共设施管理业、交通运输和邮政业占北京基础设施投资占比呈下降趋势，二者投资之和在基础设施投资中占比从 74% 下降至 64%，体现出北京交通基础设施建设日趋完善，2022 年，二者投资增速分别为 -9.5%、7.6%。电力热力燃气及水生产和供应业投资比重十年来下降约三分之一，2022 年投资增速 29.8%。信息传输和信息技术服务业投资占比呈增加趋势，2021 年、2022 年投资增速分别达 20%、36%。

图2-1-7 北京市历年基础设施投资结构占比

数据来源：wind，北京市统计年鉴。2017 年后各项占比以 2017 年投资为基数，按公布的投资增速计算。

（七）财政情况

北京市综合财力收入水平与 GDP 水平较为匹配，对转移支付和非税收入依赖低，对债务依赖程度较高。2022 年北京市综合财力[①]约为 9566 亿元，在全国 31 个省级行政区中排名第 12，高于 GDP 排名的第 13 名，综合财力下降 2.3%，全国排名第 16。从结构来看，一般公共预算收入和政府性基金收入之比约为 77∶23，比例略低于全国水平，一般公共预算自给率[②]76.5%，远高于全国 34.5% 的均值，一般公共预算收入对转移支付依赖度低。全市一般公共预算（不含转移支付和负债）税收占比从 2012 年的 94% 波动下降至 2022 年的 85% 左右，2022 年全国排名第 1，财政可靠性高。债务收入占比[③]约 30.7%，略高于全国水平，对债务依赖度较高。2022 年，北京市全市政府性基金收入（不含转移支付）2227.5 亿元，全国排名第 12 位。

---

① 综合财力=一般公共预算收入+政府性基金预算收入。一般公共预算收入=全省（市、区）一般公共预算收入+返还性收入+转移支付收入，政府性基金预算收入=全省（市、区）政府性基金预算收入+政府性基金补助收入。（以下各省市自治区同此表述）

② 一般公共预算自给率=全省（市、区）一般公共预算收入/一般公共预算支出。（以下各省市自治区同此表述）

③ 债务收入占比=新增债务收入/综合财力。（以下各省市自治区同此表述）

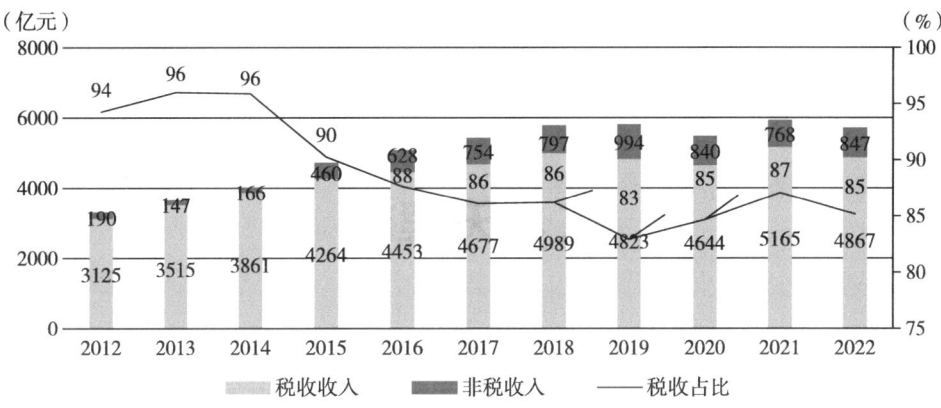

图2-1-8　北京市一般公共预算收入结构

数据来源：wind，北京市财政厅。本图中收入数据不含中央税收返还和转移支付、债务等收入。

政府债务快速增长，负债规模持续扩大，整体负债水平高，债务空间低。2022年北京市地方政府债务限额12202亿元，居全国第14位，债务余额10565亿元，居全国第16位，2018—2022年，北京市债务余额年均复合增长率25.8%，仅低于广东和西藏，居全国第29位。2022年北京市债务率①110%，低于警戒线②，全国排名第25位，政府债可用限额1637.1亿元，居全国第3位，仅次于上海和江苏，债务腾挪空间高。从债务结构来看，2022年北京市专项债占比77.8%，远高于全国水平。

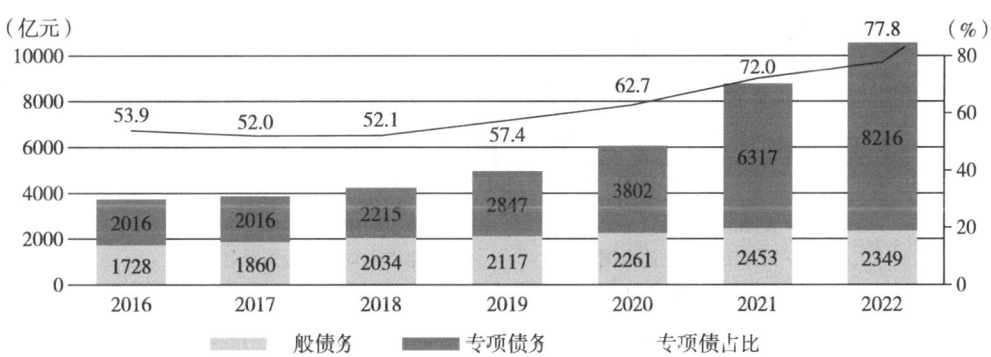

图2-1-9　北京市债务规模及构成

数据来源：wind，财政部。

---

① 债务率=地方政府债务/综合财力。（以下各省市自治区同此表述）
② 警戒线取国际货币基金组织（IMF）建议警戒标准的上限：150%。（以下各省市自治区同此表述）

二、天津市

（一）经济情况

天津市GDP增速缓慢，2012—2022年人均GDP排名由全国第1下滑至第5。2022年天津市GDP16311.34亿元，是2012年的1.27倍，GDP总量全国排名第24，较2012年下滑4名。2012—2022年11年间复合增长率2.16%，远低于全国平均水平，2022年人均GDP11.9万元，居全国第5位，较2012年下滑4名。

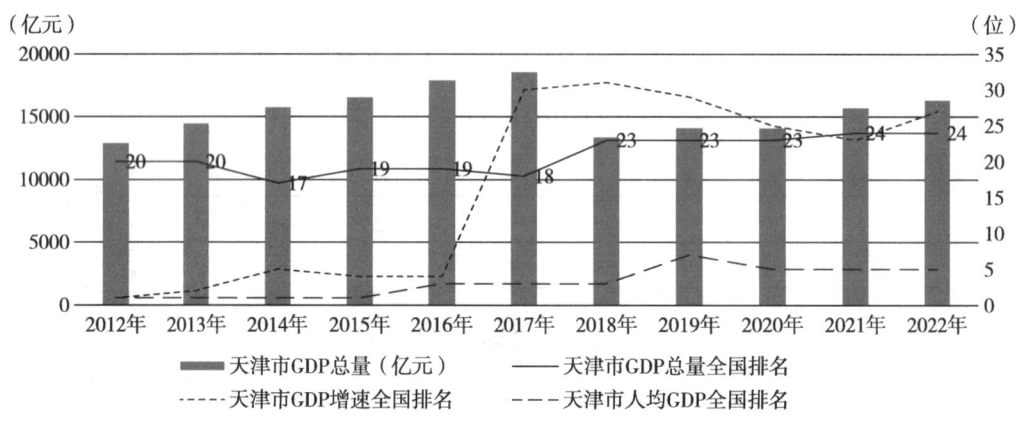

图2-2-1 天津市GDP总量及相关经济指标全国排名情况

数据来源：国家统计局，中铁研究院。

三次产业结构一产占比不足2%，三产占比超过60%。2022年，天津市一二三产比重为1.7%∶37.0%∶61.3%，分别高于全国 -5.6、-2.9、8.5个百分点。从演变趋势来看，一产比重变化不大，二产比重由2012年51.7%逐步下降至2022年37.0%，三产比重由2012年47.0%逐步递增至2022年61.3%。二产中工业占比低于全国平均水平，2022年，天津市工业增加值占GDP比重为33.12%，较上年提高 -0.91个百分点，低于全国39.92%的平均水平。

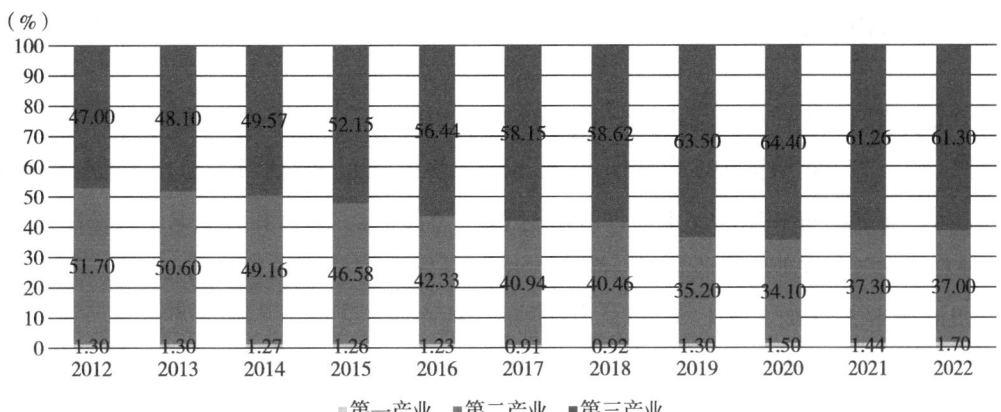

图2-2-2　天津市一二三产业结构比重变化（%）

数据来源：国家统计局，中铁研究院。

全市各区经济发展水平极不均衡，GDP首末比超过38.6。2022年，全市16个区GDP首末比达38.6，较2012年下降12.7，发展不平衡状况有所减缓，但仍较严重。滨海新区GDP总量一直稳居全市第一，占全市GDP总量44%。从人均GDP来看，全市各区首末比最大达9.74倍，其中滨海新区人均GDP超过34万元/人，远超全国水平，红桥区、蓟州区人均GDP不足全国水平一半，河东区、津南区人均GDP不足全国水平70%，协调发展均衡性亟待进一步改善。

表2-2-1　　　　　　　　天津市各区GDP总量和人均GDP（2022年）

序号	各行政区	GDP总量（亿元）	人均GDP（元/人）
1	和平区	690.65	200538
2	河东区	449.92	53587
3	河西区	1129.62	140552
4	南开区	725.66	83960
5	河北区	382.42	60759
6	红桥区	180.77	42158
7	东丽区	687.49	81951
8	西青区	946.61	79802
9	津南区	553.69	59904
10	北辰区	709.01	75307
11	武清区	890.44	78150
12	宝坻区	444.12	62499
13	滨海新区	6981.86	344987
14	宁河区	323.51	83550
15	静海区	476.53	61156
16	蓟州区	279.33	35416

数据来源：天津市统计局，中铁研究院。

（二）支柱产业

天津市四大支柱产业营收占全市GDP57%。2022年，天津市工业增加值占GDP比重为33.12%，较上年增长0.91个百分点，低于全国39.92%的平均水平。全市工业营收前四名为黑色金属冶炼和压延加工业，汽车制造业，计算机、通信和其他电子设备制造业，石油和天然气开采业，营收规模分别为2960.21、2610.53、2087.14、1642.78亿元，总计占GDP比重57.02%。相比2012年，天津市支柱产业前4名中，汽车制造业，计算机、通信和其他电子设备制造业排名发生调换，显示天津市汽车制造产业取得长足发展。

园区数量多，凸显地域特色。2022年，天津有国家级园区7个，其中国家级经开区6个，国家级高新区1个，国家级园区数量居全国第22。7个国家级园区分布在西青区、静海区、武清区、北辰区、东丽区以及滨海新区。

（三）人口

天津市常住人口常年高于户籍人口，人口老龄化程度高于全国水平。2022年末，全市常住人口1363万人，同比增长-0.73%，居全国第27位，较2012年持平。全市户籍人口常年低于常住人口，且差距先升后降，在2015年达到最高的412万人，2012—2022年，常住人口与户籍人口之差从341万人波动至202万人，变化不大，显示常住人口增长先快后慢，人口吸引力降速。2022年，全市65岁以上人口占比17%，较2012年提升6.5个百分点，高于14.9%的全国水平，在全国老龄化程度中排名第8位，较2012年下降1位。

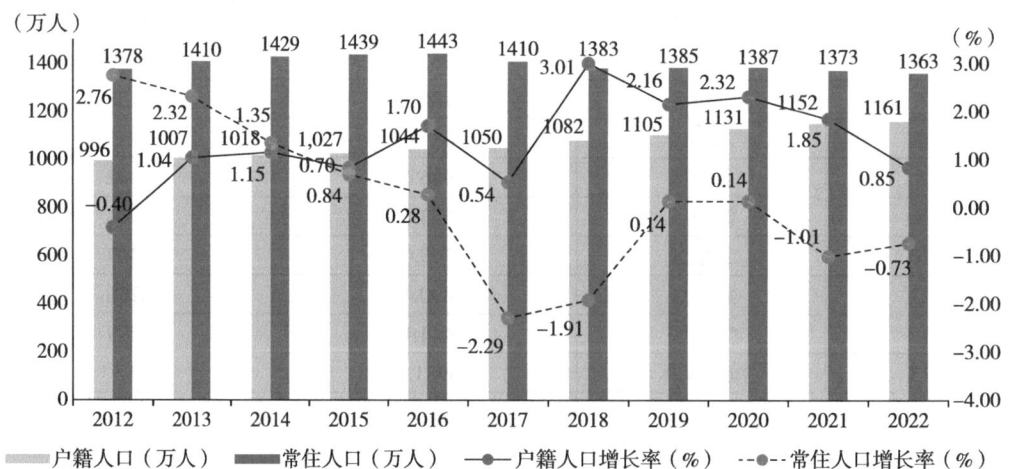

图2-2-3 天津市户籍人口与常住人口情况

数据来源：wind，中铁研究院。

人口教育结构改善，高等教育人口占比全国领先。2022 年，全市专科、本科、研究生学历人口占比分别为 12.8%、16.6%、2%，受高等教育（专科、本科、研究生）人口合计占比 31.4%，较 2015 年的 39.9% 上升 7.6 个百分点。高中学历占比为 17.1%，较 2012 年下降 3.7 个百分点。小学学历占比 15.4%，初中学历占比为 30.1%，二者占比上升 4.4 个百分点，全市教育结构改善。从全国来看，全市受高等教育人口占比居全国第 3 位，高等教育人口占比全国领先，但教育结构改善未能与经济发展水平相匹配。

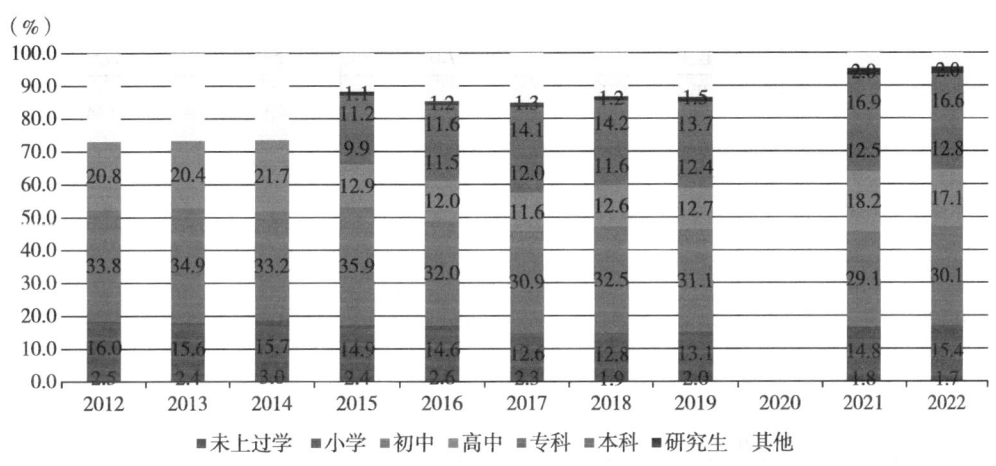

图2-2-4　天津市人口受教育情况

数据来源：wind，中铁研究院。其中缺少 2020 年数据。

（四）基础设施和公共服务

立体综合交通网络不断完善，铁路密度居全国第 1，高速公路密度居全国第 2。2022 年，天津市铁路营业里程 1287.072 公里，铁路网密度达 10.8 公里 / 百平方公里，为全国的 6.67 倍，总里程居全国第 28 位，与 2012 年排名持平，铁路网密度居全国第 1。到 2025 年，基本形成 5 条高铁城际连通北京格局，高铁城际里程达到 470 公里，铁路网总里程突破 1500 公里，路网密度居全国前列，基本实现京津雄 30 分钟通勤、京津冀主要城市 1 小时通达。2022 年全市公路 1.52 万公里，公路网密度 127.55 公里 / 百平方公里，是全国的 2.28 倍，总里程居全国第 30 位，公路密度居全国第 9，高速公路 1400 公里，密度 11.75 公里 / 百平方公里，总里程居全国第 27 位，高速公路密度全国第 2。规划至 2025 年，公路总里程达到 1.6 万公里，高速公路、普通国省道分别达到 1360 公里、2800 公里，基本形成市域城镇间"0.5 至 1 小时交通圈"、京津雄核心城市"1 至 1.5 小时交通圈"、京津冀主要城市"3 小时交通圈"。全市共 1 个运输机场，2022年全市机场旅客吞吐量共计584.2万人次，占全国1.12%，全国排名第28，货邮吞吐量共计13.2万吨，全国排名第18。到2025年，实施天津滨海国际机场三期改扩建工程，机场航线达到300条，旅客吞吐量达到3100万人次，货邮吞吐量达到40万吨。初步实现客运3小时通达全国主要城市，货运国内1天送达、周边国家2天送达、全球主要城市3天送达，国际航空物流中心地位基本确立，基本建成区域航空枢纽和综合交通枢纽。2022年，天津内河通航里程52.15公里，占全国0.04%。

表 2-2-2　　　　　　　　　　　2022年天津市基础设施统计

类型	指标	天津	全国	东部地区
铁路	里程（公里）	1287.072	154906.5	37594.371
	密度（公里/百平方公里）	10.8	1.62	4.05
公路	里程（公里）	15200	5355000	1210200
	密度（公里/百平方公里）	127.55	55.93	130.35
机场	机场数量	1	254	56
	旅客吞吐量（万人次）	584.2	51952.8	24836.4
	货邮吞吐量（万吨）	13.2	1452.7	1069.8
港口航道	港口吞吐量（亿吨）	——	55.54	——
	内河通航里程（公里）	52.15	127968	53091.52

数据来源：wind，国家统计局，中铁研究院。

公共服务设施发展缓慢，义务教育生均校舍面积全国倒数第1，千人医疗床位数位居末游。2021年，天津市义务教育生均校舍建筑面积8.07平方米，低于全国10.3人/平方米的平均水平，全国排名第31，较2013年下滑15名。2022年天津市每千人医疗卫生机构床位数5.03张/千人，低于全国6.91的平均水平，全国排名第29，较2012年下滑8名。

表 2-2-3　　　　　　　　　　　天津市公共服务设施统计

	2021年义务教育生均校舍建筑面积（m²）	2022年每千人口医疗卫生机构床位数（张）
天津	8.07	5.03
全国	10.30	6.91
东部地区	10.31	6.0

数据来源：《中国教育统计年鉴2021》《中国卫生健康统计年鉴2022》，中铁研究院。

（五）城市建设

步入城镇化后期，区域城镇化进程差异较大，高能级市辖区数量少。2022年，天津市常住人口城镇化率85.11%，高于全国平均水平19.89个百分点，居全国第3位。2012—2022年城镇化率提升3.56个百分点，显示出步入城镇化后期，空间缩小，城镇化降速。城镇化进程分化较大，2022年，滨海新区、中心城区、环城四区、外围五区城镇化率分别为96.76%、100%、96.71%、51.75%，在三个不设县的直辖市中区域城镇化进程差异最大。2022年，天津市有16个区，较2012年增加3个，静海、宁河、蓟县撤县设区。全市16个区城镇常住人口总计1160.06万人，城镇常住人口100万以上的区2个[①]，占全市城镇人口比重26.65%，排名第一的滨海新区城镇常住人口195.83万人，相当于Ⅱ型大城市能级。

人口城镇化快于土地城镇化，土地集约利用水平较高，产业供地强度大。2022年，天津市城镇建成区1264.46平方公里，居全国第26位，10年复合增速4.79%，高于全国平均水平，同期区域人口排名全国第26，增速15.69%，地人增速差-10.9百分点，是全国五个人口城镇化快于土地城镇化的省市。城镇城市建设用地1088平方公里，人均建设用地93.83平方米，居全国第27位，较2012年下降14位，土地集约利用效率大幅提升。结构与全国一致，居住、工业、道路交通设施用地居前三位，占比分别为28.66%、24.11%、14.59%，其中居住、工业用地相比2012年分别提升0.38、1.22个百分点，此外公共管理与服务、商服用地占比提升。与全国平均水平横向比较，商服、工业、物流仓储用地高于全国平均水平，分别高出1.74、6.5、2.49个百分点，显示出产业供地强度较大。

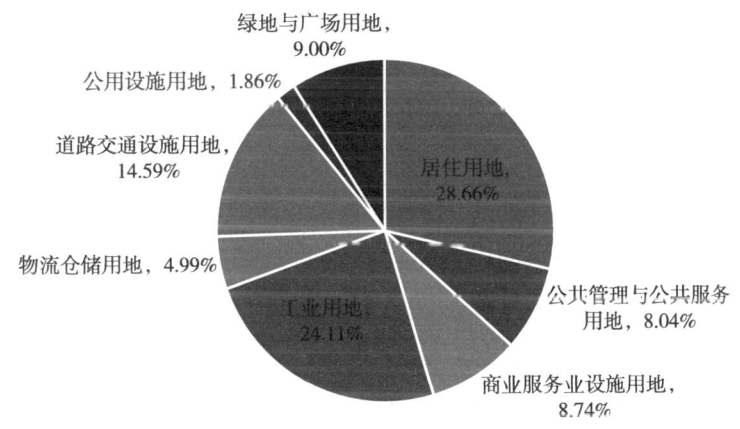

图2-2-5　2022年天津城市建设用地结构

资料来源：住建部2022年城乡统计年鉴，中铁研究院。

城市设施投入力度阶段性减弱，设施水平较好，房地产投资较为脆弱。2022年，天津市完成市政基础设施投资459亿元，同比增长-0.41%，10年复合增速-3.48%，

---

① 滨海新区和西青区，西青区为环城四区之一。

人均投资 3956.67 元，四项指标分别居全国第 18、13、26、11。从长期来看，投资规模和人均投资分别较 2012 年下降 4 和 10 位，显示阶段投资力度削弱。天津市政基础设施水平较好，2022 年与全国的均值差之和为 0.3（较 2012 年下降 3.79），好于全国平均水平，居全国第 11 位，指标不及全国平均水平的 6 项，主要是路网和绿化指标。天津市房地产投资大幅下跌，2022 年完成投资 2127.94 亿元[①]，居全国第 13，高于同期人口规模排名，同比下降 23.2%，下降幅度居全国第 10，10 年复合增速 5.38%，低于全国平均水平，居全国第 19，投资规模排名较 2012 年提升 3 位。2022 年，天津市人均住房面积[②]约 37.62 平方米，居全国第 19 位。天津市有城市轨道交通（仅含地铁、轻轨）286 公里。

双城发展格局突出，人口和经济发展趋势略有背离，区域发展相对较为平衡。2022 年，天津市滨海新区、中心城区、环城四区、外围五区城镇人口贡献率分别为 16.88%、33.71%、32.44%、16.98%，GDP 贡献率分别为 44.05%、22.45%、18.27%、15.23%，滨海新区经济主体作用突出，中心城区和环城四区人口承载作用相对突出，整体较为均衡。2020—2022 年，四大区域的 GDP 贡献率分别提升 2.01、−0.59、−0.75、−0.68 个百分点，显示期间滨海新区经济发展速度最快。城镇人口贡献呈不同趋势，环城四区和外围五区成为城镇人口增量区域，2020—2022 年，天津市城镇人口减少 14.38 万，其中滨海新区和中心城区分别减少 2.36 和 14.7 万，环城四区和外围五区人口分别增加 2.25 和 0.43 万，四大区域贡献率分别提升 0.01、−0.84、0.59、0.24 个百分点。

（六）固定资产投资情况

增速不及全国水平，制造业和基础设施投资波动回升，房地产出现较大下行。2022 年，天津市固定资产投资同比下降 9.9%，低于全国增速 15 个百分点，固投增速在 31 个省级行政区中排名第 30 位，仅高于西藏。从领域来看，2022 年制造业下降 1.2%，房地产下降 23.2%，基础设施[③]增长 9.4%。从结构来看，制造业投资占比较为稳定，制造业投资 2016—2028 连续三年出现较大降幅后出现波动回升；房地产投资占比较为稳定，2022 年投资降幅达 23.2%，降幅排名全国第 8；基础设施 2012—2022 年平均增速 6.6%。2012—2022 年天津市固定资产投资中的建筑安装工程占比从 63% 左

---

① 按照天津市房地产投资占比47.77%，2022年天津市固定资产投资4454.55亿元。
② 由于缺乏统计数据，报告人均住房面积含城乡居民住房。
③ 基础设施：取电力、热力、燃气及水生产和供应业，交通运输和邮政业，信息传输和信息技术服务业，水利、生态环境和公共设施管理业四项投资之和。

右波动下降至50%。

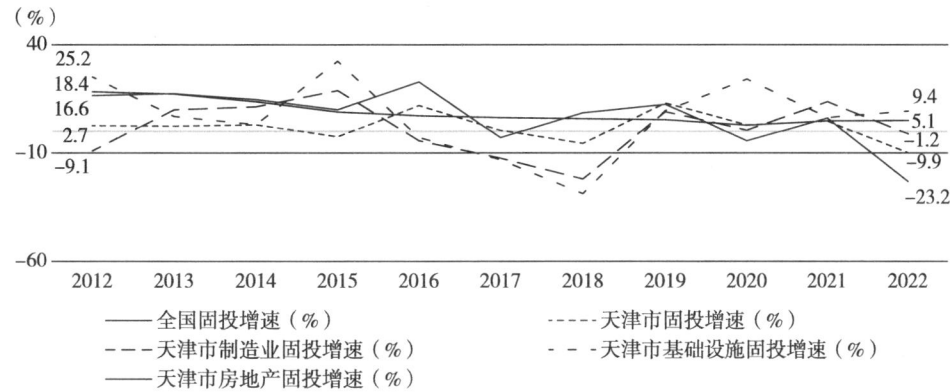

图2-2-6 天津市固定资产投资增速情况

数据来源：wind，天津市统计年鉴，国家统计局，中铁研究院。

基础设施投资结构变化。2012—2022年，水利生态环境和公共设施管理业、交通运输和邮政业占天津基础设施投资主导地位，二者投资之和在基础设施投资中占比平均达78%。2022年，二者投资增速分别为45.2%、-2.9%。电力热力燃气及水生产和供应业投资比重近年来略有下降，2022年投资下降4.5%。信息传输和信息技术服务业投资占比低，2022年投资下降33.5%。

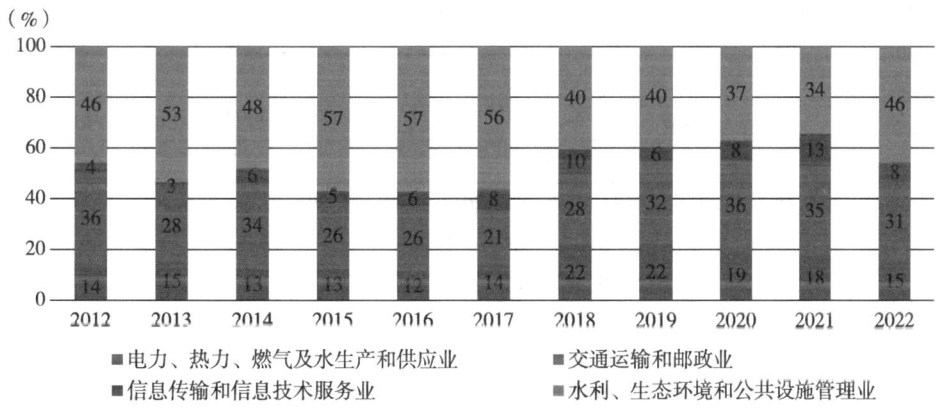

图2-2-7 天津市历年基础设施投资结构占比

数据来源：wind，天津市统计年鉴。2017年后各项占比以2017年投资为基数，按公布的投资增速计算。

（七）财政情况

天津市综合财力收入水平低于GDP水平，对转移支付和非税收入依赖一般，对债务依赖程度极高。2022年天津市综合财力约为2924.4亿元，在全国31个省级行政区中排名第 27，低于 GDP 排名的第 24 名，综合财力下降 23.6%，全国排名第 30，仅高于吉林。从结构来看，一般公共预算收入和政府性基金收入之比约为 85∶15，比例高于全国水平，一般公共预算自给率 67.6%，高于全国 43.1% 的均值，一般公共预算收入对转移支付依赖度低。全市一般公共预算（不含转移支付和负债）税收占比波动上升，从 2012 年的 63% 上升至 2022 年的 73%，全国排名第 11 位，处于全国中上游水平，财政可靠性中等。债务收入占比约 49.5%，全国排名第 1，对债务依赖度极高。2022 年，天津市全市政府性基金收入（不含转移支付）423.7 亿元，全国排名第 24 位，政府性基金比上年下降 62.4%，主要是土地出让收入下降较多。

政府债务快速增长，负债规模持续扩大，整体负债水平极高，债务空间小。2022 年天津市地方政府债务限额 8890 亿元，居全国第 22 位，债务余额 8646 亿元，居全国第 21 位，2018—2022 年，天津市债务余额年均复合增长率 20.7%，居全国第 22 位。2022 年天津市债务率 296%，远高于警戒线，全国排名第 1 位，政府债可用限额 244.5 亿元，居全国第 23 位，债务空间较低。从债务结构来看，2022 年天津市专项债占比 76.9%，高于全国水平。

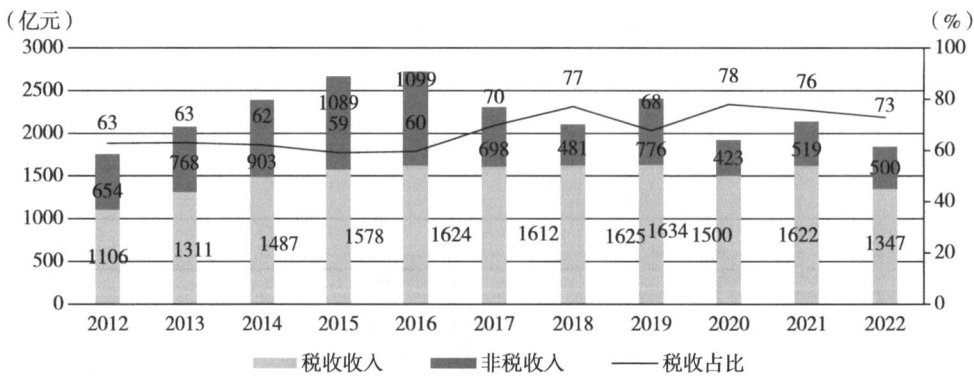

图 2-2-8　天津市一般公共预算收入结构

数据来源：wind，天津市财政厅。本图中收入数据不含中央税收返还和转移支付、债等收入。

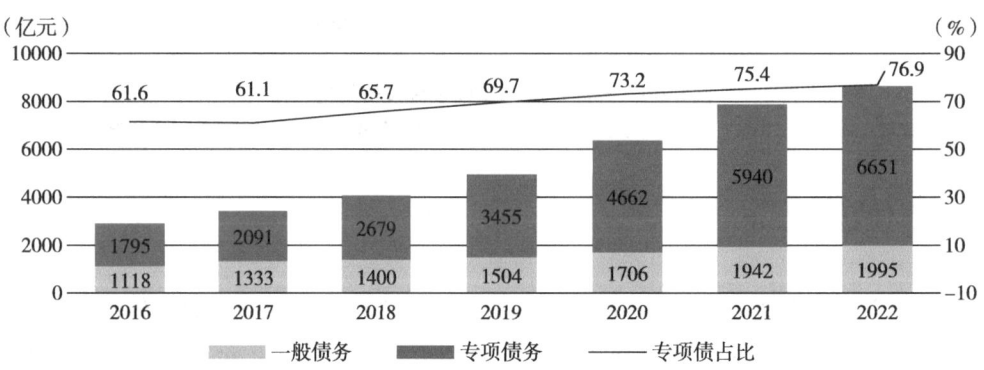

图 2-2-9　天津市债务规模及构成

数据来源：wind，财政部。

三、河北省

（一）经济情况

河北省GDP总量位居全国中上游，人均GDP大幅低于全国水平。2022年河北省GDP42370.4亿元，是2012年的1.59倍，GDP总量全国排名第12，较2012年下滑6名。2012—2022年11年间复合增长率4.33%，低于全国平均水平，2022年人均GDP5.7万元，居全国第26位，较2012年下滑11名。

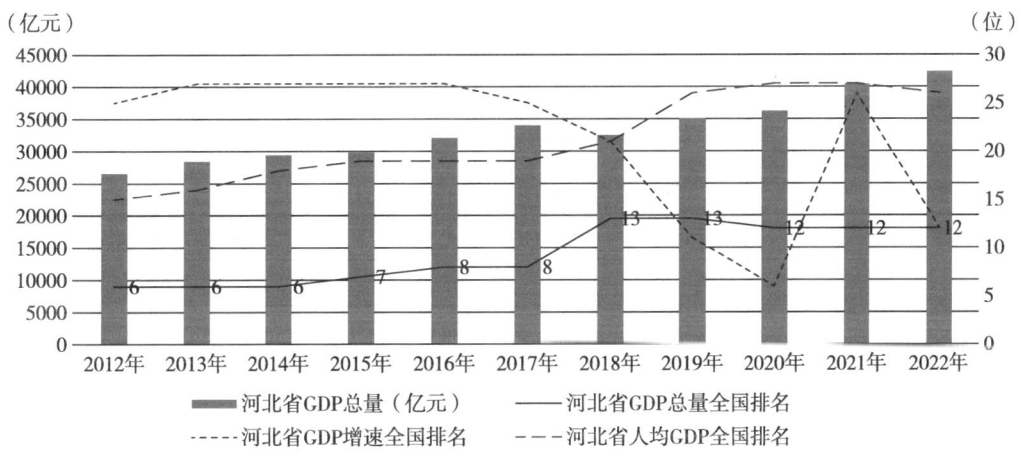

图2-3-1　河北省GDP总量及相关经济指标全国排名情况

数据来源：国家统计局、中铁研究院。

三次产业结构一产二产比重呈下降趋势，三产比重约占50%。2022年，河北省一二三产比重为10.4%∶40.2%∶49.4%，分别高于全国3.1、0.3、-3.4个百分点。从演变趋势来看，一产二产比重总体呈下降趋势，一产比重近几年保持在10%左右，二产比重由2012年52.7%逐步下降至2022年40.2%，三产比重总体呈上升趋势，由2012年35.3%增至2022年49.4%，并曾在2018年—2020年一度突破50%。二产中工业占比低于全国平均水平，2022年，河北省工业增加值占GDP比重为34.64%，较上年提高-0.35个百分点，低于全国39.92%的平均水平。

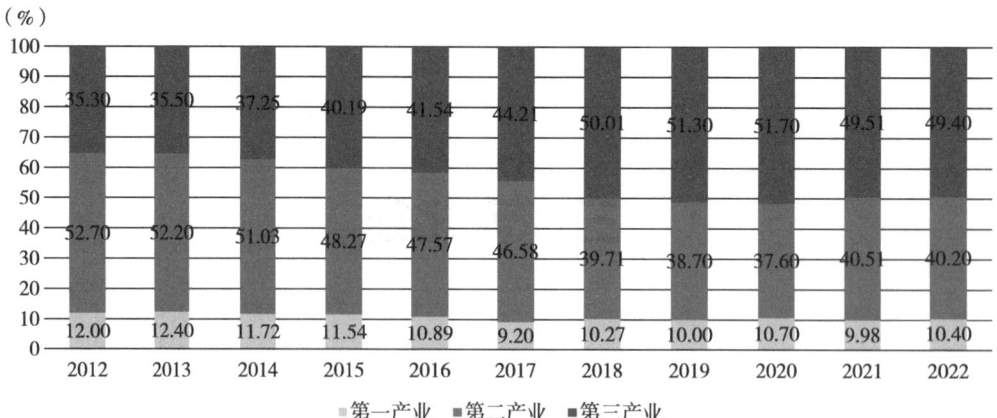

图2-3-2 河北省一二三产业结构比重变化（%）

数据来源：国家统计局，中铁研究院。

全省各地市整体经济发展水平较低，不平衡现象明显，GDP 首末比超过 5。2022 年，全省 11 个地级市 GDP 首末比超过 5，较 2012 年下降 0.78，发展不平衡状况减缓。唐山市 GDP 总量一直稳居全省第一，占全市 GDP 总量 20.83%。从人均 GDP 来看，全省各地市首末比最大为 3.2，且仅唐山市人均 GDP 超过全国水平。保定市、邢台市人均 GDP 不足全国水平一半，张家口、承德、邯郸、衡水等市人均 GDP 不足全国水平 70%，整体发展水平及协调发展均衡性亟待进一步改善。

表 2-3-1　　　　　　河北省各市 GDP 总量和人均 GDP（2022 年）

序号	各地市	GDP 总量（亿元）	人均 GDP（元/人）
1	廊坊	3565.25	64626
2	保定	4608.04	40038
3	沧州	4388.17	60035
4	张家口	1775.25	43435
5	承德	1780.21	53482
6	唐山	8900.74	115571
7	秦皇岛	1909.52	61277
8	邯郸	4346.34	46615
9	邢台	2546.87	36091
10	衡水	1800.54	43108
11	石家庄	7100.64	63319

数据来源：河北省统计局，中铁研究院。

（二）支柱产业

河北省四大支柱产业营收占全省GDP66%。2022年，河北省工业增加值占GDP比重为34.64%，较上年下降0.35个百分点，低于全国39.92%的平均水平。全省工业营收前四名为黑色金属矿采选业，燃气生产和供应业，有色金属矿采选业，其他制造业，营收规模分别为17854.20、3463.07、3291.54、3230.98亿元，总计占GDP比重65.71%。相比2012年，河北省支柱产业前4名中，黑色金属矿采选业仍为第1，燃气生产和供应业，其他制造业替代了汽车制造业，纺织服装、服饰业，显示河北省矿业地位稳固，制造业结构发生转变。

园区数量多，分布较为均衡。2022年，河北有国家级园区12个，其中国家级经开区7个，国家级高新区5个，国家级园区数量居全国第15。14个国家级园区分布在石家庄、保定、唐山、承德、秦皇岛、廊坊、沧州、邯郸、张家口，仅衡水、邢台暂无国家级园区。

（三）人口

户籍与常住人口差距先正后负，老龄化程度高于全国水平。2022年末，全省常住人口7420万人，同比增长-0.38%，居全国第6位，与2012年持平。全省户籍人口常年高于常住人口，且差距逐年扩大，2012—2022年，常住人口与户籍人口之差从-133万降低至-335万，显示户籍人口外流，人口吸引力减弱。2022年，全省65岁以上人口占比15.6%，较2012年提升6.6个百分点，高于14.9%的全国水平，在全国老龄化程度中排名第13位，较2012年上升1个位次。

人口教育结构改善，高等教育人口占比落后。2022年，全省专科、本科、研究生学历人口占比分别为7.8%、6.8%、0.6%，受高等教育（专科、本科、研究生）人口合计占比15.2%，较2015年的9.4%上升5.8个百分点。高中学历占比为15.8%，较2012年上升2.5个百分点。小学学历占比23.6%，初中学历占比为37.3%，二者占比下降8.5个百分点，全省教育结构改善。从全国来看，全省受高等教育人口占比居全国第26位，高等教育人口占比落后。

116 全国经济运行与区域发展报告

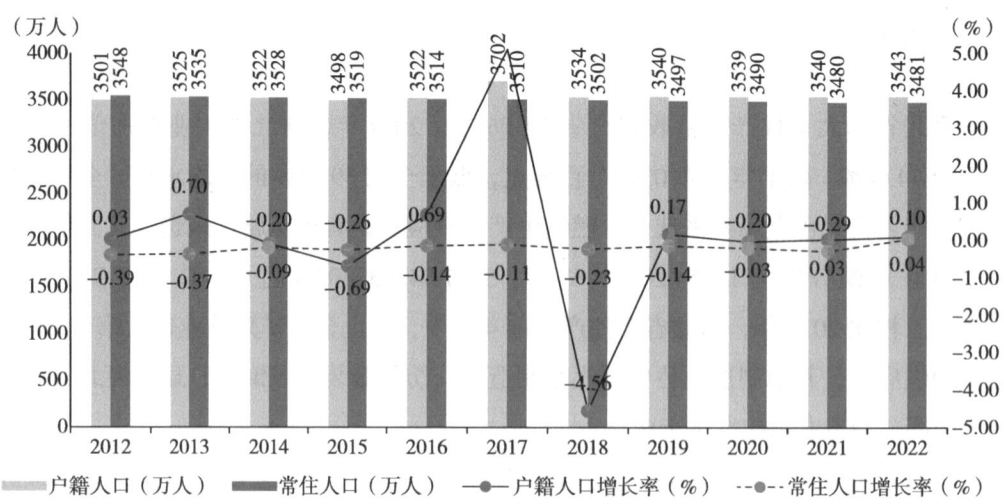

图2-3-3 河北省户籍人口与常住人口情况

数据来源：wind，中铁研究院。

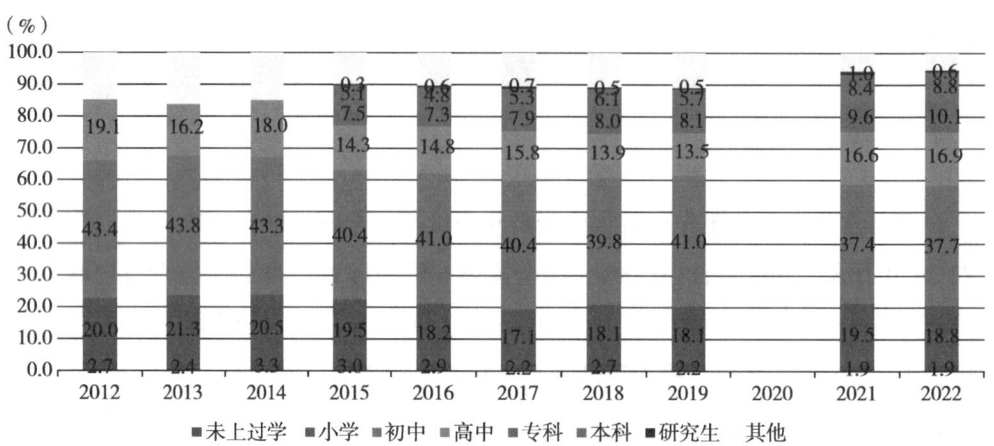

图2-3-4 河北省人口受教育情况

数据来源：wind，中铁研究院。其中缺少2020年数据。

（四）基础设施和公共服务

立体综合交通网络日益完善，铁路和公路里程、密度均居全国前列。2022年，河北省铁路营业里程8253.446公里，铁路网密度达4.37公里/百平方公里，为全国的2.7倍，总里程居全国第3位，与2012年排名持平，铁路网密度居全国第6。到2025年，全省铁路运营里程达9000公里，其中高速铁路运营里程达到2500公里。2022年全省公路20.92万公里，公路网密度110.89公里/百平方公里，是全国的1.98倍，总里程居全国第13位，公路密度居全国第16，高速公路8300公里，密度4.4公里/百平方公里，总里程居全国第4位，高速公路密度全国第12。规划至2025年，全省公路里程达到 22 万公里，高速公路里程超过 9000 公里。全省共 6 个运输机场，2022 年全省机场旅客吞吐量共计 686.0 万人次，占全国 1.32%，全国排名第 26，货邮吞吐量共计 4.5 万吨，全国排名第 25。石家庄正定机场旅客吞吐量合计占全省 81.09%，货物吞吐量占全省 96.54%，到 2025 年，运输机场数量达到 7 个，全省机场旅客吞吐量达到 2000 万人次/年。2022 年，河北内河通航里程 21.7 公里，占全国 0.02%。

表 2-3-2　　2022 年河北省基础设施统计

类型	指标	河北	全国	东部地区
铁路	里程（公里）	8253.446	154906.5	37594.371
	密度（公里/百平方公里）	4.37	1.62	4.05
公路	里程（公里）	209200	5355000	1210200
	密度（公里/百平方公里）	110.89	55.93	130.35
机场	机场数量	6	254	56
	旅客吞吐量（万人次）	686.0	51952.8	24836.4
	货邮吞吐量（万吨）	4.5	1452.7	1069.8
港口航道	港口吞吐量（亿吨）	——	55.54	——
	内河通航里程（公里）	21.7	127968	53091.52

数据来源：wind，国家统计局，中铁研究院。

公共服务设施义务教育生均校舍面积明显提升，千人医疗床位数位低于全国水平。2021 年，河北省义务教育生均校舍建筑面积 8.6 平方米，低于全国 10.3 人/平方米的平均水平，全国排名第 26，较 2013 年下滑 3 名。2022 年河北省每千人医疗卫生机构床位数 6.55 张/千人，低于全国 6.91 的平均水平，全国排名第 21，较 2012 年下滑 1 名。

表 2-3-3　　河北省公共服务设施统计

	2021 年义务教育生均校舍建筑面积（m²）	2022 年每千人口医疗卫生机构床位数（张）
河北	8.6	6.55
全国	10.30	6.91
东部地区	10.31	6.0

数据来源：《中国教育统计年鉴 2021》《中国卫生健康统计年鉴 2022》，中铁研究院。

（五）城市建设

城镇化持续推进，Ⅱ型大城市加快发展。2022 年，河北省常住人口城镇化率

61.65%，低于全国平均水平 0.68 个百分点，居全国第 19 位。2012—2022 年城镇化率提升 15.05 个百分点，较 2012 年提升 2 位。河北省有 32 座城市，较 2012 年减少 1 座，拥有从 II 型小城市到大城市 I 型五档城市结构，缺乏能级更高的特大超大城市。人口结构上，形成了大城市 II 型和 I 型为主的城市结构，二者分别占全省城区人口的 42.83%、17.7%。2012—2022 年，两类城市加快发展，数量上分别新增 1 座，对应减少 4 座 II 小城市、1 座中等城市。从人口增减来看，也体现出城市向上发展的态势，2012—2022 年，中等城市人口占比减少 10 个百分点，两类大城市增加了 15 个百分点。2022 年，中心城市石家庄城区人口 354.85 万人，较 2012 年增加 98.39 万人，城市首位度居全国第 26 位，均与 2012 年保持一致。

　　土地城镇化快于人口城镇化程度较重，城市基础设施供地提速。2022 年，河北省城镇建成区 3690.74 平方公里，居全国第 8 位，10 年复合增速 1.45%，低于全国 1.35 个百分点，同期区域人口排名全国第 8，增速 –3.72%，地人增速差 5.17 个百分点，高于全国平均水平，居全国第一。城镇城市建设用地 3597 平方公里，人均建设用地 111.02 平方米，居全国第 17 位，较 2012 年提升 6 位，集约化利用水平下降。结构与全国有差异，全省城市建设用地前三为居住、绿地和广场用地、道路交通设施，占比分别为 31.21%、22.25%、19.14%，其中绿地和广场、道路交通用地相比 2012 年增长，占比分别提升 9.42、19.14 个百分点。与全国平均水平横向比较，也是两类用地指标用地高于全国平均水平，显示出城市基础设施建设供地强度较大。

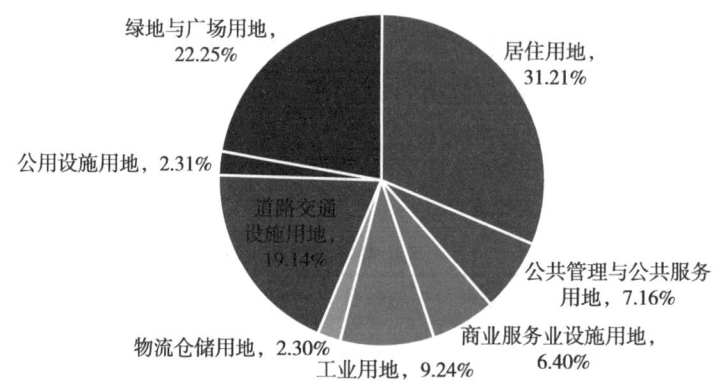

图 2-3-5　2022 年河北省城市建设用地结构

资料来源：住建部 2022 年城乡统计年鉴，中铁研究院。

　　城市市政基础设施投资高位降速，设施水平较高，住房水平有待提升。2022 年，河北省完成市政基础设施投资 978.59 亿元，同比增长 27.62%，10 年复合增速 0.58%，人均投资 3206.02 元，四项指标分别居全国第 13、2、21、13，其中投资规模和人均投资较2012年下降8位和1位，显示河北省市政基础设施投资特征为高位降速。2022年投资逆势增长27.62%，显示出阶段性补短板趋势。基于前期高基数效应以及人口净流失，河北省市政基础设施水平较好，2022年城市16项指标与全国偏离度均值1.09，县城部分15项指标与全国偏离度均值2.29，均居全国第三，差距项主要为供排水。2022年，河北省房地产投资4092亿元，同比降低18.55%，10年复合增速2.88%，三项指标分别居全国第14、14、22，投资规模排名较2012年下降5位。2022年，河北省人均住房面积[①]约38.63平方米，居全国第17位。河北省有城市轨道交通（仅含地铁、轻轨）76.4公里。

县域和镇域发展较为突出，城市和县城体量差距相对较小，分化水平较轻。2022年，河北省城市、县城、镇对城镇化的人口贡献率分别为43.82%、23%、33%，分别高于全国平均水平–17.49、5.94、11.56个百分点，城市贡献度全国排名第29，贡献度居全国后三。长周期来看，2012—2022年，河北省城市、县城、镇贡献率分别提升–3.29、–7.58、10.87个百分点，显示期间镇域经济加快发展。河北省市少县多，2022年，共有32座城市、97个县城（不含21个县级市），二者城区人口之比为1.91，低于全国平均水平1.7，较2012年加深0.37，均低于全国平均水平，显示一段时期城市县城较为均衡的发展水平。从平均人口来看，城市为县城的5.8倍，居全国第15位，也低于全国平均水平。市政基础设施水平来看，县城与城市与全国指标的偏离度均值均居全国第三位，人均投资发力较为均衡适度，2022年，河北省城市和县城人均市政基础设施投资分别为3285.23、3054.51元，居全国第14、第12位，分别较2012年提升2和下降8位。从产业发展来看，2022年，县城工业用地占城市建设用地比6.78%，城市工业用地占比10.76%。

（六）固定资产投资情况

增速略高于全国水平，制造业较为稳定，基础设施放缓，房地产下行。2022年，河北省固定资产投资同比增加7.9%，固投增速在31个省级行政区中排名第9位，高于全国增速2.8个百分点，近十年间仅2018—2020及2022年高于全国水平。从领域来看，2022年制造业增长13.4%、房地产下降0.8%、基础设施[②]增长7.1%。从结构来看，制造业投资比重总体稳定，近十年投资增速除2020年外均正增长；房地产投资占比呈下降趋势，投资连续两年正增长后在2022年转负；基础设施2012—2022年平均

---

① 由于缺乏统计数据，报告人均住房面积含城乡居民住房。
② 基础设施：取电力、热力、燃气及水生产和供应业，交通运输和邮政业，信息传输和信息技术服务业，水利、生态环境和公共设施管理业四项投资之和。

增速 12.5%。2012—2022 年河北省固定资产投资中的建筑安装工程占比从 64% 左右波动上升至 73%。

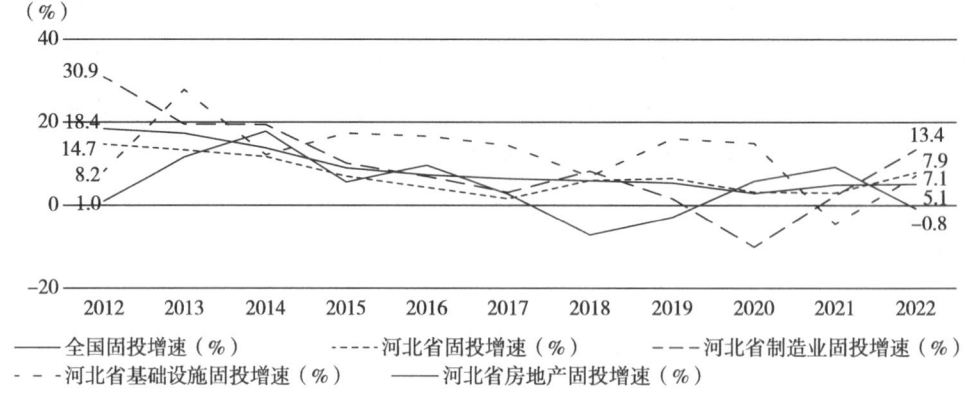

图2-3-6　河北省固定资产投资增速情况

数据来源：wind，河北省统计年鉴，国家统计局，中铁研究院。

基础设施投资结构较为稳定。2012—2022 年，水利生态环境和公共设施管理业占比持续上升，体现出河北省水利生态建设需求高的特点，2022 年投资增速 2.2%；交通运输和邮政业投资占比持续下降，近年来与电力热力燃气及水生产和供应业占比相当，2022 年二者投资增速分别为 9.2%、6.7%。信息传输和信息技术服务业投资占较低但呈上升趋势，2022 年投资增速达 38.4%。

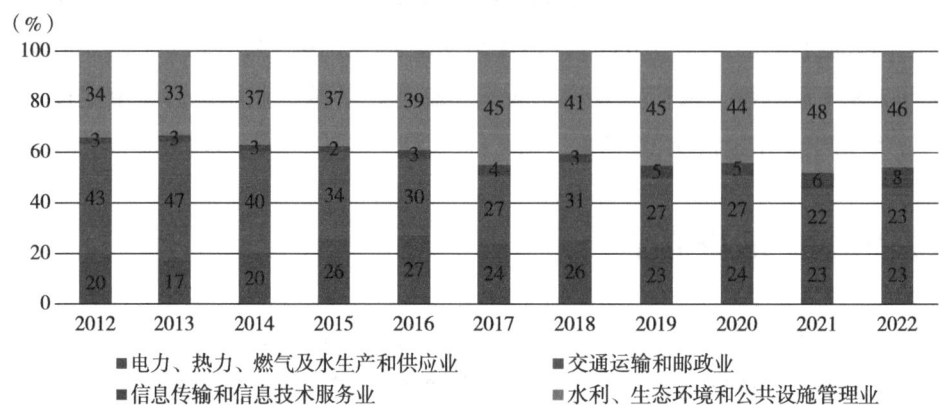

图2-3-7　河北省历年基础设施投资结构占比

数据来源：wind，河北省统计年鉴。2017 年后各项占比以 2017 年投资为基数，按公布的投资增速计算。

（七）财政情况

河北省综合财力收入水平与 GDP 较为匹配，对转移支付和非税收入依赖较高，对债务依赖程度较高。2022 年河北省综合财力约为 10591.9 亿元，在全国 31 个省级行政区中排名第 11，高于 GDP 排名的第 12 名，综合财力下降 3.1%，全国排名第 19。从结构来看，一般公共预算收入和政府性基金收入之比约为 81：19，比例略高于全国水平，一般公共预算自给率 43.9%，略高于全国 43.1% 的均值，一般公共预算收入对转移支付依赖度一般。全省一般公共预算（不含转移支付和负债）税收占比波动下降，从 2012 年的 75% 下降至 2022 年的 55%，2022 年全国排名第 30 位，仅高于贵州，财政可靠性有待提升。债务收入占比约 33.8%，高于全国水平，显示出对债务依赖度高。2022 年，河北省全省政府性基金收入（不含转移支付）2018.1 亿元，全国排名第 15 位，下降 28.2%。

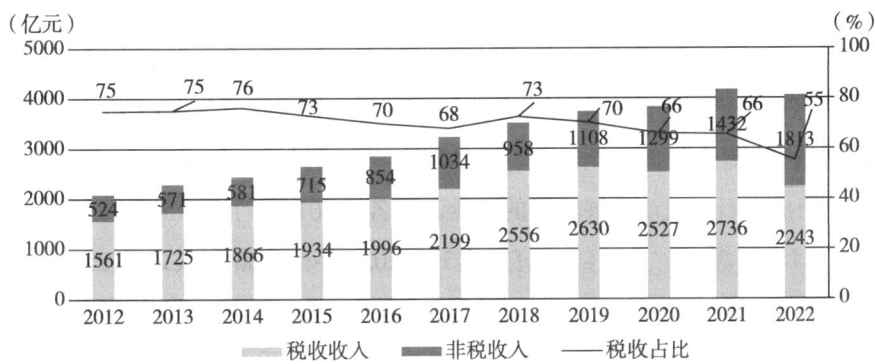

图 2-3-8　河北省一般公共预算收入结构

数据来源：wind，河北省财政厅。本图中收入数据不含中央税收返还和转移支付、债务等收入。

政府债务较快增长，负债规模持续扩大，整体负债水平中等，债务空间较大。2022 年河北省地方政府债务限额 17159 亿元，居全国第 6 位，债务余额 15749 亿元，同样居全国第 6 位，2018—2022 年，河北省债务余额年均复合增长率 21.3%，居全国第 25 位。2022 年河北省债务率 149%，仅略低于警戒线，全国排名第 9 位，政府债可用限额 1410.5 亿元，居全国第 4 位，债务空间较大。从债务结构来看，2022 年河北省专项债占比 59.3%，高于全国水平。

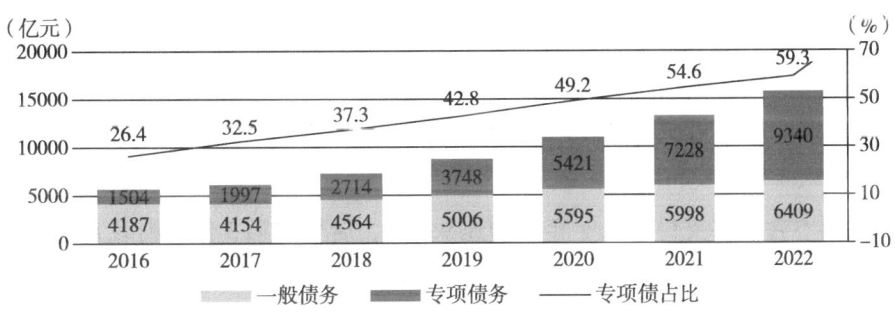

图 2-3-9　河北省债务规模及构成

数据来源：wind，财政部。

（八）石家庄市情况

石家庄市经济发展较为缓慢，经济综合实力有待提高。2022年石家庄市GDP7100.64亿元，在36个大中城市中[①]排名第24，相比2012年下降5位。人均GDP6.33万元，排名第34位。2012—2022年，石家庄市名义GDP年均复合增速4.67%，在36个大中城市中排名第30。三次产业结构为7.9∶32.9∶59.2。新中国成立以来，石家庄市的产业从以传统农业和轻工业为主逐渐发展成为以重工业、先进制造业和商贸服务业为主的现代产业结构，第二产业附加值不断提高，第三产业比重不断提高，经济较为依赖制造业。近几年，外来投资主体来石家庄投资总体呈下降趋势，投资主体分布集中在沿海发达地区。在制造业方面，重金属加工产业呈现较为良好的发展态势。其中，黑色金属冶炼和压延加工业在全市规上企业营收占比中保持着头部地位，皮革、毛皮、羽毛及其制品和制鞋业、医药制造业、食品制造业也取得了一定的发展；值得注意的是，烟草制造业正成为石家庄市发展较快的产业，排名较2016年上升15位。

常住人口增长缓慢，人口红利有待提升。2022年全市常住人口1122.35万人，同比增长0.17%，户籍人口991.17万人，同比增长0.32%。2012—2022年，全市常住人口增长94.37万人，增量居全国第26位，增速居全国第30位。石家庄60岁以上人口比重为18.47%，15~59岁人口比重62.23%，拥有大学文化程度（大专及以上）的人口每10万人达到2.01万人，虽然均优于全国水平，但在36个大中城市中优势不突出，劳动人口比重居第30位，大学文化程度（大专及以上）人口居第30位，人口素质在36个重点城市中居于落后水平。

固定资产投资稳步上升，制造业投资占比大。2022年石家庄市固定资产投资同比增长10.1%，居第6位。其中工业投资增长12.6%，基础设施投资增长5.0%，房地产投资下降7.7%，民间投资增长4.0%。石家庄固定资产投资长期以制造业为主，2022年，制造业、基础设施、房地产占比分别为39%、30%、16%，相比2012年分别上升26.7、-4.91、-7个百分点。基础设施投资中，水利、环境和公共设施管理业占比长期较高，近年来信息传输、软件和信息服务业投资额成为基础设施中投资增速最高行业。

财政状况一般，负债水平较高。2022年，石家庄市综合财力1260.31亿元（一般公共预算收入＋转移支付收入＋政府性基金收入），居第21位。2012—2022年综合财力（2011前不含转移支付收入）年均增速9.33%，居全国第3位，财政自给率稳定在65%~75%之间，2022年财政自给率66.3%，在36个大中城市排名第22名。2022年，石家庄市债务率161.16%（债务余额/综合财力），在36个大中城市中排名第12位。

---

① 以下均为在36个大中城市中的排名，其他有注明的除外。

四、上海市

（一）经济情况

上海市GDP增速排名靠后，2022年人均GDP排名全国第2。2022年上海市GDP44652.8亿元，是2012年的2.21倍，GDP总量全国排名第11，与2012年排名持平。2012—2022年11年间复合增长率7.49%，略低于全国平均水平，2022年人均GDP17.99万元，居全国第2位，较2012年提升1名。

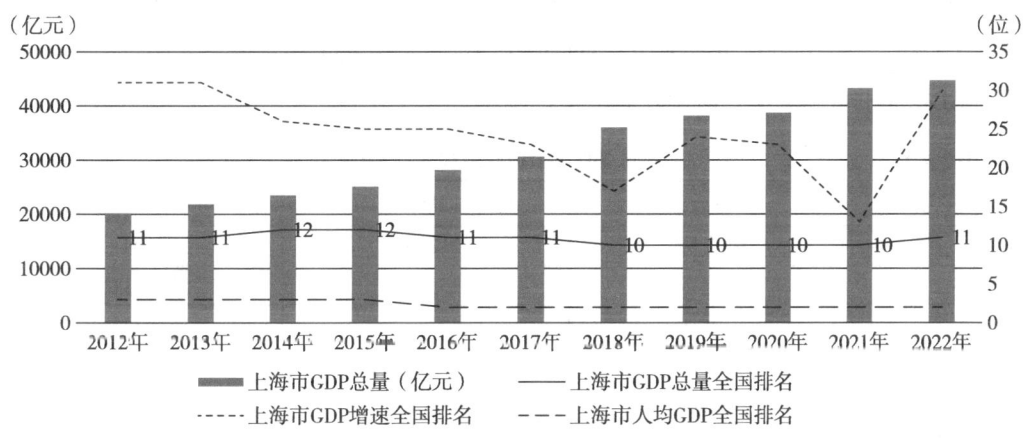

图2-4-1　上海市GDP总量及相关经济指标全国排名情况

数据来源：国家统计局，中铁研究院。

三次产业结构一产二产比重逐年下降，三产比重占比超过74%。2022年，上海市一二三产比重为0.2%：25.7%：74.1%，分别高于全国-7.1、-14.2、21.3个百分点。从演变趋势来看，一产二产比重总体呈下降趋势，一产始终不超过1%，二产比重由2012年38.9%逐步下降至2022年25.7%，三产比重逐年提升，由2012年60.4%逐步递增至2022年74.1%，远高于全国水平。二产中工业占比低于全国平均水平，2022年，上海市工业增加值占GDP比重为24.17%，较上年提高-0.53个百分点，低于全国39.92%的平均水平。

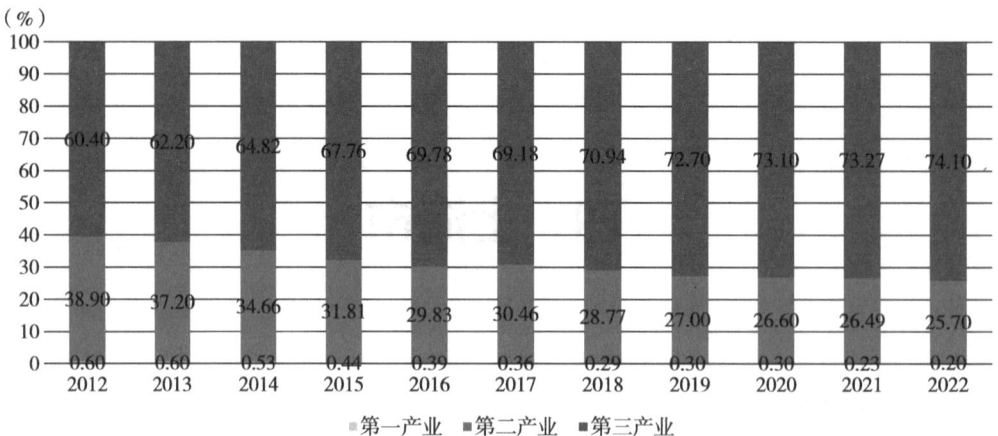

图2-4-2 上海市一二三产业结构比重变化（%）

数据来源：国家统计局，中铁研究院。

全市各区经济发展水平极不均衡，GDP首末比超过39.6。2022年，全市16个区GDP首末比达39.6，较2012年提升14.6，发展不平衡状况加剧。浦东新区GDP总量一直稳居全市第一，占全市GDP总量36.29%。从人均GDP来看，全市各区首末比最大达7.8倍，其中黄浦区人均GDP超过50万元/人，远超全国水平，崇明区、宝山区人均GDP低于全国水平，协调发展均衡性亟待进一步改善。

表2-4-1　　　　　　　　上海市各区GDP总量和人均GDP（2022年）

序号	各行政区	GDP总量（亿元）	人均GDP（元/人）
1	静安区	2627.97	272047
2	徐汇区	2557.91	276611
3	黄浦区	3023.05	519335
4	普陀区	1248.23	100372
5	浦东新区	16013.40	277639
6	长宁区	1922.19	276296
7	杨浦区	2076.97	168791
8	虹口区	1260.13	176291
9	闵行区	2880.11	107740
10	松江区	1750.12	90268
11	奉贤区	1371.11	119528
12	嘉定区	2768.30	149251
13	宝山区	1771.20	78717
14	崇明区	404.16	66550
15	青浦区	1334.45	103230
16	金山区	1117.74	137112

数据来源：上海市统计局，中铁研究院。

（二）支柱产业

上海市四大支柱产业工业总产值占全市 GDP45%。2022 年，上海市工业增加值占 GDP 比重为 12.10%，较上年下降 2.44 个百分点，低于全国 39.92% 的平均水平。全市工业总产值前四名为汽车制造业，计算机、通信和其他电子设备制造业，化学原料和化学制品制造业，通用设备制造业，产值规模分别为 7452.66、5429.34、3771.69、3468.96 亿元，总计占 GDP 比重 45.06%。相比 2012 年，上海市支柱产业前 4 名中，汽车制造业上升 1 位，替代了计算机、通信和其他电子设备制造业第一的位置，显示上海市产业结构持续向高端化发展，尤其是加大了以新能源汽车为主的汽车制造业的投入。

园区数量多，外向型经济特征明显。2022 年，上海有国家级园区 8 个，其中国家级经开区 6 个，国家级高新区 2 个，国家级园区数量居全国第 20。8 个国家级园区空间分布均衡，其中上海金桥出口加工区等园区，体现了上海对外开放程度高、外向型经济特征显著的特点。

（三）人口

上海市常住人口常年高于户籍人口，人口老龄化程度高于全国水平。2022 年末，全市常住人口 2476 万人，同比增长 -0.53%，居全国第 23 位，较 2012 年上升 1 位。全市户籍人口常年低于常住人口，且差距先升后降，在 2014 年达到最高的 1028 万人，2012—2022 年，常住人口与户籍人口之差从 937 万波动至 972 万，变化不大，显示常住人口增长先快后慢，人口吸引力强，但近年来有所下降。2022 年，全市 65 岁以上人口占比 18.7%，较 2012 年提升 9.7 个百分点，高于 14.9% 的全国水平，在全国老龄化程度中排名第 2 位，较 2012 年上升 13 位。

人口教育结构改善，高等教育人口占比全国领先。2022 年，全市专科、本科、研究生学历人口占比分别为 12.9%、19.7%、5.2%，受高等教育（专科、本科、研究生）人口合计占比 37.3%，较 2015 年的 27.3% 上升 10 个百分点。高中学历占比为 18%，较 2012 年下降 2.3 个百分点。小学学历占比 12.1%，初中学历占比为 26.6%，二者占比下降 12.2 个百分点，全市教育结构改善。从全国来看，全市受高等教育人口占比居全国第 2 位，高等教育人口占比全国领先，教育结构改善与经济发展相匹配。

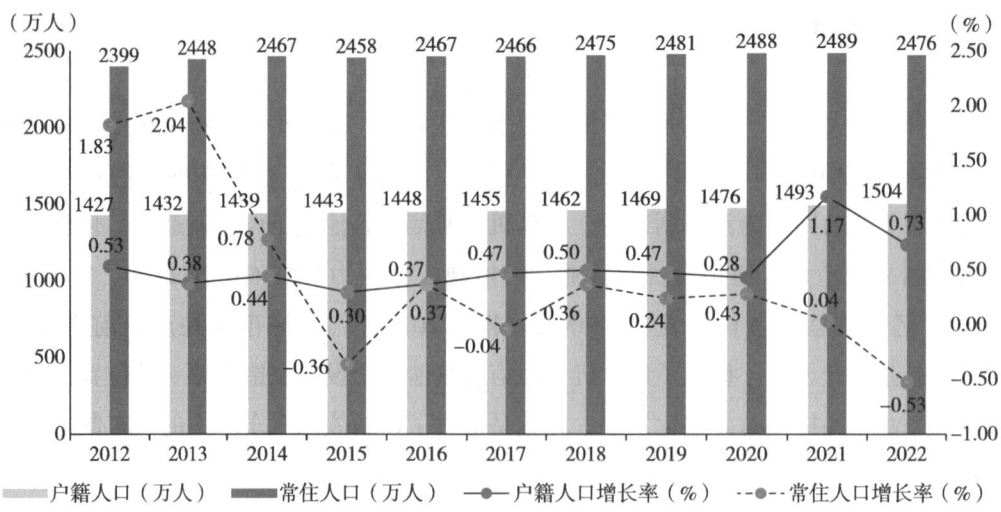

图2-4-3 上海市户籍人口与常住人口情况

数据来源：wind，中铁研究院。

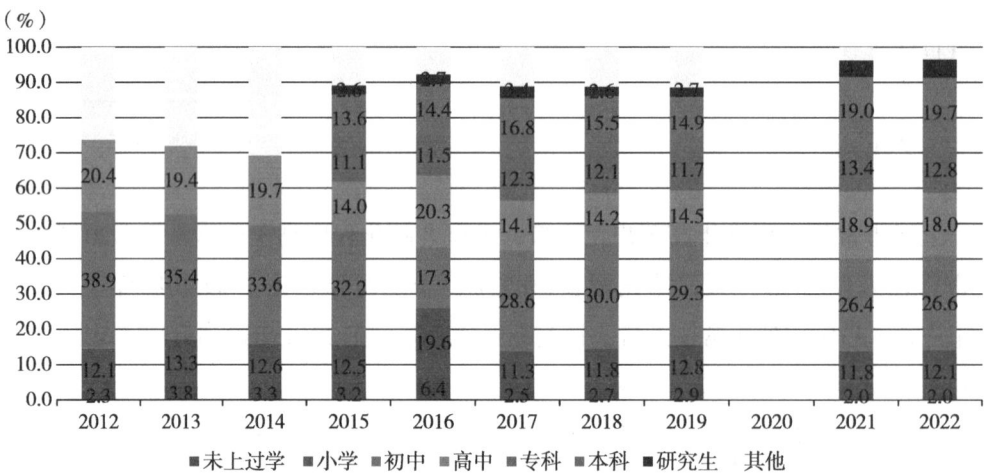

图2-4-4 上海市人口受教育情况

数据来源：wind，中铁研究院。其中缺少2020年数据。

（四）基础设施和公共服务

立体综合交通网络不断完善，铁路密度居全国第3，机场吞吐量居全国前列。2022年，上海市铁路营业里程490.85公里，铁路网密度达7.74公里/百平方公里，为全国的4.78倍，总里程居全国第31位，与2012年排名持平，铁路网密度居全国第3。到2025年，加快构建"五向十二线"干线铁路通道布局，重点加快市域线骨架建设，持续完善城市轨道网络，全市轨道交通运营里程达960公里。2022年全市公路1.3万公里，公路网密度205.05公里/百平方公里，是全国的3.67倍，总里程居全国第31位，公路密度居全国第2，高速公路900公里，密度14.2公里/百平方公里，总里程居全国第30位，高速公路密度全国第1。规划至2025年全市高快速路里程超过1100公里。全市共2个运输机场，2022年全市机场旅客吞吐量共计2889万人次，占全国5.56%，全国排名第5，货邮吞吐量共计330.2万吨，全国排名第2。上海浦东机场旅客吞吐量合计占全市49.08%，货物吞吐量占全市94.40%，到2025年，持续推进"一环十射"高等级航道建设，形成"连接苏浙、对接海港"的格局。2022年，上海内河通航里程1786.27公里，占全国1.40%。

表2-4-2　　　　　　　　　　　　2022年上海市基础设施统计

类型	指标	上海	全国	东部地区
铁路	里程（公里）	490.85	154906.5	37594.371
	密度（公里/百平方公里）	7.74	1.62	4.05
公路	里程（公里）	13000	5355000	1210200
	密度（公里/百平方公里）	205.05	55.93	130.35
机场	机场数量	2	254	56
	旅客吞吐量（万人次）	2889	51952.8	24836.4
	货邮吞吐量（万吨）	330.2	1452.7	1069.8
港口航道	港口吞吐量（亿吨）	——	55.54	——
	内河通航里程（公里）	1786.27	127968	53091.52

数据来源：wind，国家统计局，中铁研究院。

公共服务设施义务教育生均校舍面积位居前列，千人医疗床位数位低于全国水平。2021年，上海市义务教育生均校舍建筑面积11.64平方米，高于全国10.3人/平方米的平均水平，全国排名第6，与2013年排名持平。2022年上海市每千人医疗卫生机构床位数6.68张/千人，低于全国6.91的平均水平，全国排名第19，较2012年下滑8名。

表2-4-3　　　　　　　　　　　　上海市公共服务设施统计

	2021年义务教育生均校舍建筑面积（m²）	2022年每千人口医疗卫生机构床位数（张）
上海	11.64	6.68
全国	10.30	6.91
东部地区	10.31	6.0

数据来源：《中国教育统计年鉴2021》《中国卫生健康统计年鉴2022》，中铁研究院。

（五）城市建设

步入城镇化后期，发展相对均衡，拥有500万人口的高能级市辖区。2022年，上海市常住人口城镇化率89.33%，高于全国平均水平24.11个百分点，居全国第1位。2012—2022年城镇化率提升0.03个百分点，显示出步入城镇化后期，空间缩小，城镇化降速。2022年，上海市有16个区，较2012年增加1个，崇明县撤县设区，其中500万人口以上市辖区1个，100万~300万人口以上市辖区9个，50万~100万人口市辖区6个，相当于拥有一个特大型城市能级的市辖区，9个大城市能级的市辖区。2022年全市16个区常住人口总计2472.5万人，10个百万常住人口的市辖区[①]占全市人口比重83%，较北京更为均衡。

土地城镇化略快于人口城镇化，土地集约利用程度最高，服务业供地强度大。2022年，上海市城镇建成区1242平方公里，居全国第27位，10年复合增速2.2%，低于全国平均水平，同期区域人口排名全国第12，增速0.39%，地人增速差1.81百分点，土地城镇化快于人口城镇化。城镇城市建设用地1093平方公里，人均建设用地44.16平方米，居全国第31位，较2012年下降22位。结构与全国基本一致，居住、道路交通设施、工业用地居前三位，占比分别为34.35%、17.45%、16.27%，其中道路交通用地相比2012年提升3.18个百分点，此外公共管理与服务、商服、物流仓储、绿地广场用地占比提升。与全国平均水平横向比较，居住、公共管理与服务、商服、物流、道路交通设施用地高于全国平均水平，分别高出2.25、0.55、2.79、1.43、0.72个百分点，体现出上海金融中心、贸易中心、航运中心等特点。

城市设施投入保持较好强度，设施水平高，投资韧性强。2022年，上海市完成市政基础设施投资586.38亿元，同比增长26.9%，10年复合增速5.62%，人均投资2368.38元，四项指标分别居全国第16、3、10、19。从长期来看，投资规模较2012年提升6位，显示阶段投资力度有所增强。上海市政基础设施水平居全国上游，2022年与全国的偏离度均值为0.73，居全国第7位，指标不及全国平均水平的7项，主要是公路网密度、道路面积、绿化指标等。上海房地产投资规模大，韧性强，2022年完成投资4979.54亿元，居全国第10，高于同期人口规模排名，同比增长-1.11%，降幅居全国第29，10年复合增速7.66%，高于全国平均水平，居全国第11，投资规模排名较2012年提升4位。2022年，上海市人均住房面积[②]约33.33平方米，居全国第30位。上海市有城市轨道交通（仅含地铁、轻轨）795.39公里。

---

① 6个位于主城区，4个位于综合发展型城镇圈。
② 由于缺乏统计数据，报告人均住房面积含城乡居民住房。

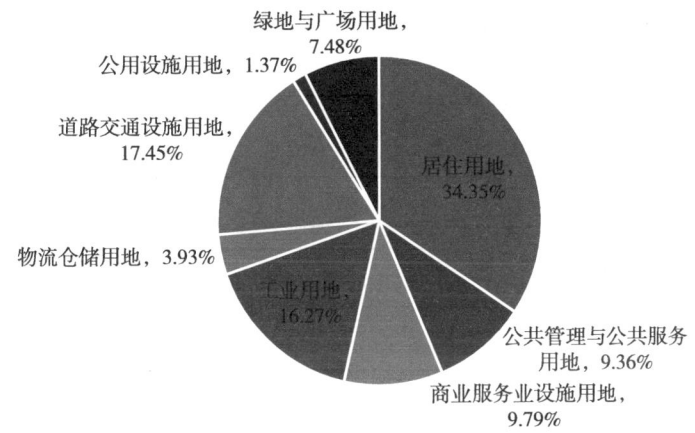

图2-4-5　上海城市建设用地结构

资料来源：住建部2022年城乡统计年鉴，中铁研究院。

主城片区经济主体作用突出，外围综合发展城镇圈吸引力增强。2022年，上海市中心城区（黄浦、徐汇、长宁、静安、普陀、杨浦六区）、主城片区（浦东、虹口、宝山、闵行，方便取数用的各区全部）、综合发展型城镇圈（嘉定、金山、松江、杨浦、奉贤、崇明）人口贡献率分别为22.95%、43.81%、30.98%，GDP贡献率分别为30.14%、49.10%、19.59%，主城片区经济和人口贡献突出。长周期来看，2012—2022年，三大区域的GDP贡献率分别提升3.83、-6.27、1.27个百分点，人口贡献率呈不同趋势，分别提升-0.33、-1.54、1.03个百分点，显示出中心城区经济活力旺盛，外围综合发展型城镇圈加快发展。从地均水平来看，区域发展不平衡较为突出，2022年，上海市人口密度最高的黄浦区和最低的金山区人口密度分别为2.49万、0.14万人，主城区（含中心城区和主城片区）人口密度基本在2万~2.5万人/平方公里之间，综合发展型城镇圈6区人口密度在4000人/平方公里以下，集中在2000人以下。

（六）固定资产投资情况

总体增速追赶全国水平，制造业比重低，基础设施稳定，房地产增速由正转负。2022年，上海市固定资产投资同比下降1.0%，固投增速在31个省级行政区中排名第24位，低于全国增速6.1个百分点，总体看近十年来上海固投增速逐渐追平并赶超全国水平。从领域来看，2022年制造业增长2.1%、房地产下降1.1%、基础设施[①]下降6.9%。从结构来看，制造业比重较低，但2018—2022年平均增速超13%；房地产投资占比稳定，近年来占固定投资比重超50%；基础设施2012—2022年平均增速5.9%，总体呈波动上升

---

① 基础设施：取电力、热力、燃气及水生产和供应业，交通运输和邮政业，信息传输和信息技术服务业，水利、生态环境和公共设施管理业四项投资之和。

态势。2012—2022 年上海市固定资产投资中的建筑安装工程占比从 61% 下降至 46%。

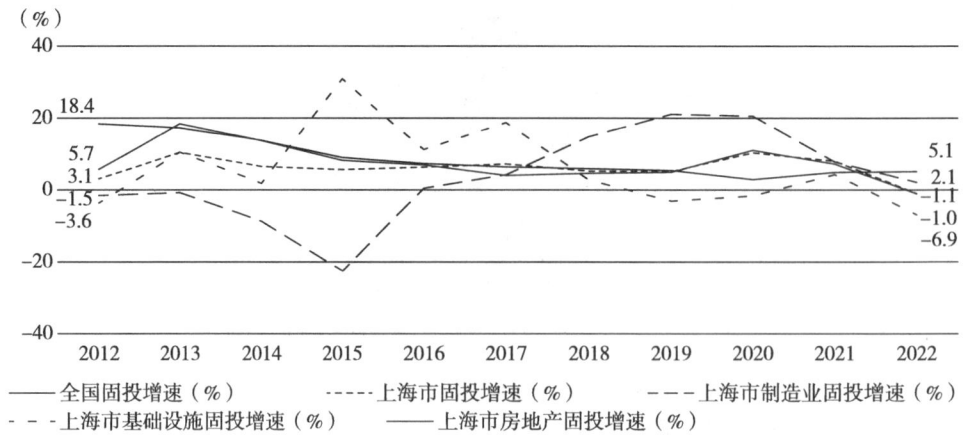

图2-4-6　上海市固定资产投资增速情况

数据来源：wind，上海市统计年鉴，国家统计局，中铁研究院。

基础设施投资结构稳定，信息技术基础设施投资加速。2012—2022 年，水利生态环境和公共设施管理业、交通运输和邮政业占上海基础设施投资占主导地位，二者投资之和在基础设施投资中占比平均达 78%。2022 年投资增速分别为 -9.5%、7.6%。电力热力燃气及水生产和供应业投资比重十年来下降一半左右，2022 年投资增速 -7.2%。信息传输和信息技术服务业投资占比呈增加趋势，2021 年、2022 年投资增速分别达 31.0%、22.7%。

图2-4-7　上海市历年基础设施投资结构占比

数据来源：wind，上海市统计年鉴。2017 年后各项占比以 2017 年投资为基数，按公布的投资增速计算。

（七）财政情况

上海市综合财力收入水平高于 GDP 水平，对转移支付和非税收入依赖低，对债务依赖程度低。2022 年上海市综合财力约为 13001 亿元，在全国 31 个省级行政区中排名第6，高于GDP排名的第11名，综合财力增长3.6%，全国排名第8。从结构来看，一般公共预算收入和政府性基金收入之比约为69：31，比例低于全国水平，一般公共预算自给率81.0%，为全国第一，远高于全国34.5%的均值，一般公共预算收入对转移支付依赖度低。全市一般公共预算（不含转移支付和负债）税收占比从2012年的92%波动下降至2022年的83%左右，2022年全国排名第2，财政可靠性高。债务收入占比约13.9%，仅高于西藏，对债务依赖度低。2022年，上海市全市政府性基金收入（不含转移支付）4041.5亿元，全国排名第6位。

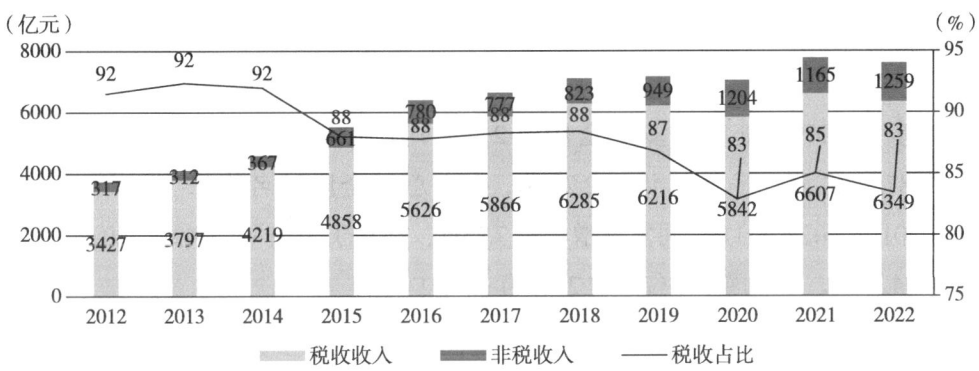

图2-4-8　上海市一般公共预算收入结构

数据来源：wind，上海市财政厅。本图中收入数据不含中央税收返还和转移支付、债务等收入。

政府债务增长较慢，整体负债水平低，债务空间高。2022年上海市地方政府债务限额11303亿元，居全国第17位，债务余额8539亿元，居全国第22位，2018—2022年，上海市债务余额年均复合增长率14.1%，居全国第8位。2022年上海市债务率66%，低于警戒线，全国排名第30位，仅高于西藏，政府债可用限额2764.5亿元，居全国第1位，债务腾挪空间高。从债务结构来看，2022年上海市专项债占比58.5%，略高于全国水平。

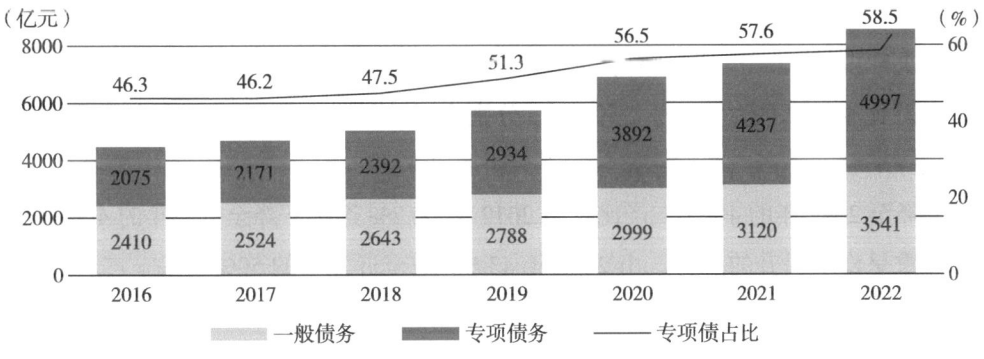

图2-4-9　上海市债务规模及构成

数据来源：wind，财政部。

五、江苏省

（一）经济情况

江苏省GDP总量连续多年全国第2，人均GDP居全国第2。2022年江苏省GDP122875.6亿元，是2012年的2.27倍，GDP总量全国排名第2，与2012年排名持平。2012—2022年11年间复合增长率7.75%，略高于全国平均水平，2022年人均GDP14.44万元，居全国第3位，较2012年提升1位。

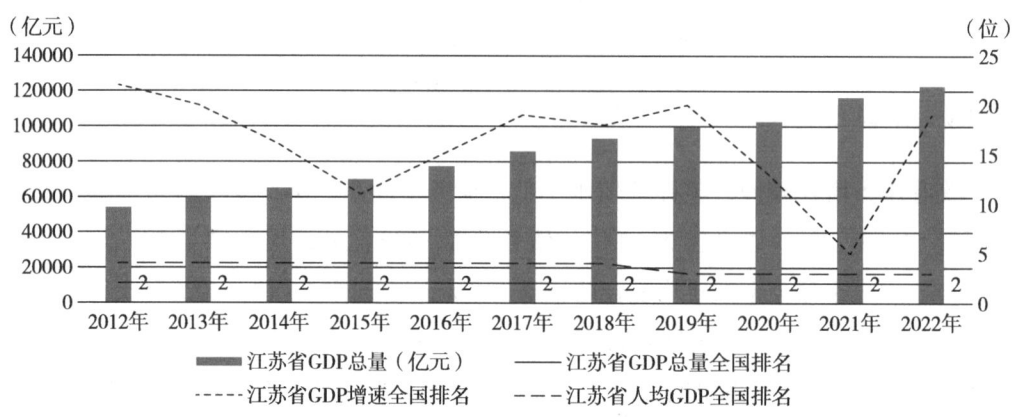

图2-5-1 江苏省GDP总量及相关经济指标全国排名情况

数据来源：国家统计局，中铁研究院。

三次产业结构一产比重下降至5%以下，三产比重超过50%。2022年，江苏省一二三产比重为4.0%：45.5%：50.5%，分别高于全国-3.3、5.6、-2.3个百分点。从演变趋势来看，一产二产比重整体呈下降并逐步趋稳态势，一产比重由2012年6.3%逐年下降至2022年的4%，二产比重由2012年50.2%逐步下降至近几年的45%左右，三产比重呈稳步提升的态势，由2012年43.5%增至近几年的50%左右。二产中工业占比略低于全国平均水平，2022年，江苏省工业增加值占GDP比重为39.55%，较上年提高0.25个百分点，略低于全国39.92%的平均水平。

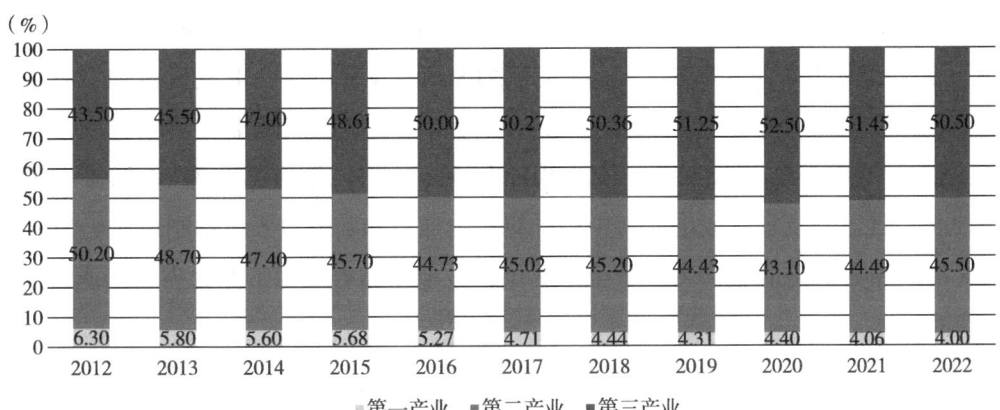

图2-5-2 江苏省一二三产业结构比重变化（%）

数据来源：国家统计局，中铁研究院。

全省各地市整体发展水平较高，协调发展均衡性有待进一步改善。2022年，全省13个地级市GDP首末比超过5.98，较2012年减少1.91，发展不平衡状况有所改善。从人均GDP来看，全省各地市首末比2.4，仅宿迁人均GDP约为全国水平的96%，其他各地市人均GDP均超出全国水平1%~131%，整体发展水平较高，协调发展均衡性有待进一步改善。

表2-5-1　　　　　　　　江苏省各市GDP总量和人均GDP（2022年）

序号	各地市	GDP总量（亿元）	人均GDP（元/人）
1	苏州	23958.34	186024
2	无锡	14850.82	198404
3	常州	9550.06	178243
4	南通	11379.60	147057
5	扬州	7104.98	155132
6	镇江	5017.04	155823
7	盐城	7079.78	105647
8	徐州	8457.84	93731
9	泰州	6401.77	141830
10	淮安	4742.42	104054
11	连云港	4005.03	87042
12	宿迁	4111.98	82452
13	南京	16907.85	178781

数据来源：江苏省统计局，中铁研究院。

（二）支柱产业

江苏省四大支柱产业营收占全省GDP52%。2022年，江苏省工业增加值占GDP

比重为39.55%，较上年上升0.25个百分点，略低于全国39.92%的平均水平。全省工业营收前四名为计算机、通信和其他电子设备制造业，电气机械和器材制造业，黑色金属冶炼和压延加工业，化学原料和化学制品制造业，营收规模分别为22158.70、17522.52、12855.16、11040.12亿元，总计占GDP比重51.74%。相比2012年，江苏省支柱产业前4名中，计算机、通信和其他电子设备制造业仍为第1，电气机械和器材制造业排名提升至第2位，显示江苏省作为工业大省，产业结构较为稳固。

园区数量众多，质量领先全国。2022年，江苏有国家级园区44个，国家级园区数量居全国第1，且从数量上看远超第2名浙江的30个，44个园区中有国家级经开区27个，国家级高新区17个。江苏省园区数量众多，发展质量同样处于高水平，其中苏州工业园区在国家级经济技术开发区综合发展水平考核评价中连续七年排名第一。

（三）人口

江苏省常住人口常年高于户籍人口，老龄化程度高于全国水平。2022年末，全省常住人口8515万人，同比增长0.12%，居全国第4位，较2012年持平。全省户籍人口常年低于高于常住人口，且差距逐年扩大，2012—2022年，常住人口与户籍人口之差从509万人增加至643万人，显示常住人口持续增长，人口吸引力增强。与之对应，全省老龄化进程好于全国水平，2022年，全省65岁以上人口占比17.9%，较2012年提升6.4个百分点，高于14.9%的全国水平，在全国老龄化程度中排名第5位，较2012年下降2个位次。

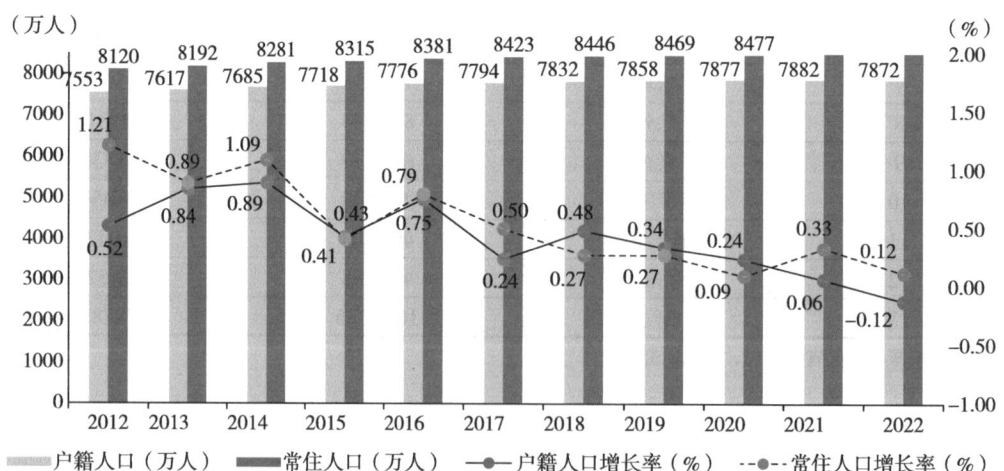

图2-5-3　江苏省户籍人口与常住人口情况

数据来源：wind，中铁研究院。

人口教育结构改善，高等教育人口占比领先。2022年，全省专科、本科、研究生学历人口占比分别为11.1%、10.2%、1.3%，受高等教育（专科、本科、研究生）人口合计占比22.6%，较2015年的15.4%上升7.2个百分点。高中学历占比为16.8%，较2012年持平。小学学历占比21.9%，初中学历占比为37.7%，二者占比下降6.4个百分点，全省教育结构改善。从全国来看，全省受高等教育人口占比居全国第4位，高等教育人口占比领先，教育结构改善与经济快速发展相匹配。

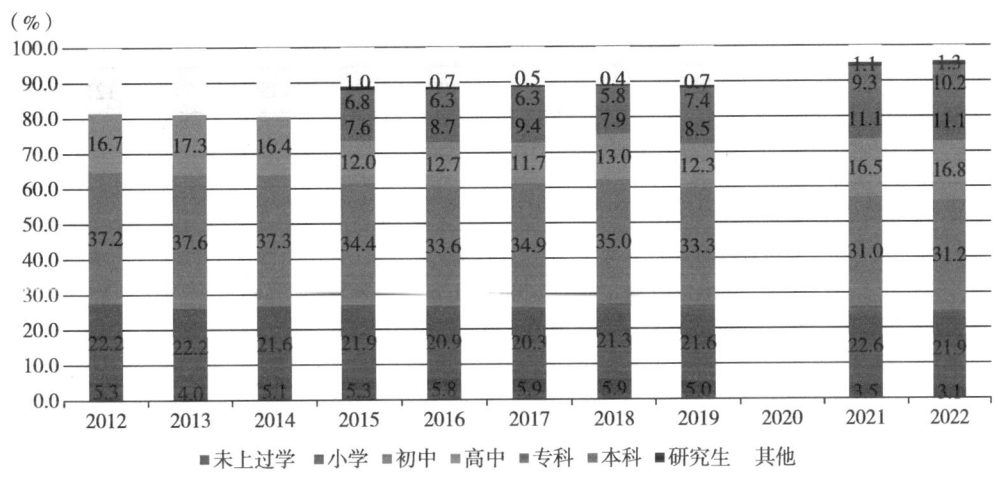

图2-5-4　江苏省人口受教育情况

数据来源：wind，中铁研究院。其中缺少2020年数据。

（四）基础设施和公共服务

立体综合交通网络日益完善，铁路和公路密度均居全国前列，内河通航里程全国第1。2022年，江苏省铁路营业里程4404.135公里，铁路网密度达4.29公里/百平方公里，为全国的2.65倍，总里程居全国第20位，与2012年排名持平，铁路网密度居全国第7。到2025年，高速铁路约3000公里，覆盖所有设区市和90%左右县（市），城市群城际铁路和市域（郊）铁路运营和在建里程力争达1000公里，城市轨道交通里程达1000公里。2022年全省公路15.8万公里，公路网密度153.78公里/百平方公里，是全国的2.75倍，总里程居全国第18位，公路密度居全国第7，高速公路5100公里，密度4.96公里/百平方公里，总里程居全国第20位，高速公路密度全国第7。规划至2025年，高速公路约5500公里，建成"四好农村路"全国示范省。全省共9个运输机场，2022年全省机场旅客吞吐量共计2459.1万人次，占全国4.73%，全国排名第7，货邮吞吐量共计59.5万吨，全国排名第7。南京禄口机场旅客吞吐量合计占全省49.37%，货物吞吐量占全省63.52%，到2025年，机场保障能力力争达 1.2 亿人次和 250 万吨。2022 年,江苏内河通航里程 24407.805 公里,占全国 19.07%,内河港口吞吐量 27.87 亿吨。到 2025 年,港口综合通过能力达 25 亿吨(集装箱 2000 万标箱),千吨级航道约 2700 公里。

表 2-5-2　　　　　　　　2022 年江苏省基础设施统计

类型	指标	江苏	全国	东部地区
铁路	里程(公里)	4404.135	154906.5	37594.371
铁路	密度(公里/百平方公里)	4.29	1.62	4.05
公路	里程(公里)	158000	5355000	1210200
公路	密度(公里/百平方公里)	153.78	55.93	130.35
机场	机场数量	9	254	56
机场	旅客吞吐量(万人次)	2459.1	51952.8	24836.4
机场	货邮吞吐量(万吨)	59.5	1452.7	1069.8
港口航道	港口吞吐量(亿吨)	——	55.54	——
港口航道	内河通航里程(公里)	24407.805	127968	53091.52

数据来源:wind,国家统计局,中铁研究院。

公共服务设施义务教育生均校舍面积明显提升,千人医疗床位数位低于全国水平。2021 年,江苏省义务教育生均校舍建筑面积 11.68 平方米,高于全国 10.3 人/平方米的平均水平,全国排名第 5,较 2013 年下滑 1 名。2022 年江苏省每千人医疗卫生机构床位数 6.61 张/千人,低于全国 6.91 的平均水平,全国排名第 20,较 2012 年下滑 1 名。

表 2-5-3　　　　　　　　江苏省公共服务设施统计

	2021 年义务教育生均校舍建筑面积(m²)	2022 年每千人口医疗卫生机构床位数(张)
江苏	11.68	6.61
全国	10.30	6.91
东部地区	10.31	6.0

数据来源:《中国教育统计年鉴 2021》《中国卫生健康统计年鉴 2022》,中铁研究院。

(五)城市建设

城镇化水平居全国前列,特大城市加快发展,形成多中心格局。2022 年,江苏省常住人口城镇化率 74.4%,高于全国平均水平 9.18 个百分点,居全国第 5 位。2012—2022 年城镇化率提升 11.39 个百分点,低于全国平均水平 0.73 个百分点,城镇化全国排名提升1位。江苏省有城市34座，城市数量较2012年减少3座（撤县设区），拥有从Ⅱ型小城市到大城市特大型五档城市结构，无Ⅰ型大城市，城市结构存在断档。城市人口结构以特大、Ⅱ型大城市为主，分别占全省城区人口的32.36%、43.05%。2012—2022年，上述两类城市加快发展，晋级1座特大城市、新增2座Ⅱ型大城市，同时小城市减少6座。江苏拥有南京和苏州两座特大城市，2022年城区人口分别为699.31、500.08万人，较2012年分别增加132.04、221.6万人，苏州发展能力大幅增强，多中心格局形成。从首位度来看，南京首位度18.87%，居全国第25位，也呈现鲜明的多中心特征。此外，江苏9座Ⅱ型大城市有无锡等4座人口超过200万，向Ⅰ型大城市晋级势能突出，多中心格局将更加凸显。

土地城镇化快于人口城镇化，产业和城市基础设施供地速度快强度大。2022年，江苏省城镇建成区5653.55平方公里，居全国第3位，10年复合增速2.7%，低于全国0.01个百分点，同期区域人口排名全国第5，增速2.41%，地人增速差0.3个百分点，低于全国平均水平，居全国第21。城镇城市建设用地5530平方公里，人均建设用地129.8平方米，居全国第8位，较2012年大幅下降2位，集约化利用水平提升。结构与全国基本一致，居住、工业、道路交通设施、用地居前三位，占比分别为28.17%、21.82%、17.75%，其中工业、道路交通用地相比2012年增长，分别提升0.08、6.79个百分点。与全国平均水平横向比较，商服、工业用地、道路、绿地广场四项指标用地高于全国平均水平，尤其是工业用地高于全国4.21个百分点，显示出产业和城市基础设施供地强度均较大。

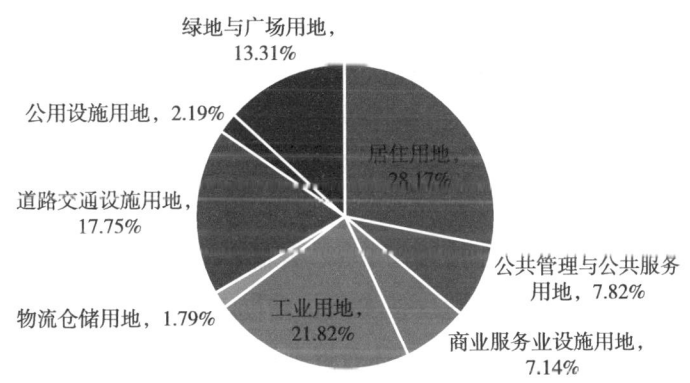

图2-5-5　2022年江苏省城市建设用地结构

资料来源：住建部2022年城乡统计年鉴，中铁研究院。

城市建设投资高基数温和增长，城市设施水平居全国前列。2022年，江苏省完成市政基础设施投资2068.82亿元，同比增长0.63%，10年复合增速3.44%，人均投资4894.69元，四项指标分别居全国第1、12、15、8，投资规模与2012排位保持一致，人均投资较2012年下降2位，整体呈出高基数温和增长态势。长期保持较高基数投资，江苏省市政基础设施水平处于上游水平，2022年城市16项指标与全国平均水平的偏离度均值1.54，居全国第2，仅次于北京，县城部分15项指标与全国偏离度均值0.88，居全国第11，其中差距项主要是污水处理。2022年，江苏省房地产投资1.24万亿元，同比降低7.94%，10年复合增速7.17%，三项指标分别居全国第3、22、12，投资规模排名较2012年下降2位，2022年较大环境而言体现出较强韧性。2022年，江苏省人均住房面积[①]约48.52平方米，居全国第4位。江苏省有城市轨道交通（仅含地铁、轻轨）938.68公里。

城、县、镇整体发展均衡度高于全国水平，城市和县城分化水平较轻，城市建设水平差距较大。2022年，江苏省城市、县城、镇对城镇化的人口贡献率分别为58.5%、8.2%、33.3%，分别高于全国平均水平-2.81、-8.77、11.58个百分点，城市贡献度全国排名第15，叠加县少市多，显示中心城区和非中心城区差距较全国小，发展较为均衡。长周期来看，2012—2022年，江苏省城市、县城、镇贡献率分别提升3.9、-2.31、-1.59个百分点，显示期间城市经济加快发展。江苏省市多县少，2022年，江苏省共有34座城市、19个县城（不含21个县级市），二者城区人口之比为7.13，较2012年加深1.94，城市和县城的体量差距水平高于全国，加深水平也高于全国。从平均人口来看，城市为县城的3.99倍，居全国第23位，得益于县城平均人口超过20万，分化程度处于全国较轻水平。市政基础设施水平差距较大，2022年，江苏省城市和县城人均市政基础设施投资分别为5238元、2450元，居全国第8、14位，分别较2012年下降1和上升6位，市政基础设施指标与全国的偏离度均值分别居全国第2和11位，水平差距较为显著。从产业发展来看，2022年，县城工业用地占城市建设用地比18.51%，城市工业用地占比22.3%。

（六）固定资产投资情况

总体增速不及全国水平，制造业比重高，基础设施稳定，房地产增速由正转负。2022年，江苏省固定资产投资同比增长3.8%，固投增速在31个省级行政区中排名第18位，低于全国增速1.3个百分点，总体看近十年来江苏固投增速不及全国水平但较为接近。从领域来看，2022年制造业增长8.8%、房地产下降7.9%、基础设施[②]增长6.1%。从结构来看，制造业比重较高，且近十年平均增速达8.5%；房地产投资占比稳定，2022年投资为2015年以来首次下降；基础设施2012—2022年平均增速10.2%，

---

① 由于缺乏统计数据，报告人均住房面积含城乡居民住房。
② 基础设施：取电力、热力、燃气及水生产和供应业，交通运输和邮政业，信息传输和信息技术服务业，水利、生态环境和公共设施管理业四项投资之和。

总体占比稳定。2012—2022年江苏省固定资产投资中的建筑安装工程占比从55%波动上升至63%左右。

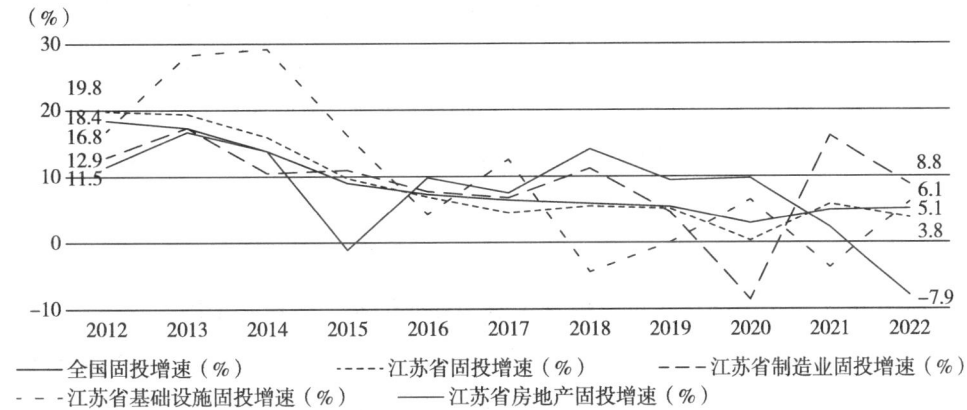

图2-5-6 江苏省固定资产投资增速情况

数据来源：wind，江苏省统计年鉴，国家统计局，中铁研究院。

基础设施投资结构稳定。2012—2022年，水利生态环境和公共设施管理业、交通运输和邮政业占江苏基础设施投资主导地位，二者投资之和在基础设施投资中占比平均达76%。2022年，二者投资增速分别为-5.6%、29.5%。电力热力燃气及水生产和供应业投资比重十年来下降一半左右，2022年投资增速9.1%。信息传输和信息技术服务业投资占比较低，但呈增加趋势。

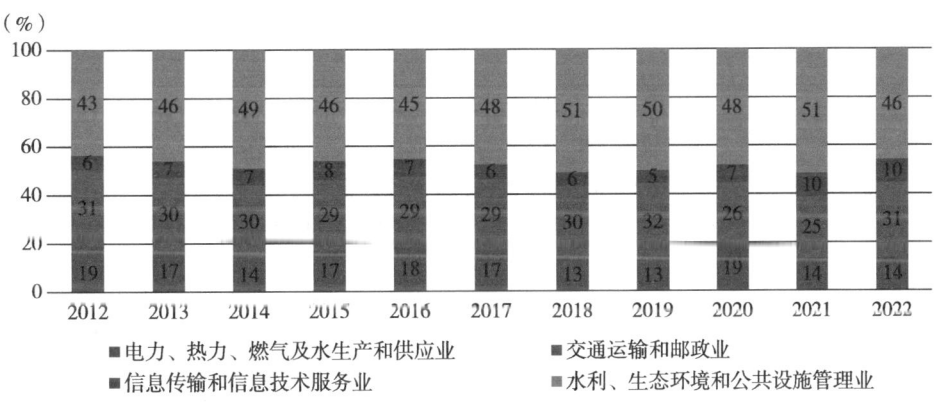

图2-5-7 江苏省历年基础设施投资结构占比

数据来源：wind，江苏省统计年鉴，2017年后各项占比以2017年投资为基数，按公布的投资增速计算。

（七）财政情况

江苏省综合财力收入水平与GDP水平较为匹配，对转移支付和非税收入依赖低，对债务依赖程度低。2022年江苏省综合财力约为23526.8亿元，在全国31个省级行政区中排名第1，高于GDP排名的第2名，综合财力下降8.7%，全国排名第28。从结构来看，一般公共预算收入和政府性基金收入之比约为51∶49，比例远低于全国水平，一般公共预算自给率62.1%，高于全国34.5%的均值，一般公共预算收入对转移支付依赖度低。全省一般公共预算（不含转移支付和负债）税收占比从2012年的82%波动下降至2022年的73%，2022年全国排名第9，财政可靠性较高。债务收入占比约16.2%，远低于全国水平，对债务依赖度低。2022年，江苏省全省政府性基金收入（不含转移支付）11478.6亿元，全国排名第1位。

政府债务增长慢，整体负债水平低，债务空间高。2022年江苏省地方政府债务限额22594亿元，居全国第3位，债务余额20694亿元，同样居全国第3位，2018—2022年，江苏省债务余额年均复合增长率11.7%，居全国第5位。2022年江苏省债务率88%，低于警戒线，全国排名第29位，仅高于上海和西藏，政府债可用限额1900亿元，居全国第2位，仅次于上海，债务腾挪空间高。从债务结构来看，2022年江苏专项债占比64.3%，高于全国水平。

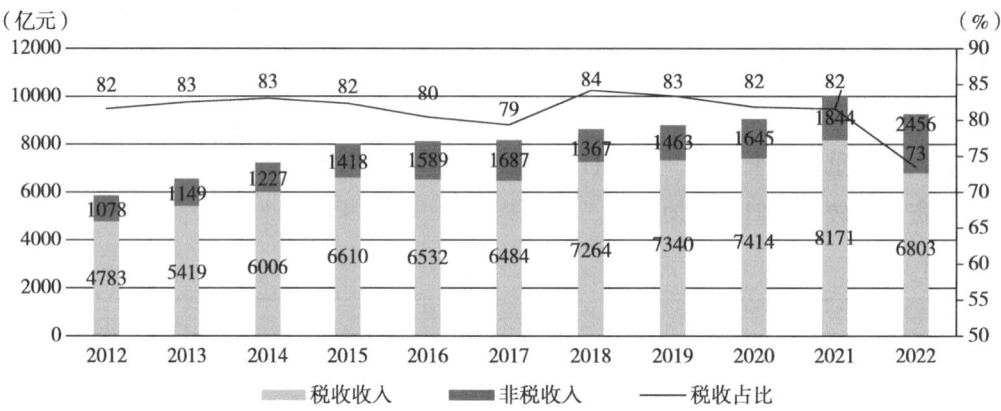

图2-5-8　江苏省一般公共预算收入结构

数据来源：wind，江苏省财政厅。本图中收入数据不含中央税收返还和转移支付、债务等收入。

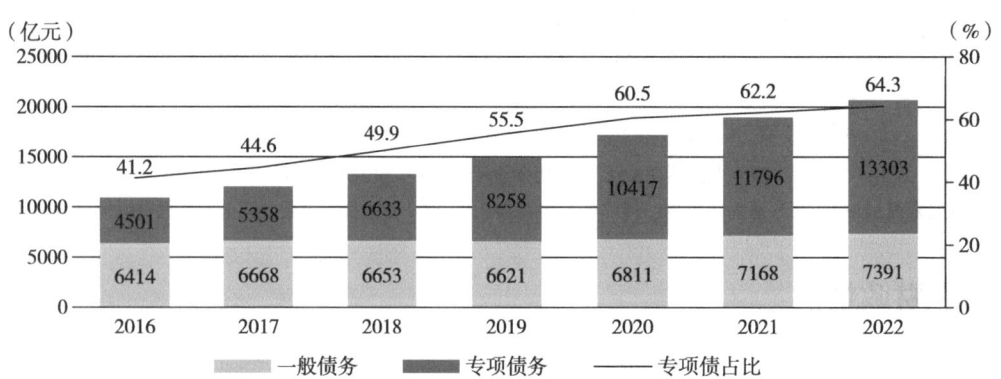

图2-5-9　江苏省债务规模及构成

数据来源：wind，财政部。

（八）南京市情况

南京市经济发展情况较好，经济综合实力较强。2022年南京市GDP16907.85亿元，在36个大中城市中[①]排名第9，相比2012年上升2位。人均GDP17.78万元，排名第4位。2012—2022年，南京市名义GDP年均复合增速8.91%，在36个大中城市中排名第18。三次产业结构为1.9∶35.9∶63.2。南京市的第三产业是当地经济的支柱，包括了金融、商贸、物流、旅游、文化创意等多个领域。随着城市经济的发展，南京的服务业规模不断扩大，特别是金融业和高新技术服务业蓬勃发展，形成了较为完善的产业体系。南京市在信息技术、生物医药、新材料等领域具有一定的优势和发展潜力，形成了一批高新技术企业和研发机构。南京在电子信息、软件开发、互联网应用等领域拥有较为成熟的产业链和技术创新能力，逐渐成为中国的重要高新技术产业基地之一。南京市拥有一些知名的汽车制造企业和汽车零部件企业，汽车制造及相关的装备制造业在南京的产业结构中占据着重要地位。这些企业涵盖了整车生产、零部件制造、汽车研发等多个环节，为当地经济做出了重要贡献。作为江苏省的省会城市，南京在金融服务业方面拥有较为完善的体系和资源。南京市是中国重要的金融中心之一，拥有多家银行、证券、保险等金融机构，同时还有一批专业的金融科技企业和金融服务机构，为地方经济的健康发展提供了重要支持。南京作为历史文化名城，拥有丰富的历史积淀和文化资源。因此，文化创意产业在南京市的产业结构中也占据着一席之地。影视娱乐、艺术设计、文化旅游等文化创意产业在南京蓬勃发展，成为城市经济的一大亮点。近年来，南京市政府加大了对高新技术产业的支持力度，积极引进人才和资金，推动产业升级和转型。同时，南京也致力于提升城市的综合竞争力，加强对外开放，吸引更多国际资源和投资，推动产业结构的优化和升级。

常住人口增长平稳，人口红利较好。2022年全市常住人口949.11万人，同比增长0.72%，户籍人口942.34万人，同比增长2.2%。2012—2022年，全市常住人口增长138.2万人，增量居全国第21位，增速居全国第25位。南京60岁以上人口比重为18.98%，15~59岁人口比重68.27%，拥有大学文化程度（大专及以上）的人口每10万人达到3.52万人，均优于全国水平，在36个大中城市中优势突出，劳动人口比重居第17位，大学文化程度（大专及以上）人口居第2位，人口素质在36个重点城市中居于领先水平。

固定资产投资小幅增长，制造业投资占比大。2022年南京市固定资产投资同比增长3.5%，居第20位。其中工业投资增长11%，房地产投资增长1.4，基础设施投资增

[①] 以下均为在36个大中城市中的排名，其他有注明的除外。

长0.9%。南京固定资产投资长期以基础设施为主，2022年，制造业、基础设施、房地产占比分别为25%、43%、10%。基础设施投资中，交通运输、仓储和邮政业占比长期较高，近年来信息传输、软件和信息服务业投资额成为基础设施中投资增速最高行业。

财政状况较好，负债水平低。2022年，南京市综合财力3468.2亿元（一般公共预算收入+转移支付收入+政府性基金收入），居第8位。2012—2022年综合财力（2011前不含转移支付收入）年均增速3.76%，居全国第30位，2022年财政自给率85.2%，在36个大中城市排名第4名。2022年，南京市债务率86.16%（债务余额/综合财力），在36个大中城市中排名第30位。

六、浙江省

（一）经济情况

浙江省GDP总量连续多年全国第4，人均GDP居全国前列。2022年浙江省GDP77715亿元，是2012年的2.24倍，GDP总量全国排名第4，与2012年排名持平。2012—2022年11年间复合增长率7.62%，与全国平均水平相当，2022年人均GDP11.85万元，居全国第6位，与2012年排名持平。

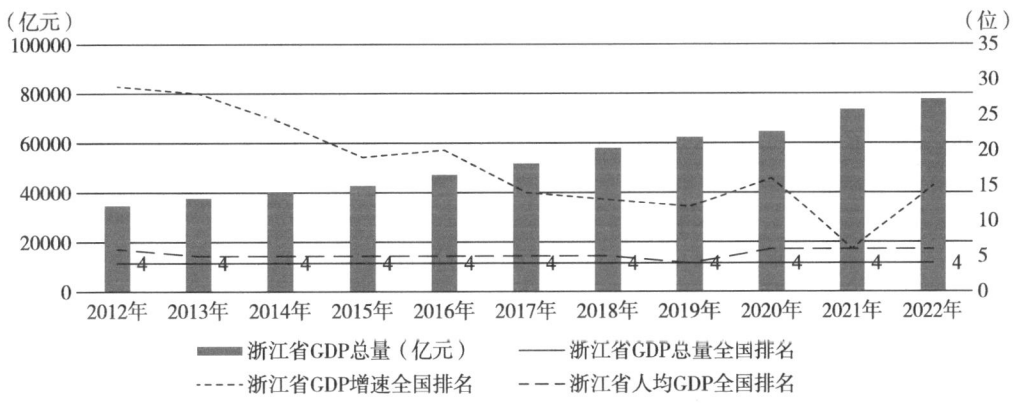

图2-6-1　浙江省GDP总量及相关经济指标全国排名情况
数据来源：国家统计局，中铁研究院。

三次产业结构相对稳定，一产比重始终不超过5%。2022年，浙江省一二三产比重为3.0%∶42.7%∶54.3%，分别高于全国-4.3、2.8、1.5个百分点。从演变趋势来看，一产二产比重呈连续下降后逐步趋稳态势，由2012年4.8%逐年下降至近几年的3%，二产比重由2012年50.0%逐步下降至近几年的42%左右，三产比重呈稳步提升的态势，由2012年45.2%增至近几年的55%左右。二产中工业占比低于全国平均水平，2022年，浙江省工业增加值占GDP比重为37.15%，较上年提高0.43个百分点，低于全国39.92%的平均水平。

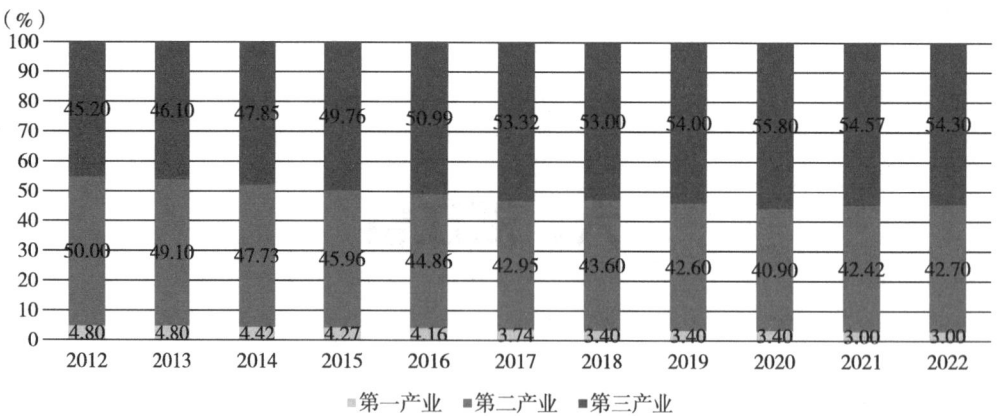

图2-6-2 浙江省一二三产业结构比重变化（%）

数据来源：国家统计局，中铁研究院。

全省各地市整体发展水平较高，人均GDP均衡性相对较好。2022年，全省11个地级市GDP首末比超过10.96，较2012年增加1.81，发展不平衡状况加剧。杭州和宁波GDP总量之和占全省比重超过45%。从人均GDP来看，全省各地市首末比2.29，且仅金华和衢州人均GDP约为全国水平的91%和97%，其他各地市人均GDP均超出全国水平5%~95%，协调发展均衡性相对较好。

表2-6-3　　　　　　　　浙江省各市GDP总量和人均GDP（2022年）

序号	各地市	GDP总量（亿元）	人均GDP（元/人）
1	湖州	3850	112902
2	嘉兴	6739	121794
3	绍兴	7351	137522
4	舟山	1951	167134
5	台州	6041	90572
6	金华	5562	78086
7	温州	8030	83107
8	衢州	2003	72812
9	丽水	1831	87544
10	宁波	15704	163911
11	杭州	20059	152588

数据来源：浙江省统计局，中铁研究院。

（二）支柱产业

浙江省四大支柱产业工业总产值占全省GDP50%。2022年，浙江省工业增加值占

GDP 比重为 37.15%，较上年上升 0.43 个百分点，低于全国 39.92% 的平均水平。全省工业总产值前四名为电气机械和器材制造业，化学原料和化学制品制造业，计算机、通信和其他电子设备制造业，通用设备制造业，产值规模分别为 11643.20、10733.80、8918.20、7259.00 亿元，总计占 GDP 比重 49.61%。相比 2012 年，浙江省支柱产业前 4 名中，电气机械和器材制造业排名上升一位置第 1 名，计算机、通信和其他电子设备制造业，通用设备制造业取代了纺织业，电力、热力生产和供应业，显示浙江省作为工业大省，产业结构经历了全面升级。

园区数量众多，发展水平较高。2022 年，浙江有国家级园区 30 个，国家级园区数量居全国第 2，仅次于江苏，30 个园区中有国家级经开区 22 个，国家级高新区 8 个。浙江省园区数量众多，发展水平较高，从开发区分布来看，浙江东北片区强于西南片区，主要是东北片区的杭州、宁波、嘉兴、绍兴布局占比较大。

（三）人口

浙江省常住人口常年高于户籍人口，人口老龄化程度与全国接近。2022 年末，全省常住人口 6577 万人，同比增长 0.57%，居全国第 8 位，较 2012 年上升 2 位。全省户籍人长期低于常住人口，且差距逐年扩大，2012—2022 年，常住人口与户籍人口之差从 789 万增加至 1466 万，显示常住人口持续增长，人口吸引力增强。2022 年，全省 65 岁以上人口占比 14.9%，较 2012 年提升 6.2 个百分点，与 14.9% 的全国水平接近，在全国老龄化程度中排名第 15 位，较 2012 年上升 3 个位次。

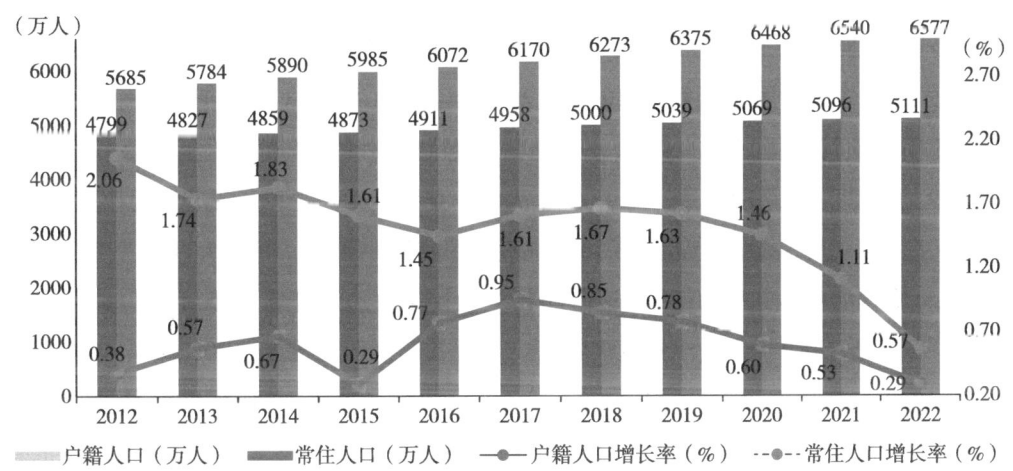

图 2-6-3　浙江省户籍人口与常住人口情况

数据来源：wind，中铁研究院。

人口教育结构改善，高等教育人口占比全国领先。2022年，全省专科、本科、研究生学历人口占比分别为9.9%、9.6%、1%，受高等教育（专科、本科、研究生）人口合计占比20.4%，较2015年的13.8%上升6.6个百分点。高中学历占比为14.5%，较2012年下降0.2个百分点。小学学历占比26.2%，初中学历占比为31.2%，二者占比下降4.5个百分点，全省教育结构改善。从全国来看，全省受高等教育人口占比居全国第8位，高等教育人口居全国领先水平，教育结构改善与经济发展水平相匹配。

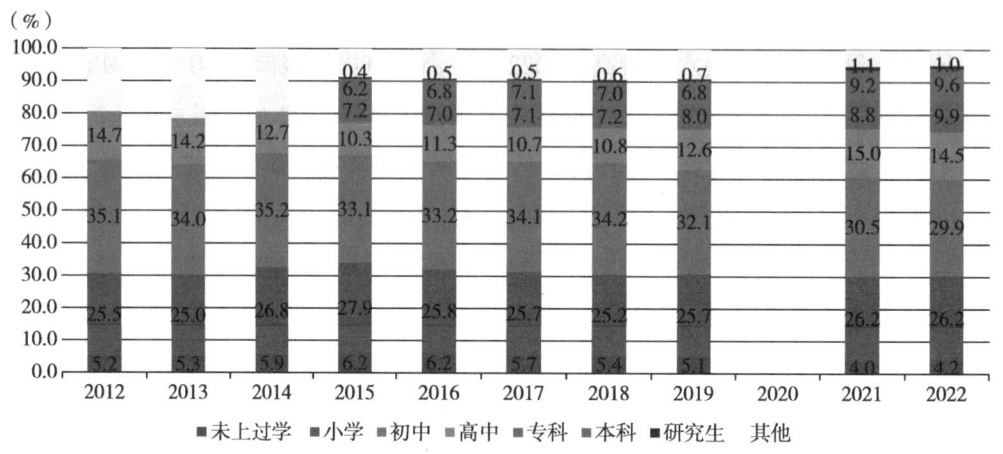

图2-6-4 浙江省人口受教育情况

数据来源：wind，中铁研究院。其中缺少2020年数据。

（四）基础设施和公共服务

立体综合交通网络日益完善，高速公路密度和内河通航里程居全国前列。2022年，浙江省铁路营业里程3711.532公里，铁路网密度达3.56公里/百平方公里，为全国的2.2倍，总里程居全国第23位，较2012年提升1位，铁路网密度居全国第11。到2025年，铁路总里程达5000公里，轨道交通总里程达1300公里。2022年全省公路12.29万公里，公路网密度117.97公里/百平方公里，是全国的2.11倍，总里程居全国第22位，公路密度居全国第13，高速公路5300公里，密度5.09公里/百平方公里，总里程居全国第19位，高速公路密度全国第5。规划至2025年，公路总里程达12.8万公里，其中高速公路6000公里。全省共7个运输机场，2022年全省机场旅客吞吐量共计3470.7万人次，占全国6.67%，全国排名第3，货邮吞吐量共计99.5万吨，全国排名第4。杭州萧山机场旅客吞吐量合计占全省57.73%，货物吞吐量占全省83.4%，到2025年，全省运输机场旅客吞吐能力1.2亿人次，货邮吞吐能力300万吨。2022年，浙江内河通航里程9762.515公里，占全国7.63%。到2025年，内河千吨级航道里程达 800 公里。

表 2-6-2 2022 年浙江省基础设施统计

类型	指标	浙江	全国	东部地区
铁路	里程（公里）	3711.532	154906.5	37594.371
铁路	密度（公里/百平方公里）	3.56	1.62	4.05
公路	里程（公里）	122900	5355000	1210200
公路	密度（公里/百平方公里）	117.97	55.93	130.35
机场	机场数量	7	254	56
机场	旅客吞吐量（万人次）	3470.7	51952.8	24836.4
机场	货邮吞吐量（万吨）	99.5	1452.7	1069.8
港口航道	港口吞吐量（亿吨）	——	55.54	——
港口航道	内河通航里程（公里）	9762.515	127968	53091.52

数据来源：wind，国家统计局，中铁研究院。

公共服务设施义务教育生均校舍面积优势明显，千人医疗床位数低于全国水平。2021 年，浙江省义务教育生均校舍建筑面积 14.24 平方米，远高于全国 10.3 人/平方米的平均水平，全国排名第 2，较 2013 年提升 1 名。2022 年浙江省每千人医疗卫生机构床位数 5.80 张/千人，低于全国 6.91 的平均水平，全国排名第 24，与 2012 年排名持平。

表 2-6-3 浙江省公共服务设施统计

	2021 年义务教育生均校舍建筑面积（m²）	2022 年每千人口医疗卫生机构床位数（张）
浙江	14.24	5.80
全国	10.30	6.91
东部地区	10.31	6.0

数据来源：《中国教育统计年鉴 2021》《中国卫生健康统计年鉴 2022》，中铁研究院。

（五）城市建设

城镇化水平居全国前列，形成超大城市，中心城首位度大幅提升。2022 年，浙江省常住人口城镇化率 73.4%，高于全国平均水平，居全国第 6 位。2012—2022 年城镇化率提升 10.49 个百分点，城镇化全国排名提升 1 位。2022 年，浙江省有城市 31 座，城市数量较 2012 年减少 2 座（撤县设区），拥有从 II 型小城市到超大城市六档城市结构，缺乏特大城市，结构存在断层。城市人口结构以超大城市和 II 型大城市为主，分别占全省城区人口的 30.79%、28.05%。2012—2022 年，超大城市和 II 型大城市加快发展，晋级1座超大城市，新增3座Ⅱ型大城市，小城市减少6座。城区人口增减分布也体现这一特点，2012—2022年，杭州从Ⅰ型大城市向超大城市晋级，城区人口净增637.38万人，占全省城区新增人口的46.3%，6座Ⅱ型大城市人口增加481万人，平均每座城市新增80万人。中心城首位度大幅提升，2022年杭州城区人口1002.1万人，占全部城区人口的46.3%，城区人口增加量居全国各省中心城市第3位，首位度从19%提升到30.79%，全国排名从第25位提升至17位。

人口城镇化快于土地城镇化，城市道路、居住供地提速。2022年，浙江省城镇建成区4063.47平方公里，居全国第6位，10年复合增速3.62%，高于全国0.82个百分点，同期区域人口排名全国第6，增速4.71%，地人增速差-1.09个百分点，人口城镇化快于土地城镇化。城镇城市建设用地4135平方公里，人均建设用地107.11平方米，居全国第20位，较2012年下降3位，集约用地水平提升，也是全国唯一城市建设用地供地超过建成区的省。结构与全国保持一致，居住、工业、道路交通设施用地居前三位，占比分别为31.66%、21.77%、17.25%，其中居住、道路交通用地相比2012年增长，分别提升3.01、4.06个百分点，此外公共管理与服务用地占比提升。与全国平均水平横向比较，工业、公共管理与公共服务、道路交通三项指标用地高于全国平均水平，尤其是工业用地高出4.16个百分点，显示出长期对产业、城市道路供地强度较大。

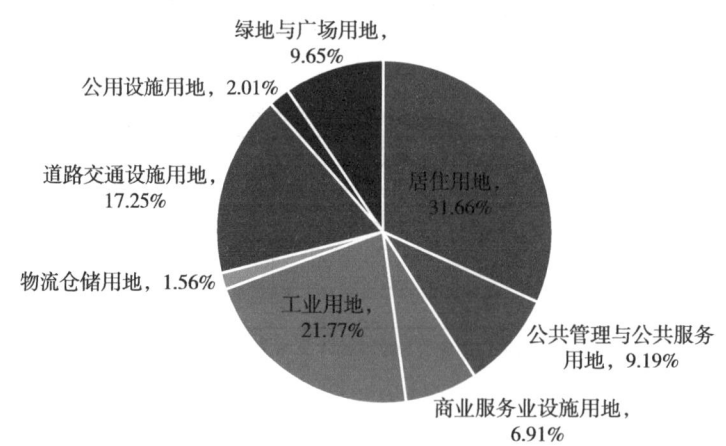

图2-6-5　2022年浙江省城市建设用地结构

资料来源：住建部2022年城乡统计年鉴，中铁研究院。

城市建设投入力度大，市政基础设施投资高位减速，房地产韧性强，城市设施水平高。2022年，浙江省完成市政基础设施投资2046.16亿元，同比增长-9.6%，10年复合增速10.43%，人均投资5511.89元，四项指标分别居全国第3、18、3、6。从长期来看，投资规模和人均投资较2012年上升10和8位，显示阶段投资加大力度，从短期来看，2021、2022年连续两年负增长，当前投资减速特征明显。受整体投资力度较大影响，浙江省市政基础设施水平居全国前列，2022年城市和县城市政基础设施指标与全国的偏离度均值分别为0.98、3.67，分别居全国第3和第1位，其中城市部分3项绿化有关指标低于全国平均水平。2022年，浙江省房地产体现较强韧性，完成投资1.29万亿元，同比增长4.44%，分别居全国第2、1位，是全国仅有的两个正增长的省，10年复合增速9.49%，居全国第4，带动投资规模排名较2012年上升2位。2022年，浙江省人均住房面积[①]约47.53平方米，居全国第9位。浙江省有城市轨道交通（仅含地铁、轻轨）729.92公里。

城市、县、镇发展不平衡，城市和县城分化水平较深。2022年，浙江省城市、县城、镇对城镇化的人口贡献率分别为67.41%、9%、23%，分别高于全国平均水平6.1、-7.48、1.39个百分点，城市贡献度全国排名第9，贡献度较为突出。长周期来看，2012—2022年，浙江省城市、县城、镇贡献率分别提升14.89、-3.48、-11.41个百分点，显示期间城市迅猛发展。浙江省城市和县城数量较为均衡，2022年共有31座城市、33个县城（不含20个县级市），二者城区人口之比为7.1，较2012年加深3.06，城市和县城的体量差距水平高于全国，加深水平也高于全国。从平均人口来看，城市为县城的7.56倍，居全国第7位，分化程度较深。城市建设分化水平较轻，2022年，浙江省城市和县城人均市政基础设施投资分别为5736.5元、3916.12元，居全国第5、第6位，分别较2012年上升10和6位。城市和县城市政基础设施指标与全国的偏离度均值分别居全国第3和第1位，均处于全国前列。从产业发展来看，2022年，县城工业用地占城市建设用地比19.88%，城市工业用地占比22.13%。

（六）固定资产投资情况

总体增速高于全国水平，制造业、基础设施、房地产三项投资均衡稳定。2022年，浙江省固定资产投资同比增长9.1%，固投增速在31个省级行政区中排名第5位，高于全国增速4.0个百分点，2018年以来浙江固投增速持续高于全国水平。从领域来看，2022年制造业增长17.0%、房地产增长4.4%、基础设施[②]增长9.3%。从结构来看，制造业、基础设施、房地产三项投资均较为稳定且占比近似，其中制造业连续十年正增长；在全国房地产投资下降10%的情况下，浙江房地产投资仍维持了4.4%的正增长；基础设施2012—2022年平均增速达13.9%。2012—2022年浙江省固定资产投资中的建筑安装工程占比从58%微降至55%左右。

---

① 由于缺乏统计数据，报告人均住房面积含城乡居民住房。
② 基础设施：取电力、热力、燃气及水生产和供应业，交通运输和邮政业，信息传输和信息技术服务业，水利、生态环境和公共设施管理业四项投资之和。

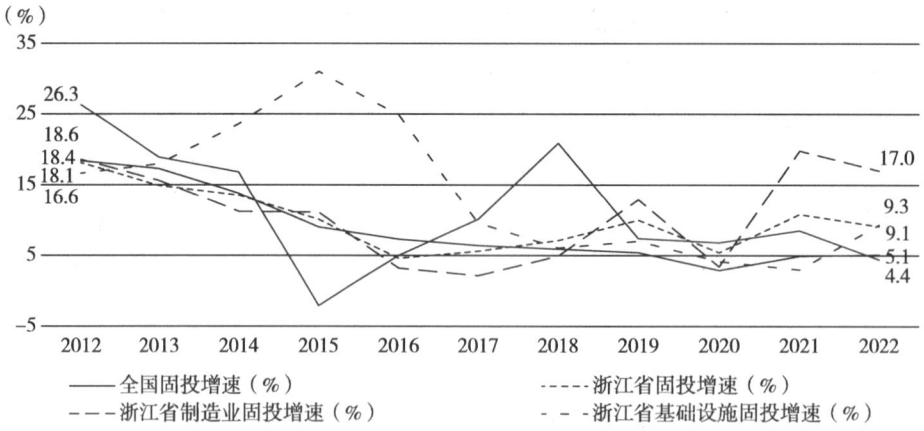

图2-6-6 浙江省固定资产投资增速情况

数据来源：wind，浙江省统计年鉴，国家统计局，中铁研究院。

基础设施投资结构稳定。2012—2022年，水利生态环境和公共设施管理业、交通运输和邮政业占浙江基础设施投资主导地位，二者投资之和在基础设施投资中占比平均达82%。2022年，二者投资增速分别为16.8%、-3.9%。电力热力燃气及水生产和供应业投资比重十年来下降一半左右，2022年投资增速29.7%。信息传输和信息技术服务业投资占比较低，且持续稳定，2022年投资增速5.8%。

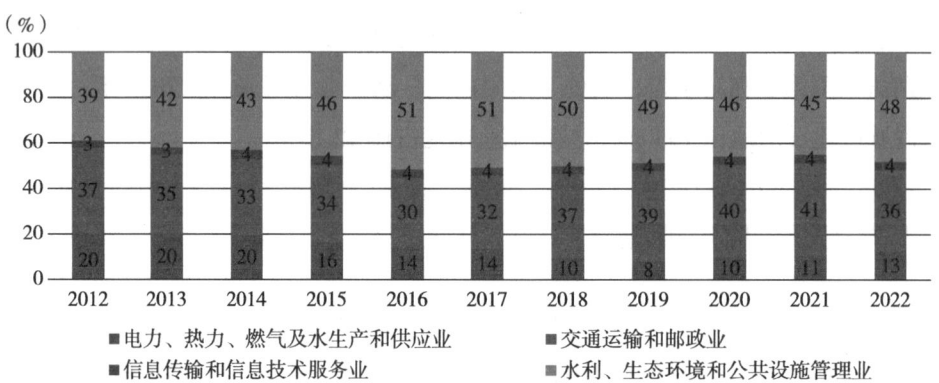

图2-6-7 浙江省历年基础设施投资结构占比

数据来源：wind，浙江省统计年鉴。2017年后各项占比以2017年投资为基数，按公布的投资增速计算。

（七）财政情况

浙江省综合财力收入水平与GDP水平较为匹配，对转移支付和非税收入依赖低，对债务依赖程度低。2022年浙江省综合财力约为20035亿元，在全国31个省级行政区中排名第3，高于GDP排名的第4名，综合财力下降5.8%，全国排名第22。从结构来看，一般公共预算收入和政府性基金收入之比约为50∶50，比例远低于全国水平，一般公共预算自给率66.9%，远高于全国34.5%的均值，一般公共预算收入对转移支付依赖度低。全省一般公共预算（不含转移支付和负债）税收占比从2012年的94%波动下降至2022年的82%，2022年全国排名第3，财政可靠性高。债务收入占比约21.4%，低于全国水平，对债务依赖度较低。2022年，浙江省全省政府性基金收入（不含转移支付）10069亿元，全国排名第2位。

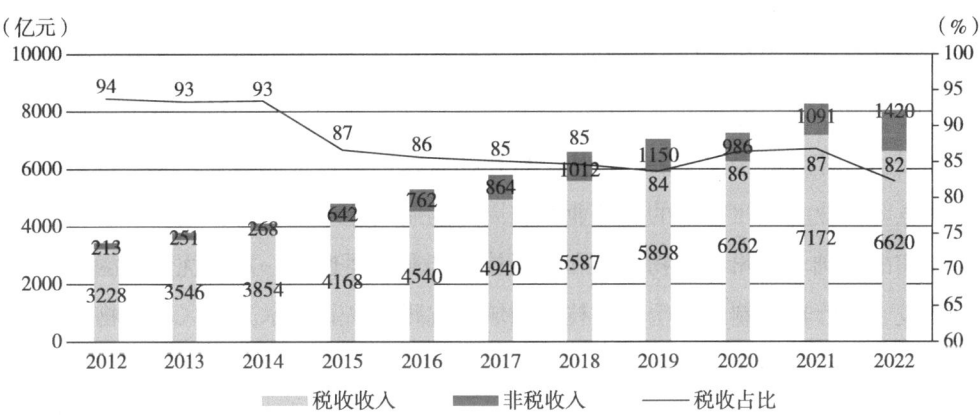

图2-6-8　浙江省一般公共预算收入结构

数据来源：wind，浙江省财政厅。本图中收入数据不含中央税收返还和转移支付、债务等收入。

政府债务稳定增长，负债规模持续扩大，整体负债水平较低，有一定债务空间。2022年浙江省地方政府债务限额20717亿元，居全国第4位，债务余额20169亿元，同样居全国第4位，2018—2022年，浙江省债务余额年均复合增长率16.9%，居全国第14位。2022年浙江省债务率101%，低于警戒线，全国排名第27位，政府债可用限额549亿元，居全国第18位，有一定债务腾挪空间。从债务结构来看，2022年浙江专项债占比63.1%，高于全国水平。

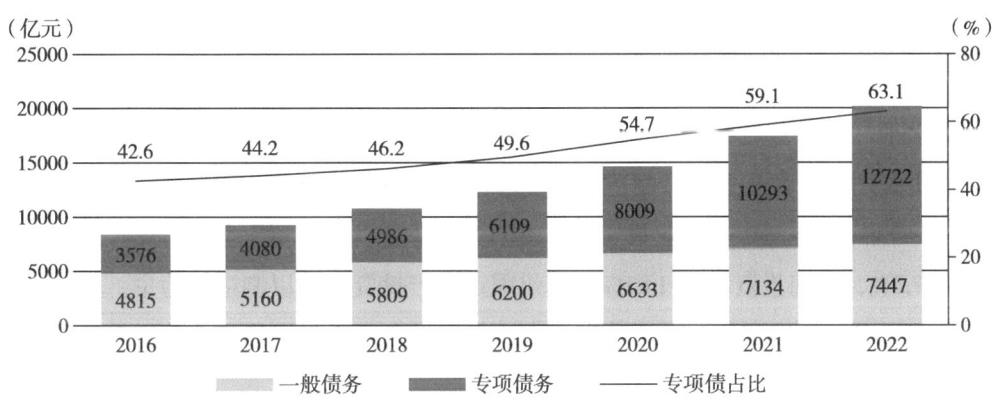

图2-6-9　浙江省债务规模及构成

数据来源：wind，财政部。

（八）杭州市情况

杭州市经济发展迅速，经济综合实力较高。2022年杭州市GDP18753.07亿元，在36个大中城市中[①]排名第8，相比2012年上升1位。人均GDP15.26万元，排名第7位。2012—2022年，杭州市名义GDP年均复合增速9.17%，在36个大中城市中排名第14。三次产业结构为1.8∶30∶68.2。杭州被誉为中国的"电子商务之都"，是阿里巴巴集团的总部所在地，同时也孕育了许多其他知名的互联网和电子商务企业。这些企业在互联网技术、电子商务平台、数字娱乐等领域处于领先地位，对于杭州的经济增长和吸引人才起着至关重要的作用。杭州拥有发达的传统制造业，尤其是纺织、服装、家电等行业。杭州市区的轻工业区和周边的制造业基地，为当地经济稳定增长提供了坚实的基础。杭州在生物医药和高新技术产业方面也有一定的优势，涵盖了生物医药研发、医疗器械制造、生物科技等领域。杭州的高新技术开发区和生物医药产业园区吸引了大量高新技术企业和研发机构入驻，推动了该产业的快速发展。杭州在文化创意产业方面也有所突出，包括影视制作、动漫游戏、设计创意等领域。西湖文化创意产业园等园区为文化创意产业提供了良好的发展环境，吸引了大量文化企业和创意人才。随着杭州作为长三角核心城市的地位不断巩固，金融服务业也在杭州迅速发展。杭州的金融机构众多，金融科技和互联网金融等新兴业态也日益壮大，为当地经济注入了新的活力。

常住人口增长快，人口红利较好。2022年全市常住人口1137.6万人，同比增长1.41%，户籍人口1237.6万人，同比增长1.41%。2012—2022年，全市常住人口增长363.8万人，增量居全国第8位，增速居全国第11位。杭州60岁以上人口比重为17.3%，15~59岁人口比重69.7%，拥有大学文化程度（大专及以上）的人口每10万人达到2.93万人，均优于全国水平，在36个大中城市中优势突出，劳动人口比重居第8位，大学文化程度（大专及以上）人口居第8位，人口素质在36个重点城市中居于领先水平。

固定资产投资稳步上升，制造业投资占比大。2022年杭州市固定资产投资同比增长6%，居第12位。其中工业投资增长21.1%，基础设施投资下降10.9%，房地产投资上升7.2%，民间投资增长14.1%。杭州固定资产投资长期以制造业为主，基础设施投资中，水利、环境和公共设施管理业占比长期较高，近年来信息传输、软件和信息服务业投资额成为基础设施中投资增速最高行业。

财政状况良好，负债水平低。2022年，杭州市综合财力6136.03亿元（一般公

[①] 以下均为在36个大中城市中的排名，其他有注明的除外。

共预算收入＋转移支付收入＋政府性基金收入），居第 4 位。2012—2022 年综合财力（2011 前不含转移支付收入）年均增速 16.23%，居全国第 2 位，2022 年财政自给率 96.4%，在 36 个大中城市排名第 1 名。2022 年，杭州市债务率 60.02%（债务余额／综合财力），在 36 个大中城市中排名第 34 位。

（九）宁波市情况

经济发展较快，经济综合实力较高。2022 年宁波市 GDP15704.3 亿元，在 36 个大中城市中[①]排名第 11，相比 2012 年上升 3 位。人均 GDP16.39 万元，排名第 5 位。2012—2022 年，宁波市名义 GDP 年均复合增速 9.05%，在 36 个大中城市中排名第 16。三次产业结构为 2.4：47.2：50.4。宁波港是世界著名的深水良港，也是中国最大的港口之一，其货物吞吐量连续多年位居全国前列。宁波港不仅是中国重要的对外贸易通道，还是沿海地区重要的航运中心之一。与港口相关的航运、物流等产业在宁波具有显著优势，成为当地的主导产业之一。宁波的制造业相当发达，尤其以轻工业和重工业为主。这包括了纺织、服装、化工、机械制造等行业，其中以纺织服装业最为突出。宁波的制造业产值巨大，对当地经济发展贡献重大。作为长三角地区的重要城市，宁波的金融业发达，拥有众多银行、证券、保险等金融机构。金融服务业在宁波经济中起着重要支撑作用，为企业提供融资和投资服务，促进了经济的快速增长。宁波作为一个商贸繁华的城市，拥有多个大型商业中心和批发市场。同时，随着电子商务的兴起，宁波的电子商务产业也呈现出蓬勃发展的态势。近年来，随着中国经济转型升级，宁波也在积极培育新兴产业，特别是高技术产业和现代服务业。例如，高端装备制造、新材料、生物医药等新兴产业在宁波得到了迅猛发展，成为支撑宁波未来经济增长的重要引擎。

常住人口增长较快，人口红利有待提升。2022 年全市常住人口 961.8 万人，同比增长 0.78%。2012—2022 年，全市常住人口增长 199 万人，增量居全国第 14 位，增速居全国第 20 位。宁波 60 岁以上人口比重为 18.1%，15~59 岁人口比重 69.63%，拥有大学文化程度（大专及以上）的人口每 10 万人达到 1.78 万人，均优于全国水平，在 36 个大中城市中优势突出，劳动人口比重居第 9 位，大学文化程度（大专及以上）人口居第 33 位，人口素质在 36 个重点城市中居中等水平。

固定资产投资稳步上升，制造业投资占比大。2022 年宁波市固定资产投资同比增长 10.4%，居第 5 位。其中工业投资增长 14.5%，制造业投资增长 14.8%，基础设施投

---

① 以下均为在 36 个大中城市中的排名，其他有注明的除外。

资增长 14.1%，房地产投资下降 2.7%，民间投资增长 4.6%。宁波固定资产投资长期以制造业为主，基础设施投资中，水利、环境和公共设施管理业占比长期较高，近年来信息传输、软件和信息服务业投资额成为基础设施中投资增速最高行业。

财政增速快，财政自给率较高。2022 年，宁波市综合财力 2921 亿元（一般公共预算收入 + 转移支付收入 + 政府性基金收入），居第 10 位。2012—2022 年综合财力（2011 前不含转移支付收入）年均增速 15.32%，居全国第 4 位，财政自给率稳定在 65%~75% 之间，2022 年财政自给率 76.8%，在 36 个大中城市排名第 10 名。2022 年，宁波市债务率 98.78（债务余额 / 综合财力），在 36 个大中城市中排名第 27 位。

七、福建省

（一）经济情况

福建省GDP总量和人均GDP均居全国前列，全国排名提升明显。2022年福建省GDP53109.85亿元，是2012年的2.7倍，GDP总量全国排名第8，较2012年提升4位。2012—2022年11年间复合增长率9.13%，高于全国平均水平，2022年人均GDP12.68万元，居全国第4位，较2012年提升5名。

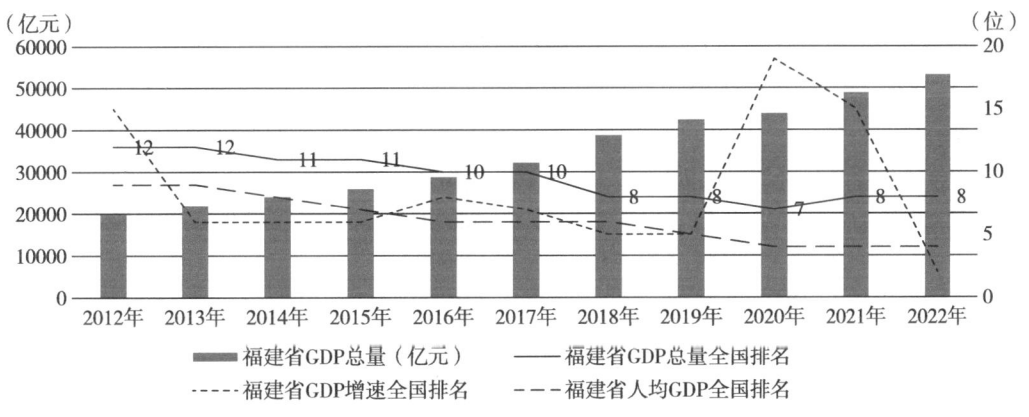

图2-7-1 福建省GDP总量及相关经济指标全国排名情况

数据来源：国家统计局，中铁研究院。

二次产业结构二产三产比重发生调转，一产比重相对稳定。2022年，福建省一二三产比重为5.8%：47.2%：47.0%，分别高于全国 -1.5、7.3、-5.8个百分点。从演变趋势来看，一产比重呈逐年下降趋势，由2012年9%逐年下降至2022年的5.8%，二产比重总体呈下降趋势，由2012年51.7%逐步下降至2022年的47.2%，三产比重呈稳步提升的态势，由2012年39.3%增至2022年47.0%。二产中工业占比低于全国平均水平，2022年，福建省工业增加值占GDP比重为36.96%，较上年提高 -0.52个百分点，低于全国39.92%的平均水平。

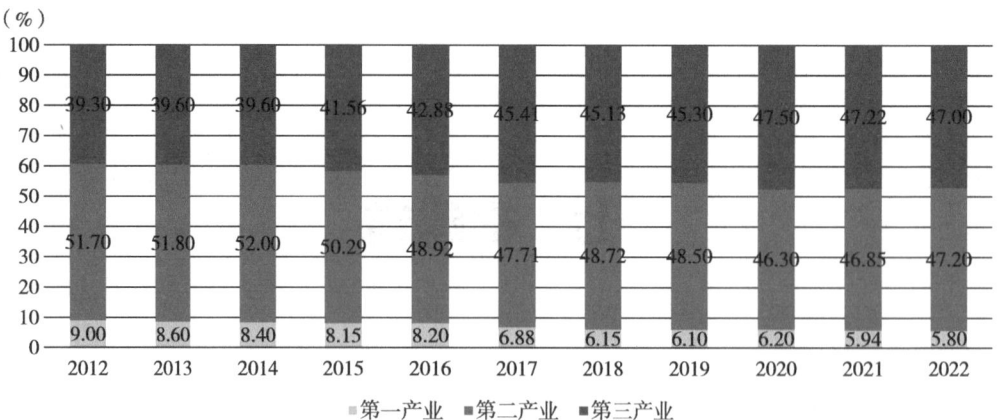

图2-7-2 福建省一二三产业结构比重变化（%）
数据来源：国家统计局，中铁研究院。

全省各地市发展均衡性相对较好，人均GDP水平较高。2022年，全省9个地级市GDP首末比超过5.56，较2012年减少0.31，发展不平衡状况有所改善。福州和泉州市GDP总量之和占全省比重超过45%。从人均GDP来看，全省各地市首末比最大仅1.77，且仅南平市人均GDP约为全国水平的97%，其他各地市人均GDP均超出全国水平10%~70%，协调发展均衡性相对较好。

表2-7-1　　　　　　　福建省各市GDP总量和人均GDP（2022年）

序号	各地市	GDP总量（亿元）	人均GDP（元/人）
1	厦门	7802.66	147387
2	福州	12308.23	145936
3	泉州	12102.97	136533
4	莆田	3116.25	97095
5	漳州	5706.58	112578
6	三明	3110.14	126044
7	龙岩	3314.47	121721
8	宁德	3554.62	112738
9	南平	2211.84	83136

数据来源：福建省统计局，中铁研究院。

（二）支柱产业

福建省工业增加值持续上升。2022年，福建省全部工业增加值19628.83亿元，比上年增长4.9%。规模以上工业增加值增长5.7%。其中，轻工业增长6.6%，重工业增长4.9%；采矿业增长3.9%，制造业增长5.6%，电力、热力、燃气及水生产和供应业增长9.3%。工业产品销售率95.59%。全年规模以上工业的38个行业大类中有25个增加值实现正增长。其中，汽车制造业增长5.4%，电气机械和器材制造业增长40.6%，计算机、通信和其他电子设备制造业增长7.8%，电力、热力生产和供应业增长11.5%。高技术制造业增加值增长17.1%，占规模以上工业增加值的比重为16.7%。装备制造业增加值增长13.7%，占规模以上工业增加值的比重为26.4%。

园区数量较多，位置沿海分布。2022年，福建有国家级园区17个，国家级园区数量居全国第12，17个园区中有国家级经开区10个，国家级高新区7个。福建省园区数量较多，发展水平较高，从开发区分布来看，主要分布在沿海城市，如福建、厦门、泉州、漳州等。

（三）人口

福建省常住人口常年高于户籍人口，人口老龄化程度低于全国水平。2022年末，全省常住人口4188万人，同比增长0.02%，居全国第15位，与2012年持平。全省户籍人口常年低于常住人口，且差距先升后降，在2015年达到最高的263万人，2012—2022年，常住人口与户籍人口之差从232万波动至228万，变化不大，显示常住人口增长先快后慢。2022年，全省65岁以上人口占比12.2%，较2012年提升3.6个百分点，低于14.9%的全国水平，在全国老龄化程度中排名第23位，较2012年下降3位。

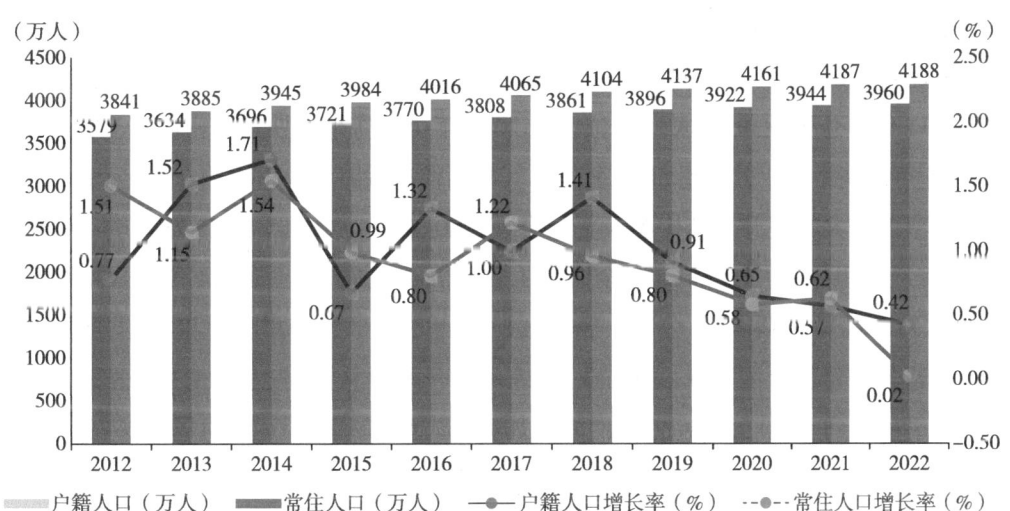

图2-7-3 福建省户籍人口与常住人口情况

数据来源：wind，中铁研究院。

人口教育结构改善，高等教育人口占比全国中等。2022年，全省专科、本科、研究生学历人口占比分别为9%、7.8%、0.7%，受高等教育（专科、本科、研究生）人口合计占比 17.5%，较 2015 年的 13.8% 上升 5.5 个百分点。高中学历占比为 14.4%，较 2012 年下降 0.2 个百分点。小学学历占比 28.2%，初中学历占比为 30.2%，二者占比下降 7.1 个百分点，全省教育结构改善。从全国来看，全省受高等教育人口占比居全国第 16 位，高等教育人口占比在全国中等。

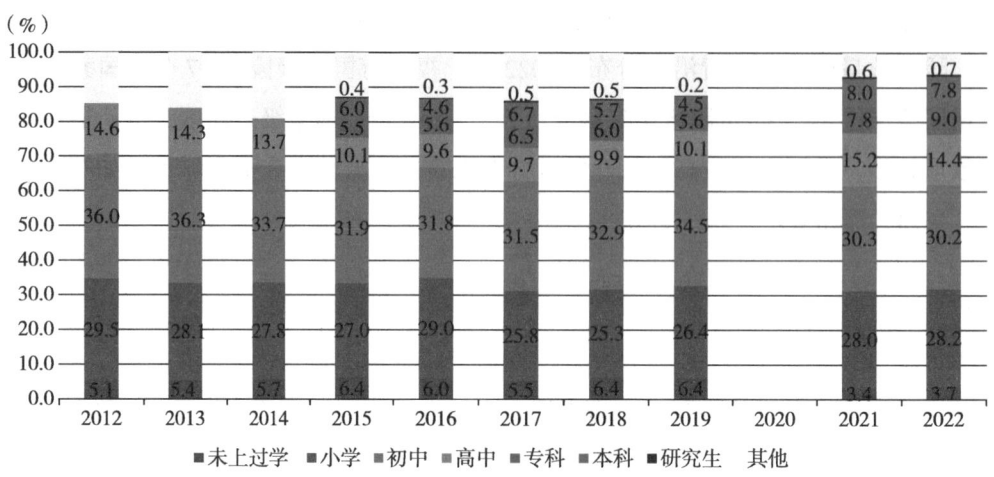

图2-7-4 福建省人口受教育情况

数据来源：wind，中铁研究院。其中缺少 2020 年数据。

（四）基础设施和公共服务

立体综合交通网络日益完善，铁路、公路密度及机场吞吐量居全国中上游。2022 年，福建省铁路营业里程 4234.725 公里，铁路网密度达 3.41 公里/百平方公里，为全国的 2.11 倍，总里程居全国第 21 位，与 2012 年排名持平，铁路网密度居全国第 12。到 2025 年，铁路营业里程超 5000 公里，其中高快速铁路营业里程约 2500 公里，铁路网县市覆盖率大幅提升，结构层级更加合理。2022 年全省公路 11.29 万公里，公路网密度 90.98 公里/百平方公里，是全国的 1.63 倍，总里程居全国第 24 位，公路密度居全国第 18，高速公路 6000 公里，密度 4.83 公里/百平方公里，总里程居全国第 15 位，高速公路密度全国第 9。规划至 2025 年，公路网总里程达到 11.3 万公里，高速公路总里程达到 6500 公里，公路网络更加完善。全省共 6 个运输机场，2022 年全省机场旅客吞吐量共计 1982.3 万人次，占全国 3.81%，全国排名第 11，货邮吞吐量共计 41.1 万吨，全国排名第 10。厦门高崎机场旅客吞吐量合计占全省 51.08%，货物吞吐量占全省 63.77%，到 2025 年，建成福州长乐机场二期、厦门新机场等，现代化机场体系基本建成。2022 年，福建内河通航里程 3245.28 公里，占全国 2.54%。到 2025 年，内河高等级航道通航里程达到 332 公里。

表 2-7-2　　　　　　　　　　　2022 年福建省基础设施统计

类型	指标	福建	全国	东部地区
铁路	里程（公里）	4234.725	154906.5	37594.371
	密度（公里/百平方公里）	3.41	1.62	4.05
公路	里程（公里）	112900	5355000	1210200
	密度（公里/百平方公里）	90.98	55.93	130.35
机场	机场数量	6	254	56
	旅客吞吐量（万人次）	1982.3	51952.8	24836.4
	货邮吞吐量（万吨）	41.1	1452.7	1069.8
港口航道	港口吞吐量（亿吨）	——	55.54	——
	内河通航里程（公里）	3245.28	127968	53091.52

数据来源：wind，国家统计局，中铁研究院。

公共服务设施有待进一步完善，义务教育生均校舍面积和千人医疗床位数均低于全国水平。2021 年，福建省义务教育生均校舍建筑面积 8.55 平方米，低于全国 10.3 人/平方米的平均水平，全国排名第 30，较 2013 年下滑 16 名。2022 年福建省每千人医疗卫生机构床位数 5.55 张/千人，低于全国 6.91 的平均水平，全国排名第 26，与 2012 年排名持平。

表 2-7-3　　　　　　　　　　　福建省公共服务设施统计

	2021 年义务教育生均校舍建筑面积（m²）	2022 年每千人口医疗卫生机构床位数（张）
福建	8.55	5.55
全国	10.30	6.91
东部地区	10.31	6.0

数据来源：《中国教育统计年鉴 2021》《中国卫生健康统计年鉴 2022》，中铁研究院。

（五）城市建设

城镇化持续推进，300 万人口以上大城市加快发展。2022 年，福建省常住人口城镇化率 70.11%，高于全国平均水平，居全国第 9 位。2012—2022 年城镇化率提升 10.79 个百分点，城镇化全国排名降低 1 位。福建省有城市 20 座，数量较 2012 年减少 3 座（撤市设区），拥有从 II 型小城市到大城市 I 型五档城市结构，缺乏能级更高的特大超大城市。城市人口结构以 I 型大城市和 I 型小城市为主，二者分别占全省城区人口 53.67%、16.84%。2012—2022 年，I 型大城市加快发展，新增 2 座 I 型大城市，对应减少 II 型大城市 1 座、3 座中等城市，II 型小城市增加 2 座。城区人口增减分布也体现这一特点，2012—2022年，福建省城市城区人口增加451.72万人，中心城市厦门增加137.91万人，福州增加175万人，占所有新增人口的70%。2022年，中心城市厦门区人口650.4万人，城市首位度从25%提升至33%，排名降低3位，居全国第20位。

土地城镇化快于人口城镇化程度较深，居住用地供地提速强度大。2022年，福建省城镇建成区2877.62平方公里，居全国第15位，10年复合增速3.73%，高于全国0.93个百分点，同期区域人口排名全国第15，增速1.31%，地人增速差2.42个百分点，高于全国平均水平，居全国第四。城镇城市建设用地2138平方公里，人均建设用地106.285平米，居全国第21位，较2012年提升3位。结构与全国一致，居住、工业、道路交通设施用地居前三位，占比分别为36.15%、17.21%、16.08%，其中居住、道路交通用地相比2012年增长，分别提升3.59、5.79个百分点。与全国平均水平横向比较，居住、公共管理与公共服务两项指标用地高于全国平均水平，尤其是居住用地高出4.05个百分点，显示出居住用地供地强度较大。

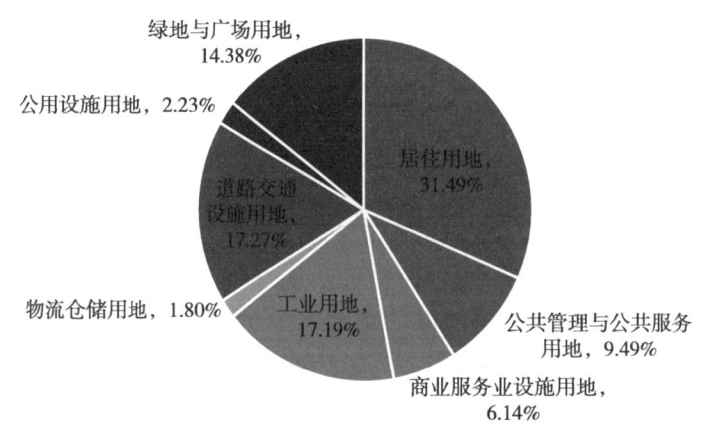

图2-7-5 2022年福建省城市建设用地结构

资料来源：住建部2022年城乡统计年鉴，中铁研究院。

城市设施发展水平不均，市政基础设施建设力度偏弱，房地产力度大。2022年，福建省完成市政基础设施投资359.87亿元，同比降低13.92%，10年复合增速2.22%，人均投资1819.64元，四项指标分别居国第23、22、17、25，其中投资规模较2012年上升1位，人均投资排名不变。整体来看，福建省市政基础设施投资规模与人口规模不相适应，10年复合增速低于全国平均水平，显示整体投资力度有待增强。当期来看，投资降速幅度超过全国平均，未显现补短板趋势。福建省市政基础设施水平处于全国中游，2022年城市和县城指标与全国偏离度均值分别位0.04、2.31，居全国第14、2位，污水处理有关指标不及全国平均水平。2022年，福建省房地产投资5133.63亿元，同比降低17.14%，10年复合增速6.16%，三项指标分别居全国第9、15、16，其中投资规模排名较2012年上升2位，大幅高于全国人口排名。2022年，福建省人均住房面积①约50.6平方米，居全国第2位。福建省有城市轨道交通（仅含地铁、轻轨）212.01公里。

城、县、镇发展较为均衡，县域经济规模较大，分化水平居全国中游。2022年，福建省城市、县城、镇对城镇化的人口贡献率分别为51.45%、16%、33%，分别高于全国平均水平-9.81、-1.06、10.93个百分点，城市贡献度全国排名第23，显示城、县、镇发展较为均衡，从全国来看，城市发展水平待提升。长周期来看，2012—2022年，福建省城市、县城、镇贡献率分别提升4.28、-0.43、-3.85个百分点，显示出全省城市发展基础较为薄弱，城市发展较快。福建省市多县少，2022年，福建省共20座城市、42个县城（不含11个县级市），二者城区人口之比为3.23，较2012年加深0.35，城市和县城体量差距低于全国平均水平，显示县域经济规模较大，与县城数量多有直接相关。从平均人口来看，城市为县城的6.79倍，接近全国平均水平，居全国第11位，分化程度位于全国平均水平。县城市政基础设施投资力度较强，2022年，福建省城市和县城人均市政基础设施投资分别为1360.84元、3303.23元，居全国第29、第8位，与之相适应，基础设施指标与全国偏离度均值分别居全国第14和第2位。从产业发展来看，2022年，县城工业用地占城市建设用地比15.99%，城市工业用地占比17.62%。

（六）固定资产投资情况

增速高于全国水平，制造业比重增加，基础设施稳定，房地产出现下滑。2022年，福建固定资产投资同比增加7.5%，固投增速在31个省级行政区中排名第11位，高于全国增速2.4个百分点，近十年固投增速总体高于全国水平。从领域来看，2022年制造业增长19.7%、房地产下降11.0%、基础设施②增长15.4%。从结构来看，制造业投资比重上升，近十年除2020年外均为正增长，2021和2022年平均增速16.8%；房地产投资结束了自2016年以来的连续正增长，投资占比下降；基础设施投资总体稳定，2012—2022年平均增速13%。2012—2022年福建固定资产投资中的建筑安装工程占比从62%左右波动上升至72%。

---

① 由于缺乏统计数据，报告人均住房面积含城乡居民住房。
② 基础设施：取电力、热力、燃气及水生产和供应业，交通运输和邮政业，信息传输和信息技术服务业，水利、生态环境和公共设施管理业四项投资之和。

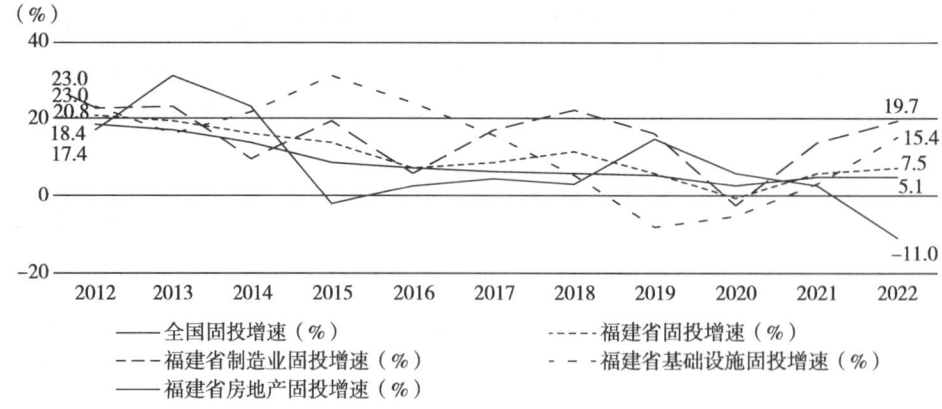

图2-7-6 福建省固定资产投资增速情况

数据来源：wind，福建统计年鉴，国家统计局，中铁研究院。

基础设施投资结构发生变化。2012—2022年，水利生态环境和公共设施管理业投资比重逐渐上升，交通运输和邮政业占比则逐渐下降，2022年二者投资增速分别为24.9%、5.0%。电力热力燃气及水生产和供应业比重近年来稳定在15%左右，2022年投资增速4.4%。信息传输和信息技术服务业投资占比低，稳定在5%左右，2022年投资增速7.5%。

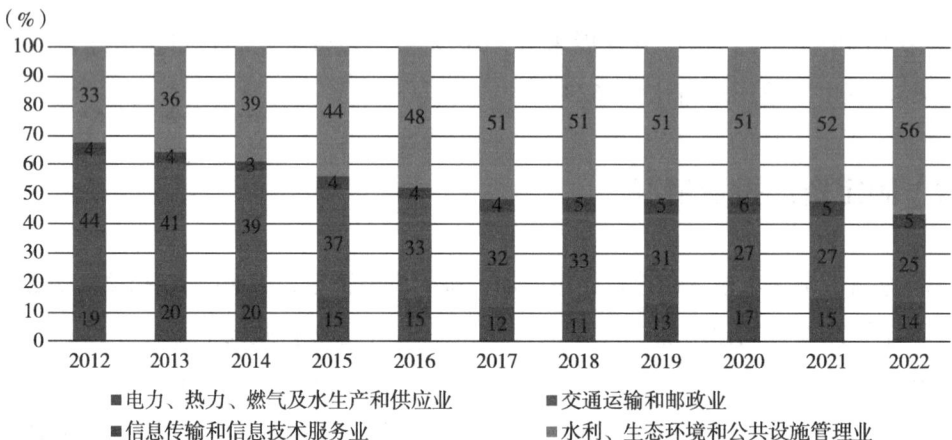

图2-7-7 福建省历年基础设施投资结构占比

数据来源：wind，福建统计年鉴。2017年后各项占比以2017年投资为基数，按公布的投资增速计算。

（七）财政情况

福建省综合财力收入水平低于GDP水平，对转移支付和非税收入依赖较低，对债务依赖程度较高。2022年福建综合财力约为7796亿元，在全国31个省级行政区中排名第15，低于GDP排名的第8名，综合财力下降6.5%，全国排名第25。从结构来看，一般公共预算收入和政府性基金收入之比约为66∶34，比例低于全国水平，一般公共预算自给率58.7%，高于全国43.1%的均值，一般公共预算收入对转移支付依赖度较低。2012—2022年全省一般公共预算（不含转移支付和负债）税收占比从81%下滑至63%，2022年全国排名第21位，处于全国中下游水平，财政可靠性一般。债务收入占比约33%，高于全国水平。2022年，福建全省政府性基金收入（不含转移支付）2631.3亿元，全国排名第10位。

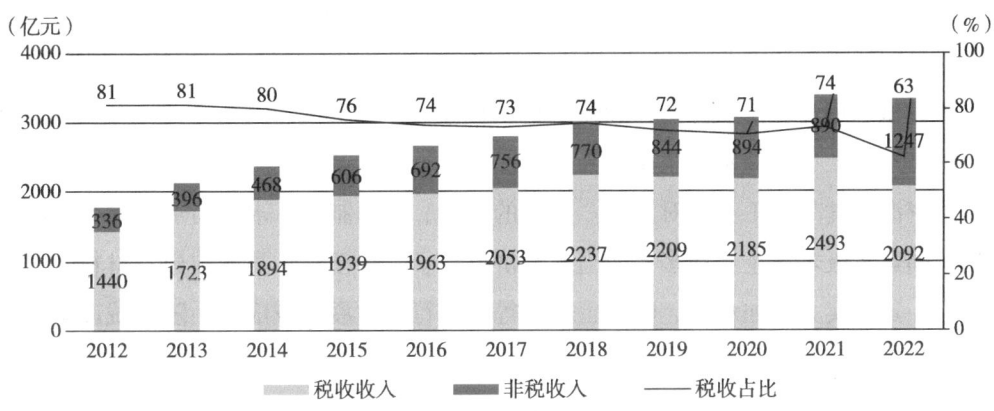

图2-7-8 福建省一般公共预算收入结构

数据来源：wind，福建财政厅，本图中收入数据不含中央税收返还和转移支付、债务等收入。

政府债务稳定增长，负债规模持续扩大，整体负债水平较高，有一定债务空间。2022年福建地方政府债务限额12857亿元，居全国第13位，债务余额11903亿元，同样居全国第13位，2018—2022年，福建债务余额年均复合增长率18.4%，居全国第17位。2022年福建债务率153%，高于警戒线，全国排名第7位，政府债可用限额954亿元，居全国第9位，债务腾挪空间较高。从债务结构来看，2022年福建专项债占比70.1%，高于全国水平。

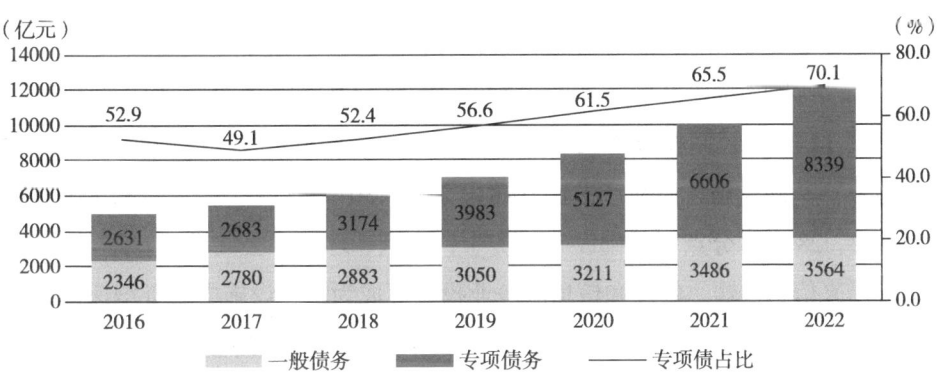

图2-7-9 福建省债务规模及构成

数据来源：wind，财政部。

（八）福州市情况

福州市经济发展迅速，经济综合实力较好。2022年福州市GDP12308.23亿元，在36个大中城市中[①]排名第15，相比2012年上升7位。人均GDP14.59万元，排名第9位。2012—2022年，福州市名义GDP年均复合增速11.32%，在36个大中城市中排名第1。三次产业结构为5.6∶37.8∶56.6。福州在电子信息产业方面具有一定的优势，尤其是集成电路、通信设备、电子元器件等领域。福州拥有一批知名的电子信息企业，如福建星网锐捷、福建华通等，形成了完整的产业链，为当地经济发展注入了新动力。福州的机械制造业也比较发达，涵盖了重型机械、工程机械、汽车零部件等领域。福州市内有多家大型机械制造企业，为当地经济增长做出了重要贡献。福州拥有丰富的农产品资源，食品加工业相对发达。福州的茶叶、米面制品、水产品加工等行业比较突出，福建省级名牌企业众多，为当地经济增加了不少活力。福州在建筑材料生产方面也有一定的实力，如水泥、陶瓷、玻璃等建材行业发展比较成熟。随着城市建设规模不断扩大，建材产业也得到了进一步提升。近年来，福州城市经济快速发展，现代服务业也日益壮大，包括金融服务、物流运输、旅游服务、文化创意等领域。福州的金融机构和服务业企业逐渐增多，为城市经济注入了新活力。

常住人口增长较慢，人口红利有待提升。2022年全市常住人口844.8万人，同比增长0.33%，户籍人口723.36万人，同比增长0.33%。2012—2022年，全市常住人口增长109.8万人，增量居全国第24位，增速居全国第27位。福州60岁以上人口比重为16.79%，15~59岁人口比重66.16%，拥有大学文化程度（大专及以上）的人口每10万人达到1.86万人，虽然均优于全国水平，但在36个大中城市中优势不突出，劳动人口比重居第27位，大学文化程度（大专及以上）人口居第32位，人口素质未能与经济增长相匹配。

固定资产投资稳步上升，制造业投资占比大。2022年福州市固定资产投资同比增长5.9%，居第13位。其中工业投资增长10.8%，基础设施投资增长20.9%，房地产投资下降14.1%，民间投资增长3.4%。福州固定资产投资长期以房地产为主，2022年，制造业、基础设施、房地产占比分别为25%、30%、35%，相比2012年分别上升了-3、-12、28个百分点。基础设施投资中，水利、环境和公共设施管理业占比长期较高，近年来信息传输、软件和信息服务业投资额成为基础设施中投资增速最高行业。

财政增速较快，负债较低。2022年，福州市综合财力2347.24亿元（一般公共预算收入+转移支付收入+政府性基金收入），居第16位。2012—2022年综合财力

[①] 以下均为在36个大中城市中的排名，其他有注明的除外。

（2011前不含转移支付收入）年均增速12.66%，居全国第7位，2022年财政自给率78.4%，在36个大中城市排名第16。2022年，福州市债务率78.37%（债务余额/综合财力），在36个大中城市中排名第31位。

（九）厦门市情况

厦门市经济发展迅速，经济综合实力高。2022年厦门市GDP7802.66亿元，在36个大中城市中[①]排名第20，相比2012年上升6位。人均GDP14.74万元，排名第8位。2012—2022年，厦门市名义GDP年均复合增速10.72%，在36个大中城市中排名第5。三次产业结构为0.4∶41.4∶58.2。厦门在电子信息产业方面有着显著的优势，涵盖集成电路、通信设备、电子元器件等领域。厦门拥有一批知名的电子信息企业，如厦门龙岩光电、厦华电子等，形成了完整的产业链，为当地经济发展注入了新动力。厦门的机械制造业也比较发达，涵盖了船舶制造、重型机械、工程机械等领域。厦门港区集装箱码头是中国东南沿海重要的国际贸易港口，机械制造业得到了良好的发展机遇。厦门拥有优越的海洋资源和农产品资源，食品加工业相对发达。海鲜加工、茶叶生产、糖果制造等行业在厦门比较突出，为当地经济增长做出了重要贡献。厦门是中国著名的旅游城市之一，旅游服务业发展迅速。厦门拥有众多景点和特色文化，吸引了大量游客前来观光旅游，从而带动了酒店、餐饮、零售等服务业的繁荣发展。随着城市经济的不断发展，厦门的现代服务业也逐步壮大，包括金融服务、物流运输、文化创意、科技研发等领域。厦门的金融机构和高新技术企业逐渐增多，为城市经济注入了新活力。

常住人口增长较快，人口红利较好。2022年厦门市常住人口530.8万人，同比增长0.53%。2012—2022年，全市常住人口增长169.8万人，增量居全国第16位，增速居全国第6位。厦门60岁以上人口比重为9.56%，15~59岁人口比重73.28%，拥有大学文化程度（大专及以上）的人口每10万人达到2.69万人，均优于全国水平，在36个大中城市中优势突出，劳动人口比重居第4位，大学文化程度（大专及以上）人口居第16位，人口素质在36个重点城市中居于领先水平。

固定资产投资稳步上升，房地产投资占比大。2022年厦门市固定资产投资同比增长18.2%，居第1位。其中工业投资增长28%，基础设施投资增长19.9%，房地产投资下降0.5%，民间投资增长4.0%。厦门固定资产投资长期以房地产为主，2022年，制造业、基础设施、房地产占比分别为19%、29%、36%，相比2012年分别上升-1、

[①] 以下均为在36个大中城市中的排名，其他有注明的除外。

0、–3个百分点。基础设施投资中，交通运输、仓储和邮政业占比长期较高，近年来信息传输、软件和信息服务业投资额成为基础设施中投资增速最高行业。

财政状况较好，负债水平低。2022年，厦门市综合财力1986.14亿元（一般公共预算收入+转移支付收入+政府性基金收入），居第18位。2012—2022年综合财力（2011前不含转移支付收入）年均增速12.2%，居全国第9位，2022年财政自给81.2%，在36个大中城市排名第6名。2022年，厦门市债务率89.01（债务余额/综合财力），在36个大中城市中排名第29位。

八、山东省

（一）经济情况

山东省GDP总量连续多年稳居全国第3，人均GDP与全国水平相当。2022年山东省GDP87435.1亿元，是2012年的1.75倍，GDP总量全国排名第3，与2012年排名持平。2012—2022年11年间复合增长率5.21%，略高于全国平均水平，2022年人均GDP8.6万元，居全国第11位，较2012年下滑1名。

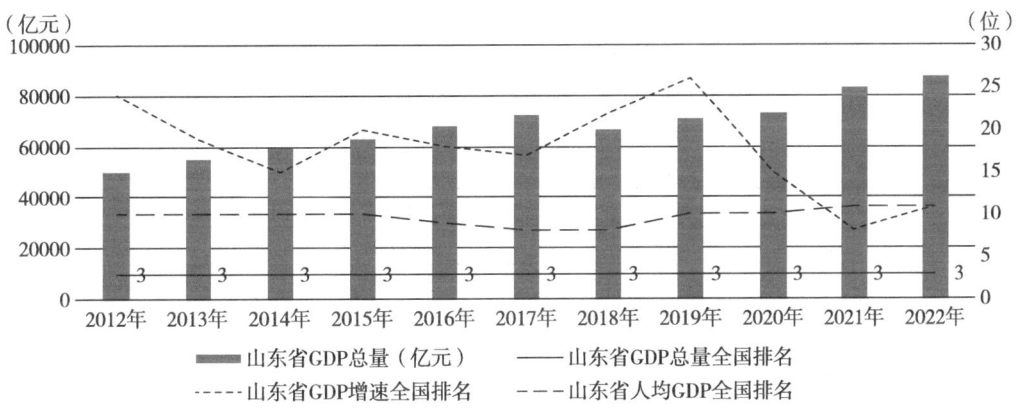

图2-8-1　山东省GDP总量及相关经济指标全国排名情况

数据来源：国家统计局，中铁研究院。

三次产业结构二产三产比重发生调转，一产比重相对稳定。2022年，山东省一二三产比重为7.2%：40.0%：52.8%，分别高于全国-0.1、0.1、0个百分点。从演变趋势来看，一产比重基本保持在7%~8%之间，与2012年相比变化较小，二产比重总体呈下降至一定份额后保持稳定的趋势，二产比重由2012年51.5%逐步下降至近几年的40%左右，三产比重总体呈上升并逐步趋稳的态势，由2012年40.0%增至2022年52.8%。二产中工业占比低于全国平均水平，2022年，山东省工业增加值占GDP比重为32.87%，较上年提高0.5个百分点，低于全国39.92%的平均水平。

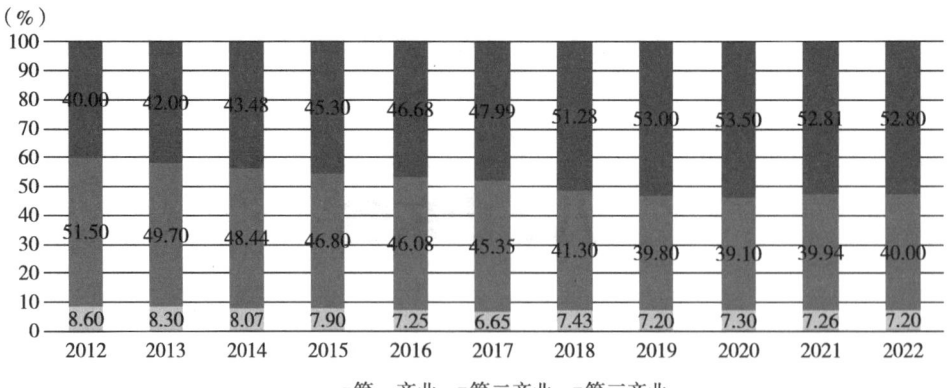

图 2-8-2　山东省一二三产业结构比重变化（%）

数据来源：国家统计局，中铁研究院。

全省各地市发展不平衡现象相对较好，GDP首末比5.39。2022年，全省16个地级市GDP首末比超过5.39，较2012年减少1.9，发展不平衡状况有所减缓。青岛市GDP总量一直稳居全省第一。从人均GDP来看，全省各地市首末比最大为4.88，枣庄、泰安、临沂、聊城、菏泽等市人均GDP不足全国水平70%，协调发展均衡性有待进一步改善。

表 2-8-1　山东省各市GDP总量和人均GDP（2022年）

序号	各地市	GDP总量（亿元）	人均GDP（元/人）
1	济南市	12027.46	128287
2	青岛市	14920.75	144870
3	淄博市	4402.59	93526
4	枣庄市	2039.04	53081
5	东营市	3620.74	164430
6	烟台市	9515.86	134581
7	潍坊市	7306.45	77655
8	济宁市	5316.88	63954
9	泰安市	3198.13	59029
10	威海市	3408.18	116871
11	日照市	2306.77	77669
12	临沂市	5778.52	52502
13	德州市	3633.07	65022
14	聊城市	2779.85	46995
15	滨州市	2975.15	75813
16	菏泽市	4205.34	48294

数据来源：山东省统计局，中铁研究院。

（二）支柱产业

山东省四大支柱产业营收占全省GDP49%。2022年，山东省工业增加值占GDP比重为 32.87%，较上年上升 0.58 个百分点，低于全国 39.92% 的平均水平。全省工业营收前四名为酒、饮料和精制茶制造业，金属制品业，纺织服装、服饰业，石油和天然气开采业，营收规模分别为 13406.83、12439.57、9076.24、7960.91 亿元，总计占 GDP 比重 49.05%。相比 2012 年，山东省支柱产业前 4 名中，酒、饮料和精制茶制造业保持了第 1 名的地位，凸显区域产业特色，金属制品业、石油和天然气开采业取代了汽车制造业、家具制造业。

园区数量众多，发展水平较高。2022 年，山东有国家级园区 29 个，国家级园区数量居全国第 3，仅次于江苏和浙江，30 个园区中有国家级经开区 16 个，国家级高新区 13 个。山东省园区数量众多，发展水平较高，从开发区分布来看特色鲜明，主要以济南为中心"环省会"、以青岛为中心"环半岛"，协同布局发展。

（三）人口

山东省户籍人口与常住人口接近，人口老龄化程度高于全国水平。2022 年末，全省常住人口 10163 万人，同比增长 -0.07%，居全国第 2 位，与 2012 年持平。全省户籍人口和常住人口接近，2018—2012 年常住人口小于户籍人口，其余年份常住人口大于估计人口，2012—2022 年，常住人口与户籍人口之差从 74 万波动至 16 万，变化不大，人口吸引力缺乏潜力。与之对应，全省老龄化进程好于全国水平，2022 年，全省 65 岁以上人口占比 16.7%，较 2012 年提升 6.2 个百分点，在全国老龄化程度中排名第 9 位，较 2012 年下降 3 位。

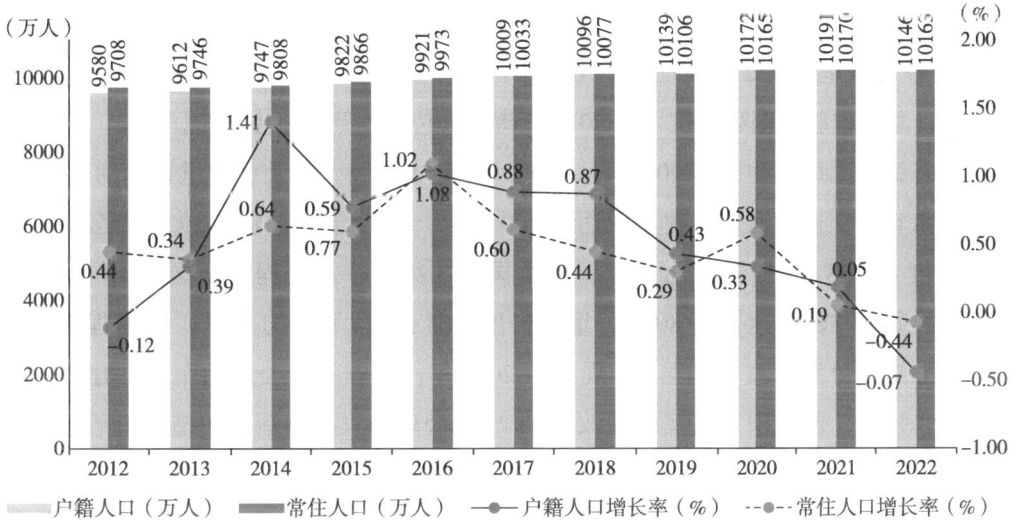

图2-8-3 山东省户籍人口与常住人口情况

数据来源：wind，中铁研究院。

人口教育结构改善，高等教育人口占比全国中等。2022 年，全省专科、本科、研究生学历人口占比分别为 8.8%、7.9%、0.8%，受高等教育（专科、本科、研究生）人口合计占比 17.4%，较 2015 年的 11.8% 上升 5.6 个百分点。高中学历占比为 14.3%，较 2012 年提升 0.1 个百分点。小学学历占比 23.9%，初中学历占比为 33.4%，二者占比下降 6.5 个百分点，全省教育结构改善。从全国来看，全省受高等教育人口占比居全国第 17 位，高等教育人口占比全国中等。

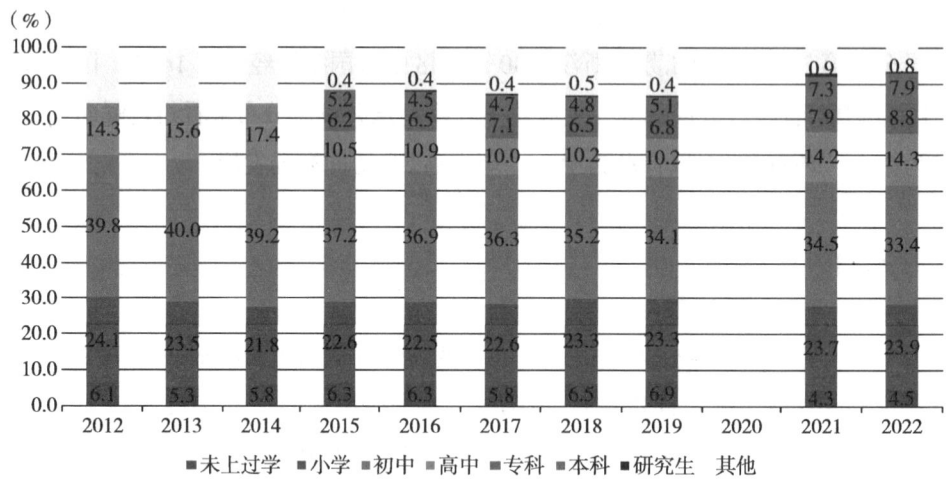

图2-8-4　山东省人口受教育情况

数据来源：wind，中铁研究院。其中缺少 2020 年数据。

（四）基础设施和公共服务

立体综合交通网络日益完善，铁路和公路里程、密度均居全国前列。2022 年，山东省铁路营业里程 7327.348 公里，铁路网密度达 4.6 公里/百平方公里，为全国的 2.84 倍，总里程居全国第 4 位，较 2012 年提升 4 位，铁路网密度居全国第 4。到 2025 年，全省铁路总里程达到 9700 公里，高速（城际）铁路营业及在建里程达到 4400 公里，城市轨道交通营运及在建里程达到 700 公里。2022 年全省公路 29.18 万公里，公路网密度 183.38 公里/百平方公里，是全国的 3.28 倍，总里程居全国第 4 位，公路密度居全国第 3，高速公路 8000 公里，密度 5.03 公里/百平方公里，总里程居全国第 7 位，高速公路密度全国第 6。规划至 2025 年，全省高速公路通车及在建里程达到 10000 公里，普通国省道实施新改建约 2500 公里，农村路新建改造提升约 4 万公里。全省共 10 个运输机场，2022 年全省机场旅客吞吐量共计 2527.5 万人次，占全国 4.86%，全国排名第 6，货邮吞吐量共计 45.6 万吨，全国排名第 8。青岛胶东机场旅客吞吐量合计占全省38.46%，货物吞吐量占全省48.25%。到2025年，全省运输机场达到12个，通用机场达到30个。2022年，山东内河通航里程1116.87公里，占全国0.87%。到2025年，全省内河三级及以上高等级航道里程达到500公里，沿海港口万吨级以上泊位达到360个。

表2-8-2　　　　　　　　　　2022年山东省基础设施统计

类型	指标	山东	全国	东部地区
铁路	里程（公里）	7327.348	154906.5	37594.371
	密度（公里/百平方公里）	4.6	1.62	4.05
公路	里程（公里）	291800	5355000	1210200
	密度（公里/百平方公里）	183.38	55.93	130.35
机场	机场数量	10	254	56
	旅客吞吐量（万人次）	2527.5	51952.8	24836.4
	货邮吞吐量（万吨）	45.6	1452.7	1069.8
港口航道	港口吞吐量（亿吨）	——	55.54	——
	内河通航里程（公里）	1116.87	127968	53091.52

数据来源：wind，国家统计局，中铁研究院。

公共服务设施义务教育生均校舍面积明显提升，千人医疗床位数位低于全国水平。2021年，山东省义务教育生均校舍建筑面积10.66平方米，高于全国10.3人/平方米的平均水平，全国排名第12，较2013年提升9名。2022年山东省每千人医疗卫生机构床位数6.83张/千人，低于全国6.91的平均水平，全国排名第17，较2012年下滑12名。

表2-8-3　　　　　　　　　山东省公共服务设施统计

	2021年义务教育生均校舍建筑面积（m²）	2022年每千人口医疗卫生机构床位数（张）
山东	10.66	6.83
全国	10.30	6.91
东部地区	10.31	6.0

数据来源：《中国教育统计年鉴2021》《中国卫生健康统计年鉴2022》，中铁研究院。

（五）城市建设

城镇化稳步提升，城市能级提升，形成双中心格局。2022年，山东省常住人口城镇化率64.54%，低于全国平均水平，居全国第14位。2012—2022年城镇化率提升12.51百分点，城镇化全国排名保持不变。2022年，山东省有城市42座，城市数量较2012年减少5座（济南合并莱芜等），拥有从Ⅱ型小城市到特大城市五档城市结构，缺乏Ⅰ型大城市，结构存在断层。城市发展能级提升，2012—2022年全省晋级2座特大城市，新增4座Ⅱ型大城市，中小城市减少10座，形成了以特大城市和Ⅱ型大城市为主的人口结构，二者分别占全省城区人口的30%、39%。双中心格局特征鲜明，2012—2022年，济南和青岛均向特大城市晋级，城区人口净增640.53万人，2022年济南市城区人口662.8万人，占全部城区人口的16%，首位度从全国排名最末，期间中心城发生历史性更替，从青岛更替为济南。

土地城镇化快于人口城镇化，产业用地供给强度大。2022年，山东省城镇建成区7300.89平方公里，居全国第1位，10年复合增速3.24%，高于全国0.44个百分点，同期区域人口排名全国第2，增速3.07%，地人增速差0.17个百分点，人口城镇化快于土地城镇化。城镇城市建设用地7000平方公里，人均建设用地131.85平方米，居全国第6位，较2012年下降1位，集约用地水平提升。结构与全国保持一致，居住、工业、道路交通设施用地居前三位，占比分别为32.82%、21.98%、14.21%，三者相比2012年占比均增长，分别提升2.82、0.72、3.22个百分点，此外商服用地提升0.67个百分点，与全国平均水平横向比较，居住、商服、工业、物流仓储四项指标用地高于全国平均水平，尤其是工业用地高出4.37个百分点，商服高于全国0.92个百分点，显示出长期对产业供地强度较大。

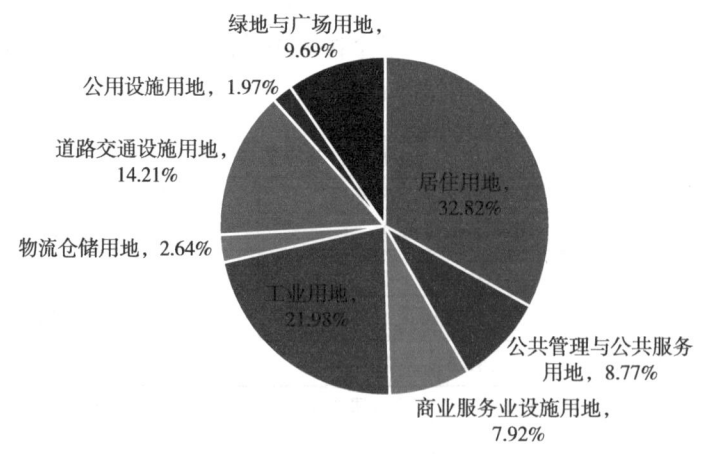

图2-8-5　2022年山东省城市建设用地结构

资料来源：住建部2022年城乡统计年鉴，中铁研究院。

城市建设力度较大，市政基础设施投资减速，房地产韧性强，城市设施水平居全国中游。2022年，山东省完成市政基础设施投资2026.1亿元，同比增长–15.2%，10

年复合增速 9.31%，人均投资 3901.58 元，四项指标分别居全国第 4、25、6、12。从长期来看，投资规模和人均投资较 2012 年上升 8 和 12 位，显示阶段投资加大力度，从短期来看，2022 年深度负增长，投资减速特征明显。得益于整体投资力度较大，山东省市政基础设施水平较高，2022 年城市和县城市政基础设施指标与全国的偏离度均值分别为 0.94、0.86，分别居全国第 5 和第 12 位，低于全国平均水平的主要是供排水管网。2022 年，山东省房地产体现较强韧性，完成投资 9180.24 亿元，居全国第 4，降幅 6.51%，居全国第 24 位，10 年复合增速 6.91%，居全国第 13，带动投资规模排名较 2012 年上升 1 位。2022 年，山东省人均住房面积[①] 约 40.55 平方米，居全国第 16 位。山东省有城市轨道交通（仅含地铁、轻轨）399.19 公里。

城、县、镇发展较为均衡，城市和县城分化水平较轻。2022 年，山东省城市、县城、镇对城镇化的人口贡献率分别为 63.37%、16%、21%，与全国平均水平保持一致，城市贡献度全国排名第 13，整体较为均衡。长周期来看，2012—2022 年，山东省城市贡献率提升，县城和镇的贡献率下降，显示期间城市加快发展。山东多县少市，总计城市 42 座，县城 53 座（不含 26 座县级市），使得城市、县城体量差相对较小，2022 年，二者城区总人口之比为 4.01，较 2012 年加深 0.96，城市和县城的体量差距水平略高于全国，加深水平也略高于全国。从平均人口来看，城市为县城的 4.97 倍，分化程度低于全国平均水平，居全国第 19 位。城市建设分化水平较轻，2022 年，山东省城市和县城人均市政基础设施投资分别为 2254.12 元、1991.73 元，居全国第 21、17 位，分别较 2012 年上升 4 和下降 1 位。城市和县城市政基础设施指标与全国的偏离度均值分别居全国第 5 和第 12 位，县城设施水平较低。从产业发展来看，2022 年，县城工业用地占城市建设用地比 20.14%，城市工业用地占比 22.48%。

（六）固定资产投资情况

固投增速与全国水平相近，制造业略有波动，基础设施、房地产均衡稳定。2022 年，山东省固定资产投资同比增长 6.1%，固投增速在 31 个省级行政区中排名第 15 位，高于全国增速 1.0 个百分点，近十年来山东固投增速除 2019 年外均为正增长。从领域来看，2022 年制造业增长 8.8%、房地产下降 7.9%、基础设施[②] 增长 6.1%。从结构来看，制造业比重较高，且近十年平均增速 7.7%；房地产投资占比稳定，2022 年投资为十年来首次下降；基础设施 2012—2022 年平均增速 12.8%，总体占比稳定。2012—

---

① 由于缺乏统计数据，报告人均住房面积含城乡居民住房。
② 基础设施：取电力、热力、燃气及水生产和供应业，交通运输和邮政业，信息传输和信息技术服务业，水利、生态环境和公共设施管理业四项投资之和。

2022年山东省固定资产投资中的建筑安装工程占比从62%波动上升至70%左右。

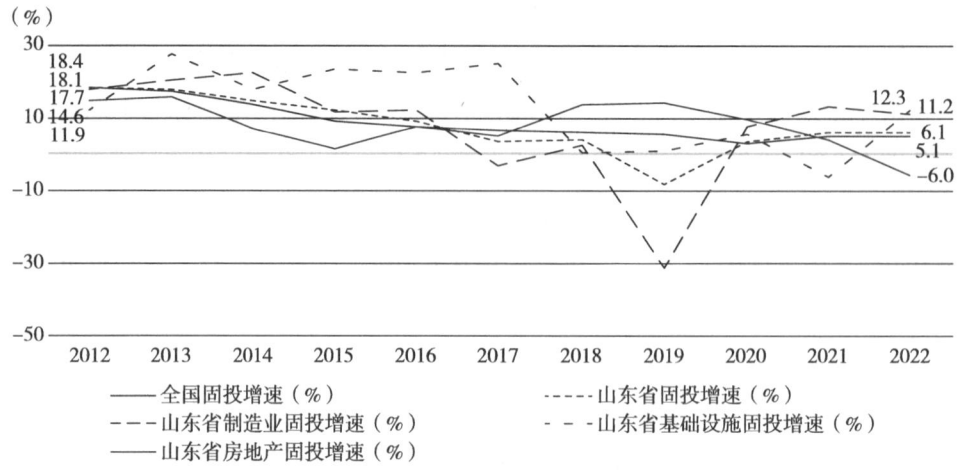

图2-8-6 山东省固定资产投资增速情况

数据来源：wind，山东省统计年鉴，国家统计局，中铁研究院。

基础设施投资结构稳定。2012—2022年，水利生态环境和公共设施管理业、交通运输和邮政业占山东基础设施投资主导地位，二者投资之和在基础设施投资中占比平均达74%。2022年，二者投资增速分别为17.4%、3.9%。电力热力燃气及水生产和供应业投资比重近年来稳定在20%左右，2022年投资增速21.1%。信息传输和信息技术服务业投资占比较低，2022年投资增速7.8%。

图2-8-7 山东省历年基础设施投资结构占比

数据来源：wind，山东省统计年鉴。2017年后各项占比以2017年投资为基数，按公布的投资增速计算。

（七）财政情况

山东省综合财力收入水平与GDP水平较为匹配，对转移支付和非税收入依赖低，对债务依赖程度低。2022年山东省综合财力约为17072亿元，在全国31个省级行政区中排名第 4，低于 GDP 排名的第 3 名，综合财力下降 7.8%，全国排名第 27。从结构来看，一般公共预算收入和政府性基金收入之比约为 64∶36，比例远低于全国水平，一般公共预算自给率 58.6%，高于全国 34.5% 的均值，一般公共预算收入对转移支付依赖度较低。全省一般公共预算（不含转移支付和负债）税收占比从 2012 年的 75% 波动下降至 2022 年的 68%，2022 年全国排名第 13，财政可靠性一般。债务收入占比约 30.6%，略高于全国水平，对债务依赖度较高。2022 年，山东省全省政府性基金收入（不含转移支付）6080.9 亿元，全国排名第 3 位。

政府债务稳定增长，负债规模持续扩大，整体负债水平一般，有一定债务空间。2022 年山东省地方政府债务限额 24416 亿元，居全国第 2 位，债务余额 23588 亿元，同样居全国第 2 位，2018—2022 年，山东省债务余额年均复合增长率 19.8%，居全国第 20 位。2022 年山东省债务率 138%，低于警戒线，全国排名第 14 位，政府债可用限额 828 亿元，居全国第 11 位，债务腾挪空间较高。从债务结构来看，2022 年山东专项债占比 68%，高于全国水平。

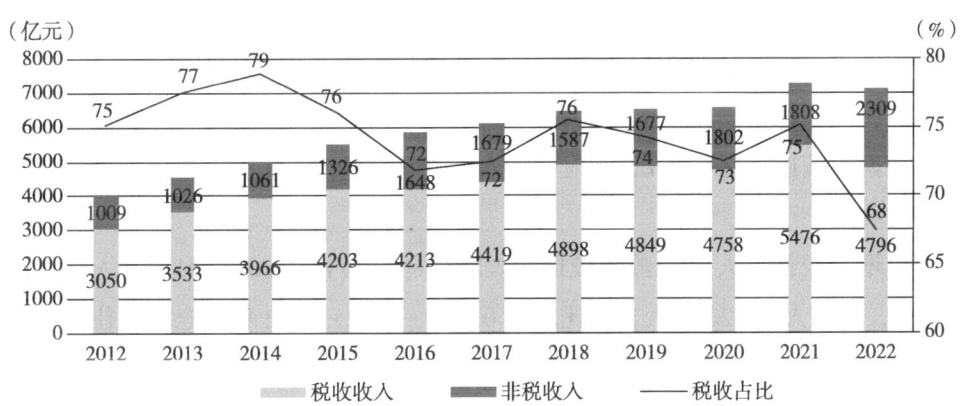

图 2-8-8　山东省一般公共预算收入结构

数据来源：wind，山东省财政厅，本图中收入数据不含中央税收返还和转移支付、债务等收入。

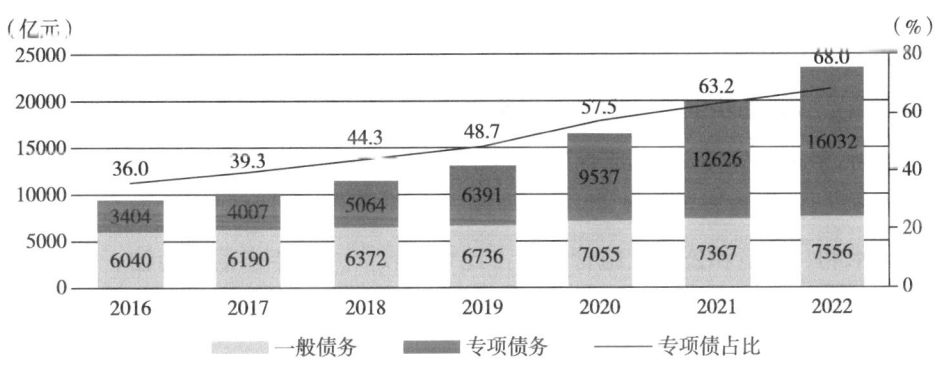

图 2-8-9　山东省债务规模及构成

数据来源：wind，财政部。

(八)济南市情况

济南市经济发展平稳,经济综合实力较好。2022年济南市GDP12027.46亿元,在36个大中城市中[①]排名第16,相比2012年上升1位。人均GDP12.83万元,排名第13位。2012—2022年,济南市名义GDP年均复合增速9.61%,在36个大中城市中排名第11。三次产业结构为3.5∶34.8∶61.7。济南在装备制造业方面具有一定的优势,涵盖了工程机械、汽车零部件、重型机械等领域。济南是中国重要的工程机械生产基地之一,拥有一批知名的装备制造企业,如中联重科、柳工集团等,为当地经济发展做出了重要贡献。济南拥有丰富的农产品资源,食品加工业比较发达。济南的粮油加工、肉类加工、食品饮料等行业发展较为突出,济南市内有多家知名食品加工企业,为当地经济增长注入活力。随着信息技术的快速发展,济南逐渐成为了一座信息技术和软件服务业比较发达的城市。济南的软件园区吸引了大量科技企业和创新人才,促进了信息技术产业的蓬勃发展。济南的现代服务业也在不断壮大,包括金融服务、物流运输、旅游服务、文化创意等领域。济南作为山东省的政治、文化和经济中心,吸引了大量服务业机构和人才,为城市经济注入了新动力。近年来,济南积极推动新能源与环保产业的发展,特别是太阳能、风能等清洁能源产业。济南在节能环保技术研发和应用方面取得了一定成就,为城市可持续发展做出了积极贡献。

人口增长较慢,人口老龄化较明显。2022年全市常住人口941.5万人,同比增长1.56%,户籍人口820万人,同比增长0.05%。2012—2022年,全市常住人口增长252.99万人,增量居全国第10位,增速居全国第12位。济南60岁以上人口比重为19.96%,15~59岁人口比重63.6%,拥有大学文化程度(大专及以上)的人口每10万人达到2.6万人,虽然均优于全国水平,但在36个大中城市中优势不突出,劳动人口比重居第34位,大学文化程度(大专及以上)人口居第19位,人口素质在36个重点城市中居于中等水平。

固定资产投资稳步上升,制造业投资占比大。2022年济南市固定资产投资同比增长3.8%,居第17位。其中工业投资增长15.1%,基础设施投资增长17%,房地产投资下降3.6%,民间投资下降5.4%。济南固定资产投资长期以制造业为主,基础设施投资中,水利、环境和公共设施管理业占比长期较高,近年来信息传输、软件和信息服务业投资额成为基础设施中投资增速最高行业。

---

① 以下均为在36个大中城市中的排名,其他有注明的除外。

财政状况中等，负债水平中等。2022年，济南市综合财力1833.85亿元（一般公共预算收入+转移支付收入+政府性基金收入），居第19位。2012—2022年综合财力（2011前不含转移支付收入）年均增速8.65%，居全国第16位，2022年财政自给率81.7%，在36个大中城市排名第5名。2022年，济南市债务率145.07%（债务余额/综合财力），在36个大中城市中排名第16位。

（九）青岛市情况

经济发展迅速，经济综合实力高。2022年青岛市GDP14920.75亿元，在36个大中城市中[①]排名第12，相比2012年下降2位。人均GDP14.49万元，排名第10位。2012—2022年，青岛市名义GDP年均复合增速7.41%，在36个大中城市中排名第21。三次产业结构为3.2∶34.8∶61.2。作为沿海城市，青岛拥有丰富的海洋资源和得天独厚的海洋环境，因此海洋产业在这里发展繁荣，涵盖了海洋渔业、海洋工程、海洋科研等多个领域，同时还包括船舶制造、航运物流等相关产业。青岛的海洋产业对当地经济发展和就业起着重要的支撑作用。青岛拥有一批知名的装备制造企业，涉及船舶工程、海洋工程、机械制造等领域。特别是在船舶制造方面，青岛的造船业具有较强的实力和声誉，船舶产品远销海外，为青岛的经济发展做出了重要贡献。青岛拥有成熟的石油化工产业体系，包括炼油、化工原料生产等，同时还涉及橡胶、塑料等下游加工产业。青岛的化工产业在国内外市场上具有一定影响力，为当地经济发展注入了动力。

常住人口增长一般，人口较为老龄化。2022年全市常住人口1034.2万人，同比增长0.83%。2012—2022年，全市常住人口增长144.6万人，增量居全国第20位，增速居全国第26位。青岛60岁以上人口比重为20.28%，15~59岁人口比重64.31%，拥有大学文化程度（大专及以上）的人口每10万人达到2.26万人，在36个大中城市中较为落后，劳动人口比重居第32位，大学文化程度（大专及以上）人口居第26位，人口素质在36个重点城市中居于落后水平。

固定资产投资稳步上升，制造业投资占比大。2022年青岛市固定资产投资同比增长4.5%，居第16位。其中工业投资增长28%，基础设施投资增长27%，房地产投资下降9.7%，民间投资增长4.0%。青岛固定资产投资长期以制造业为主，基础设施投资中，水利、环境和公共设施管理业占比长期较高，近年来信息传输、软件和信息服务业投资额成为基础设施中投资增速最高行业。

---

① 以下均为在36个大中城市中的排名，其他有注明的除外。

财政状况中等，负债水平全国中游。2022年，青岛市综合财力2357.41亿元（一般公共预算收入+转移支付收入+政府性基金收入），居第15位。2012—2022年综合财力（2011前不含转移支付收入）年均增速7.7%，居全国第23位，2022年财政自给75.1%，在36个大中城市排名第14名。2022年，青岛市债务率130.6%（债务余额/综合财力），在36个大中城市中排名第19位。

九、广东省

（一）经济情况

广东省 GDP 总量连续多年占据全国榜首，人均 GDP 排名居全国前列。2022 年广东省 GDP129118.58 亿元，是 2012 年的 2.26 倍，GDP 总量全国排名第 1，与 2012 年排名持平。2012—2022 年 11 年间复合增长率 7.71%，略高于全国平均水平，2022 年人均 GDP10.19 万元，居全国第 7 位，较 2012 年提升 1 名。

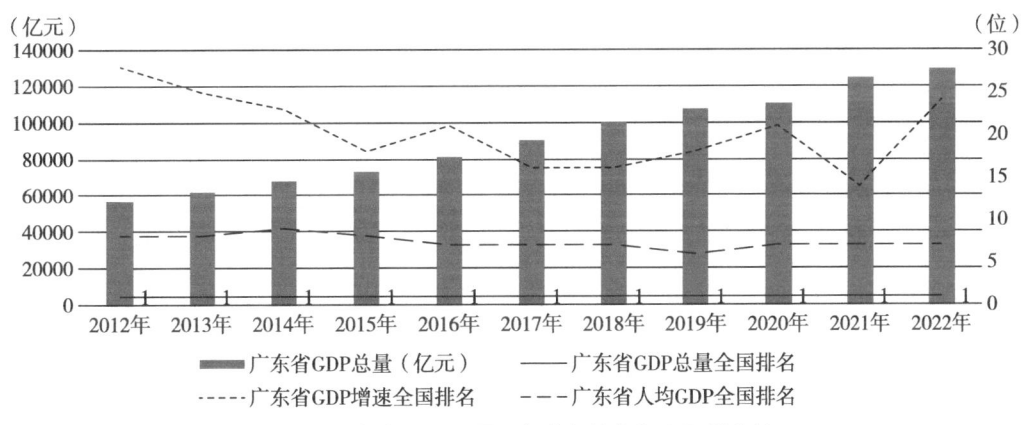

图2-9-1　广东省GDP总量及相关经济指标全国排名情况

数据来源：国家统计局，中铁研究院。

三次产业结构一产二产比重呈下降趋稳态势，三产比重近几年保持在 55% 左右。2022 年，广东省一二三产比重为 4.1%：40.9%：54.9%，分别高于全国 –3.2、1、2.1 个百分点。从演变趋势来看，一产二产比重总体呈下降至一定份额后保持稳定的趋势，一产比重近几年保持在 4% 左右，二产比重由 2012 年 48.5% 逐步下降至近几年的 40% 左右，三产比重总体呈上升并逐步趋稳的态势，由 2012 年 46.5% 增至 2022 年 54.9%。二产中工业占比低于全国平均水平，2022 年，广东省工业增加值占 GDP 比重为 36.96%，较上年提高 0.37 个百分点，低于全国 39.92% 的平均水平。

全省各地市发展不平衡现象明显，GDP 首末比超过 27.8。2022 年，全省 21 个地级市 GDP 首末比超过 27.86，较 2012 年增加 2.31，发展不平衡状况加剧。深圳市 GDP 总量稳居全省第一，深圳和广州市 GDP 之和占全省 GDP 总量 47.4%。从人均 GDP 来看，全省各地市首末比最大为 5.38，梅州市、揭阳市人均 GDP 不足全国水平一半，汕头、清远、湛江、韶关、河源、云浮、阳江、汕尾、潮州等市人均 GDP 不足全国水平 70%，协调发展均衡性亟待进一步改善。

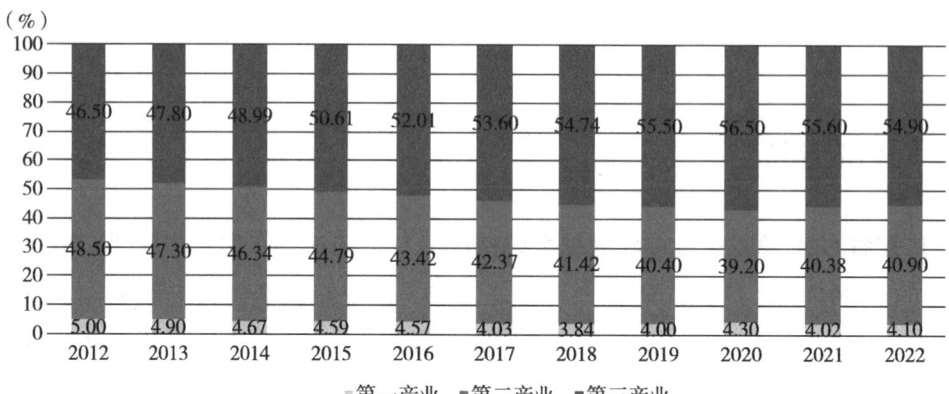

图2-9-2　广东省一二三产业结构比重变化（%）

数据来源：国家统计局，中铁研究院。

表 2-9-1　　　　　　　　广东省各市 GDP 总量和人均 GDP（2022 年）

序号	各地市	GDP 总量（亿元）	人均 GDP（元/人）
1	佛山	12698.39	132517
2	东莞	11200.32	106803
3	珠海	4045.45	163654
4	惠州	5401.24	89157
5	中山	3631.28	81620
6	江门	3773.41	78146
7	肇庆	2705.05	65513
8	汕头	3017.44	54504
9	清远	2032.02	51001
10	湛江	3712.56	52787
11	韶关	1563.93	54665
12	茂名	3904.63	62685
13	河源	1294.57	45563
14	云浮	1162.43	48538
15	阳江	1535.02	58556
16	梅州	1318.21	34085
17	汕尾	1322.02	49242
18	揭阳	2260.98	40192
19	潮州	1312.98	50988
20	广州	28839.00	153625
21	深圳	32387.68	183274

数据来源：广东省统计局，中铁研究院。

（二）支柱产业

广东省四大支柱产业工业总产值占全省GDP69%。2022年，广东省工业增加值占GDP比重为36.96%，较上年上升0.37个百分点，低于全国39.92%的平均水平。全省工业总产值前四名为计算机、通信和其他电子设备制造业，电气机械和器材制造业，汽车制造业，电力、热力生产和供应业，产值规模分别为46693.22、20991.10、11593.39、9184.45亿元，总计占GDP比重68.51%。相比2012年，广东省支柱产业前4名中，计算机、通信和其他电子设备制造业，电气机械和器材制造业分别保持了第1、2名的地位，凸显区域产业特色，电力、热力生产和供应业下降一位，而汽车制造业取代了化学原料和化学制品制造业，排名第3。

园区数量较多，发展水平较高。2022年，广东有国家级园区21个，国家级园区数量居全国第6，在东部省份中仅次于江苏和浙江，21个园区中有国家级经开区7个，国家级高新区14个。广东省园区数量众多，发展水平较高，其中广州经济技术开发区在2022年度国家级经开区综合发展水平考核评价排名2，广州经济技术开发区、广州南沙经济技术开发区在2022年国家级经开区实际使用外资排名分列第1、2名。

（三）人口

常住人口常年高于户籍人口，老龄化程度低于全国水平。2022年末，全省常住人口12657万人，同比增长0.21%，居全国第8位，与2012年持平。全省户籍人口长期远低于常住人口，且差距逐年扩大，2012—2022年，常住人口与户籍人口之差从2119万增加至2607万，显示常住人口持续增长，人口吸引力持续全国领先。2022年，全省65岁以上人口占比9.6%，较2012年提升2.6个百分点，低于14.9%的全国水平，在全国老龄化程度中排名第29位，较2012年下降1个位次。

人口教育结构改善，高等教育人口占比较高。2022年，全省专科、本科、研究生学历人口占比分别为10.3%、8.6%、0.8%，受高等教育（专科、本科、研究生）人口合计占比20.4%，较2015年的13.8%上升6.6个百分点。高中学历占比为18.6%，较2012年下降0.8个百分点。小学学历占比20.9%，初中学历占比为31.9%，二者占比下降9个百分点，全省教育结构改善。从全国来看，全省受高等教育人口占比居全国第10位，高等教育人口占比较高。

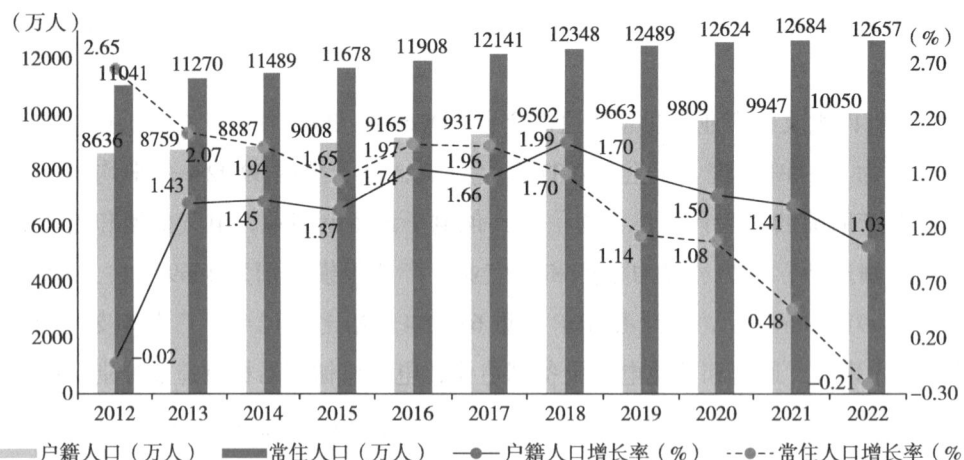

图2-9-3 广东省户籍人口与常住人口情况

数据来源：wind，中铁研究院。

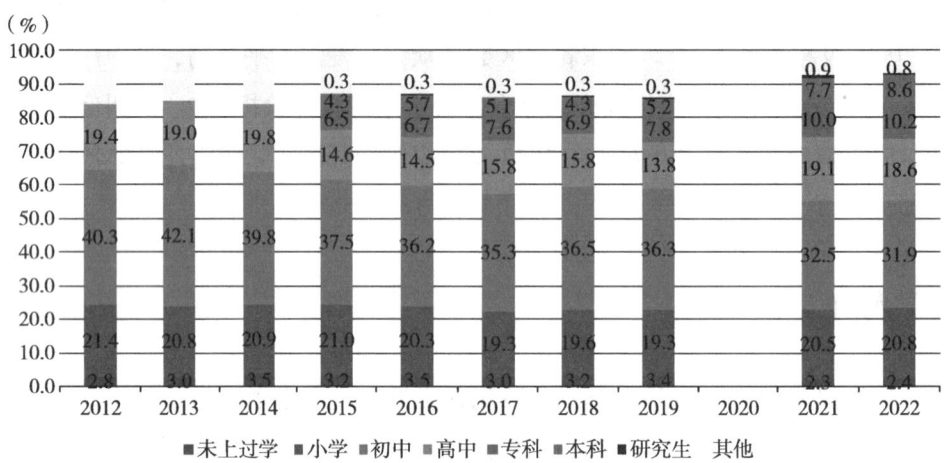

图2-9-4 广东省人口受教育情况

数据来源：wind，中铁研究院。其中缺少2020年数据。

（四）基础设施和公共服务

立体综合交通网络日益完善，高速公路总里程和机场吞吐量全国第1。2022年，广东省铁路营业里程5336.413公里，铁路网密度达2.97公里/百平方公里，为全国的1.83倍，总里程居全国第16位，与2012年排名持平，铁路网密度居全国第17。到2025年，铁路总里程达6500公里，高速铁路总里程达3600公里，城际铁路总里程达800公里。2022年全省公路22.31万公里，公路网密度124.22公里/百平方公里，是全国的2.22倍，总里程居全国第8位，公路密度居全国第11，高速公路11200公里，密度6.24公里/百平方公里，总里程居全国第1位，高速公路密度全国第4。规划至2025

年，公路总里程达 22.5 万公里，其中高速公路 12500 公里。全省共 9 个运输机场，2022 年全省机场旅客吞吐量共计 5824.2 万人次，占全国 11.20%，全国排名第 1，货邮吞吐量共计 345.6 万吨，全国排名第 1。广州白云机场旅客吞吐量合计占全省 44.82%，货物吞吐量占全省 54.52%，到 2025 年，全省运输机场旅客吞吐能力 2.5 亿人次，货邮吞吐能力 650 万吨。2022 年，广东内河通航里程 12264.65 公里，占全国 9.58%，内河港口吞吐量 2.93 亿吨。到 2025 年，三级以上内河航道里程达 1445 公里。

表 2-9-2　　2022 年广东省基础设施统计

类型	指标	广东	全国	东部地区
铁路	里程（公里）	5336.413	154906.5	37594.371
	密度（公里/百平方公里）	2.97	1.62	4.05
公路	里程（公里）	223100	5355000	1210200
	密度（公里/百平方公里）	124.22	55.93	130.35
机场	机场数量	9	254	56
	旅客吞吐量（万人次）	5824.2	51952.8	24836.4
	货邮吞吐量（万吨）	345.6	1452.7	1069.8
港口航道	港口吞吐量（亿吨）	2.93	55.54	——
	内河通航里程（公里）	12264.65	127968	53091.52

数据来源：wind，国家统计局，中铁研究院。

公共服务设施发展缓慢，义务教育生均校舍面积和千人医疗床位数位均大幅低于全国水平。2021 年，广东省义务教育生均校舍建筑面积 9.80 平方米，低于全国 10.3 人/平方米的平均水平，全国排名第 23，较 2013 年下滑 12 名。2022 年广东省每千人医疗卫生机构床位数 4.81 张/千人，远低于全国 6.91 的平均水平，全国排名第 30，较 2012 年下滑 1 名。

表 2-9-3　　广东省公共服务设施统计

	2021 年义务教育生均校舍建筑面积（m²）	2022 年每千人口医疗卫生机构床位数（张）
广东	9.80	4.81
全国	10.30	6.91
东部地区	10.31	6.0

数据来源：《中国教育统计年鉴 2021》《中国卫生健康统计年鉴 2022》，中铁研究院。

（五）城市建设

城镇化水平居全国前列，发展不平衡与多中心格局并存。2022 年，广东省常住人口城镇化率 74.79%，高于全国平均水平 9.57 个百分点，居全国第 4 位。2012—2022 年城镇化率提升7.64个百分点，城镇化全国排名保持不变。2022年，广东省有城市41座，城市数量较2012年减少3座（撤县设区），拥有从Ⅱ型小城市到超大城市五档城市结构，缺乏特大和Ⅰ型城市，结构存在断层。城市人口结构以超大城市为主，拥有深圳、广州、东莞三座超大城市，是全国超大城市最多的省份，占全省城区人口的64%，也体现出不平衡特点。2012—2022年，东莞从特大城市晋级为超大城市，中等城市增加4座，小城市减少8座。城区人口增减充分体现这一特点，2012—2022年，三座超大城市城区人口净增1546.37万人，占全省城区新增人口的80.35%。多中心格局更加突出，2022年首位城市深圳城区人口1766.18万人，占全部城区人口的27%，排名第22，较2012年下降1位。

人口城镇化快于土地城镇化，产业、城市基础设施供地提速。2022年，广东省城镇建成区7226.22平方公里，居全国第2位，10年复合增速2.68%，低于全国0.12个百分点，同期区域人口排名全国第1，增速3.21%，地人增速差-0.53个百分点，是全国五个人口城镇化快于土地城镇化的省市之一。城镇城市建设用地6714平方公里，人均建设用地92.9平方米，居全国第28位，较2012年提升3位，集约用地水平居全国最强水平。结构与全国保持一致，居住、工业、道路交通设施用地居前三位，占比分别为32.18%、23.99%、19.22%，三项指标均较2012年增长，分别提升0.11、2.29、7.05个百分点。与全国平均水平横向比较，也是该三项指标高于全国平均水平，尤其是工业用地占比居全国第三，高出平均水平6.38个百分点，显示出长期对产业、城市道路供地强度较大。

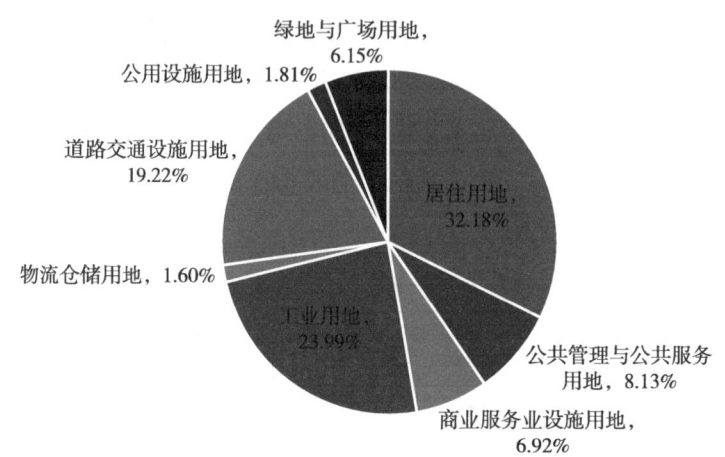

图2-9-5 2022年广东省城市建设用地结构

资料来源：住建部2022年城乡统计年鉴，中铁研究院。

城市建设投入力度有待与人口增速匹配，设施水平有待进一步提升。2022年，广东省完成市政基础设施投资1529.42亿元，同比增长-2.24%，10年复合增速5.05%，人均投资2147.87元，四项指标分别居全国第6、15、11、23，投资规模与全省城镇人口规模不相适应。长期来看，投资规模和人均投资较2012年下降2位和上升3位，阶段投资力度虽然上升，但较浙江等省有差距。2022年投资增速高于全国平均水平，投资较为平稳。广东省市政基础设施水平城市和县城分化较大，2022年城市和县城市政基础设施指标与全国的偏离度均值分别为0.8、-0.36，分别居全国第6和第18位，城市部分主要是路网密度和人均道路面积指标低于全国平均水平，县城部分有9项指标不及全国平均水平，占所有指标的60%。广东省房地产投资规模大，2022年，完成投资1.5万亿，居全国第1，同比降低14.33%，降幅居全国第17位，10年复合增速10.83%，居全国第2，带动投资规模排名较2012年上升2位。2022年，广东省人均住房面积[①]约34.85平方米，居全国第27位。广东省有城市轨道交通（仅含地铁、轻轨）1198.78公里，居31省市第一。

城市和镇域发达，城市和县城体量差距全国第一，分化水平深。2022年，广东省城市、县城、镇对城镇化的人口贡献率分别为67.76%、5%、25%，城市、镇的贡献率高于全国平均水平，县城贡献率低于全国12个百分点，城市贡献度全国排名第8，整体发展较为均衡，但县域发展失衡。长周期来看，2012—2022年，广东省城市贡献率大幅提升7个百分点，县城和镇的贡献率下降，显示期间城市加快发展。广东多市少县，总计城市41座，县城37座(不含20个县级市)，数量差距叠加单体规模差距造成广东省城市和县城差距大，2022年，二者城区总人口之比12.78，较2012年加深3.61，城市和县城的体量差距居全国首位。从平均人口来看，城市为县城的11.53倍，也居全国第1位，分化程度严重。城市建设水平差距较大，2022年，广东省城市和县城人均市政基础设施投资分别为4377.73元、790元，居全国第10、27位，城市部分较2012年上升14位。城市和县城市政基础设施指标与全国的偏离度均值分别居全国第6和第18位，设施水平差距较大。从产业发展来看，2022年，县城工业用地占城市建设用地比15.56%，城市工业用地占比24.79%。

（六）固定资产投资情况

总体增速高于全国水平，制造业、基础设施、房地产三项投资均衡稳定。2022年，广东省固定资产投资同比下降2.6%，固投增速在31个省级行政区中排名第26位，低于全国增速7.7个百分点，近十年以来广东固投持续增长，在2022年迎来首次下降。从领域来看，2022年制造业增长12.2%、房地产下降14.3%、基础设施[②]增长3.7%。从结构来看，制造业、基础设施、房地产三项投资均较为稳定且占比近似，其中制造业2012—2022年平均增速10.6%；房地产投资在2022年迎来近十年的首次下降；基

[①] 由于缺乏统计数据，报告人均住房面积含城乡居民住房。
[②] 基础设施：取电力、热力、燃气及水生产和供应业，交通运输和邮政业，信息传输和信息技术服务业，水利、生态环境和公共设施管理业四项投资之和。

础设施2012—2022年平均增速达11.4%。2012—2022年广东省固定资产投资中的建筑安装工程占比从65%微降至61%左右。

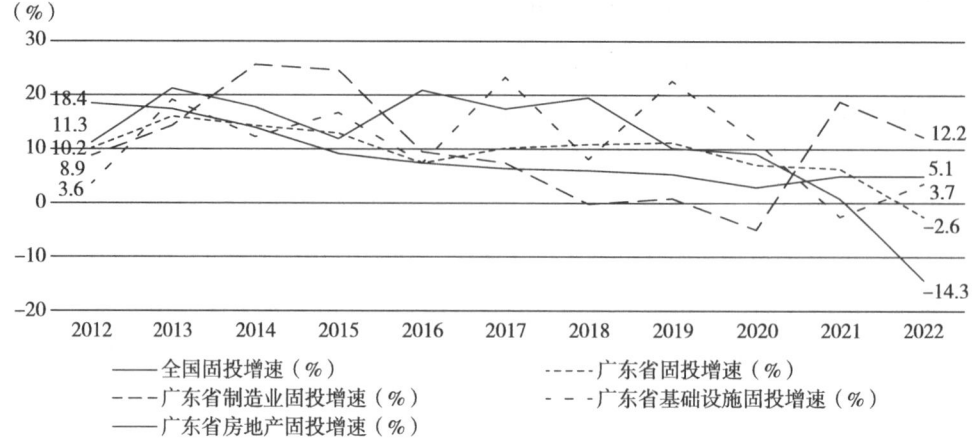

图2-9-6 广东省固定资产投资增速情况

数据来源：wind，广东省统计年鉴，国家统计局，中铁研究院。

基础设施投资结构稳定。2012—2022年，水利生态环境和公共设施管理业、交通运输和邮政业占广东基础设施投资主导地位，二者投资之和在基础设施投资中占比平均达76%。2022年，二者投资增速分别为7.5%、0.6%。电力热力燃气及水生产和供应业投资比重持续稳定在20%左右。信息传输和信息技术服务业投资占比较低，且持续稳定，2022年投资增速3.3%。

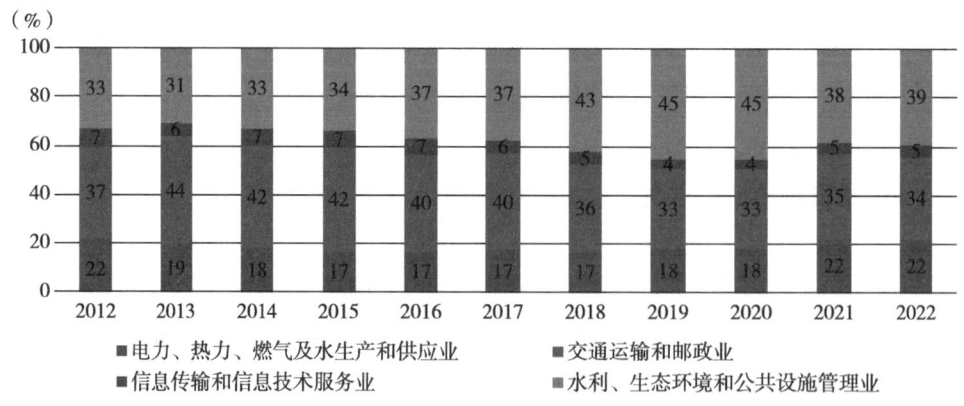

图2-9-7 广东省历年基础设施投资结构占比

数据来源：wind，广东省统计年鉴。2017年后各项占比以2017年投资为基数，按公布的投资增速计算。

（七）财政情况

广东省综合财力收入水平与GDP水平较为匹配，对转移支付和非税收入依赖低，对债务依赖程度低。2022年广东省综合财力约为21466亿元，在全国31个省级行政区中排名第2，低于GDP排名的第1名，综合财力下降13.6%，全国排名第29。从结构来看，一般公共预算收入和政府性基金收入之比约为76∶24，比例略低于全国水平，一般公共预算自给率71.7%，远高于全国34.5%的均值，一般公共预算收入对转移支付依赖度低。全省一般公共预算（不含转移支付和负债）税收占比从2012年的81%波动下降至2022年的70%，2022年全国排名第12，财政可靠性较高。债务收入占比约28.0%，略高于全国水平，对债务依赖度一般。2022年，广东省全省政府性基金收入（不含转移支付）5196.7亿元，全国排名第4位。

政府债务快速增长，负债规模持续扩大，整体负债水平较低，有一定债务空间。2022年广东省地方政府债务限额26258亿元，债务余额25071亿元，均居全国第1位，2018—2022年，广东省债务余额年均复合增长率达25.8%，居全国第30位。2022年广东省债务率117%，低于警戒线，全国排名第23位，政府债可用限额1187亿元，居全国第6位，债务腾挪空间较高。从债务结构来看，2022年广东专项债占比70.9%，远高于全国水平。

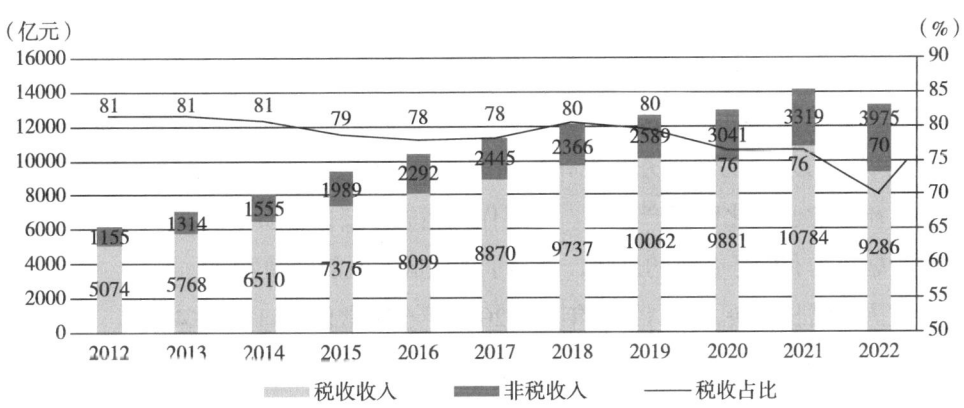

图2-9-8　广东省一般公共预算收入结构

数据来源：wind，广东省财政厅。本图中收入数据不含中央税收返还和转移支付、债务等收入。

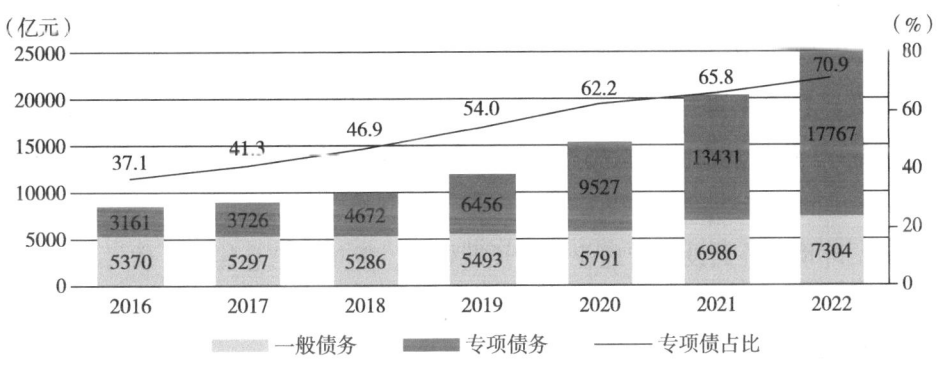

图2-9-9　广东省债务规模及构成

数据来源：wind，财政部。

（八）广州市情况

广州市经济发展迅速，经济综合实力高。2022年广州市GDP28839亿元，在36个大中城市中[①]排名第5，相比2012年下降1位。人均GDP15.36万元，排名第6位。2012—2022年，广州市名义GDP年均复合增速7.85%，在36个大中城市中排名第25。三次产业结构为1.1∶27.4∶71.2。广州是中国广东省的省会城市，也是华南地区的政治、经济和文化中心。广州的主导产业主要包括电子信息产业、珠宝首饰产业、装备制造业、现代服务业和传统优势产业等。首先，电子信息产业是广州的主导产业之一。广州作为中国重要的电子信息产业基地之一，拥有完善的产业链和技术创新能力，涵盖了通信设备、计算机、消费电子、电子元器件等领域。广州南沙自由贸易港区也吸引了大量电子信息企业入驻，推动了电子信息产业的发展。其次，珠宝首饰产业在广州具有独特优势，拥有发达的黄金加工和珠宝首饰制造业。广州的珠宝首饰产业集聚了众多知名品牌和制造商，产品远销全球。广州的珠宝首饰产业在带动当地经济增长的同时，也提升了城市的国际影响力。此外，装备制造业是广州的传统支柱产业之一。广州在船舶制造、汽车制造、机械制造等领域具有较强的实力和技术水平。广州南沙自贸区和黄埔经济技术开发区吸引了大量装备制造企业的投资，推动了产业的快速发展。另外，现代服务业也在广州的产业结构中占据重要地位，包括金融业、物流业、旅游业、文化创意产业等。广州作为南方重要的商贸中心和交通枢纽，吸引了大量金融机构和服务企业的进驻，推动了现代服务业的蓬勃发展。

常住人口增长较快，人口结构年轻。2022年全市常住人口1873.4万人，同比增长0.41%。2012—2022年，全市常住人口增长642.5万人，增量居全国第3位，增速居全国第5位。广州60岁以上人口比重为11.41%，15~59岁人口比重74.72%，拥有大学文化程度（大专及以上）的人口每10万人达到2.73万人，在36个大中城市中优势突出，劳动人口比重居第3位，大学文化程度（大专及以上）人口居第14位，人口素质在36个重点城市中居于领先水平。

固定资产投资下降，制造业投资占比大。2022年广州市固定资产投资同比下降2.1%，居第25位。其中工业投资增长10.3%，基础设施投资增长2%，房地产投资下降14.3%，民间投资下降9.4%。广州固定资产投资长期以制造业为主，基础设施投资中，水利、环境和公共设施管理业占比长期较高，近年来信息传输、软件和信息服务业投资额成为基础设施中投资增速最高行业。

---

① 以下均为在36个大中城市中的排名，其他有注明的除外。

财政状况好，财政自给率高。2022年，广州市综合财力4118.34亿元（一般公共预算收入＋转移支付收入＋政府性基金收入），居第7位。2012—2022年综合财力（2011前不含转移支付收入）年均增速9.9%，居全国第13位，2022年财政自给率86%，在36个大中城市排名第2名。2022年，广州市债务率113.5%（债务余额/综合财力），在36个大中城市中排名第24位。

（九）深圳市情况

深圳市经济发展迅速，经济综合实力高。2022年深圳市GDP32387.68亿元，在36个大中城市中[①]排名第3，相比2012年下降1位。人均GDP18.33万元，排名第2位。2012—2022年，深圳市名义GDP年均复合增速9.6%，在36个大中城市中排名第12。三次产业结构为0.1∶38.3∶61.6。深圳作为中国改革开放的前沿城市和经济特区，产业较为丰富和成熟。深圳是中国乃至全球重要的电子信息产业基地之一，涵盖了集成电路、通信设备、电子元器件等领域。深圳有着完整的电子产业链条，聚集了众多知名电子企业，如华为、腾讯、富士康等，形成了以手机、通信设备、电子产品制造为主的产业格局。除了电子信息产业，深圳的生产制造业也十分发达，涵盖了机械设备、纺织服装、玩具等多个领域。深圳的制造业以高新技术制造和智能制造为主，不断推动产业升级和创新发展。作为中国重要的金融中心之一，深圳的金融服务业发展迅速。深圳证券交易所是中国主要的证券交易场所之一，深圳还有众多金融机构和科技金融企业，为中国金融业的发展做出了重要贡献。深圳在文化创意产业方面也具备一定的优势，涵盖了影视制作、动漫游戏、设计传媒等领域。深圳的文化创意产业呈现出多样化和活力十足的发展态势，为城市经济增长注入新动力。深圳是中国重要的科技创新中心，拥有众多高新技术企业和科研机构。深圳的科技园区和孵化基地吸引了大量创新人才和科技项目，推动了科技研发成果的转化和应用。

常住人口增长较快，人口红利好。2022年全市常住人口1766.18万人，同比增长–0.11%。2012—2022年，全市常住人口增长602.45万人，增量居全国第2位，增速居全国第2位。深圳60岁以上人口比重为5.36%，15~59岁人口比重79.53%，拥有大学文化程度（大专及以上）的人口每10万人达到2.88万人，在36个大中城市中优势明显，劳动人口比重居第1位，大学文化程度（大专及以上）人口居第10位，人口素质在36个重点城市中居于领先水平。

固定资产投资稳步上升，制造业投资占比大。2022年深圳市固定资产投资同比增

[①] 以下均为在36个大中城市中的排名，其他有注明的除外。

长4.5%，居第16位。其中工业投资下降17.5%，基础设施投资增长11.6%，房地产投资下降0.2%，民间投资增长4.0%。深圳固定资产投资长期以制造业为主，基础设施投资中，水利、环境和公共设施管理业占比长期较高，近年来信息传输、软件和信息服务业投资额成为基础设施中投资增速最高行业。

财政状况较好，财政自给率高。2022年，深圳市综合财力5514.37亿元（一般公共预算收入+转移支付收入+政府性基金收入），居第5位。2012—2022年综合财力（2011前不含转移支付收入）年均增速11.5%，居全国第10位，2022年财政自给率80.3%，在36个大中城市排名第8名。2022年，深圳市债务率37.8%（债务余额/综合财力），在36个大中城市中排名第35位。

十、海南省

（一）经济情况

海南省GDP总量连续多年排名全国第28，人均GDP居全国下游水平。2022年海南省GDP6818.22亿元，是2012年的2.39倍，GDP总量全国排名第28，与2012年排名持平。2012—2022年11年间复合增长率8.23%，高于全国平均水平，2022年人均GDP6.66万元，居全国第21位，较2012年提升1位。

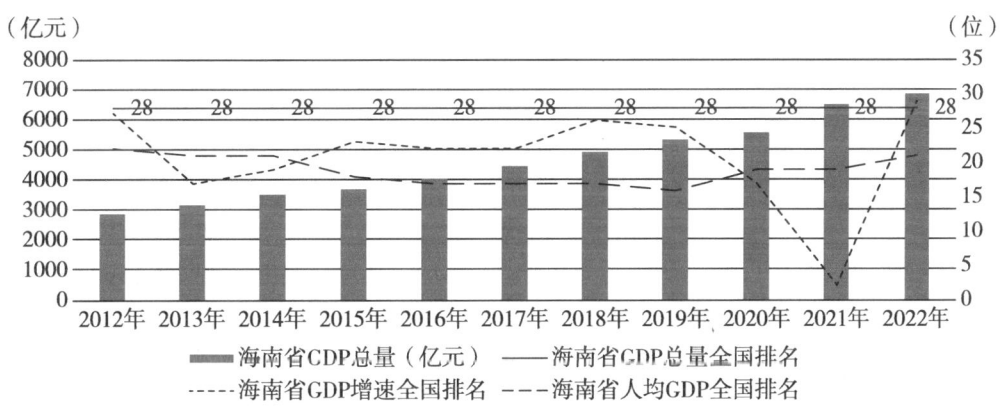

图2-10-1 海南省GDP总量及相关经济指标全国排名情况
数据来源：国家统计局，中铁研究院。

三次产业结构一产比重远高于全国水平，工业增加值占GDP比重远低于全国水平。2022年，海南省一二三产比重为20.8%：19.2%：60.0%，分别高于全国13.5、-20.7、7.2个百分点。从演变趋势来看，一产二产比重整体呈下降并逐步趋稳态势，三产比重稳步提升至60%并逐步趋稳。2022年，海南省工业增加值占GDP比重为11.29%，较上年提高0.59个百分点，远低于全国39.92%的平均水平。

全省各地市整体发展水平较低，协调发展均衡性亟待改善。2022年，全省18个市县（不含三沙市）GDP首末比超过55，较2012年增加5.6，发展不平衡状况明显加剧。从人均GDP来看，全省各地市首末比2.56，仅儋州和澄迈人均GDP略高于全国水平，其中乐东、定安、屯昌、琼中、白沙、五指山等市县人均GDP不足全国水平一半，万宁、东方、保亭等市县人均 GDP 不足全国水平 70%。协调发展均衡性亟待进一步改善。

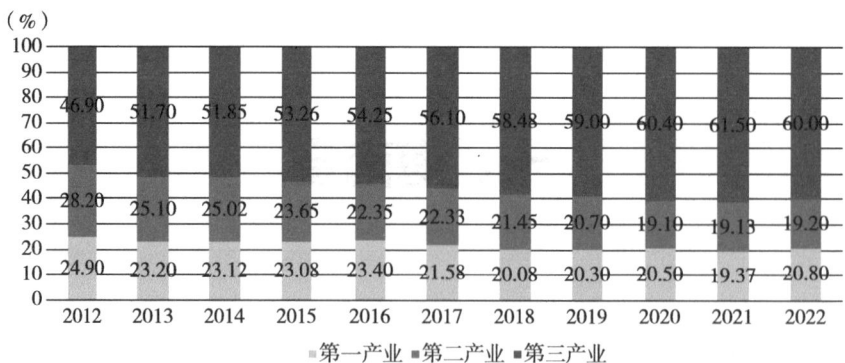

图2-10-2 海南省一二三产业结构比重变化（%）

数据来源：国家统计局，中铁研究院。

表 2-10-1　　　　海南省各市 2022 年 GDP 总量和人均 GDP（2022 年）

序号	市县	GDP（亿元）	人均生产总值（元）
1	海口市	2134.77	72619
2	儋州市	878.91	89548
3	三亚市	847.1	79473
4	澄迈县	444.64	88135
5	琼海市	356.94	66593
6	文昌市	343.99	60487
7	万宁市	298.74	53730
8	陵水县	231.74	61388
9	东方市	231.34	51046
10	临高县	231.01	54548
11	乐东县	195.07	41478
12	昌江县	151.09	64157
13	定安县	122.86	42704
14	屯昌县	101.38	39757
15	琼中县	69.3	38266
16	保亭县	69.08	43972
17	白沙县	64.52	39438
18	五指山市	38.81	34901

数据来源：海南省统计局，中铁研究院。

（二）支柱产业

海南省四大支柱产业工业总产值占全省 GDP23%。2022 年，海南省工业增加值占 GDP 比重为 11.29%，较上年上升 0.59 个百分点，低于全国 39.92% 的平均水平。全省工业总产值前四名为金属制品业，石油和天然气开采业，家具制造业，化学纤维制造业，产值规模分别为672.47、333.68、293.44、248.51亿元，总计占GDP比重22.71%。相比2012年，海南省支柱产业前4名中，金属制品业，石油和天然气开采业仍分列第1、2名，家具制造业，化学纤维制造业分别取代了印刷和记录媒介复制业，纺织服装、服饰业，总体看海南省工业规模较小，地域特色明显。

园区数量少，位置集中。2022年，海南有国家级园区2个，国家级园区数量居全国第29，与北京、西藏相同，2个园区中有国家级经开区、国家级高新区各1个。海南省园区数量少，位置较为集中，其中洋浦经济开发区位于海南西北部的洋浦半岛，海口国家高新技术产业开发区位于海南省海口市西北部。

（三）人口

海南省常住人口常年高于户籍人口，人口老龄化程度低于全国水平。2022年末，全省常住人口1027万人，同比增长0.69%，居全国第28位，较2012年持平。全省户籍人长期略低于常住人口，且差距逐年略有扩大，2012—2022年，常住人口与户籍人口之差从-18万增加至43万，显示常住人口略有增长，人口吸引力略有提升。2022年，全省65岁以上人口占比11.3%，较2012年提升4.4个百分点，低于14.9%的全国水平，在全国老龄化程度中排名第26位，与2012年持平。

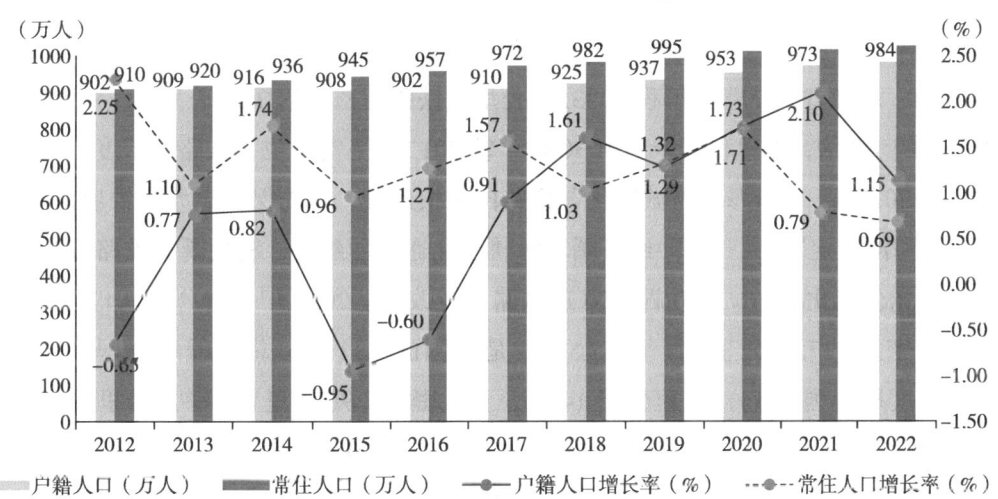

图2-10-3　海南省户籍人口与常住人口情况

数据来源：wind，中铁研究院。

人口教育结构改善，高等教育人口占比全国中等。2022年，全省专科、本科、研究生学历人口占比分别为8.9%、7.2%、0.5%，受高等教育（专科、本科、研究生）人口合计占比20.4%，较2015年的13.8%上升6.6个百分点。高中学历占比为19.7%，较 2012 年上升 0.9 个百分点。小学学历占比 18.7%，初中学历占比为 38.4%，二者占比下降 5 个百分点，全省教育结构改善。从全国来看，全省受高等教育人口占比居全国第 20 位，高等教育人口占比全国中等。

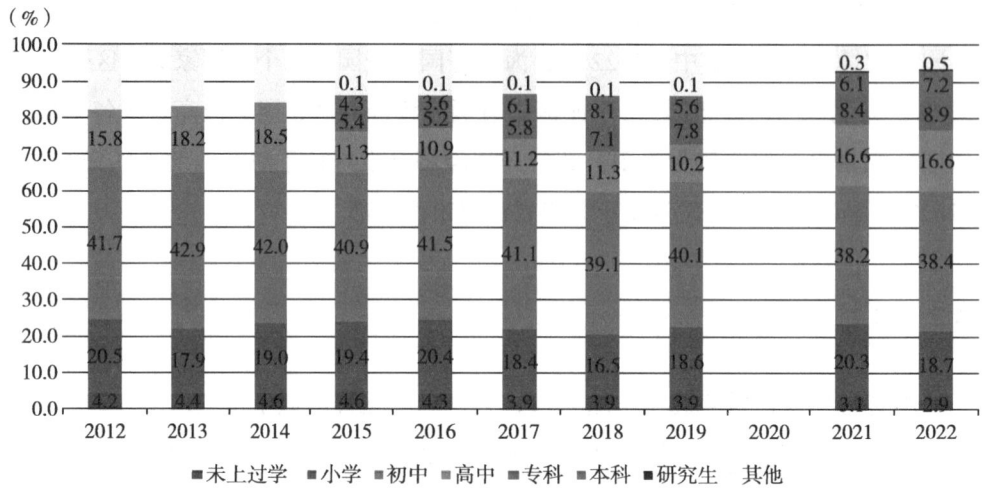

图 2-10-4　海南省人口受教育情况

数据来源：wind，中铁研究院。其中缺少 2020 年数据。

（四）基础设施和公共服务

立体综合交通网络日益完善，铁路、公路密度及机场吞吐量居全国中上游。2022 年，海南省铁路营业里程 1033.42 公里，铁路网密度达 2.92 公里/百平方公里，为全国的 1.8 倍，总里程居全国第 30 位，较 2012 年下滑 1 位，铁路网密度居全国第 18。到 2025 年，"跨海环岛城际化"铁路网加快建设，优先保障湛海高铁项目建设，推进"海澄文定""大三亚"经济圈城际轨道交通规划建设，利用既有铁路富余能力开行市域公交化列车，推动西环普速铁路扩能改造。2022 年全省公路 4.17 万公里，公路网密度 117.95 公里/百平方公里，是全国的 2.11 倍，总里程居全国第 27 位，公路密度居全国第 14，高速公路 1400 公里，密度 3.96 公里/百平方公里，总里程居全国第 28 位，高速公路密度全国第 16。规划至 2025 年，"丰"字形 + 环线高速公路网加快构建，全省公路通车总里程达到 42000 公里，其中高速公路 1500 公里，普通国省干线公路中二级及以上公路比例达到 80%。全省共 4 个运输机场，2022 年全省机场旅客吞吐量共计 2115.3 万人次，占全国 4.07%，全国排名第 10，货邮吞吐量共计 18.9 万吨，全国排名第 15。海口美兰机场旅客吞吐量占全省 52.77%，货物吞吐量占全省 65.81%，到 2025 年，"两主两辅一货运"的运输机场布局加快构建，全省运输机场保障能力达到 6200 万人次，航空货邮吞吐量达到 40 万吨。2022 年，海南内河通航里程434.28公里，占全国0.34%。

表2-10-2　　　　　　　　　　2022年海南省基础设施统计

类型	指标	海南	全国	东部地区
铁路	里程（公里）	1033.42	154906.5	37594.371
铁路	密度（公里/百平方公里）	2.92	1.62	4.05
公路	里程（公里）	41700	5355000	1210200
公路	密度（公里/百平方公里）	117.95	55.93	130.35
机场	机场数量	4	254	56
机场	旅客吞吐量（万人次）	2115.3	51952.8	24836.4
机场	货邮吞吐量（万吨）	18.9	1452.7	1069.8
港口航道	港口吞吐量（亿吨）	——	55.54	——
港口航道	内河通航里程（公里）	434.28	127968	53091.52

数据来源：wind，国家统计局，中铁研究院。

公共服务设施有待进一步完善，义务教育生均校舍面积和千人医疗床位数均低于全国水平。2021年，海南省义务教育生均校舍建筑面积9.13平方米，低于全国10.3人/平方米的平均水平，全国排名第28，较2013年下滑15名。2022年海南省每千人医疗卫生机构床位数5.96张/千人，低于全国6.91的平均水平，全国排名第23，较2012年提升5名。

表2-10-3　　　　　　　　　海南省公共服务设施统计

	2021年义务教育生均校舍建筑面积（m²）	2022年每千人口医疗卫生机构床位数（张）
海南	9.13	5.96
全国	10.30	6.91
东部地区	10.31	6.0

数据来源：《中国教育统计年鉴2021》《中国卫生健康统计年鉴2022》，中铁研究院。

（五）城市建设

城镇化进程较慢，发展能级亟待提升，中心城独大发展极不平衡。2022年，海南省常住人口城镇化率61.49%，低于全国平均水平，居全国第20位。2012—2022年城镇化率提升10.47个百分点，城镇化全国排名下降3位。2022年，海南省有城市8座，拥有从Ⅱ型小城市、中等城市、Ⅱ型大城市3档城市，缺乏300万人口以上城市，城市能级有待提升。城市人口集中在Ⅱ型大城市（海口），占人口的63%，2012—2022年，海口城区人口净增84.6万人，占全省城区新增人口的90%。随着人口的加快集聚，中心城首位度提升，2022年海口市城区人口209.92万人，占全部城区人口的63%，全国排名从提升1位至第2位。

人口城镇化快于土地城镇化，居住、商业服务用地占比全国第一。2022年，海南省城镇建成区586.53平方公里，居全国第29位，10年复合增速5.04%，高于全国2.24个百分点，同期区域人口排名全国第29，增速2.54%，地人增速差2.5个百分点，高于全国平均水平2.1个百分点，人口城镇化快于土地城镇化程度较深。城镇城市建设用地515平方公里，人均建设用地112.59平方米，居全国第16位，较2012年下降4位，集约用地水平提升。结构凸显区域经济特点，居住、道路交通设施、公共管理与服务、商服用地居前四位，占比分别为37.75%、15.57%、12.44%、12.39%，其中居住、公共管理与服务、商服用地相比2012年增长，分别提升4.51、0.99、9.57个百分点，显示出房地产和商业服务业加快发展。与全国平均水平横向比较，居住、商服两项指标均居全国第一，公共管理服务用地高于全国平均水平，显示出长期对商业服务业供地强度较大，旅游岛特色鲜明。

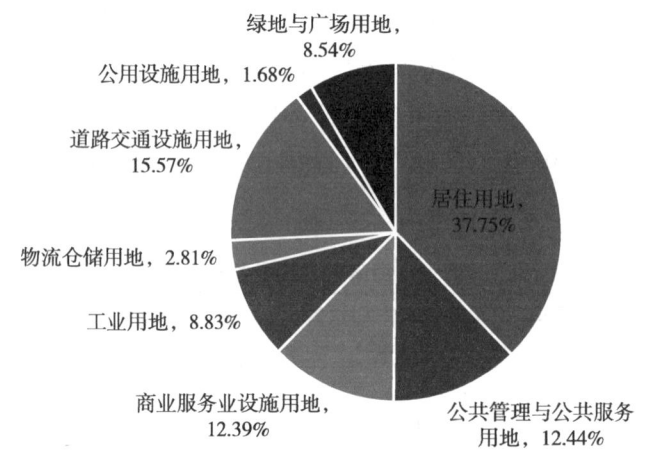

图2-10-5 2022年海南省城市建设用地结构

资料来源：住建部2022年城乡统计年鉴，中铁研究院。

城市建设投资整体较为平稳，城市设施水平有待提升。2022年，海南省完成市政基础设施投资359.87亿元，同比增长7.8%，10年复合增速4.4%，人均投资3112.69元，四项指标分别居全国第28、11、12、14。从长期来看，人均投资较2012年上升6位，显示阶段投资加大力度，从短期来看，近两年保持较高增速，当期投资也呈加快走势。海南省市政基础设施水平居全国前列，2022年城市和县城市政基础设施指标与全国的偏离度均值分别为-0.23、1.56，分别居全国第17和第7位，主要是供排水、道路、绿化指标较低。海南省房地产投资较为平稳，2022年完成投资1158.37亿，居全国第25，同比减少16.04%，降幅居全国16位，10年复合增速2.71%，低于全国平均水平 3.3 个百分点，居全国第 24。2022 年，海南省人均住房面积[①]约 34.98 平方米，居全国第 25 位。

城市、镇域加快发展，城市县城分化程度急剧加深，分化水平较深。2022 年，海南省城市、县城、镇对城镇化的人口贡献率分别为 52.77%、10%、38%，分别高于全国平均水平 −8、−7、16 个百分点，城市贡献度全国排名第 22，城市经济未形成良好的带动和积聚效应。长周期来看，2012—2022 年，海南省城市贡献率小幅提升 1 个百分点，县城贡献率下降，镇的贡献率提升 4 个百分点，显示期间就地城镇化为主流。海南城市、县城数量较为均衡，共有 8 座城市 10 个县城（不含 5 个县级市），2022 年二者城区人口之比为 5.45，较 2012 年加深 1.94，均高于期间全国平均水平。从平均人口来看，城市为县城的 6.82 倍，居全国第 10 位，分化程度较深。城市建设分化水平较轻，2022 年，海南省城市和县城人均市政基础设施投资分别为 3261.64 元、2300.47 元，均居全国第 15，分别较 2012 年上升 4 和 8 位。城市和县城市政基础设施指标与全国的偏离度均值分别居全国第 13 和第 7 位，均处于中游水平。从产业发展来看，2022 年，县城工业用地占城市建设用地比 19.63%，城市工业用地占比 4.81%。

（六）固定资产投资情况

固投增速波动较大，制造业比重低，基础设施稳定，房地产投资降温。2022 年，海南固定资产投资同比下降 4.2%，固投增速在 31 个省级行政区中排名第 27 位，低于全国增速 9.3 个百分点，固投增速波动较大。从领域来看，2022 年制造业增长 21.1%、房地产下降 16.0%、基础设施[②]增长 15.1%。从结构来看，制造业投资比重持续较低，但呈上升态势，2019—2022 年平均增速达 43.7%；房地产投资自 2018 年起明显降温，投资增速和投资占比下降；基础设施投资总体稳定，2012—2022 年平均增速 12.7%。2012—2022 年海南固定资产投资中的建筑安装工程占比从 76% 左右波动下降至 64%。

基础设施投资结构总体稳定。2012—2022 年，水利生态环境和公共设施管理业投资比重波动上升，交通运输和邮政业占比上升后逐渐回落，2022 年二者投资增速分别为 21.2%、1.7%。电力热力燃气及水生产和供应业比重近年来稳定在 20% 左右，2022 年投资增速 49.8%。信息传输和信息技术服务业投资占比低，2022 年投资增速 −26.9%。

---

① 由于缺乏统计数据，报告人均住房面积含城乡居民住房。
② 基础设施：取电力、热力、燃气及水生产和供应业，交通运输和邮政业，信息传输和信息技术服务业，水利、生态环境和公共设施管理业四项投资之和。

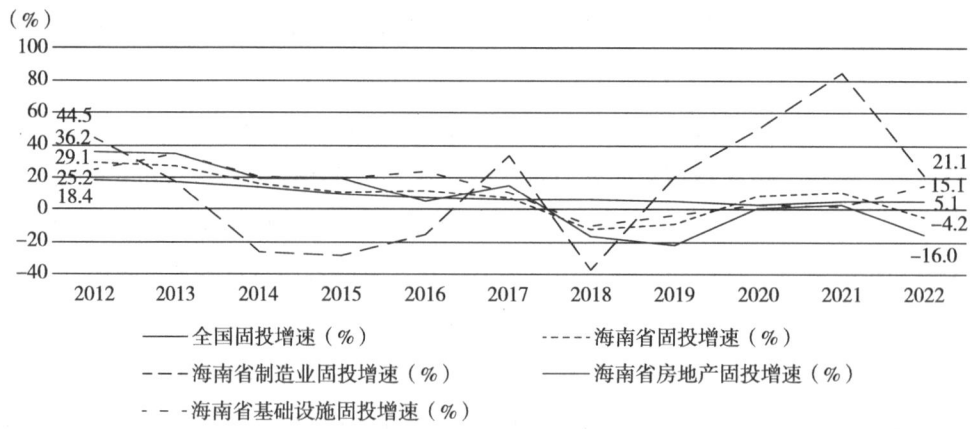

图2-10-6 海南省固定资产投资增速情况

数据来源：wind，海南统计年鉴，国家统计局，中铁研究院。

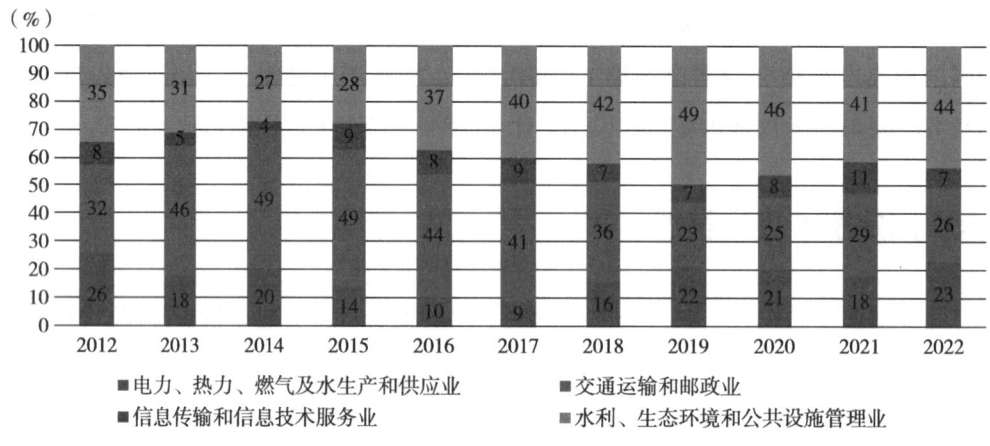

图2-10-7 海南省历年基础设施投资结构占比

数据来源：wind，海南统计年鉴。2017年后各项占比以2017年投资为基数，按公布的投资增速计算。

（七）财政情况

海南省综合财力收入水平与GDP水平较为匹配，对转移支付和非税收入依赖较低，对债务依赖程度较高。2022年海南综合财力约为2399亿元，在全国31个省级行政区中排名第29，低于GDP排名的第28名，综合财力增加2.5%，全国排名第9。从结构来看，一般公共预算收入和政府性基金收入之比约为80∶20，比例略高于全国水平，一般公共预算自给率39.7%，低于全国43.1%的均值，一般公共预算收入对转移支付依赖度中等。2012—2022年全省一般公共预算（不含转移支付和负债）税收占比从86%下滑至73%，2022年全国排名第10位，处于全国中上游水平，财政可靠性较好。债务收入占比约32.1%，高于全国水平。 2022年，海南全省政府性基金收入（不含转移支付)468.9亿元，全国排名第23位。

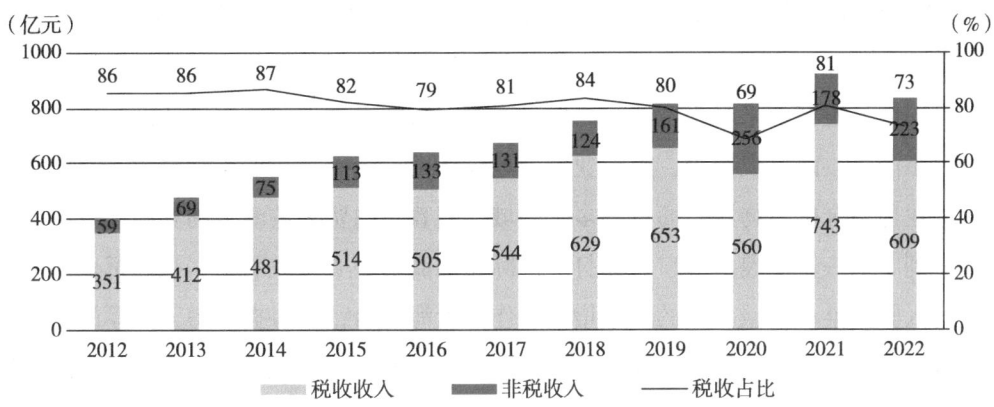

图2-10-8 海南省一般公共预算收入结构

数据来源：wind，海南省财政厅。本图中收入数据不含中央税收返还和转移支付、债务等收入。

政府债务稳定增长，负债规模持续扩大，整体负债水平较高，债务空间较低。2022年海南地方政府债务限额3703亿元，居全国第28位，债务余额3487亿元，同样居全国第28位，2018—2022年，海南债务余额年均复合增长率15.8%，居全国第13位。2022年海南债务率145%，低于警戒线，全国排名第10位，政府债可用限额217亿元，居全国第26位，债务腾挪空间低。从债务结构来看，2022年海南专项债占比51.4%，略低于全国水平。

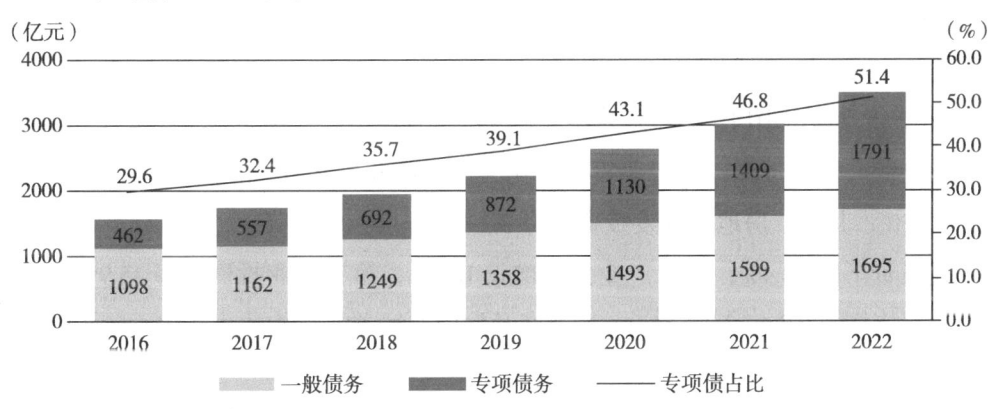

图2-10-9 海南省债务规模及构成

数据来源：wind，财政部。

（八）海口市情况

海口市经济发展，经济规模较小。2022年海口市GDP2134.77亿元，在36个大中城市中[①]排名第34，相比2012年上升1位。人均GDP7.3万元，排名第32位。

---
① 以下均为在36个大中城市中的排名，其他有注明的除外。

2012—2022年，海口市名义GDP年均复合增速10.06%，在36个大中城市中排名第7。三次产业结构为4.7∶19∶76.3。海口作为海南岛的门户城市和重要旅游目的地，旅游业是其支柱产业之一。海口拥有优美的海滩、热带风光和丰富的旅游资源，吸引了大量国内外游客前来观光度假。海口市内有多家知名景点和旅游度假区，如分界洲岛、大小洞天、南海观音等，旅游业对当地经济发展起到了重要推动作用。海口的现代服务业包括金融、物流、商贸等多个领域，随着自由贸易港政策的实施，海口的服务业得到了进一步发展。海口积极打造国际化的商贸中心，吸引了一批商贸企业和金融机构入驻，推动了服务业的快速增长。作为沿海城市，海口拥有得天独厚的海洋资源，海洋产业也是海口的重要支柱产业之一。海口发展海洋渔业、海洋科技、海洋旅游等多个方面，积极推动海洋经济的发展，为当地经济增长注入新活力。海口在现代农业领域也有一定的发展，包括热带农业、热带水果种植等。海口市郊区域广阔，适宜农业生产，海口在发展特色农产品和绿色农业方面取得了一定成就。近年来，海口市积极发展高新技术产业，包括生物医药、新能源、信息技术等领域。海口不断加大科技创新力度，鼓励企业加大研发投入，推动高新技术产业的蓬勃发展。

常住人口增长较快，人口结构年轻。2022年全市常住人口294万人，同比增长1.09%。2012—2022年，全市常住人口增长80.5万人，增量居全国第28位，增速居全国第14位。海口60岁以上人口比重为12.42%，15~59岁人口比重69.19%，拥有大学文化程度（大专及以上）的人口每10万人达到2.48万人，在36个大中城市中优势突出，劳动人口比重居第12位，大学文化程度（大专及以上）人口居第22位，人口素质在36个重点城市中居于较落后水平。

固定资产投资下降，制造业投资占比大。2022年全年完成固定资产投资比上年下降12.7%，其中，房地产开发投资下降3.2%，非房投资下降17.7%。分产业看，第一产业投资下降38.4%，第二产业投资增长18.3%，第三产业投资下降15.9%，三次产业投资比例为0.3∶12.8∶86.9。房地产开发与非房项目结构比由34.2∶65.8调整为37.9∶62.1，投资结构不断优化。

综合财力较差但增长快，财政自给率较高。2022年，海口市综合财力671.96亿元（一般公共预算收入+转移支付收入+政府性基金收入），居第30位。2012—2022年综合财力（2011前不含转移支付收入）年均增速12.26%，居全国第8位，2022年财政自给率76%，在36个大中城市排名第13名。2022年，海口市债务率111.4%（债务余额/综合财力），在36个大中城市中排名第25位。

第三篇

中部经济运行篇

一、安徽省

（一）经济情况

2022年安徽省GDP总量突破4.5万亿元，进入全国前10。2022年安徽省GDP45045亿元，是2012年的1.6倍，11年间复合增长率9.14%，全国排名第5。除2021年外，其他各年均高于全国平均水平。在全国GDP排名从2012第14名上升至2022年第10名。2022年人均GDP7.4万元，居全国第14位，较2012年上升12名。

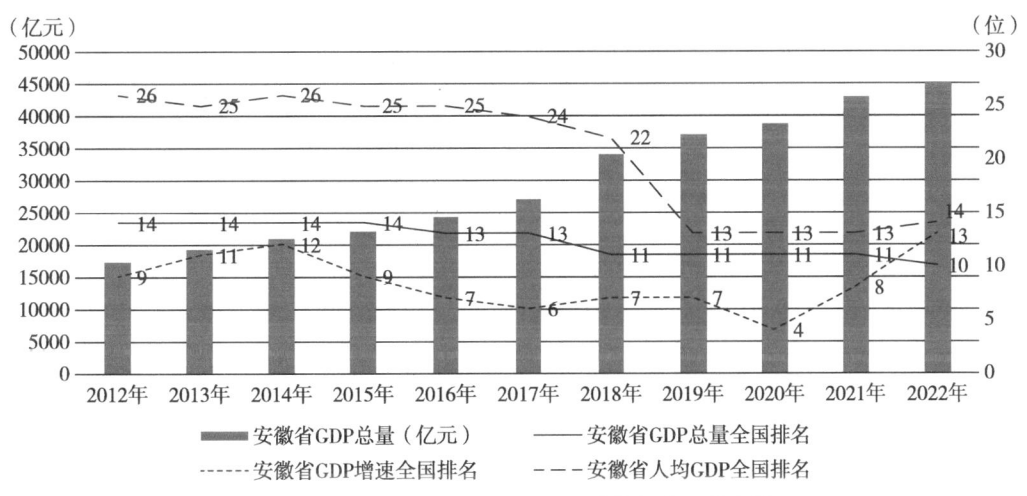

图3-1-1　安徽省GDP总量及相关经济指标全国排名情况

数据来源：国家统计局，中铁研究院。

三次产业结构从二三一向三二一演化，二产占比止跌回升。2022年，安徽省一二三产比重为7.8%：41.27%：50.42%，分别高于全国0.5、1.37、1.87个百分点。从演变趋势来看，三产比重整体上升，一二产业比重整体趋降，二产于2021年呈止跌回升新态势。二产中工业、制造业占比低于全国平均水平，2022年，安徽省工业和制造业增加值占GDP比重分别为30.62%、26.5%，较上年提高0.85、0.3个百分点，低于全国39.92%、27.70%的平均水平。

各地市经济发展水平极不平衡，合肥市占全省GDP总量四分之一。2022年，全省 16 个地级市 GDP 首末比达 11.98，较 2012 年扩大 2.18，显示出发展不平衡加剧。合肥市首位度较高，GDP 总量占全省 GDP 比重由 2012 年 24.19% 提高到 2022 年的 26.67%，人均 GDP 亦高于其他地级市；阜阳、宿州、亳州、六安等地级市人均 GDP 不足全国人均 GDP 一半，发展水平亟待提高。

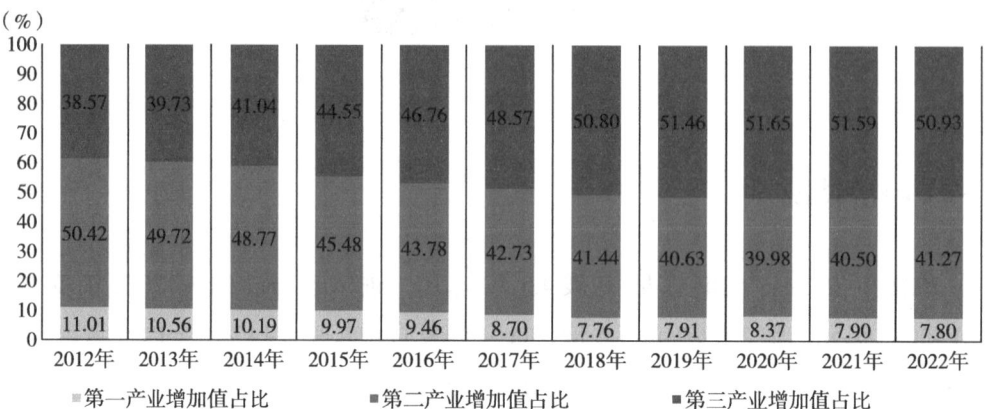

图 3-1-2　安徽省一二三产业结构比重变化（%）

数据来源：国家统计局，中铁研究院。

表 3-1-1　　　　　　安徽省各市 GDP 总量和人均 GDP（2022 年）

序号	各地市	GDP 总量（亿元）	人均 GDP（元/人）
1	合肥	12013.10	125798
2	芜湖	4502.13	121630
3	滁州	3609.98	89800
4	阜阳	3233.30	39643
5	安庆	2767.46	66470
6	马鞍山	2520.96	116100
7	宿州	2224.60	41875
8	亳州	2101.50	42258
9	蚌埠	2012.30	60739
10	六安	2004.60	45643
11	宣城	1914.40	76853
12	淮南	1541.10	50802
13	淮北	1302.80	66810
14	铜陵	1209.90	92823
15	池州	1078.50	81124
16	黄山	1002.30	75505

数据来源：国家统计局，中铁研究院。

（二）主导产业

新一代信息技术产业加快发展。2022年，全省规上工业（不含水电气热，下同）营收前四为电气机械和器材制造、计算机通信和其他电子设备制造、汽车制造、有色金属和压延加工，营收规模分别为6333.12、4649.91、3780.65、3035.05亿元，总计占工业比重48.05%。相比2012年[①]，计算机通信和其他电子设备制造业后来居上，取代农副食品加工业成为第二大产业，构建了以合肥为核心、沿江各市协同发展的"一核一带"格局。

汽车制造和装备制造业稳步发展。2022年，安徽省汽车制造和装备制造居工业第3和第1名，排名分别较2012年上升1位和0位。其中全省汽车产量174.7万辆，新能源汽车52.7万辆，均居全国第7位，主要布局在合肥、芜湖。

布局发展汽车、新一代信息技术、装备制造、新材料四大万亿级产业。2022年，安徽省依托既有产业基础，布局四大万亿级产业。2012年，安徽省重点围绕电子信息、汽车和装备制造、材料和新材料、新能源、食品医药、纺织服装、现代服务业等主导产业，整合资源，着力打造若干个5000亿元级以上的大产业。

园区数量多，分布较为集中。2022年，安徽有国家级园区21个，其中国家级经开区13个，国家级高新区8个，国家级园区数量居全国第四，仅次于江苏、浙江、山东。21个国家级园区分布在9个城市，其中前三位城市为合肥、芜湖、安庆，分别为3、2、3个，数量占比超过38%。阜阳、宿州、亳州、淮北、黄山等5个城市暂无国家级园区。

（三）人口

人口吸引力增强，户籍与常住人口差距先升后降，人口年龄结构相对改善。2022年末，全省常住人口6127万人，同比增长0.23%，居全国第9位，较2012年下降1位。全省和户籍人口长期高于常住人口，呈先升后降走势，2012—2020年，二者之差从934万增加到1028万，2022年降至993.78万，显示户籍人口回流，人口吸引力增强。与之对应，全省老龄化进程好于全国水平，2022年，全省65岁以上人口占比16%，虽较2012年提升6个百分点，但在全国老龄化程度中排名第12位，较2012年下降3个位次。

[①] 2012年，全省产值前四产业为电气机械和器材制造、农副食品加工业、黑色金属冶炼和压延工业、汽车制造业。

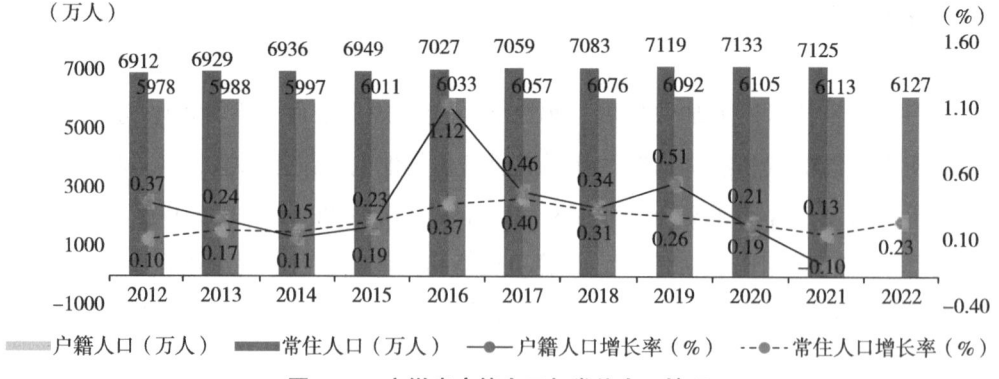

图3-1-3 安徽省户籍人口与常住人口情况

数据来源：wind，中铁研究院。

人口教育结构改善，有待与经济发展水平相适应。2022年，全省专科、本科、研究生学历人口占比分别为8.7%、7.0%、0.5%，受高等教育（专科、本科、研究生）人口合计占比16.3%，较2015年的10.8%上升5.5个百分点。高中学历占比为13.9%，较2012年提升2.4个百分点。小学学历占比26.6%，初中学历占比为32.1%，二者占比下降5.2个百分点，全省教育结构显著改善。从全国来看，全省受高等教育人口占比仅居全国第22位，高等教育人口占比偏低，教育结构改善未实现与经济发展水平改善同步。

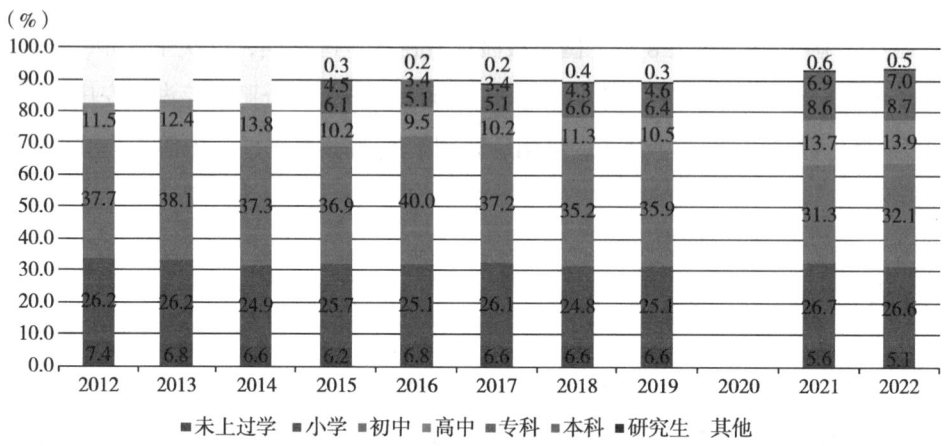

图3-1-4 安徽省人口受教育情况

数据来源：wind，中铁研究院。其中缺少2020年数据。

（四）基础设施和公共服务

立体综合交通网络不断完善，民航发展较为薄弱。2022年，安徽省铁路营业里程5411公里，铁路网密度达3.89公里/百平方公里，为全国的2.4倍，居全国第10位，与2012年排名持平，规划至2025年，全省铁路运营里程达到7100公里以上，覆盖90%以上县。2022年全省公路23.8万公里，公路网密度170.89公里/百平方公里，是全国的 3.1 倍，居全国第 4 位，高速公路 5500 公里，密度 7.31 公里/百平方公里，居全国第 3 位。规划至 2025 年高速公路通车总里程 6800 公里，2035 年通车里程 10165 公里（含展望线路）。全省共有 6 个机场，2022 年全省机场旅客吞吐量 707 万人次，占全国 1.36%，全国排名第 25，货邮吞吐量 8.5 万吨，全国排名第 21。合肥机场旅客吞吐量占全省 80%，货物吞吐量占全省 90%。到 2025 年，安徽省将建设一批 A 级通用机场。2022 年，安徽内河航道里程 6627 公里，其中通航里程 5775 公里，占全国 4.38%，2022 年完成吞吐量 6.1 亿吨，占全国 11%。

表 3-1-2　　　　　　　　　　　2022 年安徽省基础设施统计

类型	指标	安徽	全国	中部地区
铁路	里程（公里）	5411.35	154906.5	35193.38
	密度（公里/百平方公里）	3.89	1.62	3.42
公路	里程（公里）	23800	5355000	1416300
	密度（公里/百平方公里）	170.89	55.93	137.76
机场	机场数量	6	254	41
	旅客吞吐量（万人次）	707.1	51952.8	6238.1
	货邮吞吐量（万吨）	8.5	1452.7	126.0
港口航道	港口吞吐量（亿吨）	6.1	55.54	/
	内河通航里程（公里）	5645.07	127968	33255.6

数据来源：wind，国家统计局，中铁研究院。

公共服务设施水平较快提升，医疗卫生发展速度快。2021 年，安徽省义务教育生均校舍建筑面积 10.09m²，低于全国 10.3 人/m² 的平均水平，全国排名第 19，较 2013 年提升 5 位。2022 年安徽省每千人医疗卫生机构床位数 7.6 张/千人，高于全国 6.91 的平均水平，全国排名由 2012 年的第 23 提升至第 9，较 2012 年 3.85 张/千人水平翻一番。

表 3-1-3　　　　　　　　　　安徽省公共服务设施统计

	2021 年义务教育生均校舍建筑面积（m²）	2022 年每千人口医疗卫生机构床位数（张）
安徽	10.09	7.6
全国	10.30	6.91
中部地区	10.18	7.5

数据来源：国家统计局，《中国卫生健康统计年鉴 2022》，中铁研究院。

（五）城市建设

城镇化持续较快发展，中心城市首位度大幅提升，城市结构失衡。2022 年，安徽省常住人口城镇化率较2012年提升13.85个百分点，达到60.2%，居全国第23位，较2012年下降1位，北部城镇化水平较低[①]。安徽省有城市25座[②]，较2012年增加3座（3个县级市），其中特大城市1座，大城市Ⅱ型3座，中等城市8座，小型城市Ⅰ型5座，小城市Ⅱ型8座，缺少Ⅰ型大城市，结构存在断层。中心城首位度提升，2022年，合肥市作为唯一的特大城市，城区人口占全省比重达到33%，较2012年提升10.28个百分点，超过其余3座Ⅱ型大城市人口总规模，人口首位度排名居全国第13，较2012年提升7位。中心城首位度提升的另一面是城市发展结构性失衡，2012—2022年，安徽省中等、小城市城区人口占比分别从32.7%降至29.58%，27.75%降至16.15%。

土地城镇化快于人口城镇化，略高于全国水平，工业、道路交通用地供给提速。2022年，安徽省城镇建成区[③]3848.35平方公里，居全国第7位，10年复合增速3.45%，同期区域人口排名全国第10，增速2.9%，地人增速差0.55个百分点，高出全国0.1个百分点。城镇城市建设用地3748平方公里，人均建设用地122.48平方米，居全国第10位，较2012年降低2位。结构与全国保持一致，居住、工业、道路交通设施用地居前三位，占比分别为28.98%、20.57%、18.88%。工业和道路交通供地加速，分别较2012年提高2.71和8.04个百分点，总体高于全国平均水平2.97、2.15个百分点，居住用地较2012年下降3.28个百分点，总体低于全国平均水平3.12个百分点。

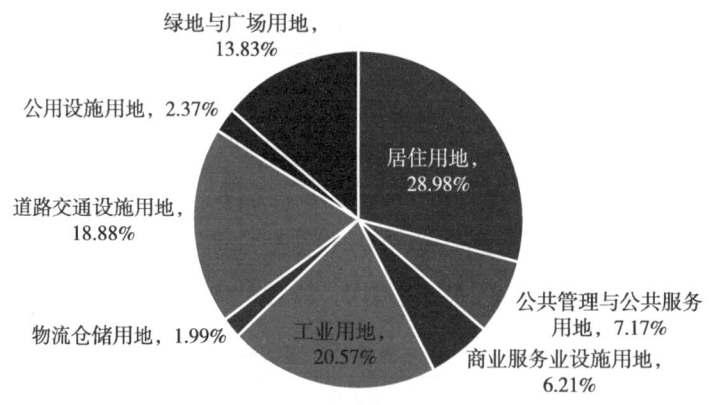

图3-1-5　2022年安徽省各类城市建设用地（县城+城市）比例

资料来源：住建部2022年城乡统计年鉴，中铁研究院。

城市建设步伐稳健，设施水平有效提升，人均住房面积居全国前列。2022年，安徽省完成市政基础设施投资1355.73亿元，同比增长16.67%，是全国12个市政基础

---

① 亳州、宿州、阜阳城镇化率低于50%，均位于安徽北部。
② 城市的概念与住建部保持一致，包括设立市以及不设区的县级市，其中地级市16个，县级市9个。安徽省共有16个地级区划、104个县级区划，相比2012年减少1个县级区划。
③ 城镇仅包括城市城区和县城城区，下同。2022年，安徽全省规划城镇建设用地面积12085.83平方公里，占全省面积的7.53%。数据来源于住建部城乡建设统计年鉴（2022）。

设施正增长的省市之一，10年复合增速4.18%，人均投资4717.37元，四项指标分别居全国第7、6、14、9，投资规模和人均投资均与2012年基本一致，高于区域城区人口排名。得益于较高水平投资，市政基础设施水平较好，2022年城市和县城分别4、5项指标低于全国平均，集中于供排水领域，其中城市部分市政基础设施水平较2012年提升。安徽省城市轨道交通（仅含地铁、轻轨）170.95公里，均位于合肥市，较2012年实现零的突破，居全国第16位。2022年，安徽省房地产投资6811.72亿元，同比降低6.22%，保持了较好的韧性，降幅位于全国第25位，投资规模居全国第6位，较2012年提升2位。2022年，安徽省人均住房面积[①]约47.77平方米，居全国第6位。

城市和县城发展分化程度加深，县域经济发展基础有待夯实。2022年，安徽省共有50个县（不含9个县级市），25座城市（16个地级区划+9座县级市），构成广义城市。2022年，安徽省城市、县城城区人口分别为1955.41万、918.51万人，城市/县城的人口倍数为2.13，较2012年加深0.5。2022年，安徽省城市建成区/县城建成区的倍数为1.84，较2012年加深0.23。基础设施水平差距更加显著，程度可能持续加深。2022年，安徽省城市部分市政基础设施仅3项设施低于全国平均，县城部分5项低于全国平均。投资不平衡带来了发展不平衡，2022年安徽省市政基础设施投资正增长主要依赖城市贡献，2022年城市完成投资1105亿元，同比增长23.03%，县城完成投资250.5亿元，同比下降5.02%；长周期来看城市市政基础设施投资力度也大于县城，2012—2022年，安徽省县城市政基础设施人均投资从全国第6位下降至第13位，人均投资规模从3234.56降至2726.99元，而城市部分从全国第9位升至第6位，人均投资额从4741元提升至5652元。产业发展来看，2012—2022年，县城工业用地占比下降了0.94个百分点，城市工业用地占比提升了4.7个百分点。

（六）固定资产投资情况

增速长期高于全国水平，制造业波动上行，基础设施较为稳定，房地产首现下行。2022年，安徽省固定资产投资总额2.7万亿元左右[②]，同比增长9.0%，固投增速在31个省级行政区中排名第6位，高于全国增速3.9个百分点，2012年以来连续十年高于全国平均水平。制造业增长21.5%、房地产下降6.2%、基础设施[③]增长19.1%。从结构来看，制造业投资占比趋增，2022年全省制造业投资占比达到31.1%，得益于

---

① 由于缺乏统计数据，报告人均住房面积含城乡居民住房。
② 按照房地产投资6811.72亿元，投资占比25%估算，投资占比为调研获得。
③ 基础设施：取电力、热力、燃气及水生产和供应业，交通运输和邮政业，信息传输和信息技术服务业，水利、生态环境和公共设施管理业四项投资之和。

2012—2022年全省制造业平均增速14.8%，高于全省平均水平；房地产投资占比从过去40%左右降至25%左右，2012—2022年平均增速9.49%；基础设施2012—2022年平均增速18.7%。2012—2022年安徽省固定资产投资中的建筑安装工程占比稳定在70%左右。

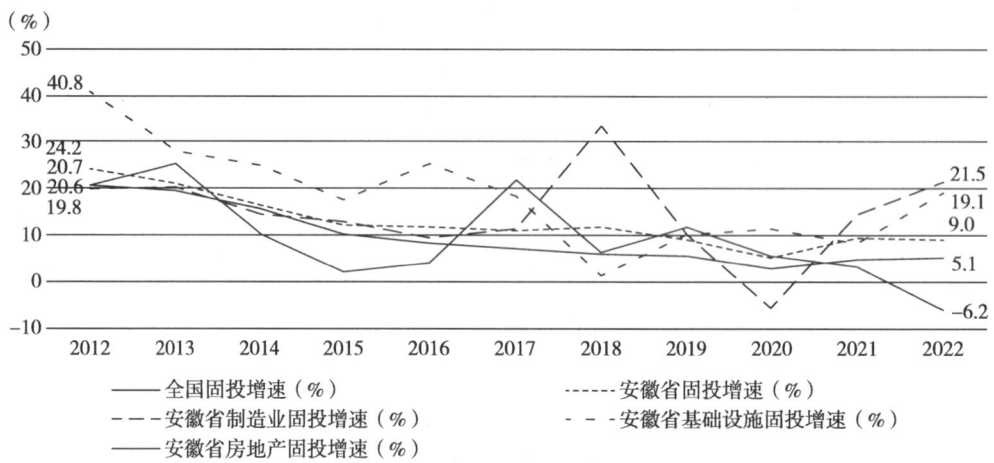

图3-1-6 安徽省固定资产投资增速情况

数据来源：wind，安徽省统计年鉴，国家统计局，中铁研究院。

基础设施投资结构较为稳定，彰显区域特色。2012—2022年，水利生态环境和公共设施管理业、交通运输和邮政业占安徽基础设施投资绝对主导地位，二者投资占比稳定在50%、30%左右，其中水利生态环境和公共设施管理业投资占比长期在50%左右，体现出安徽省水利生态资源丰富的特点。2022年，二者投资增速高达18.7%、22.5%，意味着该结构还将持续稳定。电力热力燃气及水生产和供应业投资比重收缩，由2012年的19%降至2022年的14%，2022年投资增速22.7%，预计投资份额持续降低。信息传输和信息技术服务业投资占比低，2022年增长2.4%。

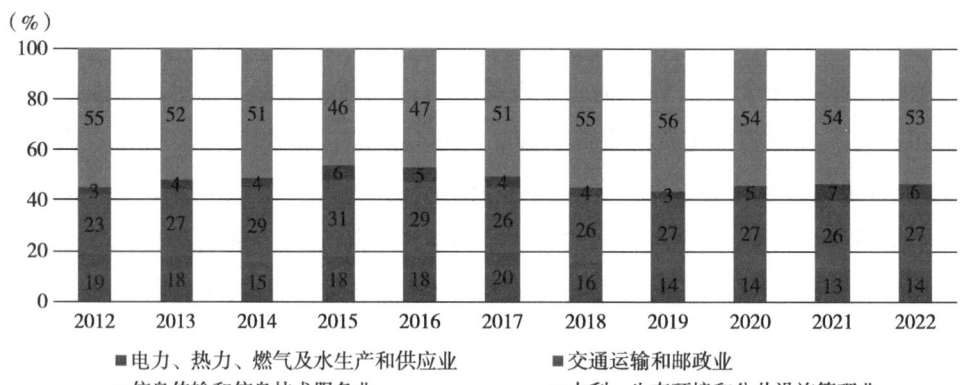

图3-1-7 安徽省历年基础设施投资结构占比

数据来源：wind，安徽省统计年鉴。2017年后各项占比以2017年投资为基数，按公布的投资增速计算。

（七）财政情况

安徽省综合财力收入水平与 GDP 水平较为匹配，对转移支付和非税收入依赖较大，对债务依赖程度较低。2022 年安徽省综合财力约为 10814 亿元，在全国 31 个省级行政区中排名第 9，高于 GDP 第 10 位的排名，综合财力增长 1.86%，虽低于 3.50% 的 GDP 增速，但好于全国平均水平。从结构来看，一般公共预算收入和政府性基金收入之比约为 71∶29，前者高出全国平均水平约 1.2 个百分点，较为健康，一般公共预算自给率 42.8%，低于全国 43.34% 的均值，显示出较为健康的一般公共预算收入对转移支付依赖度高。全省一般公共预算（不含转移支付和负债）税收占比持续下降，从 2012 年的 73% 降至 63%，全国排名第 22 位，处于全国中下游水平，财政可靠性有待提升。债务收入占比约 24.9%，低于全国约 5 个百分点，显示出对债务依赖度较低。2022 年，安徽省全省政府性基金收入（不含转移支付）3091 亿元，全国排名第 8 位，规模同比下降 12%，较全国水平更为稳定。

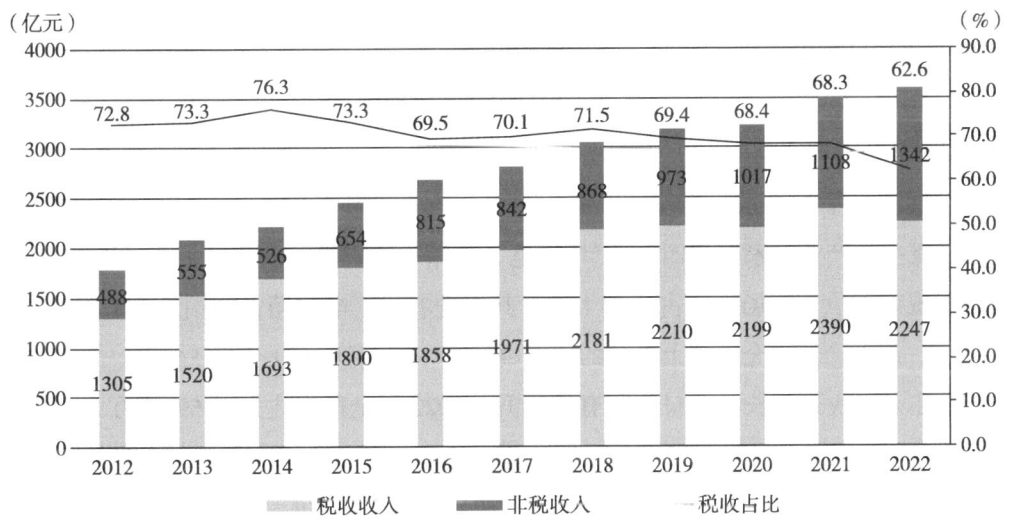

图 3 1-8　安徽省一般公共预算收入结构

数据来源：wind，安徽省财政厅。本图中收入数据不含中央税收返还和转移支付、债务等收入。

政府债务较快增长，负债规模持续扩大，整体负债水平不高，具有一定空间。2022 年安徽省地方政府债务限额 14371 亿元，居全国第 10 位，债务余额 13304.1 亿元，居全国第 10 位，2018—2022 年，安徽省债务余额年均复合增长率 18.7%，居全国第 19 位。2022 年安徽省债务率 123%，在警戒线以下，全国排名第 22 位，政府债可用限额 1066.9 亿元，居全国第 7 位，具有较大腾挪空间。从债务结构来看，2022 年安徽省专项债占比 68.3%，低于全国 84% 的水平。

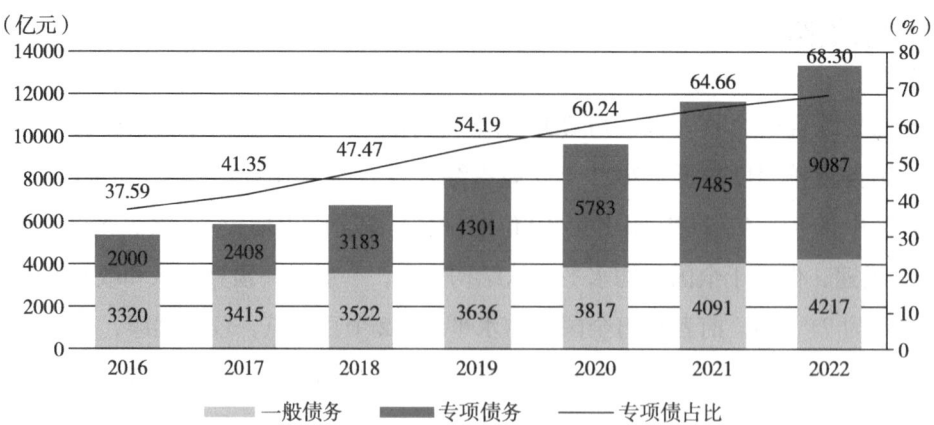

图3-1-9 安徽省债务规模及构成

数据来源：wind，财政部。

（八）合肥市

合肥市经济发展提速，经济综合实力显著增强。2022年合肥市GDP12013.1亿元，在36个大中城市中[①]排名第17，相比2012年上升7位。人均GDP12.58万元，排名第14位。2012—2022年，合肥市名义GDP年均复合增速11.21%，在36个大中城市中排名第2。三次产业结构为3.2∶36.6∶60.2。合肥以打造科创名城和产业名城为目标，重点发展新型平板显示、新能源、家用电器、汽车、装备制造、食品农产品加工六大千亿级主导产业。家电"四大件"（彩电、冰箱、洗衣机、录音机）产量连续10年居全国城市首位，市场份额占全国1/10，其中洗衣机、电冰箱占全国近1/4。2012至2021年，战新产业占全市规上工业的比重由24.4%提高到2021年的54.9%。

常住人口快速增长，人口红利有待提升。2022年全市常住人口693.4万人，同比增长1.79%，户籍人口800.76万人，同比增长0.94%。2012—2022年，全市常住人口增长211.32万人，增量居全国第13位，增速居全国第18位。合肥60岁以上人口比重为15.3%，15~59岁人口比重68.2%，拥有大学文化程度（大专及以上）的人口每10万人达到2.6万人，虽然均优于全国水平，但在36个大中城市中优势不突出，劳动人口比重居第18位，大学文化程度（大专及以上）人口居第17位，与全市GDP实力不相适应。

固定资产投资稳步上升，制造业投资占比大。2022年合肥市固定资产投资同比增长9.1%，居第7位。其中工业投资增长25.8%，基础设施投资增长13.5%，房地产投资下降0.6%，民间投资增长9.8%。合肥固定资产投资长期以制造业为主，2022年，

---

① 以下均为在36个大中城市中的排名，其他有注明的除外。

制造业、基础设施、房地产占比分别位 38%、30%、16%，相比 2012 年分别上升 1.48、14.46、-9.74 个百分点。基础设施投资中，水利、环境和公共设施管理业占比长期较高，近年来信息传输、软件和信息服务业投资额成为基础设施中投资增速最高行业。

财政收入较快增长，财政状况整体较好。2022 年，合肥市综合财力（一般公共预算收入 + 转移支付收入 + 政府性基金收入）2475.49 亿元，居第 14 位。2012—2022 年综合财力（2011 前不含转移支付收入）年均增速 15.44%，居全国第 3 位，财政自给率稳定在 65%~75% 之间，2022 年财政自给率 70.5%，在 36 个大中城市排名第 15 名。2022 年，合肥市债务率 76.86%，在 36 个大中城市中排名第 32 位。

二、江西省

（一）经济情况

江西省GDP总量和人均GPD连续多年排名居中。2022年江西省GDP32074亿元，是2012年的2.48倍，全国排名第15，较2012年第19名提升4位。2012—2022年11年间复合增长率8.60%，高于全国平均水平，2022年人均GDP7.09万元，居全国第16位，较2012年提升9名。

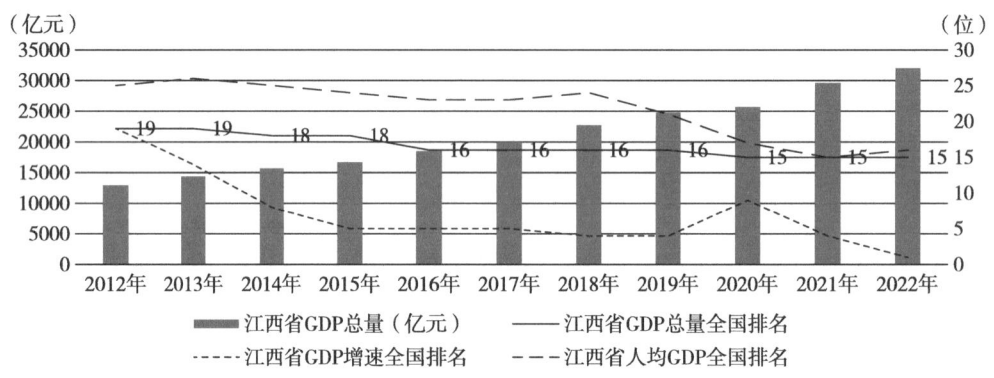

图3-2-1 江西省GDP总量及相关经济指标全国排名情况
数据来源：国家统计局，中铁研究院。

三次产业结构三产占比超过一半。2022年，江西省一二三产比重为7.6%：44.8%：47.6%，分别高于全国0.3、4.9、-5.2个百分点。从演变趋势来看，一产比重由2012年的11.7%逐年下降至2022年的7.6%，二产比重由2012年53.6%逐步下降，近几年稳定在44%左右，三产比重由2012年34.6%逐步递增至2022年47.6%。二产中工业占比低于全国平均水平，2022年，江西省工业增加值占GDP比重为36.7%，较上年提高0.02个百分点，低于全国39.92%的平均水平。

各地市经济发展水平不均衡，GDP首末比超过6.21。2022年，全省14个地级市GDP首末比达6.21，与2012年基本一致，显示出发展不平衡状况改善不明显。南昌市首位度较高，GDP总量占全省GDP比重由2012年23.18%略降至2022年的

22.46%，人均GDP高于其他所有地级市；赣州、抚州、上饶等市人均GDP不足全国人均GDP60%，发展水平亟待提高。

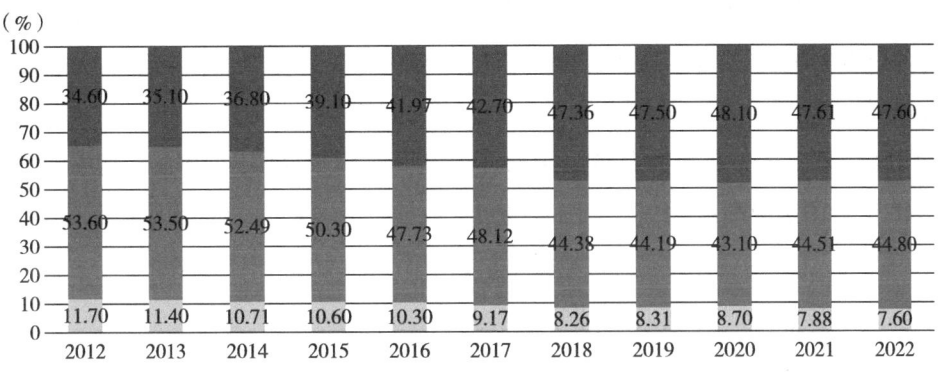

图3-2-2　江西省一二三产业结构比重变化（%）

数据来源：国家统计局，中铁研究院。

表3-2-1　　　　　　　江西省各市GDP总量和人均GDP（2022年）

序号	各地市	GDP总量（亿元）	人均GDP（元/人）
1	南昌市	7203.50	111031
2	景德镇市	1192.19	73537
3	萍乡市	1160.33	64201
4	九江市	4026.60	88318
5	新余市	1252.15	104130
6	鹰潭市	1237.55	107111
7	赣州市	4523.63	50352
8	吉安市	2750.33	62170
9	宜春市	3473.12	69876
10	抚州市	1945.62	54360
11	上饶市	3309.70	51425

数据来源：江西省统计局，中铁研究院。

（二）主导产业

江西省支柱产业变化不大，前4位支柱产业占全省GDP近四分之三。2022年，江西省工业占GDP比重分别为36.70%，较上年提高0.02个百分点，低于全国39.92%的平均水平。全省工业营收前四名为有色金属冶炼和压延加工业，计算机、通信和其他电子设备制造业，电气机械和器材制造业，非金属矿物制品业，营收规模分别为 7810.43、7240.99、5580.65、3171.24 亿元，总计占 GDP 比重 74.21%。相比 2012 年，江西省支柱产业前 4 名变化不大，仅计算机、通信和其他电子设备制造业替代化学原料和化学制品制造业成为第 2 支柱产业，2012 年前 4 名支柱产业营收规模占全省 GDP75.21%，显示江西省依然是有色金属和非金属矿物制品大省，产业结构有所优化。

园区数量多，分布较为分散。2022 年，江西有国家级园区 19 个，其中国家级经开区 10 个，国家级高新区 9 个，国家级园区数量居全国第 7。19 个国家级园区分布在南昌、赣州、九江、宜春等 14 个地级市，其中南昌市有 3 个国家级园区。

（三）人口

江西省常住人口常年小于户籍人口，人口老龄化程度低于全国水平。2022 年末，全省常住人口 4528 万人，同比增长 0.24%，居全国第 13 位，较 2012 年持平。全省户籍人口长期高于常住人口，差距逐年扩大，2012—2022 年，二者之差从 279 万增加到 2022 年的 511 万，显示户籍人口常年流失，人口吸引力减弱。2022 年，全省 65 岁以上人口占比 13%，较 2012 年提升 4.9 个百分点，低于 14.9% 的全国水平，在全国老龄化程度中排名第 22 位，较 2012 年下降 1 个位次。

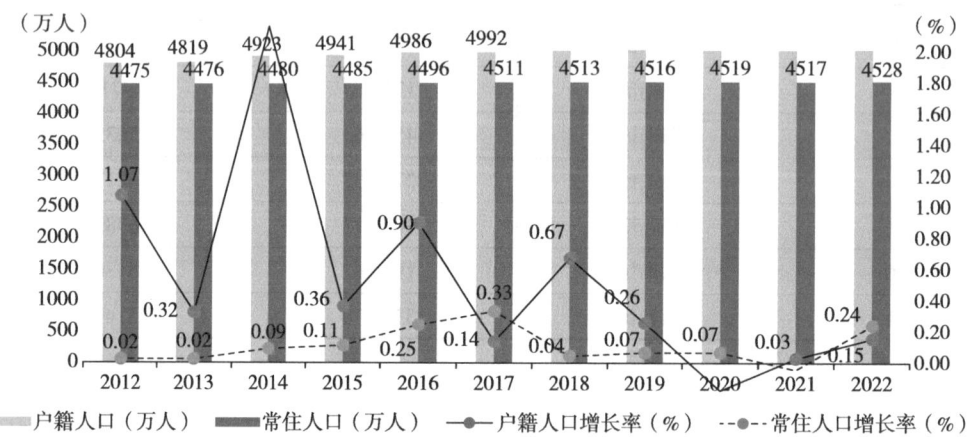

图3-2-3　江西省户籍人口与常住人口情况

数据来源：wind，中铁研究院。

人口教育结构提升，高等教育人口占比较落后。2022 年，全省专科、本科、研究生学历人口占比分别为 9.3%、5.4%、0.5%，受高等教育（专科、本科、研究生）人口合计占比 15.2%，较 2015 年的 9.7% 上升 5.5 个百分点。高中学历占比为 15.4%，较

2012年下降0.7个百分点。小学学历占比27.2%，初中学历占比为33.3%，二者占比下降3.4个百分点，全省教育结构提升。从全国来看，全省受高等教育人口占比居全国第25位，高等教育人口占比较落后。

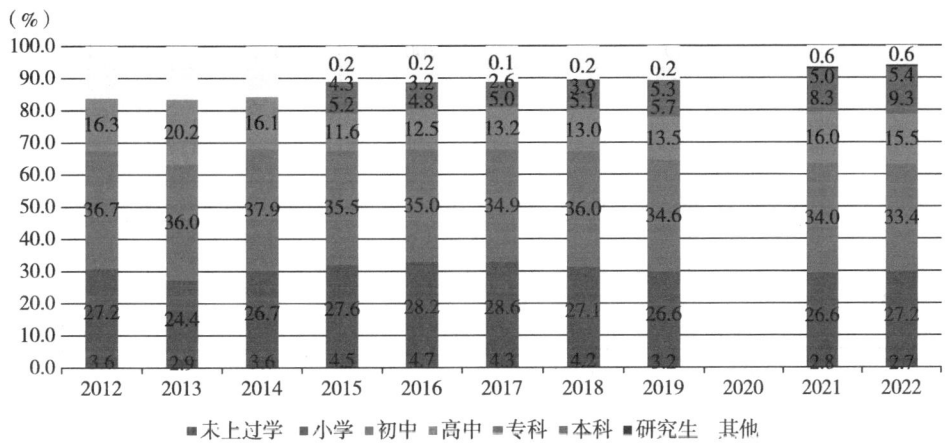

图3-2-4　江西省人口受教育情况

数据来源：wind，中铁研究院。其中缺少2020年数据。

（四）基础设施和公共服务

立体综合交通网络不断完善，公路网密度居全国中上游。2022年，江西省铁路营业里程5112.67公里，铁路网密度达3.06公里/百平方公里，为全国的1.89倍，居全国第15位，较2012年排名提升5名。到2025年，铁路通车总里程达到5500公里以上，力争200公里/小时及以上高速铁路通车里程达到2400公里，实现350公里/小时高速铁路设区市全覆盖。2022年全省公路21.07万公里，公路网密度125.99公里/百平方公里，是全国的2.25倍，居全国第10位，高速公路6700公里，密度4.01公里/百平方公里，居全国第15位。规划至2025年高速公路通车里程达到7500公里以上，普通国道二级及以上比例力争达到95%。全省共7个机场，2022年全省机场旅客吞吐量共计673.0万人次，占全国1.29%，全国排名第27，货邮吞吐量共计4.4万吨，全国排名第28。南昌昌北机场旅客吞吐量占全省70.2%，货物吞吐量占全省91.27%。到2025年，"一主一次六支"民用运输机场网络全面形成，旅客吞吐量和货邮吞吐量分别达到3400万人次、40万吨。2022年，江西内河通航里程5637.85公里，占全国4.41%，2025年内河高等级航道里程突破1200公里，港口年通过能力达到3.8亿吨，集装箱年通过能力达到200万标箱以上。

表 3-2-2　　　　　　　　　　2022 年江西省基础设施统计

类型	指标	江西	全国	中部地区
铁路	里程（公里）	5112.67	154906.5	35193.38
	密度（公里/百平方公里）	3.06	1.62	3.42
公路	里程（公里）	210700	5355000	1416300
	密度（公里/百平方公里）	125.99	55.93	137.76
机场	机场数量	7	254	41
	旅客吞吐量（万人次）	673	51952.8	6238.1
	货邮吞吐量（万吨）	4.4	1452.7	126.0
港口航道	港口吞吐量（亿吨）	——	55.54	/
	内河通航里程（公里）	5637.85	127968	33255.6

数据来源：wind，国家统计局，中铁研究院。

公共服务设施水平较低，千人医疗床位数位居全国末尾，义务教育生均面积低于全国水平。2021 年，江西省义务教育生均校舍建筑面积 9.61 平方米，低于全国 10.3 人/平方米的平均水平，全国排名第 25，较 2013 年排名第 30 提升 5 位。2022 年江西省每千人医疗卫生机构床位数 3.19 张/千人，远远低于全国 6.91 的平均水平，2012 年至 2022 年千人床位数增长 85%，但一直保持全国排名倒数第一。

表 3-2-3　　　　　　　　　　江西省公共服务设施统计

	2021 年义务教育生均校舍建筑面积（m²）	2022 年每千人口医疗卫生机构床位数（张）
江西	9.61	3.19
全国	10.30	6.91
中部地区	10.34	7.5

数据来源：国家统计局，《中国卫生健康统计年鉴 2022》，中铁研究院。

（五）城市建设

城镇化持续推进，中等城市扩容。2022 年，江西省常住人口城镇化率 62.07%，低于全国平均水平，居全国第 18 位。2012—2022 年城镇化率提升 14.68 个百分点，高于全国平均水平 2.57 个百分点，城镇化全国排名提升 2 位。江西省有城市 23 座，拥有从Ⅱ型小城市到大城市Ⅰ型五档城市结构[①]，缺乏能级更高的特大超大城市。城市数量较 2012 年增加 1 座，结构变化，新增 1 座Ⅰ型大城市、1 座Ⅱ型大城市、2 座中等城市，Ⅰ型小城市减少 4 座，显示出中等以上城市加快发展。城区人口增减分布也体现

---

① Ⅰ型大城市 1 座，Ⅱ型大城市 1 座，中等城市 2 座，Ⅰ型小型城市 9 座，Ⅱ型小城市 16 座。

这一特点，2012—2022年，江西省城市城区人口增加288.12万人，中心城市南昌增加106.39万人，中等城市增加144.44万人，分别占比36%、50%，Ⅰ型小城市净减少139.37万人。2022年，中心城市南昌城区人口332.37万人，城市首位度从25%提升至27%，居全国第18位。

土地城镇化快于人口城镇化程度较深，道路交通、居住用地供地提速。2022年，江西省城镇建成区2877.62平方公里，居全国第15位，10年复合增速3.73%，高于全国0.93个百分点，同期区域人口排名全国第15，增速1.31%，地人增速差2.42个百分点，高于全国平均水平，居全国第四。城镇城市建设用地2729平方公里，人均建设用地137.55平方米，居全国第5位，较2012年大幅提升11位。结构与全国基本一致，居住、道路交通设施、工业用地居前三位，占比分别为31.49%、17.27%、17.19%，其中居住、道路交通用地相比2012年增长，分别提升0.06、5.51个百分点。与全国平均水平横向比较，公共管理与公共服务、道路交通、绿地广场三项指标用地高于全国平均水平，显示出城市基础设施建设供地强度较大。

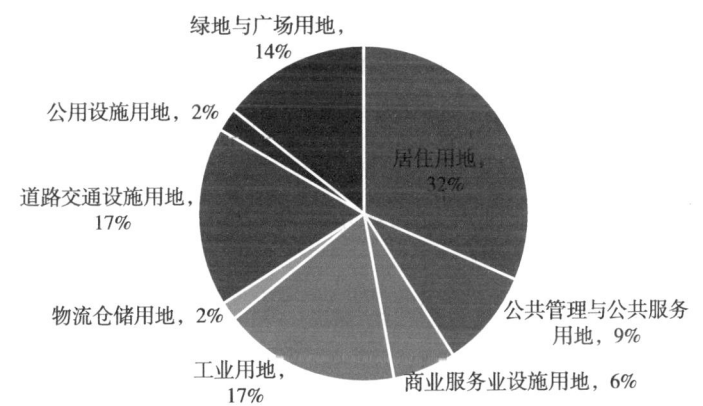

图3-2-5　2022年江西省城市建设用地结构

资料来源：住建部2022年城乡统计年鉴，中铁研究院。

城市设市政基础设施投资高位降速，房地产力度大，城市设施水平较高。2022年，江西省完成市政基础设施投资1017.29亿元，居全国第11位，略高于城区人口全国排名，同比增长-19.82%，增速居全国第26。长周期来看，江西省市政基础设施投资10年复合增速-0.84%，是全国9个负增长的省市之一，低于全国平均水平4.44个百分点。10年负增长，投资规模仍居全国第11位，显示出江西省市市政基础设施投资力度在2012年居全国前列。受高基数影响，2022年，江西省市政基础设施人均投资仍居全国第7位，但较2012下降4位。受高基数影响，江西省市政基础设施水平处于较好水平，2022年城市和县城与全国指标偏离度均值分别为0.08、2.1，分别居全国第 13、4 位，主要是污水处理有关 2-3 项指标低于全国平均水平。2022年，江西省房地产投资 2209.27 亿元，同比降低 34.14%，10 年复合增速 8.58%，三项指标分别居全国第 18、4、7，投资规模排名较 2012 年上升 7 位。2022 年，江西省人均住房面积[①]约 55.7 平方米，居全国第 1 位。江西省有城市轨道交通（仅含地铁、轻轨）128.31 公里。

城、县、镇发展较为均衡，县域经济规模大，城市和县城分化水平较轻。2022年，江西省城市、县城、镇对城镇化的人口贡献率分别为 43.13%、26%、31%，分别高于全国平均水平 –18、9.03、8.97 个百分点，城市贡献度全国倒数第二。长周期来看，2012—2022 年，江西省城市、县城、镇贡献率分别提升 0.44、–11.75、11.3个百分点，显示全省镇域经济加快发展。江西省市少县多，2022 年，江西省共有 23座城市、61 个县城（不含 12 个县级市），二者城区人口之比为 1.67，较 2012 年加深 0.53，人口体量差距及加深程度均低于全国平均水平。从平均人口来看，城市为县城的 4.42 倍，居全国第 21 位，分化程度处于全国较轻水平。县城市政基础设施投资力度增强，2022 年，江西省城市和县城人均市政基础设施投资分别为 5451.96 元、4839.02 元，居全国第 7、2 位，分别较 2012 年下降 5 和上升 1 位。2022 年江西省市政基础设施投资深度负增长，其中城市完成投资 663.67 亿元，同比下降 24.41%，县城完成投资 353.62 亿元，同比下降 9.52%，显示出县城部分稳投资力度较大。从产业发展来看，2022 年，县城工业用地占城市建设用地比 15.62%，城市工业用地占比 18.8%。

（六）固定资产投资情况

增速长期高于全国水平，制造业保持增速，基础设施稳定，房地产转跌。2022年，江西省固定资产投资同比增加 8.6%，固投增速在 31 个省级行政区中排名第 7 位，高于全国增速 3.5 个百分点，近十年间除 2013 年外其余年份均高于全国水平。从领域来看，2022 年制造业增长 6.5%、房地产下降 12.6%、基础设施[②]增长 18.8%。从结构来看，制造业投资占比较高且增速稳定，投资连续十年正增长，平均增速达 13.5%；房地产投资占比呈持续下降趋势，增速持续下降并于 2022 年转为负增长，2022 年投资降幅排名全国第 16；基础设施 2012—2022 年平均增速 15.3%。2012—2022 年江西省固定资产投资中的建筑安装工程占比从 62% 波动上升至 86%。

---

① 由于缺乏统计数据，报告人均住房面积含城乡居民住房。
② 基础设施：取电力、热力、燃气及水生产和供应业，交通运输和邮政业，信息传输和信息技术服务业，水利、生态环境和公共设施管理业四项投资之和。

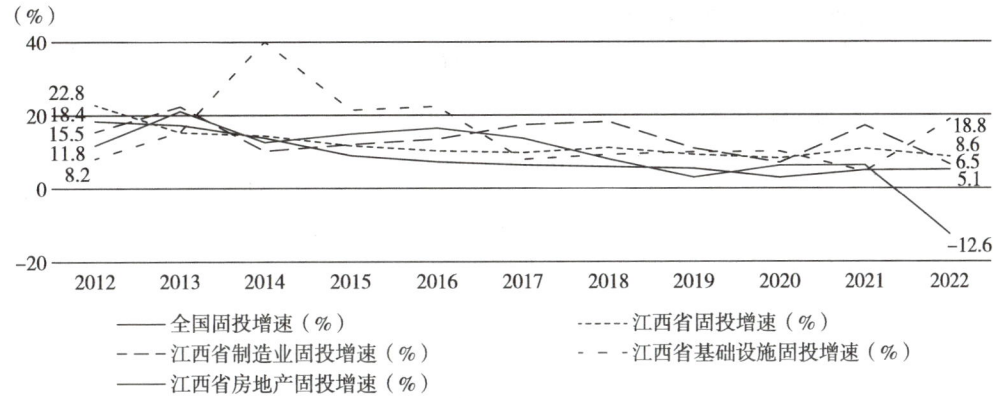

图3-2-6 江西省固定资产投资增速情况

数据来源：wind，江西省统计年鉴，国家统计局，中铁研究院。

基础设施投资结构较为稳定。2012—2022年，水利生态环境和公共设施管理业、交通运输和邮政业占江西基础设施投资绝对主导地位，二者投资之和在基础设施投资中占比平均达80%，体现出江西省水利生态资源丰富的特点。2022年，二者投资增速分别为29.8%、10.3%。电力热力燃气及水生产和供应业投资比重近年来下降并稳定在10%左右，2022年投资增速7.2%。信息传输和信息技术服务业投资占比低，2022年投资下降7.8%。

图3-2-7 江西省历年基础设施投资结构占比

数据来源：wind，江西省统计年鉴。2017年后各项占比以2017年投资为基数，按公布的投资增速计算。

（七）财政情况

江西省综合财力收入水平高于GDP水平，对转移支付和非税收入依赖一般，对债务依赖程度中等。2022年江西省综合财力约为8564亿元，在全国31个省级行政区中排名第13，高于GDP排名的第15名，综合财力下降2.0%，全国排名第15。从结构来看，一般公共预算收入和政府性基金收入之比约为 73∶27，比例高于全国水平，一般公共预算自给率 40.4%，低于全国 43.1% 的均值，对转移支付依赖度一般。全省一般公共预算（不含转移支付和负债）税收占比波动下降，从 2012 年的 71% 降至 2022 年的 61%，全国排名第 26 位，处于全国下游水平，财政可靠性有待提升。债务收入占比约 30.2%，高于全国水平，显示出对债务依赖度中等。2022 年，江西省全省政府性基金收入（不含转移支付）2252 亿元，全国排名第 11 位，下降 24.2%，主要是国有土地出让收入减少。

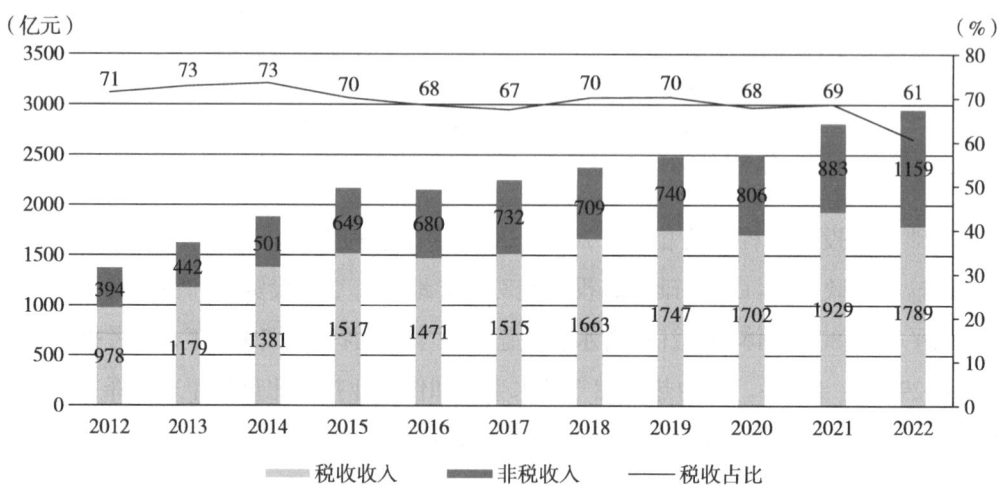

图 3-2-8　江西省一般公共预算收入结构

数据来源：wind，江西省财政厅。本图中收入数据不含中央税收返还和转移支付、债务等收入。

政府债务快速增长，负债规模持续扩大，整体负债水平一般，有一定债务空间。2022 年江西省地方政府债务限额 11794 亿元，居全国第 15 位，债务余额 10860 亿元，同样居全国第 15 位，2018—2022 年，江西省债务余额年均复合增长率 22.8%，居全国第 26 位。2022 年江西省债务率 127%，低于警戒线，全国排名第 19 位，政府债可用限额 934.9 亿元，居全国第 10 位。从债务结构来看，2022 年江西省专项债占比 62.8%，高于全国水平。

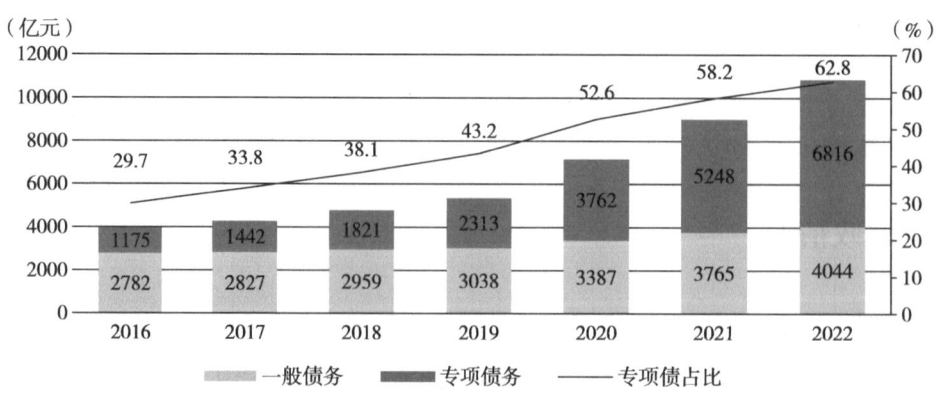

图 3-2-9　江西省债务规模及构成

数据来源：wind，财政部。

（八）南昌市情况

南昌市经济发展平稳，经济综合实力增长较快。2022年南昌市GDP 7203.55亿元，在36个大中城市中[①]排名第23，相比2012年上升2位。人均GDP 11.1万元，排名第17位。2012—2022年，南昌市名义GDP年均复合增速9.15%，在36个大中城市中排名第17。三次产业结构为3.5∶48.4∶48.2。电子信息是南昌首个2000亿元级产业，全产业链营收占到全市规上工业35%以上。汽车制造也是南昌工业支柱，坐拥江铃汽车等龙头企业。南昌青山湖区是江西最大、全国第四的针纺服装类产业基地，集聚针纺企业2000余家。南昌市在历史上是中国重要的工业基地，曾经制造出新中国第一架飞机、第一辆轮式拖拉机、第一辆军用摩托车、第一枚海防导弹等，经过多年发展，南昌形成了电子信息、汽车及新能源汽车、生物医药、航空装备、新型材料、绿色食品、现代针纺等八大主导产业，二产占比一直在40%以上。

人口增长和流失并存，人口红利有待提升。2022年全市常住人口653.81万人，同比增长1.56%，户籍人口544.4万人，同比增长0.74%。2012—2022年，全市常住人口增长144.95万人，增量居全国第19位，增速居全国第17位。南昌60岁以上人口比重为14.71%，15~59岁人口比重67.82%，拥有大学文化程度（大专及以上）的人口每10万人达到2.5万人，虽然均优于全国水平，但在36个大中城市中优势不突出，劳动人口比重居第23位，大学文化程度（大专及以上）人口居第21位，人口素质在36个重点城市中居于中等水平。

固定资产投资稳步上升，制造业投资占比大。2022年南昌市固定资产投资同比增长7.6%，居第9位。其中工业投资增长8.4%，基础设施投资增长5.0%，房地产投资下降19.3%，民间投资增长1.3%。南昌固定资产投资长期以制造业为主，2022年，制造业、基础设施、房地产占比分别为31%、22%、25%，相比2012年分别上升12、16、17个百分点。基础设施投资中，水利、环境和公共设施管理业占比长期较高，近年来信息传输、软件和信息服务业投资额成为基础设施中投资增速最高行业。

财政状况一般，负债水平较高。2022年，南昌市综合财力951.83亿元（一般公共预算收入＋转移支付收入＋政府性基金收入），居第28位。2012—2022年综合财力（2011前不含转移支付收入）年均增速8.27%，居全国第19位，2022年财政自给率55.7%，在36个大中城市排名第27名。2022年，南昌市债务率155.67%（债务余额／综合财力），在36个大中城市中排名第13位。

[①] 以下均为在36个大中城市中的排名，其他有注明的除外。

三、河南省

（一）经济情况

河南省GDP总量连续多年保持第5，人均GDP排名较为落后。2022年河南省GDP61345.05亿元，是2012年的2.07倍，11年间复合增长率6.85%，全国排名第5。2012—2022年GDP平均增速略高于全国平均水平。全国GDP总量排名稳定，从2012至2022年始终保持在第5名。2022年人均GDP6.21万元，居全国第22位，较2012年提升1名。

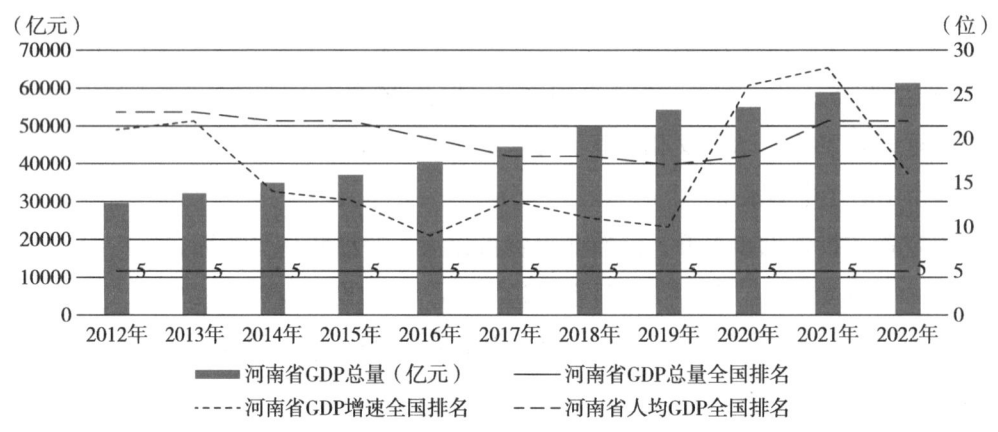

图3-3-1 河南省GDP总量及相关经济指标全国排名情况

数据来源：国家统计局，中铁研究院。

三次产业结构三产占近一半，二产占比逐年下降。2022年，河南省一二三产比重为9.5%：41.5%：49.0%，分别高于全国2.2、1.6、-3.8个百分点。从演变趋势来看，一产比重经历了先降后升的过程，近三年一产比重保持在10%左右，二产比重由2012年56.3%逐年下降至2022年的41.5%，三产比重由2012年30.9%逐年递增至2022年49%。二产中工业占比低于全国平均水平，2022年，河南省工业增加值占GDP比重为31.94%，较上年提高1.18个百分点，低于全国39.92%的平均水平。

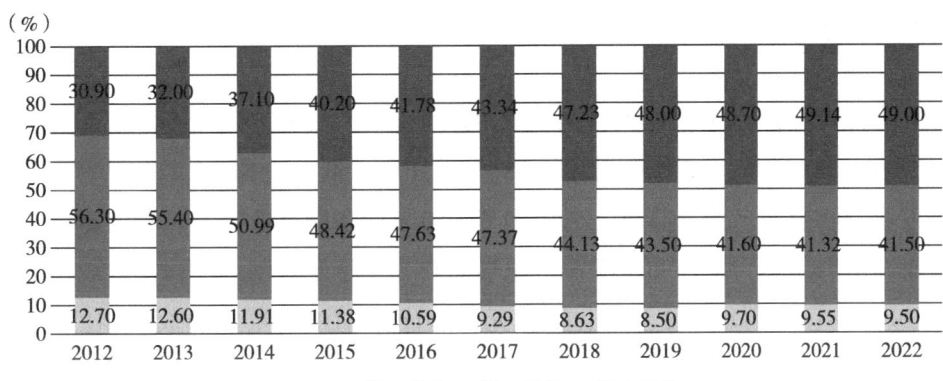

图3-3-2　河南省一二三产业结构比重变化（%）

数据来源：国家统计局，中铁研究院。

各地市经济发展水平不均衡，GDP首末比超过16。2022年，全省18个地级市GDP首末比达16.04，较2012年增加3.16，显示出发展不平衡加剧。郑州市首位度较高，GDP总量占全省GDP比重由2012年18.71%增加至2022年的21.12%，人均GDP亦高于除济源外的所有其他地级市；商丘、周口市人均GDP不足全国人均GDP一半，安阳、濮阳、南阳、驻马店等地级市人均GDP不足全国人均GDP60%，发展水平亟待提高。

表3-3-1　　　　　　　　**河南省各市GDP总量和人均GDP**（2022年）

序号	地级市	GDP总量（亿元）	人均生产总值（元/人）
1	郑州市	12934.69	101169
2	开封市	2657.11	56075
3	洛阳市	5675.19	80226
4	平顶山市	2839.33	57193
5	安阳市	2512.15	46350
6	鹤壁市	1107.04	70422
7	新乡市	3463.98	56156
8	焦作市	2234.78	63434
9	濮阳市	1889.53	50475
10	许昌市	3746.83	85515
11	漯河市	1812.89	76493
12	三门峡市	1676.37	82276
13	南阳市	4555.40	47344
14	商丘市	3262.68	42227
15	信阳市	3196.23	51752
16	周口市	3616.99	40951
17	驻马店市	3257.36	47136
18	济源示范区	806.22	110517

数据来源：河南省统计局，中铁研究院。

（二）主导产业

河南省支柱产业由农业大省向现代化产业转变。2022年，河南省工业占GDP比重分别为31.94%，较上年提高1.18个百分点，低于全国39.92%的平均水平。全省工业营收前四名为计算机、通信和其他电子设备制造业，有色金属冶炼和压延加工业，电力、热力生产和供应业，化学原料和化学制品制造业，营收规模分别为7035.29、5941.49、3757.52、3141.13亿元，总计占GDP比重32.4%。相比2012年，河南省支柱产业前4名变化较大，分别为非金属矿物制品业，农副食品加工业，有色金属冶炼和压延加工业，黑色金属冶炼和压延加工业，2012年前4名支柱产业营收规模占全省GDP56.86%，显示河南省由农业大省逐步向现代化产业大省转变。

园区数量多，分布较为分散。2022年，河南有国家级园区16个，其中国家级经开区9个，国家级高新区7个，国家级园区数量居全国第10。16个国家级园区分布在郑州、洛阳、安阳等12个地级市，济源、三门峡、信阳、驻马店、周口等地级市暂无国家级园区。

（三）人口

河南省常住人口常年少于户籍人口，人口老龄化程度略低于全国水平。2022年末，全省常住人口9872万人，同比增长–0.11%，居全国第3位，较2012年持平。全省和户籍人口长期远高于常住人口，且差距逐年扩大，2012—2022年，二者之差从1461万增加1664万，2022年降至显示户籍人口常年大量流出，人口吸引力较差。2022年，全省65岁以上人口占比14.6%，较2012年提升5.7个百分点，略低于14.9%的全国水平，在全国老龄化程度中排名第18位，较2012年下降1个位次。

人口教育结构改善，高等教育人口占比居落后。2022年，全省专科、本科、研究生学历人口占比分别为8.4%、5.4%、0.4%，受高等教育（专科、本科、研究生）人口合计占比16.3%，较2015年的10.8%上升6.2个百分点。高中学历占比为16.6%，较2012年上升3.2个百分点。小学学历占比24.1%，初中学历占比为35.6%，二者占比下降7.6个百分点，全省教育结构改善。从全国来看，全省受高等教育人口占比居全国第27位，高等教育人口占比居落后，教育结构改善未实现与经济发展水平改善同步。

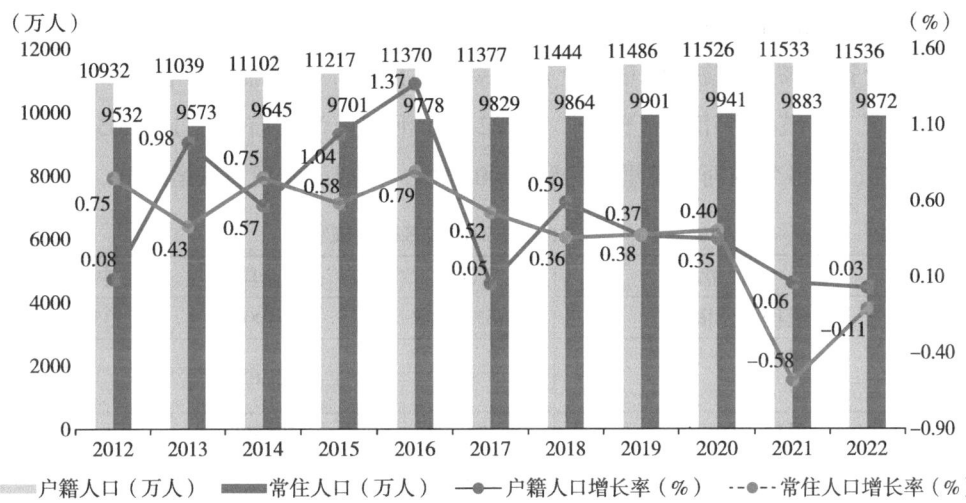

图3-3-3 河南省户籍人口与常住人口情况

数据来源：wind，中铁研究院。

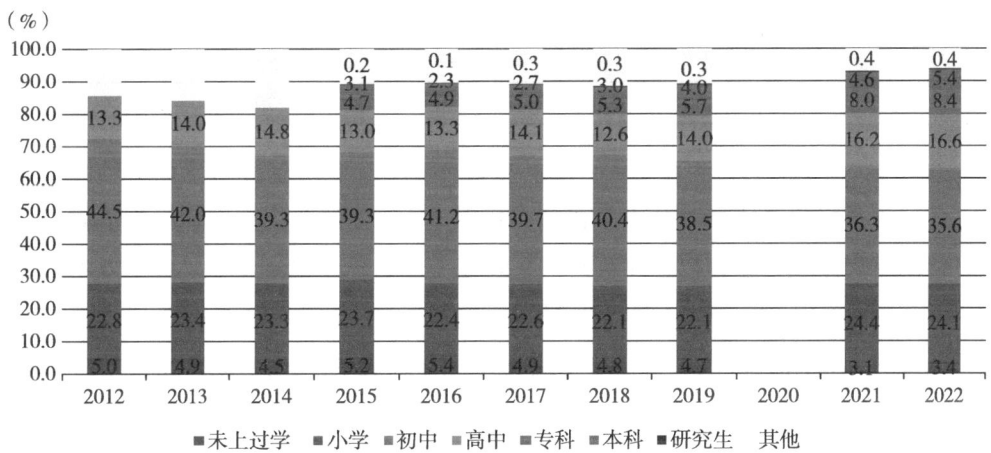

图3-3-4 河南省人口受教育情况

数据来源：wind，中铁研究院。其中缺少2020年数据。

（四）基础设施和公共服务

立体综合交通网络不断完善，铁路网密度居前列。2022年，河南省铁路营业里程6719.323公里，铁路网密度达4.02公里/百平方公里，为全国的2.48倍，居全国第8位，较2012年排名下降2名。到2025年，全省铁路运营里程达到7600公里以上。2022年全省公路27.75万公里，公路网密度166.17公里/百平方公里，是全国的2.97倍，居全国第5位，高速公路8000公里，密度4.79公里/百平方公里，居全国第10位。规划至2025年高速公路通车里程10000公里以上，基本实现"市市有环线""县县双高速"。全省共4个机场，2022年全省机场旅客吞吐量共计1079万人次，占全国 2.07%，全国排名第 19，货邮吞吐量共计 62.6 万吨，全国排名第 6。郑州机场旅客吞吐量占全省 90%，货物吞吐量占全省 98%。到 2025 年，民航机场形成"一枢多支"格局，实现"民航服务市市全覆盖"。2022 年，河南内河通航里程 1491.05 公里，占全国 1.17%，2025 年内河航道里程达到 2000 公里，形成多条河海联运通道。

表 3-3-2　　2022 年河南省基础设施统计

类型	指标	河南	全国	中部地区
铁路	里程（公里）	6719.323	154906.5	35193.38
	密度（公里/百平方公里）	4.02	1.62	3.42
公路	里程（公里）	277500	5355000	1416300
	密度（公里/百平方公里）	166.17	55.93	137.76
机场	机场数量	4	254	41
	旅客吞吐量（万人次）	1079	51952.8	6238.1
	货邮吞吐量（万吨）	62.6	1452.7	126.0
港口航道	港口吞吐量（亿吨）	——	55.54	/
	内河通航里程（公里）	1491.05	127968	33255.6

数据来源：wind，国家统计局，中铁研究院。

公共服务设施千人医疗床位数高居全国第 2，义务教育生均面积较为落后。2021 年，河南省义务教育生均校舍建筑面积 9.59 平方米，低于全国 10.3 人/平方米的平均水平，全国排名第 26，较 2013 年排名第 29 提升 3 位。2022 年河南省每千人医疗卫生机构床位数 11.39 张/千人，远高于全国 6.91 的平均水平，2012 年至 2022 年千人床位数翻了将近一番，一直保持全国排名第 2。

表 3-3-3　　河南省公共服务设施统计

	2021 年义务教育生均校舍建筑面积（m²）	2022 年每千人口医疗卫生机构床位数（张）
河南	9.59	11.39
全国	10.30	6.91
中部地区	10.34	7.5

数据来源：国家统计局，《中国卫生健康统计年鉴 2022》，中铁研究院。

（五）城市建设

城镇化进程较快，中等城市和 II 型大城市加快发展。2022 年，河南省常住人口城镇化率 57.07%，低于全国 2.93 个百分点，居全国第 26 位。2012—2022 年城镇化率提升 15.08 个百分点，高于全国平均水平 2.96 个百分点，城镇化全国排名提升 1 位。河南省有城市 39 座，拥有从 II 型小城市到特大城市五档城市结构，缺少 I 型大城市，城市结构存在断层，城市结构不平衡。城市数量较 2012 年增加 1 座，内部结构变化，II 型大城市、中等城市增加 2 座和 5 座，II、I 型小城市分别减少 1 和 5 座，显示出小城市向 50 万～300 万人口城市晋级的态势较为突出。城区人口增减分布也体现这一特点，2012—2022 年，河南省城市城区人口增加 562.35 万人，小城市人口净减少 131.17 万人，中等城市和 II 型大城市人口增加 528.43 万人，唯一的特大城市郑州人口增加才 175.09 万。2022 年，首位城市郑州城区人口 766.75 万人，城市首位度与 2012 年一致维持 26%，居全国第 21 位，排名下降 5 位。

土地城镇化快于人口城镇化程度较深，绿地广场、道路交通用地供给提速。2022 年，河南省城镇建成区 5426.96 平方公里，居全国第 4 位，10 年复合增速 3.77%，高于全国 1.42 个百分点，同期区域人口排名全国第 4，增速 2.01%，地人增速差 1.76 个百分点，全国第 7，显示出土地城镇化快于人口城镇化程度较深。城镇城市建设用地 5142 平方公里，人均建设用地 117.27 平方米，居全国第 14 位，较 2012 年提升 12 位。结构上，居住、绿地与广场用地、道路交通设施用地居前三位，占比分别为 31.48%、18.76%、17.93%，分别较 2012 年提高 5.57、2.65、0.41 个，与全国居住、工业、道路交通居前三的结构有差异。与全国横向比较，河南全省产业用地占比整体较低，公共管理与公共服务、道路交通、公用设施、绿地广场用地四项高于全国平均水平，工业用地仅占 11.64%，低于全国平均水平 5.97 个百分点。

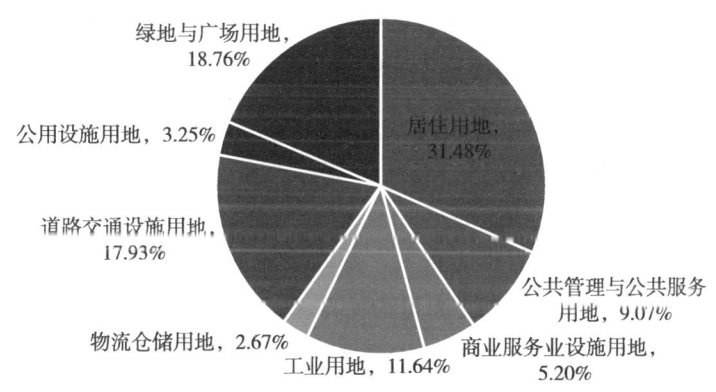

图 3-3-5　2022 年河南省城市建设用地结构

资料来源：住建部 2022 年城乡统计年鉴，中铁研究院。

城市设施建设投资降速，低基数效应有待持续改善。2022 年，河南省完成市政基础设施投资 997.76 亿元，投资规模居全国第 12，与全省人口规模靠前不相适应，增速同比降低 23.16%，居全国后五，较前两年大幅下跌。长周期来看，河南省市政基础设施投资 10 年复合增速 9.88%，高于全国平均水平约 6.28 个百分点，在这一投资增速下全省 2022 年投资规模全国排名仅 12，可以判断 2012—2022 年全省市政基础设施整体呈低基数补短板特征。与之对应，2022 年河南省市政基础设施投资规模和人均投资排名均大幅上升，分别较 2012 年提升 9 和 10 位，居全国第 12 和第 20。受低基数影响，2022 年河南省市政基础设施水平提升水平相对有限，城市和县城部分分别有 9 和 12 项不及全国水平，分别占所有指标的 56.25%、80%，与全国水平的偏离度均值分别为 -0.83、-0.85，分别居全国第 23 和 19 位。2022 年，河南省房地产投资 5684.77 亿元，同比降低 27.81%，10 年复合增速 6.48%，三项指标分别居全国第 8、7、15，投资规模较 2012 年上升两位。2022 年，河南省人均住房面积[①] 约 47.67 平方米，居全国第 8 位。河南省有城市轨道交通（仅含地铁、轻轨）238.36 公里。

城、县、镇发展较为均衡，县域经济规模较大，城市县城分化程度好于全国。2022 年河南城市、县城、镇对城镇化的人口贡献率分别为 50.76%、27%、22%，分别高于全国平均水平 -10.55、9.88、0.67 个百分点，城市贡献度全国第 24，县域经济贡献突出。长周期来看，2012—2022 年，河南省城市、县城、镇贡献率分别提升 -6.64、-5.30、11.94 个百分点，全省镇域经济加快发展。河南市少县多，2022 年共有 39 座城市、82 个县城（不含 21 个县级市，二者城区人口之比 1.89，较 2012 年加深 0.1，体量差距低于全国平均水平，加深程度也低于全国平均。从平均人口来看，城市为县城 3.97 倍，居全国第 24 位（不含直辖市），显示出城市县城分化程度较低。市政基础设施投资水平分化水平也小于全国，2022 年，河南省城市、县城市政基础设施人均投资分别 2565.33、1745.74 元，均居全国第 18 位，处于中游水平。从产业发展来看，2022 年，县城工业用地占城市建设用地比 11.2%，城市工业用地占比 11.97%。

（六）固定资产投资情况

增速高于全国水平，制造业比重大，基础设施放缓，房地产下行。2022 年，河南省固定资产投资同比增加 6.7%，固投增速在 31 个省级行政区中排名第 13 位，高于全国增速 1.6 个百分点，近十年间除 2021 年外均高于全国水平。从领域来看，2022 年制造业增长 29.7%、房地产下降 13.7%、基础设施[②] 增长 4.2%。从结构来看，制造业投资比重持续处于高位，近十年连续正增长；房地产投资占比较为稳定，2022 年投资降幅 13.7%，为 2018 年以来的首次负增长；基础设施 2012—2022 年平均增速 17.7%。2012—2022 年河南省固定资产投资中的建筑安装工程占比从 62% 左右持续上升至 80%。

---

① 由于缺乏统计数据，报告人均住房面积含城乡居民住房。
② 基础设施：取电力、热力、燃气及水生产和供应业，交通运输和邮政业，信息传输和信息技术服务业，水利、生态环境和公共设施管理业四项投资之和。

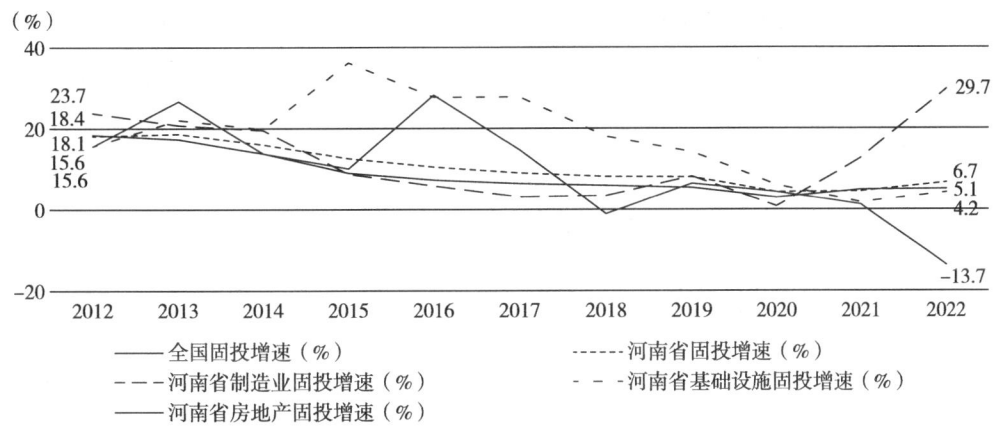

图3-3-6 河南省固定资产投资增速情况

数据来源：wind，河南省统计年鉴，国家统计局，中铁研究院。

基础设施投资结构较为稳定。2012—2022年，水利生态环境和公共设施管理业、交通运输和邮政业占河南基础设施投资绝对主导地位，二者投资之和在基础设施投资中占比平均达78%，体现出河南省水利生态建设需求高的特点。2022年，二者投资增速分别为3.6%、11%。电力热力燃气及水生产和供应业投资比重近年来稳定在17%左右，2022年投资增速0.5%。信息传输和信息技术服务业投资占比低，2022年投资下降15.6%。

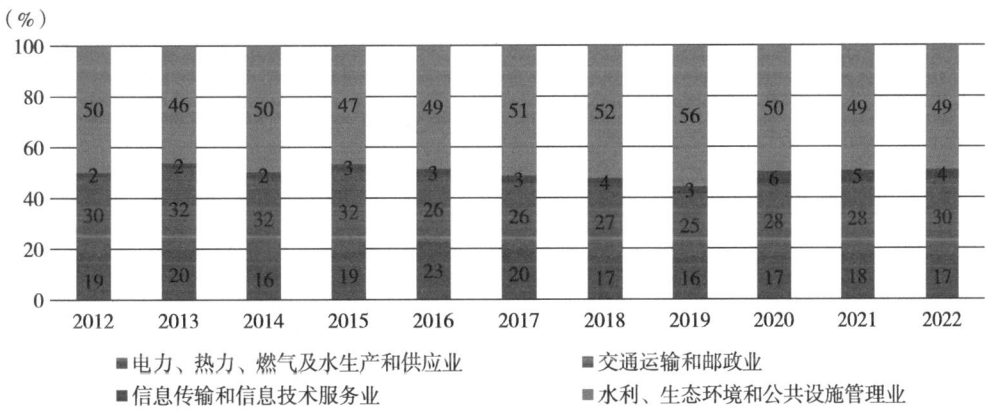

图3-3-7 河南省历年基础设施投资结构占比

数据来源：wind，河南省统计年鉴。2017年后各项占比以2017年投资为基数，按公布的投资增速计算。

（七）财政情况

河南省综合财力收入水平低于GDP水平，对转移支付和非税收入依赖度较高，对债务依赖程度较高。2022年河南省综合财力约为12199.8亿元，在全国31个省级行政区中排名第7，低于GDP排名的第5名，综合财力下降6.1%，全国排名第23。从结构来看，一般公共预算收入和政府性基金收入之比约为82∶18，比例略高于全国水平，一般公共预算自给率40%，低于全国43.1%的均值，一般公共预算收入对转移支付依赖度一般。2012—2022年全省一般公共预算（不含转移支付和负债）税收占比从72%波动下降至61%，全国排名第25位，处于全国中下游水平，财政可靠性有待提升。债务收入占比约32.8%，高于全国水平，显示出对债务依赖度较高。2022年，河南省全省政府性基金收入（不含转移支付）2213.2亿元，全国排名第13位，下降34.2%，主要是国有土地使用权出让收入下降较多。

政府债务较快增长，负债规模持续扩大，整体负债水平中等，有一定债务空间。2022年河南省地方政府债务限额16434亿元，居全国第7位，债务余额15104亿元，居全国第8位，2018—2022年，河南省债务余额年均复合增长率23.3%，居全国第27位。2022年河南省债务率124%，低于警戒线，全国排名第21位，政府债可用限额1330.2亿元，居全国第5位，有一定债务腾挪空间。从债务结构来看，2022年河南省专项债占比61.9%，高于全国水平。

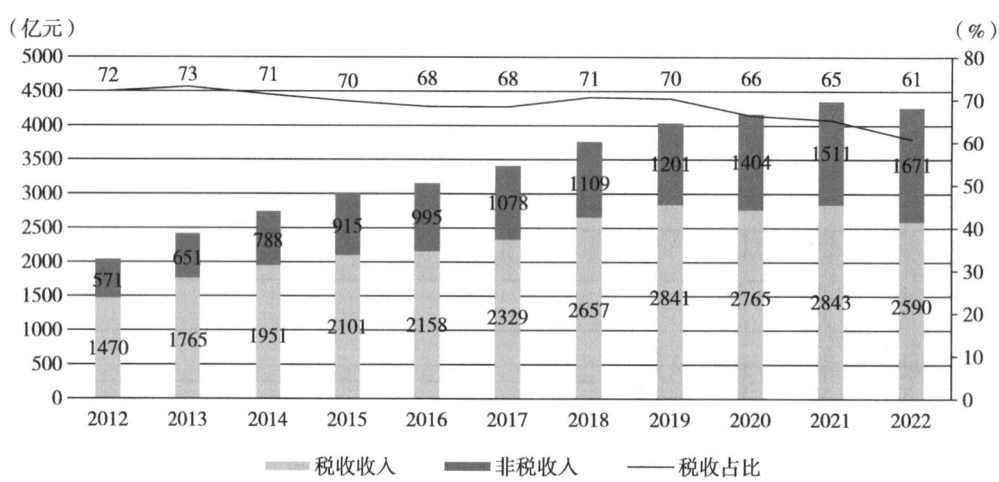

图3-3-8　河南省一般公共预算收入结构

数据来源：wind，河南省财政厅。本图中收入数据不含中央税收返还和转移支付、债务等收入。

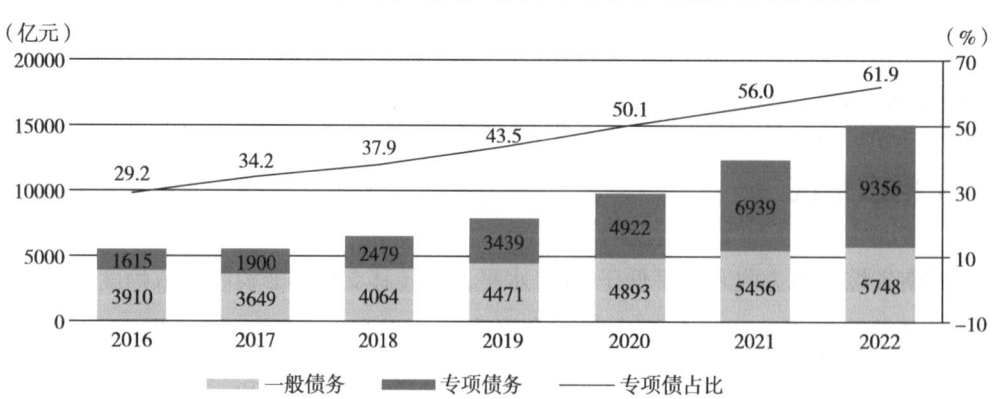

图3-3-9　河南省债务规模及构成

数据来源：wind，财政部。

（八）郑州市情况

郑州市经济发展较为缓慢，经济综合实力有待提高。2022年郑州市GDP712934.7亿元，在36个大中城市中[①]排名第24，相比2012年上升2位。人均GDP10.17万元，排名第19位。2012—2022年，郑州市名义GDP年均复合增速8.83%，在36个大中城市中排名第19。三次产业结构为1.4∶40∶58.6。郑州多个产业正向高端化、智能化、绿色化、服务化发展，形成电子信息、汽车、装备制造、新材料、现代食品、铝及铝精深加工6个千亿级主导产业集群。电子信息作为郑州努力打造的"一号产业"，集聚了600多家规模以上电子信息企业，形成智能终端、计算终端、智能传感等新兴产业链条，正加速培育万亿元级电子信息产业集群。汽车产量占全省的80%以上，初步形成拥有整车、燃料电池、零部件、加氢装备等领域优势企业的产业链。现代食品产业是重点发展的六大工业主导产业和传统支柱产业之一，产业涵盖速冻食品、方便食品、枣制品加工、饮料制品等众多门类，规上食品工业企业近150家，产业整体规模近1000亿元。智能传感器产业集群、郑州汽车产业集群、郑州现代食品与加工集群入选中国百强产业集群榜单，新能源专用车制造入选全国中小企业特色产业集群。

常住人口增长较快，人口红利丰富。2022年全市常住人口1282.8万人，同比增长0.67%，户籍人口911.5万人。2012—2022年，全市常住人口增长374.3万人，增量居全国第6位，增速居全国第5位。郑州60岁以上人口比重为12.84%，15~59岁人口比重68.11%，拥有大学文化程度（大专及以上）的人口每10万人达到2.9万人，均优于全国水平，劳动人口比重居第20位，大学文化程度（大专及以上）人口居第9位，人口素质在36个重点城市中居于较为领先水平。

固定资产投资下降，制造业投资占比大。2022年郑州市固定资产投资同比下降8.5%，增速居第30位。其中工业投资增长32.5%，基础设施投资下降17.8%，房地产投资下降18.7%。郑州固定资产投资长期以房地产为主，2021年，制造业、基础设施、房地产占比分别为9.9%、23.1%、58%。基础设施投资中，水利、环境和公共设施管理业占比长期较高，近年来信息传输、软件和信息服务业投资额成为基础设施中投资增速最高行业。

财政状况较好，但负债水平较高。2022年，郑州市综合财力2140.49亿元（一般公共预算收入+转移支付收入+政府性基金收入），居第17位。2012—2022年综合财力（2011前不含转移支付收入）年均增速6.98%，居全国第25位，2022年财政自给率77.64%，在36个大中城市排名第8名。2022年，郑州市债务率136.96%（债务余额/综合财力），在36个大中城市中排名第18位。

---

① 以下均为在36个大中城市中的排名，其他有注明的除外。

四、湖北省

(一) 经济情况

湖北省GDP总量连续多年保持第7，人均GDP排名较为落后。2022年湖北省GDP53734.9232亿元，是2012年的2.42倍，11年间复合增长率8.35%，全国排名第7。2012—2022年GDP平均增速高于全国平均水平1.19个百分点。全国GDP总量排名连续多年稳定在第7左右，2022年人均GDP9.21万元，居全国第9位，较2012年提升4名。

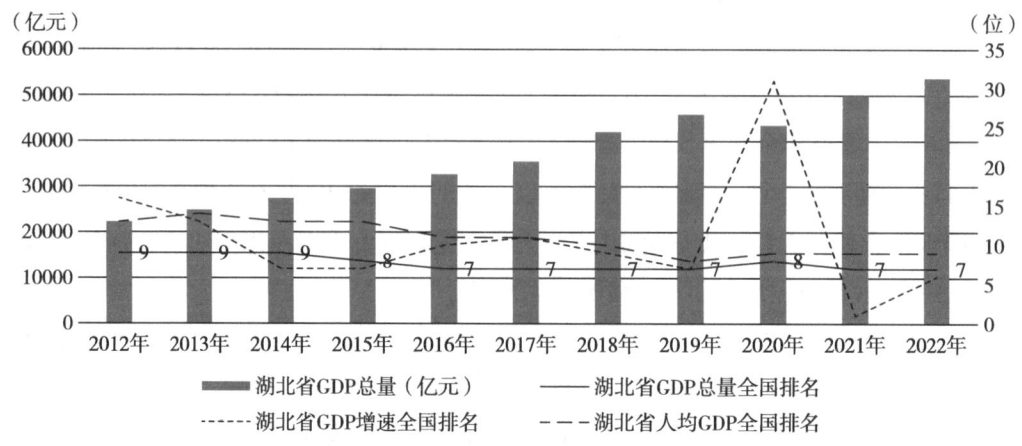

图3-4-1 湖北省GDP总量及相关经济指标全国排名情况

数据来源：国家统计局，中铁研究院。

三次产业结构三产占比超过一半，二产占比呈逐年下降趋势。2022年，湖北省一二三产比重为9.3%：39.5%：51.2%，分别高于全国2、-0.4、-1.6个百分点。从演变趋势来看，一产比重经历了先降后升的过程，二产比重由2012年50.3%逐年下降至2022年的39.5%，三产比重由2012年36.9%逐年递增至2022年51.2%。二产中工业占比低于全国平均水平，2022年，湖北省工业增加值占GDP比重为32.65%，较上年提高0.58个百分点，低于全国39.92%的平均水平。

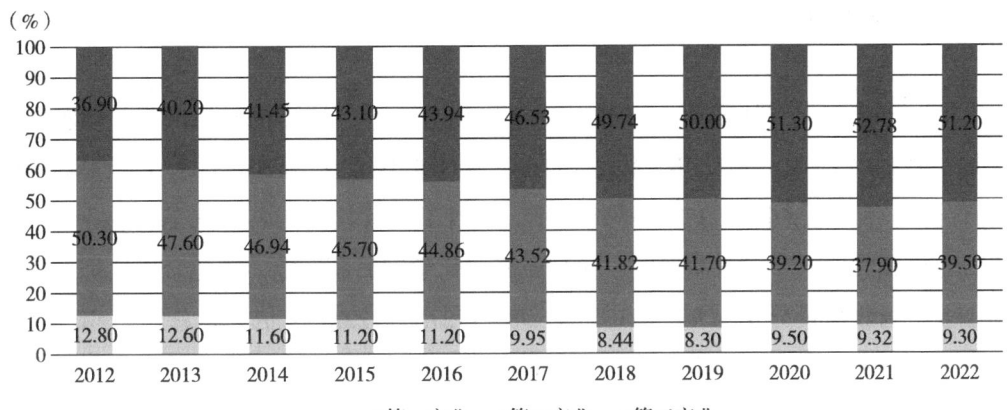

图3-4-2　湖北省一二三产业结构比重变化（%）

数据来源：国家统计局，中铁研究院。

各地市经济发展水平不均衡，GDP首末比超过16。2022年，全省13个地级市州及4个直管市和林区的GDP首末比达529.8，其中13个地级市州GDP首末比14.9，较2012年减少1.68，显示出发展不平衡有所减缓。武汉市首位度较高，GDP总量占全省GDP比重由2012年至2022年的始终保持在35%左右，人均GDP亦高于除宜昌外的所有其他地级市；恩施州人均GDP不足全国人均GDP一半，黄冈、荆州、神农架等地级市和直管市人均GDP不足全国人均GDP70%，均衡发展水平有待进一步提高。

表 3-4-1　　　　　　　　湖北省各市GDP总量和人均GDP（2022年）

序号	地区	GDP总量（亿元）	人均GDP（元/人）
1	武汉	18866.43	137320
2	襄阳	5827.81	110459
3	宜昌	5502.69	140375
4	荆州	3008.61	58589
5	孝感	2776.97	66343
6	黄冈	2747.9	47458
7	十堰	2304.68	72790
8	荆门	2200.96	86390
9	黄石	2041.51	83532
10	咸宁	1875.57	71677
11	恩施	1402.2	41212
12	随州	1328.78	65987
13	鄂州	1264.55	118050
14	仙桃	1013.14	91604
15	潜江	886.65	103617
16	天门	730.05	65925
17	神农架	35.61	56617

数据来源：湖北省统计局，中铁研究院。

（二）主导产业

湖北省前四大支柱产业占GDP比重不足四分之一，计算机通信产业代替农副食品加工业进入前四。2022年，湖北省工业占GDP比重为32.65%，较上年提高0.58个百分点，低于全国39.92%的平均水平。全省工业营收前四名为汽车制造业，计算机、通信和其他电子设备制造业，化学原料和化学制品制造业，黑色金属冶炼和压延加工业，营收规模分别为4393.43、3316.38、2727.31、2222.21亿元，总计占GDP比重23.56%。相比2012年，湖北省支柱产业前4名变化不大，汽车制造业产值始终保持第一名，计算机、通信和其他电子设备制造业取代农副食品加工业成为第二大支柱产业，2012年前4名支柱产业营收规模占全省GDP23.56%，较2012年产业结构更加合理。

园区数量多，分布较为分散。2022年，湖北有国家级园区21个，其中国家级经开区9个，国家级高新区12个，国家级园区数量居全国第5。21个国家级园区分布在武汉、襄阳等多个地级市，其中武汉有3个国家级园区。

（三）人口

湖北省户籍人口常年高于常住人口，人口老龄化程度高于全国水平。2022年末，全省常住人口5844万人，同比增长0.24%，居全国第10位，较2012年下降1位。全省户籍人口长期高于常住人口，呈先降后升高走势，2012—2022年，二者之差从404万减少至287万，2022年降显示户籍人口回流，人口吸引力增强。2022年，全省65岁以上人口占比16.3%，较2012年提升5.5个百分点，高于14.9%的全国水平，在全国老龄化程度中排名第10位，较2012年下降5个位次。

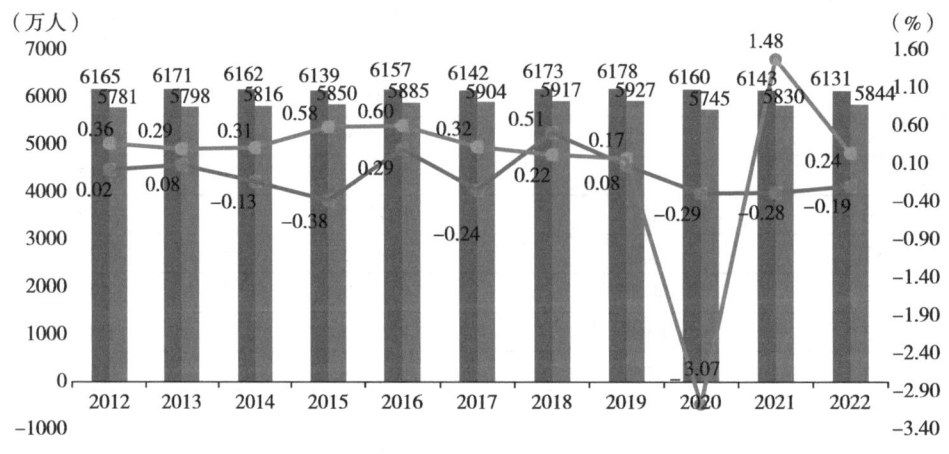

图3-4-3 湖北省户籍人口与常住人口情况

数据来源：wind，中铁研究院。

人口教育结构改善，高等教育人口占比中等。2022 年，全省专科、本科、研究生学历人口占比分别为 9%、7.1%、0.9%，受高等教育（专科、本科、研究生）人口合计占比 17%，较 2015 年的 10.8% 上升 3.1 个百分点。高中学历占比为 16.8%，较 2012 年下降 1.5 个百分点。小学学历占比 23.9%，初中学历占比为 33.6%，二者占比下降 0.7 个百分点，全省教育结构改善。从全国来看，全省受高等教育人口占比居全国第 18 位，高等教育人口占比全国中等水平。

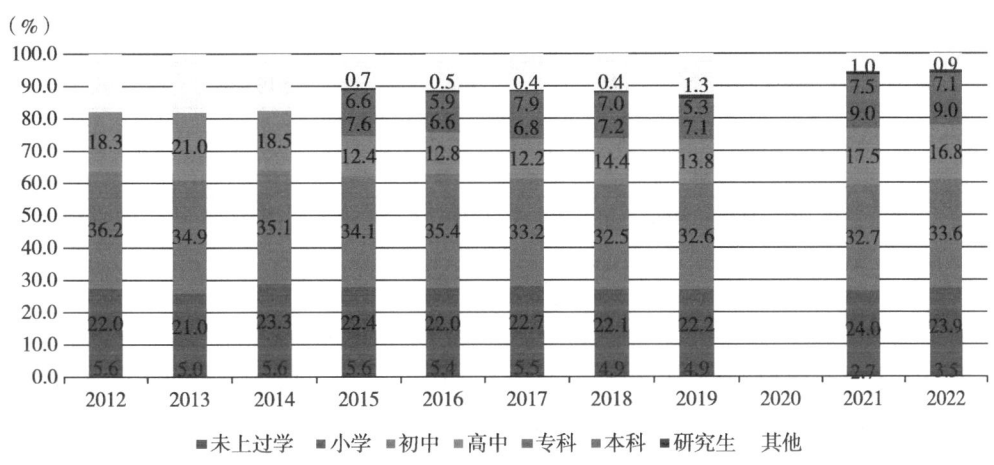

图 3-4-4　湖北省人口受教育情况

数据来源：wind，中铁研究院。其中缺少 2020 年数据。

（四）基础设施和公共服务

立体综合交通网络不断完善，铁路网密度居前列。2022 年，湖北省铁路营业里程 5602.973 公里，铁路网密度达 3.01 公里/百平方公里，为全国的 1.86 倍，居全国第 16 位，较 2012 年排名下降 3 名。到 2025 年，全省铁路营业里程达到 7000 公里，其中高速铁路达到 3000 公里。2022 年全省公路 30.22 万公里，公路网密度 162.56 公里/百平方公里，是全国的 2.91 倍，居全国第 6 位，高速公路 7600 公里，密度 4.09 公里/百平方公里，居全国第 13 位。规划至 2025 年二级及以上公路里程达到 42000 公里，其中高速公路总里程达到 8000 公里。全省共 8 个机场，2022 年全省机场旅客吞吐量共计 1547.1 万人次，占全国 2.98%，全国排名第 14，货邮吞吐量共计 30.5 万吨，全国排名第 12。武汉机场旅客吞吐量占全省 75%，货物吞吐量占全省 97.93%。到 2025 年，民用机场旅客吞吐量达到 6000 万人次，货邮吞吐量达到 290 万吨，在建及建成一、二类通用机场达到 20 个，"双枢纽、多支线"航空运输网基本形成，基本实现通航服务市州广覆盖。2022 年，湖北内河通航里程 8488.26 公里，占全国 6.63%，2025 年三级及以上航道里程将达到 2300 公里。

表 3-4-2　　　　　　　　　2022 年湖北省基础设施统计

类型	指标	湖北	全国	中部地区
铁路	里程（公里）	5602.973	154906.5	35193.38
	密度（公里/百平方公里）	3.01	1.62	3.42
公路	里程（公里）	302200	5355000	1416300
	密度（公里/百平方公里）	162.56	55.93	137.76
机场	机场数量	8	254	41
	旅客吞吐量（万人次）	1547.1	51952.8	6238.1
	货邮吞吐量（万吨）	30.5	1452.7	126.0
港口航道	港口吞吐量（亿吨）	——	55.54	/
	内河通航里程（公里）	8488.26	127968	33255.6

数据来源：wind，国家统计局，中铁研究院。

公共服务设施水平较高，千人医疗床位数高居全国第 1。2021 年，湖北省义务教育生均校舍建筑面积 11.29 平方米，高于全国 10.3 人/平方米的平均水平，全国排名第 7，较 2013 年排名第 2 下滑 5 位。2022 年湖北省每千人医疗卫生机构床位数 12.94 张/千人，远高于全国 6.91 的平均水平，2012 年至 2022 年千人床位数增长 81%，始终保持全国第 1。

表 3-4-3　　　　　　　　　湖北省公共服务设施统计

	2021 年义务教育生均校舍建筑面积（m²）	2022 年每千人口医疗卫生机构床位数（张）
湖北	11.29	12.94
全国	10.30	6.91
中部地区	10.34	7.5

数据来源：国家统计局，《中国卫生健康统计年鉴 2022》，中铁研究院。

（五）城市建设

城镇化稳步推进，大城市加快发展，中心城市首位度大幅增强。2022 年，湖北省常住人口城镇化率 64.67%，居全国第 13 位。2012—2022 年城镇化率提升 11.44 个百分点，低于全国平均水平 0.64 个百分点，城镇化全国排名不变。湖北省有城市 38 座，拥有从 Ⅱ 型小城市到超大城市五档城市结构，其中无特大和 Ⅰ 型大城市，结构存在断层，单中心特点突出。城市数量较 2012 年增加 2 座（增加 2 个县级市），结构发生变化，Ⅱ 型大城市增加 2 座，出现 1 座超大城市，显示出人口向头部城市集中特征。城区人口增减分布也体现这一特点，2012—2022年，湖北省城市城区人口增加619.64万人，超大城市武汉增加353.12万人，占比57%，二型大城市人口增加247万人，占比40%，中小城市人口净减少103.94万人。2022年，首位城市武汉城区人口1080.64万人，城市首位度从35%提升至44%，居全国第8位。

城市建设用地供地与建成区之间鸿沟大，道路交通、绿地广场用地供给提速。2022年，湖北省城镇建成区3464.8平方公里，居全国第9位，10年复合增速3.61%，高于全国0.81个百分点，同期区域人口排名全国第9，增速2.26%，地人增速差1.35个百分点，高于全国平均，居全国第12。城镇城市建设用地2467平方公里，人均建设用地78.7平方米，居全国第30位，较2012年降低16位。从人均来看湖北省城市建设用地极为集约，但从建成区与城市建设用地差距1000平方公里的状况来看，显示出供地与实际建设之间存在较大鸿沟。结构与全国保持一致，居住、工业、道路交通设施用地居前三位，占比分别为30.24%、22.17%、16.86%，其中工业、道路占比正增长，较2012年分别提升0.85、5.56个百分点。全较2012年实现正增长的还有商服、绿地广场用地。与全国横向比较，全省工业用地、道路交通、公用设施高于全国平均水平，显示出城市基础设施和产业用地长期保持较大供地强度。

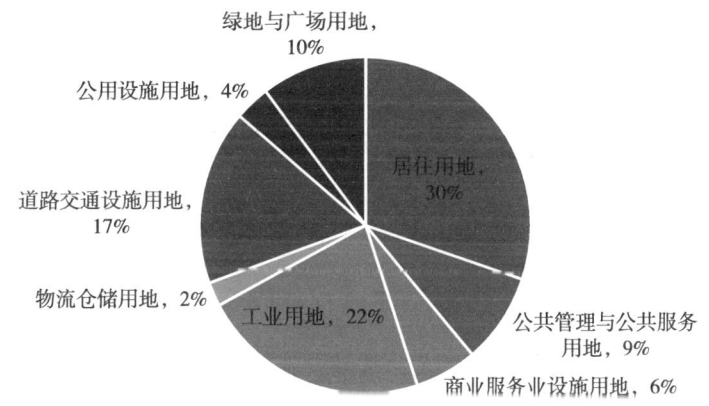

图3-4-5　2022年湖北省城市建设用地结构

资料来源：住建部2022年城乡统计年鉴，中铁研究院。

城市建设投资加快，市政基础设施持续高增长，房地产投资韧性较强，城市设施水平加快提升。2022年，湖北省完成市政基础设施投资1739.48亿元，居全国第5，高于人口和GDP排名，同比增速16.97%，也居全国第5，是全国12个正增长的省市之一。长周期来看，市政基础设施投资10年复合增速6.56%，高于全国平均水平约3个百分点，推动湖北省市政基础设施人均投资较2012年提升7位居全国第三。与投资水平相适应，湖北省市政基础设施水平较大幅度提升，城市部分污水处理、绿化等4项指标不及全国平均水平，占所有指标的25%，2012年该比率为58.33%，县城部分5

项指标不及全国平均水平，较 2012 年减少 5 项。2022 年，湖北房地产投资 5993.9 亿元，同比降低 3.07%，10 年复合增速 8.86%，三项指标排名分别为全国第 7、27、5，体现出房地产发展速度较快，韧性较强，在较大投资强度下，房地产投资规模较 2012 年上升 5 位。2022 年，湖北省人均住房面积①约 48.3 平方米，居全国第 5 位。湖北省有城市轨道交通（仅含地铁、轻轨）460.82 公里，居全国第 7。

城市是经济发展主体，城市与县城分化水平居全国中游。2022 年，湖北省城市、县城、镇对城镇化的人口贡献率分别为 64.4%、12%、23%，分别高于全国平均水平 3.09、-4.63、1.54 个百分点，城市贡献度全国第 12，显示城市发展较快。长周期来看，2012—2022 年，湖北省城市、县城、镇贡献率分别提升 5.44、-4.07、-1.37 个百分点，显示全省城市加快发展，县域相对衰弱。湖北省城市和县城数量较为均衡，2022 年，共有 38 座城市、37 个县城（不含 26 个县级市），二者城区人口之比为 5.22，较 2012 年加深 1.63，体量差和加深程度均高于全国平均水平。从平均人口来看，城市为县城的 5.08 倍，居全国第 18 位，显示分化程度居中游水平。市政基础设施投资力度较为均衡，2022 年，湖北省城市和县城人均市政基础设施投资分别为 6282.04 元、4513.31 元，均居全国第 3 位，分别较 2012 年上升 7 和 21 位，显示出对县城补短板力度加强。2022 年全省市政基础设施投资正增长，其中城市投资 1529.04 亿元，同比增 9.74%，县城投资 210.45 亿元，同比增长 124.42%，贡献较大。从产业发展来看，2022 年，县城工业用地占城市建设用地比 15.14%，城市工业用地占比 24.19%。

（六）固定资产投资情况

增速高于全国水平，制造业比重大，基础设施放缓，房地产维持正增长。2022 年，湖北省固定资产投资同比增加 15%，固投增速在 31 个省级行政区中排名第 2 位，高于全国增速 9.9 个百分点，近十年间除 2020 年外均高于全国水平。从领域来看，2022 年制造业增长 23.2%、房地产增长 0.8%、基础设施②增长 19.5%。从结构来看，制造业投资比重较高，近十年除 2020 年外均为正增长；房地产投资占比较为稳定，2022 年投资仍保持了正增长且过去十年仅 2020 年为负增长；基础设施 2012—2022 年平均增速 14.9%。2012—2022 年湖北省固定资产投资中的建筑安装工程占比从 62% 左右波动上升至 74%。

---

① 由于缺乏统计数据，报告人均住房面积含城乡居民住房。
② 基础设施：取电力、热力、燃气及水生产和供应业，交通运输和邮政业，信息传输和信息技术服务业，水利、生态环境和公共设施管理业四项投资之和。

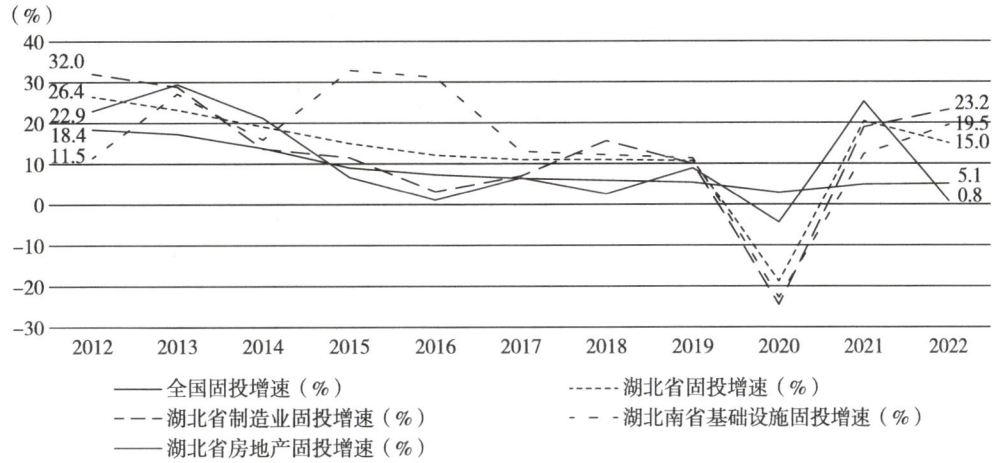

图3-4-6 湖北省固定资产投资增速情况

数据来源：wind，湖北省统计年鉴，国家统计局，中铁研究院。

基础设施投资结构较为稳定。2012—2022年，水利生态环境和公共设施管理业、交通运输和邮政业占湖北基础设施投资绝对主导地位，二者投资之和在基础设施投资中占比平均达84%，体现出湖北省水利生态建设需求高的特点。2022年，二者投资增速分别为27%、5.6%。电力热力燃气及水生产和供应业投资比重近年来稳定在15%左右，2022年投资增速35%。信息传输和信息技术服务业投资占比低，2022年投资增速5.5%。

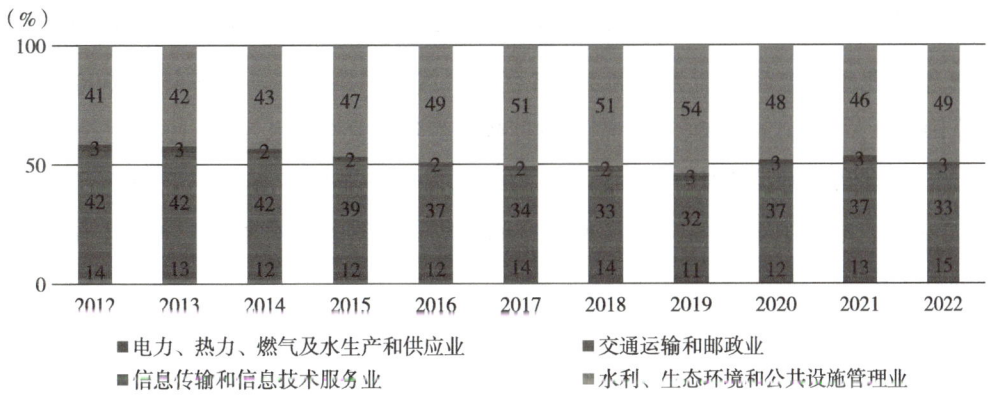

图3-4-7 湖北省历年基础设施投资结构占比

数据来源：wind，湖北省统计年鉴。2017年后各项占比以2017年投资为基数，按公布的投资增速计算。

（七）财政情况

湖北省综合财力收入水平低于GDP水平，对转移支付和非税收入依赖较高，对债务依赖程度一般。2022年湖北省综合财力约为10662.3亿元，在全国31个省级行政区中排名第10，低于GDP排名的第7名，综合财力下降4.5%，全国排名第21。从结构来看，一般公共预算收入和政府性基金收入之比约为 73 : 27，比例低于全国水平，一般公共预算自给率 38%，低于全国 43.1% 的均值，一般公共预算收入对转移支付依赖度较高。全省一般公共预算（不含转移支付和负债）税收占比波动维持在 75% 左右，2022 年全国排名第 8 位，处于全国上游水平，财政可靠性较高。债务收入占比约 27.6%，略高于全国水平，对债务依赖度一般。2022 年，湖北省全省政府性基金收入（不含转移支付）2870.8 亿元，全国排名第 13 位，下降 26.6%，主要是国有土地使用权出让收入下降较多。

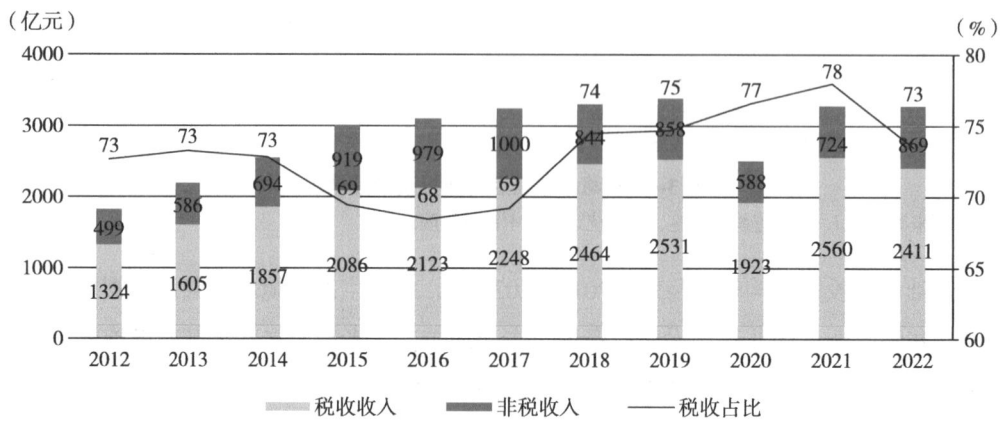

图 3-4-8 湖北省一般公共预算收入结构

数据来源：wind，湖北省财政厅。本图中收入数据不含中央税收返还和转移支付、债务等收入。

政府债务较快增长，负债规模持续扩大，整体负债水平中等，有一定债务空间。2022 年湖北省地方政府债务限额 14525 亿元，居全国第 9 位，债务余额 13900 亿元，居全国第 9 位，2018—2022 年，湖北省债务余额年均复合增长率 20.1%，居全国第 19 位。2022 年湖北省债务率 130%，低于警戒线，全国排名第 16 位，政府债可用限额 625.2 亿元，居全国第 16 位，债务腾挪空间一般。从债务结构来看，2022 年湖北省专项债占比 61.4%，高于全国水平。

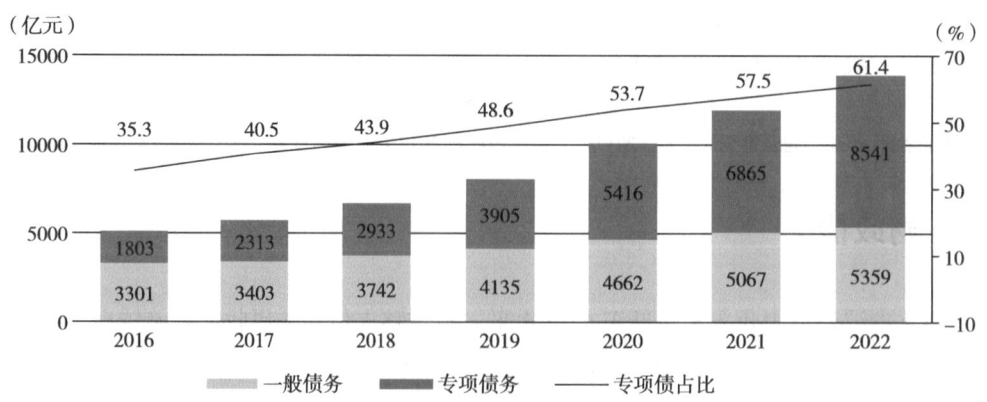

图 3-4-9 湖北省债务规模及构成

数据来源：wind，财政部。

（八）武汉市情况

武汉市经济发展平稳，经济综合实力较强。2022年武汉市GDP18886.43亿元，在36个大中城市中[①]排名第7，相比2012年上升1位。人均GDP13.78万元，排名第11位。2012—2022年，武汉市名义GDP年均复合增速8.95%，在36个大中城市中排名第17。三次产业结构为2.5∶35.6∶61.9。武汉是湖北省的省会城市，也是长江中游地区的经济、文化和交通中心。武汉市重点布局"光芯屏端网"新一代信息技术、汽车制造和服务、大健康和生物技术、高端装备制造、智能建造、商贸物流、现代金融、绿色环保、文化旅游九大支柱产业。其中"光芯屏端网"新一代信息技术主要聚焦光电子、硅光及第三代化合物半导体芯片、5G通信与人机交互、虚拟现实、智能终端、信息网络等，打造"光芯屏端网"万亿产业集群。汽车制造和服务主要聚焦新能源和智能网联汽车，推动传统汽车转型提升，大力发展汽车研发设计和汽车后市场，加快新能源和智能网联汽车整车产业化，积极创建燃料电池汽车示范城市、国家车联网先导区。截至2022年底，武汉规上工业企业中，汽车制造业共计有471家，占武汉规上工业企业总数的14.1%，汽车的产量2022年底134.5万辆/年。

常住人口增长较快，人口红利较好。2022年全市常住人口1373.9万人，同比增长0.66%，户籍人口944.4万人，同比增长1.07%。2012—2022年，全市常住人口增长371.9万人，增量居全国第7位，增速居全国第13位。武汉60岁以上人口比重为17.23%，15~59岁人口比重69.72%，拥有大学文化程度（大专及以上）的人口每10万人达到3.39万人，相比全国水平有较大优势，劳动人口比重居第7位，大学文化程度（大专及以上）人口居第4位，人口素质在36个重点城市中居于领先水平。

固定资产投资稳步上升，制造业投资占比大。2022年武汉市固定资产投资同比增长10.8%，居第3位。其中工业投资增长19.3%，基础设施投资增长10.8%，房地产投资上升7.1%，民间投资增长1.0%。武汉固定资产投资长期以房地产为主，基础设施投资中，水利、环境和公共设施管理业占比长期较高，近年来信息传输、软件和信息服务业投资额成为基础设施中投资增速最高行业。

财政实力较好，但财政自给率低。2022年，武汉市综合财力3329.19亿元（一般公共预算收入+转移支付收入+政府性基金收入），居第9位。2012—2022年综合财力（2021前不含转移支付收入）年均增速8.6%，居全国第17位，2022年财政自给率67.69%，在36个大中城市中排名第19名。2022年，武汉市债务率189.09%（债务余额/综合财力），在36个大中城市中排名第8位。

---

① 以下均为在36个大中城市中的排名，其他有注明的除外。

五、湖南省

（一）经济情况

湖南省GDP总量连续多年保持第9，人均GDP排名居中。2022年湖南省GDP48670.3651亿元，是2012年的2.20倍，11年间复合增长率7.42%，全国排名第9。2012—2022年GDP平均增速略高于全国平均水平，全国GDP总量排名基本稳定，自2015年以来始终保持在第9名。2022年人均GDP7.36万元，居全国第15位，较2012年提升5名。

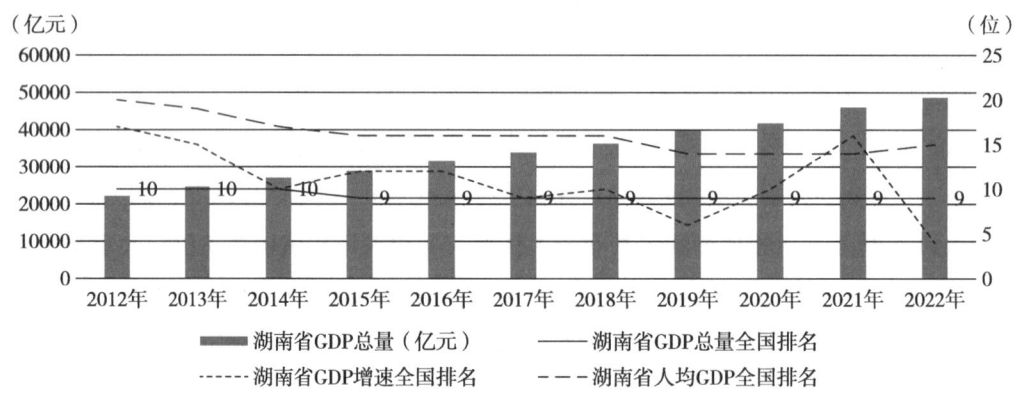

图3-5-1　湖南省GDP总量及相关经济指标全国排名情况

数据来源：国家统计局，中铁研究院。

三次产业结构三产占比超过一半。2022年，湖南省一二三产比重为9.5%：39.4%：51.1%，分别高于全国2.2、-0.5、-1.7个百分点。从演变趋势来看，一产比重保持在10%左右，二产比重由2012年47.4%下降至2022年的39.4%，三产比重由2012年39.0%逐年递增至2022年51.1%。二产中工业占比低于全国平均水平，2022年，湖南省工业增加值占GDP比重为30.87%，较上年提高0.57个百分点，低于全国39.92%的平均水平。

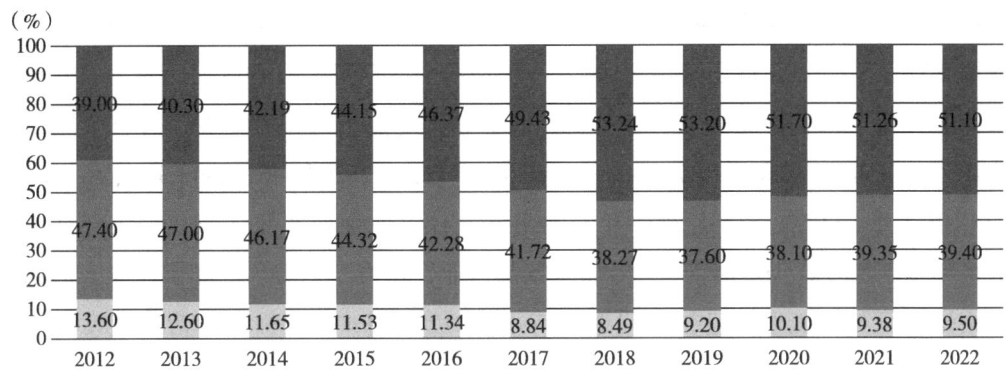

图3-5-2 湖南省一二三产业结构比重变化（%）

数据来源：国家统计局，中铁研究院。

各地市经济发展水平不均衡，GDP首末比超过16。2022年，全省14个地级市GDP首末比达23.58，较2012年增加4.7，显示出发展不平衡加剧。长沙市首位度较高，GDP总量占全省GDP比重由2012年27.82%增加至2022年的28.70%，人均GDP亦高于其他所有地级市；邵阳、怀化、张家界等市人均GDP不足全国人均GDP一半，永州、娄底等地级市人均GDP不足全国人均GDP60%，发展水平亟待提高。

表 3-5-1　　　　　　　　湖南省各市GDP总量和人均GDP（2022年）

序号	各市州	GDP总量（亿元）	人均GDP（元/人）
1	长沙市	13966.11	135200
2	株洲市	3616.81	93284
3	湘潭市	2697.54	99702
4	衡阳市	4089.69	61973
5	邵阳市	2599.18	40341
6	岳阳市	4710.67	93653
7	常德市	4274.52	81798
8	张家界市	592.39	39306
9	益阳市	2108.02	55318
10	郴州市	2980.49	64132
11	永州市	2410.28	46647
12	怀化市	1877.64	41357
13	娄底市	1929.50	51065
14	湘西州	817.53	33114

数据来源：湖南省统计局，中铁研究院。

（二）主导产业

湖南省前四大支柱产业占GDP比重不足四分之一，前4大支柱产业仅有色金属冶炼与压延加工业没有被取代。2022年，湖南省工业占GDP比重为30.87%，较上年提高0.57个百分点，低于全国39.92%的平均水平。全省工业营收前四名为农副食品加工业，非金属矿物制品业，计算机、通信和其他电子设备制造业，有色金属冶炼和压延加工业，营收规模分别为：3176.06、3112.27、2975.46、2443.38亿元，总计占GDP比重24.05%。相比2012年，湖南省支柱产业前4名变化较大，仅有色金属冶炼和压延加工业仍位居前4，专用设备制造业，电力、热力生产和供应业，黑色金属冶炼和压延加工业均已被取代退出前4，2012年前4名支柱产业营收规模占全省GDP23.47%，较2012年产业结构更加合理。

园区数量多，分布较为分散。2022年，湖南有国家级园区18个，其中国家级经开区10个，国家级高新区8个，国家级园区数量居全国第8。18个国家级园区分布在长沙、湘潭等多个地级市，其中长沙有4个国家级园区。

（三）人口

湖南省户籍人口常年高于常住人口，人口老龄化程度高于全国水平。2022年末，全省常住人口6604万人，同比增长-0.27%，居全国第7位，与2012年持平。全省户籍人口长期高于常住人口，差距呈先升后降走势，2012—2022年，二者之差从554万增加到2016年的694万，后减少至2022年的607万，显示户籍人口近年来回流，人口吸引力增强。2022年，全省65岁以上人口占比16.1%，虽较2012年提升5个百分点，高于14.9%的全国水平，在全国老龄化程度中排名第11位，较2012年下降7个位次。

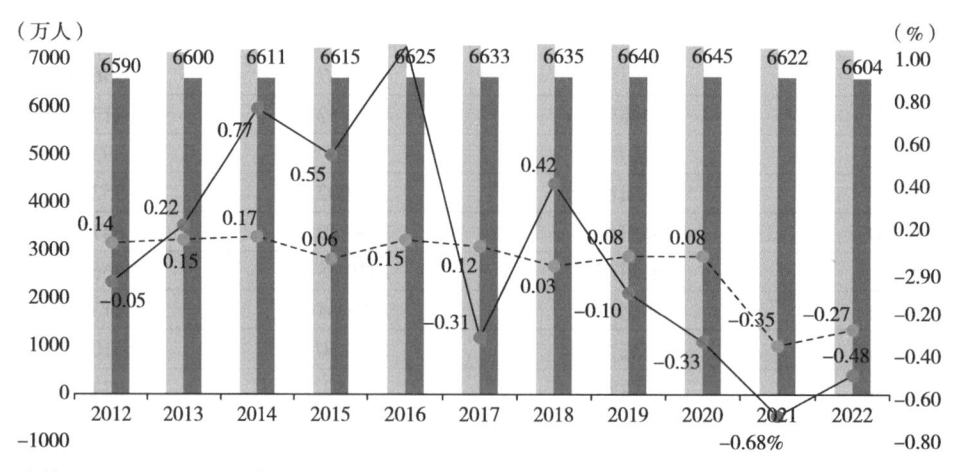

图3-5-3 湖南省户籍人口与常住人口情况

数据来源：wind，中铁研究院。

人口教育结构改善，高等教育人口占比中等。2022年，全省专科、本科、研究生学历人口占比分别为9.4%、6.5%、0.5%，受高等教育（专科、本科、研究生）人口合计占比16.3%，较2015年的11%上升5.3个百分点。高中学历占比为18.7%，较2012年提升2.9个百分点。小学学历占比24.7%，初中学历占比为32.4%，二者占比下降8.4个百分点，全省教育结构改善。从全国来看，全省受高等教育人口占比居全国第21位，高等教育人口占比中等，教育结构改善实现与经济发展水平改善同步。

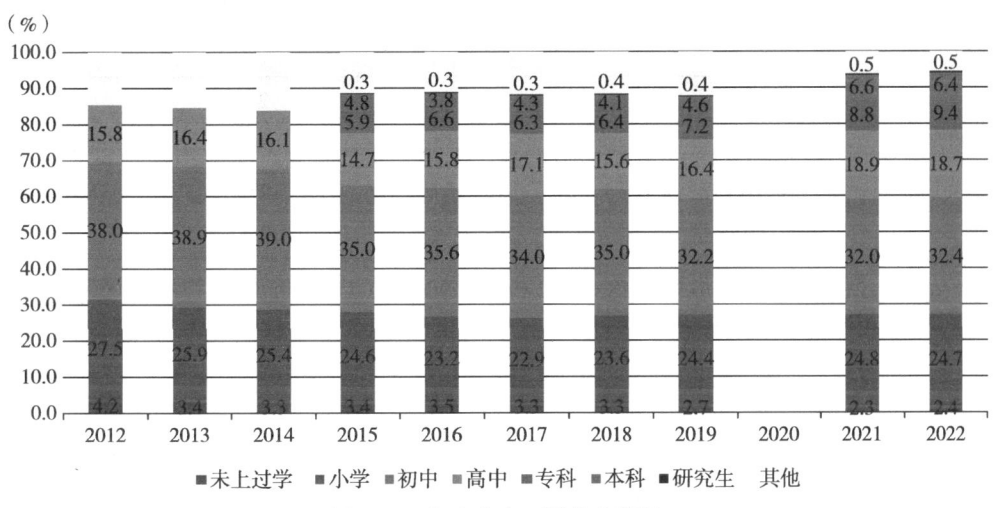

图3-5-4 湖南省人口受教育情况

数据来源：wind，中铁研究院。其中缺少2020年数据。

（四）基础设施和公共服务

立体综合交通网络不断完善，内河通航里程位居全国前列。2022年，湖南省铁路营业里程6078.626公里，铁路网密度达2.87公里/百平方公里，为全国的1.77倍，居全国第19位，较2012年排名下降2名。到2025年，铁路总里程突破6300公里，其中高铁里程2600公里左右，全面实现市市通高铁。2022年全省公路24.24万公里，公路网密度114.45公里/百平方公里，是全国的2.05倍，居全国第15位，高速公路7300公里，密度3.45百公里/平方公里，居全国第20位。规划至2025年公路总里程达到27万公里，高速公路总里程突破9000公里，全面实现"县县有高速"。全省共9个机场，2022年全省机场旅客吞吐量共计1458.8万人次，占全国2.81%，全国排名第16，货邮吞吐量共计15.6万吨，全国排名第17。长沙机场旅客吞吐量占全省85.75%，货物吞吐量占全省99.85%。到2025年，民用机场数量达到11个。2022年，湖南内河通航里程11496.35公里，占全国8.98%，2025年500吨级及以上骨干航道里程2150公里左右，千吨级及以上泊位超过 170 个。

表 3-5-2   2022 年湖南省基础设施统计

类型	指标	湖南	全国	中部地区
铁路	里程（公里）	6078.626	154906.5	35193.38
	密度（公里/百平方公里）	2.87	1.62	3.42
公路	里程（公里）	242400	5355000	1416300
	密度（公里/百平方公里）	114.45	55.93	137.76
机场	机场数量	9	254	41
	旅客吞吐量（万人次）	1458.8	51952.8	6238.1
	货邮吞吐量（万吨）	15.6	1452.7	126.0
港口航道	港口吞吐量（亿吨）	——	55.54	/
	内河通航里程（公里）	11496.35	127968	33255.6

数据来源：wind，国家统计局，中铁研究院。

公共服务设施水平较高，千人医疗床位数位居全国第 3。2021 年，湖南省义务教育生均校舍建筑面积 10.82 平方米，高于全国 10.3 人/平方米的平均水平，全国排名第 10，较 2013 年排名第 12 提升 2 位。2022 年湖南省每千人医疗卫生机构床位数 8.89 张/千人，高于全国 6.91 的平均水平，全国排名第 3，2012 年至 2022 年千人床位数增长 85%，排名提升 5 位。

表 3-5-3   湖南省公共服务设施统计

	2021 年义务教育生均校舍建筑面积（m²）	2022 年每千人口医疗卫生机构床位数（张）
湖南	10.82	8.89
全国	10.30	6.91
中部地区	10.34	7.5

数据来源：国家统计局，《中国卫生健康统计年鉴 2022》，中铁研究院。

（五）城市建设

城镇化进程较快，中等城市加快发展，首位城市吸引力增强。2022 年，湖南省常住人口城镇化率 60.31%，低于全国平均水平，居全国第 22 位。2012—2022 年城镇化率提升 14.9 个百分点，高于全国平均水平 2.78 个百分点，城镇化全国排名提升 1 位。湖南省有城市 32 座，拥有从Ⅱ型小城市到特大城市五档城市结构，无Ⅰ型大城市，单中心格局明显。城市数量较 2012 年增加 3 座（县级市），结构发生变化，晋级一座特大城市，中等城市和Ⅰ型小城市分别增加2座和3座，Ⅱ型小城市减少2座，城市整体向上发育，头部和中等城市加快发展。城区人口增减分布也体现这一特点，2012—2022年，湖南省城市城区人口增加537.97万人，首位城市长沙人口增加206.25万人，中等城市人口增加201.54万人，分别占比38%、37.5%，人口城市净减少70.21万人。2022年，中心城市长沙城区人口520.51万人，城市首位度从22%提升至27%，居全国第20位。

建设用地较为集约，居住用地供地强度大。2022年，湖南省城镇建成区3372.92平方公里，居全国第13位，10年复合增速3.46%，高于全国0.66个百分点，同期区域人口排名全国第7，增速3.16%，地人增速差0.3个百分点，低于全国平均水平，居全国第22位。城镇城市建设用地3140平方公里，人均建设用地99.84平方米，居全国第24位，较2012年下降5位。结构与全国保持一致，居住、工业、道路交通设施用地居前三位，占比分别为37.37%、14.27%、13.69%，且均较2012年正增长，分别提升1.87、0.14、5.76个百分点。与全国横向比较，居住、公共管理与公共服务、共用设施等用地高于全国平均水平，尤其是居住用地占比达到37.37%，居全国第2。

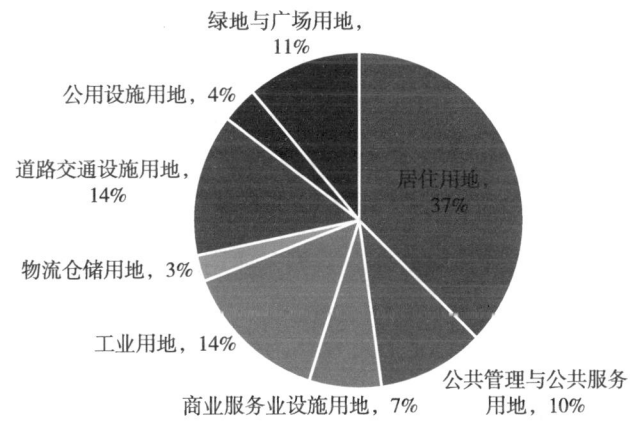

图3-5-5　2022年湖南省城市建设用地结构

资料来源：住建部2022年城乡统计年鉴，中铁研究院。

城市设施建设市政基础设施建设力度小，地产力度大，市政基础设施有待改善。2022年，湖南省完成市政基础设施投资871.79亿元，居全国第15，与城区人口居全国第8不相适应，同比增速-28.94%，居全国第28，为全国后五位。长周期来看，湖南省市政基础设施投资10年复合增速0.42%，低于全国平均水平3.18个百分点。受投资力度不及全国平均水平影响，2022年湖南省市政基础设施人均投资全国第16，较2012年下降5位。持续增加的投资有效改善全省城市市政基础设施水平，2022年7项指标（供排水有关）不及全国平均水平，较2012年减少了3项，有限的投资限制了县城市政基础设施改善，2022年7项指标不及全国平均水平（道路等为主），较2012年增加了5项。2022年，湖南省房地产投资4858.26亿元，同比降低10.49%，10年复合增速8.19%，三项指标分别居全国第11、19、9位，其中投资规模较2012年上升4位，显示出房地产一段时期较快发展，韧性较强。2022年，湖南省人均住房面积①约48.52平方米，居全国第3位。湖南省有城市轨道交通（仅含地铁、轻轨）220.38公里。

城、县、镇发展相对均衡，县域经济体量大，城市和县城分化程度较轻，县域发展基础有待夯实。2022年，湖南省城市、县城、镇对城镇化的人口贡献率分别为48.68%、29%、22%，分别高于全国平均水平-12.63、12.25、0.38个百分点，城市贡献度全国第26，显示城市、县、镇发展较为均衡。长周期来看，2012—2022年，湖南省城市、县城、镇贡献率分别提升2.69、0.61、-3.3个百分点，显示全省城市加快发展，镇域相对衰弱。湖南省市少县多，2022年，湖南省共有32座城市、67个县城（不含19个县级市），二者城区人口之比为1.67，较2012年加深0.01，体量差距和加深程度均低于全国平均水平。从平均人口来看，城市为县城的3.49倍，居全国第25位，分化程度水平处于最轻范围。县城人均市政基础设施不足，2022年，湖南省城市和县城人均市政基础设施投资分别为3710.43元、1308.97元，居全国第12、22位，分别较2012年下降1和11位，显示出对县城投资力度亟待增强。2022年湖南省市政基础设施投资正深度负增长，其中城市完成投资719.44亿元，同比下降24.89%，县城完成投资152.35亿元，同比下降43.38%，如果该走势持续，城市和县城市政设施水平分化还将拉大。从产业发展来看，2022年，县城工业用地占城市建设用地比13.11%，城市工业用地占比15%。

（六）固定资产投资情况

增速高于全国水平，制造业比重大，基础设施稳定，房地产下行。2022年，湖南省固定资产投资同比增加15%，固投增速在31个省级行政区中排名第14位，高于全国增速1.5个百分点，且近十年间固投增速均高于全国水平。从领域来看，2022年制造业增长14.6%、房地产下降4.6%、基础设施②增长9.3%。从结构来看，制造业投资比重呈增加态势，近十年平均增速达16.5%；房地产投资占比呈下降趋势，近十年间

---

① 由于缺乏统计数据，报告人均住房面积含城乡居民住房。
② 基础设施：取电力、热力、燃气及水生产和供应业，交通运输和邮政业，信息传输和信息技术服务业，水利、生态环境和公共设施管理业四项投资之和。

在2015、2022出现负增长，平均增速不及制造业；基础设施2012—2022年平均增速14%，总体占比较为稳定。2012—2022年湖南省固定资产投资中的建筑安装工程占比从67%左右波动上升至81%。

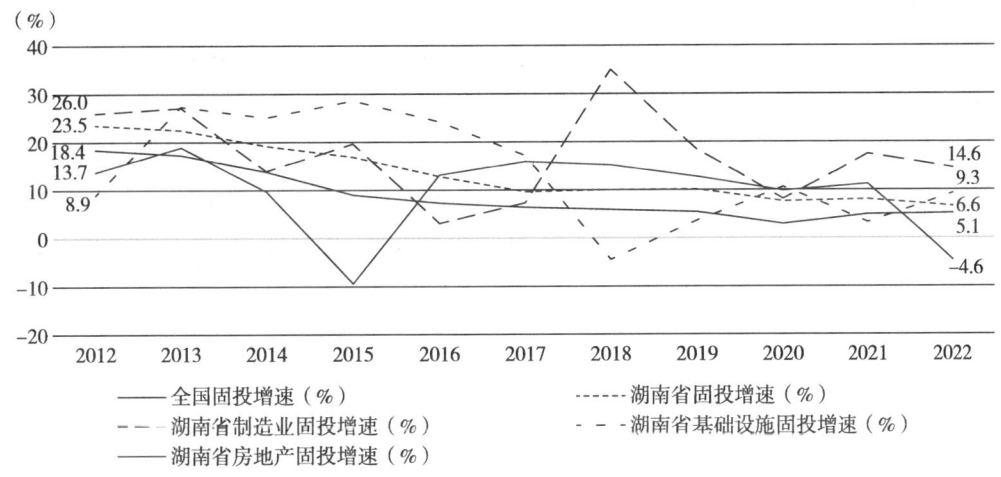

图3-5-6 湖南省固定资产投资增速情况

数据来源：wind，湖南省统计年鉴，国家统计局，中铁研究院。

基础设施投资结构较为稳定。2012—2022年，水利生态环境和公共设施管理业、交通运输和邮政业占湖南基础设施投资绝对主导地位，二者投资之和在基础设施投资中占比平均达80%，体现出湖南省水利生态建设需求高的特点。2022年，二者投资增速分别为-3.4%、25.9%。电力热力燃气及水生产和供应业投资比重近年来稳定在20%左右，2022年投资增速10.2%。信息传输和信息技术服务业投资占比呈增加趋势，2022年投资增速29%。

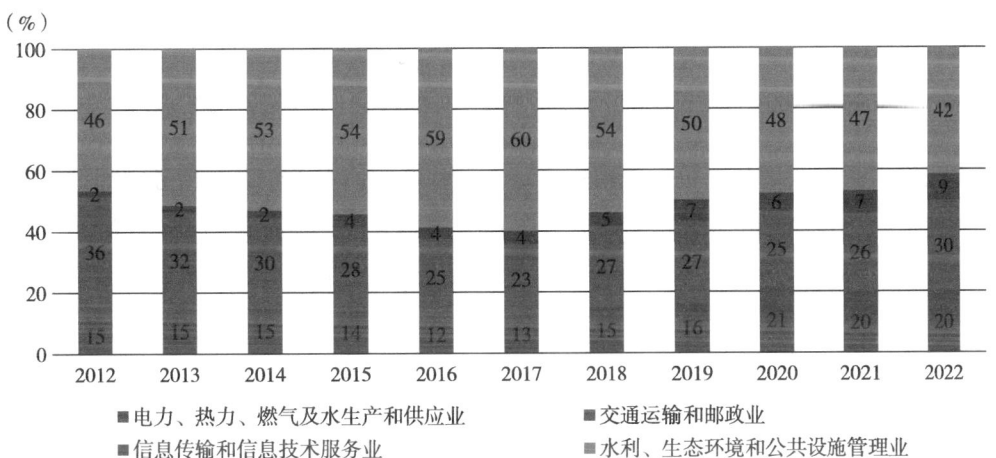

图3-5-7 湖南省历年基础设施投资结构占比

数据来源：wind，湖南省统计年鉴。2017年后各项占比以2017年投资为基数，按公布的投资增速计算。

（七）财政情况

湖南省综合财力收入水平低于GDP水平，对转移支付和非税收入依赖较高，对债务依赖程度一般。2022年湖南省综合财力约为11063.5亿元，在全国31个省级行政区中排名第11，低于GDP排名的第9名，综合财力下降0.9%，全国排名第13。从结构来看，一般公共预算收入和政府性基金收入之比约为71：29，比例低于全国水平，一般公共预算自给率38%，低于全国34.5%的均值，一般公共预算收入对转移支付依赖度较高。全省一般公共预算（不含转移支付和负债）税收占比从2012年的62%波动上升至2022年的65%，2022年全国排名第18位，处于全国中游水平，财政可靠性一般。债务收入占比约25.4%，略低于全国水平，对债务依赖度一般。2022年，湖南省全省政府性基金收入（不含转移支付）3192.0亿元，全国排名第7位。

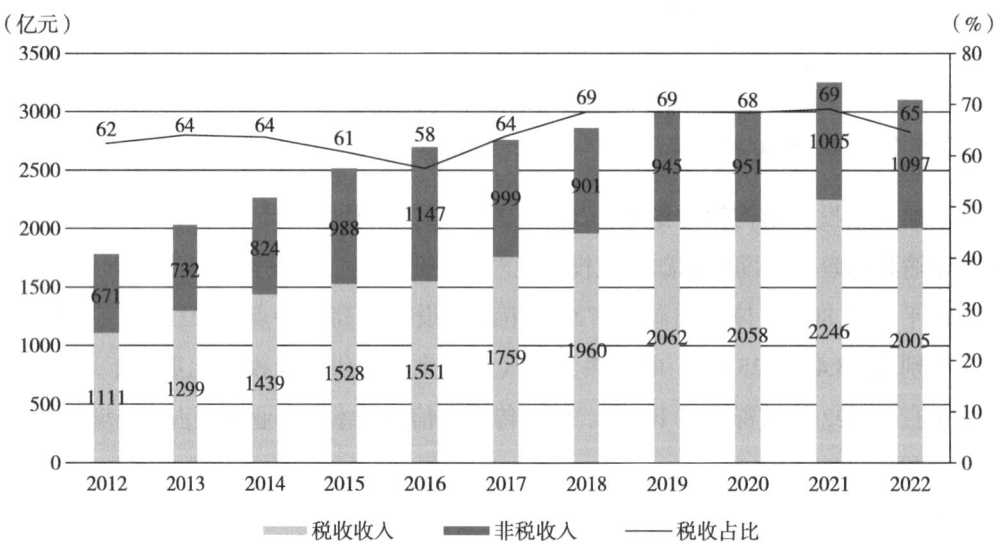

图3-5-8 湖南省一般公共预算收入结构

数据来源：wind，湖南省财政厅。本图中收入数据不含中央税收返还和转移支付、债务等收入。

政府债务较快增长，负债规模持续扩大，整体负债水平较高，债务空间低。2022年湖南省地方政府债务限额15592亿元，居全国第8位，债务余额15408亿元，居全国第7位，2018—2022年，湖南省债务余额年均复合增长率15.3%，居全国第10位。2022年湖南省债务率139%，低于警戒线，全国排名第13位，政府债可用限额184.3亿元，居全国第29位，仅高于黑龙江和西藏，债务腾挪空间低。从债务结构来看，2022年湖南省专项债占比53.1%，低于全国水平。

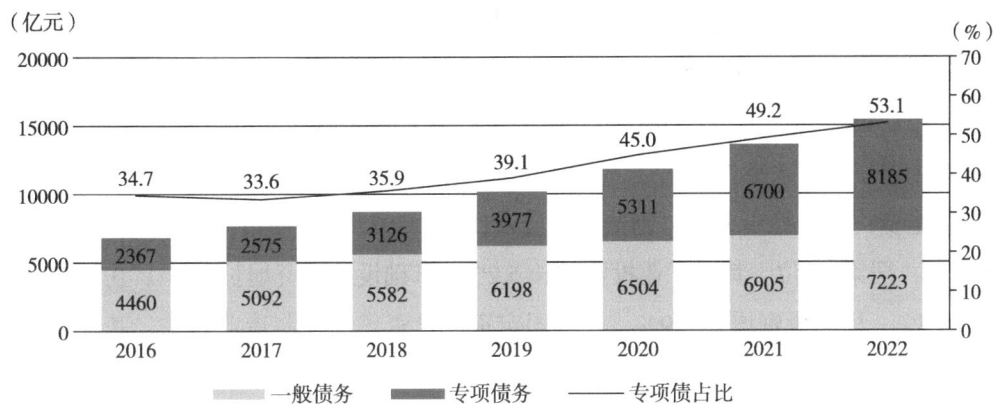

图3-5-9 湖南省债务规模及构成

数据来源：wind，财政部。

（八）长沙市情况

长沙市经济发展平稳，经济综合实力处于中等水平。2022年长沙市GDP13966.11亿元，在36个大中城市中[①] 排名第13，相比2012上升2位。人均GDP13.52万元，排名第12位。2012—2022年，长沙市名义GDP年均复合增速8.12%，在36个大中城市中排名第23。三次产业结构为3.2∶40∶56.8。长沙被誉为"中国工程机械之都""智能制造之城""中国芯片第四城""移动互联网第五城"。长沙先进制造业由工程机械一业独大，发展至拥有五大千亿级产业集群。长沙千亿级园区由2个增加到5个，集中承载了全市53%的规上工业企业、61%的高新技术企业、88.7%的上市公司和全部百亿级项目。规模工业企业从2000余家突破到3000家，工业百亿企业14家，国家级单项冠军企业（产品）16个，工业上市企业67家，国家专精特新"小巨人"企业、专精特新中小企业分别达到143家、533家，三一荣登福布斯全球500强，三一、中联、山河、铁建等4家企业蝉联全球工程机械50强，蓝思、圣湘、澳优、国科微、景嘉微等企业成为行业内具有全国乃至全球影响力的企业。国家技术创新示范企业17家，国家工业设计中心6家，国家产业技术基础公共服务平台3家，获评国家级智能制造试点示范企业（项目）27个，数量居全国省会城市第一；长沙成为国内最先集齐智能网联汽车领域4块国家级牌照的城市。

常住人口增长快，人口红利较好。2022年全市常住人口1042.06万人，同比增长1.77%，户籍人口767.6万人，同比增长1%。2012—2022年，全市常住人口增长381.44万人，增量居全国第5位，增速居全国第1位。长沙60岁以上人口比重为

---

① 以下均为在36个大中城市中的排名，其他有注明的除外。

15.33%，15~59 岁人口比重 68.03%，拥有大学文化程度（大专及以上）的人口每 10 万人达到 2.75 万人，虽然均优于全国水平，但在 36 个大中城市中优势不突出，劳动人口比重居第 22 位，大学文化程度（大专及以上）人口居第 13 位，人口素质在 36 重点城市中居于中等水平。

固定资产投资稳步上升，制造业投资占比大。2022 年长沙市固定资产投资同比增长 5.1%，居第 14 位。其中工业投资增长 5.2%，基础设施投资增长 0.9%，房地产投资上升 8.4%，民间投资增长 0.9%。长沙固定资产投资长期以制造业为主，基础设施投资中，水利、环境和公共设施管理业占比长期较高，近年来信息传输、软件和信息服务业投资额成为基础设施中投资增速最高行业。

综合财力较好，财政自给率中等。2022 年，长沙市综合财力 2509.25 亿元（一般公共预算收入 + 转移支付收入 + 政府性基金收入），居第 13 位。2012—2022 年综合财力（2011 前不含转移支付收入）年均增速 7.9%，居全国第 22 位，2022 年财政自给率 76.7%，在 36 个大中城市排名第 11 名。2022 年，长沙市债务率 114.36%（债务余额/综合财力），在 36 个大中城市中排名第 23 位。

六、山西省

（一）经济情况

2022年山西省GDP总量较2012年翻番，增速与全国平均水平基本一致。2022年山西省GDP25642.59亿元，是2012年的2.12倍，11年间复合增长率7.06%，全国排名第20。2012—2022年GDP平均增速与全国平均水平基本一致。在全国GDP排名从2012第21名上升至2022年第20名。2022年人均GDP7.37万元，居全国第13位，较2012年提升6名。

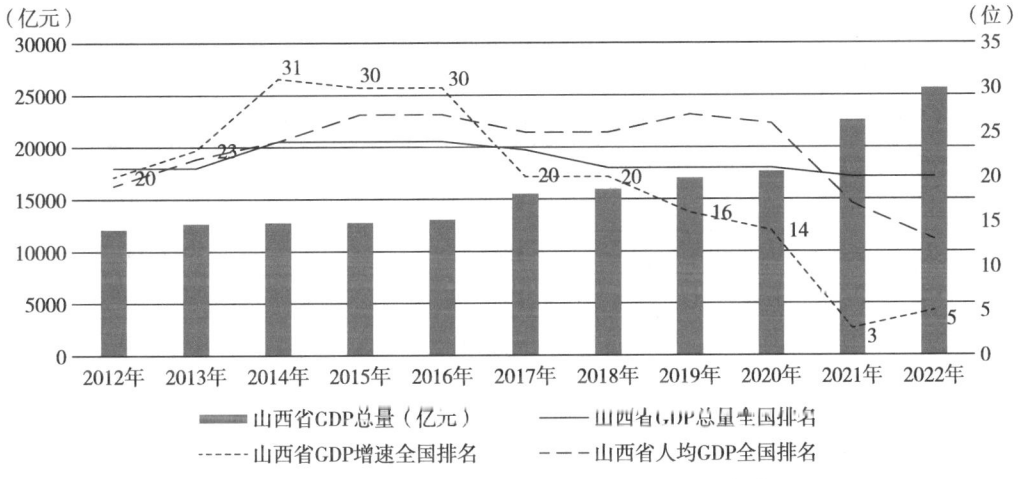

图3-6-1　山西省GDP总量及相关经济指标全国排名情况

数据来源：国家统计局，中铁研究院。

三次产业结构二三产占绝对比重，一产占比变化不大。2022年，山西省一二三产比重为5.2%∶54%∶40.8%，分别高于全国-2.1、14.1、-12个百分点。从演变趋势来看，一产比重保持稳定，二产比重经历了下降后逐步恢复至54%的过程，三产比重经历了上升后稳步下降的过程。二产中工业占比低于全国平均水平，2022年，山西省工业增加值占GDP比重为32.87%，较上年提高0.5个百分点，低于全国39.92%的平均水平。

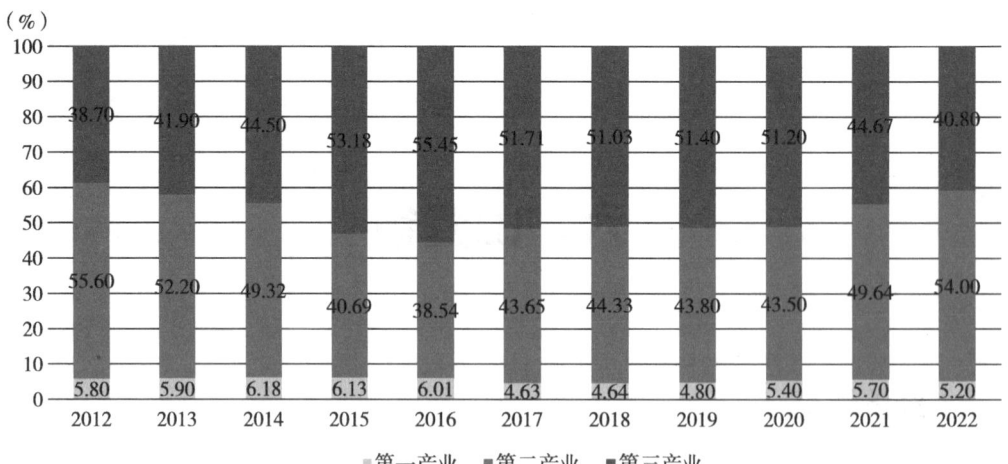

图3-6-2 山西省一二三产业结构比重变化（%）

数据来源：国家统计局，中铁研究院。

各地市经济发展水平不均衡，GDP首末比超过5.5。2022年，全省14个地级市GDP首末比达5.5，较2012年增加1.66，显示出发展不平衡加剧。太原市首位度较高，GDP总量占全省GDP比重由2012年18.76%增加至2022年的21.73%，人均GDP亦高于除晋城外的所有其他地级市；大同、运城、忻州、临汾等地级市人均GDP不足全国人均GDP70%，发展水平亟待提高。

表 3-6-1　　　　　　　山西省各市 GDP 总量和人均 GDP（2022 年）

序号	地级市	2022年GDP总量（亿元）	2022年人均GDP（元/人）
1	太原市	5571.17	102922.00
2	大同市	1842.52	59447.00
3	阳泉市	1012.93	77262.85
4	长治市	2804.85	89137.00
5	晋城市	2305.44	105322.00
6	朔州市	1536.19	96585.00
7	晋中市	2112.30	62269.00
8	运城市	2301.15	48692.56
9	忻州市	1500.58	56426.25
10	临汾市	2227.86	56985.63
11	吕梁市	2418.90	71722.25

数据来源：国家统计局，中铁研究院。

（二）主导产业

山西省四大支柱产业营收占全省GDP84%。2022年，山西省工业占GDP比重分别为 49.76%，较上年提高 3.08 个百分点，高于全国 39.92% 的平均水平。全省工业营收前四名为煤炭开采和洗选业，黑色金属冶炼和压延加工业，石油加工、炼焦和核燃料加工业，电力、热力生产和供应业，营收规模分别为 11752.9869、4062.6439、3326.4819、2431.9569 亿元，总计占 GDP 比重 84.13%。相比 2012 年，山西省支柱产业前 4 名没有变化，仅石油加工、炼焦和核燃料加工业与电力、热力生产和供应业排名发生调换，显示山西省煤炭经济大省特色。

园区数量多，分布较为集中。2022 年，山西有国家级园区 6 个，其中国家级经开区 4 个，国家级高新区 2 个，国家级园区数量居全国第 23。6 个国家级园区分布在太原、大同、长治、晋中、晋城等 5 个城市，其中太原 2 个。其他地级市暂无国家级园区。

（三）人口

山西省户籍与常住人口差距先正后负，人口老龄化程度略低于全国水平。2022 年末，全省常住人口 3481 万人，同比增长 0.04%，居全国第 18 位，较 2012 年上升 1 位。全省户籍人口在 2016 年后高于常住人口，且差距逐年扩大，2012—2022 年，常住人口与户籍人口之差从 47 万降低至 –61 万，显示户籍人口外流，人口吸引力减弱。2022 年，全省 65 岁以上人口占比 14.5%，较 2012 年提升 6.5 个百分点，略低于 14.9% 的全国水平，在全国老龄化程度中排名第 19 位，较 2012 年上升 3 个位次。

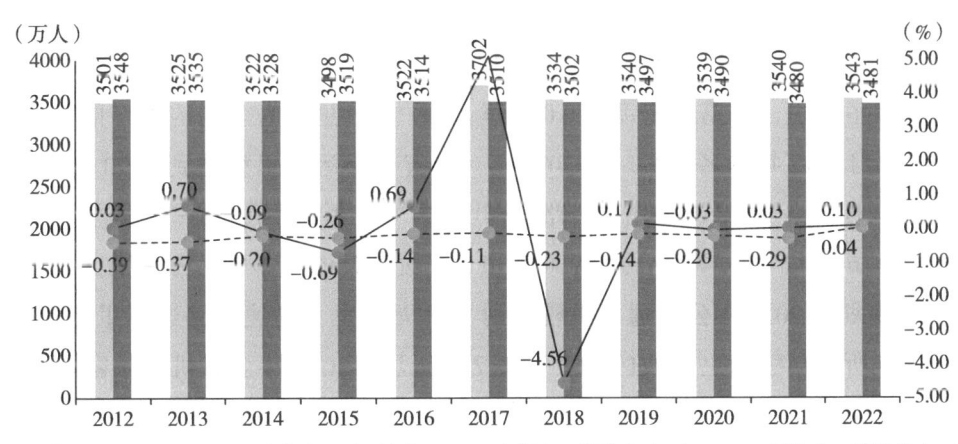

图3-6-3　山西省户籍人口与常住人口情况

数据来源：wind，中铁研究院。

人口教育结构改善，高等教育人口占比中等。2022 年，全省专科、本科、研究生学历人口占比分别为10.1%、8.8%、0.6%，受高等教育（专科、本科、研究生）人口合计占比19.5%，较2015年的12.9%上升5.5个百分点。高中学历占比为16.9%，较2012年下降-2.3个百分点。小学学历占比18.8%，初中学历占比为37.7%，二者占比下降6.9个百分点，全省教育结构改善。从全国来看，全省受高等教育人口占比居全国第11位，高等教育人口占比中等，教育结构改善未能提升经济发展水平。

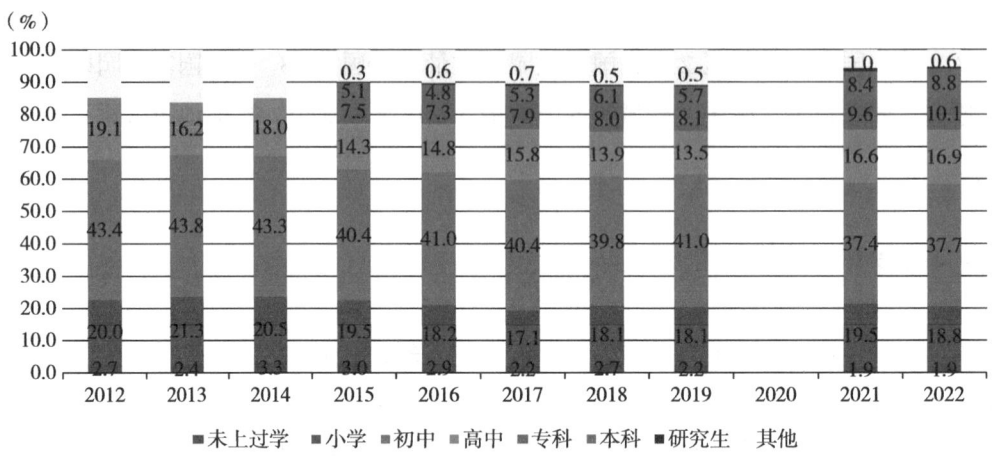

图3-6-4 山西省人口受教育情况

数据来源：wind，中铁研究院。其中缺少2020年数据。

（四）基础设施和公共服务

立体综合交通网络不断完善，铁路网密度居前列。2022年，山西省铁路营业里程6268.446公里，铁路网密度达4.0公里/百平方公里，为全国的2.47倍，居全国第9位，与2012年排名持平。到2025年，全省铁路运营里程达到6500公里以上。2022年全省公路14.55万公里，公路网密度92.75公里/百平方公里，是全国的1.66倍，居全国第17位，高速公路5900公里，密度3.76公里/百平方公里，居全国第18位。规划至2025年公路通车里程达到14.8万公里，高速公路通车里程6643公里，覆盖所有县级以上行政区。全省共7个机场，2022年全省机场旅客吞吐量共计773.1万人次，占全国1.49%，全国排名第23，货邮吞吐量共计4.5万吨，全国排名第26。太原机场旅客吞吐量占全省71.49%，货物吞吐量占全省89.04%。到2025年，全省民用运输机场达到9个，"一干八支"民用运输机场体系基本建成。2022年，山西内河通航里程467.065公里，占全国0.36%。

表 3-6-2　　　　　　　　　　2022 年山西省基础设施统计

类型	指标	山西	全国	中部地区
铁路	里程（公里）	6268.446	154906.5	35193.38
	密度（公里/百平方公里）	4.0	1.62	3.42
公路	里程（公里）	145500	5355000	1416300
	密度（公里/百平方公里）	92.75	55.93	137.76
机场	机场数量	7	254	41
	旅客吞吐量（万人次）	773.1	51952.8	6238.1
	货邮吞吐量（万吨）	4.5	1452.7	126.0
港口航道	港口吞吐量（亿吨）	——	55.54	/
	内河通航里程（公里）	467.065	127968	33255.6

数据来源：wind，国家统计局，中铁研究院。

公共服务设施水平有所提升，全国排名下降。2021年，山西省义务教育生均校舍建筑面积10.64平方米，高于全国10.3人/平方米的平均水平，全国排名第13，较2013年排名第9下降4位。2022年山西省每千人医疗卫生机构床位数5.04张/千人，低于全国6.91的平均水平，全国排名由2012年的第25下降至第28，较2012年3.69张/千人水平增长36.5%。

表 3-6-3　　　　　　　　　　山西省公共服务设施统计

	2021年义务教育生均校舍建筑面积（m²）	2022年每千人口医疗卫生机构床位数（张）
山西	10.64	5.04
全国	10.30	6.91
中部地区	10.34	7.5

数据来源：国家统计局，《中国卫生健康统计年鉴2022》，中铁研究院。

（五）城市建设

城镇化持续提升，中等城市加快发展。2022年，山西省常住人口城镇化率63.96%，较2012年提升12.64个百分点，居全国第16位，较2012年降低1位。2022年，山西省有城市22座，数量与2012年一致，内部结构变化，中等城市增加4座，Ⅰ、Ⅱ型小城市分别减少3和1座，小城市向中等城市晋级，与之对应，中等城市城区人口占比较2012年提升20个百分点，其余大型和小型城市人口占比均较2012年下降。从结构来看，山西省拥有从Ⅱ小城市到Ⅰ型大城市5档城市[①]，缺少特大超大城市。首位城市太原城区人口405万人，较2012年增加75万人，城市首位度稳定在

---

① Ⅰ型大城市1座，Ⅱ型大城市1座，中等城市6座，Ⅰ型小型城市6座，Ⅱ型小城市8座。

32%，在27省中排名下降4位居第15。

城市用地较为集约，人口城镇化快于土地城镇化，道路交通用地供给提速。2022年，山西省城镇建成区1997.03平方公里，居全国第21位，10年复合增速2%，低于全国0.8个百分点，同期区域人口排名全国第16，增速4.39%，是全国5个人口城镇化快于土地城镇化的省之一。城镇城市建设用地1927平方公里，人均建设用地93.06平方米，居全国第28位，较2012年上升1位。结构上与全国不同，居住、道路交通设施、绿地与广场用地居前三位，占比分别为35.34%、16.73%、13.45%。供地重点也与全国有差异，2012—2022年道路交通、商服设施、绿地广场用地占比提升8.68、1.74、1.17个百分点，商业服务设施取代工业用地，成为产业供地增量。

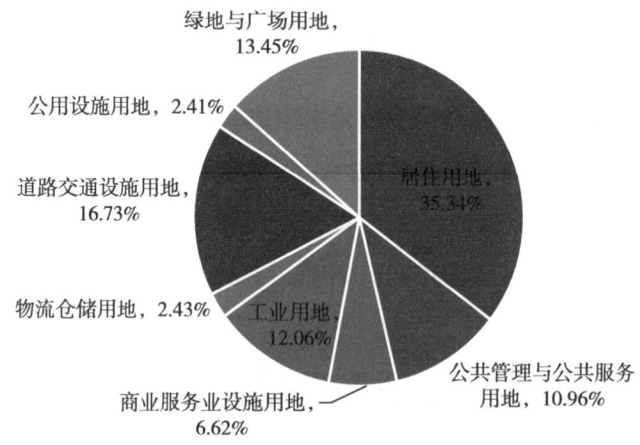

图3-6-5 山西省城市建设用地结构

资料来源：住建部2022年城乡统计年鉴，中铁研究院。

城市建设滞后，基础设施补加快短板。2022年，山西省完成市政基础设施投资530.43亿元，一改前两年负增长态势，同比增长37.27%，增速居全国第1，10年复合增速0.81%，低于全国平均水平约2.8个百分点，2022年人均投资2766.79元，较2012年下降3位居全国第18，前期投资长期不足并开始加快补短板态势明显。2022年，山西省城市和县城市政基础设施分别有8项和7项指标不及全国平均，且程度加深，从偏离度均值水平衡量，城市县城偏离度均值分别位-0.25、-1.52，居全国第18和21位，处于中下游水平。2022年，山西省房地产投资1764.2亿元，投资规模居全国第22位，投资增速-9.31%，降幅位于全国第21位，体现出一定的韧性，10年复合增速5.73%，低于全国平均水平0.3个百分点。与投资规模相适应，2022年，山西省人均住房面积约37.3平方米，居全国第20位。山西省城市轨道交通（仅含地铁、轻轨）23.65公里。

县域经济规模大，城市与县城分化程度持续加深，县域经济发展基础有待夯实。2022年，山西省城市、县城、镇对城镇化的人口贡献率分别为57.49%、29%、14%，分别高于

全国平均水平 –3.82、11.64、–7.81 个百分点，城市贡献度全国排名第 17，县域经济体量较大。长周期来看，2012—2022 年，山西省城市、县城、镇贡献率分别提升 0.49、–3.09、2.59 个百分点，显示出全省县域经济基础较深，城市发展加快。山西省市少县多，2022 年，山西省共有 22 座城市、80 个县城（不含 11 个县级市），县域经济数量基数大，二者城区人口之比为 2.01，较 2012 年加深 0.21。从平均人口来看，城市是县城的 7.31 倍，居全国第 8。城市市政基础设施投资力度大于县城，2012—2022 年，城市部分市政基础设施投资从全国第 17 位升至第 16 位，人均投资额从 3234.6 元降至 3053.87 元，县城人均投资从全国第 7 位下降至第 16 位，人均投资规模从 2664.1 降至 2189.96 元。产业发展来看，2022 年，县城工业用地占比下降了 6.83%，城市工业用地占比 14.83%。

（六）固定资产投资情况

增速赶超全国水平，制造业上升，基础设施提速，房地产下行。2022 年，山西省固定资产投资同比增加 5.9%，固投增速在 31 个省级行政区中排名第 17 位，高于全国增速 0.8 个百分点，近十年间在 2019 前低于全国水平，2019 年及后续年份高于全国水平，实现了增速赶超。从领域来看，2022 年制造业增长 6.8%、房地产下降 9.3%、基础设施①增长 17%。从结构来看，制造业投资占比较为稳定，在 2018—2022 年实现连续正增长；房地产投资占比呈上升趋势趋缓，2022 年投资降幅 9.3%，为 2017 年以来的首次负增长；基础设施 2012—2022 年平均增速 6.3%。2012—2022 年山西省固定资产投资中的建筑安装工程占比从 66% 左右波动上升至 76%。

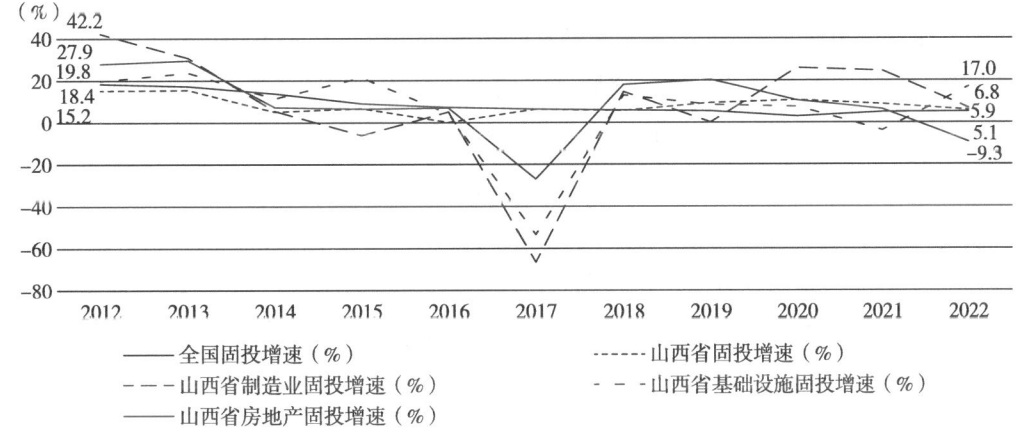

图3-6-6　山西省固定资产投资增速情况

数据来源：wind，山西省统计年鉴，国家统计局，中铁研究院。

---

① 基础设施：取电力、热力、燃气及水生产和供应业，交通运输和邮政业，信息传输和信息技术服务业，水利、生态环境和公共设施管理业四项投资之和。

基础设施投资结构较为稳定。2012—2022年，水利生态环境和公共设施管理业、交通运输和邮政业以及电力热力燃气及水生产和供应业占山西基础设施投资比例逐渐趋同，近两年三者占比均超30%。2022年，三者投资增速分别为16.1%、12.4%和22%。信息传输和信息技术服务业投资占比近十年均低于5%，2022年投资增速23.9%。

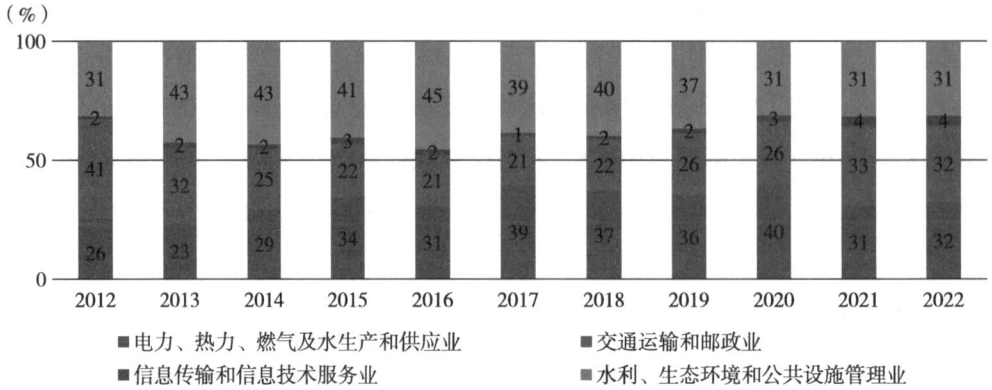

图3-6-7 山西省历年基础设施投资结构占比

数据来源：wind，山西省统计年鉴。2017年后各项占比以2017年投资为基数，按公布的投资增速计算。

（七）财政情况

综合财力收入水平与GDP水平较为匹配，对转移支付和非税收入依赖一般，对债务依赖程度较低。2022年山西省综合财力约为6492.5亿元，在全国31个省级行政区中排名第21，低于GDP排名的第20名，综合财力增长6.7%，全国排名第3。从结构来看，一般公共预算收入和政府性基金收入之比约为9∶1，比例高于全国水平，一般公共预算自给率58.8%，高于全国43.1%的均值，一般公共预算收入对转移支付依赖度中等。全省一般公共预算（不含转移支付和负债）税收占比波动上升，从2012年的69%升至2022年的78%，2022年全国排名第5位，处于全国中上游水平，财政可靠性较高。债务收入占比约20.8%，低于全国水平，显示出对债务依赖度较低。2022年，山西省全省政府性基金收入（不含转移支付）629亿元，全国排名第19位，下降35.9%，主要是土地出让收入不及预期。

政府债务稳定增长，负债规模持续扩大，整体负债水平不高，债务空间小。2022年山西省地方政府债务限额6506亿元，居全国第26位，债务余额6286亿元，居全国第26位，2018—2022年，山西省债务余额年均复合增长率20.7%，居全国第23位。2022年山西省债务率97%，低于警戒线，全国排名第28位，政府债可用限额220.3亿元，居全国第25位，债务腾挪空间较小。从债务结构来看，2022年山西省专项债占比52.5%，略低于全国水平。

第三篇 中部经济运行篇

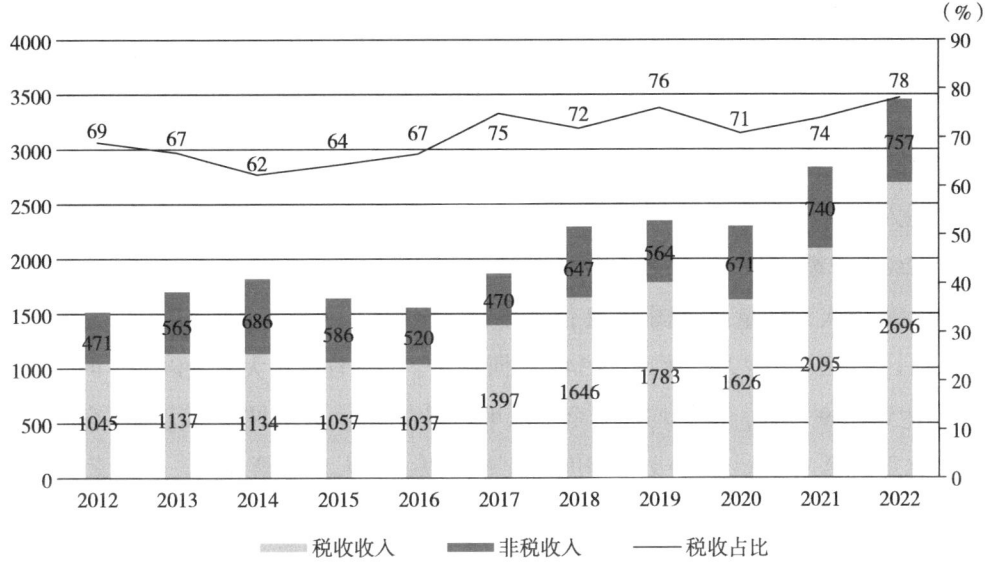

图3-6-8 山西省一般公共预算收入结构（亿元）

数据来源：wind，山西省财政厅。本图中收入数据不含中央税收返还和转移支付、债务等收入。

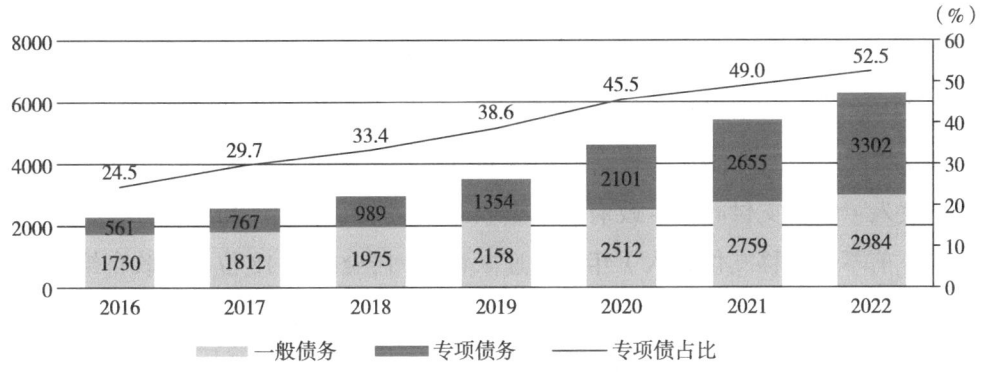

图3-6-9 山西省债务规模及构成（亿元）

数据来源：wind，财政部。

（八）太原市情况

太原市经济发展较为缓慢，经济综合实力有待提高。2022年太原市GDP5571.17亿元，在36个大中城市中[①]排名第26，相比2012年上升3位。人均GDP10.29万元，排名第18位。2012—2022年，太原市名义GDP年均复合增速9.2%，在36个大中城市中排名第13。三次产业结构为0.2∶44.2∶54.9。太原市的产业结构相对单一，主要以传统的煤炭、钢铁、化工等重工业为主，缺乏高端产业和现代服务业的支持。近年来太原推动传统优势产业集约化发展，2022年，太原先进产能占比达到84.08%，高

① 以下均为在36个大中城市中的排名，其他有注明的除外。

出全省水平近5个百分点。为加快构建现代产业体系，太原市大力吸引新兴产业集聚，确定了特种金属材料、新型化工材料、生物基新材料、新一代电子信息制造、高端装备制造、新能源6条千亿元级重点优势产业链，计划用5年时间将这6条产业链产值打造成万亿元规模。

常住人口增长缓慢，人口红利有待提升。2022年全市常住人口543.5万人，同比增长0.82%，户籍人口400.4万人，同比增长1.34%。2012—2022年，全市常住人口增长119.96万人，增量居全国第22位，增速居全国第18位。太原60岁以上人口比重为16.11%，15~59岁人口比重68.34%，拥有大学文化程度（大专及以上）的人口每10万人达到3.09万人，虽然均优于全国水平，但在36个大中城市中优势不突出，劳动人口比重居第15位，大学文化程度（大专及以上）人口居第6位，人口素质在36个重点城市中居于中等水平。

固定资产投资稳步上升，制造业投资占比大。2022年太原市固定资产投资同比增长10.1%，居第6位。其中工业投资下降13.4%，基础设施投资增长36.0%，制造业投资下降10.4%，房地产投资下降18.6%，民间投资下降24.0%。太原固定资产投资长期以基础设施为主。基础设施投资中，水利、环境和公共设施管理业占比长期较高，近年来信息传输、软件和信息服务业投资额成为基础设施中投资增速最高行业。

财政状况一般，负债水平较高。2022年，太原市综合财力834.94亿元（一般公共预算收入+转移支付收入+政府性基金收入），居第29位。2012—2022年综合财力（2011前不含转移支付收入）年均增速8.49%，居全国第18位，财政自给率稳定在65%~75%之间，2022年财政自给率59.73，在36个大中城市排名第23名。2022年，太原市债务率117.75%（债务余额/综合财力），在36个大中城市中排名第21位。

第四篇

西部经济运行篇

一、内蒙古自治区

（一）经济情况

内蒙古自治区GDP总量位居全国中下游水平，GPD增速一般，人均GDP排名第8。2022年内蒙古自治区GDP23158.65亿元，是2012年的1.46倍，11年间复合增长率3.49%，GDP总量全国排名第21。2012—2022年GDP平均增速低于全国平均水平0.18个百分点。2022年全国GDP总量排名较2012年下降6名，人均GDP9.6万元，居全国第8位，较2012年下降3名。

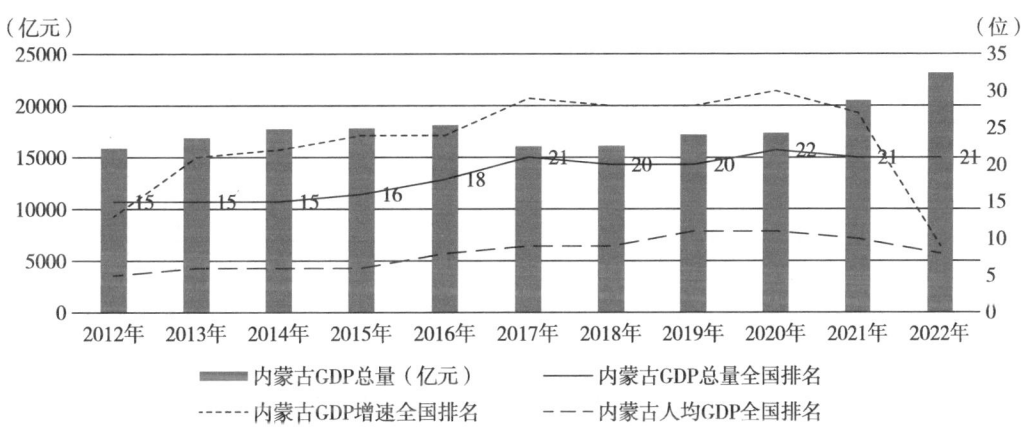

图4-1-1 内蒙古GDP总量及相关经济指标全国排名情况

数据来源：国家统计局，中铁研究院。

三次产业结构三产显著低于全国水平，一产比重超过10%。2022年，内蒙古自治区一二三产比重为11.5%∶48.5%∶40.0%，分别高于全国4.2、8.6、-12.8个百分点。从演变趋势来看，一产比重由2012年9.1%逐步提升至2022年11.50%，二产比重经历了先降后升的过程，三产比重经历了先升后降的过程，由2012年35.5%最高增至2017年49.99%，后逐步降至2022年的40.0%。二产中工业占比低于全国平均水平，2022年，内蒙古自治区工业增加值占GDP比重为41.90%，较上年增加0.74个百分点，低于全国39.92%的平均水平。

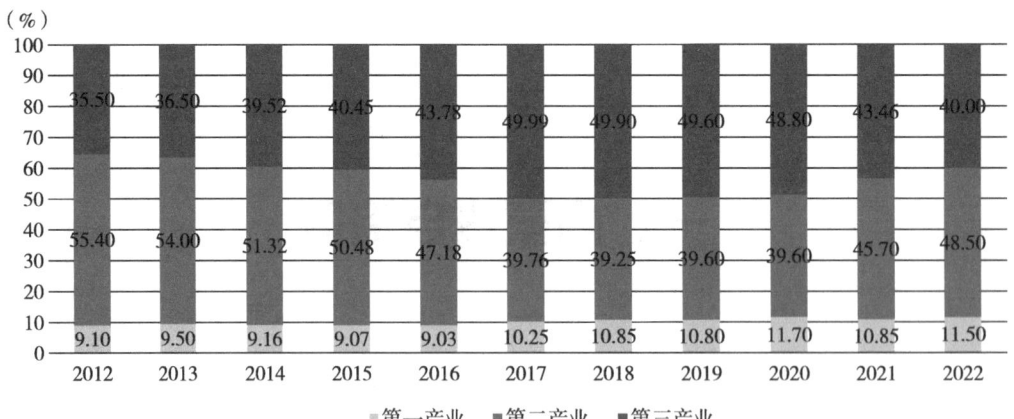

图4-1-2 内蒙古一二三产业结构比重变化（%）

数据来源：国家统计局，中铁研究院。

各地市经济发展水平不平衡现象突出，人均GDP位居全国中上游。2022年，内蒙古12个地级市盟的GDP首末比13.78，较2012年增加4.3，显示出发展不平衡程度加剧。全区人均GDP首末比超过5.29，鄂尔多斯市、乌海市、包头市、锡林郭勒盟的人均GDP远超全国平均水平，兴安盟、赤峰市、通辽市人均GDP不足全国人均GDP70%，发展均衡性有待进一步改善。

表4-1-1　　　　　　内蒙古各市盟GDP总量和人均GDP（2022年）

序号	各盟市	GDP总量（亿元）	人均GDP（元/人）
1	呼和浩特市	3329.1	94443
2	包头市	3749.9	137360
3	呼伦贝尔市	1536.0	69819
4	兴安盟	681.5	48507
5	通辽市	1561.8	54992
6	赤峰市	2148.4	53577
7	锡林郭勒盟	1148.7	102558
8	乌兰察布市	1017.9	61876
9	鄂尔多斯市	5613.4	256908
10	巴彦淖尔市	1084.6	71118
11	乌海市	803.3	143450
12	阿拉善盟	407.3	150848

数据来源：内蒙古自治区统计局，中铁研究院。

（二）支柱产业

内蒙古自治区四大支柱产业营收占全区GDP92.80%，产业高度集中。2022年，内蒙古自治区工业占GDP比重为41.90%，较上年提高0.74个百分点，高于全国39.92%

的平均水平。全区工业（不含水电气热，下同）营收前四名为煤炭开采和洗选业，电力、热力生产和供应业，有色金属冶炼和压延加工业，黑色金属冶炼和压延加工业。营收规模分别为 6647.92、3657.65、3417.27、2387.10 亿元，总计占 GDP 比重 92.80%。相比 2012 年[①]，内蒙古自治区支柱产业前 4 名没有变化，仅有色金属冶炼和压延加工业与黑色金属冶炼和压延加工业的排名进行了调换。

园区数量较少，分布相对分散。2022 年，内蒙古有国家级园区 6 个，其中国家级经开区 3 个，国家级高新区 3 个，国家级园区数量居全国第 24。6 个国家级园区分布在呼和浩特、巴彦淖尔、呼伦贝尔、包头、鄂尔多斯等 5 个城市，其中呼和浩特 2 个。

（三）人口

内蒙古自治区常住人口常年小于户籍人口，人口老龄化程度接近全国水平。2022 年末，全区常住人口 3956 万人，同比增长 0.05%，居全国第 16 位，较 2012 年上升 1 位。常住人口常年小于户籍人口，缺口先逐渐减小再逐渐增大，2012—2022 年，二者之差最小为 2017 年的 -72 万人，最多为 2013 年的 -156 万人，人口吸引力有所改善。2022 年，全区 65 岁以上人口占比 14.7%，较 2012 年提升 6.8 个百分点，与 14.9% 的全国水平接近，在全国老龄化程度中排名第 16 位，较 2012 年上升 7 位。

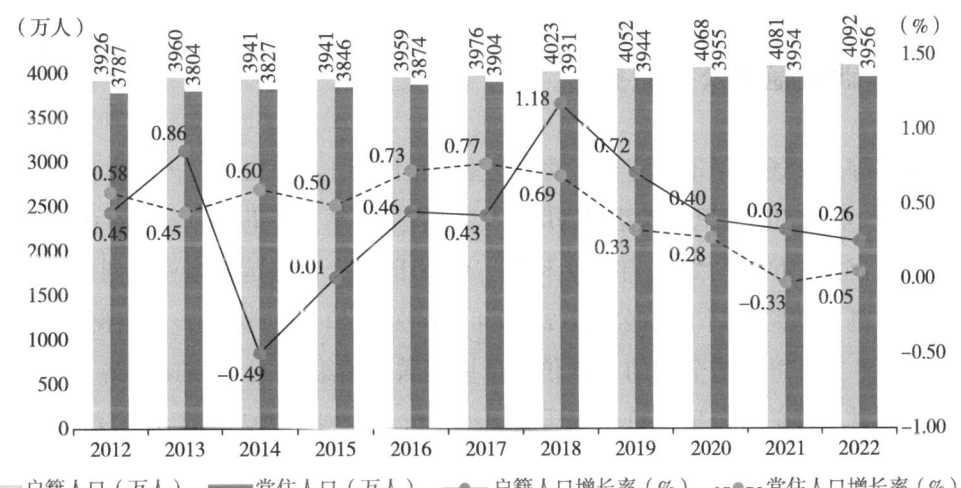

图 4-1-3　内蒙古户籍人口与常住人口情况

数据来源：wind，中铁研究院。

---

① 2012 年，内蒙古自治区产值前四产业为煤炭开采和洗选业、电力、热力生产和供应业、黑色金属冶炼和压延加工业、有色金属冶炼和压延加工业。

人口教育结构改善，高等教育人口占比较为领先。2022年，全区专科、本科、研究生学历人口占比分别为10.8%、9.2%、0.5%，受高等教育（专科、本科、研究生）人口合计占比20.5%，较2012年的16.5%上升4.8个百分点。高中学历占比为15.2%，较2012年上升下降1个百分点。小学学历占比23.3%，初中学历占比为32.7%，二者占比下降6.6个百分点，教育结构改善。从全国来看，全区受高等教育人口占比居全国第7位，高等教育人口占比全国较为领先。

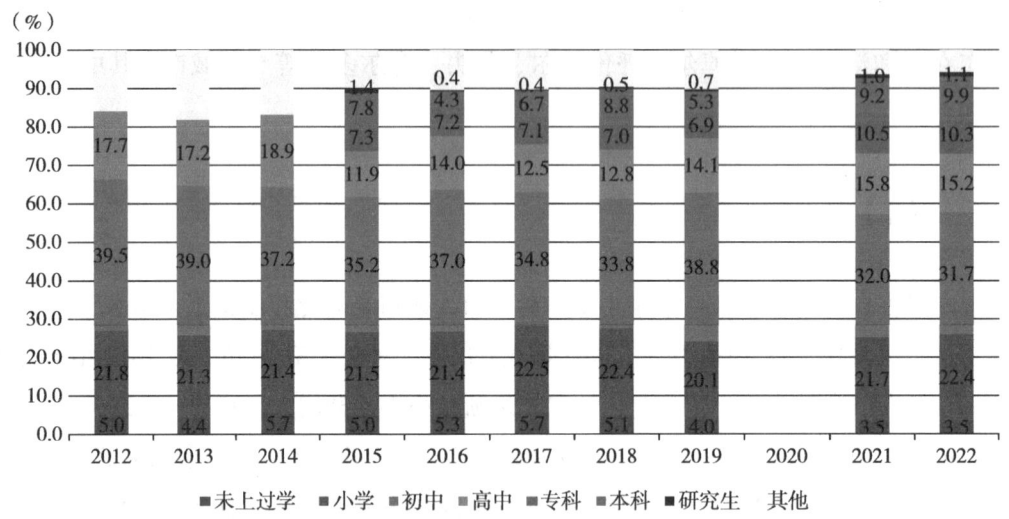

图4-1-4　内蒙古人口受教育情况

数据来源：wind，中铁研究院。其中缺少2020年数据。

（四）基础设施和公共服务

立体综合交通网络不断完善，铁路总里程全国第1。2022年，内蒙古自治区铁路营业里程14192.508公里，铁路网密度达1.2公里/百平方公里，为全国的0.74倍，总里程居全国第1位，与2012年排名持平。到2025年，铁路运营里程达到约15950公里，其中高速铁路达到1010公里。2022年全区公路21.62万公里，公路网密度18.28公里/百平方公里，是全国的0.33倍，总里程居全国第10位，高速公路7700公里，密度0.65米/百平方公里，总里程居全国第9位。规划至2025年高速公路达到8500公里。全区共19个运输机场，2022年机场旅客吞吐量共计1044.8万人次，占全国2.01%，全国排名第20，货邮吞吐量共计4.4万吨，全国排名第27。呼和浩特白塔机场旅客吞吐量占全区43.45%，货物吞吐量占全区68.5%，到2025年末，通用机场总数达到50个以上。2022年，内蒙古内河通航里程2402.755公里，占全国1.88%。

表 4-1-2　　　　　　　　　　2022 年内蒙古基础设施统计

类型	指标	内蒙古	全国	西部地区
铁路	里程（公里）	14192.508	154906.5	62994.177
	密度（公里/百平方公里）	1.2	1.62	0.92
公路	里程（公里）	216200	5355000	231.86
	密度（公里/百平方公里）	18.28	55.93	33.96
机场	机场数量	19	254	130
	旅客吞吐量（万人次）	1044.8	51952.8	17305.3
	货邮吞吐量（万吨）	4.4	1452.7	214.7
港口航道	港口吞吐量（亿吨）	——	55.54	——
	内河通航里程（公里）	2402.755	127968	34684.5

数据来源：wind，国家统计局，中铁研究院。

公共服务设施日益完善，义务教育生均校舍面积位居全国前列。2021 年，内蒙古自治区义务教育生均校舍建筑面积 12.1 平方米，高于全国 10.3 人/平方米的平均水平，生均校舍面积全国排名第 4，较 2013 年排名提升 1 位。2022 年内蒙古自治区每千人医疗卫生机构床位数 6.98 张/千人，略高于全国 6.91 的平均水平，全国排名第 15，较 2012 年下滑 2 名。

表 4-1-3　　　　　　　　　　内蒙古公共服务设施统计

	2021 年义务教育生均校舍建筑面积（m²）	2022 年每千人口医疗卫生机构床位数（张）
内蒙古	12.1	6.98
全国	10.30	6.91
西部地区	10.41	7.46

数据来源：《中国教育统计年鉴 2021》《中国卫生健康统计年鉴 2022》，中铁研究院。

（五）城市建设

城镇化率较高，中等城市衰退，中心城首位度有所提升。2022 年，内蒙古常住人口城镇化率 68.6%，高于全国平均水平 3.4 个百分点，居全国第 10 位。2012—2022 年城镇化率提升 10.18 个百分点，城镇化全国排名下降 1 位。2022 年，内蒙古有城市 20 座，拥有从Ⅱ型小城市到Ⅱ型大城市四档城市结构，缺乏 300 万人口以上城市，城市能级有待提升。城市人口结构以Ⅱ型大城市为主，占人口的 46.6%。2012—2022 年，中等城市衰退，通辽从中等城市退化Ⅰ型小城市，城市数量减少1座，鄂尔多斯、乌海等资源型城市人口减少，中等城市人口总计减少19.6万人，两头的Ⅰ型小城市人口增加36.8万人，Ⅱ型大城市人口增加71.04万。中心城首位度略有提升，2022年呼和浩特城区人口245.19万人，相比2012年增加56.18万人，占全部城区人口的26.2%，首位度从22%提升到26.2%，全国排名保持第23位，同期包头（另一个Ⅱ型大城市）仅增加15万人。

土地城镇化快于人口城镇化，城市道路、绿地广场供地提速。2022年，内蒙古城镇建成区2290.21平方公里，居全国第16位，10年复合增速0.58%，低于全国平均水平，同期区域人口排名全国第23，增速-0.83%，人口负增长，地人增速差1.41个百分点，人口城镇化快于土地城镇化。城镇城市建设用地2166平方公里，人均建设用地131.63平方米，居全国第7位，较2012年下降5位，集约用地水平提升。结构上，居住、道路交通设施、绿地广场用地居前三位，占比分别为33.3%、18.09%、16%，其中绿地广场、道路交通用地相比2012年分别提升3.18、7.04个百分点，此外商服用地占比提升。与全国平均水平横向比较，出工业用地外，七类用地占比均高于全国平均水平，绿地广场用地尤为突出，高出3.31个百分点，显示出长期对城市基础设施供地强度较大。

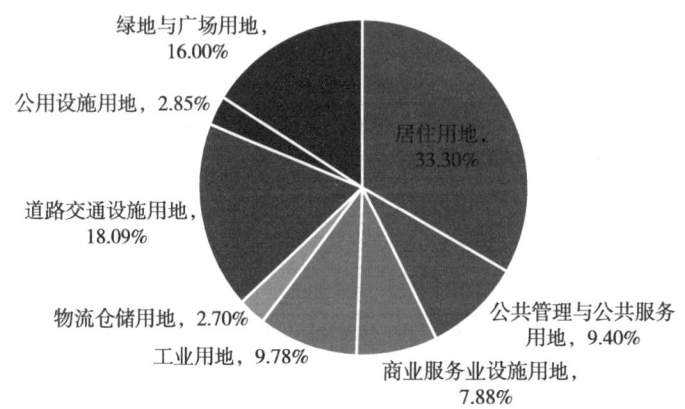

图4-1-5 2022年内蒙古城市建设用地结构

资料来源：住建部2022年城乡统计年鉴，中铁研究院。

城市建设力度大幅削弱，设施水平有待提升。2022年，内蒙古完成市政基础设施投资255.57亿元，同比增长-20.73%，10年复合增速-11.52%，人均投资1809.23元，四项指标分别居全国第25、8、31、26。从长期来看，投资规模和人均投资较2012年下降19和22位，显示阶段投资力度大幅削弱。受整体投资力度削弱影响，2022年城市和县城市政基础设施指标与全国的偏离度均值分别为0.73、1.63，分别居全国第 8 和第 6 位，指标不及全国平均水平的分别有 7 项、5 项，主要是供排水、绿化指标。内蒙古房地产投资疲软，2022 年全区完成投资 978.28 亿元，居全国第 27，同比降低 -20.73%，降幅居全国第 12 位，10 年复合增速 -2.74%，居全国第 29，长期负增长导致投资规模排名较 2012 年下降 5 位。2022 年，内蒙古人均住房面积[①]约 35.69 平方米，居全国第 23 位。内蒙古有城市轨道交通（仅含地铁、轻轨）49.03 公里。

县域经济主体作用突出，城市和县城相对衰退，分化水平较轻。2022 年，内蒙古城市、县城、镇对城镇化的人口贡献率分别为 56.81%、29%、14%，分别高于全国平均水平 -4.5、12、-9 个百分点，城市贡献度全国排名第 19，县域经济主体作用突出。长周期来看，2012—2022 年，内蒙古城市、县城、镇贡献率分别提升 -4.15、-6.71、11 个百分点，显示期间城市和县城发展呈衰退趋势。内蒙古城市和县城数量较为均衡，共有 20 座城市、17 个县城（不含 11 个县级市），2022 年，二者城区人口之比为 1.96，较 2012 年加深 0.26，城市和县城的体量差距低于全国，加深水平也低于全国。从平均人口来看，城市为县城的 1.67 倍，远低于全国平均水平，居全国最末位，分化程度最轻。城市建设分化水平较轻，2022 年，内蒙古城市和县城人均市政基础设施投资分别为 2038.54 元、1359.22 元，居全国第 23、21 位，均较 2012 年下降 20 位。城市和县城市政基础设施指标与全国的偏离度均值分别居全国第 8 和第 6 位。从产业发展来看，2022 年，县城工业用地占城市建设用地比 8.9%，城市工业用地占比 10.45%。

（六）固定资产投资情况

增速赶超全国水平，制造业比重稳定，基础设施放缓，房地产波动较大。2022 年，内蒙古固定资产投资同比增加 17.6%，固投增速在 31 个省级行政区中排名第 1 位，高于全国增速 12.5 个百分点，近十年固投增速逐渐赶超全国水平。从领域来看，2022 年制造业增长 42.6%、房地产下降 20.7%、基础设施[②]增长 34.4%。从结构来看，制造业投资比重稳定，总体波动上升；房地产投资同样波动较大，2022 年结束了 2019—2021 的连续正增长；基础设施 2012—2022 年平均增速 6.6%。2012—2022 年内蒙古固定资产投资中的建筑安装工程占比从 70% 左右波动下降至 62%。

---

① 由于缺乏统计数据，报告人均住房面积含城乡居民住房。
② 基础设施：取电力、热力、燃气及水生产和供应业，交通运输和邮政业，信息传输和信息技术服务业，水利、生态环境和公共设施管理业四项投资之和。

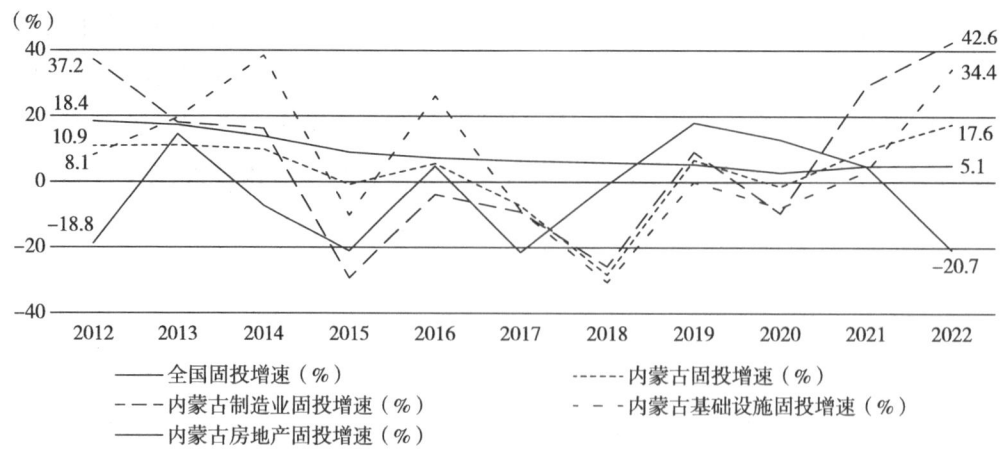

图4-1-6 内蒙古固定资产投资增速情况

数据来源：wind，内蒙古统计年鉴，国家统计局，中铁研究院。

基础设施投资结构发生变化。2012—2022年，电力热力燃气及水生产和供应业投资比重逐渐上升，交通运输和邮政业占比则逐渐下降，2022年二者投资增速分别为57%、14.9%。水利生态环境和公共设施管理业比重近年来稳定在30%左右，2022年投资增速12.4%。信息传输和信息技术服务业投资占比低但呈增加趋势，2022年投资增速39.5%。

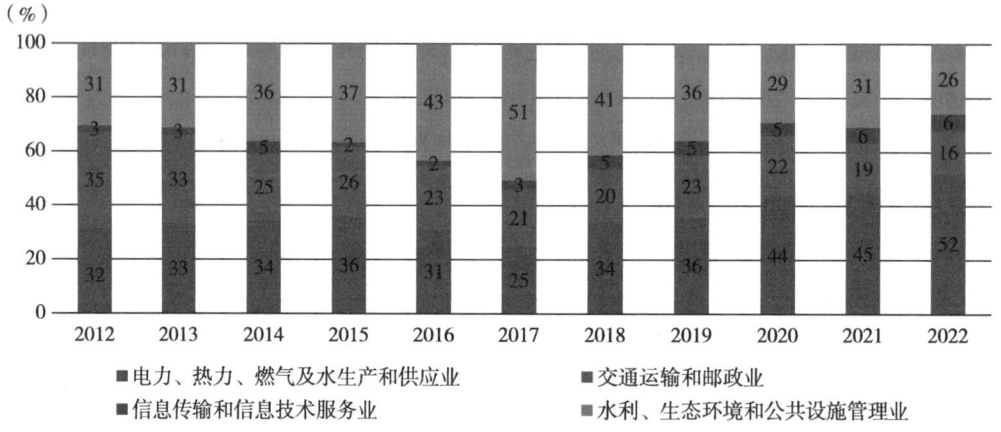

图4-1-7 内蒙古历年基础设施投资结构占比

数据来源：wind，内蒙古统计年鉴。2017年后各项占比以2017年投资为基数，按公布的投资增速计算。

（七）财政情况

内蒙古综合财力收入水平高于GDP水平，对转移支付和非税收入依赖较低，对债务依赖程度较高。2022年内蒙古综合财力约为6581亿元，在全国31个省级行政区中排名第19，高于GDP排名的第21名，综合财力增长13.4%，全国排名第1。从结构来看，一般公共预算收入和政府性基金收入之比约为93:7，比例远高于全国水平，一般公共预算自给率48%，高于全国43.1%的均值，一般公共预算收入对转移支付依赖度较低。2012—2022年全区一般公共预算（不含转移支付和负债）税收占比从72%波动上升至76%，2022年全国排名第7位，处于全国上游水平，财政可靠性较高。债务收入占比约21.0%，低于全国水平。2022年，内蒙古全区政府性基金收入（不含转移支付）407.7亿元，全国排名第25位，下降19.3%，主要是土地出让收入下降较多。

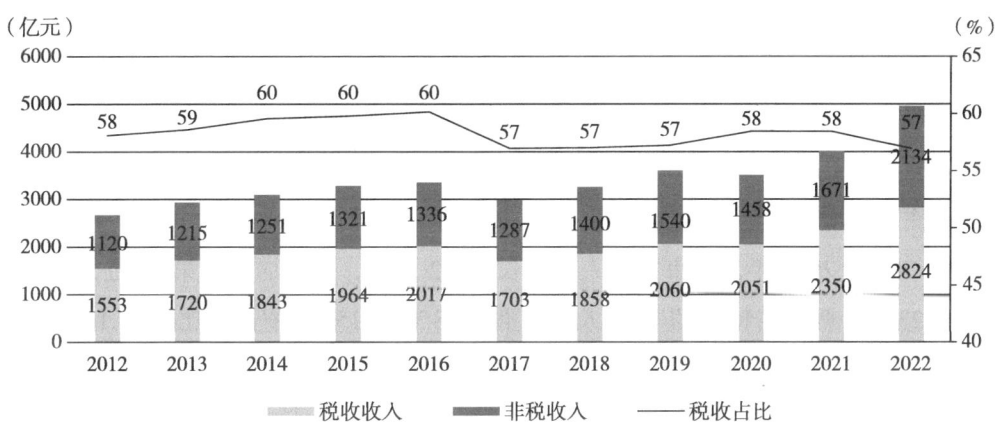

图4-1-8 内蒙古一般公共预算收入结构

数据来源：wind，内蒙古财政厅。本图中收入数据不含中央税收返还和转移支付、债务等收入。

政府债务增长较慢，整体负债水平较高，有一定债务空间。2022年内蒙古地方政府债务限额9979亿元，居全国第21位，债务余额9340亿元，居全国第20位，2018—2022年，内蒙古债务余额年均复合增长率9.3%，居全国第3位，仅高于辽宁和贵州。2022年内蒙古债务率142%，低于警戒线，全国排名第12位，政府债可用限额639.4亿元，居全国第15位，债务腾挪空间一般。从债务结构来看，2022年内蒙古专项债占比29.5%，远低于全国水平。

（八）呼和浩特市情况

呼和浩特市经济发展较慢，经济综合实力弱。2022年呼和浩特市GDP3329.1亿元，在36个大中城市中[①]排名第32，相比2012年下降4位。人均GDP9.44万元，排名第22位。2012—2022年，呼和浩特市名义GDP年均复合增速3.01%，在36个大中城市中排名第32。三次产业结构为4.8:34.7:64.5。煤炭工业是呼和浩特的重要主导产业之一。内蒙古自治区拥有丰富的煤炭资源，呼和浩特作为该区的中心城市，煤炭工业

---

① 以下均为在36个大中城市中的排名，其他有注明的除外。

在这里具有重要地位，涵盖了煤炭开采、煤化工、煤电等多个环节，为当地经济发展和能源供应提供了重要支撑。内蒙古自治区拥有广阔的草原和丰富的畜牧资源，呼和浩特以畜牧业为主导，同时也发展了农业种植业。牛羊肉、奶制品等农畜产品在市场上享有一定知名度，为当地农牧民增加了收入。此外，能源化工产业在呼和浩特的产业结构中也占据重要地位，涵盖了石油加工、化肥生产、煤化工等领域，利用当地丰富的资源优势，推动了能源化工产业的发展。同时，新能源产业也在呼和浩特逐渐兴起，如风能、太阳能等。另外，装备制造业和旅游服务业也在呼和浩特的产业结构中发挥着重要作用。呼和浩特拥有一些装备制造企业，涉及机械制造、汽车制造等领域。同时，呼和浩特丰富的人文历史和自然资源吸引了大量游客，旅游服务业逐渐成为当地经济的新增长点。

常住人口增长较慢，人口红利不佳。2022年全市常住人口355.1万人，同比增长1.59%。2012—2022年，全市常住人口增长63.92万人，增量居全国第31位，增速居全国第23位。呼和浩特60岁以上人口比重为18.3%，15~59岁人口比重68.1%，拥有大学文化程度（大专及以上）的人口每10万人达到3万人，虽然均优于全国水平，但在36个大中城市中较为落后，劳动人口比重居第21位，大学文化程度（大专及以上）人口居第7位，人口与经济水平都有待提升。

固定资产投资增长较快，基础设施投资占比大。2022年呼和浩特市固定资产投资同比增长12.6%，居第2位。其中工业投资增长25.8%，基础设施投资增长79.2%，房地产投资下降19.1%，民间投资下降6.2%。呼和浩特固定资产投资长期以制造业为主，2022年，制造业、基础设施、房地产占比分别位19%、35%、20%，相比2012年分别上升–0.1、–18、15个百分点。基础设施投资中，水利、环境和公共设施管理业占比长期较高，近年来信息传输、软件和信息服务业投资额成为基础设施中投资增速最高行业。

财政状况整体一般，负债水平较高。2022年，呼和浩特市综合财力553.66亿元（一般公共预算收入+转移支付收入+政府性基金收入），居第32位。2012—2022年综合财力（2011前不含转移支付收入）年均增速7%，居全国第24位，财政自给率稳定在65%~75%之间，2022年财政自给率54.86%，在36个大中城市排名第29名。2022年，呼和浩特市债务率185.68（债务余额/综合财力），在36个大中城市中排名第9位。

二、广西壮族自治区

（一）经济情况

广西GDP总量位居中游末尾，人均GDP排名较为落后。2022年广西GDP26300.87亿元，是2012年的2.02倍，11年间复合增长率6.59%，GDP总量全国排名第19。2012—2022年GDP平均增速高于全国平均水平0.83个百分点。2022年全国GDP总量排名较2012年下降1名，人均GDP5.22万元，居全国第29位，较2012年下降2名。

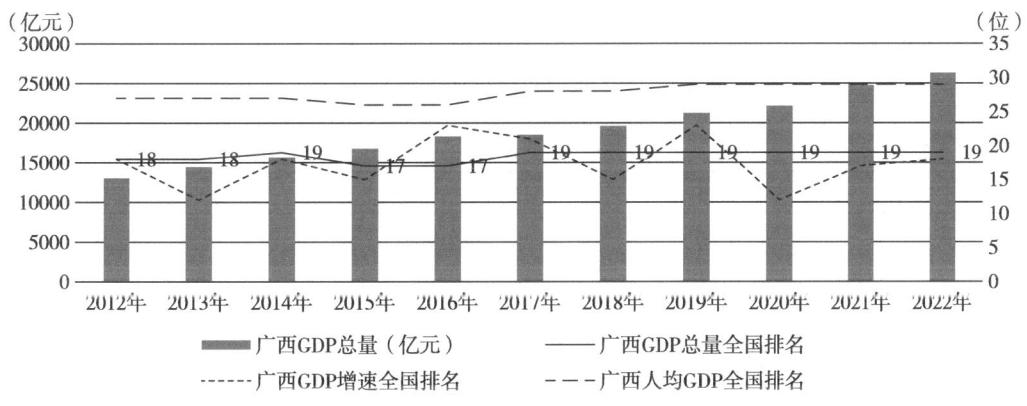

图4-2-1 广西GDP总量及相关经济指标全国排名情况

数据来源：国家统计局，中铁研究院。

三次产业结构三产占比不足一半，一产比重显著高于全国水平。2022年，广西一二三产比重为16.2%：34.0%：49.8%，分别高于全国8.9、-5.9、-3.0个百分点。从演变趋势来看，一产比重较为稳定，2012年以来变化不大，二产比重由2012年47.90%连续多年下降至34.00%左右，三产比重由2012年35.4%逐步增至2022年49.8%。二产中工业占比低于全国平均水平，2022年，广西工业增加值占GDP比重为25.76%，较上年减少0.27个百分点，低于全国39.92%的平均水平。

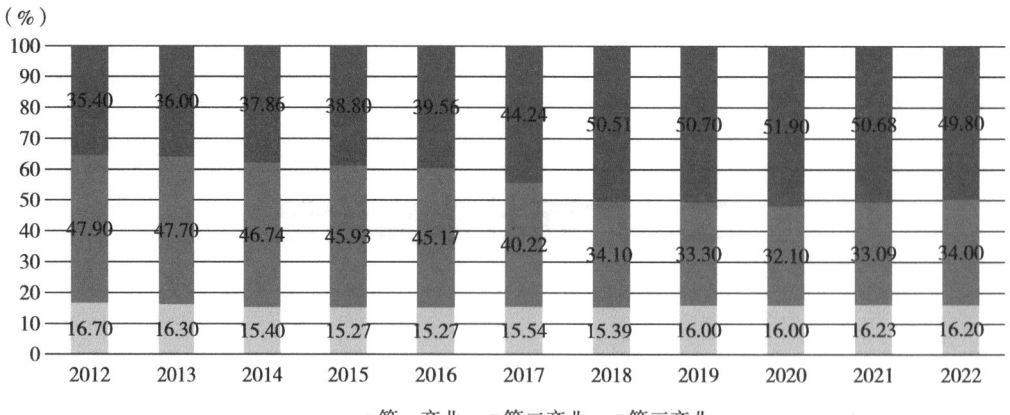

图4-2-2 广西一二三产业结构比重变化（%）

数据来源：国家统计局，中铁研究院。

各地市经济发展水平普遍不高，GDP首末比约5.8。2022年，全区14个地级市的GDP首末比5.8，较2012年减少0.57，显示出发展不平衡程度有所减缓。全区人均GDP水平普遍较低，仅有北海市和防城港市人均GDP与全国水平相当，全区人均GDP首末比超过2.75，贵港市、玉林市、河池市人均GDP不足全国人均GDP一半，区会南宁市及桂林市、梧州市、钦州市、百色市、贺州市、来宾市、崇左市多地市人均GDP不足全国人均GDP70%，整体发展水平及均衡性有待进一步提高。

表4-2-1　　　　　广西各市GDP总量和人均GDP（2022年）

序号	各市州	GDP总量（亿元）	人均GDP（元/人）
1	南宁市	5218.34	58883
2	柳州市	3109.09	74322
3	桂林市	2435.75	49196
4	梧州市	1419.67	50185
5	北海市	1674.21	89211
6	防城港市	968.08	91505
7	钦州市	1917.00	57838
8	贵港市	1572.10	36116
9	玉林市	2167.46	37245
10	百色市	1729.10	48475
11	贺州市	972.16	47918
12	河池市	1135.54	33258
13	来宾市	901.23	43374
14	崇左市	1081.00	51843

数据来源：广西壮族自治区统计局，中铁研究院。

(二)支柱产业

广西四大支柱产业营收占全区GDP38.44%,主导产业变化不大。2022年,广西自治区工业占GDP比重分别为25.76%,较上年减少0.27个百分点,低于全国39.92%的平均水平。全区工业(不含水电气热,下同)营收前四名为黑色金属冶炼和压延加工业,有色金属冶炼和压延加工业,农副食品加工业,电力、热力的生产和供应业。营收规模分别为3337.30、2531.76、2287.55、1951.93亿元,总计占GDP比重38.44%。相比2012年[①],广西支柱产业前4名中汽车制造业变成了有色金属冶炼和压延加工业,其他3个支柱产业没有发生变化。

园区数量中等,分布相对集中。2022年,广西有国家级园区9个,其中国家级经开区5个,国家级高新区4个,国家级园区数量居全国第18。9个国家级园区分别分布在南宁、桂林、柳州、北海、钦州等5个城市,其中南宁市3个、北海2个、钦州2个。

(三)人口

广西常住人口常年小于户籍人口,人口老龄化程度低于全国水平。2022年末,全区常住人口3956万人,同比增长0.05%,居全国第16位,较2012年上升1位。全区常住人口常年小于户籍人口,缺口先逐渐减小再逐渐增大,2012—2022年,二者之差最小为2017年的-72万人,最多为2013年的-156万人,人口吸引力有所改善。2022年,全区65岁以上人口占比13.1%,较2012年提升3.8个百分点,低于14.9%的全国水平,在全国老龄化程度中排名第21位,相比2012年下降11位。

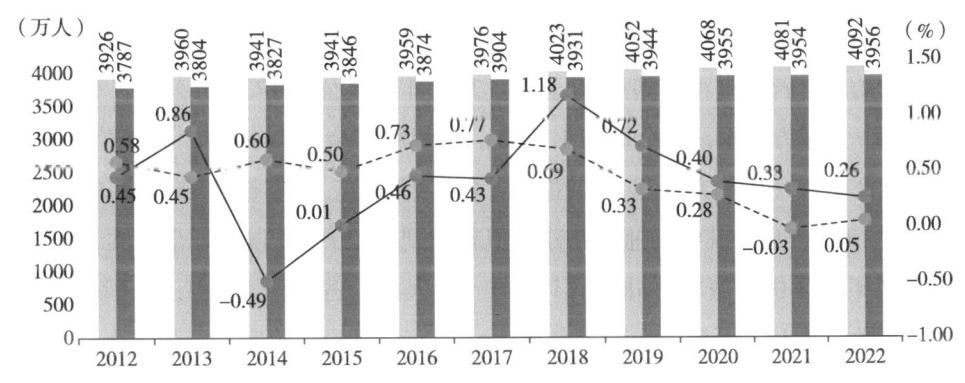

图4-2-3 广西户籍人口与常住人口情况

数据来源:wind,中铁研究院。

---

① 2012年全省产值前四产业为黑色金属冶炼和压延加工业,农副食品加工业,汽车制造业,电力、热力生产和供应业。

人口教育结构改善，高等教育人口占较为落后。2022年，全区专科、本科、研究生学历人口占比分别为7.5%、5.4%、0.4%，受高等教育（专科、本科、研究生）人口合计占比13.3%，较2012年的8.3%上升5个百分点。高中学历占比为14.1%，较2012年上升3.1个百分点。小学学历占比27.4%，初中学历占比为35.1%，二者占比下降7个百分点，教育结构改善。从全国来看，全区受高等教育人口占比居全国第29位，高等教育人口占比较为落后。

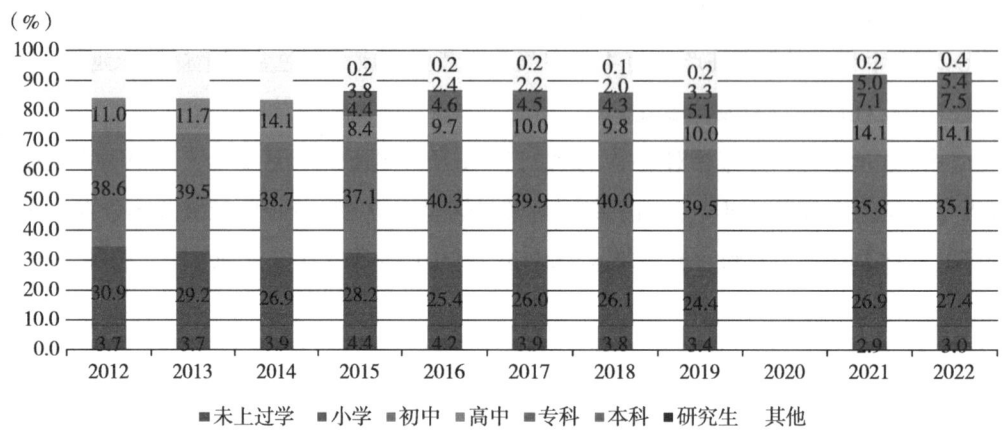

图4-2-4 广西人口受教育情况

数据来源：wind，中铁研究院，其中缺少2020年数据。

（四）基础设施和公共服务

立体综合交通网络日益完善，高速公路总里程居全国前列。2022年，广西铁路营业里程5336.711公里，铁路网密度达2.25公里/百平方公里，为全国的1.39倍，总里程居全国第15位，与2012年排名持平。到2025年，铁路营业总里程达到7000公里，其中高铁动车运营总里程达到3000公里。2022年全区公路17.24万公里，公路网密度72.56公里/百平方公里，是全国的1.30倍，总里程居全国第16位，高速公路8300公里，密度3.49米/百平方公里，总里程居全国第5位。规划至2025年，全区公路总里程达到14万公里，其中高速公路建成里程达到1.2万公里以上。全区共8个运输机场，2022年全区机场旅客吞吐量共计991.4万人次，占全国1.91%，全国排名第21，货邮吞吐量共计16.4万吨，全国排名第16。南宁吴圩机场旅客吞吐量占全区67.17%，货物吞吐量占全区92.60%，到2025年末，建设"两干九支"民用机场体系，民用运输机场数量达到11个。2022年，广西全区内河通航里程5707.49公里，占全国4.46%。2025年，将打造西江黄金水道升级版，完善"一干三通道"高等级航道网络，实现内河港口吞吐量达到 2 亿吨。

表 4-2-2　　　　　　　　　2022 年广西自治区基础设施统计

类型	指标	广西	全国	西部地区
铁路	里程（公里）	5336.711	154906.5	62994.177
铁路	密度（公里/百平方公里）	2.25	1.62	0.92
公路	里程（公里）	172400	5355000	231.86
公路	密度（公里/百平方公里）	72.56	55.93	33.96
机场	机场数量	8	254	130
机场	旅客吞吐量（万人次）	991.4	51952.8	17305.3
机场	货邮吞吐量（万吨）	16.4	1452.7	214.7
港口航道	港口吞吐量（亿吨）	——	55.54	——
港口航道	内河通航里程（公里）	5707.49	127968	34684.5

数据来源：wind，国家统计局，中铁研究院。

公共服务设施改善明显，但生均校舍面积和千人医疗床位仍低于全国水平。2021年，广西义务教育生均校舍建筑面积 9.80 平方米，低于全国 10.3 人/平方米的平均水平，生均校舍面积全国排名第 22，与 2013 年排名持平。2022 年广西每千人医疗卫生机构床位数 6.77 张/千人，低于全国 6.91 的平均水平，全国排名第 18，较 2012 年提升 9 名。

表 4-2-3　　　　　　　　　广西自治区公共服务设施统计

	2021 年义务教育生均校舍建筑面积（m²）	2022 年每千人口医疗卫生机构床位数（张）
广西	9.80	6.77
全国	10.30	6.91
西部地区	10.41	7.46

数据来源：《中国教育统计年鉴 2021》《中国卫生健康统计年鉴 2022》，中铁研究院。

（五）城市建设

城镇化进程滞后，各类城市较为均衡发展。2022 年，广西常住人口城镇化率 55.65%，低于全国平均水平接近 10 个百分点，居全国第 27 位。2012—2022 年城镇化率提升 12.17 个百分点，城镇化全国排名下降 2 位。2022 年，广西有城市 24 座，较 2012 年增加 3 座，拥有从Ⅱ型小城市到Ⅰ型大城市五档城市结构[①]，缺乏超特大城市，城市能级有待提升。城市人口结构以Ⅰ型大城市为主，占人口的 32%，其余分布较为

---
① Ⅰ型大城市 1 座，Ⅱ型大城市 2 座，中等城市 3 座，Ⅰ型小城市 10 座，Ⅱ型小城市 8 座。

均衡。2012—2022年，城市整体向上发育，晋级形成一座Ⅰ型大城市（南宁），晋级一座Ⅱ型大城市（桂林），三座大城市人口增加226.58万人，占总增加人口的61.3%，体现较强的吸引力，区别于全国大部分省市，未出现中小城市人口减少的此消彼长情形。受各类城市人口全面增加的影响，中心城首位度略有提升但全国排名下降，2022年南宁市城区人口420.74万人，相比2012年增加172.66万人，占全部城区人口的47%，首位度从27%提升到32%，全国排名第16位，较2012年下降2位。

土地城镇化快于人口城镇化，城市道路、绿地广场供地提速。2022年，广西城镇建成区2486.45平方公里，居全国第13位，10年复合增速3.84%，高于全国平均水平，同期区域人口排名全国第18，增速2.37%，地人增速差1.47个百分点，人口城镇化快于土地城镇化。城镇城市建设用地2285平方公里，人均建设用地123.17平方米，居全国第11位，较2012年上升6位，土地集约利用水平有待提升。结构上，居住、道路交通设施、绿地广场用地居前三位，占比分别为30.23%、18.46%、16.73%，其中道路交通、绿地广场用地相比2012年分别提升2.17、6.01个百分点，此外商服用地占比提升。与全国平均水平横向比较，除居住、工业、商服用地外，其余五类用地占比均高于全国平均水平，绿地广场用地尤为突出，高出约4个百分点，显示出长期对城市基础设施供地强度较大。

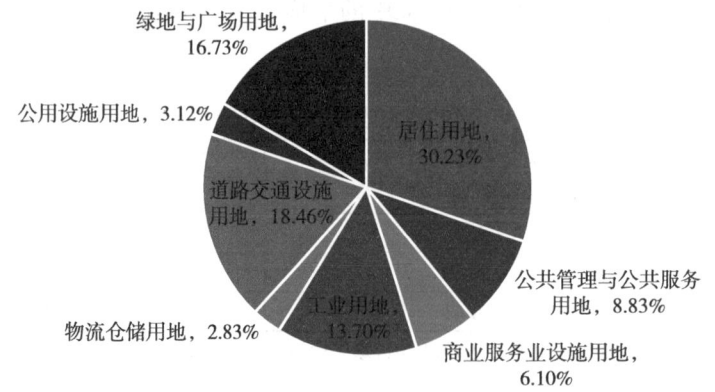

图4-2-5　2022年广西城市建设用地结构

资料来源：住建部2022年城乡统计年鉴，中铁研究院。

城市建设力度不强，设施水平有待提升。2022年广西完成市政基础设施投资378.66亿元，同比下降36.72%，10年复合增速-1.39%，人均投资2044.4元，四项指标分别居全国第21、31、24、24。从长期来看，投资规模和人均投资较2012年下降3和8位，显示阶段投资力度削弱。2022年城市和县城市政基础设施指标与全国的偏离度均值分别为-1.73、1.09，分别居全国第23和第9位，指标不及全国平均水平的分别有7项、

4项，主要是供排水、绿化指标，显示出城市和县城投资力度分化。广西房地产投资较为脆弱，2022年全区完成投资2206.27亿元，居全国第19，略低于人口规模排名，同比降低40.91%，降幅居全国第3位，10年复合增速3.56%，低于全国平均水平，居全国第21。2022年，广西人均住房面积[①]约47.68平方米（与城镇化率不高，农村住房较多有关），居全国第7位。广西有城市轨道交通（仅含地铁、轻轨）128.44公里。

县城、镇对城镇化贡献突出，城市发展空间大，城市和县城分化水平全国中游。2022年，广西城市、县城、镇对城镇化的人口贡献率分别为47.5%、18%、34%，分别高于全国平均水平-13.81、1.47、12.34个百分点，城市贡献度全国排名第27，镇域经济主体作用突出。长周期来看，2012—2022年，广西城市、县城、镇贡献率分别提升2.8、-7.94、5.86个百分点，显示期间城市和镇域发展相对较好。广西城市少县多，共有24座城市、60个县城（不含10个县级市），2022年，二者城区人口之比为2.57，较2012年加深0.85，城市和县城的体量差距低于全国，加深水平也高于全国。从平均人口来看，城市为县城的6.44倍，略低于全国平均水平，居全国12位，分化程度中游，从全区城市贡献并不突出的特点来看，县域经济呈总体规模大、单体小散弱的特点。城市建设分化水平较轻，2022年，广西城市和县城人均市政基础设施投资分别为2254.06元、1504.35元，居全国第22、19位，分别较2012年下降9、4位。城市和县城市政基础设施指标与全国的偏离度均值分别居全国第23和第9位。从产业发展来看，2022年，县城工业用地占城市建设用地比11.79%，城市工业用地占比14.45%。

（六）固定资产投资情况

增速高于全国水平，制造业比重增加，基础设施稳定，房地产大幅下滑。2022年，广西固定资产投资同比增加0.1%，固投增速在31个省级行政区中排名第23位，低于全国增速5个百分点，近十年固投增速总体高于全国水平，但2022年增速出现较大回落。从领域来看，2022年制造业增长26.2%、房地产下降38.2%、基础设施[②]增长16.6%。从结构来看，制造业投资比重稳定，总体上升，2021和2022年平均增速达31.8%；房地产投资自2021年结束了连续正增长，2022年出现38%的大幅下降；基础设施2012—2022年平均增速14.3%。2012—2022年广西固定资产投资中的建筑安装工程占比从62%左右波动上升至71%。

---

① 由于缺乏统计数据，报告人均住房面积含城乡居民住房。
② 基础设施：取电力、热力、燃气及水生产和供应业，交通运输和邮政业，信息传输和信息技术服务业，水利、生态环境和公共设施管理业四项投资之和。

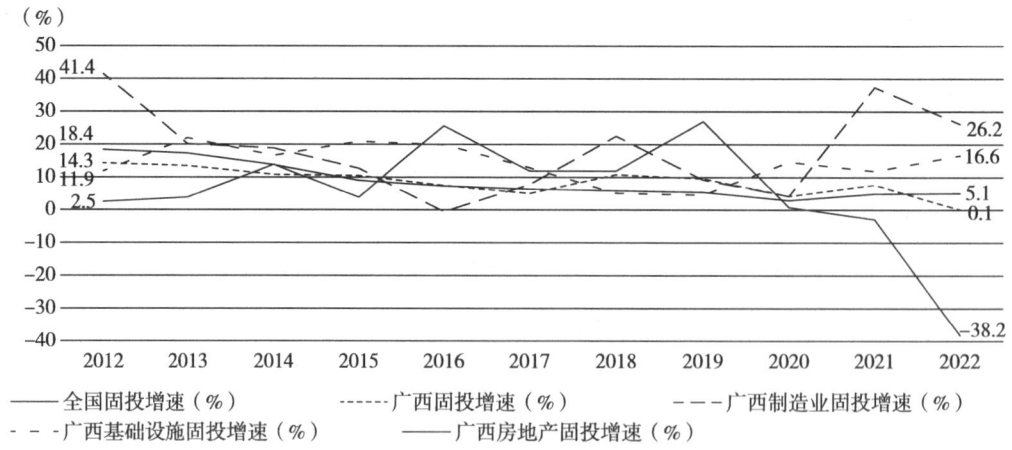

图4-2-6 广西固定资产投资增速情况

数据来源：wind，广西统计年鉴，国家统计局，中铁研究院。

基础设施投资结构发生变化。2012—2022年，水利生态环境和公共设施管理业投资比重逐渐下降，交通运输和邮政业占比则逐渐上升，2022年二者投资增速分别为4.6%、14.4%。电力热力燃气及水生产和供应业比重近年来稳定在15%左右，2022年投资增速达48.2%。信息传输和信息技术服务业投资占比低，稳定在5%左右，2022年投资增速12.3%。

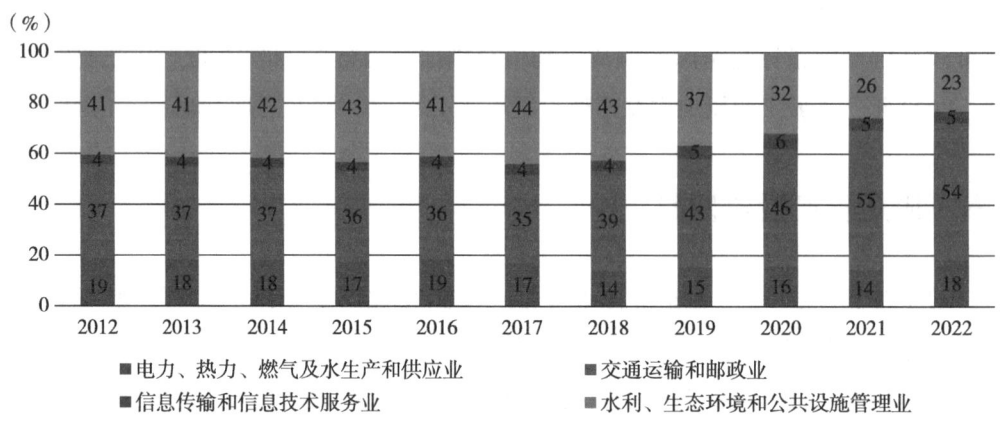

图4-2-7 广西历年基础设施投资结构占比

数据来源：wind，广西统计年鉴。2017年后各项占比以2017年投资为基数，按公布的投资增速计算。

（七）财政情况

广西综合财力收入水平与GDP较为匹配，对转移支付和非税收入依赖较高，对债务依赖程度较高。2022年广西综合财力约为6767亿元，在全国31个省级行政区中排名第18，高于GDP排名的第19名，综合财力下降3.5%，全国排名第20。从结构来看，一般公共预算收入和政府性基金收入之比约为83∶17，比例略高于全国水平，一般公共预算自给率28.6%,低于全国43.1%的均值,一般公共预算收入对转移支付依赖度较高。近年全区一般公共预算(不含转移支付和负债)税收占比稳定在65%,但2022年大幅下滑至55%,全国排名第29位,处于全国下游水平,财政可靠性较低。债务收入占比约29.0%,略高于全国水平。2022年,广西全区政府性基金收入(不含转移支付)1111.3亿元,全国排名第18位,下降35.7%,主要原因是房地产市场持续低迷导致国有土地使用权出让收入下降39.9%。

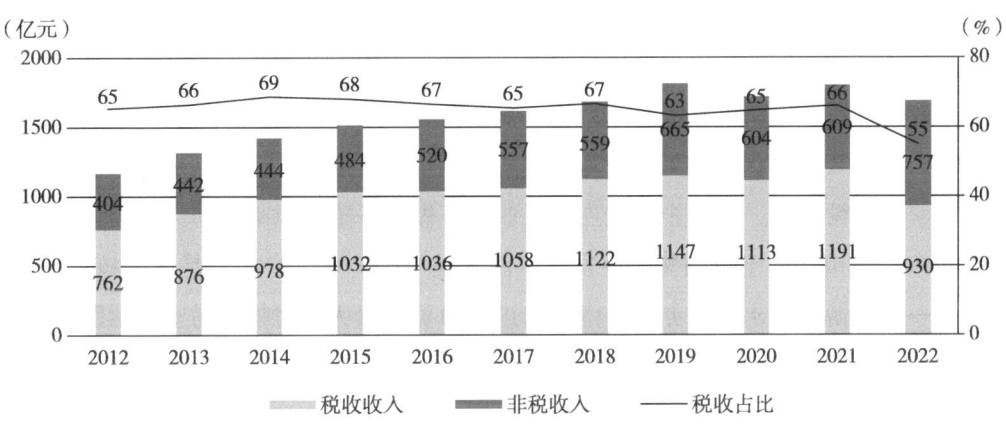

图4-2-8　广西一般公共预算收入结构

数据来源:wind,广西财政厅。本图中收入数据不含中央税收返还和转移支付、债务等收入。

政府债务较快增长,负债规模持续扩大,整体负债水平较高,债务空间较小。2022年广西地方政府债务限额10084亿元,居全国第20位,债务余额9722亿元,居全国第19位,2018—2022年,广西债务余额年均复合增长率15.4%,居全国第12位。2022年广西债务率144%,低于警戒线,全国排名第11位,政府债可用限额362.2亿元,居全国第21位,债务腾挪空间较小。从债务结构来看,2022年广西专项债占比52%,略低于全国水平。

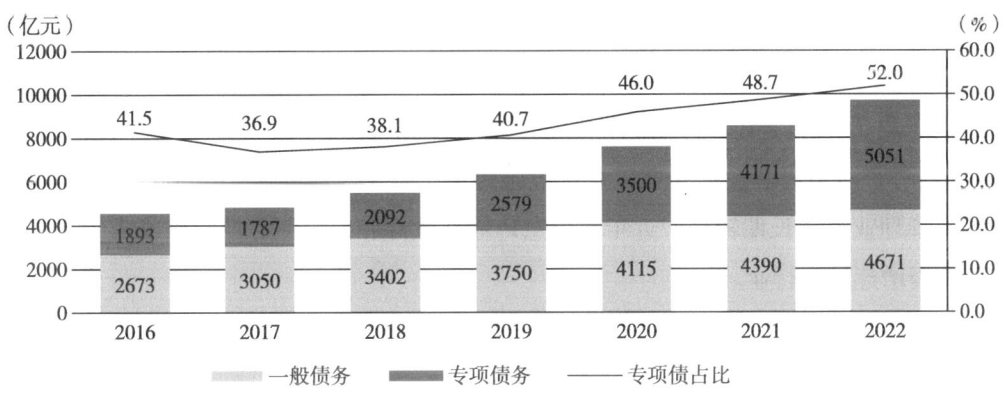

图4-2-9　广西债务规模及构成

数据来源:wind,财政部。

（八）南宁市情况

南宁市经济发展速度一般，经济综合实力偏下。2022 年南宁市 GDP5218.35 亿元，在 36 个大中城市中[①] 排名第 28，相比 2012 年下降 1 位。人均 GDP5.89 万元，排名第 35 位。2012—2022 年，南宁市名义 GDP 年均复合增速 7.62%，在 36 个大中城市中排名第 26。三次产业结构为 11.5∶22.7∶65.8。南宁在农业方面具有一定的优势。南宁周边地区土地肥沃，适宜农作物和水果种植，尤其以糖蔗、水稻、柑橘等为主要特色农产品。此外，南宁还积极发展现代农业，推动绿色农业和特色农产品的生产，促进农业产业化、规模化和品牌化发展。南宁市的工业主要以食品加工、机械制造、建材、化工等为主，其中以食品加工业最为突出。南宁市拥有众多大型食品加工企业，如南宁糖业、南宁糖厂等，这些企业对当地工业经济做出了重要贡献。作为中国西部地区的物流中心城市，南宁市的物流业发达。南宁是中国—东盟自由贸易区的核心城市，是中国—东盟博览会永久举办地，南宁的进出口贸易量大，对外贸易十分活跃。南宁市拥有得天独厚的旅游资源，如青山翠水、壮乡风情等，吸引了大量国内外游客。近年来，南宁市不断加大对旅游业的投入和发展力度，推动旅游业的快速增长。随着城市经济的快速发展，南宁的服务业也日益壮大，金融、教育、医疗等领域得到迅速发展。特别是金融业，南宁的银行、证券、保险等金融机构日益完善，为经济的发展提供了有力支撑。

常住人口规模增长全国平均，人口红利有待提升。2022 年全市常住人口 889.2 万人，同比增长 0.67%，户籍人口 810.08 万人。2012—2022 年，全市常住人口增长 215.77 万人，增量居全国第 11 位，增速居全国第 16 位。南宁 60 岁以上人口比重为 14.8%，15~59 岁人口比重 64.8%，拥有大学文化程度（大专及以上）的人口每 10 万人达到 1.9 万人，虽然均优于全国水平，但在 36 个大中城市中处于较为落后水平，劳动人口比重居第 31 位，大学文化程度（大专及以上）人口居第 31 位。

固定资产投资上升，基础设施投资占比大。2022 年南宁市固定资产投资同比增长 9.1%，居第 7 位。其中工业投资增长 53.2%，房地产投资下降 45.3%，民间投资下降 27.4%。南宁固定资产投资长期以基础设施为主，基础设施投资中，水利、环境和公共设施管理业占比长期较高，近年来信息传输、软件和信息服务业投资额成为基础设施中投资增速最高行业。

财政状况整体薄弱。2022 年，南宁市综合财力 1215.86 亿元（一般公共预算收

---

① 以下均为在36个大中城市中的排名，其他有注明的除外。

入+转移支付收入+政府性基金收入），居第23位。2012—2022年综合财力（2011前不含转移支付收入）年均增速7.98%，居全国第21位，2022年财政自给率46.8%，在36个大中城市排名第31名。2022年，南宁市债务率109.24%（债务余额/综合财力），在36个大中城市中排名第26位。

三、重庆市

（一）经济情况

2022年重庆市GDP总量位居全国中等水平，人均GDP排名第10。2022年重庆市GDP29129.03亿元，是2012年的2.55倍，11年间复合增长率8.89%，GDP总量全国排名第16。2012—2022年GDP平均增速高于全国平均水平2.24个百分点。2022年全国GDP总量排名较2012年提升7名，人均GDP9.07万元，居全国第10位，较2012年提升2名。

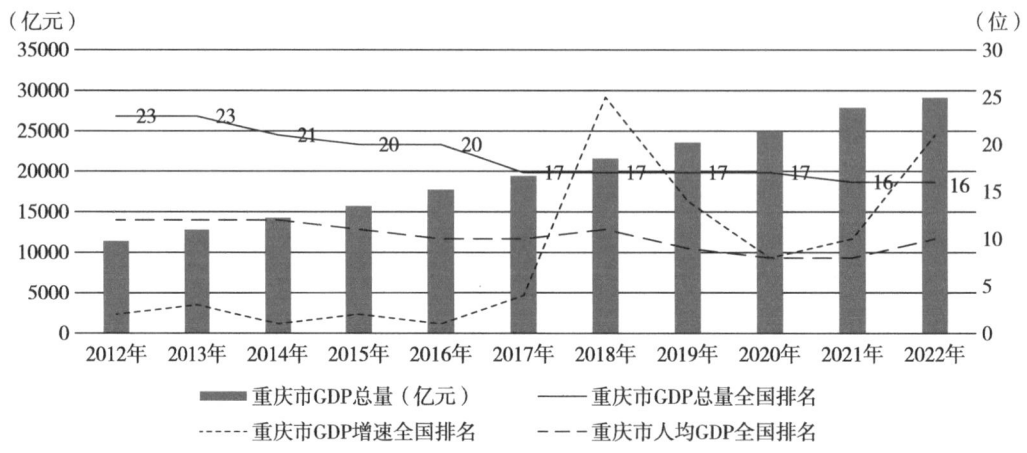

图4-3-1　重庆市GDP总量及相关经济指标全国排名情况

数据来源：国家统计局，中铁研究院。

三次产业结构三产占比超过一半，二产占比呈逐年下降趋势。2022年，重庆市一二三产比重为6.9%∶40.1%∶52.9%，分别高于全国-0.4、0.2、0.1个百分点。从演变趋势来看，一产比重经历了先降后升的过程，二产比重由2012年52.4%连续多年下降至40%左右，三产比重由2012年39.4%逐步增至2022年52.9%。二产中工业占比低于全国平均水平，2022年，重庆市工业增加值占GDP比重为28.41%，较上年降低0.06个百分点，低于全国39.92%的平均水平。

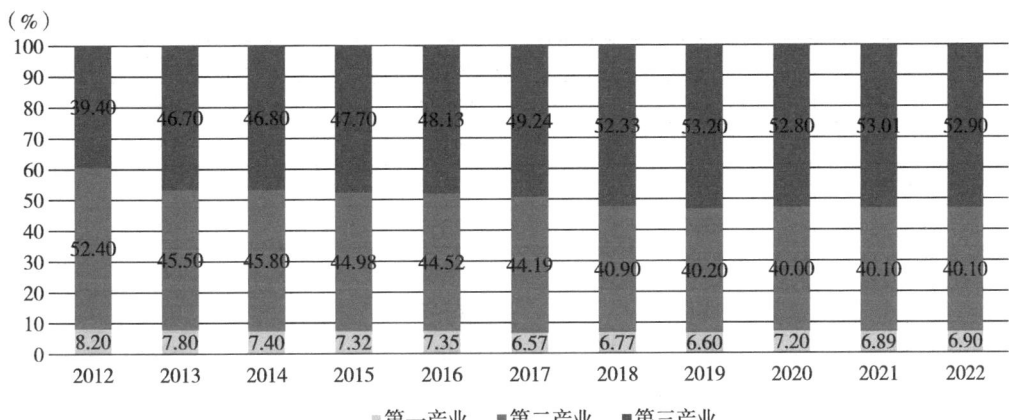

图 4-3-2　重庆市一二三产业结构比重变化（%）

数据来源：国家统计局，中铁研究院。

各区县经济发展水平不均衡，GDP 首末比超过 34。2022 年，全市 38 个区县的 GDP 首末比达 34.6，较 2012 年增加 13.1，显示出发展不平衡程度加剧。人均 GDP 首末比超过 8.4，酉阳县、巫溪县、城口县人均 GDP 不足全国人均 GDP 一半，黔江区、开州区、奉节县、巫山县、石柱县、彭水县人均 GDP 不足全国人均 GDP70%，均衡发展水平有待进一步提高。

表 4-3-1　　　　重庆市各区县（自治县）GDP 总量和人均 GDP（2022 年）

序号	区县	地区生产总值（万元）	人均地区生产总值（元）
	全市	291290300	90663
1	万州区	11184349	71397
2	黔江区	2816670	57424
3	涪陵区	15043670	134655
4	渝中区	15609116	267738
5	大渡口区	3388933	78831
6	江北区	16027557	170970
7	沙坪坝区	11067267	74552
8	九龙坡区	17639398	115117
9	南岸区	9221301	76462
10	北碚区	7420092	88445
11	渝北区	22971141	103010
12	巴南区	10219927	85763
13	长寿区	9186302	133164
14	江津区	13300177	97918
15	合川区	10002845	80782

续表

序号	区县	地区生产总值（万元）	人均地区生产总值（元）
16	永川区	12028369	104777
17	南川区	4214187	73655
18	綦江区	7707869	76338
19	大足区	8172059	97822
20	璧山区	9209495	121066
21	铜梁区	7336347	106525
22	潼南区	5585064	81445
23	荣昌区	8173028	122168
24	开州区	6620342	55073
25	梁平区	5771578	89593
26	武隆区	2659424	74483
27	城口县	663069	33446
28	丰都县	3911704	70545
29	垫江县	5306113	81884
30	忠县	5080952	70726
31	云阳县	5576907	60060
32	奉节县	3952465	53000
33	巫山县	2222393	47912
34	巫溪县	1238761	31869
35	石柱县	2090654	53959
36	秀山县	3582099	72096
37	酉阳县	2316612	38168
38	彭水县	2821343	53791

数据来源：重庆市统计局，中铁研究院。

（二）支柱产业

重庆市四大支柱产业营收占全省GDP49.16%，主导产业变化不大。2022年，重庆市工业占GDP比重分别为28.41%，较上年减少0.06个百分点，低于全国39.92%的平均水平。全省工业（不含水电气热，下同）营收前四名为计算机、通信和其他电子设备制造业，汽车制造业，有色金属冶炼和压延加工业，电气机械和器材制造业。营收规模分别为：6050.35、4935.31、1716.01、1617.01亿元，总计占GDP比重49.16%。相比2012年[1]，重庆市支柱产业前4名中铁路、船舶、航空航天和其他运输设备制造

---

[1] 2012年，全市产值前四产业为汽车制造业，计算机、通信和其他电子设备制造业，铁路、船舶、航空航天和其他运输设备制造业，电气机械和器材制造业。

业变成了有色金属冶炼和压延加工业，其他3名主导产业没有发生变化，仅规模和排名次序有所变动。

园区数量较少，分布相对分散。2022年，重庆有国家级园区7个，其中国家级经开区3个，国家级高新区4个，国家级园区数量居全国第21。7个国家级园区分别分布在重庆城区、万州、长寿、璧山、荣昌、永川等区县，其中重庆城区2个。

（三）人口

重庆市常住人口常年小于户籍人口，人口老龄化程度高。2022年末，全市常住人口3956万人，同比增长0.05%，居全国第16位，较2012年上升1位。全市常住人口常年小于户籍人口，缺口先逐渐减小再逐渐增大，2012—2022年，二者之差最小为2017年的-72万人，最多为2013年的-156万人，人口吸引力不足。2022年，全市65岁以上人口占比18.3%，较2012年提升5.4个百分点，高于14.9%的全国水平，在全国老龄化程度中排名第3位，较2012年下降2位。

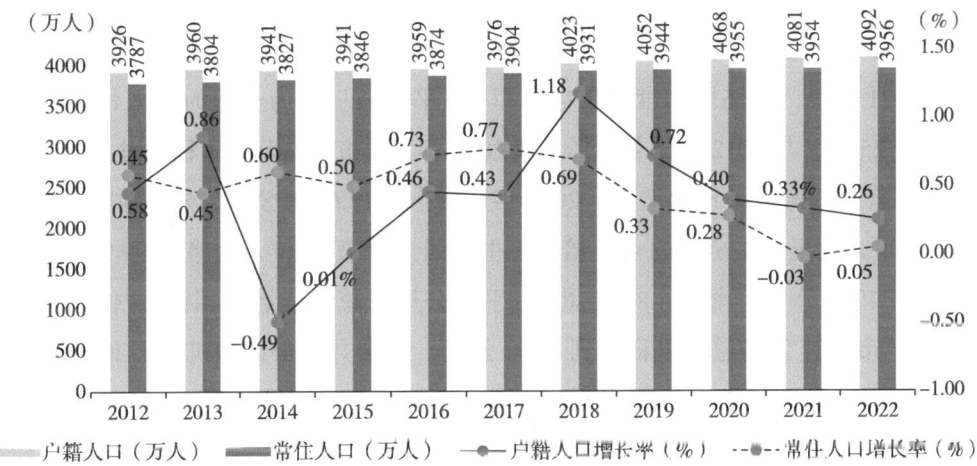

图4-3-3　重庆市户籍人口与常住人口情况

数据来源：wind，中铁研究院。

人口教育结构改善显著，高等教育人口占比较为领先。2022年，全市专科、本科、研究生学历人口占比分别为12%、7.7%、0.6%，受高等教育（专科、本科、研究生）人口合计占比20.3%，较2015年的8.3%上升5个百分点。高中学历占比为15.8%，较2012年上升1.8个百分点。小学学历占比28.2%，初中学历占比为28.3%，二者占比下降9个百分点，全市教育结构改善。从全国来看，全市受高等教育人口占比居全国第9位，高等教育人口占比较为领先。

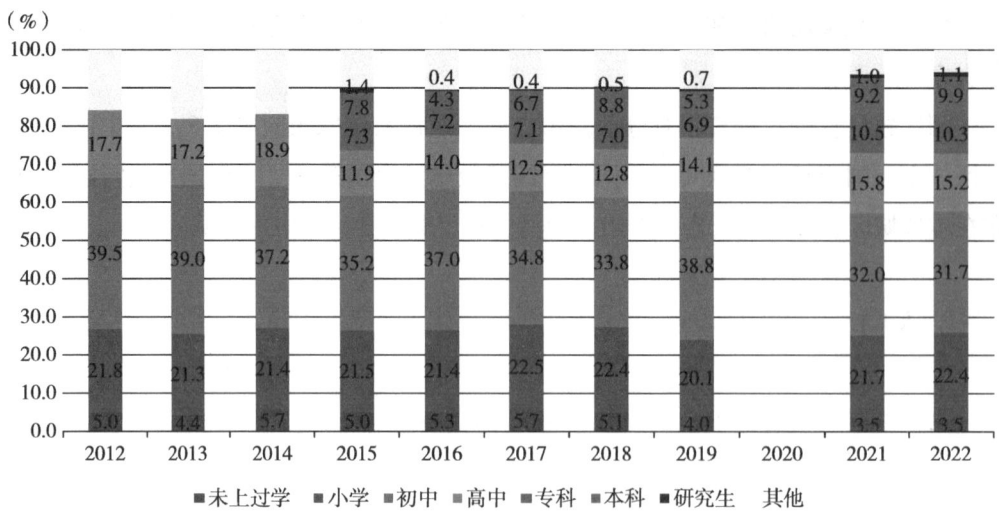

图4-3-4 重庆市人口受教育情况

数据来源：wind，中铁研究院，其中缺少2020年数据。

（四）基础设施和公共服务

立体综合交通网络不断完善，公路密度居全国第1。2022年，重庆市铁路营业里程2756.371公里，铁路网密度达3.34公里/百平方公里，为全国的2.06倍，总里程居全国第25位，与2012年排名持平。到2025年，全市铁路营业里程超过3100公里，其中高铁营业里程达到1370公里。2022年全市公路18.61万公里，公路网密度225.84公里/百平方公里，是全国的4.04倍，总里程居全国第14位，公路密度居全国第1，高速公路4000公里，密度4.85公里/百平方公里，总里程居全国第24位。规划至2025年全市高速公路通车里程达到4600公里。全市共5个运输机场，2022年全市机场旅客吞吐量共计2246.1万人次，占全国4.32%，全国排名第9，货邮吞吐量共计41.6万吨，全国排名第9。重庆江北机场旅客吞吐量合计占全市96.49%，货物吞吐量占全市99.71%，到2025年末，着力打造"市内航空双枢纽协同、成渝四大机场联动"世界级机场群，全市民航运输机场旅客年吞吐能力达到8000万人次，货邮年吞吐能力达到120万吨，实现干线机场、支线机场、通用机场联动发展。2022年，重庆市内河通航里程4352.485公里，占全国3.40%。到2025年，加快形成以"一干两支六线"航道、"三枢纽五重点八支点"港口为骨架的水运基础设施体系，改善千吨级航道500公里，三级及以上航道实际达标里程达到1200公里，新增港口货物吞吐能力3000万吨，港口货物年吞吐能力达到2.4亿吨。

表 4-3-2 2022 年重庆市基础设施统计

类型	指标	重庆市	全国	西部地区
铁路	里程（公里）	2756.371	154906.5	62994.177
	密度（公里/百平方公里）	3.34	1.62	0.92
公路	里程（公里）	186100	5355000	231.86
	密度（公里/百平方公里）	225.84	55.93	33.96
机场	机场数量	5	254	130
	旅客吞吐量（万人次）	2246.1	51952.8	17305.3
	货邮吞吐量（万吨）	41.6	1452.7	214.7
港口航道	港口吞吐量（亿吨）	——	55.54	——
	内河通航里程（公里）	4352.485	127968	34684.5

数据来源：国家统计局，中铁研究院。

公共服务设施更加完善，义务教育生均校舍面积和千人医疗床位数位居全国前10。2021 年，重庆市义务教育生均校舍建筑面积 11.28 平方米，高于全国 10.3 人/平方米的平均水平，全国排名第 8，较 2013 年排名第 7 下滑 1 位。2022 年重庆市每千人医疗卫生机构床位数 7.81 张/千人，高于全国 6.91 的平均水平，全国排名第 7，较 2012 年提升 9 名。

表 4-3-3 重庆市公共服务设施统计

	2021 年义务教育生均校舍建筑面积（m²）	2022 年每千人口医疗卫生机构床位数（张）
重庆市	11.28	7.81
全国	10.30	6.91
西部地区	10.41	7.46

数据来源：《中国教育统计年鉴 2021》《中国卫生健康统计年鉴 2022》，中铁研究院。

（五）城市建设

城镇化水平较高，主城区吸引力增强。2022 年，重庆市常住人口城镇化率 70.96%，高于全国平均水平 5.74 个百分点，居全国第 8 位。2012—2022 年城镇化率提升 14.32 个百分点，城镇化全国排名提升 3 位。2022 年，重庆市有 26 区，12 个县，相比 2012 年通过撤县设区增加 7 个区。2022 年全市 38 个区县城镇常住人口总计 2280.19 万人，平均数 60 万人，其中城镇常住人口 100 万以上的区 6 个[①]，渝北区最多

[①] 5 个位于主城 9 区，1 个为万州位于渝东北三峡库区城镇群。

为202.88万人，高位数与平均数差距相对较小，整体较为均衡。主城区吸引力增强，2022年主城区、主城新区、渝东北、渝东南四大区域城镇人口分别977.56、716.46、438.34、148万人，占比分别为43%、31%、19%、6%，较2012年分别提升10.27、-2.03、-5.8、-2.42个百分点[①]，显示出主城区吸引力不断增强，2012—2022年，重庆新增3个城镇人口100万人口以上区，均位于主城区。

土地城镇化略快于人口城镇化，土地集约利用水平较高，工业、道路交通供地强度大。2022年，重庆市城镇建成区1831.72平方公里，居全国第22位，10年复合增速3.29%，高于全国平均水平，同期区域人口排名全国第19，增速2.42%，地人增速差0.87百分点，人口城镇化快于土地城镇化。城镇城市建设用地1698平方公里，人均建设用地94.32平方米，居全国第26位，较2012年提升5位，供地节奏加快。结构与全国一致，居住、工业、道路交通设施用地居前三位，占比分别为31.4%、20.76%、19.89%，其中工业、道路交通用地相比2012年分别提升0.51、4.22个百分点，此外公共管理与服务、物流仓储用地占比提升。与全国平均水平横向比较，公共管理与服务、工业、道路交通设施用地高于全国平均水平，分别高出0.5、3.15、3.16个百分点，显示出长期供地强度较大。

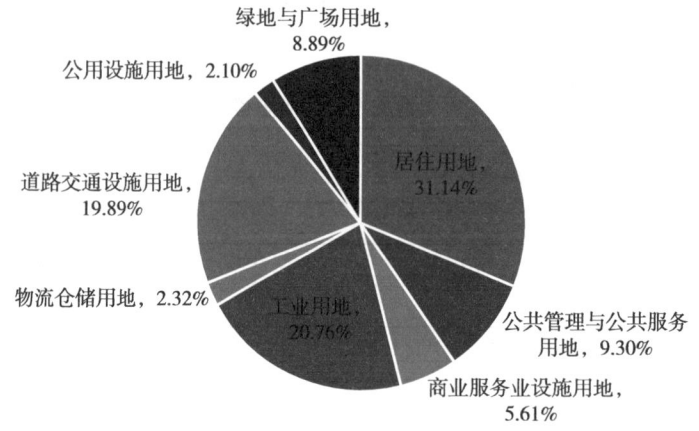

图4-3-5　2022年重庆市城市建设用地结构

资料来源：住建部2022年城乡统计年鉴，中铁研究院。

城市建设保持较强投资力度，设施水平居全国中游。2022年，重庆完成市政基础设施投资1258.24亿元，同比增长-3.88%，10年复合增速8.09%，人均投资6872.11元，四项指标分别居全国第9、17、7、1。从长期来看，投资规模和人均投资较2012年上升6位和7位，显示阶段投资力度整体较强。较好的投资力度保持了全市市政基础设施维持在一定水平，2022年城市和县城市政基础设施指标与全国的偏离度均值分

---

① GDP与人口集聚呈不同特点，2012—2022年，主城9区GDP占比下降5个百分点，主城新区上升5个百分点。

别为 0.03、1.78，分别居全国第 14 和第 5 位，指标不及全国平均水平的分别有 6 项、3 项，主要是道路密度、供排水等。重庆房地产投资整体较为温和略显疲软，2022 年完成投资 3216.87 亿，居全国第 15，略高于同期人口规模排名，同比降低 26.87%，降幅居全国第 9 位，10 年复合增速 2.52%，低于全国平均水平，居全国第 25，投资规模排名较 2012 年下降 2 位。2022 年，重庆市人均住房面积[①]约 43.54 平方米，居全国第 13 位。重庆有城市轨道交通（仅含地铁、轻轨）365.97 公里。

城市（区）经济主体作用突出，城（区）县城分化水平较轻。2022 年，重庆城市、县城、镇对城镇化的人口贡献率分别为 70.94%、9%、20%，分别高于全国平均水平 9.62、–7.61、–2.01 个百分点，城市贡献度全国排名第 6，城市经济主体作用突出。长周期来看，2012—2022 年，重庆城市、县城、镇贡献率分别提升 4.57、–9.84、5.27 个百分点，显示期间城市加快发展。重庆区多县少，共有 26 个区、12 个县城，2022 年，二者城区人口之比为 7.58，较 2012 年加深 4.12，区和县城的体量差距超过全国 2 倍，加深水平也高于全国 2 倍以上。从平均人口来看，区为县城的 3.5 倍，低于全国平均水平，居全国第 25 位，分化程度处于最轻水平。城市建设分化水平较轻，2022 年，重庆区和县城人均市政基础设施投资分别为 3672.53、3956.87 元，居全国第 13、5 位，城市部分较 2012 年提升 7 位。城市（区）和县城市政基础设施指标与全国的偏离度均值分别居全国第 14 和第 5 位。从产业发展来看，2022 年，县城工业用地占城市建设用地比 11.08%，城市（区）工业用地占比 21.86%。

（六）固定资产投资情况

增速总体高于全国水平，制造业和基础设施比重上升，房地产投资下降。2022 年，重庆市固定资产投资同比增加 0.7%，固投增速在 31 个省级行政区中排名第 21 位，低于全国增速 4.4 个百分点，近十年间固投维持正增长。从领域来看，2022 年制造业增长 8.8%、房地产下降 20.4%、基础设施[②]增长 11.3%。从结构来看，制造业和基础设施投资比重上升，二者 2012—2022 年均保持连续正增长且比重趋同；房地产投资增速自 2020 年转负，2022 年出现 20.4% 的大幅下降，投资占比下降。2012—2022 年重庆市固定资产投资中的建筑安装工程占比从 72% 左右波动上升至 77%。

基础设施投资结构变化，水利生态环境和公共设施管理业投资加速。2012—2022 年，电力热力燃气及水生产和供应业投资下降，水利生态环境和公共设施管理业投资

---

① 由于缺乏统计数据，报告人均住房面积含城乡居民住房。
② 基础设施：取电力、热力、燃气及水生产和供应业，交通运输和邮政业，信息传输和信息技术服务业，水利、生态环境和公共设施管理业四项投资之和。

上升，体现出重庆基础公共服务日趋完善且水力生态资源丰富的特点，2022年二者增速分别为23.3%和13.5%；交通运输和邮政业占比较为稳定，2022年投资增速为4.4%；信息传输和信息技术服务业投资占比较低，2022年投资增速为33.2%。

图4-3-6 重庆市固定资产投资增速情况

数据来源：wind，重庆市统计年鉴，国家统计局，中铁研究院。

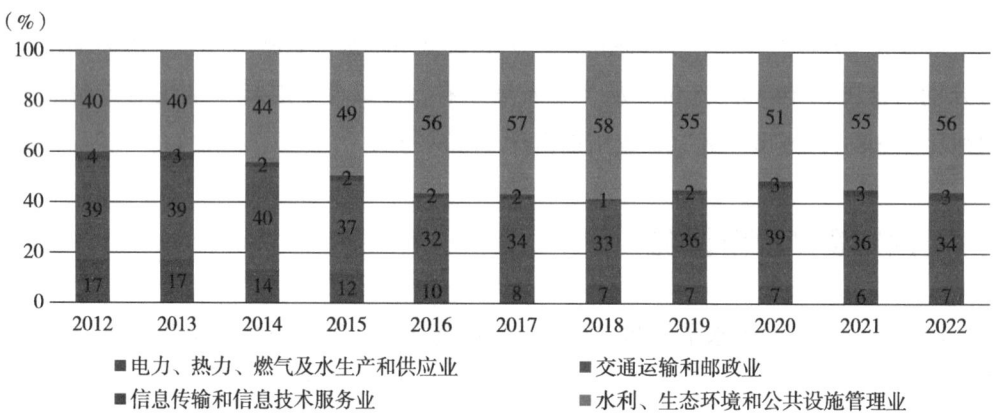

图4-3-7 重庆市历年基础设施投资结构占比

数据来源：wind，重庆市统计年鉴。2017年后各项占比以2017年投资为基数，按公布的投资增速计算。

（七）财政情况

重庆市综合财力收入水平低于GDP水平，对转移支付和非税收入依赖度一般，对债务依赖程度高。2022年重庆市综合财力约为6269亿元，在全国31个省级行政区中排名第22，低于GDP排名的第16名，综合财力下降7.8%，全国排名第26。从结构来看，一般公共预算收入和政府性基金收入之比约为71∶29，比例低于全国水平，一般公共预算自给率43%，高于全国34.5%的均值，一般公共预算收入对转移支付依赖度一般。全市一般公共预算（不含转移支付和负债）税收占比从2012年的57%波动上升至2022年的60%左右，2022年全国排名第27，财政可靠性低。债务收入占比约33.8%，高于全国水平，对债务依赖度高。2022年，重庆市全市政府性基金收入（不含转移支付）1753.9亿元，全国排名第17位。

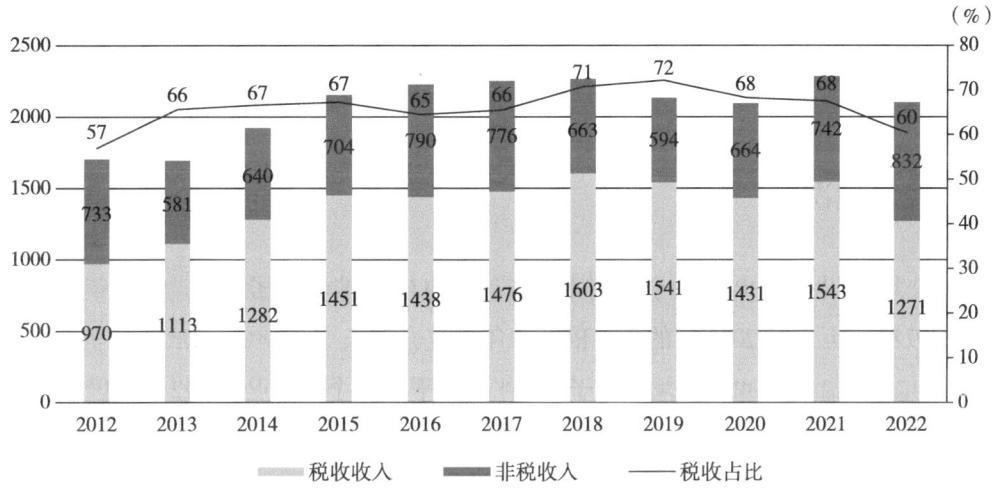

图4-3-8　重庆市一般公共预算收入结构（亿元）

数据来源：wind，重庆市财政厅。本图中收入数据不含中央税收返还和转移支付、债务等收入。

政府债务较快增长，负债规模持续扩大，整体负债水平高，债务空间低。2022年重庆市政府债务限额10281亿元，居全国第19位，债务余额10071亿元，居全国第17位，2018—2022年，重庆市债务余额年均复合增长率21.0%，居全国第24位。2022年重庆市债务率161%，高于警戒线，全国排名第6位，政府债可用限额210亿元，居全国第28位，债务腾挪空间低。从债务结构来看，2022年重庆市专项债占比68.4%，高于全国水平。

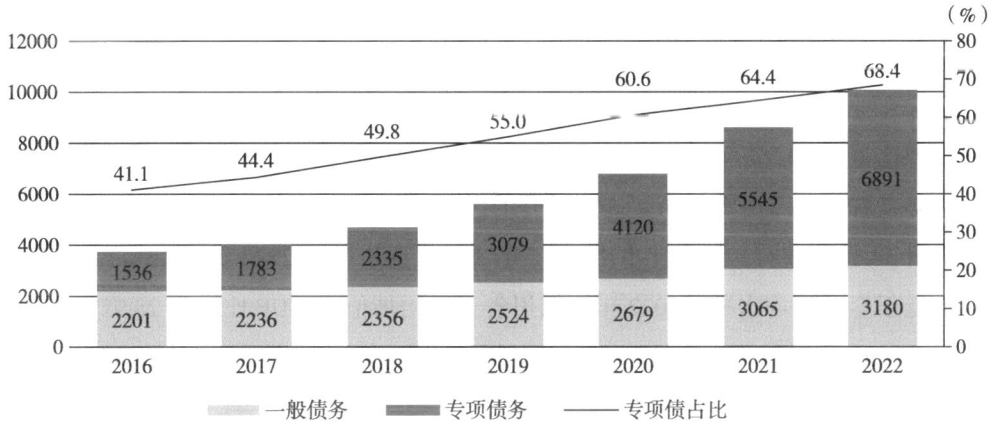

图4-3-9　重庆市债务规模及构成（亿元）

数据来源：wind，财政部。

四、四川省

（一）经济情况

2022年四川省GDP总量全国排名第6，人均GDP排名位居下游。2022年四川省GDP56749.81亿元，是2012年的2.38倍，11年间复合增长率8.19%，GDP总量全国排名第6。2012—2022年GDP平均增速高于全国平均水平1.37个百分点。2022年全国GDP总量排名较2012年提升2名，人均GDP6.78万元，居全国第20位，较2012年提升4名。

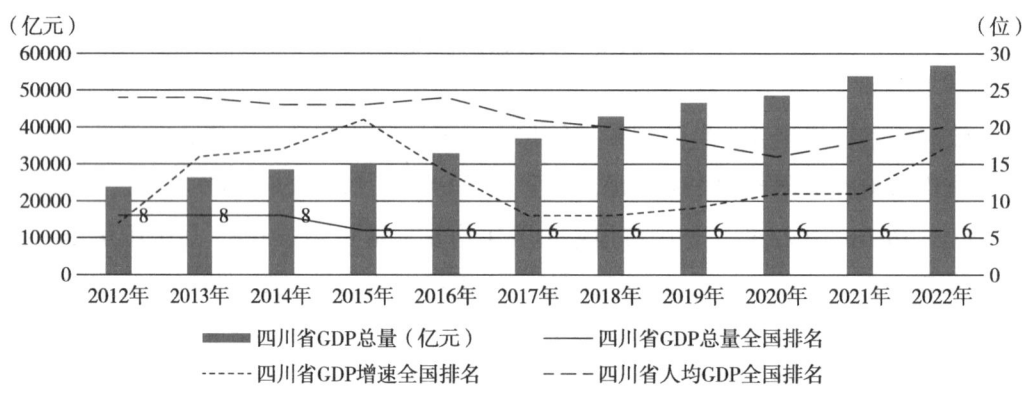

图4-4-1　四川省GDP总量及相关经济指标全国排名情况

数据来源：国家统计局，中铁研究院。

三次产业结构三产占比超过一半，二产占比呈逐年下降趋势。2022年，四川省一二三产比重为10.5%：37.3%：52.2%，分别高于全国3.2、-2.6、-0.6个百分点。从演变趋势来看，一产比重经历了先降后升的过程，二产比重由2012年47.10%连续多年下降至37.30%左右，三产比重由2012年39.3%逐步增至2022年52.2%。二产中工业占比低于全国平均水平，2022年，四川省工业增加值占GDP比重为28.92%，较上年增加0.05个百分点，低于全国39.92%的平均水平。

各地市经济发展水平极不均衡，GDP首末比超过45。2022年，全省21个地级市和自治州的GDP首末比达45，较2012年减少1.5，显示出发展不平衡程度依然严峻。成都市首位度较高，GDP总量占全省36.7%，全省人均GDP首末比超过3.5，甘牧洲、凉山州、巴中市、资阳市人均GDP不足全国人均GDP一半，广元市、遂宁市、阿坝州、南充市、眉山市、广安市、达州市人均GDP不足全国人均GDP70%，发展水平均衡有待进一步提高。

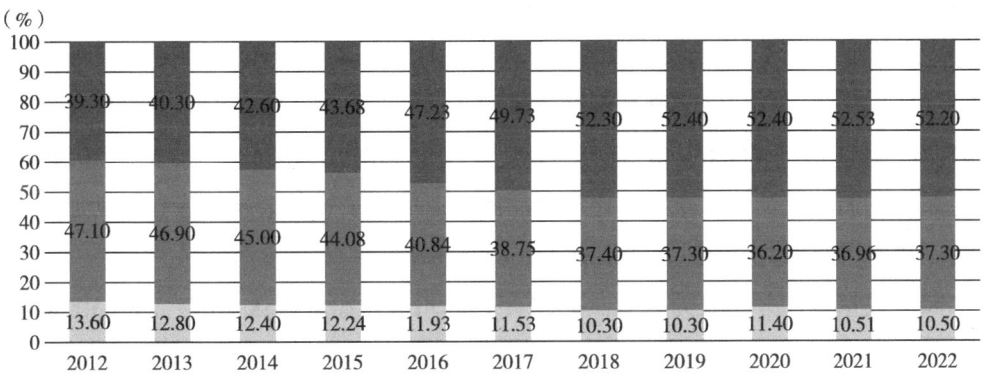

图4-4-2 四川省一二三产业结构比重变化（%）

数据来源：国家统计局，中铁研究院。

表4-4-1　　　　　四川省各市州GDP总量和人均GDP（2022年）

序号	各市州	GDP总量（亿元）	人均GDP（元/人）
1	成都市	20817.50	98149
2	自贡市	1638.42	66602
3	攀枝花市	1220.52	100454
4	泸州市	2601.52	61054
5	德阳市	2816.87	81412
6	绵阳市	3626.94	74171
7	广元市	1139.78	50056
8	遂宁市	1614.47	58137
9	内江市	1656.95	53485
10	乐山市	2308.81	73226
11	南充市	2685.45	48343
12	眉山市	1635.51	55273
13	宜宾市	3427.84	74341
14	广安市	1425.02	43901
15	达州市	2502.72	46588
16	雅安市	902.51	62981
17	巴中市	765.01	28641
18	资阳市	948.16	41586
19	阿坝藏族羌族自治州	462.51	56473
20	甘孜藏族自治州	471.94	42710
21	凉山彝族自治州	2081.36	42625

数据来源：四川省统计局，中铁研究院。

（二）支柱产业

四川省四大支柱产业营收占全省GDP36%。2022年，四川省工业占GDP比重分别为28.92%，较上年提高0.05个百分点，低于全国39.92%的平均水平。全省工业（不含水电气热，下同）营收前四名为计算机、通信和其他电子设备制造业，非金属矿物制品业，化学原料和化学制品制造业，酒、饮料和精制茶制造业。营收规模分别为8278.70、4111.22、3668.69、3357.39亿元，总计占GDP比重36.06%。相比2012年[①]，非金属矿物制品业及化学原料和化学制品制造业取代了黑色金属冶炼和压延加工业及电力、热力生产和供应业进入四川省支柱产业前4名。

园区数量多，分布较为分散。2022年，四川有国家级园区18个，其中国家级经开区10个，国家级高新区8个，国家级园区数量居全国第9。18个国家级园区分布在成都、广安、德阳、遂宁、绵阳、广元、宜宾、内江、雅安、自贡、乐山、泸州、攀枝花等13个城市，其中成都3个、德阳2个、绵阳2个、内江2个。

（三）人口

四川省常住人口常年小于户籍人口，人口老龄化程度高于全国水平。2022年末，全省常住人口3956万人，同比增长0.05%，居全国第16位，较2012年上升1位。全省常住人口常年小于户籍人口，缺口先逐渐减小再逐渐增大，2012—2022年，二者之差最小为2017年的-72万人，最多为2013年的-156万人，人口吸引力有所改善。2022年，全省65岁以上人口占比18.1%，较2012年提升6.3个百分点，高于14.9%的全国水平，在全国老龄化程度中排名第4位，较2012年下降2位。

人口教育结构改善，高等教育人口占比较为落后。2022年，全省专科、本科、研究生学历人口占比分别为8.1%、7.4%、0.7%，受高等教育（专科、本科、研究生）人口合计占比16.1%，较2012年的10.3%上升5.8个百分点。高中学历占比为13.9%，较2012年上升1.6个百分点。小学学历占比31.1%，初中学历占比为29.2%，二者占比下降5.4个百分点，全省教育结构改善。从全国来看，全省受高等教育人口占比居全国第23位，高等教育人口占比较为落后。

---

① 2012年，全省产值前四产业为计算机、通信和其他电子设备制造业，黑色金属冶炼和压延加工业，酒、饮料和精制茶制造业，电力、热力生产和供应业。

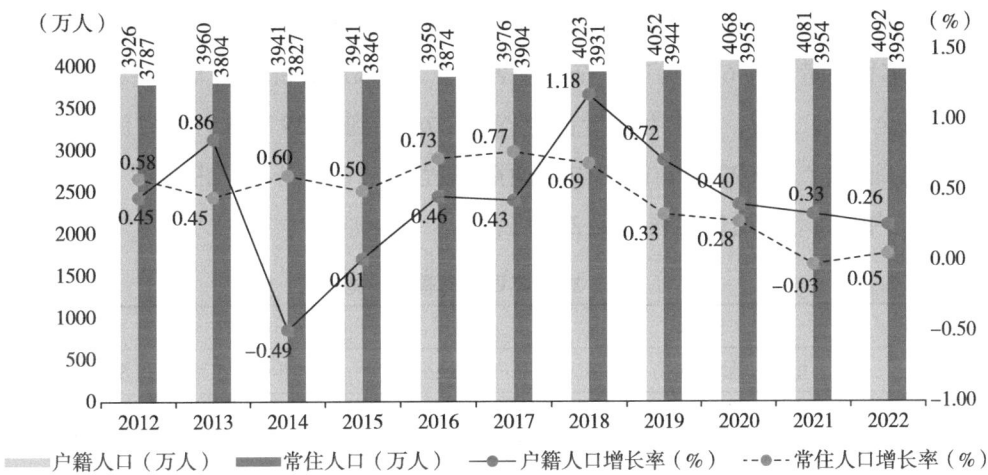

图4-4-3 四川省户籍人口与常住人口情况

数据来源：wind，中铁研究院。

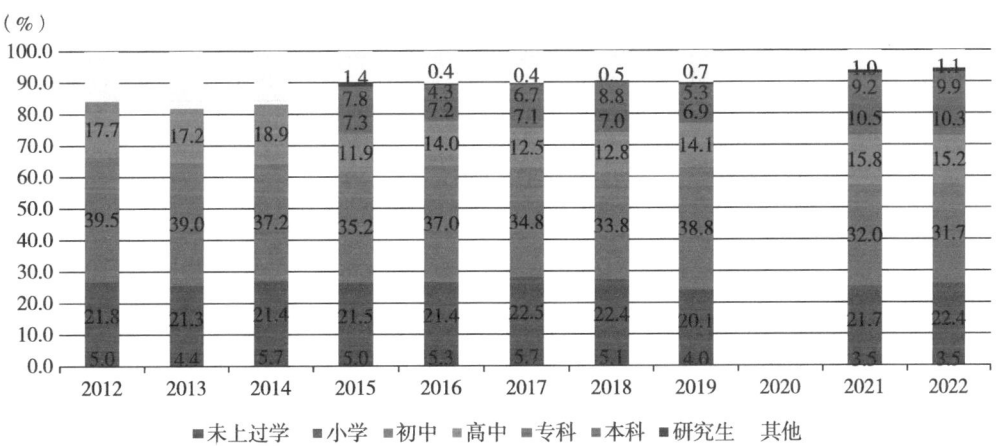

图4-4-4 四川省人口受教育情况

数据来源：wind，中铁研究院。其中缺少2020年数据。

（四）基础设施和公共服务

立体综合交通网络不断完善，公路总里程全国第1。2022年，四川省铁路营业里程5936.662公里，铁路网密度达1.22公里/百平方公里，为全国的0.76倍，总里程居全国第10位，较2012年排名提升3位。到2025年，铁路营业里程将增至7000公里，其中高速铁路营业里程达到1800公里。2022年全省公路40.54万公里，公路网密度83.59公里/百平方公里，是全国的1.49倍，总里程居全国第1位，高速公路9200m，密度1.9公里/百平方公里，总里程居全国第3位。规划至2025年全省公路总里程达到43万公里，高速公路通车总里程突破11000公里。全省共16个运输机场，2022年全省机场旅客吞吐量共计3831.9万人次，占全国7.37%，全国排名第2，货邮吞吐量共计63.0万吨，全国排名第5。成都双流机场和天府机场旅客吞吐量合计占全省81.14%，货物吞吐量占全省97.07%，到2025年末，全省民用运输机场数量达到19个。2022年，四川内河通航里程10817.43公里，占全国8.45%。到2025年，内河高等级通航里程达到2050公里。

表4-4-2　　　　　　　　　　2022年四川省基础设施统计

类型	指标	四川	全国	西部地区
铁路	里程（公里）	5936.662	154906.5	62994.177
	密度（公里/百平方公里）	1.22	1.62	0.92
公路	里程（公里）	405400	5355000	231.86
	密度（公里/百平方公里）	83.59	55.93	33.96
机场	机场数量	16	254	130
	旅客吞吐量（万人次）	3831.9	51952.8	17305.3
	货邮吞吐量（万吨）	63.0	1452.7	214.7
港口航道	港口吞吐量（亿吨）	——	55.54	——
	内河通航里程（公里）	10817.425	127968	34684.5

数据来源：wind，国家统计局，中铁研究院。

公共服务设施更加完善，千人医疗床位数位居全国前列。2021年，四川省义务教育生均校舍建筑面积10.0平方米，低于全国10.3人/平方米的平均水平，全国排名第20，较2013年排名第23提升3位。2022年四川省每千人医疗卫生机构床位数8.17张/千人，高于全国6.91的平均水平，全国排名第5，较2012年提升1名。

表4-4-3　　　　　　　　　　四川省公共服务设施统计

	2021年义务教育生均校舍建筑面积（m²）	2022年每千人口医疗卫生机构床位数（张）
四川	10.0	8.17
全国	10.30	6.91
西部地区	10.41	7.46

数据来源：《中国教育统计年鉴2021》《中国卫生健康统计年鉴2022》，中铁研究院。

（五）城市建设

城镇化进程滞后与大城市加快发展并存，中心城首位度大幅提升。2022年，四川省常住人口城镇化率58.35%，低于全国平均水平6.87个百分点，居全国第24位。2012—

2022年城镇化率提升15个百分点，城镇化全国排名提升2位。2022年，四川有城市37座，较2012年增加5座，拥有从Ⅱ型小城市到超大城市五档城市结构[①]，特大和Ⅰ型大城市均为0座，城市结构存在断档。基于城区人口维度的城市结构以超大和以Ⅱ型大城市为主，分别占39%、27%。2012—2022年，大城市步入快车道，成都从Ⅰ型大城市晋级为超大城市，Ⅱ型大城市增加3座，从集聚城区人口来看，大城市集聚了期间95.14%的人口增量，其中成都集聚了56.35%，小城市虽然城市数量增加但总人口减少，显示人口流失。中心城首位度大幅提升，2022年成都城区人口1257.24万人，相比2012年增加798.93万人，首位度从26%提升到39%，全国排名提升4位至第11位。

土地城镇化略快于人口城镇化，居住、道路交通供地提速。2022年，四川城镇建成区4724.57平方公里，居全国第5位，10年复合增速4.74%，高于全国平均水平，同期区域人口排名全国第3，增速4.54%，地人增速差0.2个百分点，人口城镇化略快于土地城镇化。城镇城市建设用地4412平方公里，人均建设用地100.1平方米，居全国第23位，较2012年下降3位，集约用地水平提升。结构与全国一致，居住、工业、道路交通设施用地居前三位，占比分别为32.33%、16.59%、15.97%，其中居住、道路交通用地相比2012年分别提升0.28、5.08个百分点，此外绿地广场用地占比提升。与全国平均水平横向比较，除工业用地和道路交通用地外，其他六类用地占比均高于全国平均水平，公共管理与服务用地最为突出，高出0.5个百分点，显示出工业发展长期相对不足。

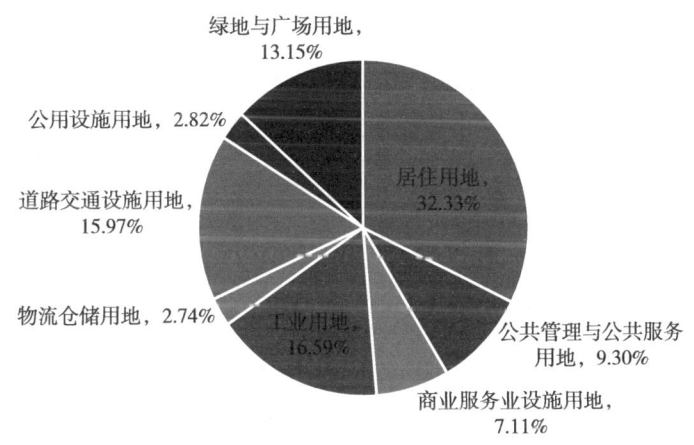

图4-4-5　2022年四川省城市建设用地结构

资料来源：住建部2022年城乡统计年鉴，中铁研究院。

城市建设力度增强，城市设施底子薄有待持续提升。2022年，四川省完成市政基础设施投资2064.72亿元，同比增长11.61%，10年复合增速9.42%，人均投资4688.04

---

① 超大城市1座，Ⅱ型大城市6座，中等城市9座，Ⅰ型小城市13座，Ⅱ型小城市8座。

元，四项指标分别居全国第 2、9、5、10。从长期来看，投资规模和人均投资较 2012 年提升 8 位和 7 位，显示阶段投资力度大幅增强。受整体市政基础设施底子薄的影响，2022 年城市和县城市政基础设施指标与全国的偏离度均值分别为 -1.66、-0.96，分别居全国第 27 和第 20 位，显示出与全国平均水平有较大差距，指标不及全国平均水平的分别有 9 项、10 项，主要是供排水、燃气，县城部分道路指标也落后全国。四川省房地产投资具有较好韧性，2022 年全省完成投资 7215.77 亿元，居全国第 5，基本与人口规模相适应，同比降低 7.87%，降幅居全国第 23 位，10 年复合增速 8.25%，居全国第 8，投资规模排名较 2012 年上升 1 位。2022 年，四川人均住房面积[①]约 44.37 平方米，居全国第 11 位。四川省有城市轨道交通（仅含地铁、轻轨）515.4 公里。

城市和县域经济主体作用突出，城市县城分化水平较重。2022 年，四川省城市、县城、镇对城镇化的人口贡献率分别为 65.41%、25%、10%，分别高于全国平均水平 4.1、7.75、-11.85 个百分点，城市贡献度全国排名第 11，城市和县域经济主体作用突出。长周期来看，2012—2022 年，四川城市、县城、镇贡献率分别提升 14.67、-5.13、-9.54 个百分点，显示期间城市发展尤其快。四川城市和县城数量较为均衡，共有 37 座城市、109 个县城（不含 19 个县级市），2022 年，二者城区人口之比为 2.65，较 2012 年加深 0.95，城市和县城的体量差距低于全国，加深水平也高于全国。从平均人口来看，城市为县城的 7.79 倍，高于全国平均水平，居全国第 6，分化程度较重。城市建设分化水平逐步减轻，2022 年，四川省城市和县城人均市政基础设施投资分别为 10320 元、3272.74 元，居全国第 1、第 9 位，分别较 2012 年提升 4、10 位。城市和县城市政基础设施指标与全国的偏离度均值分别居全国第 27 和第 20 位。从产业发展来看，2022 年，县城工业用地占城市建设用地比 14.67%，城市工业用地占比 17.32%。

（六）固定资产投资情况

增速高于全国水平，制造业占比稳定，基础设施保持增长，房地产投资转负。2022 年，四川省固定资产投资同比增加 6.0%，固投增速在 31 个省级行政区中排名第 16 位，高于全国增速 0.9 个百分点，近十年间除 2020 年外均高于全国水平。从领域来看，2022 年制造业增长 10.2%、房地产下降 4.2%、基础设施[②]增长 5.7%。从结构来看，制造业投资比重经历缓慢下降后保持稳定，与房地产占比近似；房地产投资占比持续稳定，2022 年投资增速为 2018 年以来的首次负增长；基础设施 2012—2022 年平均增速 12.5%。

---

① 由于缺乏统计数据，报告人均住房面积含城乡居民住房。
② 基础设施：取电力、热力、燃气及水生产和供应业，交通运输和邮政业，信息传输和信息技术服务业，水利、生态环境和公共设施管理业四项投资之和。

2012—2022年四川省固定资产投资中的建筑安装工程占比从72%左右持续上升至85%。

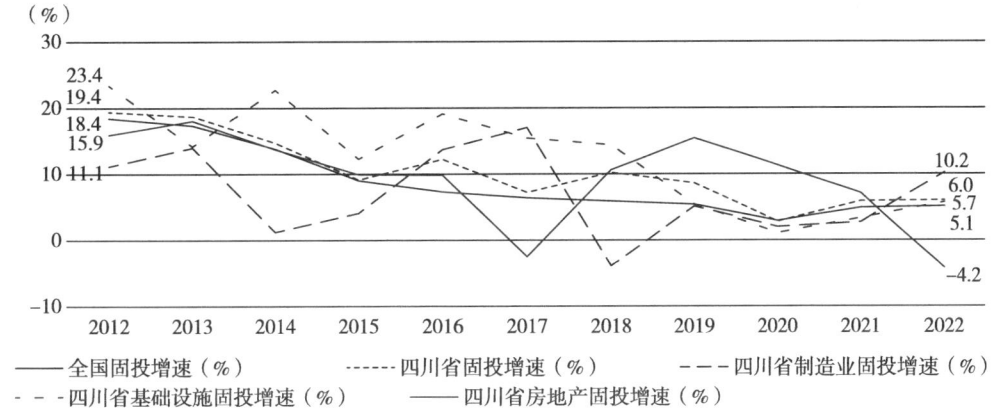

图4-4-6　四川省固定资产投资增速情况

数据来源：wind，四川省统计年鉴，国家统计局，中铁研究院。

基础设施投资结构较为稳定。2012—2022年，水利生态环境和公共设施管理业、交通运输和邮政业占四川基础设施投资绝对主导地位，二者投资之和在基础设施投资中占比平均达80%，体现出四川省水利生态和交通基础设施建设需求高的特点。2022年，二者投资增速分别为7.5%、10.7%。电力热力燃气及水生产和供应业投资比重近年来稳定在13%左右，2022年投资增速-7.6%。信息传输和信息技术服务业投资占比低，2022年投资下降11.6%。

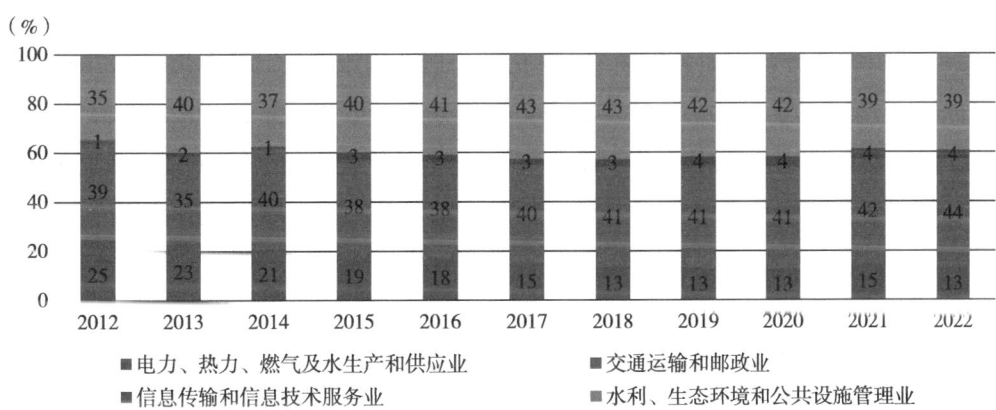

图4-4-7　四川省历年基础设施投资结构占比

数据来源：wind，四川省统计年鉴。2017年后各项占比以2017年投资为基数，按公布的投资增速计算。

（七）财政情况

四川省综合财力收入水平与GDP水平较为较为匹配，对转移支付和非税收入依赖度一般，对债务依赖程度中等。2022年四川省综合财力约为16183亿元，在全国31

个省级行政区中排名第5，高于GDP排名的第6名，综合财力增长6.1%，全国排名第4。从结构来看，一般公共预算收入和政府性基金收入之比约为70∶30，比例低于全国水平，一般公共预算自给率41%，略低于全国43.1%的均值，一般公共预算收入对转移支付依赖度一般。2012—2022年全省一般公共预算（不含转移支付和负债）税收占比从75%波动下降至65%，2022年全国排名第19位，处于全国中游水平，财政可靠性有待提升。债务收入占比约23.9%，略低于全国水平。2022年，四川省全省政府性基金收入（不含转移支付）4780.5亿元，全国排名第5位。

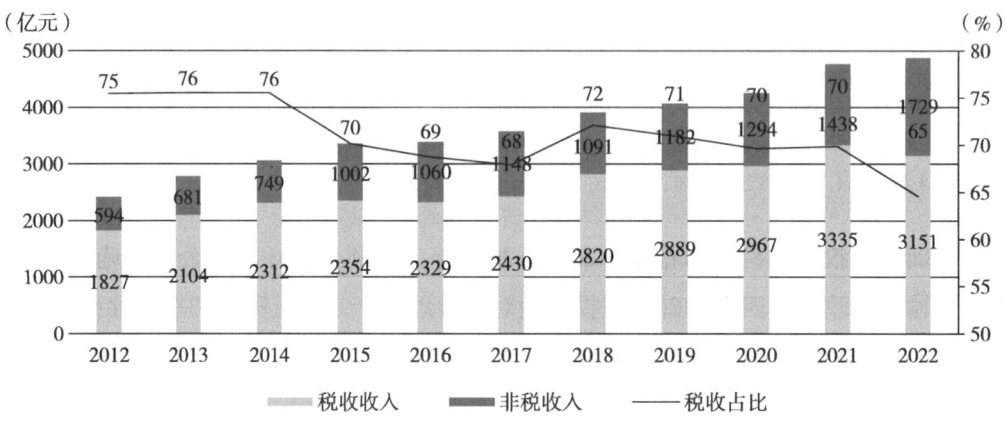

图4-4-8 四川省一般公共预算收入结构

数据来源：wind，四川省财政厅。本图中收入数据不含中央税收返还和转移支付、债务等收入。

政府债务较快增长，负债规模持续扩大，整体负债水平中等，有一定债务空间。2022年四川省地方政府债务限额18507亿元，居全国第5位，债务余额17705亿元，同样居全国第5位，2018—2022年，四川省债务余额年均复合增长率17.5%，居全国第15位。2022年四川省债务率109%，低于警戒线，全国排名第26位，政府债可用限额801.6亿元，居全国第13位，债务腾挪空间大小一般。从债务结构来看，2022年四川省专项债占比59.5%，高于全国水平。

（八）成都市情况

成都市经济发展较快，经济综合实力强。2022年成都市GDP20817.5亿元，在36个大中城市中[①]排名第6，相比2012年上升1位。人均GDP9.81万元，排名第20位。2012—2022年，成都市名义GDP年均复合增速9.85%，在36个大中城市中排名第8。三次产业结构为2.8∶30.8∶66.4。成都在电子信息产业方面具有显著优势，被誉为中

---

① 以下均为在36个大中城市中的排名，其他有注明的除外。

国西部的"硅谷"。成都高新技术产业开发区、天府新区等区域聚集了众多的电子信息企业，涵盖了半导体、软件开发、通信设备等领域。华为、富士康等知名企业在成都设有生产基地和研发中心。成都在制造业方面也有较强的实力，尤其在航空航天、汽车制造、装备制造等领域。成都航空工业集团、东软集团等企业在相关领域具有一定影响力，推动了当地现代制造业的发展。成都具有悠久的文化传统和活跃的文化氛围，文化创意产业发展迅速。成都大熊猫基地、宽窄巷子、锦里等旅游景点吸引了大量游客，同时也促进了文化创意产品的开发和推广。成都作为西部地区的商贸中心和金融中心，现代服务业发展较为成熟。金融、物流、商贸、科技服务等领域都有较大规模的企业和机构入驻。成都拥有丰富的旅游资源，如熊猫基地、青城山、都江堰等，吸引了大量国内外游客。旅游业已成为成都的支柱产业之一，推动了当地餐饮、住宿、交通等相关产业的发展。

常住人口快速增长人口红利较好。2022年全市常住人口2126.8万人，同比增长0.36%，户籍人口800.76万人，同比增长0.94%。2012—2022年，全市常住人口增长719.72万人，增量居全国第1位，增速居全国第3位。成都60岁以上人口比重为14.8%，15~59岁人口比重68.7%，拥有大学文化程度（大专及以上）的人口每10万人达到2.6万人，均优于全国水平，在36个大中城市中优势较为突出，劳动人口比重居第13位，大学文化程度（大专及以上）人口居第20位，与全市GDP实力不相适应。

固定资产投资稳步上升。2022年成都市固定资产投资同比增长5%，居第15位。其中工业投资增长1.2%，基础设施投资下降7.2%，房地产投资上升4%，民间投资增长5.4%。

财政状况整体较好，负债水平较低。2022年，成都市综合财力4342.27亿元（一般公共预算收入+转移支付收入+政府性基金收入），居第6位。2012—2022年综合财力（2011前不含转移支付收入）年均增速9.72%，居全国第14位，2022年财政自给率85.4%，在36个大中城市排名第3名。2022年，成都市债务率93.12%（债务余额/综合财力），在36个大中城市中排名第28位。

五、新疆维吾尔自治区

（一）经济情况

2022年新疆GDP总量和人均GDP排名位居全国中下游，较2012年有所下降。2022年新疆GDP17741.34亿元，是2012年的2.36倍，11年间复合增长率8.13%，GDP总量全国排名第23。2012—2022年GDP平均增速高于全国平均水平1.15个百分点。全国GDP总量排名2022年较2012年下降1名，人均GDP6.86万元，居全国第19位，较2012年下降1名。

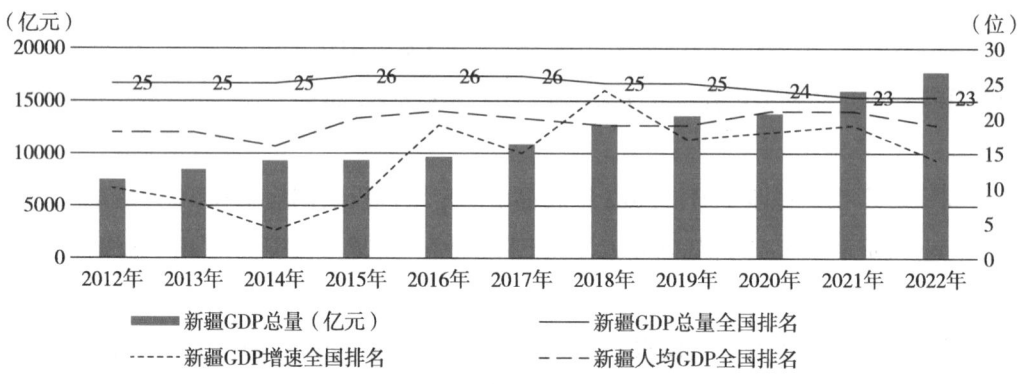

图4-5-1 新疆GDP总量及相关经济指标全国排名情况
数据来源：国家统计局，中铁研究院。

三次产业结构二产占比高于全国水平，三产比重不足一半。2022年，新疆一二三产比重为14.1%：41.0%：44.9%，分别高于全国6.8、1.1、-7.9个百分点。从演变趋势来看，一产比重由2012年17.6%逐步降至2022年14.1%，二产比重经历了先降后升的过程，由2012年46.4%下降至2020年34.40%后又逐步提升至2022年41.0%左右，三产比重由2012年36.0%逐年递增，2019年突破50%后，2021年又逐步下降至2022年44.9%。二产中工业占比低于全国平均水平，2022年，新疆工业增加值占GDP比重为33.95%，较上年增加2.3个百分点，略低于全国39.92%的平均水平。

各地市州经济发展水平均衡性较差，GDP首末比超过17。2022年，全区14个地级市州的GDP首末比17.9，较2012年降低14.9，乌鲁木齐市首位度较高，GDP总量占全省21%，较2012年降低2.57个百分点，发展不平衡程度有所改善。全区人均GDP首末比超过12.47，较2012年下降6.78，克拉玛依、哈密、昌吉等多地市州人均GDP超出全国水平1~2.8倍，但和田、喀什、克孜勒苏等地市州人均GDP不足全国水平一半，最低甚至不足30%，发展均衡性亟待提高。

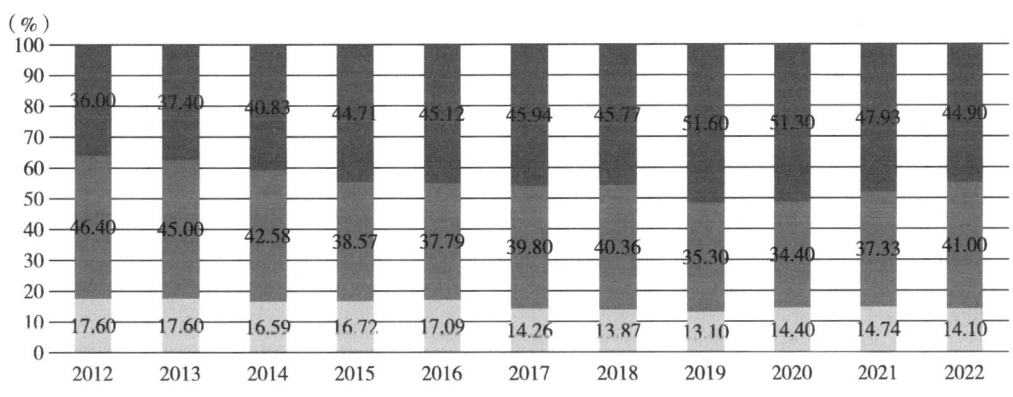

图4-5-2　新疆一二三产业结构比重变化（%）

数据来源：国家统计局，中铁研究院。

表4-5-1　　　　　　　新疆各市州GDP总量和人均GDP（2022年）

序号	各盟市	GDP总量（亿元）	人均GDP（元/人）
1	伊犁	2801.36	98349
2	巴音郭楞	1519.84	101424
3	博尔塔拉	481.66	96332
4	阿克苏	1739.54	63820
5	乌鲁木齐	3893.00	95511
6	昌吉	2169.52	124260
7	克孜勒苏	217.12	34756
8	喀什	1368.56	28714
9	塔城	877.47	79453
10	阿勒泰	399.71	59739
11	克拉玛依	1188.10	243963
12	吐鲁番	526.56	75671
13	和田	490.55	19566
14	哈密	868.99	134424

数据来源：新疆自治区统计局，中铁研究院。

（二）支柱产业

支撑产业主要为能源化工业。2020年，全区规上工业（不含水电气热，下同）营收前四为有色金属冶炼和压延加工业，电力、热力生产和供应业，石油加工、炼焦和核燃料加工业，石油和天然气开采业，营收规模分别为1174.96、1166.18、1086.13、979.9亿元，总计占工业比重24.84%。相比2012年[①]，有色金属冶炼和压延加工业取代石油加工、炼焦和核燃料加工业成为第二大产业。2022年新疆政府工作报告指出，有效释放能源资源潜力，以煤炭为基础、油气为关键、新能源为方向，全面推进新时代国家"三基地一通道"建设，全力保障国家能源安全。

煤化工产业是重要产业。新疆素有"煤海"之称，煤炭预计储量达2.19万亿吨，占我国煤炭总储藏量的40%。其中仅准东煤田累计探明储量就达2136亿吨。依托优质煤炭资源，新疆将以伊犁、准东煤炭基地为重点，大力发展现代煤化工产业，提升传统煤化工产业，提高技术含量和深加工程度，形成煤制合成氨、煤制二甲醚、煤制气、煤制烯烃、煤制乙二醇、煤焦化产业链，尽快建成一定规模的现代煤化工产业集群。

农业建设全产业链打响品牌。新疆独特的光热水土资源优势孕育着特色产业发展的无限潜力，先后成功申报并创建薄皮核桃、库尔勒香梨、葡萄、伊犁马、棉花、褐牛6个优势特色产业集群，聚焦全区范围内基础好、规模大、有特色、比较优势显著的主导产业，推动主导产业由县域的"块状经济"向全区"带状经济"转变。2022年全区6个优势特色产业集群产值均突破百亿元，2个农业产业强镇主导产业产值超10亿元，产业集群集聚发展已取得显著成效。

园区数量一般，分布较为均匀。2022年，新疆有国家级园区13个，其中国家级经济技术开发区9个，国家级高新技术产业开发区4个，国家级园区数量居全国第13。13个园区分布在8个城市，分别为乌鲁木齐、石河子、克拉玛依、库尔勒、昌吉、伊犁、五家渠、库车，其余市州暂无国家级园区。

（三）人口

新疆常住人口常年高于户籍人口，老龄化程度低于全国水平。2022年末，全区常住人口2587万人，同比增长-0.08%，居全国第21位，较2012年上升4位。全区常住人口常年高于户籍人口，2012—2022年，二者之差从22万增加到281万人，显示户籍人口回流，人口吸引力上升。2022年，全区65岁以上人口占比8.4%，较2012年提升1.6个百分点，低于14.9%的全国水平，在全国老龄化程度中排名第30位，较

[①] 2012年，全省产值前四产业为石油加工、炼焦和核燃料加工业，石油和天然气开采业，黑色金属冶炼和压延加工业，电力、热力生产和供应业。

2012 年下降 1 位。

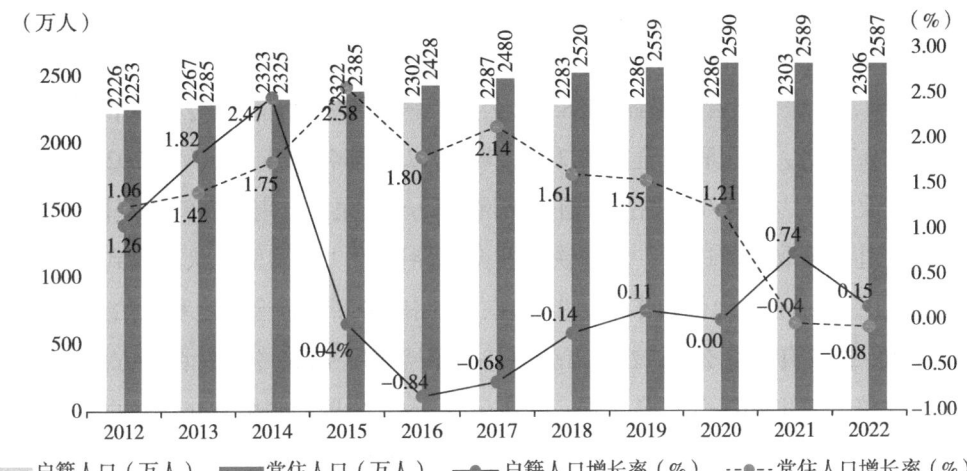

图 4-5-3　新疆户籍人口与常住人口情况

数据来源：wind，中铁研究院。

人口教育结构改善，高等教育人口占比中等。2022 年，全区专科、本科、研究生学历人口占比分别为 10.9%、7.3%、0.3%，受高等教育（专科、本科、研究生）人口合计占比 18.4%，较 2015 年的 13.1% 上升 5.3 个百分点。高中学历占比为 14.6%，较 2012 年上升 2.6 个百分点。小学学历占比 28.6%，初中学历占比为 30.9%，二者占比下降 3.8 个百分点，全区教育结构改善。从全国来看，全区受高等教育人口占比居全国 13 位，高等教育人口占比中等。

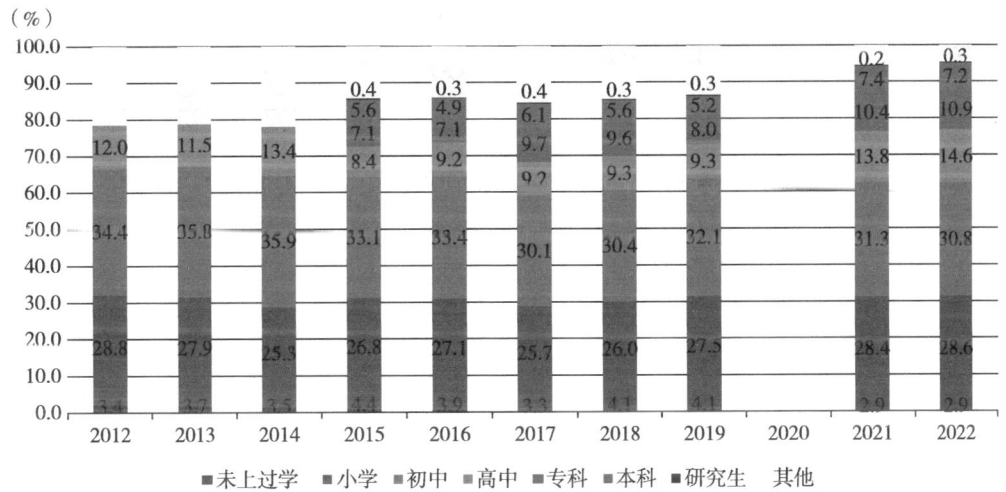

图 4-5-4　新疆人口受教育情况

数据来源：wind，中铁研究院，其中缺少 2020 年数据。

（四）基础设施和公共服务

立体综合交通网络不断完善，铁路、公路总里程及机场数量居全国前列，密度偏低。2022年，新疆铁路营业里程8688.822公里，铁路网密度达0.53公里/百平方公里，为全国的0.33倍，总里程居全国第2位，较2012年排名提升4位。到2025年，铁路营业及建设里程达10060公里，新疆铁路网布局趋于完善，南北疆铁路环网形成，铁路国际通道建设取得新进展，新疆铁路在全国路网的"末端型"状况得到初步改变，"亚欧交通枢纽中心"地位和作用初步显现，铁路服务新疆社会稳定和长治久安的能力明显提升。2022年全区公路22.31万公里，公路网密度13.62公里/百平方公里，是全国的0.24倍，总里程居全国第9位，高速公路7600公里，密度0.46米/百平方公里，总里程居全国第11位。规划至2025年全区公路总里程预计达到22.83万公里，高速（一级）公路里程达到1万公里以上。全区共25个运输机场，2022年全区机场旅客吞吐量共计1679.2万人次，占全国3.23%，全国排名第12，货邮吞吐量共计12.2万吨，全国排名第19。乌鲁木齐地窝堡机场旅客吞吐量占全区59.76%，货物吞吐量占全区76.79%，到2025年末，全疆民用运输机场数量将达到37个。

表4-5-2　　　　　　　　　　2022年新疆自治区基础设施统计

类型	指标	新疆	全国	西部地区
铁路	里程（公里）	8688.822	154906.5	62994.177
	密度（公里/百平方公里）	0.53	1.62	0.92
公路	里程（公里）	223100	5355000	231.86
	密度（公里/百平方公里）	13.62	55.93	33.96
机场	机场数量	25	254	130
	旅客吞吐量（万人次）	1679.2	51952.8	17305.3
	货邮吞吐量（万吨）	12.2	1452.7	214.7
港口航道	港口吞吐量（亿吨）	——	55.54	——
	内河通航里程（公里）	——	127968	34684.5

数据来源：wind，国家统计局，中铁研究院。

公共服务设施发展缓慢，千人医疗床位数位排名下滑13名。2021年，新疆义务教育生均校舍建筑面积9.77平方米，低于全国10.3人/平方米的平均水平，生均校舍面积全国排名第24，较2013年排名提升4位。2022年新疆每千人医疗卫生机构床位数6.94张/千人，略高于全国6.91的平均水平，全国排名第16，较2012年下滑

13名。

表 4-5-3　　　　　　　　　　新疆公共服务设施统计

	2021年义务教育生均校舍建筑面积（m²）	2022年每千人口医疗卫生机构床位数（张）
新疆	9.77	6.94
全国	10.30	6.91
西部地区	10.41	7.46

数据来源：《中国教育统计年鉴2021》《中国卫生健康统计年鉴2022》，中铁研究院。

（五）城市建设

城镇化进程滞后，城市结构升级，中心城首位度提升。2022年，新疆常住人口城镇化率57.89%，低于全国平均水平7.33个百分点，居全国第25位。2012—2022年城镇化率提升13.67个百分点，高于全国平均水平1.55个百分点。新疆有城市21座，较2012年增加10座，拥有从Ⅱ型小城市到Ⅰ型大城市四档城市结构a，缺乏能级更高的特大超大城市，也缺少Ⅱ型大城市，城市结构存在断档。基于城区人口维度，四档城市以Ⅰ型大城市和Ⅰ型小城市为主，分别占城区人口45%、28%。2012—2022年，城市结构实现升级，乌鲁木齐从Ⅱ型大城市晋级为Ⅰ型大城市，晋级2座中等城市，与之对应，小城市人口占比下降14%。中心城首位度略有提升，2022年，乌鲁木齐城区人口383.77万人，较2012年净增84.97万，占新增人口的29%，城市首位度从44%提升至45%，排名保持全国第6位。

土地城镇化步伐较慢，仍快于人口城镇化，城市基础设施供地强度大。2022年，新疆城镇建成区2159.35平方公里，居全国第18位，10年复合增速3.43%，高于全国平均水平，同期区域人口排名全国第25，增速2.24%（低于全国平均），地人增速差1.19个百分点，高于全国平均水平，居全国第13位。城镇城市建设用地1949平方公里，人均建设用地151.2平方米，居全国第2位，与2012年一致。结构上，居住、绿地广场、道路交通设施用地居前三位，占比分别为30.54%、18.91%、14.27%，其中绿地广场、道路交通用地占比较2012年，分别提升7.72、3.07个百分点，此外商服用地占比有所提升。与全国平均水平横向比较，除居住、工业、道路交通用地外，公共管理与服务、商业服务、物流仓储、公用设施、绿地广场等5项指标均高于全国平均水平，显示工业发展水平不及全国，公共服务、城市基础设施建设供地强度较大。

---

① Ⅰ型大城市1座，中等城市2座，Ⅰ型小型城市6座，Ⅱ型小城市12座。

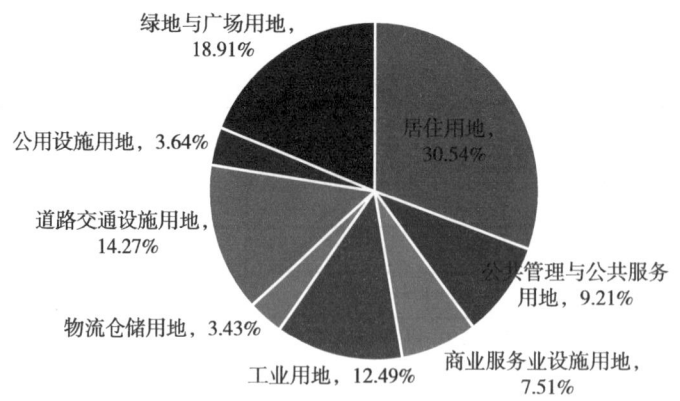

图 4-5-5　2022 年新疆城市建设用地结构

资料来源：住建部 2022 年城乡统计年鉴，中铁研究院。

城市市政基础设施投资力度减弱，城市设施水平有待提升。2022 年，新疆完成市政基础设施投资 268.54 亿元，同比增长 –10.75%，10 年复合增速 –5.35%，人均投资 2156.39 元，四项指标分别居全国第 26、21、28、22。从长周期来看，投资规模和人均投资较 2012 年下降 7 和 16 位，显示阶段投资力度削弱。2022 年城市和县城市政基础设施指标与全国的偏离度均值分别为 –0.13、0.9，居全国第 15 和第 10 位。指标不及全国平均水平的分别有 8 项、5 项，均较 2012 年减少 1 项，城市部分道路、管网、绿化等各项指标落后全国。新疆房地产投资基数相对高，阶段投资温和，较为脆弱。2022 年全区完成投资 1158.86 亿元，居全国第 24，与人口规模相适应，同比降低 22.82%，降幅全国第 11，10 年复合增速 6.7%，高于全国平均水平，居全国第 14，投资规模排名较 2012 年上升 3 位。2022 年，新疆人均住房面积[①]约 33.32 平方米，居全国第 31 位。新疆有城市轨道交通（仅含地铁、轻轨）27.62 公里。

县域体量大，城市发展空间大，城市和县城低水平分化，县域基础设施投资力度阶段性增强。2022 年，新疆城市、县城、镇对城镇化的人口贡献率分别为 57.18%、26%、17%，分别高于全国平均水平 –4.31、9、–4.87 个百分点，显示出城市发育不足，县域经济规模体量较大。长周期来看，2012—2022 年，新疆城市、县城、镇贡献率分别提升 –10.28、–6.69、16.97 个百分点，显示全区镇域人口集聚加快。新疆市少县多，2022 年，共有 21 座城市、66 个县城（不含 28 个县级市），二者城区人口之比为 2.20，较 2012 年加深 0.14，人口体量差距及加深程度均低于全国平均水平，与县城和镇加快发展相匹配。从平均人口来看，城市为县城的 6.92 倍，居全国第 9 位，分化程度较重，新疆县域单体规模较小，平均城区人口 5.89 万人，为全国平均水平的 50% 左右，显示处于低水平分化。县城市政基础设施投资力度增强，2022 年，新疆城市和县城人均市政

---

① 由于缺乏统计数据，报告人均住房面积含城乡居民住房。

基础设施投资分别为 1654.49、3261.26 元，是全国 8 个城市人均投资低于县城人均投资的省市之一，分别居全国第 27、第 10 位，分别较 2012 年下降 21 和上升 7 位。城市和县城市政基础设施指标与全国的偏离度均值分别居全国第 15 和第 10 位。从产业发展来看，2022 年，县城工业用地占城市建设用地比 7.04%，城市工业用地占比 15.24%。

（六）固定资产投资情况

增速波动较大，制造业投资提速，基础设施占比增加，房地产出现下滑。2022 年，新疆固定资产投资同比增加 7.6%，固投增速在 31 个省级行政区中排名第 10 位，高于全国增速 2.5 个百分点，2018 年出现较大降幅后进入连续正增长。从领域来看，2022 年制造业增长 15.0%、房地产下降 22.8%、基础设施[①]增长 17.1%。从结构来看，制造业投资比重稳定，增速呈上升趋势，2021 和 2022 年平均增速达 26.0%；房地产投资结束了连续三年的正增长，在 2022 年出现 22.8% 的较大降幅，占比出现下降；基础设施 2012—2022 年平均增速达 18%。2012—2022 年新疆固定资产投资中的建筑安装工程占比从 71% 左右波动上升至 78%。

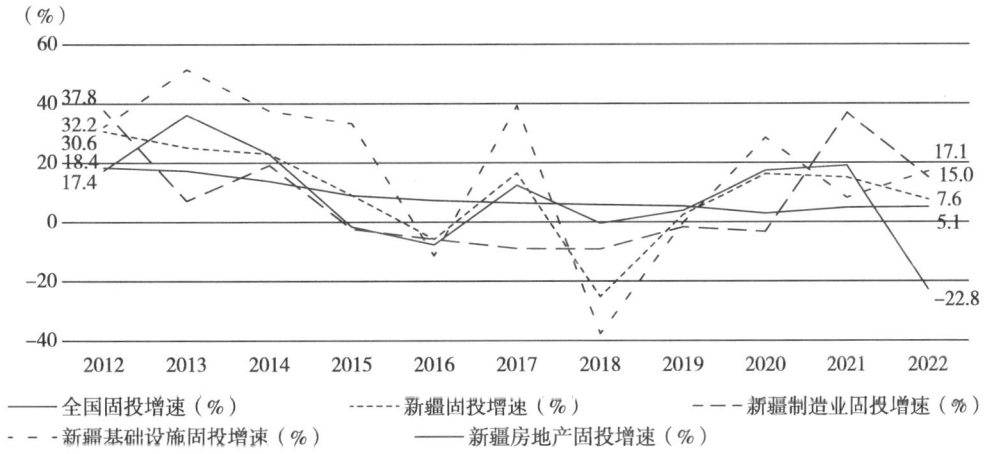

图4-5-6　新疆固定资产投资增速情况

数据来源：wind，新疆统计年鉴，国家统计局，中铁研究院。

基础设施投资结构发生变化。2012—2022 年，水利生态环境和公共设施管理业投资比重逐渐上升，2022 年投资增速 0.5%，电力热力燃气及水生产和供应业占比则总体下降，投资增速在 2022 年迎来 101.0% 的大幅反弹。交通运输和邮政业比重近年来在 30% 左右波动，2022 年投资下降 9.7%，信息传输和信息技术服务业投资占比低，

---

① 基础设施：取电力、热力、燃气及水生产和供应业，交通运输和邮政业，信息传输和信息技术服务业，水利、生态环境和公共设施管理业四项投资之和。

2022年投资增速 −17.6%。

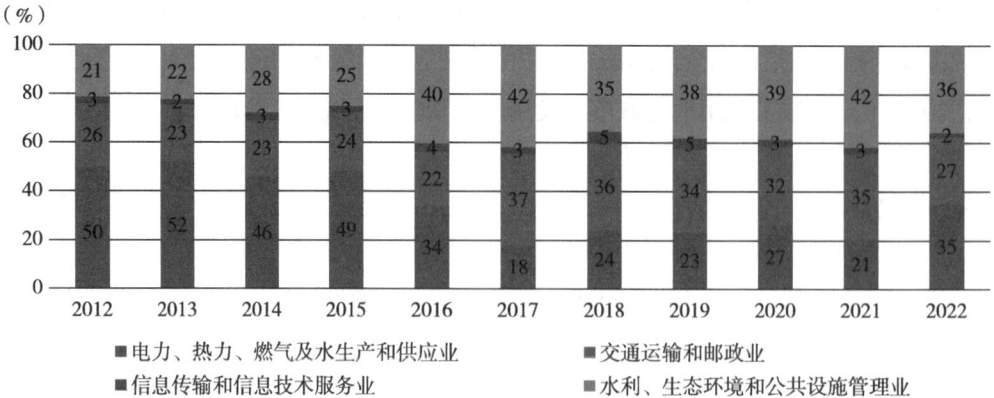

图4-5-7 新疆历年基础设施投资结构占比

数据来源：wind，新疆统计年鉴。2017年后各项占比以2017年投资为基数，按公布的投资增速计算。

（七）财政情况

新疆综合财力收入水平与GDP匹配，对转移支付和非税收入依赖较高，对债务依赖程度较高。2022年新疆综合财力约为6102亿元，在全国31个省级行政区中排名第23，与GDP排名一致，综合财力增加5.1%，全国排名第6。从结构来看，一般公共预算收入和政府性基金收入之比约为92∶8，比例远高于全国水平，一般公共预算自给率24.7%，远低于全国43.1%的均值，一般公共预算收入对转移支付依赖度高。2012—2022年全区一般公共预算（不含转移支付和负债）税收占比从77%下滑至58%，2022年全国排名第17位，处于全国中游水平，财政可靠性一般。债务收入占比约30.5%，略高于全国水平。2022年，新疆全区政府性基金收入（不含转移支付）469.3亿元，全国排名第22位。

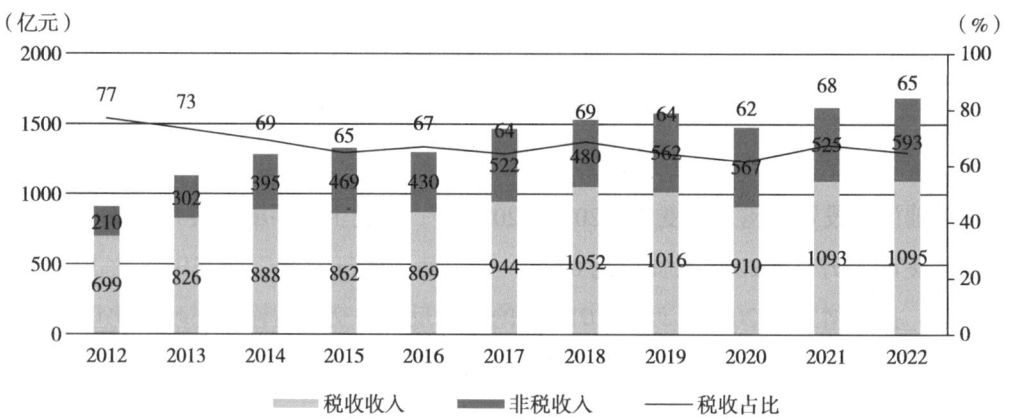

图4-5-8 新疆一般公共预算收入结构

数据来源：wind，新疆财政厅。本图中收入数据不含中央税收返还和转移支付、债务等收入。

政府债务较快增长，负债规模持续扩大，整体负债水平较高，有一定债务空间。2022年新疆地方政府债务限额8436亿元，居全国第23位，债务余额7853亿元，同样居全国第23位。2018—2022年，新疆债务余额年均复合增长率18.5%，居全国第18位。2022年新疆债务率129%，低于警戒线，全国排名第18位，政府债可用限额583.2亿元，居全国第17位，有一定债务腾挪空间。从债务结构来看，2022年新疆专项债占比49.6%，略低于全国水平。

（八）乌鲁木齐市情况

乌鲁木齐市经济发展较慢，经济综合实力弱。2022年乌鲁木齐市GDP3893.22亿元，在36个大中城市中[①]排名第30，与2012年持平；人均GDP9.55万元，排名第21位。2012—2022年，乌鲁木齐市名义GDP年均复合增速6.87%，在36个大中城市中排名第28。三次产业结构为0.8∶29.1∶70.1。新疆是中国的能源资源宝库之一，而乌鲁木齐市在新疆的经济中发挥着重要作用。乌鲁木齐市拥有丰富的石油、天然气资源，同时还有一批大型石化企业和化工企业，如乌鲁木齐石油化工集团、乌鲁木齐石化公司等，涵盖了石油开采、石油加工、化工产品生产等多个环节，为乌鲁木齐市的能源与化工产业提供了强大支撑。新疆是中国重要的粮食和棉花生产基地之一，而乌鲁木齐市周边地区也有大片的农田和果园。乌鲁木齐市以其丰富的农产品资源，发展了一批农副产品加工企业，如乌鲁木齐市果品加工厂、乌鲁木齐市棉纺织厂等，致力于农产品的深加工和品牌建设。乌鲁木齐市在新疆的现代制造业发展较为突出，涵盖了机械制造、电子信息、汽车制造等多个领域。乌鲁木齐市拥有一批高新技术企业和制造业龙头企业，如新疆天路机械集团、新疆雪迪龙汽车有限公司等，推动了乌鲁木齐市的工业化进程。

乌鲁木齐市常住人口增长缓慢，人口结构年轻。2022年全市常住人口408.24万人，同比增长0.3%。2012—2022年，全市常住人口增长77.54万人，增量居全国第30位，增速居全国第21位。乌鲁木齐60岁以上人口比重为13.25%，15~59岁人口比重72.19%，拥有大学文化程度（大专及以上）的人口每10万人达到1.63万人，人口结构年轻但人口素质落后，劳动人口比重居第5位，大学文化程度（大专及以上）人口居第35，人口与经济发展都处于落后水平。

固定资产投资增长较慢，基础设施投资占比大。2022年乌鲁木齐市固定资产投资同比增长0.3%，居第22位。其中工业投资增长30%，基础设施投资增长20.5%，民

---

① 以下均为在36个大中城市中的排名，其他有注明的除外。

间投资下降 21.7%，房地产投资下降 40.6%。

综合财力居全国落后水平，债务率高。2022 年，乌鲁木齐市综合财力 654.5 亿元（一般公共预算收入 + 转移支付收入 + 政府性基金收入），居第 32 位。2012—2022 年综合财力（2011 前不含转移支付收入）年均增速 4.83%，居全国第 28 位，2022 年财政自给率 54.6%，在 36 个大中城市排名第 30 名。2022 年，乌鲁木齐市债务率 214.02%（债务余额/综合财力），在 36 个大中城市中排名第 4 位。

六、贵州省

（一）经济情况

贵州省GDP增速较快，人均GDP水平较低。2022年贵州省GDP20164.58亿元，是2012年的2.94倍，11年间复合增长率10.31%，GDP总量全国排名第22。2012—2022年GDP平均增速高于全国平均水平2.66个百分点。2022年全国GDP总量排名较2012年提升4名，人均GDP5.23万元，居全国第28位，较2012年提升3名。

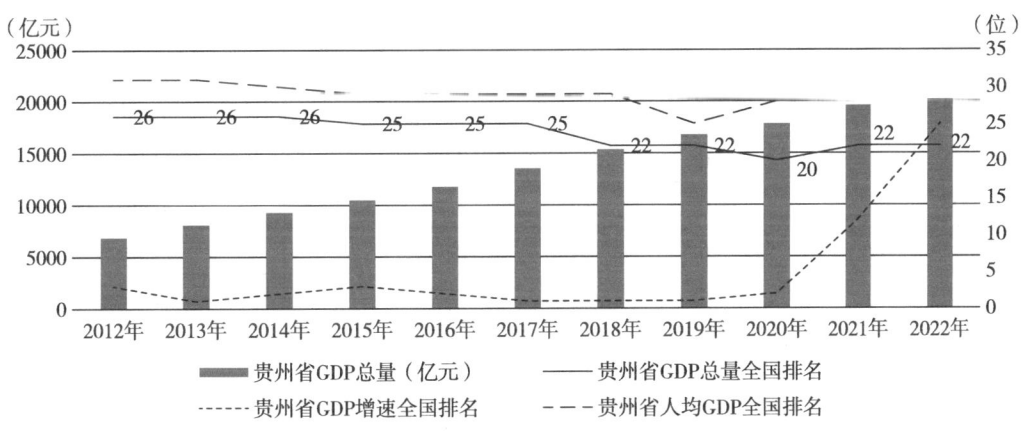

图4-6-1　贵州省GDP总量及相关经济指标全国排名情况

数据来源：国家统计局，中铁研究院。

三次产业结构三产占比一半，一产比重高于全国水平。2022年，贵州省一二三产比重为14.2%∶35.3%∶50.50%，分别高于全国6.9、-4.6、-2.3个百分点。从演变趋势来看，二产比重整体呈下降趋势，由2012年40.50%下降至35.30%左右，三产比重由2012年46.6%增至2022年50.5%。二产中工业占比低于全国平均水平，2022年，贵州省工业增加值占GDP比重为27.24%，较上年减少0.53个百分点，低于全国39.92%的平均水平。

各地市经济发展水平普遍不高，人均GDP全部低于全国水平。2022年，全省9个地级市和自治州的GDP首末比4.55，较2012年减少0.3，贵阳市首位度较高，GDP总量占全省24.4%，与2012年占比持平。全省各地市州人均GDP水平均低于全国平均水平，人均GDP首末比超过2.47，除贵阳和遵义外，其他7个地市州人均GDP均不足全国人均GDP70%，整体发展水平及亟待提高。

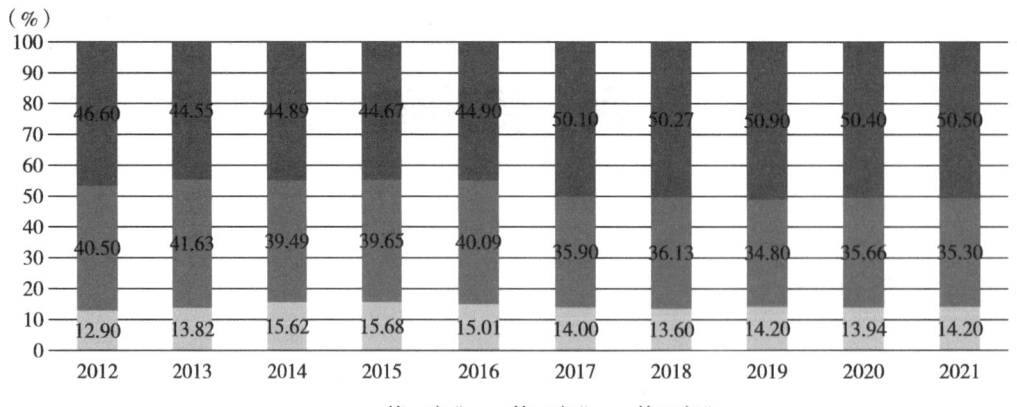

图4-6-2 贵州省一二三产业结构比重变化（%）

数据来源：国家统计局，中铁研究院。

表4-6-1　　　　　　贵州省各市州GDP总量和人均GDP（2022年）

序号	各市州	GDP总量（亿元）	人均GDP（元/人）
1	贵阳市	4921.17	79872
2	六盘水市	1503.58	49839
3	遵义市	4401.26	66742
4	安顺市	1080.92	43991
5	毕节市	2206.52	32305
6	铜仁市	1477.19	45126
7	黔西南布依族苗族自治州	1508.69	50395
8	黔东南苗族侗族自治州	1293.08	34613
9	黔南布依族苗族自治州	1772.18	50971

数据来源：贵州省统计局，中铁研究院。

（二）支柱产业

产业结构较为传统。2022年，全省规上工业（不含水电气热，下同）营收前四为电力、热力生产和供应业，酒、饮料和精制茶制造业，煤炭开采和洗选业，计算机、通信和其他电子设备制造业，营收规模分别为1611.3、1273.92、881.3、807.44亿元，总计占工业比重22.68%。相比2012年[1]，计算机通信和其他电子设备制造业后来居上，

---

[1] 2012年，全省产值前四产业为煤炭开采和洗选业，电力、热力生产和供应业，黑色金属冶炼和压延加工业，医药制造业。

取代黑色金属冶炼和压延加工业成为第三大产业,"十四五"时期,贵州省以十大工业产业集群化发展为重点,实施工业倍增行动,奋力推进工业大突破。以"中国数谷"大数据电子信息、军民融合等产业为重点建设黔中产业核心区;以世界级酱香型白酒产业基地、先进装备制造等产业为重点建设黔北产业核心区;以高端装备制造、健康医药等产业为重点强化中部产业发展轴;打造东部食品医药和新型材料发展带,构建西部能源电力和新型化工发展带。

聚焦打造全国重要的白酒生产基地,在固优势、壮企业上下功夫,加快做强做优白酒产业。巩固提升酱香型白酒原产地和主产区优势,加强产区生态、生产、生活空间管控,聚力发展酱香白酒及其配套产业,重点支持白酒重大项目建设,着力打造世界酱香白酒集群。发展壮大以茅台为引领的企业品牌舰队,支持茅台加快冲刺世界500强企业;支持习酒加快发展力争进入全国白酒行业前五;支持国台、珍酒、金沙、钓鱼台、董酒等加快百亿产值进程;支持有实力的名优酒企以市场化手段并购整合中小酒企,推进中小企业规范发展,着力形成头部企业引领、重点企业支撑、中小企业融入的全产业发展生态。

聚焦打造新型综合能源基地,在释放产能、挖掘潜力上下功夫,加快做大做强现代能源产业。争取国家支持,推进煤矿规划修编审批工作,加快建设露天煤矿;坚持"一矿一策",着力解决涉法涉诉、矿界重叠等老大难问题;推动煤矿规模化、智能化发展,着力打造西南地区煤炭保供中心。加快新建煤电机组建设,加快推动机组节能升级和灵活性改造。加快建设一批"风光水火储""源网荷储""抽水蓄能"等一体化项目,争取国家支持推动输电网络改造,破解新能源发展瓶颈。

园区数量少,分布较为集中。2022年,贵州有国家级园区5个,其中高新技术产业开发区3个,国家级经济技术开发区2个,国家级园区数量居全国第26。5个国家级园区分布在3个城市,贵阳、安顺、遵义。其余6城市暂无国家级园区。

(三)人口

人口常年外流,人口老龄化程度低于全国水平。2022年末,全省常住人口3856万人,同比增长0.1%,居全国第17位,较2012年上升2位。全省常住人口常年小于户籍人口,缺口逐渐扩大,2012—2022年,二者之差从-708万增加至-775万,人口吸引力不足。2022年,全省65岁以上人口占比12.1%,较2012年提升3个百分点,低于14.9%的全国水平,在全国老龄化程度中排名第24位,较2012年下降11个位次。

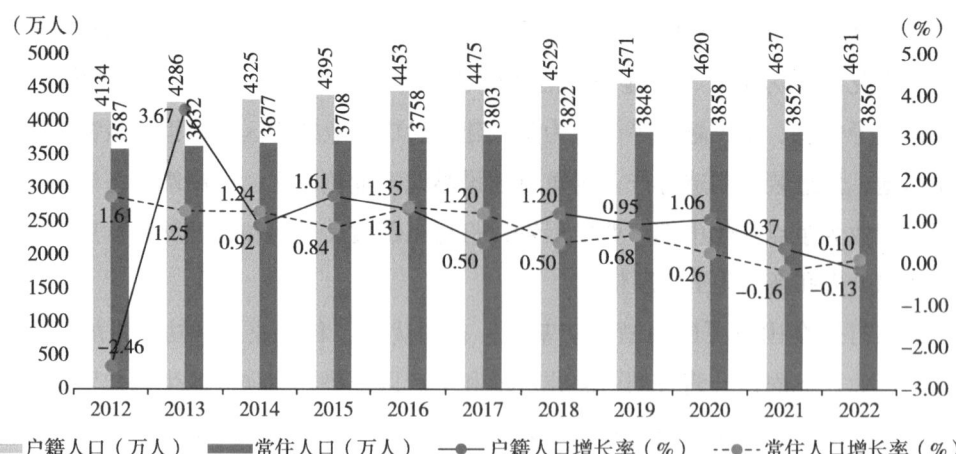

图4-6-3 贵州省户籍人口与常住人口情况

数据来源：wind，中铁研究院。

人口教育结构改善，高等教育人口占比较为落后。2022年，全省专科、本科、研究生学历人口占比分别为6.3、6.5%、0.3%，受高等教育（专科、本科、研究生）人口合计占比13.2%，较2015年的7.7%上升5.5个百分点。高中学历占比为10.2%，较2012年上升0.9个百分点。小学学历占比31.6%，初中学历占比为30%，二者占比下降4.3个百分点，全省教育结构改善。从全国来看，全省受高等教育人口占比居全国第31位，高等教育人口占比较为落后。

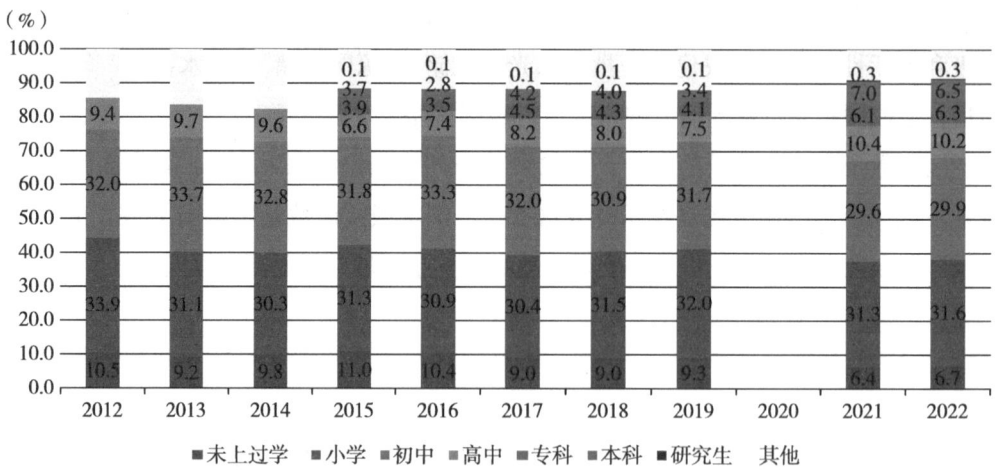

图4-6-4 贵州省人口受教育情况

数据来源：wind，中铁研究院，其中缺少2020年数据。

（四）基础设施和公共服务

立体综合交通网络不断完善，高速公路密度居全国前列。2022年，贵州省铁路营业里程 4029.976 公里，铁路网密度达 2.29 公里/百平方公里，为全国的 1.41 倍，居全国第 22 位，与 2012 年排名持平。到 2025 年，贵州将争取实现高速铁路通车里程达 2000 公里左右，实现"市市通高铁"，推动全省高铁通道骨架初步形成。2022 年全省公路 20.96 万公里，公路网密度 118.98 公里/百平方公里，是全国的 2.13 倍，居全国第 12 位，高速公路 8300 公里，密度 4.71 公里/百平方公里，居全国第 6 位。规划至 2025 年高速公路通车里程 9500 公里以上，改造国省干线 3100 公里，实现普通国道二级及以上公路比例达 90%，力争实现普通省道三级及以上公路比例达 45%。全省共 11 个运输机场，2022 年全省机场旅客吞吐量共计 1231.6 万人次，占全国 2.37%，全国排名第 17，货邮吞吐量共计 8.5 万吨，全国排名第 22。贵阳机场旅客吞吐量占全省 79.55%，货物吞吐量占全省 95.42%，到 2025 年末，实现旅客吞吐量达 3000 万人次/年，货邮吞吐量达 25 万吨/年。2022 年，贵州内河通航里程 3953.57 公里，占全国 3.09%。

表 4-6-2　　　　　　　　　　　2022 年贵州省基础设施统计

类型	指标	贵州	全国	西部地区
铁路	里程（公里）	4029.976	154906.5	62994.177
	密度（公里/百平方公里）	2.29	1.62	0.92
公路	里程（公里）	209600	5355000	231.86
	密度（公里/百平方公里）	118.98	55.93	33.96
机场	机场数量	11	254	130
	旅客吞吐量（万人次）	1231.6	51952.8	17305.3
	货邮吞吐量（万吨）	8.5	1452.7	214.7
港口航道	港口吞吐量（亿吨）	——	55.54	
	内河通航里程（公里）	3953.57	127968	34684.5

数据来源：wind，国家统计局，中铁研究院。

公共服务设施千人医疗床位数全国第 6，义务教育生均面积位居中下游。2021 年，贵州省义务教育生均校舍建筑面积 10.16 平方米，低于全国 10.3 人/平方米的平均水平，全国排名第 17，较 2013 年排名第 29 提升 14 位。2022 年贵州省每千人医疗卫生机构床位数 8.03 张/千人，高于全国 6.91 的平均水平，全国排名第 6，较 2012 年提升 16 名。

表 4-6-3　　　　　　　　　　贵州省公共服务设施统计

	2021 年义务教育生均校舍建筑面积（m²）	2022 年每千人口医疗卫生机构床位数（张）
贵州	10.16	8.03
全国	10.30	6.91
西部地区	10.41	7.46

数据来源：国家统计局，《中国卫生健康统计年鉴 2022》，中铁研究院。

（五）城市建设

城镇化进程滞后，中小城市加快发展，中心城首位度略有下降。2022年，贵州省常住人口城镇化率54.81%，低于全国平均水平10.41个百分点，居全国第28位。2012—2022年城镇化率提升18.51个百分点，城镇化全国排名提升2位。2022年，贵州有城市16座，拥有从Ⅱ型小城市到Ⅱ型大城市四档城市结构，缺乏300万人口以上城市，城市能级有待提升。城市人口结构以Ⅱ型大城市和Ⅰ型小城市为主，分别占人口的49%、34%。2012—2022年，中小城市加快发展，遵义从等在内的中小城市人口增加264.46万人，占全部人口增量的86%，贵阳市人口仅增加43.2万人，显示期间贵阳对城镇化增量贡献较低。中心城首位度下降，2022年贵阳市城区人口297.50万人，相比2012年增加43.2万人，占全部城区增量人口的14%，吸引力较弱，首位度从42%下降到33%，全国排名从第8下降至第11位。第二大城市遵义2022年人口达到146.74万，相比2012年增加72.46万人，增长超过100%。

土地城镇化快于人口城镇化，居住、公共管理服务供地强度大。2022年，贵州城镇建成区2074.73平方公里，居全国第19位，10年复合增速6.34%，增速全国第一，同期区域人口排名全国第22，增速3.75%，地人增速差2.6个百分点，人口城镇化快于土地城镇化。城镇城市建设用地1822平方公里，人均建设用地116.75平方米，居全国第15位，较2012年提升12位，土地集约利用水平有待提升。结构上，居住、道路交通设施、工业用地居前三位，占比分别为35.4%、14.34%、13.04%，其中三者均较2012年占比提升，此外商服、公共管理与服务用地占比提升。与全国平均水平横向比较，除工业、绿地广场用地外，其余六类用地占比均高于全国平均水平，居住、公共管理服务、商服分别高出3.54、2.71、1.77个百分点，显示出对生活性服务业依赖较大，供地力度较大。

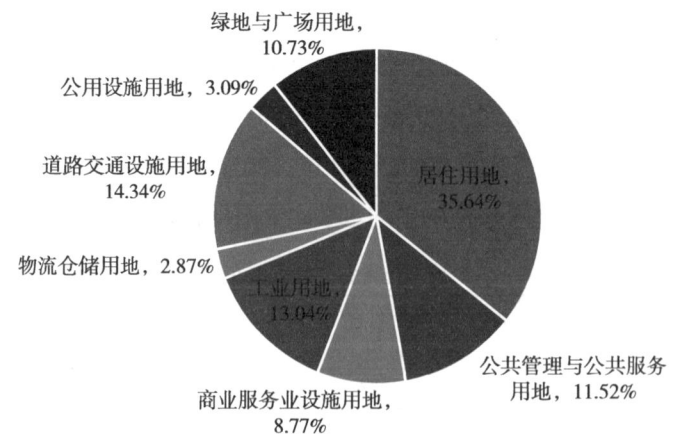

图4-6-5　2022年贵州省城市建设用地结构

资料来源：住建部2022年城乡统计年鉴，中铁研究院。

城市建设力度大幅增强，设施水平有待持续改善。2022 年，贵州省完成市政基础设施投资 904.24 亿元，同比增长 -9.68%，10 年复合增速 13.15%，人均投资 5716.59 元，四项指标分别居全国第 14、19、1、5。从长期来看，投资规模和人均投资较 2012 年提升 11 和 16 位，显示阶段投资力度大幅增强。贵州省市政基础设施底子薄，虽然经过阶段性增强投资力度，2022 年城市和县城市政基础设施指标与全国的偏离度均值分别为 -0.37、-0.32，较 2012 年提升 2.44 和 13.7，虽整体低于全国平均水平，但得到大幅提升。指标不及全国平均水平的均有 6 项，主要是供排水、燃气、生活垃圾处理。贵州房地产投资市场较为脆弱，2022 年全省完成投资 1814.3 亿元，居全国第 21，基本与城市人口规模一致，同比降低 46.37%，降幅居全国第 2 位，10 年复合增速 2.14%，低于全国平均水平，居全国第 26，投资规模排名较 2012 年下降 1 位。2022 年，贵州人均住房面积[①]约 43.47 平方米，居全国第 14 位。贵州有城市轨道交通（仅含地铁、轻轨）75.71 公里。

县域经济主体作用突出，城市与县城分化水平较轻。2022 年，贵州省城市、县城、镇对城镇化的人口贡献率分别为 43.13%、32%、25%，分别高于全国平均水平 -18.19、14.74、3.44 个百分点，城市贡献度全国排名最末，县域经济主体作用突出。长周期来看，2012—2022 年，贵州省城市、县城、镇贡献率分别提升 -3.25、-6.01、9.25 个百分点，显示期间城镇化提升主要依赖于镇域承载。贵州城市和县城数量较为均衡，共有 16 座城市、61 个县城（不含 10 个县级市），2022 年，二者城区人口之比为 1.36，较 2012 年加深 0.13，城市和县城的体量差距和加深水平均低于全国平均。从平均人口来看，城市为县城的 5.18 倍，低于全国平均水平，居全国第 18 位，分化程度处于较轻水平。城市建设分化水平较轻，2022 年，贵州城市和县城人均市政基础设施投资分别为 5083.22、6577.79 元，居全国第 9、第 1 位，分别较 2012 年上升 14、9 位。城市和县城市政基础设施指标与全国的偏离度均值分别居全国第 18 和第 17 位。从产业发展来看，2022 年，县城工业用地占城市建设用地比 10.51%，城市工业用地占比 14.84%。

（六）固定资产投资情况

总体增速放缓，制造业增速较快，基础设施较为稳定，房地产降幅较大。2022 年，贵州省固定资产投资同比下降 5.1%，固投增速在 31 个省级行政区中排名第 28 位，低于<u>全国增速 10.2 个百分点，贵州固投增速 2019 年起不及全国水平，2021—2022 连续两年</u>

[①] 由于缺乏统计数据，报告人均住房面积含城乡居民住房。

出现负增长。从领域来看，2022年制造业增长28.0%、房地产下降28.9%、基础设施[①]增长2.1%。从结构来看，制造业投资近两年出现较快增长，投资占比回升；房地产投资占比下降，2022年出现28.9%的较大负增长；基础设施2012—2022年平均增速13.5%。2012—2022年贵州省固定资产投资中的建筑安装工程占比从72%左右持续上升至83%。

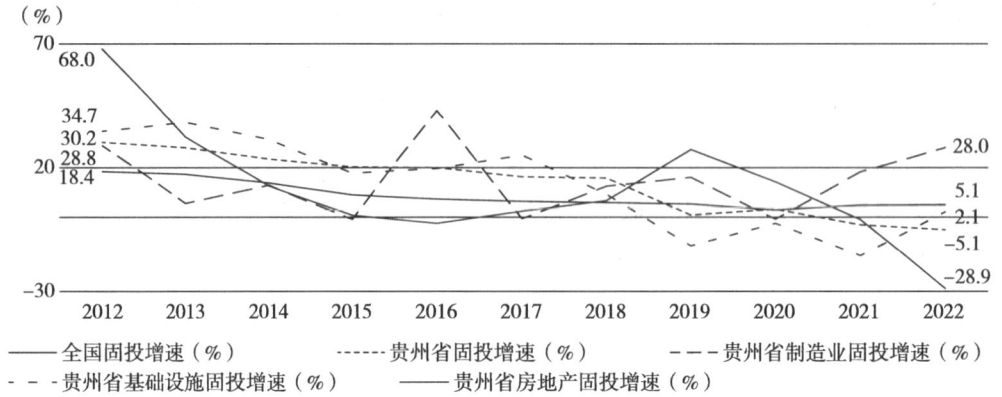

图4-6-6 贵州省固定资产投资增速情况

数据来源：wind，贵州省统计年鉴，国家统计局，中铁研究院。

基础设施投资结构较为稳定。2012—2022年，水利生态环境和公共设施管理业、交通运输和邮政业占贵州基础设施投资绝对主导地位，二者投资之和在基础设施投资中占比平均达86%，体现出贵州省水利生态和交通基础设施建设需求高的特点。2022年，二者投资增速分别为-3.8%、19.6%。电力热力燃气及水生产和供应业投资比重近年来稳定在15%左右，2022年投资增速-19.7%。信息传输和信息技术服务业投资占比低，近年来投入持续加大，2022年投资增长达26.7%。

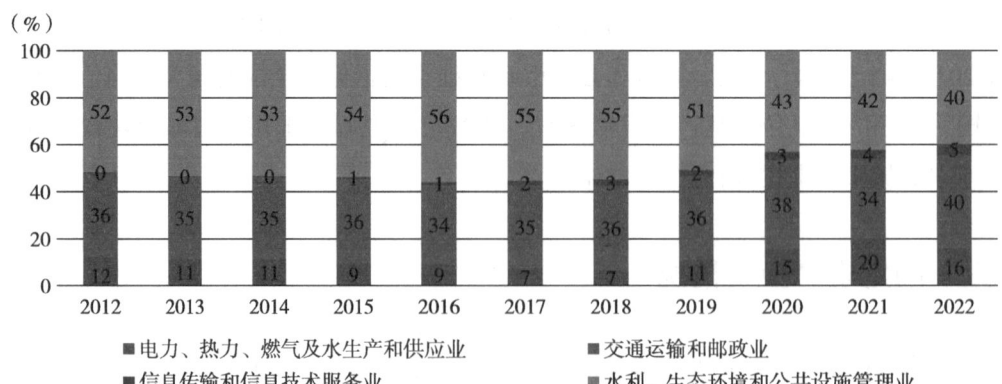

图4-6-7 贵州省历年基础设施投资结构占比

数据来源：wind，贵州省统计年鉴。2017年后各项占比以2017年投资为基数，按公布的投资增速计算。

---

① 基础设施：取电力、热力、燃气及水生产和供应业，交通运输和邮政业，信息传输和信息技术服务业，水利、生态环境和公共设施管理业四项投资之和。

（七）财政情况

贵州省综合财力收入水平高于GDP水平，对转移支付和非税收入依赖度较高，对债务依赖程度高。2022年贵州省综合财力约为7603亿元，在全国31个省级行政区中排名第16，高于GDP排名的第22名，综合财力增长0.7%，全国排名第11。从结构来看，一般公共预算收入和政府性基金收入之比约为73∶27，比例低于全国水平，一般公共预算自给率32.2%，低于全国43.1%的均值，一般公共预算收入对转移支付依赖度较高。2012—2022年全省一般公共预算（不含转移支付和负债）税收占比从67%波动下降至54%，2022年全国排名第31位，为全国最低，财政可靠性差。债务收入占比约27.4%，略高于全国水平。2022年，贵州省全省政府性基金收入（不含转移支付）2041.3亿元，全国排名第14位。

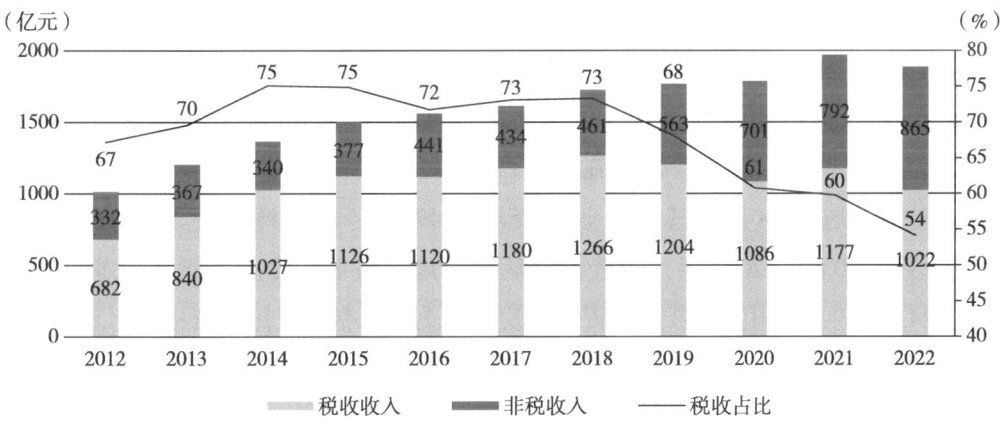

图4-6-8　贵州省一般公共预算收入结构

数据来源：wind，贵州省财政厅。本图中收入数据不含中央税收返还和转移支付、债务等收入。

政府债务增长较慢，负债规模持续扩大，整体负债水平高，有一定债务空间。2022年贵州省地方政府债务限额12962亿元，居全国第12位，债务余额12470亿元，居全国第11位，2018—2022年，贵州省债务余额年均复合增长率9%，居全国第2位，仅高于辽宁。2022年贵州省债务率164%，高于警戒线，全国排名第5位，政府债可用限额492.2亿元，居全国第19位，债务腾挪空间大小一般。从债务结构来看，2022年贵州省专项债占比47.2%，低于全国水平。

（八）贵阳市情况

贵阳市经济发展速度快，经济综合实力有较大提升。2022年贵阳市GDP4921.17

亿元，在36个大中城市中排名第29，相比2012年上升2位。人均GDP7.99万元，排名第29位。2012—2022年，贵阳市名义GDP年均复合增速11.21%，在36个大中城市中排名第2。三次产业结构为4.1∶35.4∶60.5。贵阳近年来推进先进装备制造、新能源汽车、电子信息制造、铝及铝加工、磷化工、生态特色食品、健康医药七大重点产业，2022年七大重点产业总产值占规模以上工业总产值的比重达到64.3%，制造业对经济增长贡献率达32.5%。新能源汽车产业、磷化工产业、电子信息制造业产值均保持两位数增长，高技术制造业增加值占规模以上工业比重达19.6%。"风口"产业加速领跑，新能源电池及材料产业产值增速达166.5%。

常住人口增长较快，人口红利有待提升。2022年全市常住人口666万人，同比增长1.94%。2012—2022年，全市常住人口增长183.04万人，增量居全国第15位，增速居全国第10位。贵阳60岁以上人口比重为13.3%，15~59岁人口比重68.1%，拥有大学文化程度（大专及以上）的人口每10万人达到2.3万人，虽然均优于全国水平，但在36个大中城市中优势并不突出，劳动人口比重居第19位，大学文化程度（大专及以上）人口居第25位，与全市GDP增长不相适应。

固定资产投资下降，基础设施投资占比大。2022年贵阳市固定资产投资同比增长–4.2%，居第28位。其中工业投资增长49.6%，房地产投资下降21.7%，民间投资下降10.6%。2022年，制造业、基础设施、房地产占基础设施投资比例为21.2∶24.1∶39。贵阳固定资产投资长期房地产为主，基础设施投资中，水利、环境和公共设施管理业占比长期较高，近年来信息传输、软件和信息服务业投资额成为基础设施中投资增速最高行业。

综合财力增长快，但负债水平较高。2022年，贵阳市综合财力1522.19亿元（一般公共预算收入＋转移支付收入＋政府性基金收入），居第20位。2012—2022年综合财力（2011前不含转移支付收入）年均增速16.61%，居全国第1位，2022年财政自给率55.4%，在36个大中城市排名第28名。2022年，贵阳市债务率171.08%（债务余额/综合财力），在36个大中城市中排名第10位。

七、云南省

(一) 经济情况

云南省GDP总量位居中游末尾,人均GDP排名较为落后。2022年云南省GDP 28954.2亿元,是2012年的2.81倍,11年间复合增长率9.84%,GDP总量全国排名第18。2012—2022年GDP平均增速高于全国平均水平2.04个百分点。2022年全国GDP总量排名较2012年提升6名,人均GDP6.17万元,居全国第23位,较2012年提升6名。

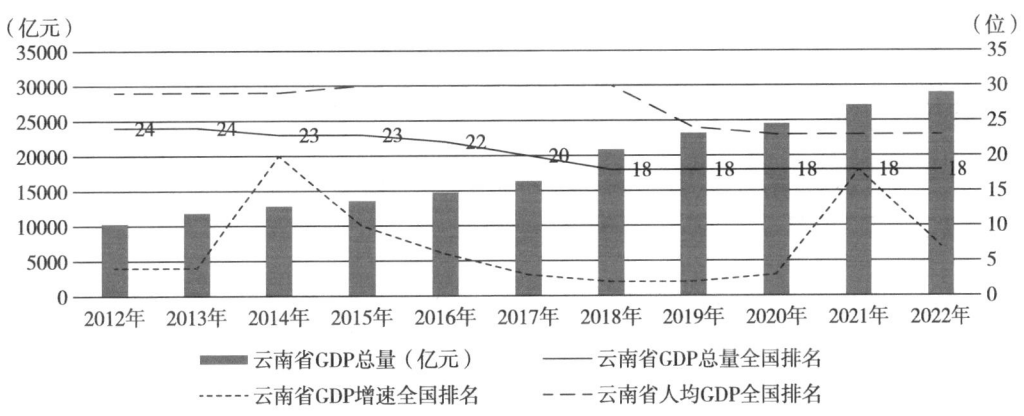

图4-7-1 云南省GDP总量及相关经济指标全国排名情况

数据来源:国家统计局,中铁研究院。

三次产业结构三产占比一半,一产比重高于全国水平。2022年,云南省一二三产比重为13.9%:36.2%:50.0%,分别高于全国6.6、-3.7、-2.8个百分点。从演变趋势来看,一产和二产比重经历了先降后升的历程,二产比重由2012年42.90%下降至36.20%左右,三产比重由2012年41.1%增至2022年50.0%。二产中工业占比低于全国平均水平,2022年,云南省工业增加值占GDP比重为24.86%,较上年减少0.71个百分点,低于全国39.92%的平均水平。

各地市经济发展水平普遍不高,GDP首末超过30。2022年,全省16个地级市和自治州的GDP首末比30.17,较2012年减少10.01,昆明市首位度较高,GDP总量占全省26%,较2012年降低3个百分点。显示出发展不平衡程度减缓明显。全省人均GDP

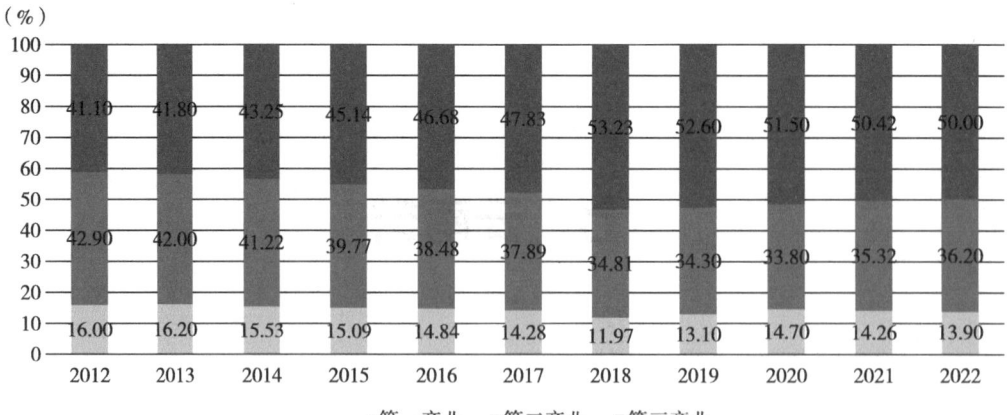

图4-7-2 云南省一二三产业结构比重变化（%）

数据来源：国家统计局，中铁研究院。

水平普遍较低，仅有昆明市和玉溪市人均GDP达到或超出全国水平，全省人均GDP首末比超过2.74，文山市、昭通市人均GDP不足全国人均GDP一半，保山市、丽江市、普洱市、临沧市、西双版纳、大理、德宏、怒江多地市州人均GDP不足全国人均GDP70%，整体发展水平及均衡性有待进一步提高。

表4-7-1 云南省各市GDP总量和人均GDP（2022年）

序号	各市州	GDP总量（亿元）	人均GDP（元/人）
1	昆明	7541.37	88193
2	曲靖	3802.20	66373
3	玉溪	2520.57	111579
4	保山	1262.44	52438
5	昭通	1541.02	30935
6	丽江	620.10	49768
7	普洱	1072.97	45168
8	临沧	1000.24	44723
9	楚雄	1763.42	74046
10	红河	2863.08	64768
11	文山	1405.39	40748
12	西双版纳	721.39	55194
13	大理	1699.62	51302
14	德宏	587.12	44530
15	怒江	249.93	45441
16	迪庆	303.36	77785

数据来源：云南省统计局，中铁研究院。

（二）支柱产业

产业结构转型前景较好。2022年，全省规上工业（不含水电气热，下同）营收前四为有色金属冶炼和压延加工业，电力、热力生产和供应业，计算机、通信和其他电子设备制造业，烟草制品业，营收规模分别为3753.08、2130.84、1763.19、1760.87亿元，总计占工业比重32.49%。相比2012年[①]，计算机通信和其他电子设备制造业后来居上，进入前四大产业成为第三大产业。2022年云南省先后印发实施云南省产业强省三年行动，农业现代化、绿色铝、光伏、新材料、生物医药产业发展、现代物流业、数字经济发展7个三年行动，以及绿色铝、光伏、新材料、生物医药、数字经济产业5个配套支持政策，形成了以产业强省三年行动为统领，以7个系列专项三年行动、5个配套政策为支撑的产业强省建设"1+7+5"政策体系。

绿色能源产业体系初见成效。从供给侧来看，云南省总发电量3515.76亿千瓦时，同比增长3.8%，规模以上发电企业发电量达3192.67亿千瓦时，同比增长1.8%。全省外送电量1772.66亿千瓦时，同比增长12.1%。规模以上煤炭生产企业生产原煤5112.22万吨，增长7.3%。中缅天然气管道输送41.06亿立方米，同比增长0.7%，整个云南能源供应处于长期稳定增长的态势，成为云南省第一支柱产业。而从全年目前公开数据来看，2021年全年，云南省绿色能源装机突破9500万千瓦，绿色发电量3309.85亿度，绿色铝硅成长为新的千亿级产业，能源工业增加值增长11.2%。

数字经济核心产业总体规模提升明显。截至2022年底，产业主营业务增速达52.6%，规上企业699户，比2021年增加48户，主营业务收入百亿以上企业9户，50亿以上企业7户，10亿以上企业29户，亿元以上企业135户。2022年，以智能终端、太阳能光伏和新能源电池为代表的数字产品制造业，增速达到86.6%，突破2000亿大关，在40个大类工业行业中贡献率排名第一。

园区数量较一般，分布较为多元。2022年，云南有国家级园区8个，其中国家级经济技术开发区5个，国家级高新技术产业开发区3个，国家级园区数量居全国第19。12个国家级园区分布在6个城市，昆明、玉溪、楚雄、蒙自、大理。其余城市暂无国家级园区。

（三）人口

云南省户籍人口与常住人口差距先正后负，人口老龄化程度低于全国水平。2022年末，全省常住人口4693万人，同比增长0.06%，居全国第12位，较2012年持平。全省常住人口与户籍人口接近，但差距先正后负，缺口逐年扩大，2012—2022年，二

---

① 2012年，全省产值前四产业为有色金属冶炼和压延加工业，烟草制品业，电力、热力生产和供应业，黑色金属冶炼和压延加工业。

者之差从 58 万减少至至 –137 万，人口吸引力逐年减弱。2022 年，全省 65 岁以上人口占比 11.7%，较 2012 年提升 3.9 个百分点，低于 14.9% 的全国水平，在全国老龄化程度中排名第 25 位，较 2012 年下降 1 个位次。

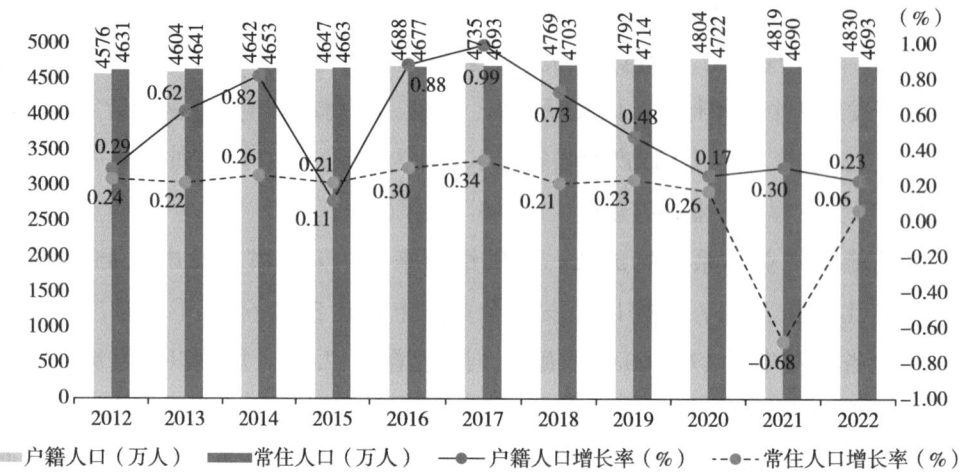

图4-7-3　云南省户籍人口与常住人口情况

数据来源：wind，中铁研究院。

人口教育结构改善，高等教育人口占比落后。2022 年，全省专科、本科、研究生学历人口占比分别为 6.7%、6.2%、0.4%，受高等教育（专科、本科、研究生）人口合计占比 13.2%，较 2015 年的 7.7% 上升 5.5 个百分点。高中学历占比为 11%，较 2012 年下降 0.3 个百分点。小学学历占比 35.4%，初中学历占比为 28.7%，二者占比下降 3.2 个百分点，全省教育结构改善。从全国来看，全省受高等教育人口占比居全国第 30 位，高等教育人口占比落后。

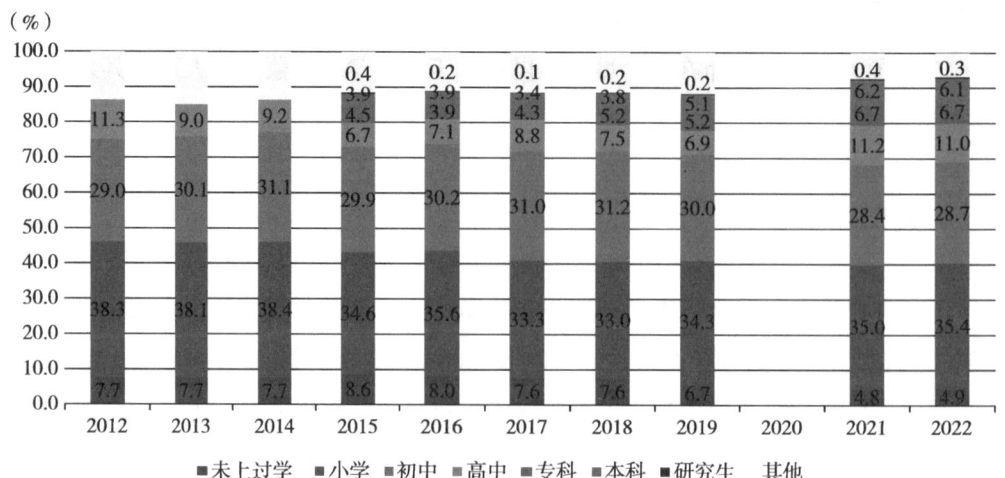

图4-7-4　云南省人口受教育情况

数据来源：wind，中铁研究院，其中缺少 2020 年数据。

（四）基础设施和公共服务

立体综合交通网络不断完善，公路里程和密度、机场吞吐量居全国前列。2022 年，云南省铁路营业里程 4983.509 公里，铁路网密度达 1.26 公里/百平方公里，为全国的 0.78 倍，居全国第 19 位，较 2012 年排名下滑 1 位。到 2025 年，铁路营运里程达到 6000 公里（高铁里程 1600 公里），基本实现铁路网覆盖全部州、市，高铁覆盖 300 万人以上人口州、市和旅游重点区。2022 年全省公路 31.61 万公里，公路网密度 80.23 公里/百平方公里，是全国的 1.43 倍，居全国第 2 位，高速公路 10200 公里，密度 2.59 公里/百平方公里，居全国第 2 位。规划至 2025 年公路总里程达到 35 万公里，高速公路建成通车总里程确保达到 1.3 万公里、力争达到 1.5 万公里，新改建普通国省道 3000 公里，新改建农村公路 6 万公里。全省共 15 个运输机场，2022 年全省机场旅客吞吐量共计 3066.4 万人次，占全国 5.9%，全国排名第 4，货邮吞吐量共计 34.5 万吨，全国排名第 11。昆明机场旅客吞吐量占全省 69.26%，货物吞吐量占全省 89.89%，到 2025 年末，在建及运营运输机场总数量达到 20 个。2022 年，云南内河通航里程 4590.22 公里，占全国 3.59%。规划至 2025 年末，改善航道里程 1000 公里、航道总里程达到 5300 公里，新增内河港口泊位 60 个。

表 4-7-2 　　　　　　　　　　2022 年云南省基础设施统计

类型	指标	云南	全国	西部地区
铁路	里程（公里）	4983.509	154906.5	62994.177
	密度（公里/百平方公里）	1.26	1.62	0.92
公路	里程（公里）	316100	5355000	231.86
	密度（公里/百平方公里）	80.23	55.93	33.96
机场	机场数量	15	254	130
	旅客吞吐量（万人次）	3066.4	51952.8	17305.3
	货邮吞吐量（万吨）	34.5	1452.7	214.7
港口航道	港口吞吐量（亿吨）	——	55.54	——
	内河通航里程（公里）	4590.22	127968	34684.5

数据来源：wind，国家统计局，中铁研究院。

公共服务设施义务教育生均校舍面积大幅提升，千人医疗床位数位居中上游水平。2021 年，云南省义务教育生均校舍建筑面积 10.7 平方米，高于全国 10.3 人/平方米的平均水平，全国排名第 11，较 2013 年排名第 27 提升 16 位。2022 年云南省每千人医疗卫生机构床位数 7.27 张 / 千人，高于全国 6.91 的平均水平，全国排名第 13，较 2012 年提升 5 名。

表 4-7-3 云南省公共服务设施统计

	2021 年义务教育生均校舍建筑面积（m²）	2022 年每千人口医疗卫生机构床位数（张）
云南	10.7	7.27
全国	10.30	6.91
西部地区	10.41	7.46

数据来源：《中国教育统计年鉴 2021》《中国卫生健康统计年鉴 2022》，中铁研究院。

（五）城市建设

城镇化进程滞后，小城市加快发展，中心城市发展趋缓。2022 年，云南省常住人口城镇化率 51.72%，低于全国平均水平 13.5 个百分点，仅高于西藏居全国第 30 位。2012—2022 年城镇化率提升 13.25 个百分点，高于全国平均水平 1.13 个百分点，城镇化全国排名降低 1 位。云南省有城市 26 座，与 2012 年保持一致，拥有从Ⅱ型小城市到Ⅰ型大城市四档城市结构[①]，既缺乏能级更高的特大超大城市，也缺少Ⅱ型大城市，城市结构存在断档。基于城区人口维度，四档城市以Ⅰ型大城市和Ⅰ型小城市为主，分别占城区人口 43%、39%。2012—2022 年，四档城市结构未实现升级，是全国 10 个未实现城市结构升级的省之一，Ⅰ型小城市加快发展，数量增加 3 座，人口占比较 2012 年提升 6 个百分点，成为 4 档城市中人口占比唯一提升的城市类型。首位城市发展势头趋缓，2022 年，中心城市云南城区人口 467.52 万人，2012—2022 年城区人口净增 44.99 万，仅占新增人口的 21%，城市首位度从 49% 下降至 43%，排名下降 4 位居全国第 9 位。

土地城镇化快于人口城镇化，城市基础设施供地强度大。2022 年，云南省城镇建成区 2012.96 平方公里，居全国第 20 位，10 年复合增速 2.69%，低于全国平均水平，同期区域人口排名全国第 21，增速 1.38%，地人增速差 1.31 个百分点，高于全国平均水平，居全国第 13 位。城镇城市建设用地 1865 平方公里，人均建设用地 108.9 平方米，居全国第 19 位，较 2012 年提升 5 位。结构上，居住、道路交通设施、绿地广场用地居前三位，占比分别为 33.18%、17.42%、16.42%，其中道路交通、绿地广场用地占比较 2012 年增长，分别提升 7.86、4.31 个百分点，此外有工业用地占比提升。与全国平均水平横向比较，除工业用地外，其余 7 项指标用地高于全国平均水平，

---

① Ⅰ型大城市 1 座，中等城市 1 座，Ⅰ型小型城市 14 座，Ⅱ型小城市 10 座。

显示工业用地较全国平均差距大，生活性服务业占比高，公共服务、城市基础设施建设供地强度较大。

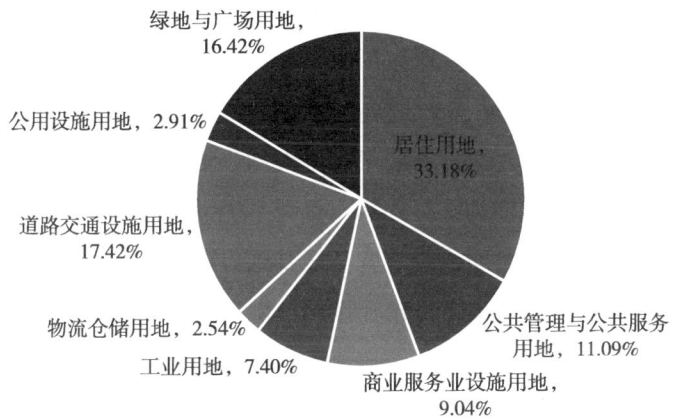

图4-7-5　2022年云南省城市建设用地结构

资料来源：住建部2022年城乡统计年鉴，中铁研究院。

城市设市政基础设施投资高位降速，房地产力度大，城市设施水平较高。2022年，云南省完成市政基础设施投资371.65亿元，同比增长-14.92%，10年复合增速4.27%，人均投资2190.72，四项指标分别居全国第22、24、13、21。从长周期来看，投资规模和人均投资较2012年提升5和6位，显示阶段投资力度增强。但受整体市政基础设施底子薄的影响，2022年城市和县城市政基础设施指标与全国的偏离度均值分别为-1.05、-1.62，显示出与全国平均水平有较大差距，居全国第24和第22位。指标不及全国平均水平的分别有8项、10项，供排水、燃气、道路、绿化等各项指标落后全国。云南省房地产投资基数相对高，阶段投资温和，较为脆弱。2022年全省完成投资3152.02亿元，居全国第16，略高于人口规模相，同比降低26.87%，降幅全国第8，10年复合增速5.87%，低于全国平均水平，居全国第17，投资规模排名较2012年上升1位。2022年，云南人均住房面积①约43.4平方米，居全国第15位。云南省有城市轨道交通（仅含地铁、轻轨）165.91公里。

县域体量大，小散弱，城市发展空间大，城市和县城分化水平中等。2022年，云南省城市、县城、镇对城镇化的人口贡献率分别为44.41%、25%、30%，分别高于全国平均水平-16.91、8.52、8.39个百分点，城市贡献度全国第28，显示出城市发育不足，县域经济和镇域经济规模体量较大。长周期来看，2012—2022年，云南省城市、县城、镇贡献率分别提升-4.08、-9.1、13.17个百分点，显示全省镇域人口集聚加快。云南省市少县多，2022年，共有26座城市、94个县城（不含18个县级市），二者城

---

① 由于缺乏统计数据，报告人均住房面积含城乡居民住房。

区人口之比为1.74，较2012年加深0.34，人口体量差距及加深程度均低于全国平均水平。从平均人口来看，城市为县城的6.3倍，居全国第13位，分化程度处于全国中游偏上，云南省县域单体规模较小，平均城区人口6.58万人，为全国平均水平的60%左右。县城市政基础设施投资力度增强，2022年，云南省城市和县城人均市政基础设施投资分别为1585.92、3244.46元，居全国第28、第11位，分别较2012年下降2和上升2位，是全国8个城市人均投资低于县城人均投资的省市之一。城市和县城市政基础设施指标与全国的偏离度均值分别居全国第24和第22位。综合人均投资和偏离度均值两项指标，过去一段时期，云南省县域基础设施投资力度得到增强。从产业发展来看，2022年，县城工业用地占城市建设用地比6.23%，城市工业用地占比8.1%。

（六）固定资产投资情况

固投增速高于全国水平，制造业和基础设施增长较快，房地产出现较大降幅。2022年，云南省固定资产投资同比增长7.5%，固投增速在31个省级行政区中排名第12位，高于全国增速2.4个百分点，近十年除2021年外均高于全国水平。从领域来看，2022年制造业增长40.3%、房地产下降26.9%、基础设施[①]增长9.3%。从结构来看，制造业投资近年占比较为稳定，2022年投资提速；房地产投资占比下降，2021年投资增速转负后在2022年出现26.9%的更大跌幅；基础设施2012—2022年平均增速16.2%。2012—2022年云南省固定资产投资中的建筑安装工程占比从73%左右持续上升至89%。

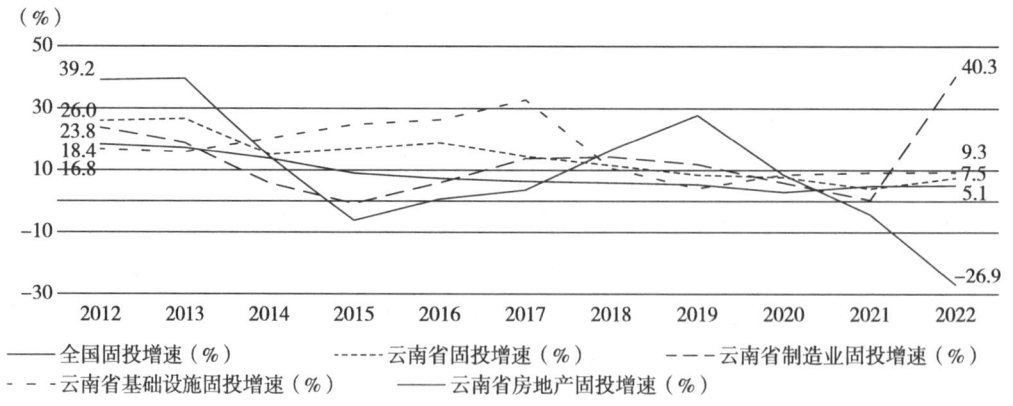

图4-7-6 云南省固定资产投资增速情况

数据来源：wind，云南省统计年鉴，国家统计局，中铁研究院。

---

① 基础设施：取电力、热力、燃气及水生产和供应业，交通运输和邮政业，信息传输和信息技术服务业，水利、生态环境和公共设施管理业四项投资之和。

基础设施投资结构发生变化。2012—2022 年，水利生态环境和公共设施管理业、交通运输和邮政业占云南基础设施投资绝对主导地位且占比均呈增加态势，二者投资之和在基础设施投资中占比平均达 80%，体现出云南省水利生态和交通基础设施建设需求高的特点。2022 年，二者投资增速分别为 19.3%、-11.2,%。电力热力燃气及水生产和供应业投资比重下降较大，但 2022 年投资迎来 76.4% 的较大提升。信息传输和信息技术服务业投资占比低但投入加大，2022 年投资增长达 24.1%。

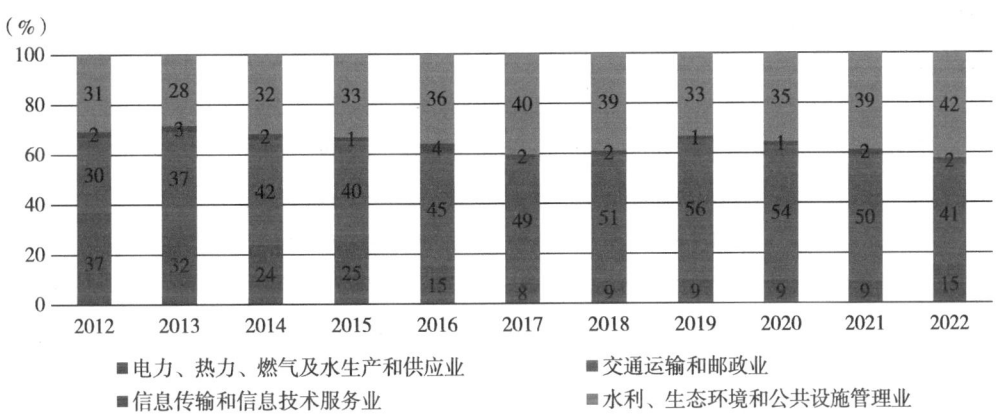

图4-7-7 云南省历年基础设施投资结构占比

数据来源：wind，云南省统计年鉴，2017 年后各项占比以 2017 年投资为基数，按公布的投资增速计算。

（七）财政情况

云南省综合财力收入水平与 GDP 水平较为匹配，对转移支付和非税收入依赖度较高，对债务依赖程度高。2022 年云南省综合财力约为 7047 亿元，在全国 31 个省级行政区中排名第 17，低于 GDP 排名的第 18 名，综合财力下降 2.6%，全国排名第 18。从结构来看，一般公共预算收入和政府性基金收入之比约为 91∶9，比例远高于全国水平，一般公共预算自给率 29.1%，低于全国 43.1% 的均值，一般公共预算收入对转移支付依赖度较高。2012—2022 年全省一般公共预算（不含转移支付和负债）税收占比从 80% 波动下降至 61%，2022 年全国排名第 24 位，财政可靠性较低。债务收入占比约 34.9%，远高于全国水平，对债务依赖程度高。2022 年，云南省全省政府性基金收入（不含转移支付）620.8 亿元，全国排名第 20 位。

政府债务稳定增长，负债规模持续扩大，整体负债水平高，有一定债务空间。2022 年云南省地方政府债务限额 13165 亿元，居全国第 11 位，债务余额 12098 亿元，居全国第 12 位，2018—2022 年，云南省债务余额年均复合增长率 14.1%，居全国第 7 位。2022 年云南省债务率 172%，高于警戒线，全国排名第 3 位，仅低于天津、吉林，政府债可用限额1066.8亿元，居全国第8位，债务仍有较大腾挪空间。从债务结构来看，2022年云南省专项债占比52.4%，略低于全国水平。

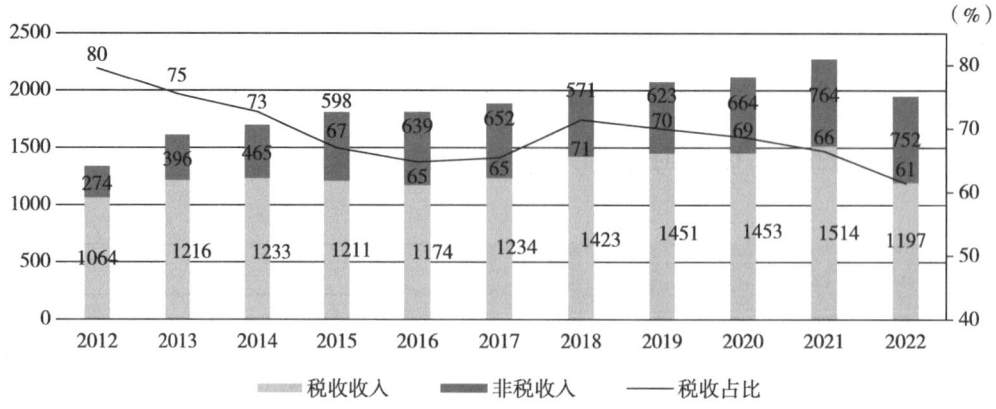

图4-7-8　云南省一般公共预算收入结构（亿元）

数据来源：wind，云南省财政厅。本图中收入数据不含中央税收返还和转移支付、债务等收入。

（八）昆明市情况

昆明市经济发展较快，但经济综合实力有待提升。2022年昆明市GDP7541.4亿元，在36个大中城市中[①]排名第22，相比2012年上升2位。人均GDP8.82万元，排名第25位。2012—2022年，昆明市名义GDP年均复合增速9.62%，在36个大中城市中排名第10。三次产业结构为4.3∶32∶63.7，产业能级不断跃迁。全市产业由低端向中高端迈进，打造昆明经济升级版取得明显成效。高原特色都市现代农业稳步发展，2020年增加值达312.35亿元，年均增长5.6%。新动能加速成长，先进制造业比重逐步提高，生物医药产业成为第四大支柱行业，新材料产业、先进装备制造业、电子信息制造业加速培育，云南新能源乘用车制造实现"零"的突破，5G智能手机实现昆明造，2020年第二产业增加值达2102.93亿元，年均增长6.5%。新经济新业态不断融合，云南数字经济开发区、华为·昆明数字经济智慧园区、云南省区块链产业示范基地建设加快，区块链、人工智能、VR/AR等重点领域集群规模不断扩大，高原特色农产品等4条流通领域现代供应链体系建设通过国家验收。

常住人口增长较快，但人口红利有待提升。2022年全市常住人口850.2万人，同比增长1.15%。2012—2022年，全市常住人口增长211.36万人，增量居全国第12位，增速居全国第15位。昆明60岁以上人口比重为14.4%，15~59岁人口比重70.62%，拥有大学文化程度（大专及以上）的人口每10万人达到2.42万人，虽然均优于全国

---

① 以下均为在36个大中城市中的排名，其他有注明的除外。

水平，但在 36 个大中城市中较为落后，劳动人口比重居第 6 位，大学文化程度（大专及以上）人口居第 23 位，人口素质与经济水平相匹配。

固定资产投资下降，基础设施投资占比大。2022 年昆明市固定资产投资同比增长 –3.1%，居第 26 位。其中工业投资增长 41.4%，基础设施投资增长 22.4%，房地产投资下降 30.8%，民间投资下降 15.2%。

财政状况整体一般，负债水平较高。2022 年，昆明市综合财力 1063.44 亿元（一般公共预算收入 + 转移支付收入 + 政府性基金收入），居第 25 位。2012—2022 年综合财力（2011 前不含转移支付收入）年均增速 2.5%，居全国第 32 位，2022 年财政自给率 58.53%，在 36 个大中城市排名第 26 名。2022 年，昆明市债务率 209.75%（债务余额/综合财力），在 36 个大中城市中排名第 5 位。

八、西藏自治区

（一）经济情况

西藏自治区GDP总量连续多年位居全国末尾，GDP平均增速较高。2022年西藏自治区GDP2132.64亿元，是2012年的3.04倍，11年间复合增长率10.64%，GDP总量连续多年全国排名末尾。2012—2022年GDP平均增速高于全国平均水平2.56个百分点。2022年人均GDP5.84万元，居全国第25位，较2012年提升3名。

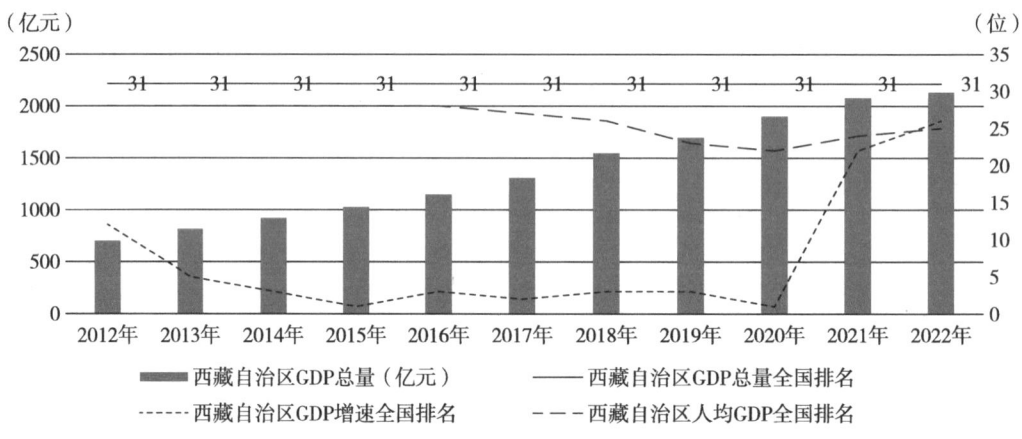

图4-8-1　西藏自治区GDP总量及相关经济指标全国排名情况
数据来源：国家统计局，中铁研究院。

三次产业结构三产占比始终超过一半，二产工业占比远低于全国平均水平。2022年，西藏自治区一二三产比重为8.4%：37.7%：53.8%，分别高于全国1.1、-2.2、1个百分点。从演变趋势来看，一产比重整体呈下降趋势，由2012年11.5%降至2022年8.4%，二产比重经历了先升后降的过程，由2012年34.6%上升至2018年的42.53%和2020年的42.0%，后又逐步下降至2022年37.7%左右，三产比重始终保持在50%以上。二产中工业占比远低于全国平均水平，2022年，西藏自治区工业增加值占GDP比重为9.42%，较上年增加0.29个百分点，远远低于全国39.92%的平均水平。

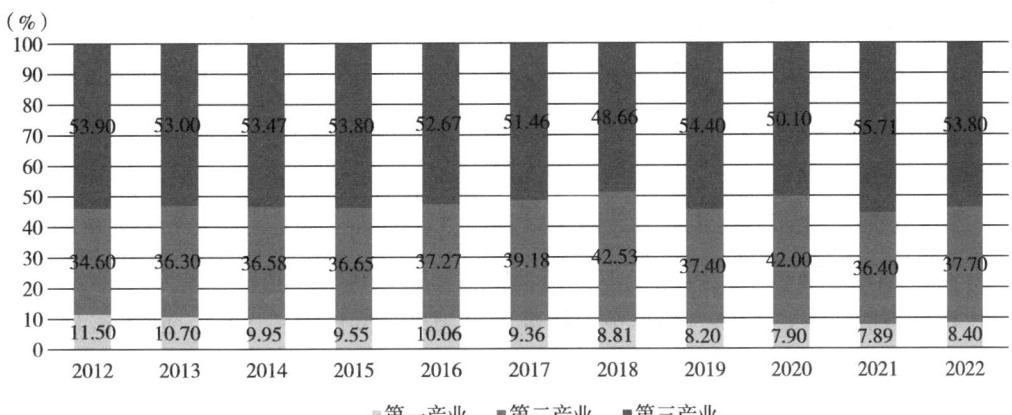

图4-8-2 西藏一二三产业结构比重变化（%）

数据来源：国家统计局，中铁研究院。

各地市经济发展水平均衡性较差，GDP首末比超过9。2022年，全区7个地级市州的GDP首末比9.29，较2012年降低0.86，拉萨市首位度较高，GDP总量占全省35%，较2012年降低2.11个百分点，显示发展不平衡程度有所改善。全区人均GDP首末比超过2.27，较2012年下降1.19，仅拉萨和林芝市人均GDP与全国水平相当，昌都、那曲、日喀则等地市人均GDP不足全国水平60%，发展均衡性有待进一步提高。

表4-8-1　　　　　西藏各市GDP总量和人均GDP（2022年）

序号	各地市区	GDP总量（亿元）	人均GDP（元/人）
1	拉萨	747.57	85859
2	林芝	208.29	86896
3	山南	242.98	68794
4	昌都	303.00	39686
5	那曲	193.20	38144
6	日喀则	361.92	45189
7	阿里	80.51	65085

数据来源：西藏自治区统计局，中铁研究院。

（二）支柱产业

产业基础较薄弱，但规模增速较快。2020年，全区规上工业（不含水电气热，下同）营收前四为金属制品、机械和设备修理业，有色金属矿采选业，非金属矿物制品业，酒、饮料和精制茶制造业，营收规模分别为279.13、120.27、71.53、43.04亿元，总计占工业比重27.01%。相比2012年[①]，金属制品、机械和设备修理业后来居上，取

---
① 2012年，全区产值前四产业为有色金属矿采选业，非金属矿物制品业，酒、饮料和精制茶制造业，电力、热力生产和供应业。

代有色金属矿采选业成为第一大产业。西藏通过坚持"优化一产、壮大二产、提升三产"发展战略，推进产业转型升级，培育现代化产业体系，使得工业增加值占地区生产总值比重稳步提升，第三产业增加值占地区生产总值比重达到54%以上，助推经济实现高质量发展。

特色农牧产业布局初步成型。西藏以青稞、乳制品、肉类、皮毛绒为重点的特色产业发展基础不断巩固。2022年上半年，西藏完成农林牧渔业总产值72.69亿元，按可比价计算同比增长6.5%。猪牛羊肉产量3.29万吨，同比增长7.3%；2022年上半年，西藏主要畜禽存栏2095.78万头（只），同比增长3.3%，农牧业生产稳定，主要产品产量持续增长。除此之外，依托得天独厚的优质水源，西藏天然饮用水产业逐渐成为高原特色优势产业，并逐渐发展壮大。2022年，西藏天然饮用水、矿泉水等"地球第三极·西藏好水"经拉萨海关检验监管顺利出口，贸易值达到1005.19万元，同比增长48.47%；贸易量2659.99吨，同比增长20.94%。

旅游业是重要的主导产业。"十三五"时期，旅游经济在西藏自治区经济总收入中占比达到33.3%，成为名副其实的先导产业。与旅游文化市场密切相关的民族手工业近年来也得到了蓬勃发展。据统计，西藏现阶段民族工艺产品花色、品种达到2000多种，地域特色明显，初步形成了拉萨市高端唐卡、金属锻造，日喀则市民族服装、传统藏香，山南市铜器制作、藏式木雕，昌都市金银首饰、装饰彩绘，林芝市藏刀、响箭，那曲市毛皮制品、氆氇，阿里地区山羊绒制品、木碗为代表的发展格局，现有拉萨市、昌都经济开发区、白朗县、尼木县、扎囊县5个民族手工业园。全区民族手工业注册并存续经营的经营主体达2500余家，其中规上企业6家，从业者3.4万余人。

园区数量少，设立在拉萨。2022年，西藏有国家级园区2个，国家级园区数量全国第31。其中国家级经济技术开发区1个，国家级高新技术产业开发区1个，全部位于拉萨，其余城市暂无国家级园区。

（三）人口

西藏常住人口常年大于户籍人口，老龄化程度低于全国水平。2022年年末，全区常住人口364万人，同比增长-0.55%，居全国第31位，较2012年持平。全区常住人口与户籍人口接近，2012—2022年，二者之差从7万人变化至19万人。2022年，全区65岁以上人口占比5.9%，较2012年提升0.5个百分点，低于14.9%的全国水平，在全国老龄化程度中排名第31位，较2012年持平。

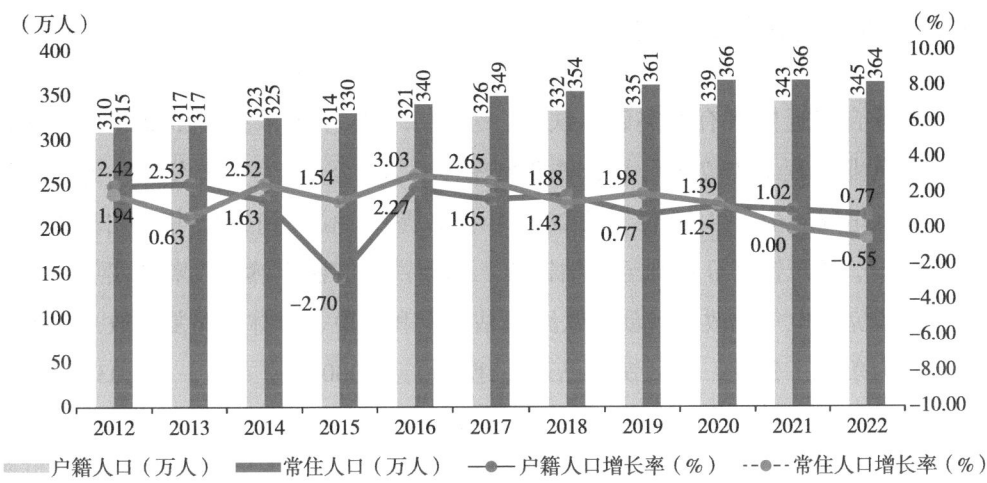

图4-8-3 西藏户籍人口与常住人口情况

数据来源：wind，中铁研究院。

人口教育结构改善，高等教育人口占比落后。2022年，全省专科、本科、研究生学历人口占比分别为5.3%、7.9%、0.2%，受高等教育（专科、本科、研究生）人口合计占比13.5%，较2015年的6.5%上升7个百分点。高中学历占比为5.9%，较2012年上升1.3个百分点。小学学历占比30.2%，初中学历占比为15%，二者占比下降6个百分点，全区教育结构改善。从全国来看，全区受高等教育人口占比居全国第28位，高等教育人口占比落后。

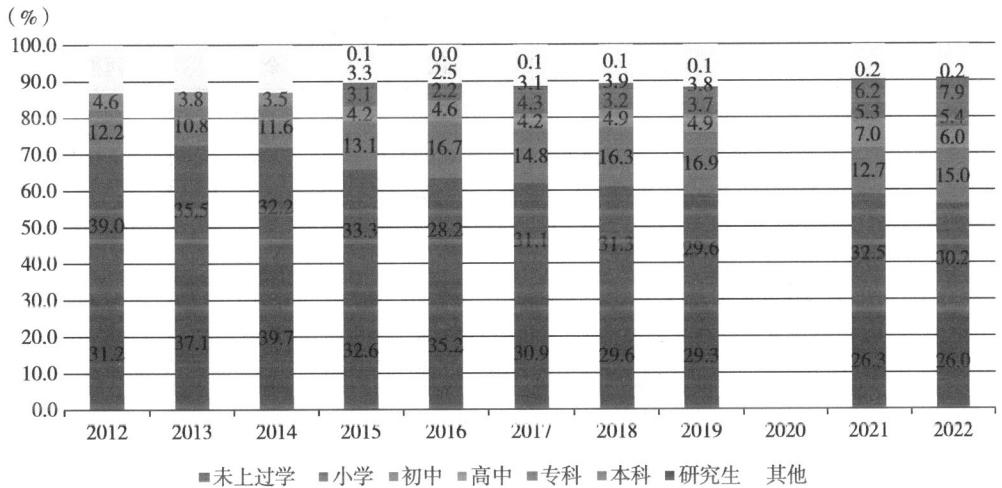

图4-8-4 西藏人口受教育情况

数据来源：wind，中铁研究院，其中缺少2020年数据。

（四）基础设施和公共服务

立体综合交通网络有所突破，铁路、公路水平居全国末游。2022年，西藏自治区铁路营业里程1187.796公里，铁路网密度达0.1公里/百平方公里，为全国的0.06倍，总里程居全国第29位，较2012年排名提升1位。到2025年，川藏铁路雅安至林芝段、新藏铁路日喀则至佩枯错段、滇藏铁路波密至然乌段顺利实施，青藏铁路格拉段完成电气化改造，新藏铁路佩枯错至和田段、拉林铁路复线改造、吉隆口岸铁路力争开工建设，全区铁路已建在建规模达4000公里左右。到2035年，西藏铁路网总规模达到5000公里以上，其中复线里程1000公里左右。2022年全区公路12.09万公里，公路网密度10.06公里/百平方公里，是全国的0.18倍，总里程居全国第23位，高速公路400公里，密度0.03公里/百平方公里，总里程居全国第31位。规划至2025年全区公路通车总里程和高速公路通车里程分别突破12万公里和1300公里。全区共7个运输机场，2022年全区机场旅客吞吐量共计334.5万人次，占全国0.64%，全国排名第30，货邮吞吐量共计3.2万吨，全国排名第29。拉萨贡嘎机场旅客吞吐量占全区77.24%，货物吞吐量占全区90.47%，到2025年末，西藏应急救援基地拉萨通用机场建成并投入使用，完成林芝米林、昌都邦达、阿里昆莎、日喀则和平4个现有运输机场通用航空功能改造和定日、隆子、普兰3个新建运输机场通用航空功能建设，力争新建14个通用机场。

表4-8-2　　2022年西藏基础设施统计

类型	指标	西藏	全国	西部地区
铁路	里程（公里）	1187.796	154906.5	62994.177
	密度（公里/百平方公里）	0.1	1.62	0.92
公路	里程（公里）	12.09	5355000	231.86
	密度（公里/百平方公里）	10.06	55.93	33.96
机场	机场数量	7	254	130
	旅客吞吐量（万人次）	334.5	51952.8	17305.3
	货邮吞吐量（万吨）	3.2	1452.7	214.7
港口航道	港口吞吐量（亿吨）	——	55.54	——
	内河通航里程（公里）	——	127968	34684.5

数据来源：wind，国家统计局，中铁研究院。

公共服务设施日益完善，生均校舍建筑面积全国第1。2021年，西藏自治区义务教育生均校舍建筑面积16.75平方米，远高于全国10.3人/平方米的平均水平，生均校舍建筑面积全国排名第1，与2013年排名持平。2022年西藏自治区每千人医疗卫生机构床位数5.49张/千人，低于全国6.91的平均水平，全国排名第27，较2012年提升3名。

表 4-8-3　　　　　　　　　　西藏公共服务设施统计

	2021年义务教育生均校舍建筑面积（m²）	2022年每千人口医疗卫生机构床位数（张）
西藏	16.75	5.49
全国	10.30	6.91
西部地区	10.41	7.46

数据来源：《中国教育统计年鉴2021》《中国卫生健康统计年鉴2022》，中铁研究院。

（五）城市建设

城镇化进程滞后，城市逐步发育。2022年，西藏常住人口城镇化率37.36%，低于全国平均水平27.86个百分点，居全国最末位。2012—2022年城镇化率提升14.49个百分点，城镇化全国排名保持不变。西藏有城市6座，拥有Ⅱ型小城市和中等城市两档城市结构[①]，城市数量少、结构单一、能级低。拉萨和其他5座Ⅱ型小城市城区人口分别占54%、46%。2012—2022年，两类城市均得到发展，拉萨城区人口增加11.8万，从Ⅰ型小城市晋级为中等城市，Ⅱ型小城市数量增加4座，人口增加28.36万人。待发育的城市体系通常拥有较高的中心城首位度，2022年拉萨城区人口57.32万人，城市首位度虽然从82%下降至60%，仍居全国第3位。

人口城镇化快于土地城镇化，土地集约化利用程度低，道路交通、公服用地供地强度大。2022年，西藏城镇建成区388.44平方公里，居全国最末，10年复合增速0.97%，低于全国2.34个百分点，同期区域人口排名全国最末，增速3.31%，地人增速差-2.34个百分点，是全国五个人口城镇化快于土地城镇化的省市区之一。城镇城市建设用地298平方公里，人均建设用地171.6平方米，居全国第1位，与2012年一致，土地集约化利用水平低。结构上，居住、道路交通设施、公共管理与服务用地居前三位，占比分别为26.74%、15.44%、14.99%，其中道路交通设施、公共管理与服务用地占比较2012年增长，分别提升8.59、0.14个百分点，此外有物流仓储、公用设施、绿地广场用地占比提升。与全国平均水平横向比较，除居住、工业、道路交通用地外，其余5项指标用地高于全国平均水平，尤其是公共管理与服务用地高出全国6.18个百分点，公用设施用地高出4.44个百分点，显示产业羸弱，公共服

---

① 中等城市1座，Ⅱ型小城市5座。

务、基础设施建设供地强度较大。

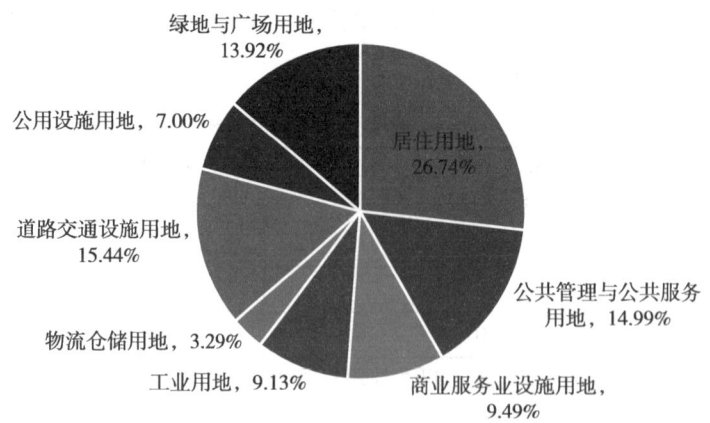

图4-8-5　2022年西藏城市建设用地结构

资料来源：住建部2022年城乡统计年鉴，中铁研究院。

城市建设投入不足，设施水平亟待提升。2022年，西藏完成市政基础设施投资25.6亿元，同比增长−35.15%，10年复合增速12.86%，人均投资1287.46元，四项指标分别居全国第31、30、2、30。从长周期来看，人均投资较2012年提升1位，显示阶段投资力度略有增强。投资规模小、人均投资低，西藏市政基础设施水平滞后，2022年城市和县城市政基础设施指标与全国的偏离度均值分别为−5.5、−15.59，与全国平均水平有较大差距，均居全国最末位，指标不及全国平均水平的分别有10项、15项，城市部分除了供水普及率、人均公园绿地面积、污水处理厂集中处理率外，所有指标均不及全国平均水平，县城所有指标不及全国平均水平。西藏房地产投资规模小而脆弱，2022年全自治区完成投资60.68亿元，居全国最末，基本与人口规模相适应，同比降低57.26%，降幅居全国第1位，10年复合增速24.34%，居全国第1。2022年，西藏人均住房面积[①]约45.09平方米，居全国第10位。

城市和县城发展基础薄弱，分化严重。2022年，西藏城市对城镇化的人口贡献率为70.53%，高于全国平均水平9.22个百分点，县城和镇对城镇化的人口贡献总计接近30%，城市贡献度全国倒数第7。长周期来看，2012—2022年，西藏城市贡献率分别下降6.87个百分点，显示县、镇逐步发育。西藏市少县多，2022年，西藏共有6座城市、66个县城，二者城区人口之比为0.93，较2012年加深0.34，人口体量差距及加深程度均低于全国平均水平。从平均人口来看，城市为县城的10.24倍，居全国第3位，严重分化，西藏县城平均城区人口1.56万人，城市平均人口15万人，均为全国最低。城市市政基础设施投资也存在分化，2022年，西藏城市和县城人均市政基础设

---

① 由于缺乏统计数据，报告人均住房面积含城乡居民住房。

施投资分别为 1866.48、748.46 元，居全国第 24、31 位，城市部分较 2012 年上升 5 位，设施水平偏离度均值均居全国最末位。从产业发展来看，2022 年，县城工业用地占城市建设用地比 5.29%，城市工业用地占比 12.24%。

（六）固定资产投资情况

固投增速波动较大，基础设施占主导地位。2022 年，西藏固定资产投资同比下降 18.0%，固投增速在 31 个省级行政区中排名末位，低于全国增速 23.1 个百分点，西藏自治区固投规模总体较小，波动较大，2021、2022 连续两年出现 20% 左右的较大降幅。从领域来看，2022 年制造业下降 46.4%、房地产下降 57.3%、基础设施[①] 下降 5.1%。从结构来看，制造业和房地产投资规模小、占比少，2022 年固投规模均在百亿元以下；而基础设施建设需求大，占比高，2012—2022 年平均增速 16.0%。2012—2022 年西藏固定资产投资中的建筑安装工程占比从 92% 左右波动下降至 80%。

基础设施投资结构发生变化。2012—2022 年，水利生态环境和公共设施管理业投资比重逐渐下降，交通运输和邮政业占比则逐渐上升，2022 年二者投资增速分别为 4.6%、14.4%。电力热力燃气及水生产和供应业比重近年来稳定在 15% 左右，2022 年投资增速达 48.2%。信息传输和信息技术服务业投资占比低，稳定在 5% 左右，2022 年投资增速 12.3%。

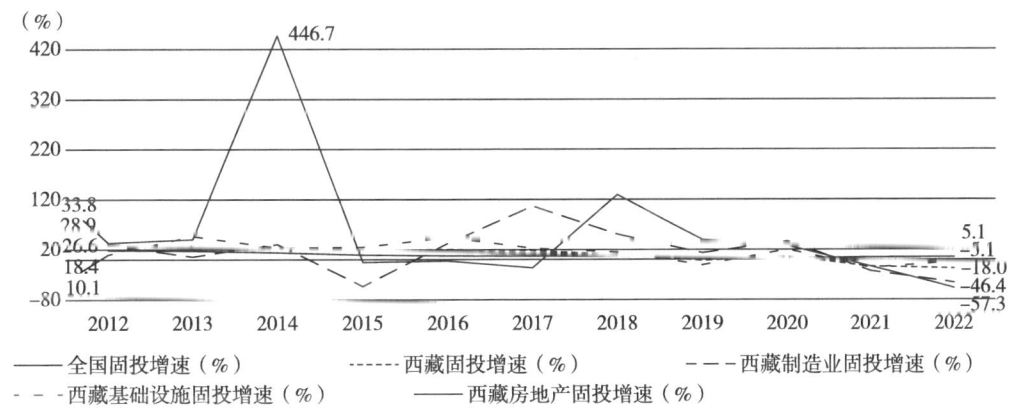

图 4-8-6　西藏固定资产投资增速情况

数据来源：wind，西藏统计年鉴，国家统计局，中铁研究院。

---

① 基础设施：取电力、热力、燃气及水生产和供应业，交通运输和邮政业，信息传输和信息技术服务业，水利、生态环境和公共设施管理业四项投资之和。

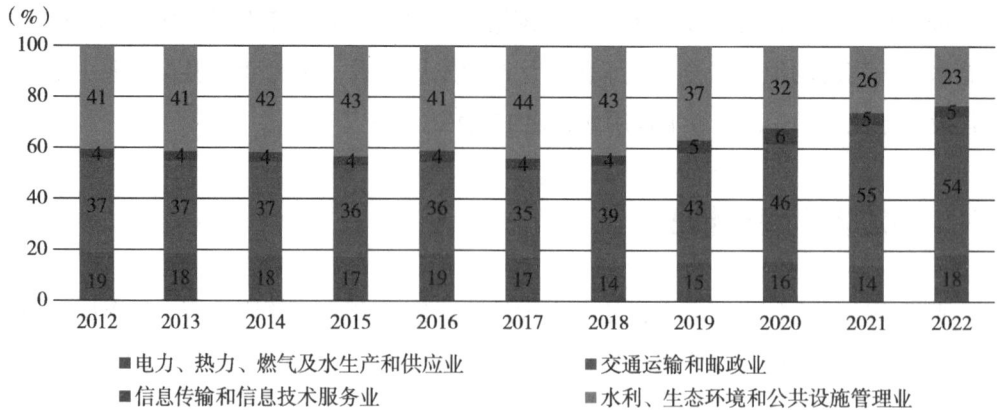

图4-8-7 西藏历年基础设施投资结构占比

数据来源：wind，西藏统计年鉴，2017年后各项占比以2017年投资为基数，按公布的投资增速计算。

（七）财政情况

西藏综合财力收入水平与GDP较为匹配，对转移支付和非税收入依赖较高，对债务依赖程度较高。2022年西藏综合财力约为6767亿元，在全国31个省级行政区中排名第18，高于GDP排名的第19名，综合财力下降3.5%，全国排名第20。从结构来看，一般公共预算收入和政府性基金收入之比约为83∶17，比例略高于全国水平，一般公共预算自给率28.6%，低于全国43.1%的均值，一般公共预算收入对转移支付依赖度较高。近年全区一般公共预算（不含转移支付和负债）税收占比稳定在65%，但2022年大幅下滑至55%，全国排名第29位，处于全国下游水平，财政可靠性较低。债务收入占比约29.0%，略高于全国水平。2022年，西藏全区政府性基金收入（不含转移支付）1111.3亿元，全国排名第18位，下降35.7%，主要原因是房地产市场持续低迷导致国有土地使用权出让收入下降39.9%。

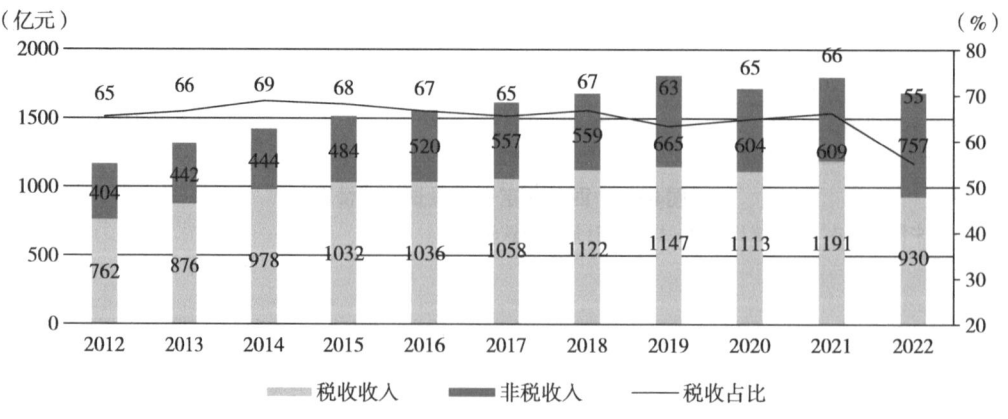

图4-8-8 西藏一般公共预算收入结构

数据来源：wind，西藏财政厅。本图中收入数据不含中央税收返还和转移支付、债务等收入。

政府债务较快增长，负债规模持续扩大，整体负债水平较高，有一定债务空间。2022年西藏地方政府债务限额10084亿元，居全国第20位，债务余额9722亿元，居全国第19位，2018—2022年，西藏债务余额年均复合增长率15.4%，居全国第12位。2022年西藏债务率144%，低于警戒线，全国排名第11位，政府债可用限额362.2亿元，居全国第21位，债务腾挪空间一般。从债务结构来看，2022年西藏专项债占比52%，略低于全国水平。

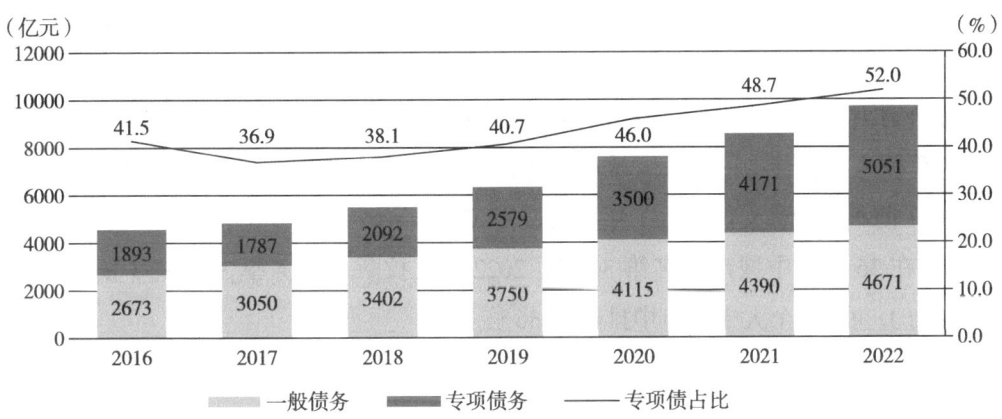

图4-8-9　西藏债务规模及构成

数据来源：wind，财政部。

（八）拉萨市情况

拉萨市经济发展较快，经济综合实力弱。2022年拉萨市GDP747.6亿元，在36个大中城市中[①]排名第36，与2012年持平。人均GDP8.64万元，排名第27位。2012—2022年，拉萨市名义GDP年均复合增速11.14%，在36个大中城市中排名第4。三次产业结构为3.6∶38.9∶57.5。拉萨市的农牧业水平较高，主要种植青稞、小麦、油菜。2022年，拉萨市农林牧渔业总产值49.82亿元，其中农业产值19.28亿元，林业产值1.65亿元，牧业产值28.46亿元，农林牧渔服务业产值0.43亿元。拉萨市在纺织、皮革、塑料、火柴和织毯等产业中，传统的方法和机械化的工艺并存。民族手工业生产有了很大进展，西藏拉萨地毯厂生产的地毯有很好的销路。截至2022年末，拉萨市共有规模以上工业企业99家，比上年增加7家，增长7.6%；全年规模以上工业产品销售率为100.1%。规模以上工业总产值213.03亿元，比上年增长17.2%，增加值比上年增长17.2%。

常住人口规模小，人口结构年轻。2022年全市常住人口86.78万人，同比增

---

① 以下均为在36个大中城市中的排名，其他有注明的除外。

长 –0.01%。2012—2022 年，全市常住人口增长 28.9 万人，增量居全国第 32 位，增速居全国第 4 位。拉萨 60 岁以上人口比重为 8.49%，15~59 岁人口比重 75.03%，拥有大学文化程度（大专及以上）的人口每 10 万人达到 1.7 万人，人口结构在 36 个大中城市中较为年轻但教育程度落后，劳动人口比重居第 2 位，大学文化程度（大专及以上）人口居第 34 位，人口素质与经济水平都有待提升。

固定资产投资负增长，基础设施投资占比大。2022 年拉萨市固定资产投资同比增长 –37.3%，居第 36 位。其中工业投资下降 30.7%，基础设施投资增长 79.2%，房地产投资下降 58%，民间投资下降 34.1%。

综合财力弱，财政依赖转移性支付。2022 年，拉萨市综合财力 290.7 亿元（一般公共预算收入 + 转移支付收入 + 政府性基金收入），居第 36 位。2012—2022 年综合财力（2011 前不含转移支付收入）年均增速 14.02%，居全国第 6 位，2022 年财政自给率 20.4%，在 36 个大中城市排名第 36 名。2022 年，拉萨市债务率 31.63%（债务余额/综合财力），在 36 个大中城市中排名第 36 位。

九、陕西省

（一）经济情况

2022年陕西省GDP总量和人均GDP排名位居全国中游，较2012年有所提升。2022年陕西省GDP32772.68亿元，是2012年的2.27倍，11年间复合增长率7.73%，GDP总量全国排名第14。2012—2022年GDP平均增速高于全国平均水平1.28个百分点。全国GDP总量排名2022年较2012年提升2名，人均GDP8.29万元，居全国第12位，较2012年提升2名。

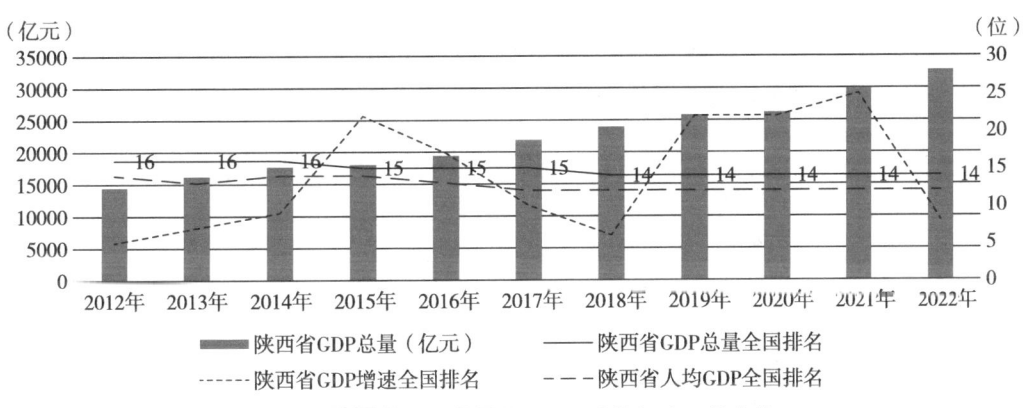

图4-9-1　陕西省GDP总量及相关经济指标全国排名情况

数据来源：国家统计局，中铁研究院。

三次产业结构二产占比高于全国水平，三产比重不足一半。2022年，陕西省一二三产比重为7.9%：48.6%：43.5%，分别高于全国0.6、8.7、-9.3个百分点。从演变趋势来看，一产比重始终保持在7%~10%以内，二产比重经历了先降后升的过程，由2012年55.90%下降至2020年43.40%后又逐步提升至2022年48.60%左右，三产比重整体提升，由2012年34.70%增至2020年47.90%后，又略微降至2022年的43.50%。二产中工业占比低于全国平均水平，2022年，陕西省工业增加值占GDP比重为40.15%，较上年增加1.43个百分点，略高于全国39.92%的平均水平。

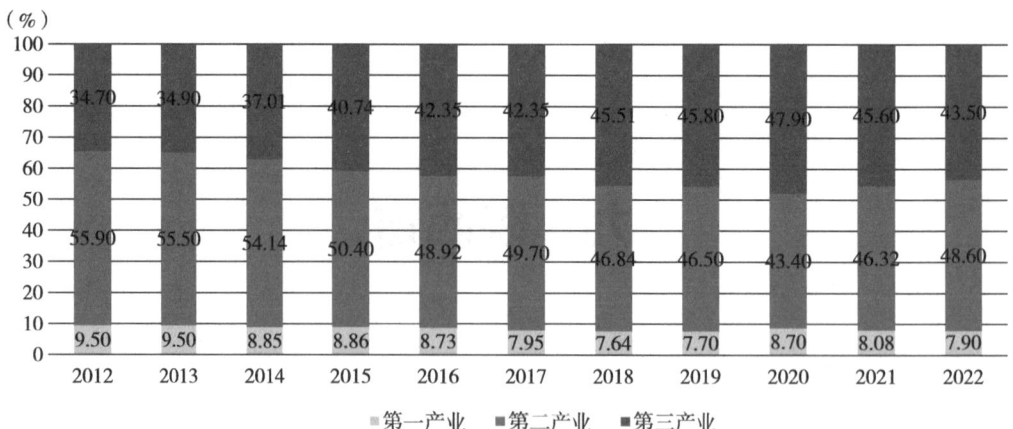

图4-9-2 陕西省一二三产业结构比重变化（%）

数据来源：国家统计局，中铁研究院。

各地市经济发展水平均衡性较差，GDP首末超过22。2022年，全省10个地级市的GDP首末比22.7，较2012年增加6.75，西安市首位度较高，GDP总量占全省35%，较2012年增加4.8个百分点，显示出发展不平衡程度加剧。全省人均GDP首末比超过4.05，榆林市人均GDP达到全国水平2倍以上，延安市和西安市人均GDP水平略高于全国水平，渭南市、汉中市、安康市、商洛市人均GDP不足全国人均GDP的70%，整体发展水平及均衡性有待进一步提高。

表 4-9-1　　　　　陕西省各市GDP总量和人均GDP（2022年）

序号	各地市	GDP总量（亿元）	人均GDP（元/人）
1	西安市	11486.51	88358
2	铜川市	505.55	71204
3	宝鸡市	2743.10	84144
4	咸阳市	2817.55	67567
5	渭南市	2201.13	47643
6	汉中市	1905.45	59920
7	安康市	1268.65	51362
8	商洛市	902.56	44681
9	延安市	2231.92	98323
10	榆林市	6543.65	180764

数据来源：陕西省统计局，中铁研究院。

（二）支柱产业

支撑产业主要为能源化工业。2022年，全省规上工业（不含水电气热，下同）营收前四为煤炭开采和洗选业，石油加工、炼焦和核燃料加工业，汽车制造业，电力、热力生产和供应业，营收规模分别为 6502.43、2965.73、2690.81、2352.1 亿元，总计占工业比重 44.28%。相比 2012 年[①]，汽车制造业后来居上，取代石油和天然气开采业成为第一大产业。和工业强省对比，陕西省工业资源优势显著，但缺少丰富的上下游产业链和精细化开采技术，依然属于较为粗放的工业模式。

陕西省的煤炭、矿产资源优势极强。2021 年，陕西规模以上工业煤炭产量占全国比重由 13.1% 提升至 17.2%，2021 年陕西省规模以上工业企业原煤产量首次达 7 亿吨，创历史新高。从总量来看，陕西省保持了煤炭资源优势，原煤产量不断增加，在全国稳居第三。从各市原煤产量看，陕西省原煤生产涉及的地区主要包括榆林、咸阳、延安、铜川、渭南和宝鸡等地，榆林产量最大。2022 年，西气东输三线中段（中卫—吉安）开工建设；富县至宜川输气管道建成投产，西气东输一线延安支线输气管道完工投运；西气东输二线富平支线输气管道、留坝至凤县输气管道、铜川—白水—潼关输气管道等建设项目完成核准；靖边压气站至长庆第一净化厂输气管道维修项目及西气东输二线高陵分输压气站扩能改造工程取得重大进展。以上天然气管道建成后，陕西天然气长输管道将达 73 条，总里程达 8050 公里，仅次于新疆，位居全国第二。

汽车制造成为新兴产业。2021 年，陕西汽车产量排名全国第 13 位。据陕西省汽车工业协会数据显示，2022 年，陕西省新能源汽车产量达 102 万辆，居全国第二；同比增长 272%，高于全国 175 个百分点，产量同比增速居全国第一。新能源汽车产量已占全省汽车总产量的 76.2%，占全国新能源汽车总产量的 14.5%。同时，陕西汽车产业链条快速延伸，有 1 户企业产值首次突破千亿元，有 2 户企业产值首次突破百亿元，有 3 户企业产值首次突破 50 亿元。新能源汽车是目前陕西最有望突围的工业增长点。

园区数量较多，分布较为均匀。2022 年，陕西有国家级园区 12 个，国家级园区数量居全国第 14。其中国家级经济技术开发区 5 个，国家级高新技术产业开发区 7 个。12 个国家级园区分布在 7 个城市，分别为西安、咸阳、榆林、安康、渭南、宝鸡、汉中，铜川、延安、商洛 3 个城市暂无国家级园区。

（三）人口

陕西省常住人口常年小于户籍人口，人口老龄化程度接近全国水平。2022 年末，全省常住人口 3956 万人，同比增长 0.05%，居全国第 16 位，较 2012 年上升 1 位。全省常住人口常年小于户籍人口，缺口先逐渐减小再逐渐增大，2012—2022 年，二者

---

① 2012年，全省产值前四产业为煤炭开采和洗选业，石油加工、炼焦和核燃料加工业，石油和天然气开采业，电力、热力生产和供应业。

之差最小为2017年的-72万人，最多为2013年的-156万人，人口吸引力有所改善。2022年，全省65岁以上人口占比14.7%，较2012年提升5.4个百分点，接近全国水平的14.9%，在全国老龄化程度中排名第17位，较2012年下降6位。

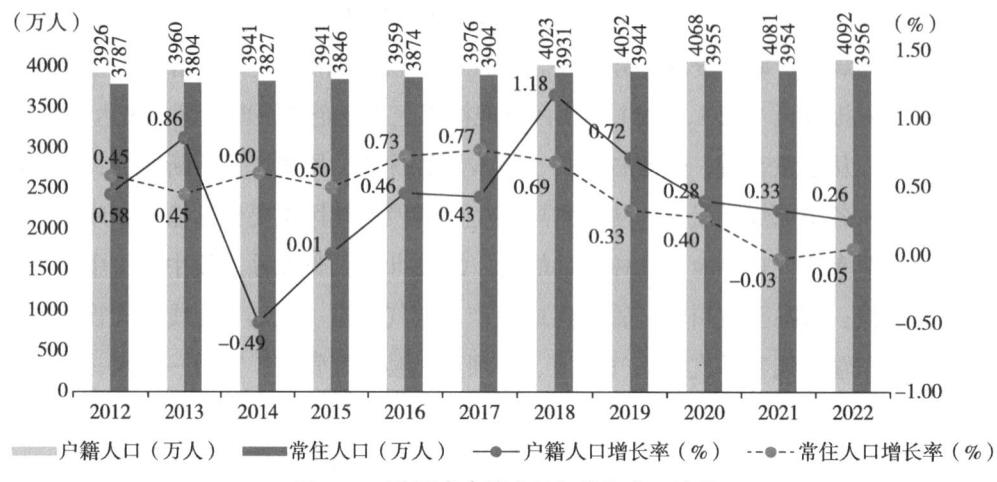

图4-9-3 陕西省户籍人口与常住人口情况

数据来源：wind，中铁研究院。

人口教育结构改善，高等教育人口占比高。2022年，全省专科、本科、研究生学历人口占比分别为10.3%、9.9%、1.2%，受高等教育（专科、本科、研究生）人口合计占比21.3%，较2012年的15.3%上5.2个百分点。高中学历占比为15.1%，较2012年上升下降2.5个百分点。小学学历占比22.4%，初中学历占比为31.7%，二者占比下降7.3个百分点，全省教育结构改善。从全国来看，全省受高等教育人口占比居全国第5位，高等教育人口占比较高。

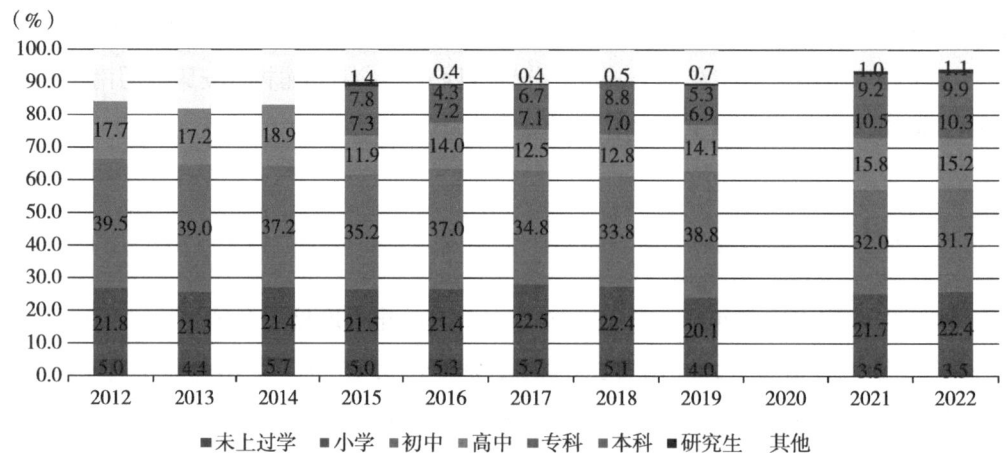

图4-9-4 陕西省人口受教育情况

数据来源：wind，中铁研究院。其中缺少2020年数据。

（四）基础设施和公共服务

立体综合交通网络不断完善，公路、铁路、机场水平位居全国中游。2022年，陕西省铁路营业里程5590.39公里，铁路网密度达2.72公里/百平方公里，为全国的1.68倍，居全国第13位，较2012年排名下滑4位。到2025年，铁路营业里程力争达到6500公里，高铁营业里程力争突破1500公里，城市轨道交通运营总里程突破400公里。2022年全省公路18.56万公里，公路网密度90.26公里/百平方公里，是全国的1.61倍，居全国第15位，高速公路6700m，密度3.26m/百平方公里，居全国第14位。规划至2025年全省公路总里程突破19万公里，高速公路通车总里程突破7000公里。全省共5个运输机场，2022年全省机场旅客吞吐量共计1504.3万人次，占全国2.89%，全国排名第15，货邮吞吐量共计21.1万吨，全国排名第14。西安咸阳机场旅客吞吐量占全省90.13%，货物吞吐量占全省97.77%，到2025年末，建成投运西安咸阳国际机场三期扩建工程，全省民用运输机场数量达到8个。2022年，陕西内河通航里程1145.58公里，占全国0.9%。到2025年，汉江安康至白河黄金水道基本畅通。

表 4-9-2　　2022 年陕西省基础设施统计

类型	指标	陕西	全国	西部地区
铁路	里程（公里）	5590.39	154906.5	62994.177
	密度（公里/百平方公里）	2.72	1.62	0.92
公路	里程（公里）	185600	5355000	231.86
	密度（公里/百平方公里）	90.26	55.93	33.96
机场	机场数量	5	254	130
	旅客吞吐量（万人次）	1504.3	51952.8	17305.3
	货邮吞吐量（万吨）	21.1	1452.7	214.7
港口航道	港口吞吐量（亿吨）	——	55.54	——
	内河通航里程（公里）	1145.58	127968	34684.5

数据来源：wind，国家统计局，中铁研究院。

公共服务设施义务教育生均校舍面积排名下滑，千人医疗床位数位居中上游水平。2021年，陕西省义务教育生均校舍建筑面积10.32平方米，基本与全国10.3人/平方米的平均水平持平，全国排名第15，较2013年排名第10下滑5位。2022年陕西省每千人医疗卫生机构床位数7.32张/千人，高于全国6.91的平均水平，全国排名第12，较2012年提升2名。

表 4-9-3　　　　　　　　　陕西省公共服务设施统计

	2021年义务教育生均校舍建筑面积（m²）	2022年每千人口医疗卫生机构床位数（张）
陕西	10.32	7.32
全国	10.30	6.91
西部地区	10.41	7.46

数据来源：《中国教育统计年鉴2021》《中国卫生健康统计年鉴2022》，中铁研究院。

（五）城市建设

城镇化水平居全国中游，特大城市西安引领发展，城市发展不平衡。2022年，陕西省常住人口城镇化率64.02%，低于全国平均水平，居全国第15位。2012—2022年城镇化率提升14.31百分点，高于全国平均水平，城镇化全国排名提升3位。陕西省有城市18座，较2012年增加5座，拥有从Ⅱ型小城市到特大城市五档城市结构[①]，缺乏超大城市，缺少Ⅰ型大城市，城市结构存在断档。城市发展不平衡，西安作为唯一的特大城市城区人口达到770万，占全省城区人口的54%，反观其他2座Ⅱ型大城市城区人口207.37万人，均刚跨入大城市门槛，发展势能有待进一步形成。这种不平衡是一段时期发展积累带来的，2012—2022年，西安城区人口增加416.58，占全部新增人口的68%，晋级为特大城市，宝鸡、咸阳两座城市晋级为Ⅱ型大城市，同期城区人口仅增加29.66万人。西安首位度大幅提升，较2012年提升3位居全国第4位。

土地城镇化快于人口城镇化，道路交通、绿地广场、工业用地供地提速。2022年，陕西省城镇建成区2187.64平方公里，居全国第17位，10年复合增速3.16%，高于全国0.36个百分点，同期区域人口排名全国第14，增速3.04%，地人增速差0.13个百分点，低于全国平均水平，是全国12个低于全国平均水平的省市之一。城镇城市建设用地2106平方公里，人均建设用地105.3平方米，居全国第22位，较2012年提升3位。结构上，居住、绿地广场、道路交通设施用地居前三位，占比分别为29.96%、17.34%、16.36%，其中绿地广场、道路交通用地相比2012年增长，分别提升2.58、3.77个百分点，此外工业用地、物流仓储用地占比增加，尤其是工业用地增加3.89个百分点，在八类用地中提升比重最高。与全国平均水平横向比较，商服、物流仓储、公用设施、绿地广场四项指标用地高于全国平均水平，显示出服务业和城市基础设施建设供地强度较大。

---

① 特大城市1座，Ⅱ型大城市2座，中等城市4座，Ⅰ型小型城市5座，Ⅱ型小城市6座。

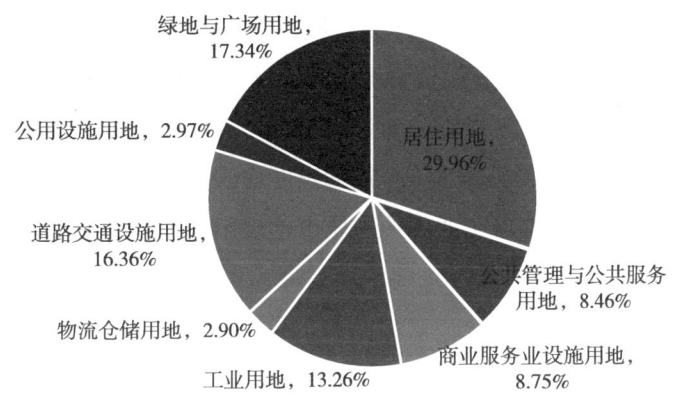

图4-9-5　2022年陕西省城市建设用地结构

资料来源：住建部2022年城乡统计年鉴，中铁研究院。

城市设市政基础设施投资力度增强，设施水平有待进一步增强，房地产力度大韧性较强。2022年，陕西省完成市政基础设施投资1127.08亿元，是全国11个市政基础设施投资达到千亿的省市之一，同比增长-3.71%，10年复合增速7.14%，人均投资5744.15元，四项指标分别居全国第10、16、8、4。从长期来看，投资规模和人均投资均较2012年提升6，带动2022年投资规模排名高于人口排名，显示阶段投资力度大幅增强。受整体市政基础设施底子薄的影响，2022年城市和县城市政基础设施指标与全国的偏离度均值分别为-0.67、-1.93，分别居全国第21和第23位，显示出与全国平均水平有较大差距，指标不及全国平均水平的分别有11项、13项，除了污水集中收集率、垃圾处理率几个环卫有关指标外，其余指标均不计全国平均水平。陕西省房地产投资发展较快韧性较强，2022年全省完成投资4254.79亿元，居全国第12，略高于人口规模，同比降低4.19%，降幅居全国第26位，10年复合增速8.77%，居全国第6，投资规模排名较2012年上升4位。2022年，陕西人均住房面积①约44.24平方米，居全国第12位。陕西省有城市轨道交通（仅含地铁、轻轨）271.2公里。

县域经济规模大，城市发展空间足，城市与县城人口和产业分化水平较重，设施水平分化较轻。2022年，陕西省城市、县城、镇对城镇化的人口贡献率分别为56.75%、21%、23%，分别高于全国平均水平-4.56、3.75、0.81个百分点，城市贡献度全国第20，县域经济体量大。长周期来看，2012—2022年，陕西省城市、县城、镇贡献率分别提升0.44、-11.75、11.3个百分点，显示全省城市加快发展。陕西省市少县多，2022年，陕西省共有18座城市、69个县城（不含7个县级市），二者城区人口之比为2.74，较2012年加深1.43，人口体量差距小于全国平均水平，加深程

---

① 由于缺乏统计数据，报告人均住房面积含城乡居民住房。

度均高于全国平均水平。从平均人口来看，城市为县城的10.5倍，居全国第2位，分化程度严重。县城市政基础设施投资力度增强，设施水平差距较小，2022年，陕西省城市和县城人均市政基础设施投资分别为6258.96、4334.55元，均居全国第4位，分别较2012年上升4和5位，设施水平全国偏离度均值分别居全国第21和第23位。从产业发展来看，2022年，县城工业用地占城市建设用地比6.31%，城市工业用地占比15.98%。

（六）固定资产投资情况

增速总体高于全国水平，制造业占比稳定，基础设施保持增长，房地产投资转负。2022年，陕西省固定资产投资同比增加8.1%，固投增速在31个省级行政区中排名第8位，高于全国增速3个百分点，固投增速总体高于全国水平。从领域来看，2022年制造业增长6.6%、房地产下降4.2%、基础设施[①]增长12.9%。从结构来看，制造业投资比重经历缓慢下降后保持稳定，与房地产占比近似；房地产投资占比持续稳定，2022年投资增速为近十年以来的首次负增长；基础设施2012—2022年平均增速15.6%。2012—2022年陕西省固定资产投资中的建筑安装工程占比从75%左右持续上升至82%。

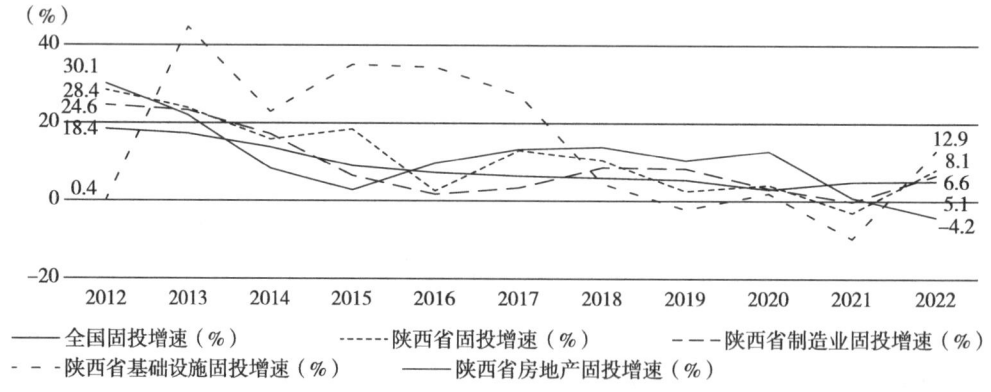

图4-9-6　陕西省固定资产投资增速情况

数据来源：wind，陕西省统计年鉴，国家统计局，中铁研究院。

基础设施投资结构总体稳定。2012—2022年，水利生态环境和公共设施管理业占陕西基础设施投资比重持续上升，体现出陕西省水利生态和交通基础设施建设需求高的特点，交通运输和邮政业占比缓慢下降后保持稳定，2022年，二者投资增速分别

---

① 基础设施：取电力、热力、燃气及水生产和供应业，交通运输和邮政业，信息传输和信息技术服务业，水利、生态环境和公共设施管理业四项投资之和。

为11.2%、20.5%。电力热力燃气及水生产和供应业投资比重近年来稳定在15%左右，2022年投资增速12.1%。信息传输和信息技术服务业投资占比低，2022年投资下降3.7%。

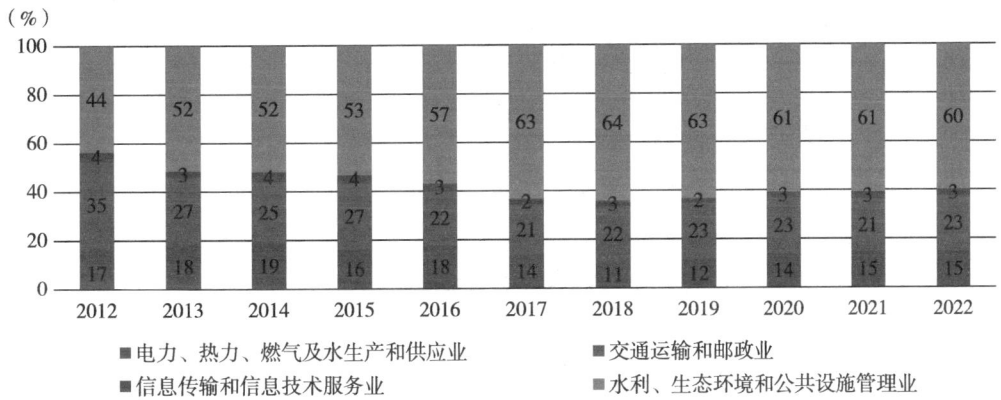

图4-9-7　陕西省历年基础设施投资结构占比

数据来源：wind，陕西省统计年鉴。2017年后各项占比以2017年投资为基数，按公布的投资增速计算。

（七）财政情况

陕西省综合财力收入水平与GDP水平匹配，对转移支付和非税收入依赖度较低，对债务依赖程度较低。2022年陕西省综合财力约为8538亿元，在全国31个省级行政区中排名第14，与GDP排名相同，综合财力增长5.6%，全国排名第5。从结构来看，一般公共预算收入和政府性基金收入之比约为77∶23，比例略低于全国水平，一般公共预算自给率49%，高于全国43.1%的均值，一般公共预算收入对转移支付依赖度较低。2012—2022年全省一般公共预算（不含转移支付和负债）税收占比从71%波动上升至81%，2022年全国排名第4位，处于全国上游水平，财政可靠性较高。债务收入占比约22.7%，低于全国水平。2022年，陕西省全省政府性基金收入（不含转移支付）1955.6亿元，全国排名第16位。

政府债务稳定增长，负债规模持续扩大，整体负债水平中等，有一定债务空间。2022年陕西省地方政府债务限额10590亿元，居全国第18位，债务余额9787亿元，同样居全国第18位，2018—2022年，陕西省债务余额年均复合增长率13.6%，居全国第6位。2022年陕西省债务率115%，低于警戒线，全国排名第24位，政府债可用限额803.3亿元，居全国第12位，有一定债务腾挪空间。从债务结构来看，2022年陕西省专项债占比52.8%，略低于全国水平。

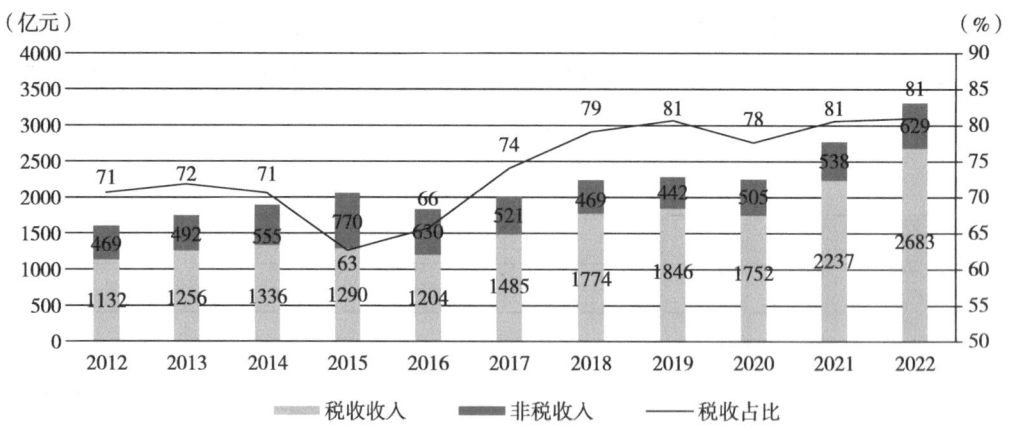

图4-9-8 陕西省一般公共预算收入结构

数据来源：wind，陕西省财政厅，本图中收入数据不含中央税收返还和转移支付、债务等收入。

（八）西安市情况

西安市经济发展较快，经济综合实力较好。2022年西安市GDP11486.5亿元，在36个大中城市中[①]排名第18，相比2012年上升3位。人均GDP8.88万元，排名第24位。2012—2022年，西安市名义GDP年均复合增速10.16%，在36个大中城市中排名第6。三次产业结构为2.8∶35.5∶61.7。根据西安市政府2020年印发的《西安市现代产业布局规划》来看，西安市在支柱产业领域主要布局行业为电子信息制造、汽车制造、航空航天、高端装备制造、新材料新能源和生物医药。2015—2020年西安市电子设备制造业工业总体规模呈现逐年上升趋势，且年增速均为两位数，行业整体增速发展较为活跃。2020年西安市电子信息制造业生产总值高达1587.36亿元，同比增加42.06%。2015—2020年西安市汽车制造业工业总体规模呈现波动上升趋势，2020年西安市汽车制造业生产总值高达1266.11亿元，同比增加9.5%。

常住人口增长较快，人口红利较好。2022年全市常住人口1299.6万人，同比增长 –1.27%。2012—2022年，全市常住人口增长412.59万人，增量居全国第4位，增速居全国第7位。西安60岁以上人口比重为16.02%，15~59岁人口比重68.33%，拥有大学文化程度（大专及以上）的人口每10万人达到3.1万人，虽然均优于全国水平，但在36个大中城市中优势并不突出，劳动人口比重居第16位，大学文化程度（大专及以上）人口居第5。

固定资产投资增长较快，基础设施投资占比大。2022年西安市固定资产投资同比增长10.5%，居第4位。其中工业投资增长25.5%，基础设施投资增长0.7%，房地产

---

① 以下均为在36个大中城市中的排名，其他有注明的除外。

投资增长 6.5%，民间投资下降 1.2%。

综合财力总量和增速全国较前，负债水平全国中等。2022 年，西安市综合财力 2645.06 亿元（一般公共预算收入＋转移支付收入＋政府性基金收入），居第 12 位。2012—2022 年综合财力（2011 前不含转移支付收入）年均增速 11.01%，居全国第 11 位，2022 年财政自给率 66.5，在 36 个大中城市排名第 21 名。2022 年，西安市债务率 137.07（债务余额/综合财力），在 36 个大中城市中排名第 17 位。

十、甘肃省

（一）经济情况

甘肃省GDP总量连续多年全国排名27，人均GDP连续多年倒数第一。2022年甘肃省GDP11201.6亿元，是2012年的1.98倍，11年间复合增长率6.42%。2012—2022年GDP平均增速高于全国平均水平0.8个百分点。2022年人均GDP4.5万元，连续多年位居全国末尾。

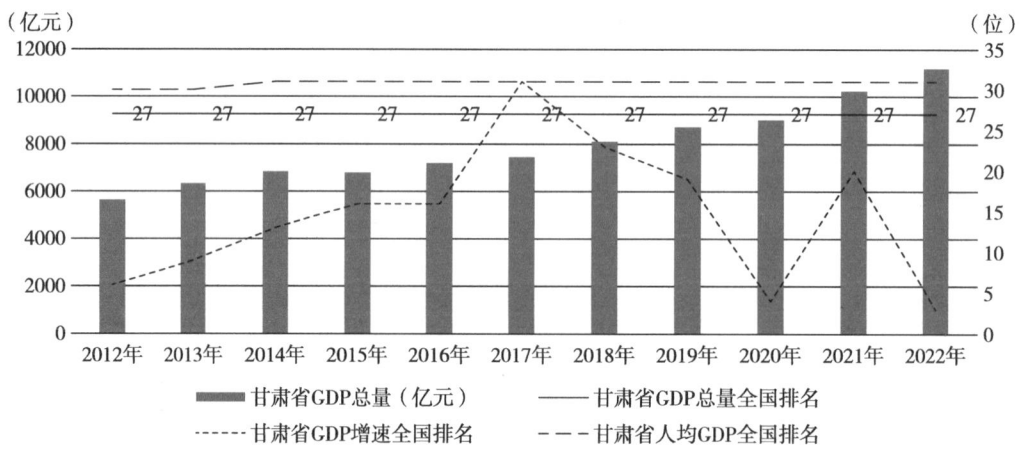

图4-10-1 甘肃省GDP总量及相关经济指标全国排名情况

数据来源：国家统计局，中铁研究院。

三次产业结构一产比重变化不大，三产比重超过一半。2022年，甘肃省一二三产比重为13.5%：51.3%：43.7%，分别高于全国6.2、-4.7、-1.5个百分点。从演变趋势来看，一产比重变化不大，二产比重经历了先降后升的过程，由2012年46.0%降低至2020年31.6%，后又逐步增至2022年的35.2%，三产比重由2012年40.2%增至2022年51.3%。2022年，甘肃省工业增加值占GDP比重为29.44%，较上年增加1.75个百分点，低于全国39.92%的平均水平。

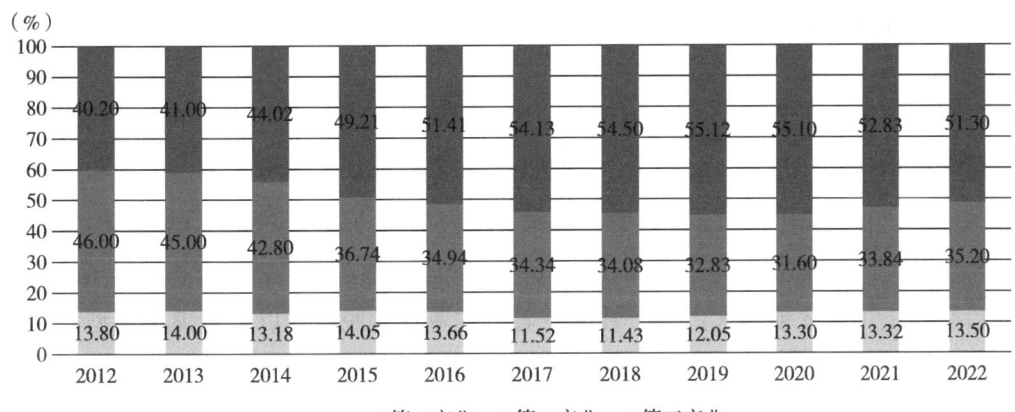

图4-10-2 甘肃省一二三产业结构比重变化（%）

数据来源：国家统计局，中铁研究院。

各地市经济发展水平均衡性一般，GDP首末超过13。2022年，全省14个地市州的GDP首末比13.64，较2012年降低2.52，兰州市首位度较高，GDP总量占全省29.8%以上。全省人均GDP首末比超过5.9，较2012年下降8.97，仅嘉峪关和金昌市人均GDP超过全国水平，白银、定西、临夏、陇南、平凉、甘南等一半的地市州人均GDP不足全国水平50%，整体发展水平和发展均衡性取待提高。

表4-10-1　　　　　　甘肃省各市GDP总量和人均GDP（2022年）

序号	各市州	GDP总量（亿元）	人均GDP（元/人）
1	兰州	3343.50	75992
2	嘉峪关	362.57	114810
3	白银	635.53	42297
4	金昌	522.52	120161
5	张掖	581.51	51861
6	武威	663.36	45932
7	酒泉	840.87	79840
8	定西	557.93	22257
9	天水	813.88	27538
10	临夏州	408.61	19271
11	陇南	562.37	23548
12	平凉	641.58	35182
13	庆阳	1,022.26	47351
14	甘南州	245.12	35662

数据来源：甘肃省统计局，中铁研究院。

（二）支柱产业

产业结构有所改善。2022年，全省规上工业（不含水电气热，下同）营收前四有色金属冶炼和压延加工，电力、热力生产和供应业，文教、工美、体育和娱乐用品制造业，非金属矿物制品业，营收规模分别为3337.61、1534.19、1212.97、665.26亿元，总计占工业比重60.26%。相比2012年[①]，文教、工美、体育和娱乐用品制造业后来居上，进入前四大产业。甘肃有着以农业带动脱贫、以工业谋求转型的经济发展特点。

工业产业重点布局在能源、资源等领域。甘肃资源能源种类丰富、总量富集。根据《甘肃省"十四五"能源发展规划》，截至2020年底，甘肃省风电装机1373万千瓦，占全国装机的4.9%；光伏装机982万千瓦，占全国装机的3.9%。新能源装机占全省电力装机的42%，居全国前列。甘肃省电力公司数据显示，2023年前9月甘肃新能源装机规模进一步升至4530万千瓦、占全省电力装机比重达到58%。

装备制造业发展迅速。近年来，全省装备制造业规模稳步扩大，结构不断优化，发展质量不断提升，产业布局进一步优化，产业集中度显著提升。培育形成以石油化工装备、电工电气装备、新能源装备、高档数控机床、现代农机、矿山及工程装备等为主的产业链条，初步构建兰州石油化工装备、天水电工电气装备、酒泉新能源装备等特色产业集群。截至2023年底，全省装备制造产业规上企业364户，全年完成产值约740亿元，"十四五"末争取突破1000亿元

园区数量较少，分布较为均匀。2022年，甘肃有国家级园区7个，其中国家级经济技术开发区5个，国家级高新技术产业开发区2个，国家级园区数量居全国第25。7个园区分布在6个城市，分别为兰州、白银、金昌、天水、张掖、酒泉，其余8个地级市暂无国家级园区。

（三）人口

甘肃省常住人口常年小于户籍人口，老龄化程度低于全国水平。2022年末，全省常住人口2492万人，同比增长0.08%，居全国第22位，较2012年持平。全省常住人口常年小于户籍人口，缺口先逐渐减小再逐渐增大，2012—2022年，二者之差从–177扩大到–286万人，显示户籍人口持续流失，人口吸引力逐年降低。2022年，全省65

[①] 2012年，全省产值前四产业为石油加工、炼焦和核燃料加工业，有色金属冶炼和压延加工业，黑色金属冶炼和压延加工业，电力、热力生产和供应业。

岁以上人口占比13.4%，较2012年提升4.2个百分点，低于14.9%的全国水平，在全国老龄化程度中排名第20位，较2012年下降8位。

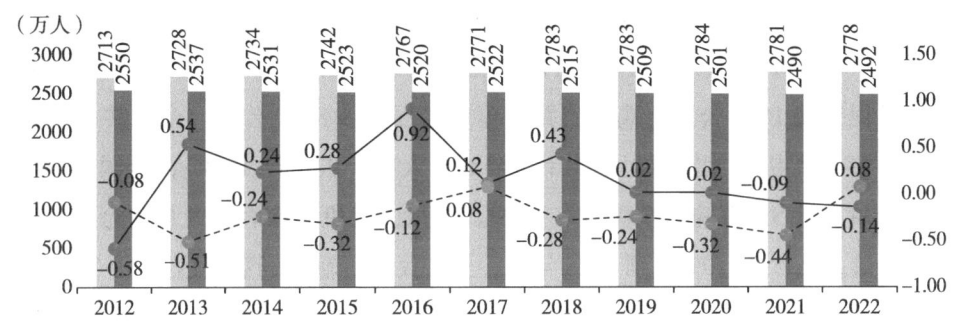

图4-10-3 甘肃省户籍人口与常住人口情况

数据来源：wind，中铁研究院。

人口教育结构改善，高等教育人口占比有待提升。2022年，全省专科、本科、研究生学历人口占比分别为7.9%、6.6%、0.8%，受高等教育（专科、本科、研究生）人口合计占比15.2%，较2015年的11.7%上升3.6个百分点。高中学历占比为13%，较2012年上升下1.4个百分点。小学学历占比29.6%，初中学历占比为26.7%，二者占比下降6.1个百分点，全省教育结构改善。从全国来看，全省受高等教育人口占比居全国第24位，高等教育人口占比有待提升。

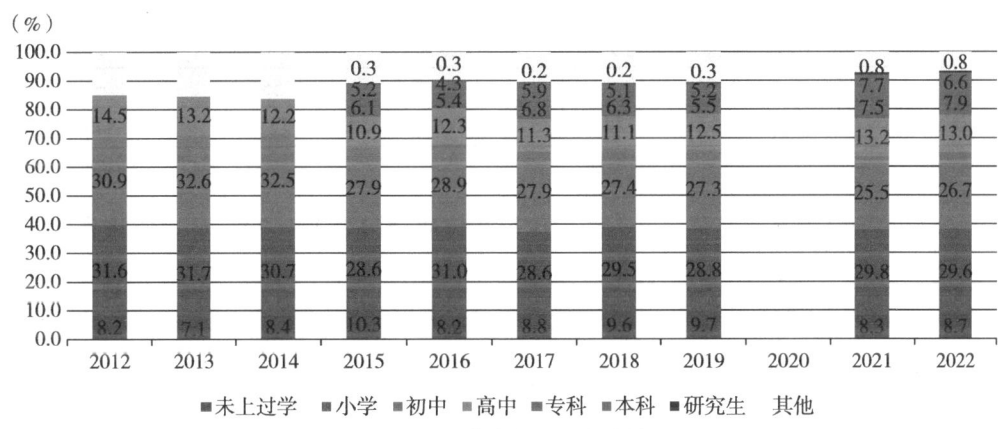

图4-10-4 甘肃省人口受教育情况

数据来源：wind，中铁研究院。其中缺少2020年数据。

（四）基础设施和公共服务

立体综合交通网络不断完善，铁路、公路水平居全国中游，密度低于全国水平。2022年，甘肃省铁路营业里程5591.16公里，铁路网密度达1.23公里/百平方公里，为全国的 0.76 倍,居全国第 12 位,较 2012 年排名下滑 7 位。到 2025 年,铁路营业里程力争达到 6500 公里,高铁营业里程力争突破 2000 公里。2022 年全省公路 15.72 万公里,公路网密度 34.63 公里/百平方公里,是全国的 0.62 倍,居全国第 19 位,高速公路 5800 公里,密度 1.28 公里/百平方公里,居全国第 17 位。规划至 2025 年全省公路总里程突破 16 万公里,高速公路通车总里程突破 8000 公里。全省共 9 个运输机场,2022 年全省机场旅客吞吐量共计 742.6 万人次,占全国 1.43%,全国排名第 24,货邮吞吐量共计 5.8 万吨,全国排名第 24。兰州中川机场旅客吞吐量占全省 80.02%,货物吞吐量占全省 95.70%,到 2025 年末,全省民用运输机场数量达到 11 个。2022 年,甘肃内河通航里程 910.67 公里,占全国 0.71%。到 2025 年,内河通航里程达到 1100 公里。

表 4-10-3　　　　　　　　　　2022 年甘肃省基础设施统计

类型	指标	甘肃	全国	西部地区
铁路	里程（公里）	5591.16	154906.5	62994.177
	密度（公里/百平方公里）	1.23	1.62	0.92
公路	里程（公里）	157200	5355000	231.86
	密度（公里/百平方公里）	34.63	55.93	33.96
机场	机场数量	9	254	130
	旅客吞吐量（万人次）	742.6	51952.8	17305.3
	货邮吞吐量（万吨）	5.8	1452.7	214.7
港口航道	港口吞吐量（亿吨）	——	55.54	——
	内河通航里程（公里）	910.67	127968	34684.5

数据来源:wind,国家统计局,中铁研究院。

公共服务设施日益完善,千人医疗床位数位居全国第 10。2021 年,甘肃省义务教育生均校舍建筑面积 10.31 平方米,基本与全国 10.3 人/平方米的平均水平持平,全国排名第 16,较 2013 年排名第 19 提升 3 位。2022 年甘肃省每千人医疗卫生机构床位数 7.58 张/千人,高于全国 6.91 的平均水平,全国排名第 10,较 2012 年提升 5 名。

表 4-10-3　　　　　　　　　　甘肃省公共服务设施统计

	2021 年义务教育生均校舍建筑面积（m²）	2022 年每千人口医疗卫生机构床位数（张）
甘肃	10.31	7.58
全国	10.30	6.91
西部地区	10.41	7.46

数据来源:《中国教育统计年鉴 2021》《中国卫生健康统计年鉴 2022》,中铁研究院。

（五）城市建设

城镇化进程滞后，大城市引领发展。2022年，甘肃常住人口城镇化率54.19%，低于全国平均水平11.03个百分点，居全国第29位。2012—2022年城镇化率提升15.41个百分点，高于全国平均水平，城镇化全国排名下降1位。甘肃省有城市17座，城市数量较2012年增加1座，拥有从Ⅱ型小城市到Ⅰ型大城市四档城市结构①，缺乏能级更高的特大超大城市，也缺乏Ⅱ型大城市，城市结构存在断档。基于人口维度，四档城市以Ⅰ型大城市和Ⅰ型小城市为主，二者分别占城区人口的44%、34%。2012—2022年，兰州市从Ⅱ型大城市晋级为Ⅰ型大城市，城市结构升级。期间城市发展也以大城市为主，唯一的大城市兰州人口净增105.23万人，占全省城区新增人口的88.58%。2022年，兰州市城区人口303.75万人，城市首位度从35%提升至44%，排名从第9提升至第7。

土地城镇化快于人口城镇化，工业、道路交通用地供地提速。2022年，甘肃城镇建成区1476.88平方公里，居全国第25位，10年复合增速2.97%，高于全国0.17个百分点，同期区域人口排名全国第27，增速2.03%，地人增速差0.93个百分点，高于全国平均水平，居全国第17。城镇城市建设用地1454平方公里，人均建设用地143.5平方米，居全国第4位，较2012年大幅提升11位。结构与全国一致，居住、工业、道路交通设施用地居前三位，占比分别为29.7%、16.6%、15.5%，其中工业、道路交通用地相比2012年增长，分别提升4.28、4.34个百分点，是西北地区工业用地占比最高的省，此外商服用地占比提升。与全国平均水平横向比较，公共管理与服务、商服、物流仓储、公用设施、绿地广场五项指标用地高于全国平均水平，显示出产业发展水平较低，传统服务业以及公共基础设施供地强度较大。

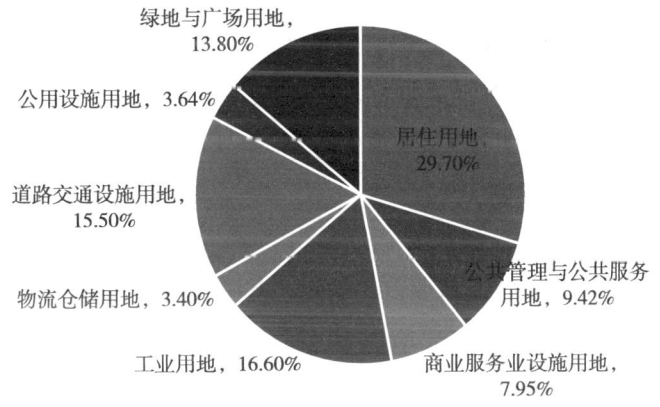

图4-10-5 2022年甘肃省城市建设用地结构

资料来源：住建部2022年城乡统计年鉴，中铁研究院。

---

① Ⅰ型大城市1座，中等城市1座，Ⅰ型小型城市8座，Ⅱ型小城市7座。

城市建设整体力度加大，市政基础设施水平有待进一步提升，房地产韧性较强。2022年，甘肃省完成市政基础设施投资318.27亿元，同比增长9.15%，10年复合增速1.98%，人均投资2894.51元，四项指标分别居全国第24、10、18、15。从长期来看，投资规模和人均投资较2012年提升2和3位，显示阶段投资力度大幅增强。受整体市政基础设施底子薄的影响，2022年城市和县城市政基础设施指标与全国的偏离度均值分别为−1.05、−2.63，均居全国第24位，显示出与全国平均水平有较大差距，指标不及全国平均水平的分别有8项、10项，主要是燃气、道路，管网、绿化指标落后全国。甘肃省房地产投资具有较好韧性，2022年全省完成投资1481.66亿，居全国第23，略高于人口规模排名，同比降低−2.9%，降幅居全国第28位，10年复合增速10.2%，居全国第3，投资规模排名较2012年上升5位。2022年，甘肃人均住房面积[①]约34.92平方米，居全国第26位。

县域规模体量大，城市发展空间大，城市和县城设施水平和人口分化中等，产业基础差距大。2022年，甘肃省城市、县城、镇对城镇化的人口贡献率分别为50.6%、31%、19%，分别高于全国平均水平−10.7、13.84、−3.14个百分点，城市贡献度全国第25。长周期来看，2012—2022年，甘肃省城市、县城、镇贡献率分别提升−6.49、−2.99、9.48个百分点，显示全省城市和县域经济发展速度相对较慢。甘肃省市少县多，2022年，甘肃省共有17座城市、64个县城（不含4个县级市），二者城区人口之比为1.64，较2012年减弱0.05，是全国仅有的两个减弱的省市之一。从平均人口来看，城市为县城的6.18倍，居全国第14位，分化程度中等。县城市政基础设施投资力度增强，2022年，甘肃省城市和县城人均市政基础设施投资分别为2492.58、3554.64元，居全国第19、7位，分别较2012年下降5和上升11位，二者与全国的偏离度均值均居24位。从产业发展来看，2022年，县城工业用地占城市建设用地比6.14%，城市工业用地占比21.66%，显示出产业发展水平差距大。

（六）固定资产投资情况

增速总体高于全国水平，制造业占比稳定，基础设施保持增长，房地产投资转负。2022年，甘肃省固定资产投资同比增加10.1%，固投增速在31个省级行政区中排名第4位，高于全国增速5个百分点，近年来固投增速总体高于全国水平，仅在2017年出现36.8%的大幅下降。从领域来看，2022年制造业增长46.9%、房地产下降2.9%、

[①] 由于缺乏统计数据，报告人均住房面积含城乡居民住房。

基础设施[①]增长21.1%。从结构来看，制造业投资比重经历缓慢下降后保持稳定；而房地产投资占则呈缓慢增长后逐渐稳定的态势，2022年投资增速为近十年内的首次负增长；基础设施2012—2022年平均增速12.0%。2012—2022年甘肃省固定资产投资中的建筑安装工程占比从72%左右波动上浮至74%。

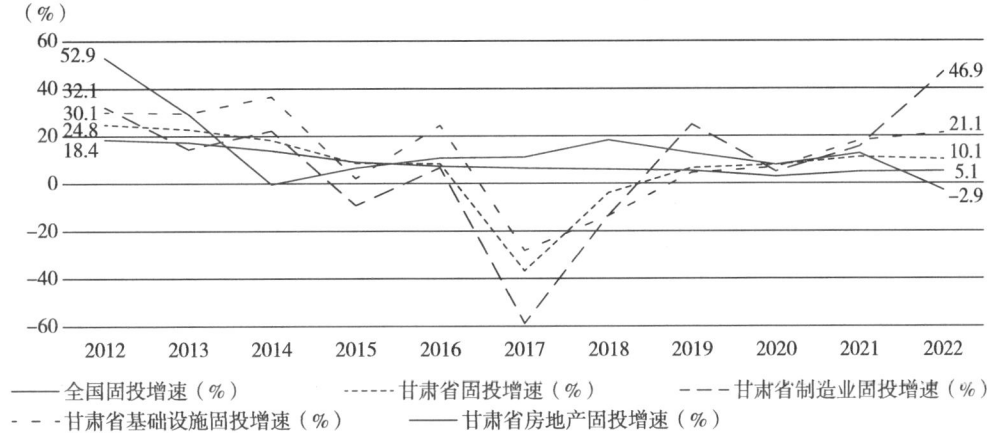

图4-10-6 甘肃省固定资产投资增速情况

数据来源：wind，甘肃省统计年鉴，国家统计局，中铁研究院。

基础设施投资结构总体稳定。2012—2022年，水利生态环境和公共设施管理业占甘肃基础设施投资比重波动较大，近年来占比稳定在25%左右，2022年投资增长19%；交通运输和邮政业占比持续上升后保持稳定，2022年投资下降9.5%；电力热力燃气及水生产和供应业投资占比在维持了较长时间的低水平后于2022年出现77.3%的大幅投资增长。信息传输和信息技术服务业投资占比低，2022年投资增长19.3%。

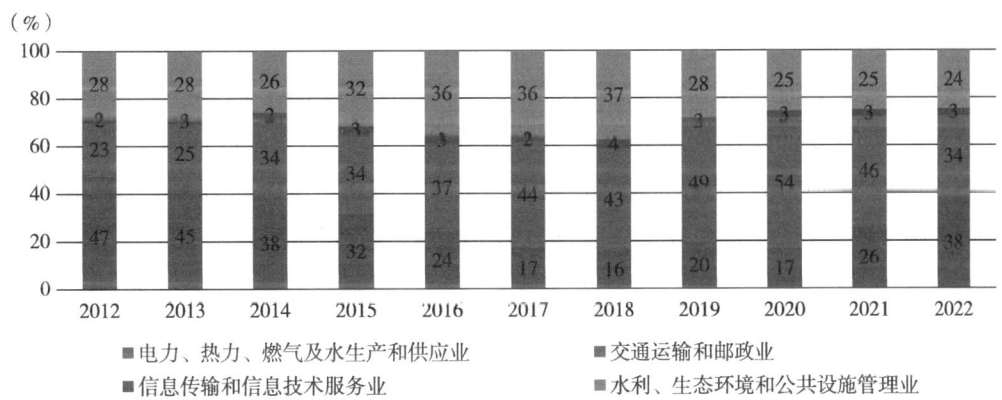

图4-10-7 甘肃省历年基础设施投资结构占比

数据来源：wind，甘肃省统计年鉴。2017年后各项占比以2017年投资为基数，按公布的投资增速计算。

---

① 基础设施：取电力、热力、燃气及水生产和供应业，交通运输和邮政业，信息传输和信息技术服务业，水利、生态环境和公共设施管理业四项投资之和。

（七）财政情况

甘肃省综合财力收入水平高于GDP水平，对转移支付和非税收入依赖度高，对债务依赖程度高。2022年甘肃省综合财力约为4482亿元，在全国31个省级行政区中排名第25，高于GDP排名的第27位，综合财力下降2.3%，全国排名第17。从结构来看，一般公共预算收入和政府性基金收入之比约为92：8，比例远高于全国水平，一般公共预算自给率21.3%，远低于全国43.1%的均值，一般公共预算收入对转移支付依赖度高。2012—2022年全省一般公共预算（不含转移支付和负债）税收占比从67%波动微跌至64%，2022年全国排名第20位，处于全国中下游水平，财政可靠性较低。债务收入占比约33.4%，高于全国水平。2022年，甘肃省全省政府性基金收入（不含转移支付）370.9亿元，全国排名第26位。

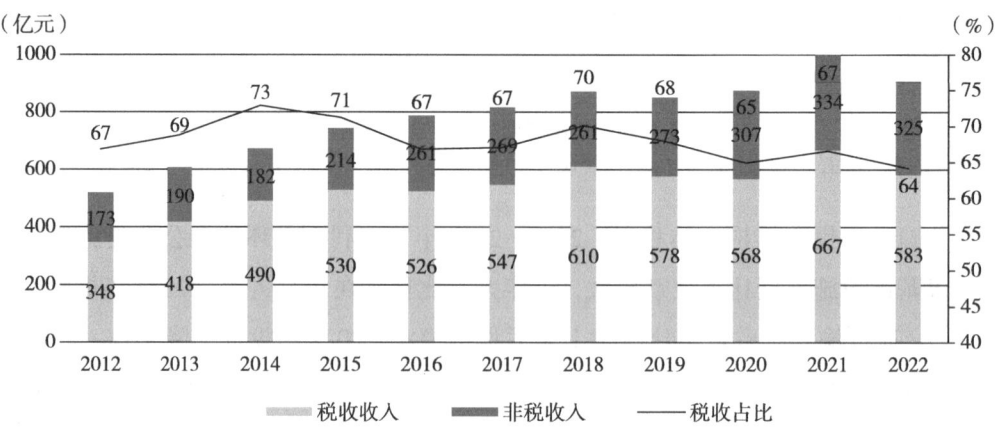

图4-10-8 甘肃省一般公共预算收入结构

数据来源：wind，甘肃省财政厅。本图中收入数据不含中央税收返还和转移支付、债务等收入。

政府债务快速增长，整体负债水平中等，债务空间较低。2022年甘肃省地方政府债务限额6391亿元，居全国第27位，债务余额6087亿元，同样居全国第27位，2018—2022年，甘肃省债务余额年均复合增长率25%，居全国第28位。2022年甘肃省债务率136%，低于警戒线，全国排名第15位，政府债可用限额303.9亿元，居全国第22位，债务空间较低。从债务结构来看，2022年甘肃省专项债占比60.3%，高于全国水平。

（八）兰州市情况

兰州市经济发展较慢，经济综合实力有待提升。2022年兰州市GDP3343.5亿元，在36个大中城市中[①]排名第31，相比2012年上升1位。人均GDP7.65万元，排名第30位。2012—2022年，兰州市名义GDP年均复合增速7.9%，在36个大中城市中排名第24。三次产业结构为1.9∶34.4∶63.6。石化装备产业一直以来是兰州工业的重点支柱产业，目前已形成了石油钻采和炼化装备制造等成龙配套、炼化协调较为完整的产业体系，孕育了兰石集团、蓝科高新、天华院等一大批骨干企业。兰石集团产品遍布国内各大油田、炼厂，钻机产品国内市场占有率最高达到90%以上，天华院干燥技术及设备，蓝科石化换热设备、炼油化工装置以及海默科技多相计量均具有国际或国内领先水平。轨道交通以中车兰州作为龙头企业，带动产业整体发展，主要业务包含铁路机车修理、高铁导线材料及铁路信号等。中车兰州机车有限公司是我国西北地区机车检修、铁路起重机造修基地，是国内技术领先、品种齐全的工矿机车制造基地。中车兰州机车公司城轨车辆造修及动车组高级修基地建设项目投资24亿元，投产后年预期产值达17.01亿元。

常住人口增长缓慢，但人口红利有待提升。2022年全市常住人口441.53万人，同比增长0.71%。2012—2022年，全市常住人口增长79.43万人，增量居全国第29位，增速居全国第22位。兰州60岁以上人口比重为16.6%，15~59岁人口比重69.2%，拥有大学文化程度（大专及以上）的人口每10万人达到2.86万人，虽然均优于全国水平，但在36个大中城市中优势并不突出，劳动人口比重居第11位，大学文化程度（大专及以上）人口居第11位，人口素质未能有效提升经济发展。

固定资产投资下降，基础设施投资占比大。2022年兰州市固定资产投资同比增长-3.5%，居第27位。全年全市固定资产投资比上年下降3.5%。按三次产业分，第一产业投资下降25.0%；第二产业投资增长40.2%，其中工业投资增长40.3%；第三产业投资下降10.3%。基础设施投资增长11.3%，制造业投资增长51.9%，民间投资下降16.7%，房地产业投资下降5.3%。

财政状况整体一般，负债水平较高。2022年，兰州市综合财力518.9亿元（一般公共预算收入+转移支付收入+政府性基金收入），居第33位。2012—2022年综合财力（2011前不含转移支付收入）年均增速10.3%，居全国第12位，2022年财政自给率59.68%，在36个大中城市排名第24名。2022年，兰州市债务率192.06%（债务余额/综合财力），在36个大中城市中排名第7位。

[①] 以下均为在36个大中城市中的排名，其他有注明的除外。

十一、青海省

（一）经济情况

2022年青海省GDP总量排名倒数第二，人均GDP排名下滑。2022年青海省GDP3610.07亿元，是2012年的1.91倍，11年间复合增长率6.04%，GDP总量连续多年全国排名第30。2012—2022年GDP平均增速高于全国平均水平0.78个百分点。2022年人均GDP6.07万元，全国排名24，较2012年下滑3位。

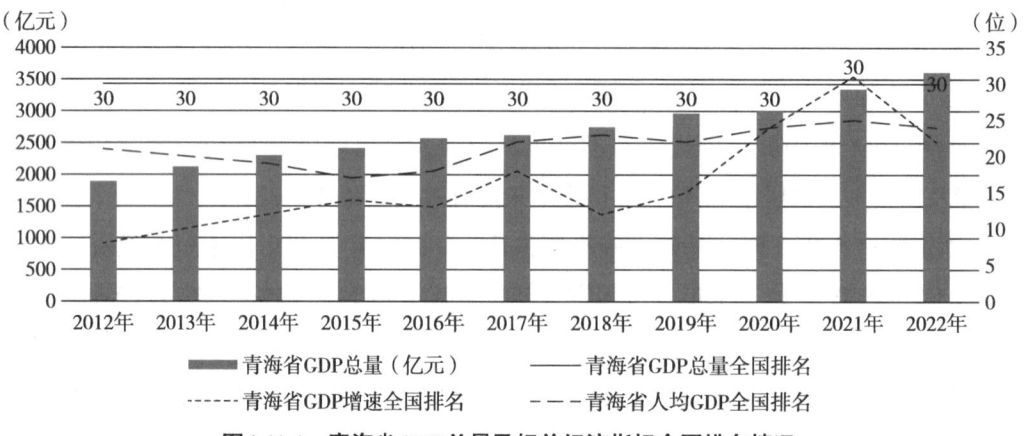

图4-11-1　青海省GDP总量及相关经济指标全国排名情况

数据来源：国家统计局，中铁研究院。

三次产业结构一产比重变化不大，三产比重超过一半。2022年，青海省一二三产比重为10.5%∶43.9%∶45.5%，分别高于全国3.2、4、-7.3个百分点。从演变趋势来看，一产比重较2012年略有上升，二产比重经历了先降后升的过程，由2012年57.7%降低至2020年38.0%，后又增至2022年的43.9%，三产比重由2012年33.0%逐年递增，2018年突破50%后，在2021年又逐步下降至2022年的45.5%。2022年，青海省工业增加值占GDP比重为34.04%，较上年增加4.75个百分点，低于全国39.92%的平均水平。

各地市经济发展水平均衡性较差，GDP首末超过30。2022年，全省8个地市州的GDP首末比30.67，较2012年增加2.8，西宁市首位度较高，GDP总量占全省45%

以上，较2012年所占比重增加3.9个百分点，显示不平衡发展加剧。全省人均GDP首末比超过10.7，较2012年增加1.27，仅海南州人均GDP超过全国水平2倍，玉树人均GDP不足全国水平20%，果洛人均GDP不足全国水平30%，海东、黄南、海北等地市州人均GDP不足全国水平50%，整体发展水平和发展均衡性亟待提高。

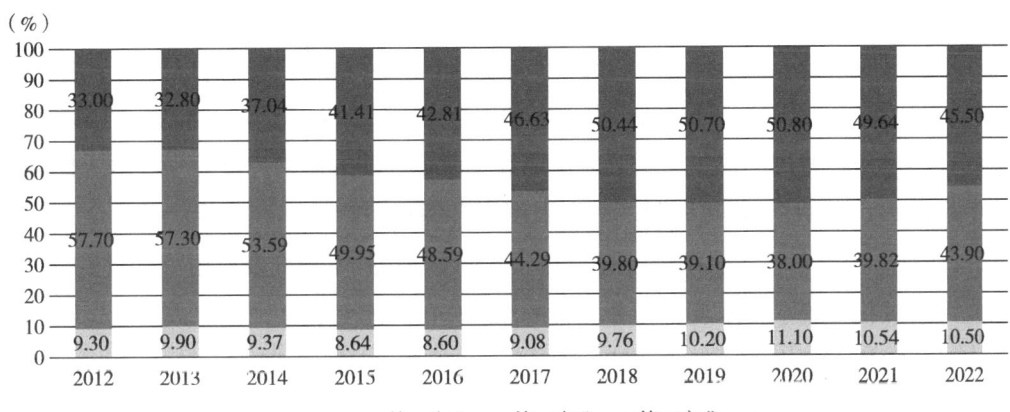

图4-11-2　青海省一二三产业结构比重变化（%）
数据来源：国家统计局，中铁研究院。

表4-11-1　　　青海省各地市州GDP总量和人均GDP（2022年）

序号	各市州	GDP总量（亿元）	人均GDP（元/人）
1	西宁	1644.35	66304
2	海东	562.79	41534
3	海北	100.77	44504
4	海西	842.55	39463
5	黄南	110.89	34137
6	海南	200.27	180032
7	果洛	53.62	16793
8	玉树	72.27	24495

数据来源：青海省统计局，中铁研究院。

（二）支柱产业

支撑产业主要为能源化工业。2022年，全省规上工业（不含水电气热，下同）营收前四为电力、热力生产和供应业，化学原料和化学制品制造业，有色金属冶炼和压延加工业，石油和天然气开采业，营收规模分别为834.82、621.27、611.4、200.52亿元，总计占工业比重62.82%。相比2012年[①]，电力、热力生产和供应业取代有色金属

---
① 2012年，全省产值前四产业为有色金属冶炼和压延加工业，电力、热力生产和供应业，化学原料和化学制品制造业，石油和天然气开采业。

冶炼和压延加工业成为第一大产业。依托完善的产业链，青海可以提供大量的清洁能源。截至 2023 年底，青海全省电力总装机 5497 万千瓦。其中，清洁能源装机占比约 93%，发电量占比约 84%。青海冷凉干燥，适合布局服务器。在西宁经济技术开发区的三江源国家大数据基地，依靠清洁绿电，这里为青海文旅产业、农牧业、智能工厂提供数据支撑。与此同时，青海正打造绿电大型智慧储能系统，通过储能智能充放电管理为算力提供稳定动能。

盐湖产业推进较好。持续挖潜增效，全力推动钾肥扩能增产，为端牢"中国饭碗"履行青海担当。通过优化生产工艺、盐田技术改造、加大清渠力度等手段深入挖掘企业生产潜力，启动 75 万吨钾肥，最大限度提升钾肥生产效率和产能产量。全省首个"揭榜挂帅"项目——"盐湖老卤制备无水氯化镁关键技术研究及应用"顺利实施，已完成无水氯化镁脱水技术攻关任务，生产出合格的无水氯化镁产品。成功投运国内首条 2 万吨镁基土壤修复材料生产线。弗迪 10GWh 锂电池、金昆仑公司二期 1000 吨金属锂、蓝科锂业 2 万吨碳酸锂、中信国安 2 万吨电池级碳酸锂、比亚迪 1000 吨碳酸锂中试项目、锦泰锂业 2000 吨碳

园区数量少，分布较为集中。2022 年，青海有国家级园区 3 个，其中国家级经济技术开发区 2 个，国家级高新技术产业开发区 1 个，国家级园区数量居全国第 27。3 个园区分布在 2 个城市，分别为西宁和格尔木，其余市州暂无国家级园区。

（三）人口

青海省常住人口与户籍人口接近，人口老龄化程度低于全国水平。2022 年末，全省常住人口 595 万人，同比增长 0.17%，居全国第 30 位，较 2012 年持平。全省常住人口常年与户籍人口接近，2012—2022 年，二者之差从 10 万波动到 -2 万人，显示人口吸引力一般。2022 年，全省 65 岁以上人口占比 10.2%，较 2012 年提升 3.2 个百分点，低于 14.9% 的全国水平，在全国老龄化程度中排名第 28 位，较 2012 年下降 1 位。

人口教育结构改善，高等教育人口占比中等。2022 年，全省专科、本科、研究生学历人口占比分别为 8%、8.8%、0.7%，受高等教育（专科、本科、研究生）人口合计占比 17.5%，较 2015 年的 9.6% 上升 7.9 个百分点。高中学历占比为 10.7%，较 2012 年上升下降 0.3 个百分点。小学学历占比 31.5%，初中学历占比为 22.2%，二者占比下降 6 个百分点，全省教育结构改善。从全国来看，全省受高等教育人口占比居全国 15 位，相比 2015 年提升 7 位，高等教育人口占比中等。

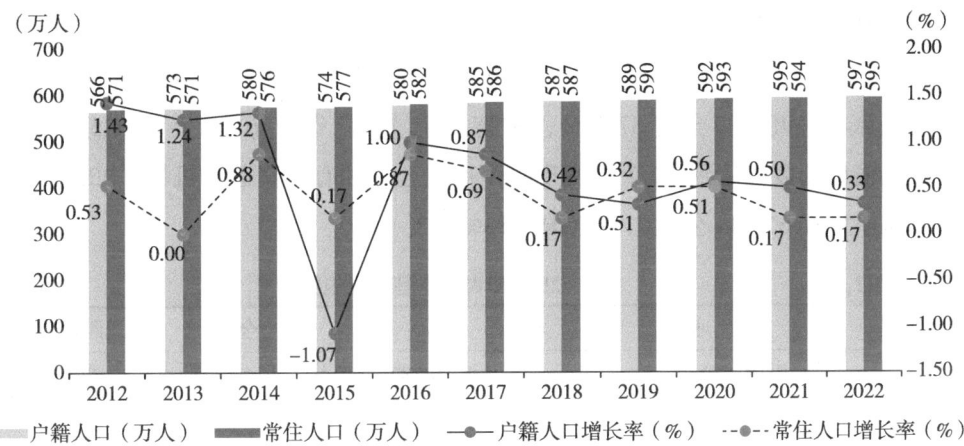

图4-11-3 青海省户籍人口与常住人口情况

数据来源：wind，中铁研究院。

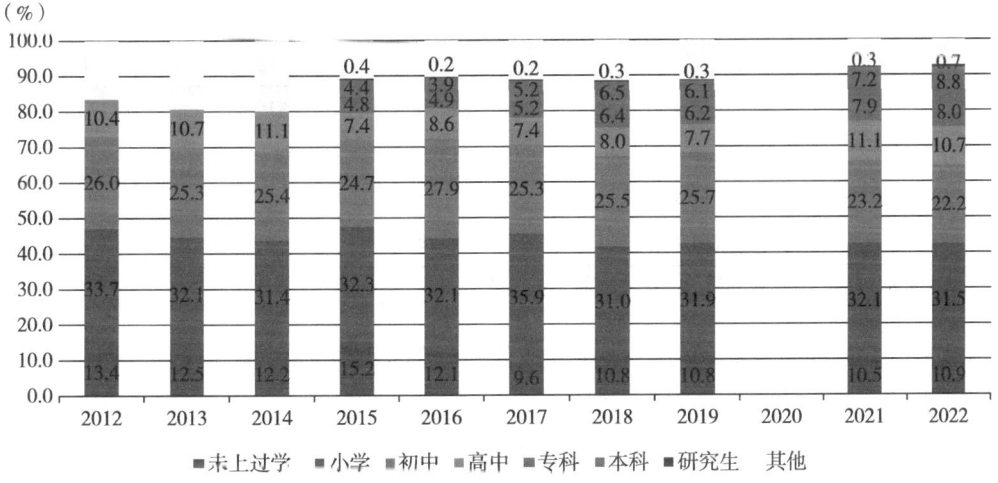

图4-11-4 青海省人口受教育情况

数据来源：wind，中铁研究院。其中缺少2020年数据。

（四）基础设施和公共服务

立体综合交通网络不断完善，铁路、公路密度居全国下游，机场吞吐量位居末尾。2022年，青海省铁路营业里程2974.787公里，铁路网密度达0.41公里/百平方公里，为全国的0.26倍，总里程居全国第24位，较2012年排名下滑1位。到2025年，铁路建设和运营里程超过3150公里，干线铁路电气化率达到100%。2022年全省公路8.77万公里，公路网密度12.22公里/百平方公里，是全国的0.22倍，总里程居全国第26位，高速公路3800公里，密度0.53公里/百平方公里，总里程居全国第25位。规划至2025年全省公路总里程突破9万公里，高速公路通车总里程突破 5000 公里。全省共 7 个运输机场，2022 年全省机场旅客吞吐量共计 297.7 万人次，占全国 0.57%，全国排名第 31，货邮吞吐量共计 1.6 万吨，全国排名第 31。西宁曹家堡机场旅客吞吐量占全省 87.65%，货物吞吐量占全省 99.61%，到 2025 年末，全省民用运输机场数量达到 10 个，实现每个市州至少拥有一座运输机场。2022 年，青海内河通航里程 674.44 公里，占全国 0.53%。

表 4-11-2　　　　　　　　　　2022 年青海省基础设施统计

类型	指标	青海	全国	西部地区
铁路	里程（公里）	2974.787	154906.5	62994.177
	密度（公里/百平方公里）	0.41	1.62	0.92
公路	里程（公里）	87700	5355000	231.86
	密度（公里/百平方公里）	12.22	55.93	33.96
机场	机场数量	7	254	130
	旅客吞吐量（万人次）	297.7	51952.8	17305.3
	货邮吞吐量（万吨）	1.6	1452.7	214.7
港口航道	港口吞吐量（亿吨）	——	55.54	——
	内河通航里程（公里）	674.44	127968	34684.5

数据来源：wind，国家统计局，中铁研究院。

公共服务设施日益完善，千人医疗床位数位居全国第 10。2021 年，青海省义务教育生均校舍建筑面积 12.56 平方米，大幅高于全国 10.3 人/平方米的平均水平，生均校舍面积全国排名第 3，较 2013 年排名第 15 提升 12 位。2022 年青海省每千人医疗卫生机构床位数 7.22 张/千人，高于全国 6.91 的平均水平，全国排名第 14，较 2012 年下滑 2 名。

表 4-11-3　　　　　　　　　青海省公共服务设施统计

	2021 年义务教育生均校舍建筑面积（m²）	2022 年每千人口医疗卫生机构床位数（张）
青海	12.56	7.22
全国	10.30	6.91
西部地区	10.41	7.46

数据来源：《中国教育统计年鉴 2021》《中国卫生健康统计年鉴 2022》，中铁研究院。

（五）城市建设

城镇化进程滞后，城市数量少结构单一，城市极化现象突出。2022 年，青海常住人口城镇化率61.49%，低于全国平均水平3.57个百分点，居全国第21位。2012—2022年城镇化率提升13.58个百分点，高于全国平均水平1.46个百分点，城镇化全国排名降低2位。青海有城市7座，较2012年增加4座，拥有从Ⅱ型小城市到Ⅱ型大城市三档城市结构[1]，城市能级较低，城市结构存在断档。基于城区人口维度，三档城市以Ⅱ型大城市为主，占城区人口68%。2012—2022年，三档城市结构未实现升级（未出现等级更高的城市），是全国10个未实现城市结构升级的省之一。城市发展不平衡，2022年，中心城市西宁城区人口144.49万人，2012—2022年城区人口净增29.49万，仅占新增人口的38%，城市首位度从84%下降至68%，排名仍居全国第一，显示极化现象突出。

土地城镇化快于人口城镇化，城市公用基础设施供地强度大。2022年，青海城镇建成区452.55平方公里，居全国第30位，10年复合增速3.76%，高于全国平均水平，同期区域人口排名全国第30，增速2.45%，地人增速差1.31个百分点，高于全国平均水平，居全国第14位。城镇城市建设用地406平方公里，人均建设用地108.9平方米，居全国第18位，较2012年提升3位。结构上，居住、道路交通设施、绿地广场用地居前三位，占比分别为29.11%、17.48%、17.35%，其中道路交通、绿地广场用地占比较2012年增长，分别提升10.89、6.98个百分点，此外有商服、工业用地占比提升。与全国平均水平横向比较，除居住、工业用地外，其余6项指标用地高于全国平均水平，显示工业用地较全国平均差距大，生活性服务业占比高，公共服务、城市基础设施建设供地强度较大。

城市市政基础设施投资力度削弱，城市设施水平亟待提升。2022年，青海完成市政基础设施投资42.5亿元，同比增长-10.54%，10年复合增速5.35%，人均投资1295.87，四项指标分别居全国第30、20、29、29。从长周期来看，投资规模和人均投资较2012年下降1和10位，显示阶段投资力度削弱。2022年城市和县城市政基础设施指标与全国的偏离度均值分别为-1.76、-5.01，居全国第28和第27位（全国28个省参与排名），与全国平均水平有较大差距。指标不及全国平均水平的分别有11项、12项，均较2012年增加2项，除了公共供水普及率、人均道路面积等外，其他指标基本落后全国。青海房地产投资力度较为温和，规模小，较为脆弱。2022年全省完成投资296.15亿元，居全国第30，与人口规模相适应，同比降低33.08%，降幅全国第5，10年复合增速4.56%，低于全国平均水平，居全国第20。2022年青海人均住房面积[2]约36.17平方米，居全国第21位。

---

[1] Ⅱ型大城市1座，Ⅰ型小型城市1座，Ⅱ型小城市5座。
[2] 由于缺乏统计数据，报告人均住房面积含城乡居民住房。

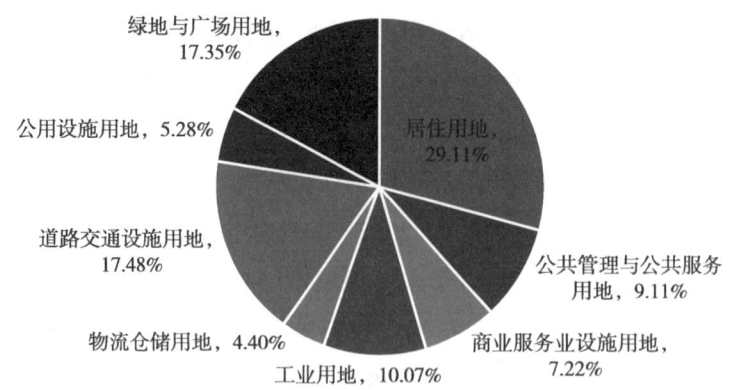

图4-11-5　2022年青海省城市建设用地结构

资料来源：住建部2022年城乡统计年鉴，中铁研究院。

县域体量大，小散弱，城市和县城低水平高度分化，县域基础设施投资力度阶段性增强。2022年，青海城市、县城、镇对城镇化的人口贡献率分别为58.47%、31%、10%，分别高于全国平均水平 -2.84、14.29、-11.45 个百分点，显示出城市发育不足，县域经济规模体量较大。长周期来看，2012—2022年，青海城市、县城、镇贡献率分别提升8.35、-0.44、1.18个百分点，显示城市加快发展。青海市少县多，2022年，共有7座城市、32个县城（不含5个县级市），二者城区人口之比为1.87，较2012年加深0.73，人口体量差距及加深程度均低于全国平均水平。从平均人口来看，城市为县城的8.55倍，居全国第5位，分化程度重，青海县域单体规模较小，平均城区人口3.57万人，为全国平均水平的35%左右，城市和县城低水平分化。县城基础设施投资强度较大，2022年，青海城市和县城人均市政基础设施投资分别为1235.47、1408.85元，是全国8个城市人均投资低于县城人均投资的省市之一，人均投资分别居全国第30、第20位，均较2012年下降12位，二者市政基础设施水平与全国的偏离度均值分别居全国第28和第27位。从产业发展来看，2022年，县城工业用地占城市建设用地比9.78%，城市工业用地占比10.28%。

（六）固定资产投资情况

总体增速不及全国，制造业增速较快，基础设施较为稳定，房地产降幅较大。2022年，青海省固定资产投资同比下降7.6%，固投增速在31个省级行政区中排名第29位，低于全国增速12.7个百分点，近十年间仅在2013、2014和2018年高于全国水平，2020年以来青海固投增速连续负增长。从领域来看，2022年制造业增长41.0%、房地产下降

33.1%、基础设施[①]下降7.6%。从结构来看，制造业投资呈上升态势单波动较大，2020和2022年投资增速分别出现40%以上的下降和增长；房地产投资占比下降，2022年出现33%的较大负增长；基础设施2012—2022年平均增速16.6%，占比稳步增加。2012—2022年青海省固定资产投资中的建筑安装工程占比从77%左右波动下降至65%。

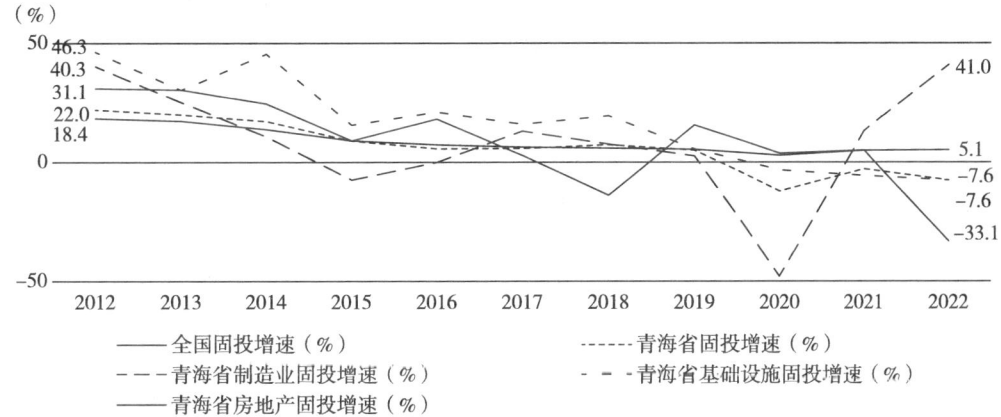

图4-11-6　青海省固定资产投资增速情况

数据来源：wind，青海省统计年鉴，国家统计局，中铁研究院。

基础设施投资结构波动较大。2012—2022年，水利生态环境和公共设施管理业占比持续上升后出现回落、交通运输和邮政业占比则呈持续下降态势，二者占比趋同，2022年投资增速分别为 -32.6%、2.2%。电力热力燃气及水生产和供应业投资比重较高，经历下降后持续反弹，2022年投资增速16.0%。信息传输和信息技术服务业投资占比低，2022年投资下降16.9%。

图4-11-7　青海省历年基础设施投资结构占比

数据来源：wind，青海省统计年鉴。2017年后各项占比以2017年投资为基数，按公布的投资增速计算。

---

① 基础设施：取电力、热力、燃气及水生产和供应业，交通运输和邮政业，信息传输和信息技术服务业，水利、生态环境和公共设施管理业四项投资之和。

（七）财政情况

青海省综合财力收入水平与GDP水平匹配，对转移支付和非税收入依赖度高，对债务依赖程度高。2022年青海省综合财力约为2017亿元，在全国31个省级行政区中排名第30，仅高于宁夏，与GDP同样排名第30，综合财力下降0.8%，全国排名第12。从结构来看，一般公共预算收入和政府性基金收入之比约为95∶5，比例远高于全国水平，一般公共预算自给率仅为16.7%，仅高于西藏，远低于全国43.1%的均值，一般公共预算收入对转移支付依赖度极高。2012—2022年全省一般公共预算（不含转移支付和负债）税收占比从79%波动微降至78%，2022年全国排名第6位。债务收入占比约24.5%，略低于全国水平。2022年，青海省全省政府性基金收入（不含转移支付）92.6亿元，全国排名第30位。

政府债务稳定增长，整体负债水平高，债务空间较小。2022年青海省地方政府债务限额3261亿元，居全国第29位，债务余额3044亿元，居全国第29位，2018—2022年，青海省债务余额年均复合增长率14.6%，居全国第9位。2022年青海省债务率151%，高于警戒线，全国排名第8位，政府债可用限额216.4亿元，居全国第27位，债务腾挪空间较小。从债务结构来看，2022年青海省专项债占比23.7%，远低于全国水平。

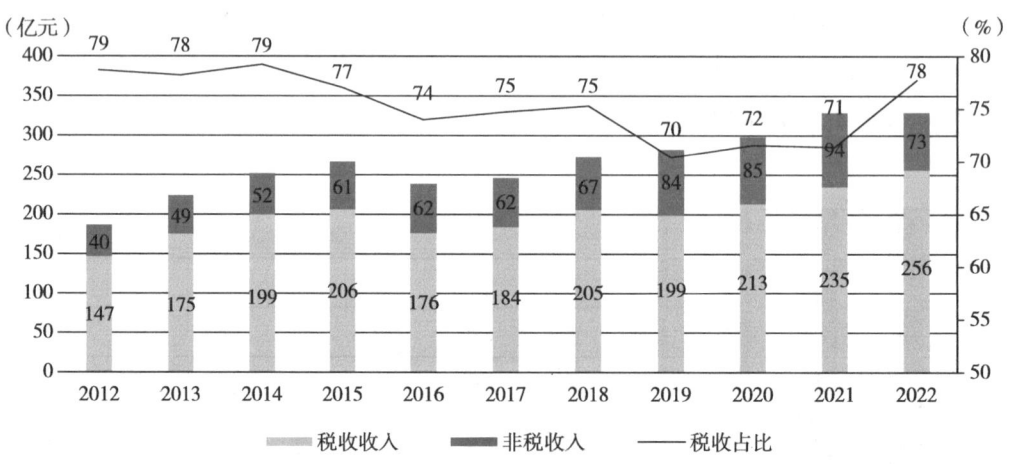

图4-11-8 青海省一般公共预算收入结构

数据来源：wind，青海省财政厅。本图中收入数据不含中央税收返还和转移支付、债务等收入。

（八）西宁市情况

西宁市经济发展较慢，经济综合实力弱。2022年西宁市GDP1644.35亿元，在36

个大中城市中[①]排名第35，相比2012年下降1位。人均GDP6.64万元，排名第33位。2012—2022年，西宁市名义GDP年均复合增速6.81%，在36个大中城市中排名第29。三次产业结构为4.2∶30.5∶65.3。西宁持续聚力加快建设产业"四地"，打造锂电储能、光伏光热、有色合金高新材料、特色化工、生物医药和高原动植物资源精深加工五大新兴产业集群，构建了正负极材料、隔膜、铜箔、储能电池制造应用的全产业链，千亿锂电产业基地初具规模；形成了多晶硅、单晶硅、切片、太阳能电池及组件的全产业链；电解铝产业向轻量化、军民融合方向发展，铝镁合金高新材料产业园加速打造；具有国际竞争力、世界一流的高性能碳纤维项目一期建成投产，千亿特色化工产业集群加速迈进；康美中药城、青藏高原特色生物资源和中藏药产业集群被列为国家创新型产业集群试点。西宁经济技术开发区梳理"四地"建设重大项目41项。

常住人口增长缓慢，人口红利一般。2022年全市常住人口248万人，同比增长0.18%。2012—2022年，全市常住人口增长25.2万人，增量居全国第33位，增速居全国第29位。西宁60岁以上人口比重为14.35%，15~59岁人口比重69.29%，拥有大学文化程度（大专及以上）的人口每10万人达到2.1万人，虽然均优于全国水平，但在36个大中城市中优势并不突出，劳动人口比重居第10位，大学文化程度（大专及以上）人口居第28，人口与经济发展都处于落后水平。

固定资产投资下降较快，基础设施投资占比大。2022年西宁市固定资产投资同比增长-18.3%，居第35位。全年固定资产投资同比下降18.3%。分产业看，第一产业投资同比增长55%，第二产业投资同比增长53.7%，其中，工业投资增长53.7%；第三产业投资同比下降37.3%。民间投资同比下降8.5%。全年房地产开发投资下降36.1%。

财政状况整体较差，负债水平高。2022年，西宁市综合财力436.92亿元（一般公共预算收入+转移支付收入+政府性基金收入），居第35位。2012—2022年综合财力（2011前个含转移支付收入）年均增速14.64%，居全国第5位，2022年财政自给率38.85%，在36个大中城市排名第33名。2022年，西宁市债务率118.47%（债务余额/综合财力），在36个大中城市中排名第20位。

---

① 以下均为在36个大中城市中的排名，其他有注明的除外。

十二、宁夏回族自治区

（一）经济情况

宁夏GDP总量连续多年全国排名29，人均GDP位居中下游水平。2022年宁夏自治区GDP5069.57亿元，是2012年的2.17倍，11年间复合增长率7.28%，GDP总量连续多年全国排名29。2012—2022年GDP平均增速高于全国平均水平0.99个百分点。2022年人均GDP6.98万元，居全国第17位，较2012年下降1名。

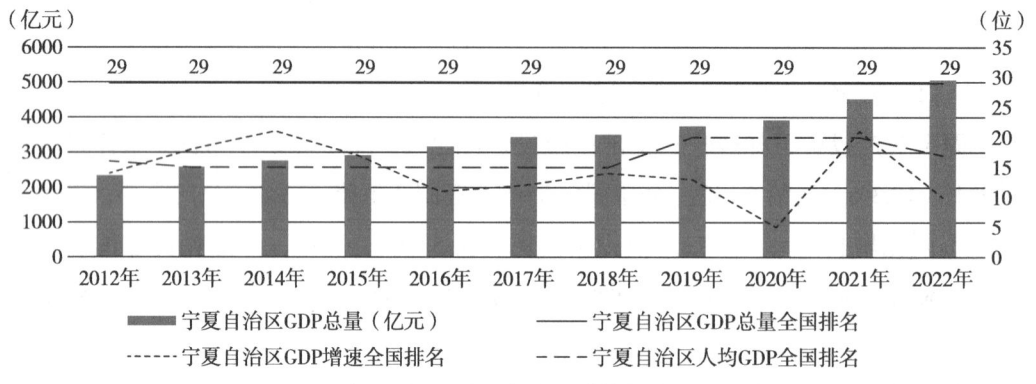

图4-12-1　宁夏GDP总量及相关经济指标全国排名情况

数据来源：国家统计局，中铁研究院。

三次产业结构比重变化不大，三产比重不足一半。2022年，宁夏自治区一二三产比重为8.0%：48.3%：43.7%，分别高于全国0.7、8.4、-9.1个百分点。从演变趋势来看，一二三产比重变化不大，三产比重占比不足一半。2022年，宁夏自治区工业增加值占GDP比重为41.31%，较上年增加2.34个百分点，略高于全国39.92%的平均水平。

各地市经济发展水平均衡性一般，GDP首末比超过6。2022年，全区5个地级市的GDP首末比6.19，较2012年降低1.07，银川市首位度极高，GDP总量占全区50%以上。全区人均GDP首末比超过2.46，较2012年下降2.02，仅银川和石嘴山市人均GDP与全国水平相当，中卫、固原等地市人均GDP不足全国水平60%，发展均衡性有待进一步提高。

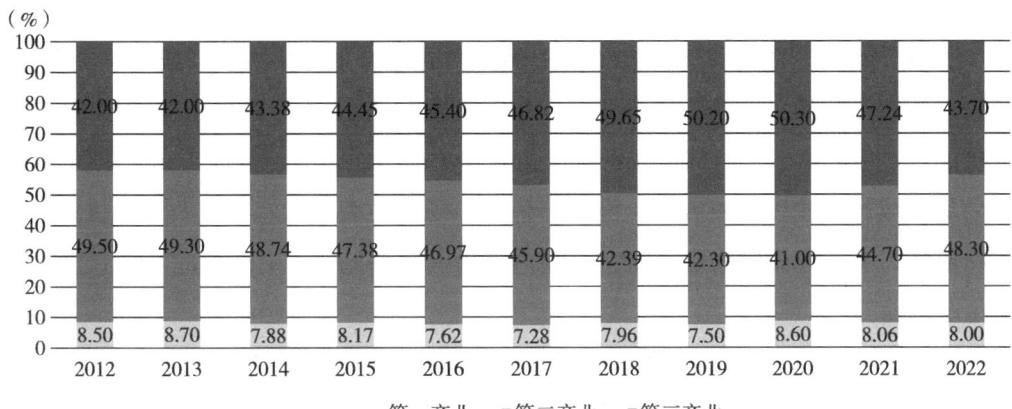

图4-12-2 宁夏一二三产业结构比重变化（%）

数据来源：国家统计局，中铁研究院。

表 4-12-1　　　　　宁夏各市 GDP 总量和人均 GDP（2022 年）

序号	各地市	GDP 总量（亿元）	人均 GDP（元/人）
1	银川	2535.63	87532
2	石嘴山	693.34	92224
3	吴忠	867.03	61971
4	中卫	563.89	52193
5	固原	409.68	35566

数据来源：宁夏自治区统计局，中铁研究院。

（二）支柱产业

支撑产业主要为能源化工业。2022 年，全区规上工业（不含水电气热，下同）营收前四为电力、热力生产和供应业，化学原料和化学制品制造业，煤炭开采和洗选业，石油加工、炼焦和核燃料加工业，营收规模分别为 1246.05、997.12、787.67、749.07 亿元，总计占工业比重 74.56%。相比 2012 年[①]，热力生产和供应业，取代煤炭开采和洗选业成为第二大产业。宁夏工业体系较为完备，形成了精细化工、新能源、装备制造和信息等产业体系。

能源化工是主导产业。宁夏已探明矿产 50 多种，煤炭探明储量超过 461.8 亿吨，居全国第六，人均产煤全国第三，年人均发电全国第一。近年建设的宁夏一号工程——宁东能源基地，加快煤炭产业转型升级，已开发煤制甲醇、烯烃、醋酸、聚甲

---

① 2012年，全区产值前四产业为电力、热力生产和供应业，煤炭开采和洗选业，石油加工、炼焦和核燃料加工业，有色金属冶炼和压延加工业。

醛等主要产品，为下游延伸开发苯、芳烃等数百种产品创造了有利条件，具有良好的煤化工资源禀赋。

纺织产业突飞猛进。全国 70% 的羊绒原料在宁夏加工集散，形成了羊绒分梳、绒条、纺纱、制衫、面料一体产业链。国家发改委于 2011 年批准宁夏建设继桂东、重庆沿江之后的第三个西部地区承接产业转移（生态纺织）示范区，在面积约 20 平方公里区域内，建设原液着色、涤纶彩色丝、现代纺织织造、服装和计算机刺绣及家纺成品、有色丝救灾物资、航空运输内饰用有色绦纶布、有色绦纶功能蓬布等六个生产基地。

园区数量少，分布较为集中。2022 年，宁夏有国家级园区 3 个，其中国家级经济技术开发区 1 个，国家级高新技术产业开发区 2 个，国家级园区数量居全国第 28。3 个园区分布在 2 个城市，分别为银川和石嘴山，其余市州暂无国家级园区。

（三）人口

宁夏人口规模较小，老龄化程度低于全国水平。2022 年末，全区常住人口 728 万人，同比增长 0.41%，居全国第 29 位，较 2012 年持平。全区常住人口常年与户籍人口接近，2012—2022 年，二者之差从 -4 万波动到 28 万人，显示人口吸引力一般。与之对应，全区老龄化进程低于全国水平，2022 年，全区 65 岁以上人口占比 10.4%，较 2012 年提升 3.8 个百分点，低于 14.9% 的全国水平，在全国老龄化程度中排名第 27 位，较 2012 年上升 3 位。

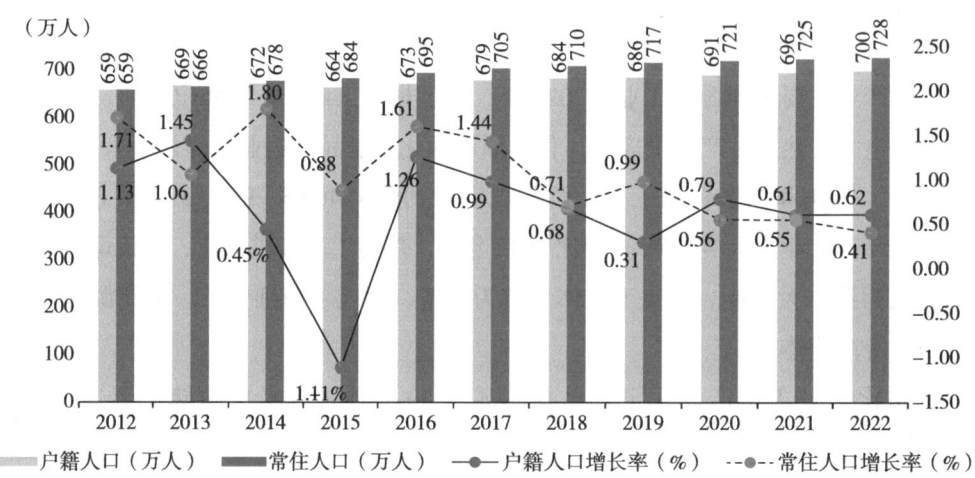

图 4-12-3　宁夏户籍人口与常住人口情况

数据来源：wind，中铁研究院

人口教育结构改善，高等教育人口占比中等。2022年，全区专科、本科、研究生学历人口占比分别为9.6%、8.1%、0.4%，受高等教育（专科、本科、研究生）人口合计占比18.2%，较2015年的14%上升4.2个百分点。高中学历占比为13.4%，较2012年上升1.7个百分点。小学学历占比29.3%，初中学历占比为29.3%，二者占比下降9.6个百分点，全区教育结构改善。从全国来看，全区受高等教育人口占比居全国14位，高等教育人口占比中等。

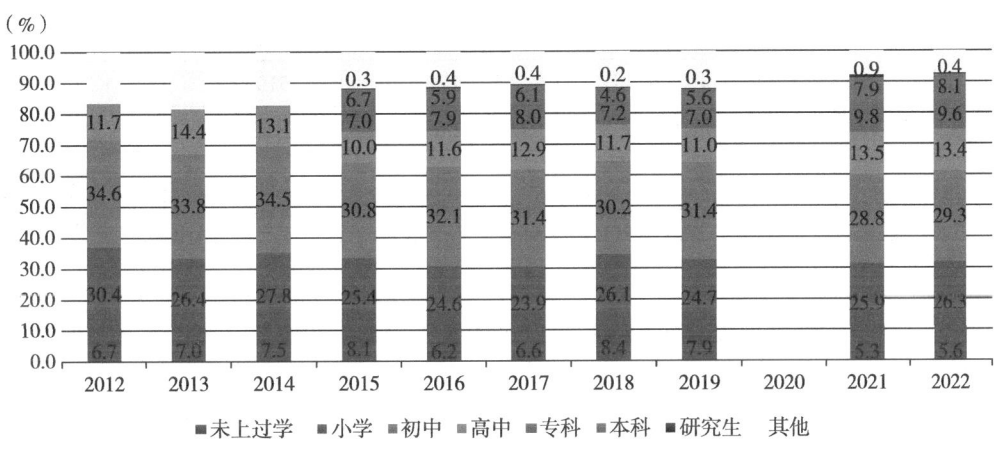

图4-12-4 宁夏人口受教育情况

数据来源：wind，中铁研究院，其中缺少2020年数据。

（四）基础设施和公共服务

立体综合交通网络不断完善，铁路、公路总里程位居下游，密度居全国中上游。2022年，宁夏自治区铁路营业里程1725.485公里，铁路网密度达3.32公里/百平方公里，为全国的2.05倍，总里程居全国第26位，与2012年排名持平。到2025年，铁路运营里程超过2000公里，高速铁路达到500公里以上，形成"三纵三横"骨架铁路网布局。2022年全区公路3.83万公里，公路网密度73.72公里/百平方公里，是全国的1.32倍，总里程居全国第28位，高速公路2100公里，密度4.04米/百平方公里，总里程居全国第26位。规划至2025年全区公路通车里程达到3.85万公里，高速公路达到2400公里，全面建成"三环四纵六横"高速公路网。全区共3个运输机场，2022年全区机场旅客吞吐量共计385.6万人次，占全国0.74%，全国排名第29，货邮吞吐量共计2.6万吨，全国排名第30。银川河东机场旅客吞吐量占全区98.18%，货物吞吐量占全区100%。到2025年，新建红寺堡、同心、泾源等通用机场。2022年，宁夏内河通航里程129.865公里，占全国0.1%。

表 4-12-2　　　　　　　　　2022 年宁夏基础设施统计

类型	指标	宁夏	全国	西部地区
铁路	里程（公里）	1725.485	154906.5	62994.177
铁路	密度（公里/百平方公里）	3.32	1.62	0.92
公路	里程（公里）	38300	5355000	231.86
公路	密度（公里/百平方公里）	73.72	55.93	33.96
机场	机场数量	3	254	130
机场	旅客吞吐量（万人次）	385.6	51952.8	17305.3
机场	货邮吞吐量（万吨）	2.6	1452.7	214.7
港口航道	港口吞吐量（亿吨）	——	55.54	——
港口航道	内河通航里程（公里）	——	127968	34684.5

数据来源：wind，国家统计局，中铁研究院。

公共服务设施生均校舍面积大幅提升，千人医疗床位数位低于全国水平。2021 年，宁夏自治区义务教育生均校舍建筑面积 10.33 平方米，略高于全国 10.3 人/平方米的平均水平，生均校舍面积全国排名第 14，较 2013 年排名提升 11 位。2022 年宁夏自治区每千人医疗卫生机构床位数 5.74 张/千人，低于全国 6.91 的平均水平，全国排名第 25，较 2012 年下滑 8 名。

表 4-12-3　　　　　　　　　宁夏公共服务设施统计

	2021 年义务教育生均校舍建筑面积（m²）	2022 年每千人口医疗卫生机构床位数（张）
宁夏	10.33	5.74
全国	10.30	6.91
西部地区	10.41	7.46

数据来源：《中国教育统计年鉴 2021》《中国卫生健康统计年鉴 2022》，中铁研究院。

（五）城市建设

城镇化率超全国平均水平，城市数量少，结构单一，中心城首位度高。2022 年，宁夏常住人口城镇化率 66.34%，高于全国平均水平 1.12 个百分点，居全国第 11 位，西部地区第 3。2012—2022 年城镇化率提升 15.19 个百分点，高于全国平均水平 3.07 个百分点，城镇化全国排名提升 5 位。宁夏有城市 8 座，较 2012 年增加 1 座，拥有从 Ⅱ 型小城市到 Ⅰ 型大城市三档城市结构[①]，城市能级不高，城市结构存在断档。基于城

---

① Ⅱ 型大城市 1 座，Ⅰ 型小型城市 3 座，Ⅱ 型小城市 4 座。

区人口维度，三档城市以Ⅱ型大城市和Ⅰ型小城市为主，分别占城区人口52%、32%。2012—2022年，三档城市结构未实现升级（未出现等级更高的城市），是全国10个未实现城市结构升级的省级行政区之一。Ⅱ型大、小城市发展较快，人口占比均较2012年提升2个百分点。2022年，中心城市银川城区人口153.59万人，2012—2022年净增21.1万，占全省新增人口的64%，城市首位度从50%提升至52%，排名下降1位居全国第5位。

土地城镇化步伐较慢，仍快于人口城镇化，城市基础设施供地强度大。2022年，宁夏城镇建成区677.46平方公里，居全国第28位，10年复合增速1.69%，低于全国平均水平，同期区域人口排名全国第28，增速1.69%，地人增速差0.22个百分点，低于全国平均水平，居全国第23位。城镇城市建设用地638平方公里，人均建设用地152.43平方米，居全国第2位，较2012年提升2位。结构上，居住、绿地广场、道路交通设施用地居前三位，占比分别为30.96%、19.58%、17.09%，其中绿地广场道路交通用地占比较2012年增长，分别提升7.29、3.29个百分点，此外有商服用地、工业用地占比提升。与全国平均水平横向比较，除工业、居住、公用设施用地外，其余5项指标用地高于全国平均水平，尤其是公共服务、绿地广场、商服用地较为突出，显示出生活性服务业、公共服务、城市基础设施建设供地强度较大。

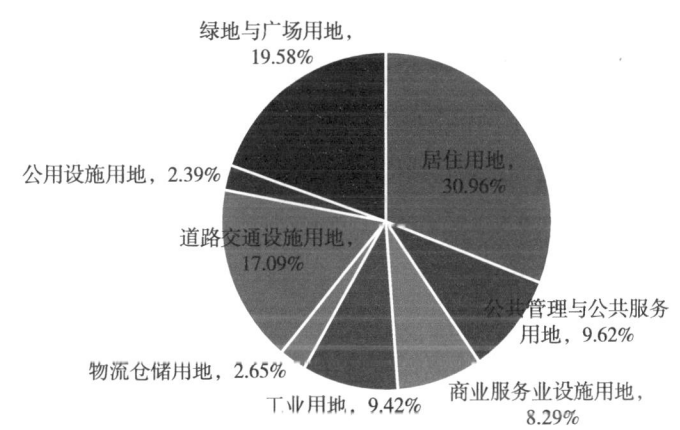

图4-12-5 2022年宁夏城市建设用地结构

资料来源：住建部2022年城乡统计年鉴，中铁研究院。

城市设施投资波动较大，城市设施水平较高，房地产投资疲软。2022年，宁夏完成市政基础设施投资43.29亿元，同比增长-31.02%，10年复合增速-1.47%，人均投资1040.71元，四项指标分别居全国第29、24、25、31。从长周期来看，投资规模和人均投资较2012年提升1位和下降3位，显示阶段投资力度削弱。2022年城市和县城市政基础设施指标与全国的偏离度均值分别为0.72、0.32，居全国第9和第 14 位，处于全国中上游水平，与投资现状不符，显示出期间投资可能波动较大。指标不及全国平均水平的均有 4 项，较 2012 年减少 4 项和 5 项，管网、路网密度、绿化等各项指标落后全国，县城部分燃气普及率不及全国。房地产投资力度较弱，2022 年全省完成投资 419.95 亿元，居全国第 29，与人口规模相适应，同比降低 10.07%，降幅全国第 21，10 年复合增速 –0.22%，是全国 5 个 10 年复合增速为负的省市地区之一，居全国第 27。2022 年，宁夏人均住房面积[①] 约 37.96 平方米，居全国第 18 位。

城县镇发展较为均衡，县域经济作用突出，县域基础设施投资力度阶段性增强。2022 年，宁夏城市、县城、镇对城镇化的人口贡献率分别为 61.31%、25%、14%，分别高于全国平均水平 0、7.84、–7.84 个百分点，城市贡献度全国第 14，为全国平均数，县域经济规模体量较大。长周期来看，2012—2022 年，宁夏城市、县城镇贡献率分别提升 –16.73、16.73 个百分点，显示全省县城和镇加快发育。宁夏市少县多，2022 年，共有 8 座城市、11 个县城（不含 2 个县级市），二者城区人口之比为 2.47，较 2012 年减轻 0.49，与甘肃一起成为全国仅有的两个减轻的省。从平均人口来看，城市为县城的 3.4 倍，居全国第 27 位（总计 28 个省市参与排名），分化程度处于最轻水平。县城市政基础设施投资力度较大，降幅也较大。2022 年，宁夏城市和县城人均市政基础设施投资分别为 998.01、1146.22 元，是全国 8 个城市人均投资低于县城人均投资的省市之一，分别居全国第 31、24 位，较 2012 年下降 2 和 9 位。二者市政基础设施指标与全国的偏离度均值分别居全国第 9 和第 14 位。从产业发展来看，2022 年，县城工业用地占城市建设用地比 8.01%，城市工业用地占比 10%。

（六）固定资产投资情况

增速赶超全国水平，制造业比重稳定，基础设施放缓，房地产波动较大。2022 年，宁夏固定资产投资同比增加 10.2%，固投增速在 31 个省级行政区中排名第 3 位，高于全国增速 5.1 个百分点，近十年固投增速对比全国水平从逐渐落后到实现反超。从领域来看，2022 年制造业增长 26.6%、房地产下降 10.1%、基础设施[②] 增长 19.1%。从结构来看，制造业和基础设施总体波动上升，近十年平均增速分别为 10.3% 和 10.0%，近年来占投资总额比重近似；房地产投资波动较大，占比呈下降态势。2012—2022 年宁夏固定资产投资中的建筑安装工程占比从 70% 左右波动下降至 62%。

---

① 由于缺乏统计数据，报告人均住房面积含城乡居民住房。
② 基础设施：取电力、热力、燃气及水生产和供应业，交通运输和邮政业，信息传输和信息技术服务业，水利、生态环境和公共设施管理业四项投资之和。

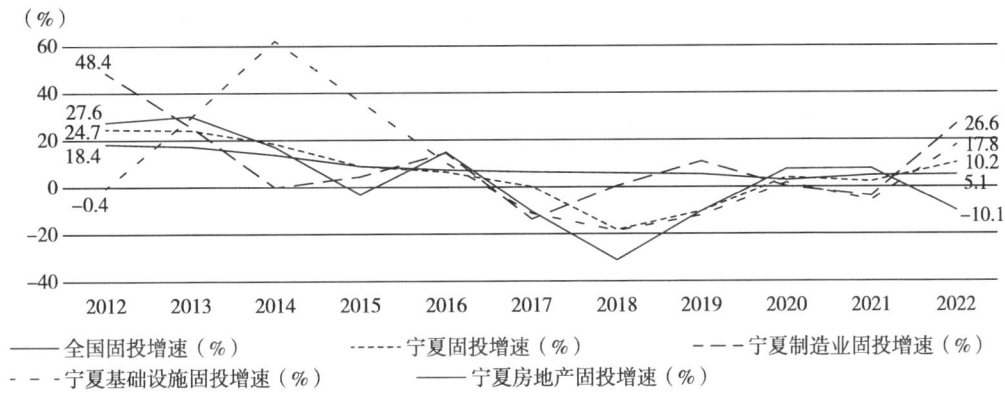

图4-12-6　宁夏固定资产投资增速情况

数据来源：wind，宁夏统计年鉴，国家统计局，中铁研究院。

基础设施投资结构总体稳定。2012—2022年，电力热力燃气及水生产和供应业投资比重逐渐下降，水利生态环境和公共设施管理业占比则缓慢上升，近年来占比近似，2022年二者投资增速分别为17.1%、21.1%。交通运输和邮政业比重近年来稳定在20%左右，2022年投资增速10.5%。信息传输和信息技术服务业投资占比低但呈增加趋势，2022年投资增速达34.4%。

图4-12-7　宁夏历年基础设施投资结构占比

数据来源：wind，宁夏统计年鉴。2017年后各项占比以2017年投资为基数，按公布的投资增速计算。

（七）财政情况

宁夏综合财力收入水平低于GDP水平，对转移支付和非税收入依赖较高，对债务依赖程度一般。2022年宁夏综合财力约为6581亿元，在全国31个省级行政区中排名为最末位，低于GDP排名的第29名，综合财力下降1.0%，全国排名第14。从结构来看，一般公共预算收入和政府性基金收入之比约为92∶8，比例远高于全国水平，一一般公共预算自给率29%,低于全国43.1%的均值,一般公共预算收入对转移支付依赖度较高。2012—2022年全区一般公共预算(不含转移支付和负债)税收占比从78%波动下降至67%,2022年全国排名第15位,处于全国中游水平,财政可靠性一般。债务收入占比约16.0%,低于全国水平。2022年,宁夏全区政府性基金收入(不含转移支付)129.2亿元,全国排名第29位。

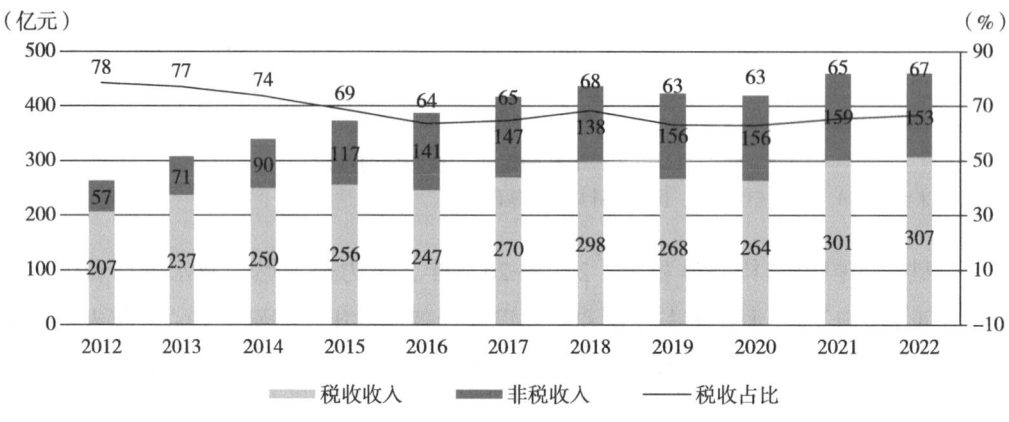

图4-12-8 宁夏一般公共预算收入结构

数据来源:wind,宁夏财政厅。本图中收入数据不含中央税收返还和转移支付、债务等收入。

政府债务稳定增长,整体负债水平较高,债务空间较小。2022年宁夏地方政府债务限额2237亿元,债务余额1997亿元,均为全国第30位,2018—2022年,宁夏债务余额年均复合增长率9.5%,居全国第4位,增长率相对较低。2022年宁夏债务率124%,低于警戒线,全国排名第20位,政府债可用限额240.1亿元,居全国第24位,债务腾挪空间较小。从债务结构来看,2022年宁夏专项债占比25.4%,远低于全国水平。

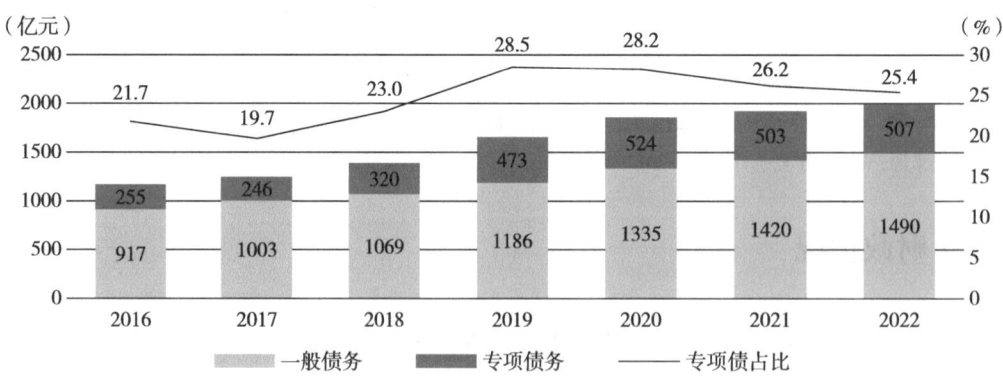

图4-12-9 宁夏债务规模及构成

数据来源:wind,财政部。

（八）银川市情况

银川市经济发展较慢，经济综合实力弱。2022年银川市GDP2535.63亿元，在36个大中城市中[①]排名第33，相比2012年持平。人均GDP8.78万元，排名第26位。2012—2022年，银川市名义GDP年均复合增速8.22%，在36个大中城市中排名第22。三次产业结构为3.6∶49.8∶46.6。宁夏是中国的能源资源重要基地之一，而银川市在宁夏的经济中发挥着重要作用。银川市拥有多家大型煤炭企业和化工企业，如银川煤化集团、宁夏煤业集团等，涵盖了煤炭开采、煤炭加工、煤化工等多个环节，为银川市的能源与化工产业提供了稳定的支撑。新材料产业是蓬勃发展的朝阳产业，是宁夏确定的重点产业，也是银川市致力发展的支柱产业。2021年以来，银川市将新材料产业确定为"三新"产业之一，2021年全市新材料产业产值259亿元，同比增长92%，光伏材料，集群化、全产业链发展的格局基本形成，成为全国最具影响力的制造基地；半导体材料，大尺寸硅部件和半导体级石英坩埚填补了国内空白，成为全球芯片制造业供应链的重要配套产业。

常住人口增长缓慢，人口红利一般。2022年全市常住人口289.68万人，同比增长0.51%。2012—2022年，全市常住人口增长87.1万人，增量居全国第27位，增速居全国第8位。银川60岁以上人口比重为13.53%，15~59岁人口比重66.09%，拥有大学文化程度（大专及以上）的人口每10万人达到2.62万人，虽然均优于全国水平，但在36个大中城市中优势并不突出，劳动人口比重居第28位，大学文化程度（大专及以上）人口居第18，人口与经济发展都处于落后水平。

固定资产投资增长较慢，基础设施投资占比大。2022年银川市固定资产投资同比增长3.7%，居第18位。分投资主体看，国有经济投资增长1.5%，非国有经济投资增长4.6%。从投资结构看，第一产业投资下降35.0%，第二产业投资增长23.4%，第三产业投资下降10.0%。全年完成房地产开发投资273.80亿元，比上年下降16.0%。

财政状况整体较差，负债水平高。2022年，银川市综合财力439.12亿元（一般公共预算收入＋转移支付收入＋政府性基金收入），居第34位。2012—2022年综合财力（2011前不含转移支付收入）年均增速4.81%，居全国第29位，2022年财政自给率58.7%，在36个大中城市排名第25名。2022年，银川市债务率151.59%（债务余额/综合财力），在36个大中城市中排名第15位。

[①] 以下均为在36个大中城市中的排名，其他有注明的除外。

第五篇

东北经济运行篇

一、辽宁省

（一）经济情况

辽宁省GDP增长缓慢，总量和人均排名大幅下滑。2022年辽宁省GDP28975.1亿元，是2012年的1.17倍，11年间复合增长率1.41%，全国排名第29。除2012和2013年外，其他各年均低于全国平均水平。在全国GDP排名从2012第7名下滑至2022年第17名。2022年人均GDP6.88万元，居全国第18位，较2012年下降11名。

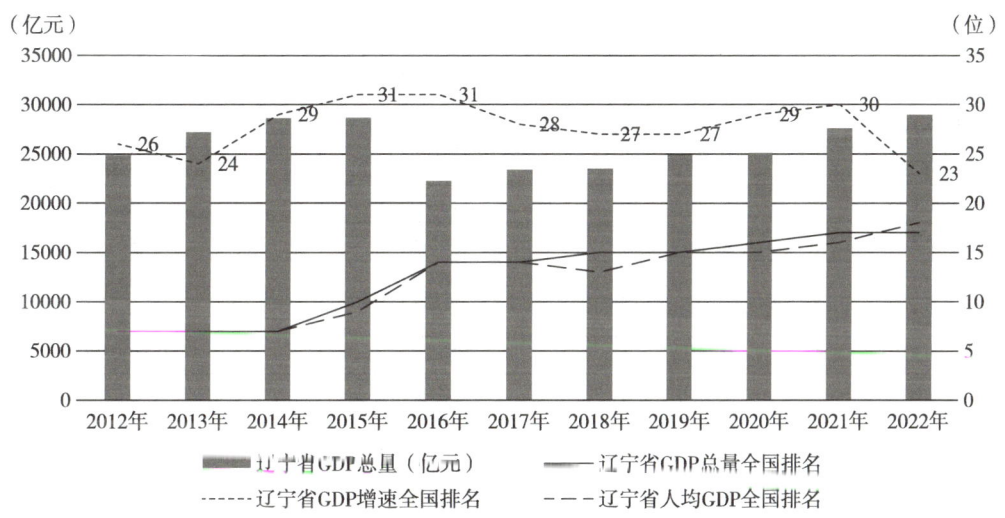

图5-1-1 辽宁省GDP总量及相关经济指标全国排名情况

数据来源：国家统计局，中铁研究院。

三次产业结构从二三一向三二一演化，二产占比止跌回升。2022年，辽宁省一二三产比重为9.00%：40.60%：50.50%，分别高于全国-1.7、0.7、-2.3个百分点。从演变趋势来看，三产比重整体上升，一二产业比重整体趋降，二产于2021年呈止跌回升新态势。二产中工业占比低于全国平均水平，2022年，辽宁省工业增加值占GDP比重为35.34%，较上年提高1.31个百分点，低于全国39.92%的平均水平。

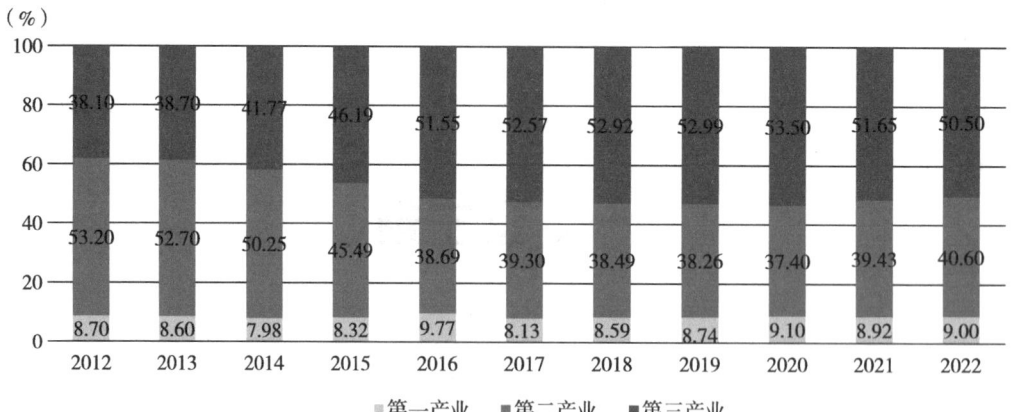

图5-1-2 辽宁省一二三产业结构比重变化（%）

数据来源：国家统计局，中铁研究院。

各地市经济发展水平极不平衡，沈阳和大连两市占全省 GDP 总量一半以上。2022年，全省 14 个地级市 GDP 首末比达 14.59，较 2012 年扩大 2.8，显示出发展不平衡加剧。大连和沈阳双城市首位度较高，GDP 总量占全省 GDP 比重由 2012 年的 50% 提高到 2022 年的 55.89%，人均 GDP 亦高于其他地级市；朝阳、铁岭、阜新、葫芦岛等地级市人均 GDP 不足全国人均 GDP 一半，发展水平亟待提高。

表5-1-1　　　　　　辽宁省各市 GDP 总量和人均 GDP（2022 年）

序号	地级市	2022 年 GDP（亿元）	2022 年人均 GDP（元）
1	大连市	8430.9	112562
2	沈阳市	7695.8	84384
3	鞍山市	1863.2	56805
4	营口市	1431.6	61974
5	盘锦市	1394.3	100309
6	锦州市	1201.7	45007
7	朝阳市	995.0	35035
8	本溪市	930.8	71600
9	抚顺市	927.7	50973
10	辽阳市	891.8	56443
11	丹东市	890.7	41428
12	葫芦岛市	870.6	36275
13	铁岭市	754.2	32369
14	阜新市	577.7	35660

数据来源：辽宁省统计局，中铁研究院。

（二）支柱产业

重工业依然是主导产业。2021 年，全省规上工业（不含水电气热，下同）营收前四为石油加工、炼焦和核燃料加工业，黑色金属冶炼和压延加工业，汽车制造，化学原料和化学制品制造业，营收规模分别为6709.58、5891.42、3661.51、2714.55亿元，总计占工业比重68.8%。相比2012年[①]，石油加工、炼焦和核燃料加工业后来居上，取代黑色金属冶炼和压延加工业成为第一大产业。辽宁人口仅占全国2.97%，以原油加工为例，9338.8万吨占到了全国的67199万吨原油加工量的13.9%。辽宁2022年乙烯产量占到全国2897.5万吨的13.8%；辽宁2022年粗钢产量占全国10.13亿吨的7.36%。辽宁平板玻璃产量占到全国10.12785亿重量箱的5.24%，以上都高于辽宁的人口在全国的占比。不过也不是所有基础重工业产量都高，辽宁的水泥产量只占到全国的1.81%。

装备制造业总体技术水平较高，但机床、工业机器人、半导体生产及汽车产量，总体规模都偏小。机床产量一年仅三万多台，工业机器人一年仅5000套，半导体生产设备一年营收合计只有几十亿元人民币，拥有沈阳宝马的辽宁汽车产量2022年仅占到全国2.83%。在全国的产量占比相对较高的是船舶（占全国5.9%）和航空（沈飞和黎明两家企业合计营收达到600多亿元），因此在这方面是有发展空间的，以船舶工业为例，民用部分未来突破了邮轮制造技术、LNG船份额上升，都能带来增长。

半导体及航空前景较好，发展空间较大。半导体生产设备产业虽然规模目前仅有几十亿元，但增速很快，抓住该机遇，辽宁可以稳稳建立起一个优势产业。从全球的发展来看，上游的半导体生产设备一旦确立了优势，后来者很难替代，而且从业人员薪资水平较高，提供的是高比例的中高端岗位。飞机发动机以及民用航空业务也有很大的发展空间，而且产业规模很大，沈飞和黎明合计600多亿元人民币的营收并不是终点。

园区数量较多，分布较为均匀。2022年，辽宁有国家级园区17个，国家级经济技术开发区9个，国家级高新技术产业开发区8个，国家级园区数量全国第11。9个国家级经济技术开发区分布在沈阳、大连、营口、锦州4个城市。8个国家级高新技术产业开发区分布在沈阳、大连、鞍山、营口、辽阳、本溪、阜新、锦州8个城市。丹东、朝阳、葫芦岛、盘锦、铁岭、抚顺6个城市暂无国家级园区。

（三）人口

辽宁省常住人口常年高于户籍人口，人口老龄化程度高于全国水平。2022年末，全省常住人口4197万人，同比增长-0.76%，居全国第14位，较2012年持平。全省户籍人口长期低于常住人口，但差距逐年减少，2012—2020年，二者之差从130万减

[①] 2012年，全省产值前四产业为黑色金属冶炼和压延加工业，农副食品加工业，石油加工、炼焦和核燃料加工业，通用设备制造业。

少至 58 万，显示常住人口降幅变快，人口吸引力减弱。2022 年，全省 65 岁以上人口占比 20%，较 2012 年提升 10 个百分点，高于 14.9% 的全国水平，在全国老龄化程度中排名第 1 位，较 2012 年上升 1 个位次。

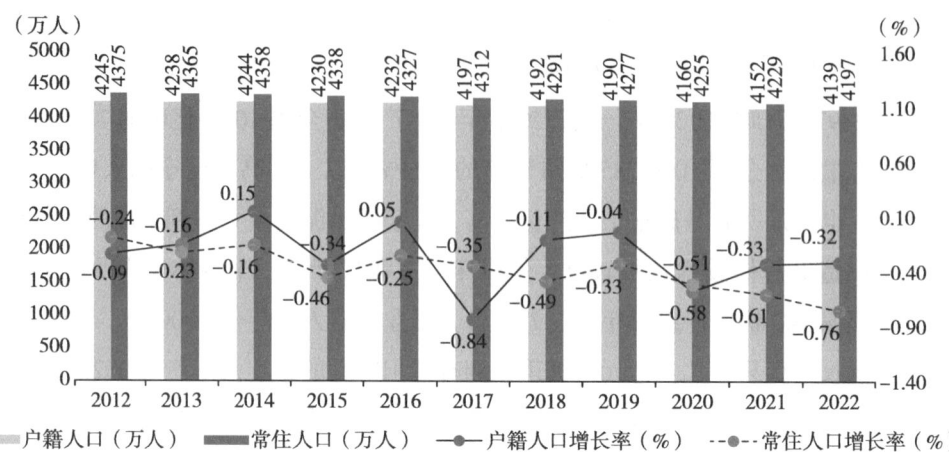

图5-1-3 辽宁省户籍人口与常住人口情况

数据来源：wind，中铁研究院。

人口教育结构改善，高等教育人口占比较高。2022 年，全省专科、本科、研究生学历人口占比分别为 10.3%、9.6%、0.8%，受高等教育（专科、本科、研究生）人口合计占比 20.8%，较 2015 年的 16.2% 上升 4.6 个百分点。高中学历占比为 14.3%，较 2012 年提升 0.3 个百分点。小学学历占比 19.6%，初中学历占比为 40.1%，二者占比下降 6.2 个百分点，全省教育结构显著改善。从全国来看，全省受高等教育人口占比居全国第 6 位，高等教育人口占比较高。相较于该省经济状况大幅下滑，教育状况改善未能提振经济发展。

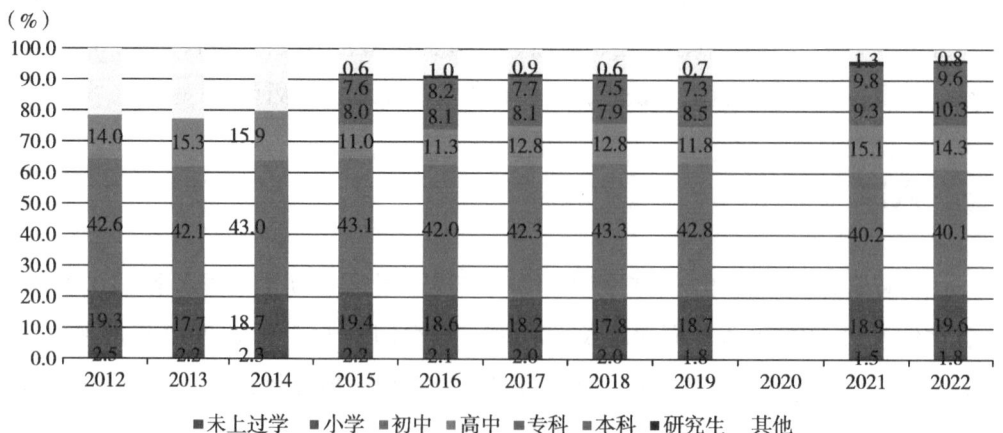

图5-1-4 辽宁省人口受教育情况

数据来源：wind，中铁研究院。其中缺少 2020 年数据。

（四）基础设施和公共服务

立体综合交通网络不断完善，高速公路密度排名下降明显。2022年，辽宁省铁路营业里程6737.62公里，铁路网密度达4.54公里/百平方公里，为全国的2.8倍，居全国第5位，较2012年排名下降1位。到2025年，全省铁路运营里程达到7347公里以上，高速铁路实现地级市全覆盖。重点港区疏港铁路全覆盖，枢纽机场实现轨道交通接入。2022年全省公路13.1万公里，公路网密度88.34公里/百平方公里，是全国的1.58倍，居全国第20位，较2012年下降1位。高速公路4300公里，密度2.9公里/百平方公里，居全国第22位，较2012年下降10位。规划至2025年公路通车里程达到13.5万公里，高速公路通车总里程4805公里，2035年高速公路基本县县互通。全省共8个机场，2022年全省机场旅客吞吐量共计1065.4万人次，占全国3.09%，全国排名第13，沈阳、大连机场旅客吞吐量占全省95%以上。货邮吞吐量共计26万吨，全国排名第13。到2025年，沈阳、大连机场吞吐量明显提升，国内国际航线网络持续完善。2022年，辽宁内河通航里程413公里，占全国0.32%。

表5-1-2　　　　　　　　2022年辽宁省基础设施统计

类型	指标	辽宁	全国	东北地区
铁路	里程（公里）	6737.62	154906.5	19124.6
	密度（公里/百平方公里）	4.54	1.62	2.42
公路	里程（公里）	131100	5355000	409900
	密度（公里/百平方公里）	88.34	55.93	51.89
机场	机场数量	8	254	27
	旅客吞吐量（万人次）	1605.4	51952.8	3573.1
	货邮吞吐量（万吨）	26.0	1453.1	42.2
港口航道	港口吞吐量（亿吨）	——	55.54	——
	内河通航里程（公里）	413	127968	6966.81

数据来源：wind，国家统计局，中铁研究院。

公共服务设施水平提升，全国排名有所下滑。2021年，辽宁省义务教育生均校舍建筑面积9.91平方米，低于全国10.3人/平方米的平均水平，全国排名第21，较2012年排名第20有所下滑。2022年辽宁省每千人医疗卫生机构床位数7.77张/千人，高于全国6.91的平均水平，全国排名由2012年的第4下滑至第8，较2012年5.28张/千人水平增长47.21%。

表 5-1-3　　　　　　　　　　辽宁省公共服务设施统计

	2021年义务教育生均校舍建筑面积（m²）	2022年每千人口医疗卫生机构床位数（张）
辽宁	9.91	7.77
全国	10.30	6.91
东北地区	10.27	7.93

数据来源：国家统计局，《中国卫生健康统计年鉴2022》，中铁研究院。

（五）城市建设

城镇化高位降速，城市发展两极化，形成双中心格局。2022年，辽宁省常住人口城镇化率73%，高于全国平均水平7.78个百分点，居全国第7位，较2012年降低2位。辽宁省有城市31座，数量与2012年一致，内部结构变化，Ⅰ型大城市增加1座，Ⅰ型小城市减少6座，Ⅱ型小城市增加5座，显示城市向两头发展态势。从结构来看，辽宁省拥有从Ⅱ型小城市到特大城市6档城市结构[①]。2022年，首位城市沈阳城区人口600万人，较2012年增加28.64万人，城市首位度26%，在27省排名下降6位居第24；大连市加快发展，2022年人口361.6万，较2012年增加67万，增量超过沈阳，发展活力强。

土地城镇化快于人口城镇化，工业供给提速。2022年，辽宁城镇建成区3197.09平方公里，居全国第11位，10年复合增速1.88%，同期区域人口增速0.09%，地人增速差1.79个百分点，高于全国平均水平。城镇城市建设用地3138平方公里，人均建设用地101.9平方米，居全国第23位，较2012年上升5位。结构与全国保持一致，居住、工业、道路交通设施用地居前三位，占比分别为33.87%、24.27%、14.54%。工业和道路交通供地加速，分别较2012年提高2.08和3.63个百分点，总体高于全国平均水平6.66、-2.19个百分点。

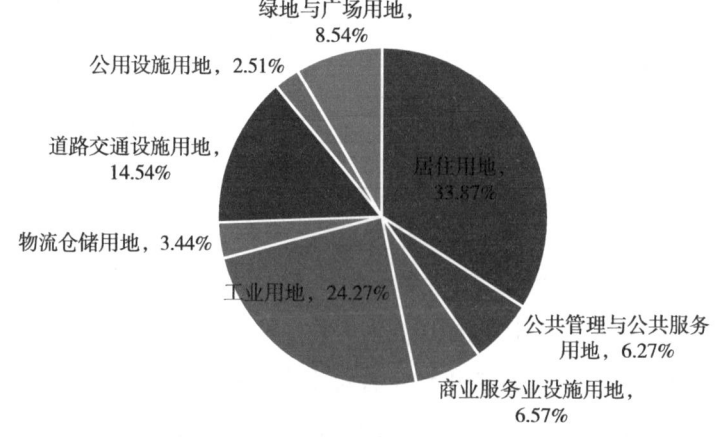

图5-1-5　辽宁省城市建设用地结构

资料来源：住建部2022年城乡统计年鉴，中铁研究院。

① 特大城市1座，Ⅰ型大城市1座，Ⅱ型大城市3座，中等城市8座，Ⅰ型小型城市6座，Ⅱ型小城市12座。

城市建设大幅降速，城市设施水平亟待提升。2022年，辽宁省完成市政基础设施投资404.54亿元，同比增长15.4%，是全国12个市政基础设施正增长的省市之一，增速居全国第7，但受10年复合增速–7.31%（全国第30位）的影响，投资规模和人均投资分别居全国第19、第28，较2012年下降10和15位。2022年辽宁省市政基础设施水平滞后于全国，城市和县城均有12项指标低于全国平均，占全部指标比重均在75%以上，且程度较2012年加深，从与全国偏离度均值水平衡量，县城居全国后5，城市居全国后10。辽宁省城市轨道交通（仅含地铁、轻轨）329.81公里，居全国第10位。2022年，辽宁省房地产投资2362亿元，同比降低18.57%，降幅位于全国第13位，10年复合增速–8.03%，全国第30位，常年深度负增长导致房地产投资规模排名从2012年的第2位下降至第17位。受投资负增长影响，2022年，辽宁省人均住房面积约35.57平方米，居全国第24位。

城市、县城、镇发展不平衡，城市与县城相对衰落与分化程度持续加深并存，可持续发展基础有待增强。2022年，辽宁省城市、县城、镇对城镇化的人口贡献率分别为76.45%、7%、17%，分别高于全国平均水平15.14、–10.28、–4.85个百分点，城市贡献度全国排名第5，城市贡献度大。长周期来看，2012—2022年，辽宁省城市、县城、镇贡献率分别提升–2.54、–2.2、4.74个百分点，显示全省城市和县城相对衰退。辽宁省市多县少，2022年，辽宁省共有31座城市、25个县城（不含16个县级市），二者城区人口之比为11.43，较2012年加深2.54，无论体量还是加深程度均远高于全国平均水平。从人口来看，城市平均人口为县城平均人口的9.22倍，居全国第4位。2022年，辽宁省城市和县城部分市政基础设施均有12项指标低于全国平均，水平较为滞后。从投资来看，受人口增多以及投资降速的影响，城市市政基础设施人均投资大幅下滑，成为全国城市市政基础设施投资低于县城的8个省之一。2012—2022年，辽宁省县城市政基础设施人均投资从全国第6位下降至第13位，人均投资从3234.56元降至2726.99元，城市部分从全国第12位下降第26位，人均投资额从3642.07元降至1655.41元。产业发展来看，2022年，县城工业用地占比20.78%，城市工业用地占比24.71%。

（六）固定资产投资情况

增速长期低于全国水平，制造业持续萎缩，基础设施较为稳定，房地产降幅较大。2022年，辽宁省固定资产投资同比增长3.6%，固投增速在31个省级行政区中排名第20位，低于全国增速1.5个百分点，2012年以来连续十年低于全国平均水平。从领域来看，2022 年制造业增长 1.0%、房地产下降 18.6%、基础设施[①] 增长 37.2%。从结构来看，制造业投资十年来半数以上年份为负增长，占比持续萎缩；房地产投资持续波动下降，2022 年较 2012 年投资额已下降 57%；基础设施 2012—2022 年平均增速 1.5%，占比提升。2012—2022 年辽宁省固定资产投资中的建筑安装工程占比增加至 2016 年的 74% 后下降至 65% 左右。

基础设施投资结构日趋均衡。2012—2022 年，在基础设施投资份额中，水利生态环境和公共设施管理业占比由 46% 下降至 30% 左右；电力热力燃气及水生产和供应业占比则逐步由 21% 增长至 35%；交通运输和邮政业较为稳定，维持 30% 左右的份额；信息传输和信息技术服务业投资占比低，2022 年增长 20%。

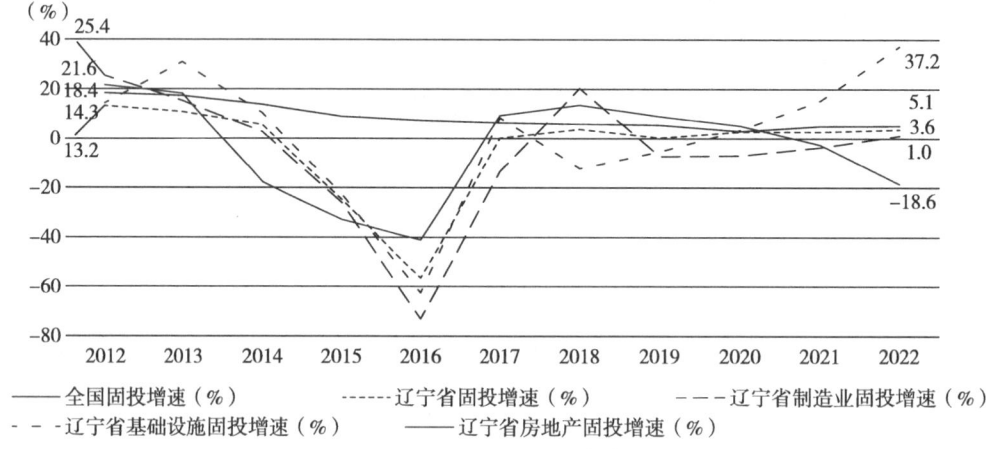

图5-1-6　辽宁省固定资产投资增速情况

数据来源：wind，辽宁省统计年鉴，国家统计局，中铁研究院。

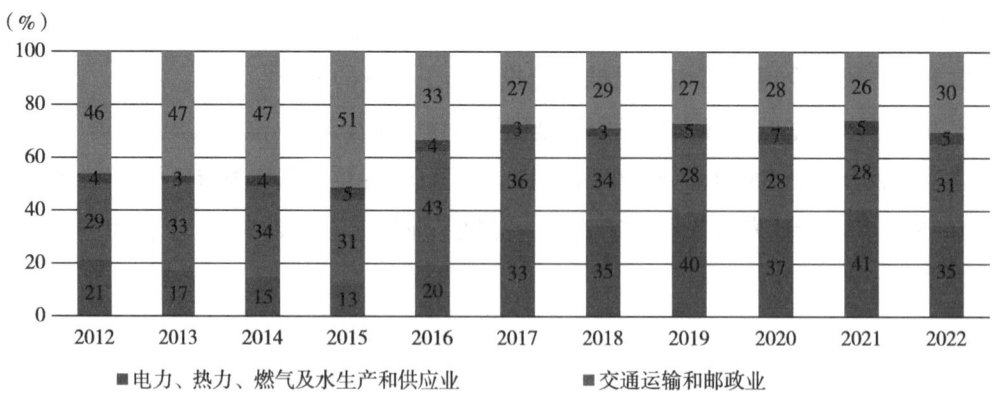

图5-1-7　辽宁省历年基础设施投资结构占比

数据来源：wind，辽宁省统计年鉴。2017 年后各项占比以 2017 年投资为基数，按公布的投资增速计算。

---

① 基础设施：取电力、热力、燃气及水生产和供应业，交通运输和邮政业，信息传输和信息技术服务业，水利、生态环境和公共设施管理业四项投资之和。

（七）财政情况

辽宁省综合财力收入水平低于 GDP 水平，对转移支付和非税收入依赖较大，对债务依赖程度高。2022 年辽宁省综合财力约为 6944 亿元，在全国 31 个省级行政区中排名第 20，低于 GDP 第 17 位的排名，综合财力下降 6.4%，而 GDP 维持了 2.1% 的正增长。从结构来看，一般公共预算收入和政府性基金收入之比约为 92∶8，主要是一般公共预算中转移支付收入数额较大且政府性基金收入较低，一般公共预算自给率 40.3%，低于全国 43.3% 的均值，体现出一般公共预算收入对转移支付依赖度较高。全省一般公共预算（不含转移支付和负债）税收占比波动下降，从 2012 年的 74.6% 降至 2022 年的 65.9%，2022 年全国排名第 16 位，处于中游水平，财政可靠性有待提升。债务收入占比约 31.1%，高于全国平均水平，对债务依赖度较高。2022 年，辽宁省全省政府性基金收入（不含转移支付）524.4 亿元，全国排名第 21 位，规模同比下降 56%，主要是土地出让实际成交量低于预期。

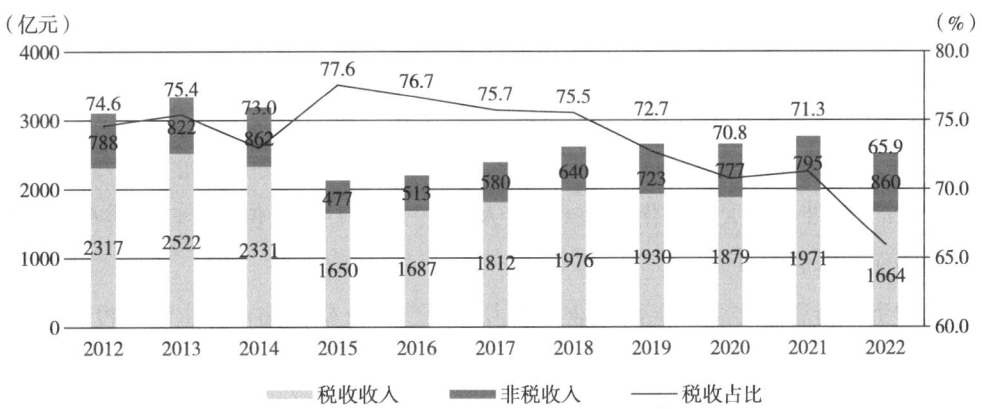

图 5-1-8　辽宁省一般公共预算收入结构

数据来源：wind，辽宁省财政厅。本图中收入数据不含中央税收返还和转移支付、债务等收入。

政府债务平稳增长，负债规模增速较慢，整体负债水平高，具有一定债务空间。2022 年辽宁省地方政府债务限额 11718.5 亿元，居全国第 16 位，债务余额 10975.2 亿元，居全国第 14 位，2018—2022 年，辽宁省债务余额年均复合增长率 6.3%，居全国第 1 位。2022 年辽宁省债务率 169%，高于警戒线，全国排名第 4 位，政府债可用限额 743.3 亿元，居全国第 14 位，具有一定腾挪空间。从债务结构来看，2022 年辽宁省专项债占比 36.5%，低于全国水平。

（八）沈阳市情况

沈阳市经济发展较为缓慢，经济综合实力有待提高。2022年沈阳市GDP7695.8亿元，在36个大中城市中[①]排名第21，相比2012年下降8位。人均GDP8.43万元，排名第28位。2012—2022年，沈阳市名义GDP年均复合增速1.54%，在36个大中城市中排名第36。三次产业结构为4.4∶37.5∶58.2。沈阳先期培育的八条重点产业包括：高端装备、集成电路、航空、食品、汽车及零部件、生物医药及医疗装备、新一代信息技术、新能源及节能环保产业链。2022年，沈阳机器人及智能制造集群取得国家先进制造业集群决赛优胜，实现东北三省"零"的突破；新能源汽车、航空、集成电路、生物医药及医疗装备等产业增加值分别增长26.6%、27.6%、62.5%、13.8%。芯源微电子、富创精密、东药集团、新松机器人等重点企业产值分别增长45.1%、65.4%、21.7%和13.1%。

常住人口增长缓慢，老龄化较严重。2022年全市常住人口914.7万人，同比增长0.32%，户籍人口764.7万人，同比增长–0.09%。2012—2022年，全市常住人口增长96.7万人，增量居全国第25位，增速居全国第28位。沈阳60岁以上人口比重为23.24%，15~59岁人口比重65.36%，拥有大学文化程度（大专及以上）的人口每10万人达到2.75万人，虽然均优于全国水平，但在36个大中城市中优势不突出，劳动人口比重居第28位，大学文化程度（大专及以上）人口居30位，人口素质在36个重点城市中居于落后水平。

固定资产投资稳步上升，制造业投资占比大。2022年沈阳市固定资产投资同比增长6.1%，居第11位。其中工业投资增长30.3%，基础设施投资增长71.1%，房地产投资下降23.1%，民间投资增长–14.0%。沈阳固定资产投资长期以制造业为主，2022年，制造业、基础设施、房地产占比分别为20.52%、34.83%、50.46%，相比2012年分别上升–16.7、19.7、13.4个百分点。基础设施投资中，交通运输、仓储和邮政业占比长期较高，近年来信息传输、软件和信息服务业投资额成为基础设施中投资增速最高行业。

财政状况一般，综合财力增长乏力。2022年，沈阳市综合财力1247.99亿元（一般公共预算收入＋转移支付收入＋政府性基金收入），居第22位。2012—2022年综合财力（2011前不含转移支付收入）年均增速–1.39%，居全国第34位，2022年财政自给率67.74%，在36个大中城市排名第18名。2022年，沈阳市债务率152.86%（债务余额/综合财力），在36个大中城市中排名第14位。

[①] 以下均为在36个大中城市中的排名，其他有注明的除外。

（九）大连市情况

大连市经济发展较为缓慢，经济综合实力有待提高。2022年大连市GDP8431亿元，在36个大中城市中[①]排名第19，相比2012年下降7位。人均GDP5.54万元，排名第36位。2012—2022年，大连市名义GDP年均复合增速1.87%，在36个大中城市中排名第35。三次产业结构为6.4∶51.9∶41.7。大连构建"5+4+3+1"现代产业体系，其中"5"为制造业中的绿色石化、高端装备制造、新一代信息技术、新一代汽车、中高端消费品工业五大主导产业，"4"为服务业中的现代金融、物流、贸易、文旅四大主导产业，"3"为战略性新兴产业中的生命安全、洁净能源、新材料三大主导产业，"1"为都市现代农业。大连装备制造业历史悠久，基础雄厚，产业门类齐全，行业优势明显，是我国重要的装备制造产业基地，大型船舶、机床、轴承、轨道交通、制冷设备等行业一直在全国占据重要的地位，是全市工业经济的重要支柱产业之一。大连市消费品工业是大连工业的重要组成部分，已形成重点产业引领、门类齐全的产业体系，瑞驰集团、大杨集团、辽宁垠艺生物、医诺生物、盛友门业等企业品牌知名度不断提升，定制服装、生物疫苗、海洋保健食品、实木家具和休闲食品等产品享誉国内外市场。

劳动人口比例不高，老龄化较严重。2022年全市常住人口745.1万人，同比增长0.6%；户籍人口608.7万人，同比增长0.83%。2012—2022年，全市常住人口增加156.6万人，增量居全国第18位，增速居全国第24位。大连60岁以上人口比重为24.31%，15~59岁人口比重63.64%，拥有大学文化程度（大专及以上）的人口每10万人达到2.36万人，虽然均优于全国水平，但在36个大中城市中优势不突出，劳动人口比重居第33位，大学文化程度（大专及以上）人口居24位，人口素质在36个重点城市中居于中等水平。

固定资产投资稳步上升，制造业投资占比大。2022年大连市固定资产投资同比增长6.5%，居第10位。其中工业投资增长19.3%，基础设施投资增长23%，房地产投资下降16.5%，民间投资增长7.2%。2012—2017年大连固定资产投资长期以基础设施为主。基础设施投资中，水利、环境与公共设施管理业占比长期较高，近年来信息传输、软件和信息服务业投资额成为基础设施中投资增速最高行业。

综合财力下降，地方债务高。2022年，大连市综合财力1053.29亿元（一般公共预算收入＋转移支付收入＋政府性基金收入），居第28位。2012—2022年综合财力（2011前不含转移支付收入）年均增速-1.99%，居全国第17位，2022年财政自给率68.1%，在36个大中城市排名第17。2022年，大连市债务率224.96%（债务余额/综合财力），在36个大中城市中排名第3位。

[①] 以下均为在36个大中城市中的排名，其他有注明的除外。

二、吉林省

（一）经济情况

吉林省 GDP 增长缓慢，总量和人均排名大幅下滑。2022 年吉林省 GDP13070.24 亿元，是 2012 年的 1.09 倍，11 年间复合增长率 0.83%，远低于全国 GDP 复合增长率 7.64% 的平均水平，全国排名第 31。在全国 GDP 排名从 2012 第 22 名下滑至 2022 年第 26 名。2022 年人均 GDP6.88 万元，居全国第 27 位，较 2012 年下降 16 名。

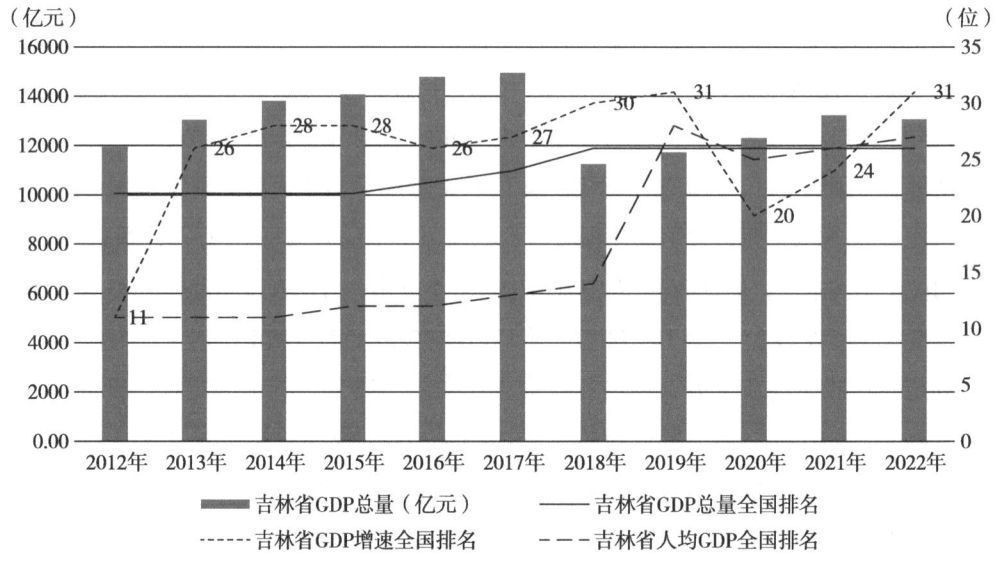

图5-2-1　吉林省GDP总量及相关经济指标全国排名情况

数据来源：国家统计局，中铁研究院。

三次产业结构从二三一向三二一演化。2022 年，吉林省一二三产比重为 12.9%：35.4%：51.7%，分别高于全国 5.6、-4.5、-1.1 个百分点。从演变趋势来看，三产比重整体上升，一二产业比重整体趋降。二产中工业、制造业占比低于全国平均水平，2022 年，吉林省工业增加值占 GDP 比重为 28.6%，较上年减少个 0.41 个百分点，远低于全国 39.92% 的平均水平。

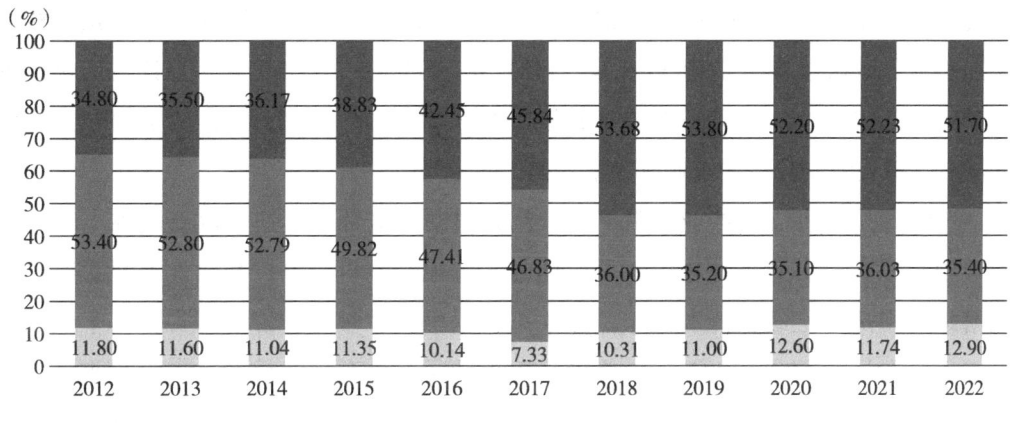

图5-2-2 吉林省一二三产业结构比重变化（%）

数据来源：国家统计局，中铁研究院。

各地市经济发展水平极不平衡，长春市占全省GDP总量一半以上。2022年，全省9个地级市GDP首末比达13.46，较2012年扩大6.09，显示出发展不平衡加剧。长春市首位度极高，GDP总量占全省GDP比重由2012年的37.3%提高到2022年的51.6%，人均GDP亦远高于其他地级市；全省各市人均GDP均低于全国平均水平，白城、松原、四平、延边州等地级市人均GDP不足全国人均GDP一半，发展水平亟待提高。

表 5-2-1　　　　　　吉林省各市 GDP 总量和人均 GDP（2022 年）

序号	地级市	吉林省各市 GDP 总量（亿元）	人均生产总值（元/人）
1	长春市	6744.56	74310
2	吉林市	1517.89	42947
3	四平市	581.71	33549
4	辽源市	501.01	51714
5	通化市	590.86	47405
6	白山市	541.76	59228
7	松原市	872.75	40075
8	白城市	574.86	38470
9	延边朝鲜族自治州	838.87	44007

数据来源：吉林省统计局，中铁研究院。

（二）支柱产业

制造业为主导产业。2022年，全省规上工业（不含水电气热，下同）营收前四为汽车制造业，电力、热力生产和供应业，农副食品加工业，石油加工、炼焦和核燃料加工业，营收规模分别为 5638.74、1181.79、998.56、766.7 亿元，总计占工业比重 65.7%。相比 2012 年[①]，汽车制造业持续作为第一大产业，电力、热力生产和供应业后来居上，取代农副食品加工业成为第二大产业。

汽车业是全省支柱产业。眼下，一汽弗迪动力电池、奥迪一汽新能源车等汽车产业项目正在吉林省加速推进，并以此带动电池、电机、电控和软件等配套项目陆续落地，形成千亿级新能源汽车产业生态。据悉，今年吉林省计划实施汽车产业集群"上台阶"工程项目 167 个，总投资近千亿元。长春将持续推动汽车产业集群高质量发展，做好延链补链强链文章，力争今年全市汽车产业产值达到 5750 亿元、增长 10.8%。

石化产业是吉林省支柱产业之一，已形成了石油、天然气、基本有机化工原料、合成树脂、合成橡胶等多门类较为完整的生产体系。吉林省突出原料路线多元化、产业发展园区化和产品加工精深化，打造国内具有影响力的化工新材料产业基地；推进原料结构性调整，积极利用域外资源，加快油页岩综合开发利用；推动吉化与地方合作，加快吉化炼化结构调整及系列升级改造，建设吉林、松原化学工业循环经济园区，发展精细化工和高性能树脂、高性能合成橡胶、功能性膜材料和专用化学材料，提高终端产品附加值。到 2022 年，石油化工产业产力超 3000 亿元，精细化工率超过 35%。

吉林省是中国重要农业省份，也是重要商品粮基地。粮食和肉类人均占有量连续多年居全国第一位，农产品加工业是吉林省支柱产业之一。玉米商品量、出口量和人均占有量居全国之首，人参、林蛙、梅花鹿、矿泉水、果仁等长白山特产资源具有地域优势，形成了中部粮食和畜禽深加工区、西部畜乳产品和绿色食品加工区、东部长白山生态食品加工区的发展格局。吉林省构建粮食、畜产品、园艺特产业三大精深加工板块，加快建设国家级、省级农产品加工示范区和一批农产品加工聚集园区；实施重点玉米深加工企业重组改造，适度扩大玉米加工量，延伸产业链条，加快秸秆综合利用，发展玉米全株经济；统筹农副产品原料基地、加工基地和现代仓储物流发展，实施"放心肉"和"健康米"工程，深入推进人参产业振兴工程和千万吨矿泉水工程建设，促进果木菌蔬、蛙鹿禽鱼精深加工，率先建立食品安全监测可追溯体系，高起点建设国家重要的绿色有机食品基地。到 2022 年，农产品加工业产值超过 10000 亿元。

---

① 2012年，全省产值前四产业为汽车制造业、农副食品加工业、化学原料和化学制品制造业、非金属矿物制品业。

园区数量一般，分布较为集中。吉林有国家级开发区 10 个，其中国家级经济技术开发区 5 个，国家级高新技术产业开发区 5 个，国家级园区数量全国第 17。5 个国家级经济技术开发区分布在长春、吉林、延边、通化 4 个城市，5 个国家级高新技术产业开发区分布在长春、吉林、四平、松原 4 个城市，白山、辽源、白城 3 个城市暂无国家级园区。

（三）人口

吉林省常住人口常年低于户籍人口，人口老龄化程度高于全国水平。2022 年末，全省常住人口 2348 万人，同比增长 -1.15%，居全国第 25 位，较 2012 年下降 4 位。全省户籍人口长期高于常住人口，差距逐年扩大，2012—2020 年，二者之差从 4 万增加至 202 万，2022 年户籍人口降至 2549 万，显示户籍人口持续流失，人口吸引力减弱。2022 年，全省 65 岁以上人口占比 17.8%，较 2012 年提升 10 个百分点，高于全国水平的 14.9%，在全国老龄化程度中排名第 7 位，较 2012 年上升 18 个位次。

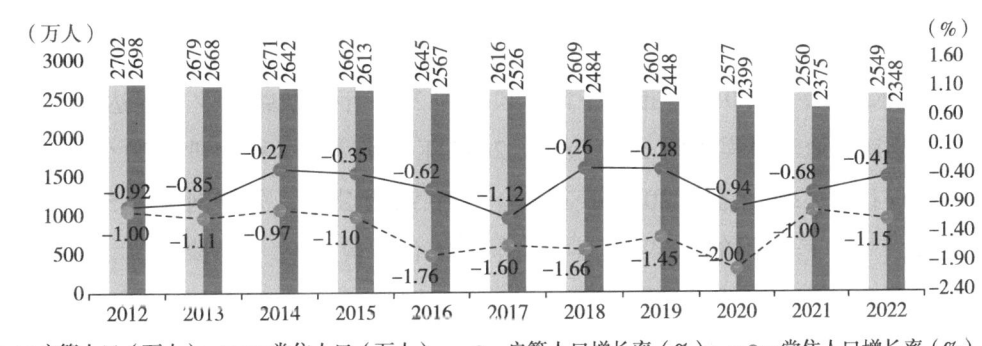

图 5-2-3　吉林省户籍人口与常住人口情况

数据来源：wind，中铁研究院。

人口教育结构改善，高等教育人口占比中等。2022 年，全省专科、本科、研究生学历人口占比分别为 7.8%、9.9%、0.9%，受高等教育（专科、本科、研究生）人口合计占比 18.6%，较 2015 年的 12.6% 上升 6.1 个百分点。高中学历占比为 16.1%，较 2012 年下降 1.5 个百分点。小学学历占比 24.3%，初中学历占比为 35.7%，二者占比下降 6.7 个百分点，全省教育结构改善。从全国来看，全省受高等教育人口占比居全国第 12 位，高等教育人口占比中等，相较于该省经济状况大幅下滑，教育状况改善未能提振经济发展。

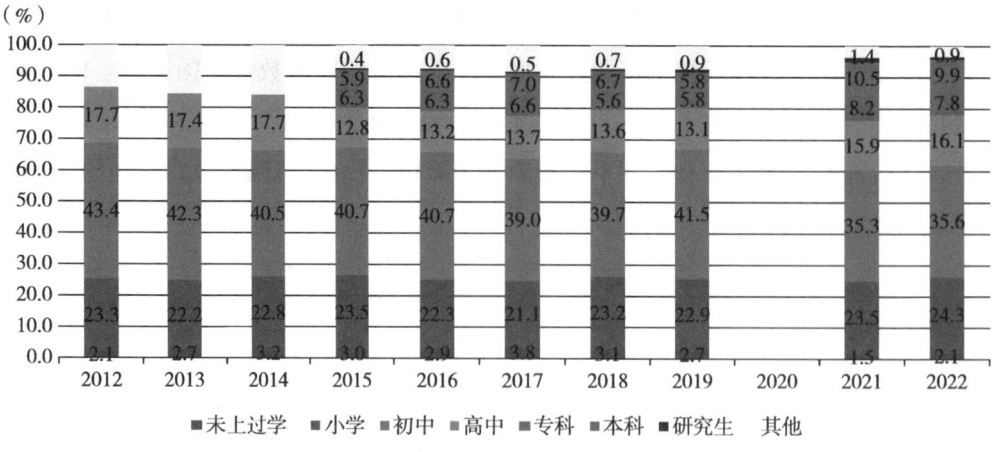

图5-2-4　吉林省人口受教育情况

数据来源：wind，中铁研究院。其中缺少2020年数据。

（四）基础设施和公共服务

立体综合交通网络不断完善，高速公路密度排名下降明显。2022年，吉林省铁路营业里程5157.31公里，铁路网密度达2.73公里/百平方公里，为全国的1.68倍，居全国第20位，较2012年排名下降9位。到2025年，铁路营业里程达到5350公里，高速铁路通车里程达到1400公里，2035年铁路营业里程达到6500公里，高速铁路里程达到2200公里。2022年全省公路10.98万公里，公路网密度58.07公里/百平方公里，是全国的1.04倍，居全国第25位，较2012年下降1位。高速公路4400公里，密度2.33公里/百平方公里，居全国第24位，较2012年下降1位。规划至2025年公路通车里程达到11.7万公里，高速公路通车总里程5500公里，全国排位上升2位，2035年高速公路里程达到7149公里。全省共6个机场，2022年全省机场旅客吞吐量共计795.3万人次，占全国1.53%，全国排名第22，形成以长春龙嘉国际机场为主，延吉、长白山、通化、白城、松原机场为辅的"一主多辅"布局；货邮吞吐量共计6.2万吨，全国排名第23。2022年，吉林内河通航里程1456.31公里，占全国1.14%，2035年内河通航里程达到2000公里。

表5-2-2　　　　　　　　2022年吉林省基础设施统计

类型	指标	吉林	全国	东北地区
铁路	里程（公里）	5157.31	154906.5	19124.6
	密度（公里/百平方公里）	2.73	1.62	2.42
公路	里程（公里）	109800	5355000	409900
	密度（公里/百平方公里）	58.07	55.93	51.89

续表

类型	指标	吉林	全国	东北地区
机场	机场数量	6	254	27
	旅客吞吐量（万人次）	795.3	51952.8	3573.1
	货邮吞吐量（万吨）	6.2	1453.1	42.2
港口航道	港口吞吐量（亿吨）	——	55.54	——
	内河通航里程（公里）	1456.31	127968	6966.81

数据来源：wind，国家统计局，中铁研究院。

公共服务设施水平明显提升。2021年，吉林省义务教育生均校舍建筑面积11.1平方米，高于全国10.3人/平方米的平均水平，全国排名第9，较2012年排名第18大幅提升。2022年吉林省每千人医疗卫生机构床位数7.55张/千人，高于全国6.91的平均水平，全国排名由2012年的第10下滑至第11，较2012年4.74张/千人水平增长59.38%。

表5-2-3　　　　　　　吉林省公共服务设施统计

	2021年义务教育生均校舍建筑面积（m²）	2022年每千人口医疗卫生机构床位数（张）
吉林	11.1	7.55
全国	10.30	6.91
东北地区	10.27	7.93

数据来源：国家统计局，《中国卫生健康统计年鉴2022》，中铁研究院。

（五）城市建设

城镇化进程较慢，20万~100万人口城市衰退，首位城市吸引力较强。2022年，吉林省常住人口城镇化率63.73%，低于全国平均水平，居全国第17位。2012—2022年城镇化率提升9.19个百分点，低于全国平均水平2.93个百分点，城镇化全国排名降低5位。吉林省有城市29座，拥有从Ⅱ型小城市到Ⅰ型大城市五档城市结构①，缺乏能级更高的特大超大城市。城市数量较2012年增加1座，增量变化来自Ⅱ型小城市增加4座，中等城市、Ⅰ型小城市分别减少1、2座，显示出20万~100万人口的中小城市向下衰退。城区人口增减分布也体现这一特点，2012—2022年，吉林省城市城区人口增加60.82万人，20万~100万人口城市净减少70.21万人。2022年，中心城市长春城区人口481.42万人，较2012年增加120.4万人，城市首位度从32%提升至40%，居全国第10位。

土地城镇化快于人口城镇化，道路交通、绿地广场用地供给提速。2022年，吉林省城镇建成区1816.38平方公里，居全国第23位，10年复合增速1.85%，低于全国0.95

---

① Ⅰ型大城市1座，Ⅱ型大城市1座，中等城市2座，Ⅰ型小型城市9座，Ⅱ型小城市16座。

个百分点,同期区域人口排名全国第 24,增速 0.19%,地人增速差 1.03 个百分点,高于全国平均水平。城镇城市建设用地 1735 平方公里,人均建设用地 105.24 平方米,居全国第 19 位,较 2012 年降低 2 位。结构与全国保持一致,居住、工业、道路交通设施用地居前三位,占比分别为 34.77%、18.84%、14.95%。道路交通、绿地广场、物流供地加速,分别较 2012 年提高 2.62、3.4、0.14 个百分点,总体高于全国平均水平 2.97、2.15 个百分点。

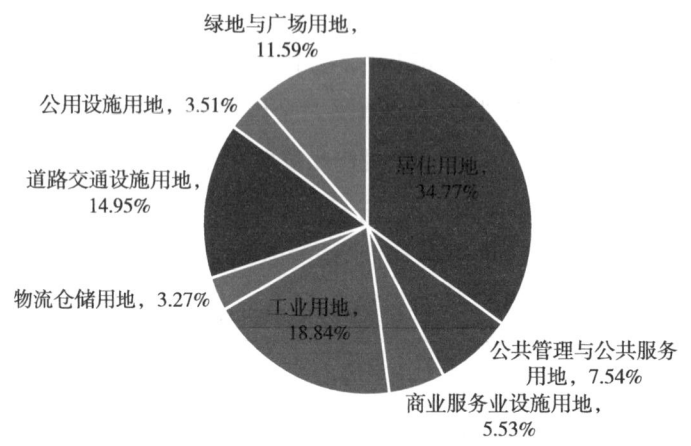

图5-2-5　吉林省城市建设用地结构

基础设施开启补短板投资,城市设施水平有待加快提升。2022 年,吉林省完成市政基础设施投资 380.57 亿元,同比增长 20.51%,增速居全国第 4,是全国 12 个正增长的省(市、自治区)之一,也是连续第三年正增长。长周期来看,吉林省市政基础设施投资 10 年复合增速 2.63%,低于全国平均水平约 1 个百分点,当前补短板特征明显。得益于加快补短板,吉林省市政基础设施投资规模和人均投资虽仅居全国第 20 和第 17,但较 2012 年分别上升 3 和 5 位。与之对应,吉林省市政基础设施水平相对滞后,2022 年城市和县城分别有 12、7 项指标低于全国平均水平,分别占全部指标的 75%、46%。2022 年,吉林省房地产投资 1014.84 亿元,同比降低 34.14%,降幅居全国第 4,10 年复合增速 -2.52%,是全国 5 个负增长的省(市、自治区)之一。投资规模居全国第 26 位,较 2012 年下降 5 位。2022 年,吉林省人均住房面积[①] 约 34.36 平方米,居全国第 29 位。吉林省有城市轨道交通(仅含地铁、轻轨)108.71 公里。

城市经济体量突出,城市和县城分化程度轻于全国平均水平,县域发展基础有待夯实。2022 年,吉林省城市、县城、镇对城镇化的人口贡献率分别为 80.18%、11%、9%,分别高于全国平均水平 18.87、-6.22、-12.64 个百分点,城市贡献度全国第四。长周期来看,2012—2022 年,吉林省城市、县城、镇贡献率分别提升 2.79、-2.57、

---

① 由于缺乏统计数据,报告人均住房面积含城乡居民住房。

-0.22个百分点，显示全省城市加快发展。吉林省市多县少，2022年，共有29座城市、19个县城（不含20个县级市），二者城区人口之比为7.46，体量差距较大，较2012年加深1.65，高于全国平均水平。从城区平均人口来看，城市平均人口为县城平均人口的4.89倍，居全国第20位，低于全国平均水平。城市市政基础设施投资力度大于县城，2012—2022年，吉林省县城市政基础设施人均投资规模从1055.33元降至969.16元，而城市部分从全国第22位升至第17位，人均投资额从2396.09元提升至3042.53元。2022年吉林省市政基础设施投资正增长主要依赖城市贡献，城市完成投资364.99亿元，同比增长22.18%，县城完成投资15.58亿元，同比下降8.66%，均与全国走出相反走势，如果该走势持续，城市和县城市政基础设施差距程度还将加深。从产业发展来看，2022年，县城工业用地占城市建设用地比12.45%，城市工业用地占比19.84%。

（六）固定资产投资情况

增速长期低于全国水平，制造业企稳，基础设施复苏，房地产大幅下行。2022年，吉林省固定资产投资同比下降2.4%，固投增速在31个省级行政区中排名第25位，低于全国增速7.5个百分点，近十年间除2020、2021两年外均低于全国水平。从领域来看，2022年制造业增长5.2%，房地产下降34.1%，基础设施[①]增长30%。从结构来看，制造业投资占比逐渐下降，其中2019年制造业投资降幅达38.2%；房地产投资占比同样呈下降趋势，2022年投资降幅达34.1%，降幅排名全国第3；基础设施2012—2022年平均增速11%。2012—2022年吉林省固定资产投资中的建筑安装工程占比从60%左右上升至67%。

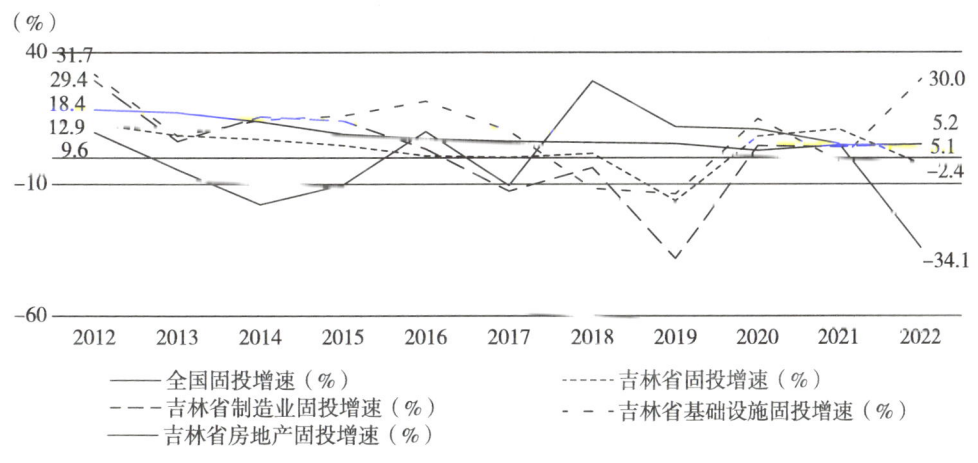

图5-2-6 吉林省固定资产投资增速情况

数据来源：wind，吉林省统计年鉴，国家统计局，中铁研究院。

---

① 基础设施：取电力、热力、燃气及水生产和供应业，交通运输和邮政业，信息传输和信息技术服务业，水利、生态环境和公共设施管理业四项投资之和。

基础设施投资结构较为稳定。2012—2022 年，水利生态环境和公共设施管理业、交通运输和邮政业占吉林基础设施投资主导地位，二者投资之和在基础设施投资中占比平均接近 60%，体现出吉林水利生态资源丰富的特点。2022 年，二者投资增速分别为 –2.0%、43.9%。电力热力燃气及水生产和供应业投资比重稳定在 20% 左右，2022 年投资增速 35.8%。信息传输和信息技术服务业投资占比低，2022 年创下 393.8% 的全国最高增长。

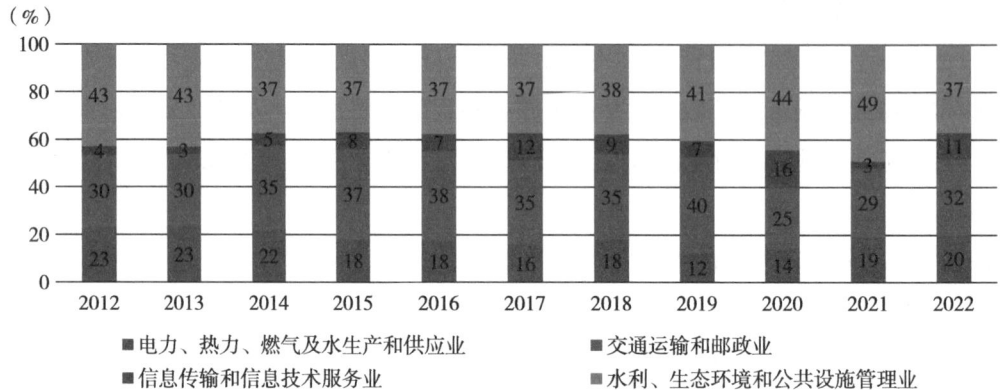

图 5-2-7　吉林省历年基础设施投资结构占比

数据来源：wind，吉林省统计年鉴。2017 年后各项占比以 2017 年投资为基数，按公布的投资增速计算。

（七）财政情况

综合财力收入水平与 GDP 水平匹配，对转移支付和非税收入依赖较大，对债务依赖程度高。2022 年吉林省综合财力约为 4120.2 亿元，在全国 31 个省级行政区中排名第 26，与 GDP 排名一致，综合财力降低 26%，为全国降幅最大。从结构来看，一般公共预算收入和政府性基金收入之比约为 91∶9，比例远高于全国水平，一般公共预算自给率 21%，低于全国 43.1% 的均值，一般公共预算收入对转移支付依赖度高。全省一般公共预算（不含转移支付和负债）税收占比波动下降，从 2012 年的 73% 降至 2022 年的 67%，2022 年全国排名第 14 位，处于中游水平，财政可靠性有待提升。债务收入占比约 37%，高于全国水平，显示出对债务依赖度较高。2022 年，吉林省全省政府性基金收入（不含转移支付）365.7 亿元，全国排名第 27 位，规模同比下降 61%，主要是房地产市场下行，中心城市土地交易较少。

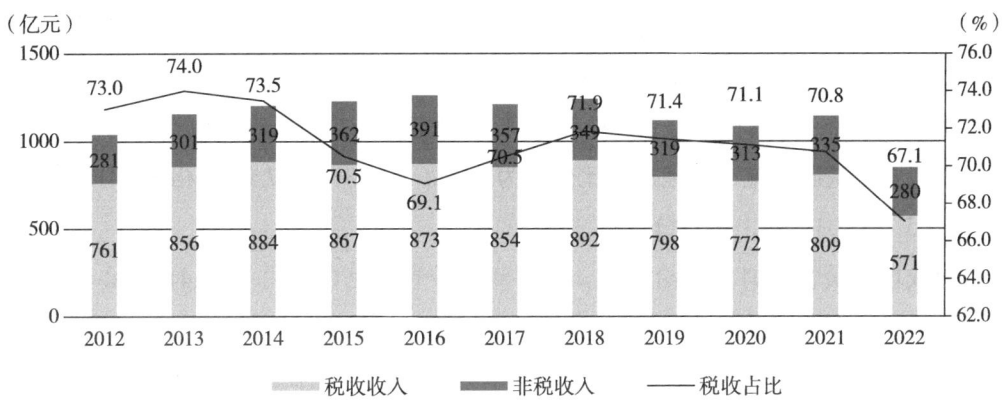

图5-2-8 吉林省一般公共预算收入结构

数据来源：wind，吉林省财政厅。本图中收入数据不含中央税收返还和转移支付、债务等收入。

政府债务较快增长，负债规模持续扩大，整体负债水平高，债务空间较低。2022年吉林省地方政府债务限额7549亿元，居全国第20位，债务余额7168亿元，居全国第25位，2018—2022年，吉林省债务余额年均复合增长率17.9%，居全国第16位。2022年吉林省债务率174%，高于警戒线，全国排名第2位，政府债可用限额381.5亿元，居全国第20位，具有腾挪空间较小。从债务结构来看，2022年吉林省专项债占比49%，低于全国水平。

（八）长春市情况

长春市经济发展较为缓慢，经济综合实力有待提高。2022年长春市GDP6744.6亿元，在36个大中城市中[①]排名第25，相比2012年上升6位。人均GDP7.43万元，排名第31位。2012—2022年，长春市名义GDP年均复合增速4.23%，在36个大中城市中排名第31。三次产业结构为7.4∶41.7∶50.1。长春加快产业转型升级步伐，推动汽车、装备制造、农产品加工这3个传统支柱产业，向新能源和智能网联汽车、高端装备制造、绿色农产品加工转型升级

常住人口增长缓慢，进入老龄化阶段。2022年全市常住人口906.54万人，同比增长-0.24%，户籍人口851万人，同比增长-0.08%。长春60岁以上人口比重为20.85%，15~59岁人口比重65.36%，拥有大学文化程度（大专及以上）的人口每10万人达到2.75万人，虽然均优于全国水平，但在36个大中城市中优势不突出，劳动人口比重67.1%，居第25位，大学文化程度（大专及以上）人口居27位，人口素质在36个重点城市中居于落后水平。

---

① 以下均为在36个大中城市中的排名，其他有注明的除外。

固定资产下降，制造业投资占比大。2022年长春市固定资产投资同比增长–11.6%，居第32位。其中工业投资增长0.4%，基础设施投资增长71.1%，房地产投资下降36.2%，民间投资增长–32.1%。长春固定资产投资长期以制造业为主，2021年，制造业、基础设施、房地产占比分别为14.7%、16.3%、17.1%，相比2012年分别上升–3.5、–27.3、–4.1个百分点。

财政增长缓慢，财政自给率低。2022年，长春市综合财力1161.41亿元（一般公共预算收入+转移支付收入+政府性基金收入），居第24位。2012—2022年综合财力（2011前不含转移支付收入）年均增速5.97%，居全国第27位，2022年财政自给率36.45%，在36个大中城市排名第34名。2022年，长春市债务率199.75%（债务余额/综合财力），在36个大中城市中排名第6位。

三、黑龙江省

（一）经济情况

黑龙江省GDP增长缓慢，总量和人均居全国落后水平，排名大幅下滑。2022年黑龙江省GDP15901亿元，是2012年的1.16倍，11年间复合增长率1.37%，全国排名第30。除2012和2013年外，其他各年GDP增速均低于全国平均水平。在全国GDP排名从2012第17名下滑至2022年第25名。2022年人均GDP5.11万元，居全国第30位，较2012年下降13名。

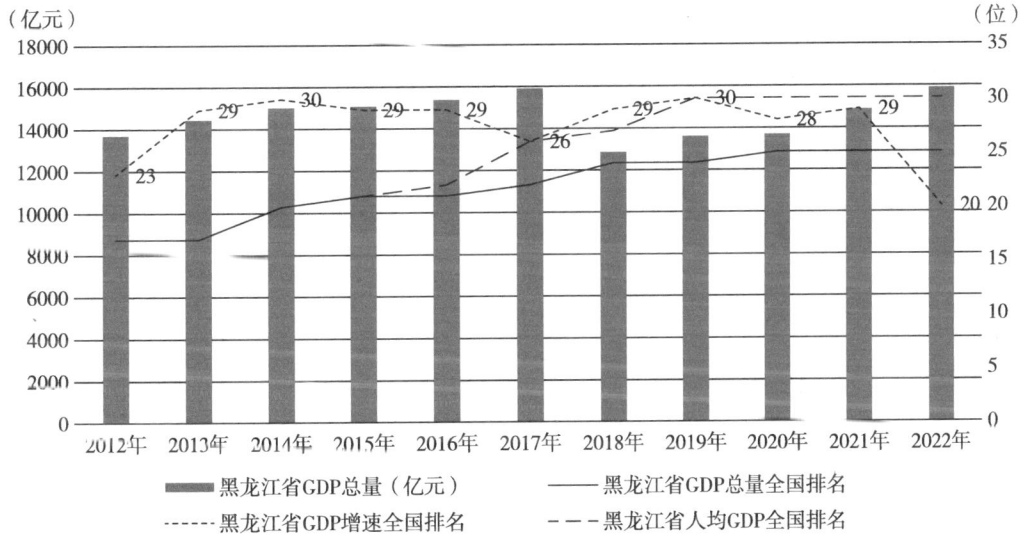

图5-3-1　黑龙江省GDP总量及相关经济指标全国排名情况

数据来源：国家统计局，中铁研究院。

三次产业结构中，一产比重远大于全国平均水平。2022年，黑龙江省一二三产比重为22.7%：29.2%：48.1%，分别高于全国15.4、-10.7、-4.7个百分点。从演变趋势来看，三产比重整体上升，一二产业比重整体趋降，一产比重逐年上升至20%以上，二产占比于2017年跌至最低后波动回升。二产中工业占比低于全国平均水平，2022年，黑龙江省工业增加值占GDP比重为26.78%，较上年提高1.57个百分点，低于全国 39.92% 的平均水平。

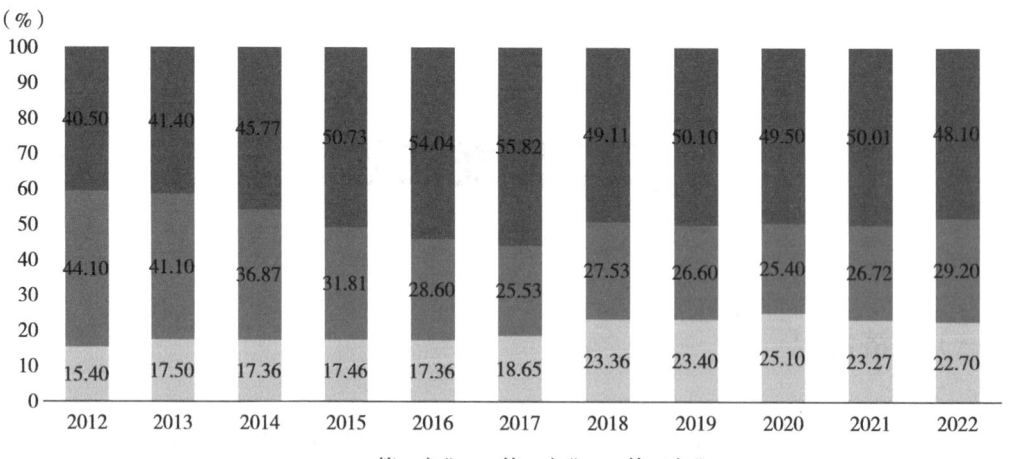

图5-3-2 黑龙江省一二三产业结构比重变化（%）
数据来源：国家统计局，中铁研究院。

各地市经济发展水平极不平衡，哈尔滨和大庆两市占全省 GDP 总量一半以上。2022年，全省 14 个地级市 GDP 首末比达 32.68，较 2012 年增加 1.87，显示出发展不平衡加剧。哈尔滨和大庆双城市首位度较高，GDP 总量占全省 GDP 比重由 2012 年 62.45% 降低至 2022 年的 53.32%，人均 GDP 亦高于其他地级市；齐齐哈尔、伊春、佳木斯、七台河、牡丹江、绥化等地级市人均 GDP 不足全国人均 GDP 一半，发展水平亟待提高。

表 5-3-1　　　　　黑龙江省各市 GDP 总量和人均 GDP（2022 年）

序号	地级市	黑龙江省各市 GDP 总量（亿元）	黑龙江省各市人均 GPD(元/人)
1	哈尔滨	5490.1	55711
2	齐齐哈尔	1318.0	33301
3	鸡西	664.7	45620
4	鹤岗	409.2	47328
5	双鸭山	557.2	47378
6	大庆	2988.6	109200
7	伊春	343.2	40657
8	佳木斯	869.2	41183
9	七台河	268.9	40086
10	牡丹江	925.7	41489
11	黑河	660.2	52576
12	绥化	1238.1	33953
13	大兴安岭	168.0	53364

数据来源：黑龙江省统计局，中铁研究院。

（二）支柱产业

能源产业是主导产业。2022年，全省规上工业（不含水电气热，下同）营收前四为农副食品加工业，石油加工、炼焦和核燃料加工业，石油和天然气开采业，电力、热力生产和供应业，营收规模分别为1945.24、1659.42、1533.54、1480.29亿元，总计占工业比重41.62%。相比2012年[①]前四大产业变化不大。黑龙江省能源生产以煤炭为主，生产总量居全国前列。黑龙江是全国重要的石油、煤炭等能源生产基地，能源消费以煤炭为主，单位GDP能耗呈下降趋势。黑龙江省产业结构中工业特别是重工业所占比重大，成为全省能源消费的主导产业。截至2023年2月末，全省新能源装机容量1442.5万千瓦，较"十三五"末增长43.7%。2022年全省新能源发电量298.96亿千瓦时，较"十三五"末增加114.89亿千瓦时。2022年全省新能源跨区域现货成交电量6.5亿千瓦时，同比增长139%。

食品工业是黑龙江重要的发展支柱产业。黑龙江省农产品主要以玉米、水稻、大豆、牛奶为主，其中粮食总产达到7867.7万吨，已经连续13年全国第一。食品生产主要以大米与乳制品为主，其中大米产量仅次于湖南，排名全国第二位。黑龙江食品工业发展优势突出，2021年以占全部工业13.6%的资产，完成了24.5%的营业收入和30.6%的利润总额。黑龙江农业产业资源丰富，2021年农林牧渔业产值6460亿元，食品工业转化率为0.45，相比全国食品工业转化率（0.72），还有一定差距。黑龙江作为东北三省唯一一个规模以上食品工业企业数量过千家的省份，创造的营业收入总额相比其他食品工业大省却较小，反映出本土规模过亿元企业较少。

园区数量一般，分布较为集中。2022年。黑龙江有国家级园区13个，其中国家级经济技术开发区8个，国家级高新技术产业开发区3个，国家级园区数量居全国第16。8个国家级经济技术开发区分布在哈尔滨、绥化、大庆、牡丹江、双鸭山5个城市。3个国家级高新技术产业开发区分布在哈尔滨、大庆、齐齐哈尔3个城市。佳木斯、鹤岗、七台河、绥化、伊春、黑河、大兴安岭7个城市暂无国家级园区。

（三）人口

黑龙江省常住人口常年低于户籍人口，人口老龄化程度高于全国水平。2022年末，全省常住人口3099万人，同比增长-0.83%，居全国第20位，较2012年下降3位。全省户籍人口长期高于常住人口，差距逐渐拉大，2012—2020年，二者之差从52万

[①] 2012年，全省产值前四产业为农副食品加工业，石油和天然气开采业，石油加工、炼焦和核燃料加工业，电力、热力生产和供应业。

增加至 358 万,显示户籍人口持续外流越发严重,人口吸引力严重不足。2022 年,全省 65 岁以上人口占比 17.9%,较 2012 年提升 9.1 个百分点,高于 14.9% 的全国水平,在全国老龄化程度中排名第 6 位,较 2012 年上升 10 个位次。

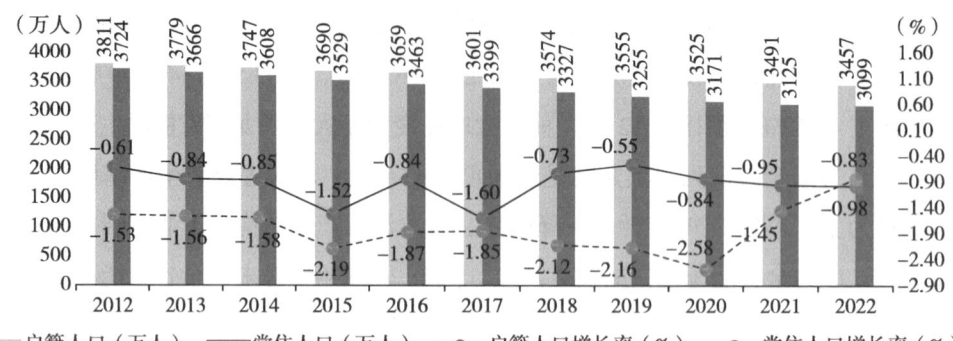

图5-3-3 黑龙江省户籍人口与常住人口情况

数据来源:wind,中铁研究院。

人口教育结构改善,高等教育人口占比中等。2022 年,全省专科、本科、研究生学历人口占比分别为 8.3%、8.1%、0.5%,受高等教育(专科、本科、研究生)人口合计占比 16.9%,较 2015 年的 10.8% 上升 5.5 个百分点。高中学历占比为 15.3%,较 2012 年提升 2.4 个百分点。小学学历占比 22%,初中学历占比为 40.3%,二者占比下降 5.3 个百分点,全省教育结构改善。从全国来看,全省受高等教育人口占比居全国第 19 位,居全国中等水平。

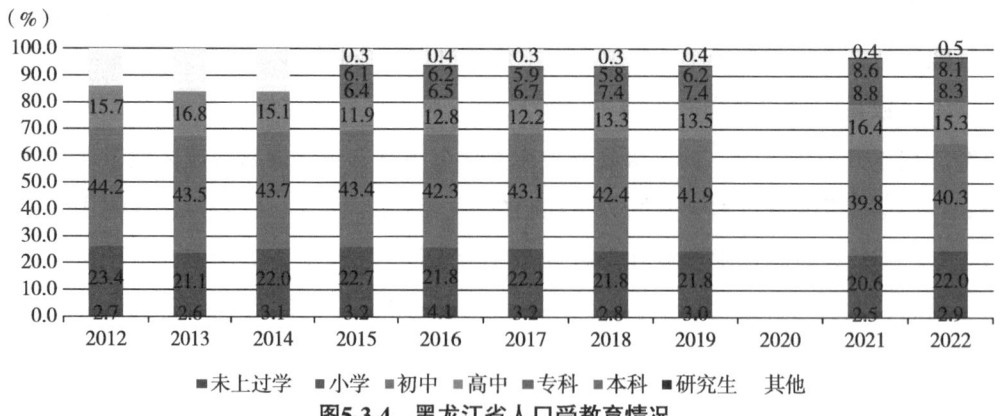

图5-3-4 黑龙江省人口受教育情况

数据来源:wind,中铁研究院。其中缺少 2020 年数据。

(四)基础设施和公共服务

立体综合交通网络不断完善,公路密度明显低于全国平均水平。2022 年,黑龙江省铁路营业里程 7229.654 公里,铁路网密度 1.60 公里/百平方公里,为全国的 0.99

倍，居全国第 24 位，较 2012 年排名下降 1 位。到 2025 年，全省铁路运营里程达到 7100 公里以上，其中高速铁路里程突破 1600 公里，基本实现除黑河、加格达奇外全部市（地）通高铁。2022 年全省公路 16.9 万公里，公路网密度 37.34 公里 / 百平方公里，是全国的 0.67 倍，居全国第 26 位，高速公路 4700 公里，密度 1.04 公里 / 百平方公里，居全国第 27 位。规划至 2025 年高速公路里程超过 6000 公里，10 万人口以上城镇通高速比例达到 85% 以上。至 2035 年，实现"市通高铁有机场、县通高速有铁路、村通快递有燃气、水运民航通全球、公铁管道通邻国"。全省共 13 个机场，2022 年全省机场旅客吞吐量共计 1172.4 万人次，占全国 2.25%，全国排名第 18，货邮吞吐量共计 10.0 万吨，全国排名第 20。哈尔滨机场旅客吞吐量占全省 81.01%，货物吞吐量占全省 96.76%。到 2025 年，黑龙江省运输机场旅客和货邮年吞吐能力力争达到 5000 万人次和 40 万吨。2022 年，黑龙江内河通航里程 5097.5 公里，占全国 3.98%。

表 5-3-2　　　　　　　　　2022 年黑龙江省基础设施统计

类型	指标	黑龙江	全国	东北地区
铁路	里程（公里）	7229.654	154906.5	19124.6
	密度（公里 / 百平方公里）	1.60	1.62	2.42
公路	里程（公里）	169000	5355000	409900
	密度（公里 / 百平方公里）	37.34	55.93	51.89
机场	机场数量	13	254	27
	旅客吞吐量（万人次）	1172.4	51952.8	3573.1
	货邮吞吐量（万吨）	10.0	1453.1	42.2
港口航道	港口吞吐量（亿吨）	——	55.54	——
	内河通航里程（公里）	5097.5	127968	6966.81

数据来源：wind，国家统计局，中铁研究院。

公共服务设施水平较快提升，千人医疗床位数居前列。2021 年，黑龙江省义务教育生均校舍建筑面积 10.10 平方米，低于全国 10.3 人 / 平方米的平均水平，全国排名第 18，较 2013 年排名第 17 略有下降。2022 年黑龙江省每千人医疗卫生机构床位数 8.43 张 / 千人，高于全国 6.91 的平均水平，全国排名由 2012 年的第 9 提升至第 4，较 2012 年 4.79 张 / 千人水平增长了 76%。

表 5-3-3　　　　　　　　　黑龙江省公共服务设施统计

	2021 年义务教育生均校舍建筑面积（m²）	2022 年每千人口医疗卫生机构床位数（张）
黑龙江	10.10	8.43
全国	10.30	6.91
东北地区	10.27	7.93

数据来源：国家统计局，《中国卫生健康统计年鉴 2022》，中铁研究院。

（五）城市建设

城镇化降速，中等城市向下衰退，首位城市带动能力有待增强。2022年，黑龙江省常住人口城镇化率66.2%，高于全国平均水平1个百分点，居全国第12位，较2012年降低2位。2012—2022年城镇化率提升9.32个百分点，低于全国平均水平2.8个百分点，城镇化发展速度低于全国平均水平。黑龙江省有城市33座，拥有从Ⅱ型小城市到Ⅰ型大城市五档城市结构[①]，缺乏能级更高的特大超大城市。城市数量较2012年增加3座，其中小城市增加5座，中等城市减少2座，显示出中等城市向下衰退。城区人口增减分布也体现这一特点，2012—2022年，黑龙江省城市城区人口总计增加2.75万人，中等城市人口净减少151.87万人，城区人口占比较2012年减少11个百分点。2022年，首位城市黑龙江城区人口498.76万人，较2012年增加68万人，增量居27个省第20位，带动能力在各省中处于较弱水平。

土地城镇化速度慢于全国，仍快于同期人口城镇化，工业用地供给提速。2022年，黑龙江省城镇建成区2359.06平方公里，居全国第15位，10年复合增速0.32%，较全国平均水平低2.48个百分点，同期人口复合增速0.02%，地人增速差0.3个百分点。城镇城市建设用地2141平方公里，人均建设用地117.62平方米，居全国第13位，较2012年降低6位。结构与全国保持一致，居住、工业、道路交通设施用地居前三位，占比分别为36%、21%、13%。工业供地加速，较2012年提高6.73个百分点，从低于全国平均水平至高出3.87个百分点。居住用地虽较2012年下降2个百分点，仍高于全国3.9个百分点。

城市建设投入长期不足，设施水平明显滞后。2022年，黑龙江省完成市政基础设施投资278.03亿元，同比下降14.33%，10年复合增速-3.91%，三项指标分别居全国第25、27、27位，其中投资规模较2012年下降5位。2022年，市政基础设施人均投资1608.45万元，居全国第27位，较2012年下降5位。投资滞后影响市政基础设施水平，2022年黑龙江市政基础设施70%以上的指标不及全国水平，城市14项、县城11项。2022年，黑龙江房地产投资628.64亿元，同比降低32.84%，降幅全国第6；10年复合增速-8.55%，居全国末位；投资规模居全国第28位，较2012年下降9位。与投资持续减少对应，2022年，黑龙江省人均住房面积约34.39平方米，居全国第28位。黑龙江省城市轨道交通（仅含地铁、轻轨）79.72公里，居全国第21位。

---

① Ⅰ型大城市1座，Ⅱ型大城市2座，中等城市3座，Ⅰ型小城市6座，Ⅱ型小城市21座。

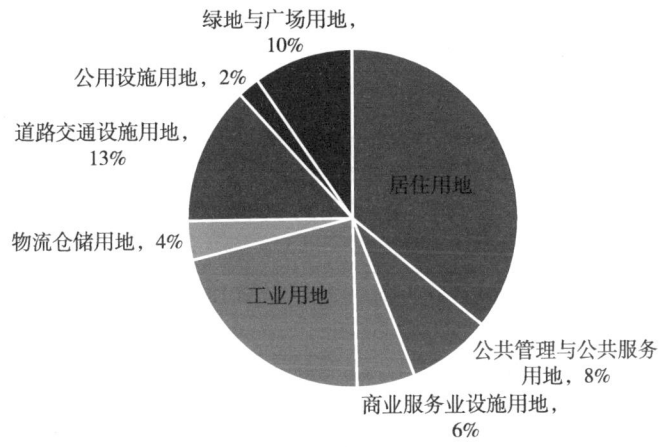

图5-3-5　2022年黑龙江省城市建设用地结构

城市和县城发展分化程度处于全国中游水平。2022年，黑龙江省共有46个县城（不含21个县级市），33座城市，构成广义城市。2022年，黑龙江省城市、县城城区人口分别为1376.68万、351.87万人，城市平均人口/县城平均人口为5.45，居全国第16位，处于中游水平。县城平均城区人口7.65万人，处于全国下游水平。县城市政基础设施相对水平好于城市，2022年，黑龙江省城市部分市政基础设施14项设施低于全国平均，县城部分11项低于全国平均。2012—2022年，黑龙江省县城市政基础设施人均投资从全国第21位下降至第23位，人均投资规模从1576.29降至1175.94元，而城市部分从全国第21位下降至第25位，人均投资额从2586.52元下降至1719元。产业发展来看，2022年，县城工业用地占县城城市建设用地的15.15%，城市工业用地占比则达到23.52%。

（六）固定资产投资情况

增速长期低于全国水平，制造业止跌，基础设施提速，房地产大幅下行。2022年，黑龙江省固定资产投资同比增加0.6%，固投增速在31个省级行政区中排名第22位，低于全国增速4.5个百分点，近十年间除2019、2020、2021三年外其余年份均低于全国水平。从领域来看，2022年制造业增长10.2%，房地产下降32.8%，基础设施①增长8.2%。从结构来看，制造业投资占比较为稳定，在2019—2021连续三年下降后，2022年迎来10.2%的增长；房地产投资占比呈持续下降趋势，2022年投资降幅达33%，降幅排名全国第5；基础设施2012—2022年平均增速9.2%。2012—2022年黑龙江省固定资产投资中的建筑安装工程占比从70%左右波动下降至66%。

---

① 基础设施：取电力、热力、燃气及水生产和供应业，交通运输和邮政业，信息传输和信息技术服务业，水利、生态环境和公共设施管理业四项投资之和。

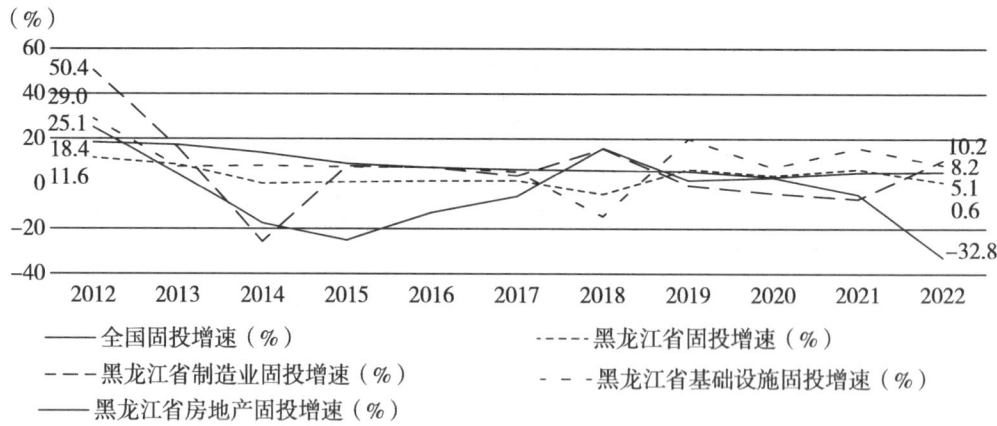

图5-3-6 黑龙江省固定资产投资增速情况

数据来源：wind，黑龙江省统计年鉴，国家统计局，中铁研究院。

基础设施投资结构较为稳定。2012—2022年，水利生态环境和公共设施管理业、交通运输和邮政业占黑龙江基础设施投资主导地位，二者投资之和在基础设施投资中占比平均达72%，体现出黑龙江省水利生态资源丰富的特点。2022年，二者投资增速分别为16.8%、5.4%。电力热力燃气及水生产和供应业投资比重近年来稳定在20%左右，2022年投资增速0.5%。信息传输和信息技术服务业投资占比低，2022年投资增速1.1%。

图5-3-7 黑龙江省历年基础设施投资结构占比

数据来源：wind，黑龙江省统计年鉴。2017年后各项占比以2017年投资为基数，按公布的投资增速计算。

（七）财政情况

黑龙江省综合财力收入水平与GDP水平较为匹配，对转移支付和非税收入依赖较大，对债务依赖程度一般。2022年黑龙江省综合财力约为5655.4亿元，在全国31个省级行政区中排名第26，低于GDP排名的第25名，综合财力增长4.5%，全国排名第7。从结构来看，一般公共预算收入和政府性基金收入之比约为97∶3，比例远高于全国水平,一般公共预算自给率23.7%,低于全国43.1%的均值,一般公共预算收入对转移支付依赖度高。全省一般公共预算(不含转移支付和负债)税收占比波动下降,从2012年的72%降至2022年的61%,2022年全国排名第23位,处于全国中下游水平,财政可靠性有待提升。债务收入占比约22.5%,低于全国水平。2022年,黑龙江省全省政府性基金收入(不含转移支付)152.9亿元,全国排名第28位,规模同比下降58.7%,主要原因是市县土地出让收入减收。

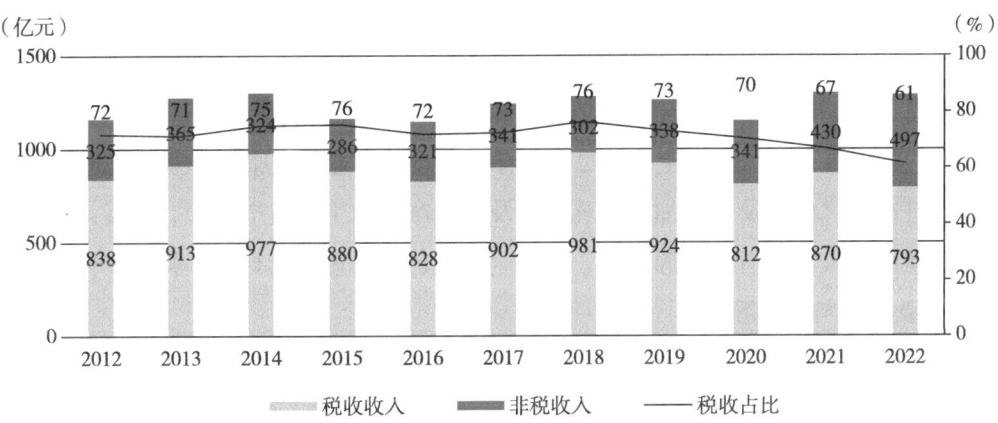

图5-3-8 黑龙江省一般公共预算收入结构

数据来源:wind,黑龙江省财政厅。本图中收入数据不含中央税收返还和转移支付、债务等收入。

政府债务较快增长,负债规模持续扩大,整体负债水平一般,债务空间小。2022年黑龙江省地方政府债务限额7411亿元,居全国第25位;债务余额7291亿元,居全国第24位;2018—2022年,黑龙江省债务余额年均复合增长率15.4%,居全国第11位。2022年黑龙江省债务率129%,低于警戒线,全国排名第17位,政府债可用限额119.7亿元,居全国第30位,债务空间仅高于西藏。从债务结构来看,2022年黑龙江省专项债占比34.6%,低于全国水平。

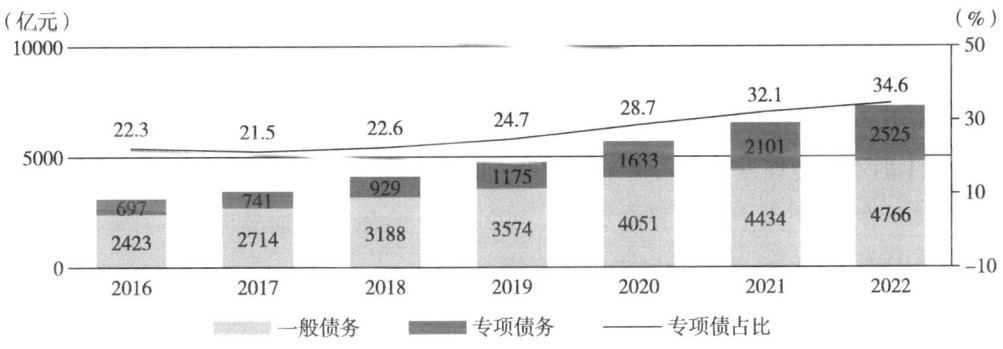

图5-3-9 黑龙江省债务规模及构成

数据来源:wind,财政部。

（八）哈尔滨市情况

哈尔滨市经济发展较为缓慢，经济综合实力有待提高。2022年哈尔滨市GDP5490.1亿元，在36个大中城市中[①]排名第27，相比2012年下降9位。人均GDP5.54万元，排名第36位。2012—2022年，哈尔滨市名义GDP年均复合增速1.9%，在36个大中城市中排名第34。三次产业结构为12.2∶23.4∶64.4。哈尔滨的传统支柱产业是农业、轻工业、重工业和农副产品加工，特别是农业和重工业占据了主导地位。近年来，哈尔滨市聚力打造"4+4"现代产业新体系，重点发展绿色农产品深加工、先进装备制造、现代生物医药、特色文化和旅游等4个主导产业，信息、新材料、金融、现代物流等4个优势产业，2022年哈尔滨市现代产业体系整体产业规模超过6200亿元，打造现代粮油及饮品加工、乳制品及畜牧产品加工、航空航天、机器人及智能制造、新能源汽车、清洁能源装备、现代生物医药、信息、新材料、特色文化和旅游10条市级重点产业链条。

常年人口流失，老龄化较严重。2022年全市常住人口988.5万人，同比增长-1.25%，户籍人口939.5万人，同比增长-0.39%。2012—2022年，全市常住人口减少4.77万人，增量居全国第35位，增速居全国第35位。哈尔滨60岁以上人口比重为21.98%，15~59岁人口比重67.56%，拥有大学文化程度（大专及以上）的人口每10万人达到2.02万人，虽然均优于全国水平，但在36个大中城市中优势不突出；劳动人口比重居第24位，大学文化程度（大专及以上）人口居29位，人口素质在36个重点城市中居于落后水平。

固定资产投资稳步上升，制造业投资占比大。2022年哈尔滨市固定资产投资同比增长-7.6%，居第29位。其中工业投资增长19.3%，基础设施投资增长23%，房地产投资下降32.8%，民间投资下降14.0%。2018年以后政府未披露基础设施投资结构，2012—2017年哈尔滨固定资产投资长期以基础设施为主。

财政状况较差，地方债务较高。2022年，哈尔滨市综合财力1058.78亿元（一般公共预算收入+转移支付收入+政府性基金收入），居第26位。2012—2022年综合财力（2011前不含转移支付收入）年均增速-4.28%，居全国第36位，2022年财政自给率24.6%，在36个大中城市排名第18。2022年，哈尔滨市债务率273.77%（债务余额/综合财力），在36个大中城市中排名第2位。

---

① 以下均为在36个大中城市中的排名，其他有注明的除外。